教育部人文社会科学研究项目
（项目批准号12YJAZH182）

武陵地区非物质文化遗产
传承人发展困境及对策研究

余继平　著

巴蜀书社

图书在版编目（CIP）数据

武陵地区非物质文化遗产传承人发展困境及对策研究/余继平著. —成都：巴蜀书社，2019.12

ISBN 978-7-5531-1240-4

Ⅰ.①武… Ⅱ.①余… Ⅲ.①非物质文化遗产—技艺传承—研究—西南地区 Ⅳ.①G127.7

中国版本图书馆CIP数据核字(2019)第268429号

武陵地区非物质文化遗产传承人发展困境及对策研究

WULING DIQU FEIWUZHI WENHUA YICHAN CHUANCHENGREN FAZHAN KUNJING JI DUICE YANJIU

余继平 著

策　　划	王群栗
责任编辑	周昱岐
出　　版	巴蜀书社 成都市槐树街2号　邮编：610031 总编室电话：（028）86259397
网　　址	www.bsbook.com
发　　行	巴蜀书社 发行科电话：（028）86259422　86259423
经　　销	新华书店
印　　刷	广东虎彩云印刷有限公司
版　　次	2019年12月第1版
印　　次	2019年12月第1次印刷
成品尺寸	210mm x 285mm
印　　张	25.25
字　　数	550千字
书　　号	ISBN 978-7-5531-1240-4
定　　价	280.00元

目 录

武陵地区非物质文化遗产传承人发展困境及其对策研究

导 言

一、研究缘由

研究本课题缘由有三。

其一，自己在成长过程中受到浓厚的民俗文化场域影响。武陵民族地区西北边界七曜山中，梅子山里的学堂村下牌老院子就是我的出生地，我的家。记得生产队时期有一些老的吊脚楼，我常去别人家的转角楼玩耍，听母亲说，那些是20世纪50年代前修的。后来逐渐修筑一楼一底的土墙，因为一旦失火，很可能会烧掉房子。有一年冬天，我亲眼看到一个木房子和吊脚楼组合的四合大院着火，坡上劳动的群众连跑带叫地向院子跑去，有的拿着自家的木盆，有的拿着自家的粪桶，蜂拥而至，奋力施救，有胆子大的男人爬上屋顶，手脚并用掀开瓦面，一股烈火冲出屋顶。最后火被扑灭了，房子却烧掉了三大间，村里的人们送棉被、衣物、粮食，各家互相帮衬着让这家人渡过了难关。在家乡，修建房屋先要请位先生选择屋基和动工时间，挖好屋基后还用淘米水和潲水绕屋基一周抛洒一遍，据说是以毒攻恶，求吉利。安基石时师傅要说点儿吉利话：“修房石工先行官，吉日来把墙脚安。玉石打底金盖面，修坐华堂高又宽。儿孙金榜把名点，不是文官是武官。……吉日墙脚安稳当，上面土匠好筑墙。主家见了喜心上，财旺人兴幸福长。”待房屋封顶（俗称端水酒）这天，远亲近邻都会来吃（土语音发qi或ki）端水酒，一来祝贺，二来帮忙。端水酒仪式开始，先是放鞭炮，主家把事先蒸好并用品红、品绿点上梅花纹的小泡粑（抛梁粑）送到屋梁上的木匠师傅手里，木匠师傅大声道：“呃！火炮震天响，我说四言八。今日华堂落成，主家金银满盆……”“呃！坐在梁头打一望，主家坐个好屋场。前有喜鹊报佳音，后有玄武镇煞方。左有麒麟配狮象，右有青龙配凤凰。粮山棉海地下出，金山银海土里藏。”然后就一边抛出小泡粑一边继续说着四言八句：“一不早来二不迟，正是主家安梁时。左边抛出大发财，右边抛出万事吉。”围观的男女老幼纷纷去“抢”泡粑，师傅在上面继续说："粱粑又乖又好吃呀，抢得粱粑是财喜哟，老人吃哒就年轻，细娃（儿）吃哒不得病。"一阵热闹后，屋前屋后两组人马同时上屋盖青瓦，盖瓦从前后的檐口分别向屋脊上盖，收尾时只能是哪边上就从哪面回，忌讳跨过屋脊。屋脊正中要把瓦块设计垒成品字或梅花或古钱币等形状的脊花，两端都盖成翘角。

图1　老家的土墙青瓦房

图2　立木楼

在老家，有传统手工技艺的人不少，他们都是得力的劳动者，农闲时从事技术活。哪家要嫁女，就会请木匠师傅去做桌子、凳子、箱子、柜子、担桶（木水桶）、木火盆、木脸盆、梳妆台等嫁妆，请裁缝做嫁衣，请弹花匠做棉被，等等。男方请木匠师傅装修新房、做木床。这些师傅都能说会道，木匠做婚床时要说："做架新床睡龙凤，龙凤结缘天地长。早生贵子后生女，是儿是女状元郎。"在投床（组装）时就说："说投床来就投床，我把投床说一场。一投一方好，夫妻同到老。两投两方好，儿女一扒拉（一大群）。三投三吉祥，夫妻白头老。四投四方喜，夫妻寿缘长。"师傅收到红包就说："赏钱拿在手，就要动身走。来年我再来，吃您（土音发yang）三朝酒。"做嫁妆的裁缝会说："剪刀尺子放金光，主人请我做蚊帐。四言八句不会讲，主人包涵多原谅。今日良辰裁蚊帐，蚊帐缝得很快当。一笼蚊帐四角方，新婚洞房来挂上。外面能把蚊虫挡，里面罩的是鸳鸯。夫妻同床共百年，早生儿女把福享。"男方邀请裁缝师傅到家里量身定做结婚彩礼（给女方的过门礼），青、蓝色布料被做成右衽超襟衣、布纽扣，领、袖、襟和摆都镶嵌花边，超腰大裆裤，裤脚镶嵌花边。啰儿调中"山上的妹子（嘛舍），下坝来（哟喂），灯笼裤脚（嘛啰儿啰）是绣花鞋（哟喂），青布围腰（嘛舍）花腰带（哟喂）"唱的就是这种服饰。在开剪时师傅就说："主人喜期把布量，请我弟子缝衣裳。先师神位我拜上，良辰剪下大吉昌。"这些人手艺好，很受人们尊敬，大家都拿好酒好菜招待他们。我对这些手艺很感兴趣，想要拜师学艺，母亲就用村里人都常用的俗话问我："养儿不学艺，跳断箩篼系，学个手艺好啊。裁缝木匠天晴落雨在家里，石匠瓦匠春夏秋冬在坡地，你要学哪样？"那时，家乡的女子挑花刺绣、做鞋织衣都在行，家务、农活样样能干。过去旧习烦琐，传统婚俗有“看人户、启同意（定亲）、结婚”等程序，“说媒、择吉、过礼、迎亲、送亲、拜堂、闹房、答谢、回门”等过程，且各个环节中都还蕴含相应的礼仪文化。婚礼事务较复杂，邻里乡亲来帮忙，主要事务由总管、司仪、司账和司厨等人负责，这些人在当地有威信、人缘好，且能说会道、知书达礼、聪明智慧。他们行酒令（也称说客词）言简意赅，方言运用灵活，词汇丰富。总管安排各项具体工作，还在席间强调说：“诸位来帮忙，过去抬嫁妆，或是抬碗盏，或是抬柜箱，路上要小心……”总管代主人家感谢乐师时会说敬酒令：“多承鼓乐师，来这贱地头。主家缺人力，未曾来经佑。各位费了心，代主敬杯酒。”乐师也会答：“主家不嫌弃，叫我贱伙计。五音不全晓，吹打又不齐。承得先生敬，酒就不用吃。”婚俗中女子哭嫁少不了：“菜子开花花儿黄，女儿开声哭爹娘。……春天开的芝麻花，屋前喜鹊闹喳喳。叫声爹来喊声娘，女儿明天要出嫁。……”宴席上是“八大碗”，即七荤一素，菜肴如歌中所唱：“主人请我吃喜酒，桌上摆菜八大碗。头碗蛋条垫豆芽，吃了宴席大家发。二碗上的凉拌鸡，这碗菜肴下酒期（音qi，吃之意）。三碗出的红烧鱼，鱼嫩味美油滴滴。四碗老鸭焖魔芋，好吃不过补身体。五碗上的粉蒸扣，半肥半瘦炽漉漉。六碗端来盐菜肉，麻辣带酸很爽口。七碗才是喜沙肉，糯米垫底不油腻。八碗酥肉拌粉丝，水煮盐香开胃口。这桌喜酒办得好，八仙闻到也流涎。”①

图3　山区婚俗

小时候最盼过年过节，过年能穿新衣、新布鞋，还能放鞭炮，看玩牛、玩狮、玩板凳龙，唱山歌，十分热闹。端午节大人要包粽子、炸麻花做些好吃的，一些大哥还去老丈（音zao）儿家戴草帽，取撑花儿（雨伞）。在老家，农忙时看大人们在田间地头一起挖土、薅草，听那“挖土锣鼓”“薅草锣鼓”，还经常和小伙伴们去房子后面那些

图4　婚俗中哭亲朋来宾 采自印江县博物馆

① 蔡玉葵：《石柱土家族研究丛书第三辑·石柱土家族婚俗文化探微》，石柱地方志办公室内部资料，第79页。

吊脚楼前面的石坝玩耍，观看和临摹墓碑上石刻的花草虫鱼、飞禽瑞兽、人物故事等。受此影响我学了美术，后来进入高校读工艺美术专业，让我对中国工艺美术历史和造物观念等有了更为清晰的认识，为我从事民间艺术研究奠定了基础。

图5 板凳龙 摄于黔江民族博物馆

图6 老家的石坝

1995年，我毕业留校从事美术设计教育工作。我曾几次动员父母来与我一起生活，但他们习惯于家乡的生活环境，还有孩子没有成家立业，做父母的责任和任务就没完成这种老观念，总以我还未成家、怕影响我结婚等为借口，拒绝来与我一起生活。工作后的第二年冬天，父亲和三叔来学校看我，借父亲买菜的机会，三叔给我做思想工作：父母将近七十岁，身体也开始走下坡了，你不成家他们心里惦记。明白他俩的意图后，自己也重新考虑婚姻大事，便托人介绍，并送信告知父母。1997年春节刚过，父亲转交母亲亲手为我做的布鞋和刺绣鞋垫，说她很遗憾不知我对象穿鞋的尺码，没给儿媳妇见面礼。看着母亲留给自己最后的礼物，针线细密，纹路明晰，技艺娴熟，做工细腻，这样的手艺是她在生活中长期磨炼出来的，她们那一代妇女们在农闲或者开社员大会时都坐到一块，一边绣花一边交流经验。如今，这种场景不复存在，年轻人也极少有这手艺。现在回到家乡见的多是陌生面孔，那婉转的山歌、铿锵的薅草锣鼓、

图7 薅草锣鼓 摄于黔江博物馆

图8 薅秧锣鼓 采自印江县博物馆

怡心的四言八句鲜有听到。心灵手巧的母亲，德高望重的司账谭代明，技艺超群、能唱石工号子的冯久程、邓传茂，说木工福事的向大银等老人已驾鹤仙去，带走了技艺，留下“人去艺绝，人亡歌息”的问题。我意识到应该去记录先辈们曾经创造和传承的精神财富，收集整理民间手工艺、民间习俗，至少能保存这些记忆。

其二，自己多年来的一个学术兴趣和愿望。自毕业后，我一直从事所学专业的教学研究，专业的思维、深厚的家乡情节和研究地域的便捷，使我一直在思考怎样结合专业和工作为家乡的文化遗产保护与社会发展尽绵薄之力。2005年以来，我先后参研国家社科基金项目“乌江流域非物质文化遗产抢救与保护”，负责撰写《乌江流域民族民间美术研究与集成》，还曾经参研国家社会科学艺术学科基金项目“贵州苗族民居保护和旅游开发研究”，又先后主持重庆市教委规划项目“乌江流域民族民间手工文化研究”、重庆市社科联规划研究项目“乌江流域少数民族特色文化产业创新发展研究”等，为这方面各项工作的开展提供了条件。同时，这些项目的研究经验，也为本项目的设计与研究夯实了基础。

其三，专题研究非物质文化传承人发展问题，有利于丰富非物质文化和民族文化理论。多年来，我经常深入武陵地区、乌江流域等地开展田野调研，常与各类非物质文化遗产传承人打交道，根据其现实状况有针对性地发现、解决问题。2010年，我去某文化委看望挂职副主任的同事，她在那儿分管文化遗产方面的工作，在交流地方非物质文化遗产及其传承人保护等情况过程中，她讲到一位传承人在接受某电视台采访时，面对镜头撕毁了有关部门颁发给他的代表性传承人证书。在某县某村采访时，有几位传承人告诉我有些传承人根本不会这门技艺，如任某唱民歌水平还不如陈某，当地人人知晓，但因陈某系当地小学老师，收入有保障，就被动员将传承人的称号让给任某。同时也了解到一些问题，如部分人被命名为代表性传承人后被同行边缘化，有传承人被请到旅游景区或长期在外搞演出疲惫不堪，当地村干部利用非遗资源及传承人搞创收导致双方出现矛盾，管理部门因扶持不力导致传承过程、传承空间、传承场所缺失而造成传统演艺类传承举步维艰，甚至多数非遗项目传承人后继无人等。由此可见，当前武陵地区非物质文化遗产文化生态改变、生存空间压缩，非遗传承人现实生存状况堪忧，这些也映射出非物质文化遗产保护相关的社会问题，以及研究工作中存在的众多不足。这也提醒我们要从理论上去做系统研究，提出继承、发展和运用武陵地区非物质文化遗产传承人传承机制和传承非物质文化遗产的措施和对策，为武陵地区非物质文化遗产保护事业做出一点贡献。

二、研究动态及研究意义

1. 学术研究动态

在非物质文化遗产（简称“非遗”）的保护和传承过程中，传承人在非遗活态传承发展中发挥着重要的作用。近年来，国家和各地均加大了传承人保护的力度。2008年5月，文化部发布了《国家级非物质文化遗产项目代表性传承人认定与管理暂行办法》，规定了国家级非物质文化遗产项目代表性传承人的认定程序、认定标准、权利义务、传习活动支持方式、表彰奖励、建立传承人档案、无正当理由不履行传承义务的取消其代表性传承人资格等办法。2011年2月颁布了《中华人民共和国非物质文化遗产法》，从法律层面对此进行了规定。重庆、湖北、贵州、湖南等都出台了《非物质文化遗产条例》《非物质文化遗产代表性传承人扶助办法》等，建立了较为完善的非遗项目四级传承人认定、命名和保护机制，加强对非遗名录项目代表性传承人的保护，鼓励和支持代表性传承人开展传习活动等。2007年以来，文化部公布了五批国家级非遗项目代表性传承人共计3068人。学界对非遗传承人也做了卓有成效的研究，并取得了丰硕的成果。

国外学者对非物质文化遗产传承人的研究，更侧重于理论探讨，如民间故事传承人研究发展大致经历了三个阶段：第一阶段以发现民间故事传承人、采录他们讲述的故事文本为主；第二阶段体现为对民间故事传承人生活史与讲述作品的比照研究；第三阶段注重在特定文化社区当中考察传承人与文化传统的关系，亦即将传承人放置于他所生活的文化传统中考察，在静态的文本和动态的生活中把握民间故事传承人的本质[①]。针对日本非遗保护的研究，彭琳、赵智聪认为日本非遗保护存在"心意传承"和"模型传承"两种保护模式[②]；汪舟指出日本在非遗保护与传承方面"充分发挥民间团体内个人及团队传承的重要作用，结合学校教育培养文化认同，营造传承环境。并针对后继者匮乏，采取研修形式培养后继者，实行巡演制度提高民众熟悉度和培养兴趣"[③]。金镐杰对韩国无形文化遗产保护进行了梳理和分析，针对韩国无形文化财政策的施行过程中凸显出来的"无形文化财制定的透明性和公正性，原型问题，传承保有者的文化权力化"三大问题展开了讨论[④]。

与国外相比，我国关于非物质文化遗产传承人研究更侧重解决现实性问题，主要成果简述如下：

关于非遗传承人价值的讨论 刘锡诚提出"传承人是非物质文化遗产的重要承载者和传递者"[⑤]；冯骥才指出"传承人是民间文化代代薪火相传的关键"[⑥]；祁庆富认为传承人是"在有重要价值的非物质文化遗产传承过程中，代表某项遗产深厚的民族民间文化传统，掌握杰出的技术、技艺、技能，为社区、群体、族群所公认的有影响力的人物"，传承人在非物质文化遗

① 林继富：《国外民间故事传承人研究的批评与反思》，《中南民族大学学报（人文社会科学版）》2008年第6期。
② 彭琳、赵智聪：《"心意传承"与"模型传承"——文化景观中非物质文化要素保护的日本模式借鉴》，《中国园林》2014年第4期。
③ 汪舟：《日本非物质文化遗产保护与传承经验及对我国完善相关保护体系的启示》，《旅游纵览》2016年第1期。
④ （韩）金镐杰：《韩国无形文化遗产保护经验及亟待解决的课题》，《文化遗产》2014年第1期。
⑤ 刘锡诚：《传承与传承人论》，《河南教育学院学报（哲学社会科学版）》2006年第5期。
⑥ 中国民间文艺家协会：《中国民间文化杰出传承人调查、认定、命名工作手册》，2005年，第11页。

产传承中具有不可替代的重要作用，“传承是核心，传承人是灵魂”[①]。许林田认为“传承人的保护是非物质文化遗产传承的关键”[②]；安学斌提出“传承人作为文化发展链条上的齿轮，既是文化的继承者，也是文化的创新者”[③]。非遗的存在及其传承都离不开传承人，对传承人的保护是非遗保护的重点。

关于传承人面临的问题与保护对策研究 多数学者以具体的案例剖析了传承人在当前面临的传统文化根基丧失、传承人贫困、传统文化势微、市场冲击以及传承人承接断代等严峻问题，提出具体解决对策，如提高传承人社会地位、给予补助、积极创造与表演生态、搭建平台、专业人员培训，等等。如刘冰清《对非物质文化遗产传承人保护的几点思考——以龙山县的“梯玛”为例》、罗义华与闫丽霞《非物质文化遗产传承人保护的问题与对策——以湖北长阳对传承人的保护为个案》、王大为《浅谈对非物质文化遗产传承人的保护》、陈秀梅《福建省非物质文化遗产项目代表性传承人现状分析与保护对策》和周素萍《湘黔桂地区侗族非遗传承人研究》[④]等。彭庆新、李文凌《非遗传承人个人状况与传承效果解析》针对传承人自身的传承能力进行分析，并提出提高代表性传承人传承效果的四点对策[⑤]。巴燕·保尔江《浅析非遗传承人面临的主要问题及解决措施》总结分析了传统手工技艺类传承人群面临的主要问题，提出政府部门要多从根本上去解决传承人“自愿传承”的对策建议[⑥]。詹双晖在《我国“非遗”认定及传承人保护之问题与对策》一文中指出少数非遗传承人保护个案中存在轻形而上的精神文化、轻人文生态环境保护等问题，并针对问题提出了四条对策建议[⑦]。郝秦玉《十年回顾：我国非物质文化遗产传承人保护情况简析》总结了十年来我国非遗传承人保护工作所取得的成效，并指出在非遗传承人保护工作中仍存在的问题[⑧]。陈静梅《我国非物质文化遗产传承人研究述评》梳理和总结了2006年至2012年期间的研究成果[⑨]。梁莉莉《社会性别视野中的非遗传承人保护路径探索——基于回族女性传承人的讨论》指出女性是民俗文化重要的传承力量，但在非遗传承人保护制度名录认定体系中对女性重视不够，提出“非物质文化遗产传承人保护政策需要以‘性别平等’创新保护理念，突出女性传承人的‘文化主体’的身份，‘赋权’给女性，使她

---

① 祁庆富：《论非物质文化遗产保护中的传承及传承人》，《西北民族研究》2006年第3期。
② 许林田：《传承人：非物质文化遗产保护的核心载体》，《浙江工艺美术》2006年第4期。
③ 安学斌：《民族文化传承人的历史价值与当代生境》，《云南民族大学学报（哲学社会科学版）》2007年第6期。
④ 周素萍：《湘黔桂地区侗族非遗传承人研究》，《怀化学院学报》2017年第2期。
⑤ 彭庆新、李文凌：《非遗传承人个人状况与传承效果解析》，《大众文艺》2014年第24期。
⑥ 巴燕·保尔江：《浅析非遗传承人面临的主要问题及解决措施》，《西部皮革》2017年第2期。
⑦ 詹双晖：《我国“非遗”认定及传承人保护之问题与对策》，《汕头大学学报（人文社会科学版）》2015年第6期。
⑧ 郝秦玉：《十年回顾：我国非物质文化遗产传承人保护情况简析》，《美术观察》2016年第6期。
⑨ 陈静梅：《我国非物质文化遗产传承人研究述评》，《贵州师范大学学报（社会科学版）》2012年第4期。

们以自己的方式传承民间文化”[①]。

不少专家学者提倡开展生产性保护，既有利于对传承人的保护和培养，也是保护非遗的一种有效手段。如赵农提出保护非物质文化遗产的重要方式是建立在新型经济关系上的生产活动，应该建立民间手工艺生产机制[②]；吕品田认为对传统手工技艺进行“生产性方式保护”，有利于保护非物质文化遗产形态、维护非物质文化遗产的生存基础和生态条件[③]；谭宏提出传统生产方式与现代工业生产方式互补共存，同时注意培养生产性方式保护的专门人才[④]。非物质文化遗产生产性方式一方面在理论上的研究不断深入，为生产性方式保护提供了更科学的理论指导和方法；另一方面在实际工作上不断推进，为生产性方式保护提供了鲜活的经验和路径。宋俊华《文化生产与非物质文化遗产生产性保护》[⑤]、徐艺乙《传承人在非物质文化遗产生产性保护中的作用》[⑥]、孙谦《论传承人在“非遗”生产性保护中的作用——以东阳木雕为例》[⑦]都从传承人的角度来探讨生产性保护方式和传承人在非遗生产性保护中的作用。

基于传承人保护的研究角度，学者们各自从不同方向、学科进行研究与尝试，建议从政治、法律、经济以及文化等方面加以规范与指导。其中，法律角度的研究较为突出。刘红婴《非物质文化遗产的法律保护体系》一书提出了“非物质文化遗产法律体系的理论、区域间协作的思路和建立国家遗产制度的构想”[⑧]。文乃斐、冯莉、叶盛荣从传承人认定、传承人权益、传承人义务等方面讨论传承的法律保护机制；康书恒从保护传承人及相关权利、权利人的保护角度，探讨非物质文化遗产法律保护对权利人保护的制度建设与完善；魏康琪针对保护传承人的权利中所存在的主要问题及其原因进行分析，并结合我国的实际情况，提出了六条保护非遗传承人权利的对策；涂弘睿从保护原则、责任、立法和司法四个方面探讨恩施州非遗法律保护问题[⑨]。在制度建设方面，多认为应坚持认定制度与申报制度相结合，重视传承环境的建设，同时，也应该建立传承人退出机制，罗蕾建议“完善传承人资格取消制度和完善监督制度，并提出在保护工作上要有差别的划分保护代表性传承人与普通传承人”[⑩]。濮飞飞通过对国家级非遗代表性传承人的计量分析，发现现行保护制度执行过程中存在“传承人认定工作的孤立性，传

① 梁莉莉：《社会性别视野中的非遗传承人保护路径探索——基于回族女性传承人的讨论》，《云南民族大学学报（哲学社会科学版）》2016年第6期。
② 赵农：《非物质文化遗产与生产性保护》，《文艺研究》2009年第5期。
③ 吕品田：《在生产中保护和发展——谈传统手工技艺的“生产性方式保护”》，《美术观察》2009年第7期。
④ 谭宏：《对非物质文化遗产生产性方式保护的几点理解》，《江汉论坛》2010年第3期。
⑤ 宋俊华：《文化生产与非物质文化遗产生产性保护》，《文化遗产》2012年第1期。
⑥ 徐艺乙：《传承人在非物质文化遗产生产性保护中的作用》，《贵州社会科学》2012年第12期。
⑦ 孙谦：《论传承人在“非遗”生产性保护中的作用——以东阳木雕为例》，浙江师范大学硕士学位论文，2014年。
⑧ 刘红婴：《非物质文化遗产的法律保护体系》，知识产权出版社，2014年。
⑨ 涂弘睿：《恩施州非物质文化遗产的法律保护研究》，中南民族大学硕士学位论文，2012年。
⑩ 罗蕾：《非物质文化遗产传承人制度研究》，华中师范大学硕士学位论文，2013年。

承人性别比的不合理性，传承人地域保护的不科学性，传承人经济保障过程中的机械性”。针对这些问题，他认为在非遗保护进程中应该注意非遗本身特性，结合非遗及其传承人之间存在一对多、多对多的特征来制定个体认定、团体认定的方案；要关注女性在传承过程中的主体作用，考虑性别比例适当，以及杜绝在经济保障中实行“一刀切”的方式等[①]。

关于传承人的培养研究 传承人的传承活动深受阻扰的多元成因，决定了传承人保护和培养多元机制的构建，需要建立起激励与保护机制、传习人的培养机制、传承人的权利保障与考核机制等多元策略。尹凌、余风提出从传承人到继承人的非遗保护创新思维；林娜、张博文等从传承人培养与学科专业关系出发，探讨旅游文化学科对传承人培养的目标定位、培养途径和措施；黄琴、周清提出创新工艺美术类非遗人才培养模式，开辟多元教育类型，整合各方资源，建立“大师工作室制”，设施代际传承培养机制[②]；林艳华提出运用“订单”模式培养音乐类非遗传承人[③]。一些学者还从各项非物质文化遗产传承个案中寻找传承人培养的模式，如王光荣、文敏、黄忠瑶等对彝族祭司立位仪式的研究和杨丹对贵州盘县淤泥乡彝族毕摩文化传承的考察。

关于武陵地区非物质文化遗产及其传承人研究 武陵地区是以武陵山脉为主线的渝、鄂、湘、黔接壤地所构成的一个地理区域，历史上多个民族长期杂居于此，尤以土家族、苗族居多。独特的民族构成与地理环境，在历史的沉淀下，孕育了武陵地区独具地域、民族特色的区域文化。今天，其中一部分精粹文化已被列入我国非物质文化遗产名录。与此同时，在大力发展文化产业的背景下，非遗也成为国家政府、学术界乃至其他行业关注的焦点，武陵地区也凭借其丰富的非遗资源和独特性受到很多学者的青睐。截至目前，武陵地区拥有国家级非遗保护项目90项、省级非遗保护项目344项，丰富的非遗资源不仅反映了武陵地区厚重的文化底蕴，也为学者提供了翔实的研究素材。

非遗作为我国的文化瑰宝，对其特征与价值的认识是保证非遗传承与发展的第一步。关于武陵地区非遗特征的研究，学者多以某一民族或某一地区展开。例如石亚洲指出土家族非遗具有地域性、群众性和脆弱性[④]。王文明指出大湘西少数民族非遗具有民族性、地方性、古朴性、生产生活性与实用性、稀有性[⑤]。王淑贞和王文明指出“湖南怀化非遗的精华与糟粕并存、民族独特性与融合性渗透、地域的差异性与共同性同在”[⑥]。席宁指出铜仁地区的非遗具有数量丰

① 濮飞飞：《非物质文化遗产传承人的特征研究——以国家级非物质文化遗产项目代表性传承人为例》，安徽医科大学硕士学位论文，2011年。
② 黄琴、周清：《工艺美术非物质文化遗产传承人培养模式探究》，《黑河学刊》2017年第2期。
③ 林艳华：《运用“订单”模式培养江西音乐类非遗项目传承人问题研究》，《文艺生活》2015年第6期。
④ 石亚洲：《土家族非物质文化遗产保护的思考》，《中南民族大学学报》2008年第5期。
⑤ 王文明、刘景慧、王淑贞：《大湘西少数民族非物质文化遗产保护研究》，《怀化学院学报》2012年第10期。
⑥ 王淑贞、王文明：《湖南怀化市非物质文化遗产保护与开发中的问题与困难》，《怀化学院学报》2010年第6期。

富、种类多、区域特色鲜明、活态性突出的特征[①]。还有一些学生的硕士论文选取某一项非遗来研究其艺术特征，例如胡舒婷的《论桑植民歌的艺术特征及运用》[②]、向烨炜的《湘西土家族“哭嫁歌”的艺术特点分析》[③]。

关于武陵地区非遗的价值探讨 周兴茂和肖英指出土家族非遗具有厚重的历史价值、社会价值、文化价值和审美价值[④]。更多的学者是选取某一项具体的非遗进行研究，例如李真以湘西苗族鼓舞为例指出其具有历史价值、民族精神价值、对外交流价值[⑤]。熊晓辉以傩戏为例指出其具有研究价值、历史文化价值和艺术价值[⑥]。陈俊巧指出啰儿调具有历史价值、音乐价值、实用价值、人文价值[⑦]。张婷指出常德丝弦具有悠久的历史价值、社会实用价值和艺术价值[⑧]。向开瑛的硕士论文指出土家织锦具有文化艺术价值、社会历史价值、民族学价值、科学价值和传承的开发利用价值[⑨]。可见，非遗背后蕴含了巨大的价值，而且它们的价值具有共性。

关于非遗生存空间问题的探讨 任何一项非遗的形成都是在特定的时间和空间下，而我国丰富的非遗资源大多是在自给自足的小农经济中孕育而成的。但在今天的信息与科技时代，许多非遗的生存空间日益狭窄，正如王文明、李真等人指出随着现代技术的发展，在现代价值观及市场经济的影响下，传统手工技艺、传统音乐、传统舞蹈等的生存范围越来越小[⑩]。如今，非遗的生存问题引起众多学者的关注。周兴茂、王淑贞等指出大众认为非遗是封建迷信，由于对其认识不足，阻碍了非遗后续的发展与传承[⑪]。孙沁等人以湘西自治州非遗为例指出以土家语或苗语为载体的非遗项目，随着语言的消失已经岌岌可危，例如土家梯玛仪式、毛古斯舞等项目[⑫]。朱长菊也指出民族语言的濒危导致非遗生存环境的缺失[⑬]。张卫民也持相同观点[⑭]。赵冬菊等人还指出武陵地区的部分非遗还存在在普查中被疏漏、人为和自然的破坏严重、挖掘不深入

① 席宁：《对铜仁地区非物质文化遗产保护与开发的思考》，《理论与当代》2011年第1期。
② 胡舒婷：《论桑植民歌的艺术特征及其运用》，中央民族大学硕士学位论文，2012年。
③ 向烨炜：《湘西土家族“哭嫁歌”艺术特点分析》，陕西师范大学硕士学位论文，2016年。
④ 周兴茂、肖英：《土家族非物质文化遗产：价值、濒危与保护》，《重庆三峡学院学报》2013年第4期。
⑤ 李真：《论湘西苗族鼓舞的保护与开发》，《怀化学院学报》2008年第10期。
⑥ 熊晓辉：《湘西土家族傩戏略考》，《中国戏曲学院学报》2009年第8期。
⑦ 陈俊巧：《石柱“啰儿调”的现状、价值及保护措施》，《安徽文学》2011年第12期。
⑧ 张婷：《常德丝弦的价值与现状》，《艺海》2008年第4期。
⑨ 向开瑛：《论湘西土家织锦的特征与传承》，湖南师范大学硕士学位论文，2008年。
⑩ 王文明、刘景慧、王淑贞：《大湘西少数民族非物质文化遗产保护研究》，《怀化学院学报》2012年第10期。李真：《湘西土家族非物质文化遗产保护的问题与对策》，《凯里学院学报》2008年第5期。
⑪ 周兴茂、周丹：《关于非物质文化遗产保护与传承的几个基本问题——以土家族为例》，《西北民族大学学报》2007年第1期。王淑贞、王文明：《湖南怀化市非物质文化遗产保护与开发中的问题与困难》，《怀化学院学报》2010年第6期。
⑫ 孙沁、谭和平、夏晓莉：《民族地区非物质文化遗产保护研究：以湘西自治州为样本》，《民族论坛》2013年第6期。
⑬ 朱长菊、李鸿雁：《湘西非物质文化遗产保护初探》，《民族论坛》2010年第7期。
⑭ 张卫民、赵嬰：《湘西保靖县非物质文化遗产传承与保护的问题及其对策》，《大众文艺》2014年第21期。

等问题[①]。谭志国的博士论文中也同样指出土家族非遗被本地人破坏，流失严重[②]。虽然今天保护非遗已被国家及各级政府提上日程，但非遗的生存空间仍然存在很多问题，很多非遗面临消失的危险。

关于传承人问题的研究 传承人与非遗是不可分割的统一体，传承人掌握着非遗的文化精髓，甚至是保证非遗持续健康发展的必备条件，对传承人的关注与研究也是必不可少的。张卫民指出湘西保靖县传承人年龄偏大且一些人体弱多病，无法进行传承[③]。李真指出“湘西永顺县土家族的毛古斯舞、花灯、薅草锣鼓几十年来都是同一批艺人在表演，且传承者年事已高，但现在又很少有年轻人去学习”[④]。王希辉指出改革开放后在文化传承中起承上启下作用的青壮年人口外出打工谋生，从而导致传承链条的断裂[⑤]。罗义华指出“一是对传承人的登记工作仅局限于撒叶儿嗬、花姑子等，对其他类型如民间工艺、民间体育方面的登记工作没有真正开展，二是对传承人的生活补助没有落到实处”[⑥]。陈廷亮也指出传承人的待遇较低，影响他们的传承活动[⑦]。可见传承人青黄不接、出现断层是目前普遍存在的问题。但对于武陵山区非遗传承人的关注也仅仅停留在后继无人，对传承人的保护机制、认定标准存在的问题等关注与讨论都较少。

通过对武陵地区非遗研究成果的梳理，可以看到非遗及其传承人已经引起了社会各界的广泛关注与重视，研究成果也颇多，但同时也存在一些问题。

首先是对非遗价值的挖掘不够深入 “非物质文化遗产”是被创造出来的一个词语，它将很多民间文化、习俗、技艺等整合在一起。今天，我们保护传承非遗，不仅仅是因为它代表着特定地区、民族的历史记忆，包含了人们的生活方式、观念，更是因为它具有巨大价值，并且每一种类别、每一项非遗都具有不同的价值。例如我们可以从医学的角度去研究传统医药，如苗医药的医学价值，让其在当今医学中发挥作用。从文学的角度研究民间故事、文学等，并整理成书籍，让学生学习阅读，其文学价值才能代代相传。从不同的学科和角度去深挖每项非遗的价值，让它们的价值为我们服务，这样非遗才能真正融入今天的生活，才能促进非遗的有效保护与传承。

其次是忽视了活态保护和多样性保护的原则 将非遗陈列在博物馆不是保护它，而是宣告它已经灭亡。今天我们提倡活态保护，活态保护的重点是传承人，但武陵地区的研究成果大多

① 赵冬菊：《少数民族非物质文化遗产保护现状与对策研究》，《江苏第二师范学院学报》2016年第5期。
② 谭志国：《土家族非物质文化遗产保护与开发研究》，中南民族大学博士学位论文，2011年。
③ 张卫民、赵曌：《湘西保靖县非物质文化遗产传承与保护的问题及其对策》，《大众文艺》2014年第21期。
④ 李真：《湘西土家族非物质文化遗产保护的问题与对策》，《凯里学院学报》2008年第5期。
⑤ 王希辉、黄金：《土家族口头非物质文化遗产的抢救与保护》，《黑龙江民族丛刊》2008年第6期。
⑥ 罗义华、闫丽霞：《非物质文化遗产传承人保护的问题与对策》，《三峡文化研究》2008年。
⑦ 陈廷亮：《守护民族的精神家园——湘西少数民族非物质文化遗产研究》，中央民族大学博士学位论文，2009年。

只关注了非遗本身，对传承人的关注还不够。很多学者都讨论了非遗生存困境、保护与开发措施，但传承人的生存困境以及应如何保护等较少涉及，这有悖于非遗的活态性保护原则。传承人作为文化持续稳定发展的核心要素，对他们进行保护与关注才能从根本上促进非遗的发展。所以，我们后续的研究应该关注传承人的生存困境、话语权、认定标准、保护机制问题等，包括他们的医疗、养老等问题。只有坚持以传承人为本，才能真正实现活态传承。再者，保护非遗是为了促进文化的多元化发展，但是目前研究集中在土家族，其他民族很少涉及，研究的类别主要以传统音乐、舞蹈为主，对传统美术、医药和民俗涉及较少，个案研究大多以国家级非遗为对象，尤其集中在大家耳熟能详的非遗项目上。这样不仅导致研究单一、重复，同时也导致了文化由多样发展走向单一发展，出现一些非遗项目一枝独秀的情况。武陵地区聚居了土家族、苗族、汉族、瑶族、侗族、白族等多个民族，每个民族都有自己独特的历史与文化，我们研究的对象应该更广泛；也不能仅局限于某一项或某一个非遗项目，应将目光转移到一些很少有人关注的，例如玩牛、棕包脑、龙舞、苗画、侗锦织造技艺等，这样才有利于武陵地区非遗文化百花齐放。

图9 石柱玩牛

图10 火龙起舞

最后，非遗的保护措施宽泛、不够具体 关于保护武陵地区非遗的文章较多，提出的保护方法也很多，但是大多数的保护措施比较笼统、空洞，不够具体，可操作性比较低，而且富有创新力的建议也不多，大多都是从政治、经济、法律等常规层面入手。我们在提出措施时应注重具体性、实用性和可操作性。例如，提高公众对非遗的认识，到底采取哪些有效的方法？而且针对不同阶层，采取的方法应该有所不同，包括在宣传非遗的时候，也应该针对不同的受众采取不同的途径。在学校可以开展非遗课、非遗知识竞赛等，在社区可以聘请传承人展演。同时，还要充分利用“文化遗产日”，号召各个单位、企业、学校开展不同的非遗活动，组织人员参观非遗展览，进行非遗知识的普及与宣传。加强法律的保护也是很多学者提倡的，但法律的保护不应停留在颁布法律的层面，具体怎样执行、监管才是最重要的。某地的非遗消失了，或者在开发非遗时出现“伪民俗”时，谁是监管部门，应该由谁来问责，怎样将法律的监督作用发挥最大化？这也是我们后续应该关注的问题。再者就是政府对非遗保护的资金投入问题，要合理地分配和使用资金，而且还要为传承人争取更多的生活补助、奖励，并且用物质鼓励更多的青年人学习非遗。非遗的保护也绝不能一概而论，不同的类别应该采取不同的保护措施。例如，传统的手工技艺就应该在生产中保护，传统的音乐、舞蹈可以适当与旅游结合，但有些民俗却不能过度开发，要尽量保证其原生性。

对非遗传承人的研究还需进一步加强，对传承人的成长经历、传承活动、精湛技艺、文化贡献等，特别是对于文化传承人在文化实践过程中的继承和创新等问题都要进行全面而系统的调查，否则难免面临人亡艺绝的濒危状况，具有深厚文化造诣的传承人的精神财富就不能被很好地记录和保存下来。武陵地区各地都已相继编印出版非物质文化遗产资料，但对武陵地区非遗传承人研究的学术论著不多。目前有关传承人的著作主要有田仁利主编的《湘西当代民族文化传人录》（中央民族大学出版社2009年），该书辑录了当地在民族研究、民间文学、工艺巧匠、音乐舞蹈、戏剧曲艺、特色饮食、巫俗绝活、文学创作、美术书法及风物摄影等几个领域中与民族、民俗有关的，具有一定影响、做出一定成绩的民间文化人物349位，其中有不少被政府确定为民间文化遗产传承人，还有被文化部确定为国家级非物质文化遗产项目代表性传承人的。前期丰富的研究成果和实践探索是本课题研究的重要基础。

2. 研究理论与实践意义

作为一种“活文化”，传承是非物质文化遗产保护的核心。传承必须由人去延续，因而，非物质文化遗产传承人的常态承接和良性发展，是解决传承危机的关键。开展武陵地区非物质文化遗产传承人的研究，对于认识武陵地区非物质文化特质，加强武陵地区非物质文化的保护，促进武陵地区非物质文化良性发展，具有相当重要的现实价值；同时，对于丰富非物质文化理论研究内容也具有十分重要的意义。

第一，针对非物质文化传承人发展遭遇的新情况、新问题进行研究，可以解决非物质文化传承人发展的实际问题，同时，也可以强化和深化非物质文化传承研究。在当前经济社会发展的潮流中，一些非物质文化的保存与保护面临着十分严峻的考验；作为非物质文化传承的核心——传承人同样面临着文化生境消失、代际脱节等致命性问题。虽然经过国家、政府、非物质文化从业人员以及广大非物质文化传承人的努力，建立起了非物质文化的相关法律规定和国家、省、市、县四级非物质文化遗产名录，落实了部分津贴和经费补助政策，在文化传承、传承场（空间）建设、代表性传承人保护等各方面做出了突出的成绩。但是，传承人代际传接、经济贫困以及与之相关的文化生境保存、文化传承等困难，依然不同程度地存在，甚至继续恶化。因此，开展非物质文化遗产传承人发展研究，可以有针对性地发现问题，解决问题。

第二，开展武陵地区非物质文化遗产传承人研究，有利于民族文化的保护与发展。武陵地区是一个多民族杂居的地区，有土家族、苗族、彝族、布依族、仡佬族、侗族、白族、蒙古族等近30个少数民族。这些少数民族长期传承的民族文化构成了武陵地区非物质文化遗产的基础。如中国首批“非物质文化遗产名录”中“土家族打溜子”“土家族摆手舞”“湘西苗家鼓舞”“土家族撒叶儿嗬”“湘西土家族毛古斯舞”“仡佬族毛龙节”“苗族银饰锻制技艺”等都是少数民族文化的精粹。开展非物质文化遗产传承人研究，势必促进区域的非物质文化发展，从而带动民族文化健康发展。

图11 石柱土家族自治县县庆中的锣鼓队

第三，开展武陵地区非物质文化遗产传承人研究，有利于全方位认识武陵地区地方性文化的特质。武陵地区各少数民族在长期历史发展过程中，形成了一种“多民族共生，多文化共存”的和谐状态。区域内民族交融，文化互习，突出了武陵地区文化的特异性，在我国民族地区中表现出鲜明的个性。“桑植民歌”“石柱土家啰儿调”“南溪号子”“思南花灯戏”“德江傩堂戏”“石阡木偶戏”“秀山花灯”“木质吊脚楼建筑技艺”“辰州阳戏”等非物质文化遗产充满了浓郁的地方特色。对这些文化的传承人研究，可以深入了解地方性文化在传承人身上的表现及其文化内涵与传承机理，寻找出特殊的地方文化传承的规律，从而服务非物质文化工作，提供理论借鉴。

第四，开展非物质文化遗产传承人研究，有利于丰富非物质文化和民族文化理论。通过对不同类型的非物质文化遗产传承的谱系研究、代际传承机制研究，可以科学地把握传承人自身发展规律和非物质文化（民族文化）发展规律，丰富民族学、艺术学、文化学、人类学等学科中对诸如文化传承、文化变迁、文化冲突等的理论研究。

三、研究思路与研究内容

1. 研究思路

目前，从国家到地方都非常重视非物质文化遗产的传承，在传承人保护方面做了大量的工作，诸如建立从国家到地方的四级非物质文化遗产代表性传承人名录，一些地方也出台了相关的保护条例，从传承人的义务、权益、津补贴等方面做出相应规定，并积极执行，但是仍然无法完全避免非物质文化遗产传承人绝艺歇的尴尬局面。作为活态的文化，它必将是人的生活的一部分。从传承自身而言，无论是个体传承人，还是群体传承人，他们传承接代都有其自身独特的方式和运行模式。本课题以非物质文化遗产传承人为研究对象，关注传承人发展，希冀从传承人群体自身视角来研究民族民间非物质文化遗产的传承，深入探讨传承人师徒相承的自然机理，寻找传承人自然过渡的客观发展规律，以调适当前相关传承人的政策和纠正关于传承人的认识误区，力图寻求发展延续传承人调适政策的最佳点。

2. 主要内容

全书共分七章。第一章从武陵地区自然环境和人文环境两个层面对武陵地区非物质文化遗产与传承人生境进行陈述。第二章主要对非遗传承与传承人内涵进行阐释，对非遗传承人的重要作用及意义，以及武陵地区非遗传承人类型进行论述。同时还对传承人在传承非物质文化遗产时所表现出的“从众逻辑”和“求利逻辑”两种主观选择逻辑进行探讨，针对武陵地区国家、省、市、县四级认定的非遗代表性传承人基本情况分类描述，从传承人的整体结构层次中把握非遗传承人谱系的特征。第三章围绕武陵地区非物质文化遗产传承人传承模式、传承机制原理、传承机制构成几个方面探讨传承机制。第四章主要选取武陵地区不同地方、民族、非物质文化遗产种类为代表，分别对这些文化遗产项目的基本情况、分布特征、传承人情况、传承人结构、传承模式以及项目传承现状等进行详细案例分析，以可感知的方式反映非物质文化遗产及其传承人在实际传承保护过程中所呈现的现状。第五章探讨武陵地区非物质文化遗产传承人的继承现状和发展所面临的困境，包括武陵地区非遗文化生态环境空间加速改变、非遗传承人面临后继乏人的瓶颈、传承人仍然面临着经济困惑、传承人自身因素制约传承效果等主要困境，而造成这些困境的主要原因则是武陵地区非遗传承人的文化生态环境瓦解、社会各界对非遗及非遗传承人的保护意识仍待提升、非遗利用程度较低且存在问题等。第六章针对武陵地区非物质文化遗产传承人发展面临的问题及非物质文化研究工作中的不足，提出不断完善武陵地区非物质文化遗产传承人保护机制、多维度探索武陵地区非物质文化传承人保护及培养体系等建议。第七章提出面对当代高度发达的社会物质生活、高科技以及全球化的冲击，非遗传承人必须加强自我调整，不断适应生活环境和现代科技时代发展的需要，更好地传承保护非物质文化遗产。

四、理论依据与研究方法

本课题将武陵地区非物质文化遗产传承人发展困境及对策作为研究对象，内容涉及武陵地区非物质文化遗产传承人的生存环境、生存现状、传承机制、传承人现实困境及原因分析、传承人发展对策及建议，以及当下传承人的自我调适等问题。课题综合运用了民族学、民俗学、历史学、心理学、艺术学、人类学、社会学等多学科研究理论与方法。其研究的理论根据为环境论、本体论、认知论以及可持续发展论，具体研究方法主要有田野调查法、文献研究法、个案研究方法、整体综合研究方法等。

1. 研究理论依据

环境论 任何一个民族和地区的文化遗产都是在特定的空间范围形成和发展的，都离不开它所赖以生存的自然和人文环境。特定的环境是人类生存的先决条件，是产生和形成不同种族、不同地区文化传统的重要基础。本课题将武陵地区非物质文化遗产传承人这一个体与其所生存的环境联系起来研究，从而避免孤立地看问题，将个体与整体联系起来。

本体论 基于本体论，本文通过对武陵地区非物质文化遗产传承人当前所存在的诸多现实困境这一现象的分析，进一步探究产生这些现象背后的真正原因，从而提出解决问题的正确方法与对策。从学科知识看，本课题综合运用了民族学、民俗学、心理学、艺术学等相关理论知识。

认知论 它既是一种理论，也是一种方法，传承理念是认知论三个基本理念之一，本课题正是基于此理论。非物质文化传承人作为非物质文化遗产的传承主体，具有非常重要的认识论意义。本课题将以大量的事实和实践作为依据，透过各种现象达到认识事物本质的目的。

2. 课题研究方法

田野调查法 它是人类学和民族学常用的主要工作方法，是研究我国非物质文化遗产必备的基本功，当然也是本课题研究的重要方法。武陵地区范围较大，课题组利用以点带面的研究路径，选择石柱、利川、恩施、来凤、龙山、永顺、桑植、张家界、沅陵、辰溪、麻阳、新晃、凤凰、吉首、花垣、保靖、松桃、石阡、德江、思南、印江、沿河、秀山、酉阳、黔江、彭水、道真、务川等28个市县进行重点调查。一方面充分运用影视人类学方法，采用录像、录音、照相等设备和现代技术手段，深入各区、县、乡的博物馆进行踏勘调查，搜集资料，还有针对性地对武陵地区重庆黔江土家族南溪号子、石柱土家族啰儿调、彭水苗族民歌、酉阳土家族摆手舞，湖南桑植民歌、湘西苗族鼓舞、湘西洗车西兰卡普，湖北长阳土家族撒叶儿嗬、恩施灯戏、恩施土家族女儿会，贵州思南傩戏、石阡木偶戏等十多种活态非物质文化遗产进行了实地考察、收集整理。另一方面通过访谈武陵地区数十位代表性传承人和民间艺人，如南溪号子传承人杨正泽，啰儿调传承人刘永斌、黄代书，桑植民歌传承人向佐绒，彭水苗族民歌传承人任荣新，摆手舞传承人彭昌松，肉连响传承人刘守红，秀山花灯传承人彭兴茂、杨正斌等，还走访了武陵地区傩戏传承人及其坛班，如秀山余家傩传承人何建勋，德江傩戏传承人安永柏、杨法辉，道真傩戏传承人黄本朝等，搜集傩戏口碑资料和传承谱系、行内传承机制等。通过调查工作，得到了第一手可靠的资料和数据。

图12　采访阳戏传承人

文献研究法　根据拟定的研究目的，对相关文献进行搜集整理，并通过对文献的研究，形成对事实科学、全面且正确认识的方法。文献研究法是史学、社会学、民族学常用的研究方法，也是本课题重要的研究方法。课题组成员充分利用图书馆、博物馆、档案馆、文化馆、互联网、相关部门以及个人交往等渠道，获得了大量的图书资料、历史资料、论文资料以及影像资料等具有较高学术价值的文献资料，并运用相关学科知识进行归纳整理，为本课题的研究工作提供丰富的佐证材料。

个案研究与综合研究方法　个案研究法也叫案例研究法，是对某一个体、群体或组织进行长时间连续的调查研究方法。综合研究法是指综合运用各种指标对事物现象的总体特征与数量关系进行研究的方法。本课题将个案研究与综合研究方法相结合，对大量具有代表性的单个案例进行了具体分析，结合非物质文化遗产以及传承人现状，分析武陵地区非物质文化遗产传承人的困境及其原因，最后得出解决问题的正确方法和对策。

五、创新与不足

1. 创新

本课题主要对武陵地区非物质文化遗产传承人保护现状、传承人发展困境及其对策进行研究。本课题的主要创新之处在于：

一是本课题以传承人本体的视角解读武陵地区非物质文化传承方式，关注传承人传承非物质文化的“从众逻辑”“求利逻辑”主观选择，并在此基础上提出非物质文化活态传承中培养文化传承人并引导其在当代良性发展的对策和建议。

二是本课题的研究立足于本土，以武陵地区各类非遗代表性传承人为研究对象，多角度、多方法进行研究，在本土研究的经验积累中，逐步了解和构建起非物质文化遗产传承人自身的发展规律和承接模式，倡导政府部门及商业界和研究机构等换位思考，从传承人本体出发，去营造活态性的传承生态环境，探索一些切实可行的措施去加强传承人与时俱进的文化自觉，更好地促进武陵地区非物质文化遗产的传承、发展和繁荣。

三是全面理清武陵地区非物质文化遗产传承人的类型、特点、传承机制和作用方式，对非遗传承人发展规律与非遗传承人在当今继承和发展中所面临的非遗文化生态环境空间加速改变、非遗传承人后继乏人的瓶颈、非遗传承人仍然面临着经济困惑以及传承人自身因素制约其非遗传承效果等问题成因的分析，提出要不断完善武陵地区非物质文化遗产传承人保护制度、传承人保护机制、多维度探索武陵地区非物质文化传承人培养体系和后勤保障体系，同时提出建构武陵地区非物质文化遗产传承人文化生态圈、加强当代背景下非物质文化遗产传承人的自我调适等策略，是更好地促进武陵地区非物质文化遗产传承、发展和繁荣的有效途径。

2. 不足

武陵地区非物质文化遗产传承人发展困境及其对策研究，是一个应用性、实践性很强的问题。课题组虽然对武陵地区不同类型的非遗项目名录进行了梳理，实地采访各级非遗代表性传承人、非遗保护工作者，但在社会发展过程中，特别是在乡村振兴背景下，非遗保护与非遗传承人发展的应急机制有待发展和完善，当前非遗代表性传承人老龄化严重（有的记忆衰退，或已经离世），部分鲜为人知的技艺要进行抢救性数据采集工作，这些都需要更多有针对性、可操作性的对策，这也是我们未来必须长期面对和亟待探索、解决的实际问题。

第一章
武陵地区非物质文化遗产及其传承人

第一节　武陵地区文化遗产与传承人生境概况

武陵地区是指武陵山及其余脉所连的区域，总面积达11万多平方公里，总人口2300余万，其中土家族、苗族、侗族、白族、回族、仡佬族等30多个少数民族人口共1100多万人，约占总人口的48%。武陵地区是革命老区，是我国面积较大、人口较多、少数民族聚集多的集中连片特殊困难地区，也是中国区域经济的分水岭和西部大开发的最前沿阵地，是连接中原与西南的重要纽带。

一、武陵地区自然环境

气候与自然地理环境是人类赖以生存的重要条件，对其了解有助于认识和研究区域文化的发生、发展与特点。研究武陵地区非遗及其传承人也必须弄清武陵地区的地理环境与气候。

1. 武陵地区范围界定

武陵地区系一个自然地理概念，“武陵”源于武陵山脉。《中国古今地名大辞典》中载：“武陵山，自贵州苗岭分支，行乌、沅二江间，蔓延于湖南省西北境沅、澧二江间，高度达六千余尺，至常德西境之平山止，通称武陵山脉。”[①]武陵山位于湖南、贵州、重庆、湖北四省市边境，主脉呈东北—西南走向，山脉长度420千米，为乌江和沅江、澧水的分水岭，平均海拔

① 臧励龢主编：《中国古今地名大辞典》，商务印书馆，1982年。

约1100米。其主峰梵净山横亘在江口、印江、松桃三县交界处，最高峰凤凰山海拔2572米。

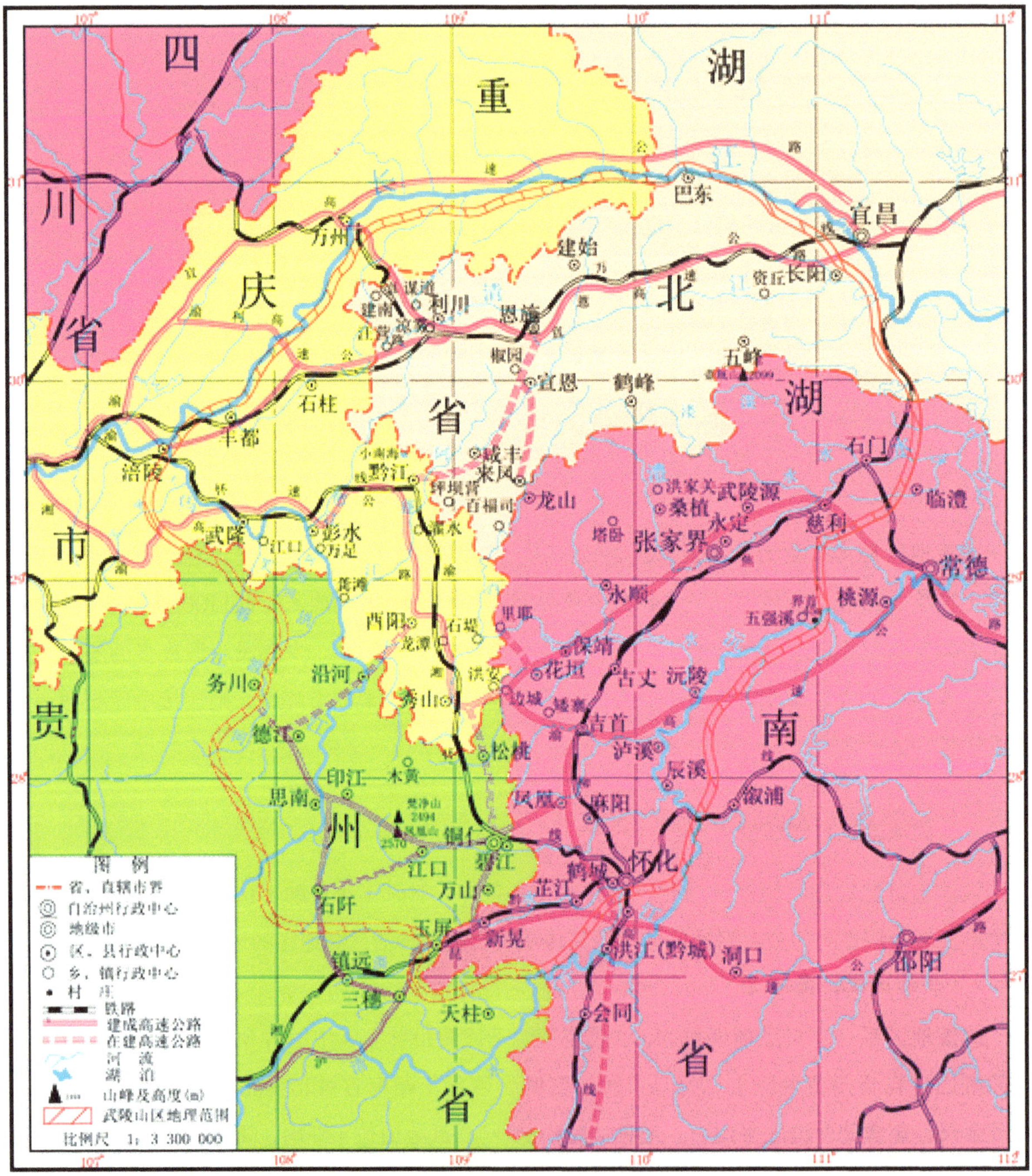

图1 武陵地区范围图 黄健民绘

图2 黔江区武陵仙山

武陵地区是指武陵山脉绵延分布的湘西北、黔东、渝东南及鄂西南地区。介于北纬27° 04′ ~31° 03′ 和东经107° 41′ ~111° 27′ 之间。其地理范围涵盖湖南、贵州、重庆、湖北4个省市的49个区、县（区、市、自治县），面积112900平方千米。具体行政区为：湖南省湘西土家族苗族自治州（简称湘西州）吉首市、泸溪县、凤凰县、花垣县、保靖县、古丈县、永顺县、龙山县；张家界市永定区、武陵源区、慈利县、桑植县；怀化市鹤城区、沅陵县、辰溪县、麻阳苗族自治县、芷江侗族自治县、新晃侗族自治县；常德市石门县；邵阳市隆回县、洞口县；贵州省铜仁市碧江区、万山区、江口县、石阡县、思南县、德江县、印江土家族苗族自治县、沿河土家族自治县、松桃苗族自治县、玉屏侗族自治县；重庆市黔江区、武隆县、丰都县、酉阳土家族苗族自治县、秀山土家族苗族自治县、彭水苗族土家族自治县、石柱土家族自治县；湖北省恩施土家族苗族自治州（简称恩施州）恩施市、利川市、鹤峰县、宣恩县、来凤县、咸丰县、建始县、巴东县；宜昌市长阳土家族自治县、五峰土家族自治县、秭归县。

本课题研究的武陵地区范围是基于地理范围、历史文化、现实因素等方面综合考虑，我们认为，武陵地区还包括重庆市涪陵区，遵义市道真县、务川县、正安县；怀化市溆浦县、中方县、洪江市、洪江区、会同县；黔东南苗族侗族自治州镇远县、三穗县、天柱县。以上共计61个区市县。

2. **武陵地区地质构造、地貌及土壤**

武陵地区的地质构造复杂，碳酸盐类岩石分布广泛，新构造运动强烈，以及第三纪以来受热带、亚热带气候的影响，因而地貌发育演化过程复杂多样，有冲积、洪积、坡积、洞穴堆积等各种成因形成的堆积，但厚度一般小于100米，为砂土、亚砂土及砂质黏土等组成的堆积层。

武陵地区的大地构造单元有：湘西大地构造以花垣—保靖—张家界断裂带为界，分为南北两个变形区；黔东陷褶断束①；川鄂湘黔隆褶带②；鄂西南构造带③。武陵地区地貌类型多样，有山地、山原、丘陵、平原④、盆地⑤、喀斯特地貌及河谷等类型，以山地为主，山地、山原约占总面积的80%，丘陵约占总面积的15%，平原约占总面积的2%，盆地约占总面积的3%。区境内有喀斯特地貌发育且分布广泛，碳酸盐类岩石出露面积约占区境面积的32%～39%。

图3 山地地貌

武陵地区内主要土壤类型有黄壤、黄棕壤、石灰岩土、水稻土、潮土等。各土类的分布不仅具有水平地带性、垂直地带性和非地带性的规律，而且土类随地貌及母质的差异而变化，地带性土壤、非地带性土壤交错分布。

黄壤广泛分布于区境。目前原生植被保存极少（仅梵净山自然保护区），常见次生植被有马尾松、杉、栎类、杂灌及灌丛。在植被下的黄壤层较厚，呈微酸性至酸性反应。黄棕壤分布于区境海拔1400～2500米的地区，是棕壤与黄壤的过渡类型，兼有黄壤与棕壤的某些特征。

---

① 黔东陷褶断束：位于锦屏—榕江叠台拱北西，正安拱褶断束及黔中拱褶断束东部倾伏端以东，施秉—玉屏断裂以北。

② 川鄂湘黔隆褶带：大致位于七曜山以南—芙蓉江以东地区，属古生代显著凹陷，中生代相对隆起，燕山期生成的北东向构造带。

③ 鄂西南构造带：位于新华夏系川鄂湘黔隆褶带之北东端，扬子准地台东西构造西端，北邻淮阳山字形构造西翼反射弧，西与四川盆地毗邻，处于扬子准地台中部偏西，西为四川中台坳之川东梳状褶皱带，中、东部为八面山隆起褶皱带和武陵坳褶皱带的北东段。

④ 武陵地区的平原面积都很小，相对而言，面积较大的有芷江平原、秀山平原、来凤平原。

⑤ 武陵地区碳酸盐岩广布，小型溶蚀洼地、次生谷、槽谷、山间盆地广泛分布各地，面积不大，相对较大的有利川盆地、慈利盆地、恩施盆地、酉阳龙潭盆地、宣恩晓关盆地等。

黄棕壤土质疏松，质地多为中壤，结构为粒、核、块状。石灰岩土主要分布在沅江及其支流㵲水、酉水，乌江及其支流阿蓬江、洪渡河、芙蓉江与清江流域等地。在石灰岩、白云岩出露的地方都有石灰岩土的发育，并常与黄壤、黄棕壤等地带性土壤交错分布。该土类含钙素丰富，使土壤多呈碱性或中性反应，土块一般分散，厚薄不一，宜喜钙而耐旱的农作物及林木的生长。武陵地区水稻土分布广泛，但中山地区分布较少。该土类以平原（平坝）、盆地、槽谷较为集中，丘陵、低山下部也较多。水稻土是在人为耕作、施肥、灌溉等一系列农业技术措施影响下形成的，熟化程度不同，肥力高低不等。潮土（冲积土）分布于江河溪流沿岸开阔处。该土类土层深厚，质地层次明显，养分含量丰富，适宜种植花生、甘蔗、油菜、柑橘、香蕉等作物。区境内除上述土类外，还有棕壤、草甸土等土类。

由于各地自然条件和开发历史不同，耕地分布很不均匀，在区境沅江及其支流两岸地区，耕地较密集。水田在耕地中的比例占25%～30%，在沅江及其支流两岸地区，由于地势较平坦，河渠交错，灌溉便利，水田比重约占耕地的35%以上。在山地，由于坡度大，水田多分布于河谷、溪沟或有水源的低山丘陵，一般只占耕地的20%～25%。旱地大致可分为坝土、槽土、坪土和坡土。坡土土质较差，是旱地中最大的类型，约占全部旱地的75%以上。旱地中坝土、槽土、坪土一般坡度小，土层较厚，熟化程度高，肥力好，单产高。

图4 武隆后坪乡莲池坝

3. 武陵地区气候

武陵地区位于我国地势第二级阶梯向第三级阶梯的过渡地带，系典型的亚热带季风性湿润气候。其气候一是夏热冬暖，热量资源丰富。区境大部分地区7～8月平均温度都在23℃～28℃之间；1月大部分地区平均温度都在4℃以上，只有万山、利川、五峰、咸丰1月均温在4℃

以下，正如古人云“隆冬可单，盛夏可夹”。区境大部分地区（海拔600米以下）年积温5000℃～5980℃。二是降水充沛，时空分布不均。大部分地区年降水量在1100～1300毫米之间，总的趋势是东多西少，南北有异。降水多集中在5～10月。三是云雾较多，日照偏少。区境大部分地区年平均雾日在18～35天。常年日照时数1084～1300小时，当然小区域、低山和高山之间也存在一定差距。

4. 武陵地区水系及水资源

武陵地区山川纵横，溪河与山岭相间，江河众多，有大小河流数千条，集雨面积在100平方千米以上的河流就有216条，较大的河流有沅江、乌江、酉水、澧水、清江等。区境的大小河流最终都注入长江，属长江水系。武陵地区的水系因流域降水充沛，径流总量很大，如沅江年平均径流总量为659亿立方米（桃源站），乌江年平均径流总量为534亿立方米（武隆站）。沅江、乌江的年平均流量也大，沅江2090立方米每秒，乌江1690立方米每秒[①]。

沅江（沅水） 发源于贵州省都匀市云雾山鸡冠岭斗篷山，干流流经都匀、福泉、凯里、台江、剑河、锦屏、天柱，入湖南境，经洪江、中方、辰溪、沅陵、桃源、常德、汉寿两省14县市，在汉寿注入洞庭湖。干流全长1020千米，流域面积89160平方千米。注入沅江的主要支流有左岸的㵲水、辰水、武水、酉水，右岸的渠水、巫水、溆水，左右支流构成树枝状水系。

澧水 河源分北、中、南三源，以北源为正源。北源发源于湖南桑植县境西北的八大公山杉木界，中源发源于湘鄂边境八大公山东麓，南源发源于永顺县境西北万福山麓，三源于桑植县汇合后，往南经永顺，再向东流，经张家界、慈利、石门，沿途接纳溇水、渫水等支流，在澧县小渡口注入洞庭湖。干流全长388千米，流域面积18496平方千米。

乌江 武陵地区注入长江的最大支流。乌江源出贵州高原西部乌蒙山东麓，分南、北两源。南源为三岔河（习惯上以三岔河为正源），发源于威宁彝族回族苗族自治县境东部的石缸洞；北源为六冲河，发源于赫章县境西北的可乐彝族苗族乡的罐子窑。南、北两源在黔西县境化屋基汇合，由西南向东北流经贵州修文、息烽、遵义、开阳、瓮安、湄潭、余庆、思南、德江、沿河县境后，折向西北，经酉阳龚滩、彭水、武隆，于涪陵铜柱关注入长江，全长1050千米，流域面积87920平方千米。乌江在思南以下，河流切穿大娄山而进入武陵山区境西，峡谷与宽谷交替出现，河谷略为开阔，河道较平直。乌江蜿蜒曲折，兼纳百川，干流沿途接纳许多支流，流域面积在1000平方千米以上的一级支流有猫跳河、野济河及偏岩河、湘江、清水江以及余庆河、六池河、石阡河、印江河、甘龙河、阿蓬江，还有洪渡河、郁江、芙蓉江、大溪河。

清江 古称夷水，因江水清澈而得名。清江是湖北省仅次于汉江的第二大河。清江发源于利

① 沅江、乌江的水文资料分别采自湖南省桃源水文站、重庆市武隆水文站。

川市西七曜山麓，自西向东流经了恩施、宣恩及建始、巴东、长阳和宜都，在宜都陆城北处注入长江。全长423千米，流域面积17000平方千米。清江主要的支流有忠建河、马水河和野三河等。

㵲水 又名㵲阳河，发源于贵州省瓮安县境东南，流经黄平、施秉、镇远、岑巩、玉屏后入湖南境，再经新晃、芷江、鹤城、中方，最后在洪江市黔城注入沅江。㵲水为沅江较长的支流之一，全长444千米，流域面积10334平方千米。

酉水 发源于湖北省宣恩县七姊妹山南麓椿木营乡境，上游名白水河，经来凤白福司流入重庆市境的酉阳、秀山，在秀山石堤与南来的支流梅江汇合后东流入湘，经保靖、永顺、古丈，在沅陵城西注入沅江。酉水为沅江最大支流，全长477千米，流域面积18530平方千米。

其他河流如溇水，发源于湖北鹤峰县境北部，由西北向东南经湖南桑植，在慈利注入澧水，为澧水最大支流；干流全长250千米，流域面积4665平方千米。阿蓬江，发源于湖北省利川、恩施区境，有冷水河与青岩河两源，在咸丰县境合流后名大河、唐岩河，后流入重庆区境经黔江、酉阳，在酉阳龚滩汇入乌江；全长248.7千米，流域面积5585平方千米。洪渡河，发源于贵州省德江县境西，自南往北流经务川、沿河，在洪渡汇入乌江；全长194.1千米，流域面积3664平方千米。芙蓉江发源于大娄山脉东麓之贵州省绥阳县境，流经正安、道真，在重庆市武隆县江口汇入乌江；全长231.2千米，流域面积7793平方千米。

5. **武陵地区矿产资源**

武陵地区境内能源矿产有煤、天然气、页岩气、地热等。煤主要分布在辰溪、桑植、慈利、沿河、武隆、黔江、彭水、咸丰、利川等地，天然气主要分布在丰都、石柱、利川等地。武陵地区地下热能多以温泉的形式排出，在慈利、麻阳、石阡、秀山、酉阳等地均有温泉分布。

黑色金属矿产有铁、锰等，铁矿分布于慈利、建始、利川、鹤峰等地，锰矿分布在花垣、古丈、松桃、秀山等地。

有色金属矿产有铅锌矿、铝土矿、汞矿、镍钼矿、铜矿等。铅锌矿主要分布在花垣、石柱等地，铝土矿主要分布在湘西州、桑植、慈利、永定、武隆等地，汞矿分布在万山、秀山、酉阳一带，镍钼矿分布在慈利、永定等地，铜矿分布在麻阳、永定、慈利等地。区境各地均有冶金辅助原料矿产分布。区境内还有化工非金属矿产，如在永定、慈利、江口、酉阳、鹤峰等地分布的磷矿，主要产于慈利等地的钾矿，分布较广泛的硫铁矿，分布于利川、彭水等地的井盐，分布在永定、慈利、彭水、黔江、咸丰、来凤等地的重晶石，以及区境各地均有分布的芒硝等。

武陵地区的建筑材料非金属矿产种类也很多，主要有水泥用石灰岩、石膏、大理石、生物型大理石、高岭土、陶瓷用黏土、砖瓦用粉砂岩等，不仅储量十分丰富，而且分布广泛，如慈利、咸丰、利川等地就是内地大理石主要产区。另外区境的非金属矿产还有硒、菊花石等。这也为富硒茶的生产和制茶技艺、菊花石雕技艺等提供了得天独厚的条件。

6. 武陵地区生物资源

武陵地区气候温暖湿润，适合各种植物生长发育，而且地势起伏较大，地貌类型多样，地表组成物质及土壤类型复杂，因而植物种类丰富，植被类型复杂多样。区境内有亚热带常绿阔叶林、亚热带山地常绿落叶阔叶混交林、亚热带落叶阔叶林等。还有水平分布遍及区境的寒温性、温性和暖性三种类型的针叶林，如在低山丘陵区分布着大面积的马尾松林、杉林、柏木林、巴山松林、铁坚杉林，在壶瓶山、梵净山、七姊妹山、木林梓等中山山地分布着多种冷杉、云杉和圆柏所组成的寒温性针叶林；在巴东、建始、恩施、武隆、黔江、彭水、酉阳等地分布有华山松、油松、巴山松等温性针叶林；在低山、丘陵和平原（平坝）地区分布有暖性针叶林，树种有马尾松、杉、铁坚油杉等，还有常绿或落叶阔叶树种，如樟、桢楠、栲、青冈、山茶、桦等科属，以及常见的柃木、黄荆、乌饭树、映山红、六道木、冬青、勾儿茶、水竹等灌木树种。在林内草本亦极复杂，有苔草、麦冬、乌蕨、里白、芒萁、鳞毛蕨、白茅、芒等。其他还有竹类植物、灌丛以及80余种草甸植被，其中银杉、珙桐、水杉、银杏、鹅掌楸、红豆杉、连香树及楠木等为驰名中外的珍稀物种，这些古老树种有不少被称为“活化石”。

武陵地区复杂多样的自然环境为种类繁多的动物提供了生息繁殖的场所，尤其在不同的植被类型中，滋育着不同类型的动物群。区境的动物种类繁多，据目前资料统计①，区境有陆生脊椎动物392种，其中爬行类36种、两栖类19种、兽类86种、鸟类251种。区境鱼类约70种，经济价值较高的有50余种。区境有属于国家一、二类保护动物的小熊猫、华南虎、毛冠鹿、黑叶猴、锦鸡、红腹角雉、长尾雉、猫头鹰、鸳鸯和大鲵等，另外还有国家保护动物如豹猫、草鹿、斑羚、石貂、灵鼬、水獭、小灵猫、大灵猫、金猫、猕猴、短尾猴、穿山甲、猫头鹰、啄木鸟、白鹇、白冠长尾雉、野猪、刺猪、松鼠等。其他动物资源还有兔、鼬獾、果子狸、獾、猪獾、竹鼠、鼯鼠等。鸟类有雁形目、鸡形目、秧鸡目和鸽形目，常见的有喜鹊、竹鸡、秧鸡、斑鸠和白鹭等。爬行类有龟、鳖、蛇等。

自然资源和生态环境是人类赖以生存和发展的基本条件，自20世纪80年代以来，武陵山区境的生物多样性保护取得明显成效。区境有壶瓶山自然保护区、八大公山自然保护区、梵净山自然保护区、麻阳河自然保护区、星斗山自然保护区、七姊妹山自然保护区、木林梓自然保护区等七个国家级自然保护区。

7. 武陵地区农业资源

武陵山区热量充足，降水丰沛，土地适生性广，加之地貌复杂，生态环境类型多样，大自然的鬼斧神工造就了庞大而神奇的“天然植物园、动物园及药材宝库”，孕育出明显的农业资

① 根据《湖南省志·动物志》《贵州省动物志》《四川省动物志》《湖北省志·动物志》统计。

源多样性优势。农业生产历来以经营林业和种植业为主，常年销售的名贵与大宗常用品种达300余种，不仅有钩栗、甜槠、栲、水青冈、马尾松、杉木和柏木等主要用材树种，而且有珙桐、香果树、杜仲等多种孑遗珍稀树种。油桐、漆树、乌桕、五倍子、茶树、油茶是本区的主要经济林木，所以本区还是我国木材、桐油、生漆、乌桕的重要产地之一。而湘西、彭水、秀山的桐油早在16世纪就成为主要出口商品，历史悠久，誉满中外。除此之外，该地区还有久负盛名的黄檗、黄连、党参、灵芝、当归、天麻等名贵中药材资源，以及富有开发前景、得天独厚的杜仲、厚朴、芍药、竹节人参、绞股蓝、独活、郁金、金盘七、青蒿、姜黄、银杏、三七、五倍子、茯苓、半夏、牛膝、川芎等天然药源植物资源。这里是发展绿色食品与生物医药和化工的理想场所。

武陵地区丰富的山林资源为瓜果、反季节蔬菜的生长提供了条件，享有林果之乡的美誉。烟草、猕猴桃、柑橘、茶叶、核桃等经济作物及山野菜是本地区的特色产品，而且产量大、品质高，仅怀化的水果就有橘、橙、香柚、杨梅、猕猴桃等70多个品种，种植面积达6.6万多公顷，实际年产量50多万吨。湘西自治州的椪柑种植面积达3.3万公顷，占全国椪柑总面积的13%。另外竺麻、刺梨、板栗、魔芋、生姜及多种食用菌也是武陵山区名特产品。

武陵地区森林茂密，为动物栖息繁衍提供了良好的自然环境，因而动物资源种类繁多，且有许多珍稀动物，经济价值高。据调查，区境有动物资源300余种，其中属于国家重点保护的珍稀动物有23种，如华南虎、金丝猴、猕猴、穿山甲、云豹、金钱豹、娃娃鱼、大灵猫、红腹锦鸡等。野生毛皮类动物60多种，药用动物60余种。此外区境在牛、羊、长毛兔等草食牲畜的发展方面也拥有良好的条件和基础，家禽家畜中有湘西黄牛、浦市铁骨猪、马头羊和麻鸭等地方良种。区境发展畜牧业具备有利条件，如重庆黔江区有草山草坡9.086万公顷，可产草220万吨，可利用农作物秸秆25万吨，理论上可载畜量达12.5万头黄牛。

粮食作物种类繁多，但以水稻、玉米、红薯、马铃薯（土豆、洋芋）、小麦等为主。水稻是武陵山区最重要的粮食作物，主要分布在沅江、澧水、乌江、清江及其支流沿岸一带的平原（平坝）、盆地及其他溪河谷地。玉米抗逆性强，是高产作物，历来为区境重要的粮食作物，广布在山岭沟谷间。《永顺府志》载：“民食所资，杂粮为多……杂粮中所产包谷（玉米）最广。”《石柱厅志》记载：“山地最多者包谷……贫民资以为粮，罕食稻米。”红薯集中分布在丘陵、低山地区，马铃薯主要分布在丘陵及山地。大豆在区境广泛种植，它具有粮食、油料、蔬菜等兼具的多种用途，营养丰富。

武陵地区的经济作物有油菜、烤烟、辣椒、花生等。烤烟主要分布在龙山、沿河、彭水、石柱、酉阳、黔江、武隆、咸丰、恩施、建始、鹤峰等地；栽桑养蚕在区境平坝河谷、丘陵低山等地较普遍；甘蔗多分布在沅江、澧水及其支流下游河谷地区；辣椒种植在区境十分普遍，特别是在石柱的种植规模较大，辣椒基地面积发展到33000公顷，并已育成“石柱红”辣椒良种10余个。区境的园艺作物主要有蔬菜、水果、茶叶等。水果品种繁多，有柑橘、柚、梨、桃、李、葡萄、枇杷、梅、杏、猕猴桃、西瓜、地瓜、草莓等；柑橘以辰溪、怀化、秀山、丰都等地产量较多，慈利柚较为有名；猕猴桃在区境各地均有种植，近年来，花垣、永顺、黔江、秀山等地促进产业结构调整，着力推进猕猴桃种植发展。由于区境气候温暖，雨量充沛，雾日较多，在丘陵、低山地区的土壤多为山地黄壤，适宜茶树生长。茶叶多分布在沅陵、芷江、黔江、恩施、鹤峰、利川、建始等地；茶叶品种主要为绿茶、花茶，其中芷江的野生甜茶、恩施的富硒茶等较为有名。经济林和林副产品主要有茶油、桐油、核桃、板栗、生漆、棕榈等。

武陵地区为亚热带地区，饲料丰富多样，在丘陵山地，又有草山草坡，能满足养草食牲畜如猪、牛、羊的需要。养猪是农村最为普遍和传统的畜牧饲养业；养牛业主要有水牛、黄牛和乳牛等种类；养羊业集中在区境桑植、龙山、松桃、石柱、武隆、彭水、酉阳、咸丰、利川、建始、鹤峰、沿河等地的草山、草坡，八面山、苍蒲盖、仙女山、黄水、七曜山等是武陵山区面积较大的草场，草场水热条件好，牧草种类繁多，生长旺盛，是牲畜放牧的良好场所。区境江、河、库、塘等水域面积约占武陵山区土地面积的2.4%～2.7%，近年来渔业发展较快。武陵地区广大农村都有饲养家禽的习惯，养鸡、养鸭和养鹅已成为广大农民经济收入的一大来源。

图5 石柱县七曜山

以上的地理环境及其资源，对武陵地区各族人民的文化性格和生产样式影响极其深刻。高山险壑的生存环境造就了武陵地区人民坚韧、倔强、淳朴和善良的禀性。在这山峦起伏、峰岭层叠、溪河交错、山水神奇秀美的地理时空里，各民族逐渐形成了山地耕作生产方式及与生老病死、衣食住行、信仰、巫卜和禁忌等有关的内容广泛、形式多样的行为规范，形成了独具特色的民族风貌。

二、武陵地区人文环境

武陵地区人文环境是居住在武陵地区的各族人民与社会发展必须依托的各种文化条件的总和。人们依赖武陵地区的自然地理环境，利用和开发这得天独厚的物质条件，在这片土地上繁衍生息。

1. 武陵地区历史发展梗概

武陵地区是一个自然实体，是自宋代以来，逐渐形成的土家族、苗族、侗族等30余个少数民族聚居的区域，从行政区划上没有将其作为一个独立建置的行政整体。“武陵”一词源自武陵山脉，这是从自然地理分区角度命名的。从行政区划上来看，因武陵地区的地域空间在不同历史阶段的行政区划归属略有差异，“武陵”只是个历史延续性的地理概念。“武陵”名称始见于汉置“武陵郡”，在《中国古今地名大辞典》《辞海·地理分册·历史地理》等文献中都有“武陵”词条的记载：“郡名，汉高帝置。治所在义陵（今湖南溆浦南）。辖境相当今湖北长阳、五峰、鹤峰、来凤等县，湖南沅江流域以西，贵州东部及广西三江、龙胜等地。东汉移治临沅（今湖南常德市西）。其后辖境逐渐缩小。隋开皇九年（589）废。大业及唐天宝、至德时又曾改朗州为武陵郡。境内少数民族和汉族错居，被称为‘武陵蛮’。”[①]虽未将今渝东南划入武陵郡，但仍可见其所辖范围之广。黄柏权指出：“作为自然实体的武陵山地区与作为行政区划的历史上的武陵郡所辖范围大体一致。”[②]渝东南地区具有天然水道及盐场，在战国时期多为巴、楚、秦争夺地。彭水及酉阳曾属楚国，秦属黔中郡。汉高祖元年（前206），始置酉阳县，属黔中郡，辖今重庆的酉阳、秀山、黔江、彭水，湖南的永顺、古丈、龙山，贵州的沿河、思南、德江等地。汉高祖五年（前202），撤黔中郡置武陵郡，王莽时期改武陵郡为建平郡[③]。西汉建元初（前140），置涪陵县（今彭水郁山），属巴郡，辖今彭水、黔江、酉阳、石柱、武隆及贵州沿河、印江、思南、正安、务川、道真等县及秀山西部。东汉酉阳复置武陵郡。蜀汉章武元年（211）设涪陵郡（今彭水）。武陵地区秦代分置有巴郡、黔中郡，汉代置有涪陵郡、南郡和武陵郡。晋代设置有涪陵郡、建平郡、宜都郡、武陵郡、天门郡。南朝刘宋时期设置有建平郡、宜都郡、天门郡、武陵郡。隋代置有巴东郡、黔安郡、清水郡、南郡、澧阳郡和沅陵郡。唐代分属归州巴东郡、峡州夷陵郡、澧州澧阳郡、施州清化郡、溪州灵溪郡、辰州、锦州卢阳郡、思州宁夷郡、黔州黔中郡、忠州南宾郡。宋代武陵地区分属“归州、峡州、澧州、施

---

① 辞海编辑委员会编：《辞海·地理分册·历史地理》，上海辞书出版社，1982年，第142页。

② 黄柏权：《论武陵文化》，《广西民族研究》2002年第4期。

③ 重庆市文物考古所、重庆市文化遗产保护中心：《酉阳邹家坝》，科学出版社，2011年，第9页。

州、辰州、思州、绍庆府（黔州）、咸淳府”[①]，除在区境设县外又设有羁縻州，直接受当地少数民族酋长的统辖。在历史发展的进程中，“武陵”名称也是时改时复，至唐宋以后，在文献中未见以“武陵”作为行政区划名称。而后设立的行政建置与中原相同，这就以苗疆、土家族土司辖地以及朝廷驻军卫所共同构成了元明清时期（改土归流前）武陵地区的区域政治结构体系。元明清时期土司制度的实施在一定程度上加强了中央王朝对武陵地区的治理。据《明史·地理志》记载，明代中央王朝在武陵地区设有大小土司60家，其中渝东南6家、鄂西南31家、湘西17家、黔东北6家。清初武陵地区土司家数，据《清史稿》记载统计的就有48家，其中渝东南6家、鄂西南21家、湘西17家、黔东北4家。武陵地区改流后废除土司制度，分属于川、鄂、湘、黔四省管辖，实行与中原一体化的“府厅州县”的行政管理体制。中华人民共和国成立至今武陵地区则分属渝、鄂、湘、黔四省市。从历史时期的建制沿革可窥见武陵地区在政区设置上表现出“边缘性”特点，即一直分属于不同行政区系的边缘地带。但武陵这一地域概念仍然留存于人们的记忆里，传承与发展着各族人民共同创造的武陵文化。

武陵地区山高谷深，加上处于省际边区，长期以来交通阻滞，经济文化发展相对落后，世居这一带的各族人民形成了“靠山吃山，傍水吃水”的传统生活方式。20世纪80年代，国家把这里纳入扶贫开发规划，以推动边区的经济社会发展。2011年国家又将武陵地区列入全国连片特困地区扶贫攻坚的主战场之一，这为武陵地区科学发展、跨越式发展，促进区境各少数民族共同团结奋斗、共同繁荣发展提供了重大的历史机遇。

2. 武陵地区民族简述

武陵地区是多民族杂居区域，自先秦以来，土著人、巴人、濮人、百越人和楚人等族群在此繁衍生息。在历史发展进程中，这些族群不断融合并逐渐形成不同的单一民族，如土家族是巴人与濮人、楚人等融合约在五代时形成的单一民族，遍及整个武陵地区，成为武陵地区经济活动的主体人群。武陵地区在民族的形成与发展中也出现少数民族汉族化、汉族少数民族化的现象。

土家族自称“毕兹卡”，在保靖、永顺一带的则分别自称“密基卡”“毕基卡”[②]，早期汉文史籍对其土著先民称“夷”或“蛮”，如春秋战国称“廪君蛮”“板楯蛮”“賨人”，《后汉书》《三国志》《南齐书》《水经注》《宋史》等称土家族为“五陵蛮”“五溪蛮”“五溪蛮夷”“武陵蛮”“荆州蛮”“武溪蛮”“溪州蛮”“酉水蛮”等。土家族大姓在五代时期史籍中有所记载，如鄂西有田、向、覃等姓，湘西有彭、田、向、覃、龚、朱等姓，渝东南有田和张

① 朱圣钟：《鄂湘渝黔土家族地区历史经济地理研究》，陕西师范大学博士学位论文，2002年。
② 陈廷亮：《守护民族的精神家园——湘西少数民族非物质文化遗产研究》，中央民族大学博士学位论文，2009年。

姓，黔东北有田姓[①]。在历史上也有其他民族同化成土家族的，如宋代杨姓侗人入渝东南酉阳、秀山及黔东北江口一带，长期在土家族地区生活，与土家族人通婚，逐渐变为土家族。永顺及保靖彭氏土司祖籍为江西汉族人，在武陵地区漫长岁月中融合成为当地的土家族人。今土家族主要集中分布在武陵地区的渝东南石柱、黔江、酉阳、秀山，鄂西南的恩施、利川、咸丰、来凤、宣恩、巴东、长阳及五峰，湘西北的吉首、永顺、龙山、桑植、武陵源、永定、石门，黔东北的沿河、印江、德江、江口等地。土家族由于受汉族的影响，普遍说汉语。

图6 土家山寨 黔江旅游局提供

武陵地区的苗族，自“三苗”战败后被“放欢兜于崇山”，逐渐定居在武陵地区的武陵郡及长沙郡、零陵郡境内。湘西苗族自称“果雄”，今湘西苗族古歌反映其先民从鄱阳湖、洞庭湖一带，有的迁至沅水流域的泸溪，有的迁至辰河两岸后迁到贵州，还有的到了今吉首、乾州和寨阳、矮寨以及坪滩等地，之后一路到了今保靖县，经酉水到花垣、秀山、酉阳等地。明代曾设崇山为花垣。苗族在武陵地区的商周文化较为普遍，典型的有保靖瓦场遗址和里耶溪口遗址[②]。秦汉至南北朝时期苗族主要分布在武陵五溪和相邻的鄂西、渝东南及黔东北一带，在封建王朝的军事压力下苗族继续西迁、南迁，一部分迁至贵州北部、中部以及西北和川南区域；一部分沿着沅水经湖南西南部深入到黔东南、西南以及广西境内。元及明末发生多次的“赶苗拓业”事件，湖北咸丰有《秦氏家谱》记载秦思安携四子由孝感县赶苗至彭水长滩坝落业；彭水在赶苗时有萧、余、聂、汤、汪等苗姓躲藏于盘瓠河一带，桑拓龙塘村有李国朝、李国民兄弟

① 朱圣钟：《鄂湘渝黔土家族地区历史经济地理研究》，陕西师范大学博士学位论文，2002年。
② 柴焕波：《武陵山区古代文化概论》，岳麓书社，2004年，第68页。

率百余族人躲藏于三角洞中幸免于难。明代“湖广填四川”又有江西、湖北等地移民至彭水，其中也有赶苗时期被赶出的苗民返迁于此。元明至清康熙中叶，苗族一部分继续向西向南迁徙，至此造成苗族不平衡发展，出现了“熟苗”区和“生苗”区现象，其中武陵地区的腊尔山红苗和雷公山黑苗就是最大最主要的生苗区。今武陵地区苗族主要集中分布在渝东南的彭水及鄂西南的利川、来凤、宣恩、咸丰，湘西的麻阳、凤凰、古丈、花垣、保靖、沅陵，黔东北的松桃、印江、江口、碧江等地。苗族是一个能歌善舞的民族，民歌种类多样，内容丰富，芦笙舞、鼓舞是苗族的传统舞蹈。

武陵地区的侗族自称为“干”“更”或“金”，史书称其为“仡伶”。陆游《老学庵笔记》卷四曰：“辰、沅、靖州蛮，有仡伶，有仡僚，有仡榄，有仡偻，有山徭。……皆焚山而耕，所种粟、豆而已。”在元明清时期，侗族主要分布在武陵地区东南部的沅水上游如新晃、靖州、会同等一带。在区境其他地方也有分布，如明代有罗姓、姚姓侗族逃难迁居贵州江口张家屯、大塘、车坝河一带；清康熙四十八年（1709）龙姓侗族从贵州迁至宣恩县铜锣坪及牛鼻洞和八台等地；铜仁、青溪、玉屏等地的吴姓侗族迁至河北宣恩县卧西坪、龙头岩、土鱼河等地；湖南芷江杨姓侗族迁入宣恩马虎坪、九坝、邓家坪、龙马山、茶园沟、白岩山等地。今武陵地区侗族主要集中分布在湘西的芷江、新晃；黔东北的玉屏、万山、碧江、江口；鄂西南的宣恩、恩施、咸丰等地。

武陵地区瑶族形成于宋代，宋元明清时主要分布在沅水上游一带。据吴永章《瑶族史》考证，明代瑶族主要分布在辰州府（今辰溪、沅陵、溆浦、黔阳）。清代的辰州府、沅州府和澧州直隶州为瑶族聚居地，光绪《湖南通志·苗防五·诸瑶附》卷八十五载：辰溪、溆浦还有瑶人居住，溆浦的瑶人有十九洞，九百九十九户①。今瑶族仍然主要分布在泸溪、辰溪、溆浦、黔阳、怀化和张家界等地，在辰溪县建有罗子山、苏木溪、上浦、后塘、仙人湾瑶族乡，在通道县建有传素瑶族乡，在黔阳县建有龙船塘瑶族乡和怀化市的蒿吉坪瑶族乡8个②。在辰溪县瑶族有“七姓瑶”，即蒲、刘、沈、梁、石、陈、丁姓氏。

武陵地区的白族来自云南大理。白族自称“白子”“白尼”，其他民族称其“民家人”。据史料记载，宋末元初蒙古军在云南大理征募白族人组成的“寸白军”随军从征，后被遣散，大部分返回大理，一部分流落在长江流域。桑植白族始祖谷均万、王朋凯、钟千一等人，从江西溯长江经慈利来到今桑植廖坪村、芙蓉桥和麦地坪一带，乐其风土，便解甲归田，在此落户繁衍生息。据《思南县志》载，铜仁的蒙古族系明末清初时一支铁、金、余三姓分住于乌罗、印

① 黄柏权：《元明清时期武陵民族走廊的民族格局》，《三峡大学学报（人文社会科学版）》2009年第1期。
② 湖南省怀化地区地方志编纂委员会：《怀化地区志·民族》，三联书店，1999年，第2139页。

江、塘头白岩沟等地[①]。今武陵地区白族主要集中分布在湘西北桑植县的刘家坪、马合口、走马坪、淋溪河、芙蓉桥、麦地坪、洪家关等白族乡[②]及沅陵县的大合坪、北溶、火场、七甲坪和凉水井等乡镇[③]，另外在鹤峰县铁炉建有白族乡。

武陵地区还有仡佬族，汉文史籍中记载仡佬族的形成经历了濮人、僚人、仡佬族的历史发展时期。在《黔南识略》中记载镇远府就有黑苗、仡兜、水仡佬和侗人四种。明代《（嘉靖）贵州图经新志》中载："石阡之仡佬，丧葬击鼓而歌，男女围尸跳跃，举哀而散。"[④]明代田汝成《炎徼纪闻》载："仡佬殓死有棺而不葬，置之崖穴之间。"[⑤]现仡佬族主要分布在区境南部，黔东北石阡、江口、松桃、思南县以及遵义市的道真、务川、正安等地。另外，武陵地区也是维吾尔族聚居区，聚居在沅水下游的常德和桃源。据朱令名和李定仁《湖南的维吾尔族》中载元初维吾尔大将八十"剪除"敌对势力有功，朱元璋赐以剪姓，更名"八士"，后因"平蛮"有功而被封荆襄都督、镇南定国将军，受命镇守辰州、常德一带。又因"平蛮"有功晋封为平蛮将军。死后其子孙被世袭"常德卫正指挥史"，其子常黎及其后裔并留在常德桃源。20世纪80年代先后成立了桃源县枫树维吾尔族回族乡、青林回族维吾尔族乡，汉寿县毛家滩回族维吾尔族乡，常德市鼎城区许家桥回族维吾尔族乡[⑥]。

武陵地区的蒙古族，主要聚居在贵州省思南的塘头白鱼沟，石阡龙川区孙家坪乡的余家寨、中余家寨和下余家寨，以及大岩山和坪地场乡的雷首山，龙洞乡的丁家坝，中魁乡的河西姜坡及大坪等地，重庆市彭水县鹿鸣乡的向家村和太原乡的香树坝，以及湖北恩施的利川市、鹤峰县和建始县等地。

武陵地区汉民族是在不同的历史时期进入区境的，自秦汉以降汉族就有迁入，特别是区境全面实施改土归流，废除土官统治和"汉不入洞，蛮不出境"的政策后，江西、湖北、安徽、陕西、山西、四川等地的不少汉人或因随军征战，或因经商贸易，或因逃荒避难，或因工艺行医迁入、插业区境。据《（同治）增修酉阳直隶州总志·风俗志》载："境内居民土著稀少，率皆黔楚及江右人，其户皆零星四散，罕聚族而居者，五方杂处。"《（民国）铜仁府志》载思南府外来者"多吴、楚、闽、蜀人"。武陵地区原有的民族格局发生巨大改变，逐渐形成多民族聚居地，至今有汉、土家、苗、侗、白、回、仡佬、蒙古等30多个民族，交差杂居，人口1100多万，约占总人口的48%。武陵地区受各地自然条件、开发历史及社会经济和交通等因素的影

① 思南县志编纂委员会：《思南县志》，贵州人民出版社，1992，第147页。
② 桑植县概况编写组：《桑植县概况》，民族出版社，2012年，第17页。
③ 沅陵县民族志编纂委员会：《沅陵县民族志》，民族出版社，2012年，第208页。
④ （明）沈庠编，赵赞撰：《（嘉靖）贵州图经新志》，民国二十二年影印本。
⑤ （明）田汝成：《炎徼纪闻》，吴兴刘氏嘉业堂1928年刻本。
⑥ 热希丹：《湖南维回（回维）民族乡经济社会发展的调查与思考》，《民族论坛》2008年第2期。

响，人口分布不均，具有从平原、盆地、丘陵地区以及河谷两岸、交通方便的地区向山地递减的特点。

3. 武陵地区人文资源概况

武陵地区人文资源是区境土家、苗、侗、白、瑶、回、仡佬、蒙古、汉等民族在社会实践过程中所创造、积淀下来的可供人类继续利用与发展的文化基础。

武陵地区人文资源的形成和发展，与其独特的地理环境密切相关。区境高山险阻，相对封闭，但区境内沅水、澧水、酉水、乌江、清江五条大河却是民族迁徙流动的大通道，使武陵地区成为民族迁徙和民族文化纵横交错积淀文化的区域。无论是先秦时期的“三苗”、濮人、楚人及部分巴人，以及后来的汉、白、侗、蒙古、回、维吾尔等民族南下后西移北上，还是中原文化、巴蜀文化、荆楚文化、江南文化及其他区域文化进入中部通向大西南等，无不是利用水路通道行进的，这里便成为众多文化因子交流、交锋、交融的典型性地带。在清江、酉水、沅水、溇水以及乌江的沿河高岸台地上的考古发现，足见区境先民对自然资源的开发史始端和武陵文化源头。从区境里耶秦简的发现、学校的设立、庙宇寺观的修建等足以窥见自秦设郡、元明清土司统治至改土归流后，汉文化的播化一直未有间断，加之周边文化的影响，创造和丰富了武陵地区的文化形态。历次大移民传入了牛耕、水利灌溉等先进生产技术以及玉米、薯类等粮食作物，工匠们带来了手工业技术，促进了区境农业、手工业的发展。同时规模浩大的移民也引起武陵文化的新变迁，使之成为近代武陵文化的前身。近代武陵文化绚丽多姿，造就了不少文化名家。五四运动以来，武陵地区产生了一大批为中国革命和建设做出重大贡献的著名革命家。

综上所述，武陵地区崇山绵亘，河流迂回，交通相对不便，社会发展较为缓慢，也正是这样的生态环境使得生活在区境的少数民族保存了本民族特有的文化资源。许多民族文化随历史的沉淀、区域的融合也在不断地聚积。这些民族文化内容涉及生产生活方式、民风民俗、军体文化、教育传统、家族家规等，内容极为广泛。武陵地区人文资源主要类型可分为物质性文化资源和非物质性文化资源两大类。

（1）武陵地区物质性文化资源

武陵地区物质性文化资源，指以濮文化、巴文化、楚文化和越文化及汉文化为源头，经历代先民不断创造并留下的以物质为载体的历史文化资源。武陵地区现有物质性文化资源十分丰富，主要有武陵源、武隆喀斯特 2 处世界自然遗产和老司城及唐崖土司遗址 1 处文化遗产；国家级历史文化名镇名村21处，列入中国传统村落名录360个；全国重点文物保护单位46处，其中古遗址16处，石窟寺及石刻2处，古建筑15处，近现代重要史迹及代表性建筑各13处；省市级重点文物保护单位234处。

武陵地区重要的古文化遗址有建始直立人遗址（旧石器）、长阳人遗址、里耶秦代古城遗址、魏家寨西汉古城遗址和大板汉代古城遗址、洪江高庙遗址（新石器）、铜仁德江煎茶溪古墓群遗址、松桃云落屯悬棺葬遗址等，都是全国重要的文物保护单位。区境内还有明清至民国时期的墓碑，造型别致，雕刻题材丰富，工艺精湛，数量众多，遍及乡野。武陵地区古代宗教盛行，在中国宗教历史舞台上占有重要地位，保存下来的宗教文化遗址有寺庙宫观和石窟、石刻、宝塔，其中就有国家重点文物保护单位、中国五大佛教名山之一的贵州梵净山弥勒菩萨道场，另外还有来凤县仙佛寺石窟（唐）和沅陵龙兴寺等。

武陵地区各少数民族利用自然条件结合社会发展程度创造了干栏建筑、木石结构吊脚楼、风雨桥以及石板屋、石板路、石桥梁等建筑形式，保存有不少古建筑及古建筑群。这些古建筑群多为集古庙宇、会馆、店铺、民居、古城墙、码头及自然山水等于一体的建筑群，如思南县思唐古建筑群（国家重点文物保护单位）中已有500余年历史的安化街，由府文庙、永祥寺、万寿宫、川主庙、王爷庙、周顺和盐号以及古街道、古民居组成。古建筑群中有列入全国重点文物保护单位的湖北利川鱼木寨、利川大水井古建筑群、宣恩彭家寨、恩施施州城址、秭归凤凰山古建筑群，湖南通道马田鼓楼、芋头侗寨古建筑群、怀化洪江古建筑群、会同高椅村古建筑群、凤凰古城堡，贵州铜仁东山古建筑群、松桃寨英古建筑群等。还有唐崖土司城址、永顺老司城遗址、容美土司遗址等元明清时期主要的土司文化遗址。在古建筑遗址中也有不少著名的革命遗址，如酉阳龙潭古镇赵世炎烈士故居、南腰界红三军司令部旧址、鹤峰五里坪革命旧址、铜仁黔东特区革命委员会旧址（包括德江枫香溪会址，印江红二、六军团木黄会师军部旧址，印江红二、六军团会师纪念碑）、湘鄂川黔革命根据地旧址、抗日胜利芷江洽降旧址等，另外还有溆浦向警予故居、洞口蔡锷公馆、桑植贺龙故居、铜仁周逸群故居等，这些都已被列入全国重点文物保护单位、爱国主义教育基地。这类文化遗产都是无产阶级革命家在武陵地区生活和斗争历程中所创造的红色文化，蕴含着丰富的革命精神和厚重的历史文化内涵，为后人留下一笔丰富多样、分布广泛、珍贵的红色文化资源。

武陵地区物质文化资源中还有石柱西沱镇、黔江濯水镇、酉阳龙潭镇、龙山里耶镇、永顺芙蓉镇、花垣边城镇、泸溪浦市镇、松桃寨英镇、洞口沙镇等9个中国历史文化名镇；有贵州的务川大坪镇龙潭村、石阡楼上村（楼上古寨）、江口太平镇云舍村，湖北恩施的庆阳坝村、两河口村、滚龙坝村、利川谋道镇鱼木村，湖南的辰溪五宝田村、会同县高椅村、永顺灵溪镇老司城村、通道双江镇芋头村、通道坪坦乡坪坦村、龙山县苗儿滩镇捞车村等13个中国历代文化名村。

（2）非物质性文化资源

非物质性文化资源是指武陵地区各族人民在社会实践过程中所创造、积累并一直传承的传统人文精神资源。它具有一定的外化形式，而且相当一部分非物质性资源依托于物质载体。武陵地区的土家、苗、侗、白、仡佬等少数民族，都有各自独特的历史文化、生活习俗、宗教信仰、传统节日、传统民族体育竞技等资源。

区境各民族人民口头创作并口耳相传的神话、传说、民间故事、史诗、叙事诗、民间歌谣、谜语等，内容丰富、题材广泛、形式多样，如土家族《梯玛歌》《摆手歌》等创世史诗，优秀神话如《马桑树儿长不高》："马桑树长不高，长到一丈就弯腰。搭建宫殿不需要，只有砍来做柴烧。"另外还有讲述土家族先祖兄妹成婚创造人类的《葫芦哥》《洪水滔天歌》《太阳和月亮》《罗公公与罗神娘娘》，表达敢与恶斗争、追求美好生活的《西兰卡普》《白果花》等，还有反映祖先英雄形象的《八部大王》《白虎神架桥》《廪君传说》，反映传统习俗的《过赶年》《女人包围腰的来历》，等等。苗族有神话传说、民间故事如《古老话》《兄妹成婚》《蚩尤传说》《盘瓠与辛女》《苗族傩歌》《伏波宫的传说》《王老大和王老二》等。侗族有神话《姜郎姜妹》《不碓神砍日》，爱情故事《龙门肖女》《娃精变人》，人物故事《卜宽》《变婆》，等等。瑶族有《姜果老》《盘瓠龙犬》《鲤鱼姑娘》等神话传说。武陵地区的汉族、土家族、苗族和侗族为主体民族，在历史的进程中与其他民族始终保持着紧密的社会、经济和文化联系，他们虽然用各自的口头文学记载着本民族的发展历史，反映各自经历的社会风尚，但在道德伦理、审美取向上却共同发挥着重要作用，共同推进武陵地区民族团结、和谐发展。

武陵地区民间歌谣伴随着人们的生产劳动、亲朋交往、节庆礼俗等场合，以歌为媒、以歌传情、以歌咏志、以歌化人，内容、题材相当丰富。武陵地区歌谣以土家族山歌和苗族山歌最有特色。如土家族《送郎调》："送郎送到豇豆林，手摸豇豆诉衷情。要学豇豆成双对，莫像茄子打单身。……要学海椒红到头，莫像花椒起黑心。"《麻秆点火两头燃》："麻秆点火嘛两头燃呵，劝哥莫要两头玩呵。单针难穿两条线，独脚难蹬两只船嘛我的哥，我的哥哟喂……"区境歌谣文化历史悠久，《华阳国志·巴志》载"巴师勇锐，歌舞以凌殷人"，"武王伐纣，前歌后舞也"，《思南县志》称"巴人事鬼，伐鼓以祭祀，叫啸以兴哀，故人好巴歌，名曰'踏蹄'"。至唐代形成有土家族"竹枝歌"歌谣，宋代诗人陆游在《老学庵笔记》中记载了辰、沅、靖州蛮"醉则男女聚而踏歌。农隙时至一二百人为曹，手握而歌，数人吹笙在前导之……"《来凤县志》载："一人击鼓，以作气，一人鸣钲，以节劳逸，随耕随歌，自叶音

图7　村民清理干辣椒

节，谓之薅草鼓。”《（同治）永顺府志・风俗》载妇女采摘野菜时“合唱山歌，答和为乐”。武陵地区各族人民能歌善舞，在日常生活中“不唱山歌不开怀”，有“饭善身子歌养心”之说，其歌唱“见子打子”，心编口唱，言志抒情，习以为常。武陵地区民间歌谣形式多以七言四句为主，或七言五句、七言联句。按其内容分，有反映劳动场面的劳动歌谣，如田歌、牧歌、采茶歌、打渔歌、伐木歌、乌江号子、南溪号子、酉水号子、石工号子以及薅草锣鼓歌等；有反映社会时代特征的时政歌谣，如长工歌、红军歌、劝清歌等；有婚恋爱情的情歌，如“上坡不急慢慢悠，爱姐不急慢慢逗。有朝一日逗到手，生不丢来死不丢，除非阎王把命勾”，“要吃花椒莫怕麻，要吃海椒莫怕辣。要摘鲜花莫怕刺，要恋小妹莫怕啥”，“麻雀跳进喜鹊窝，劝姐莫唱反情歌。男的反情短阳寿，女的反情寡妇多，雷打火烧无处躲”等反映热烈追求爱情生活内容的歌；还有极具生活习俗的哭嫁歌、闹丧歌、上梁歌、踩门歌及说春歌等仪式歌，以及众多的《排排坐》《月亮光光》《逗崽崽儿》《走嘎婆》等儿歌，民间叙事歌等诸类。从民间歌谣题材上分就有挖土锣鼓、渔歌、樵歌、夯歌、船工号子、赌钱谣、扯谎歌、哭嫁歌、娶亲歌、望月歌、哭丧歌、寡妇歌、长工歌、动物名歌等。按唱腔分有高腔和平腔两种，各有特色，别有韵味。武陵地区的民间音乐也名扬海外，土家族打溜子惊心动魄，苗鼓气壮山河，咚咚喹余音绕梁，唢呐荡气回肠，木叶吹悠扬动听，玉屏箫笛优美清越……武陵地区的民间音乐令人如痴如醉。另外还有如傩堂戏音乐、阳戏音乐、花灯音乐等戏曲音乐，肉莲花音乐、摆手音乐及毛古斯音乐等舞蹈音乐，以及各种道场音乐等。

武陵地区传统戏剧表演形式多种多样，多为劳动人民自娱自乐的产物。一般源自民间祭祀仪式，如傩戏、毛古斯、阳戏等，也有在民间艺术的基础上发展起来的如侗戏、灯戏等。这些戏剧集地方性、民族性、艺术性和娱乐性于一体，散发出武陵地区浓郁厚重的人文风采。武陵地区古为“信巫鬼，重淫祀”之区域，也是传统戏剧滋生之地。《魏书・南蛮传》载有：“其俗畏鬼神，尤尚淫祀……鼓舞祀之，以求福利。”土家族傩堂戏即由崇拜祖先、驱逐鬼疫的宗教祭祀活动演化而来。《沿河县志》载有“跳神一日者谓之跳神，三日者谓之打太保。五日至七日者谓之大傩，城乡均染此习”，而《思南府续志・风俗篇》亦有“祈禳各以其事，祷神逮如愿……冬时傩亦间举，皆古方相逐疫遗意”的记载。在湘西一带，向兆麟在《神巫行》诗曰：“汝有病，何须药，神君能令百病却。汝祈福，有嘉告，神君福汝万事足。走迎神，巫吹角，呜呜巫来降神。牲醑具陈，牵牛执豚神具至。”[①]表明沅陵一带在清初已有傩堂戏的存在。武陵地区有侗戏、石阡木偶戏、恩施及利川灯戏，酉阳、秀山、彭水、恩施、鹤峰、思南、德江、沿河、道真、务川、沅陵等地分布有傩戏及北部侗族地区的嘎傩戏，秀山、沿河、张家界、思

① 周明阜、胡晨、胡炳章：《湘西风土志》，中央民族大学出版社，2012年，第277页。

南等地均有花灯戏，还有湘西辰河高腔、辰河目连戏、秭归皮影戏、黔江濯水后河戏、思南高台戏等，酉水流域和清江流域流行有民间祭祀祖先的仪式剧——毛古斯等，在区境内一些地方也有川剧、京剧、话剧、歌剧的流布。这些传统戏剧都是区境各民族不同历史阶段的文化风貌、古风民俗，其中有不少被列入国家级非物质文化遗产代表性项目名录。

武陵地区各民族在民俗仪式或者民俗活动中传承不少原生态民间舞蹈，如土家族毛古斯、摆手、跳丧（撒叶儿嗬）、接龙等祭祀仪式中带有各式舞蹈内容，人们将其中的舞蹈称为“毛古斯舞”“摆手舞”“跳丧舞”“接龙舞”。准确地说以“舞蹈”来代替祭祀活动值得商榷，因为摆手是集歌唱、舞蹈、音乐、宗教信仰为一体的祭祀民俗，这在史志文献及碑刻中都有准确的记载，如龙山县卸甲寨摆手堂碑文记叙为：“每岁于三月十五日进庙，十七日圆散。男女齐集神堂，击鼓鸣钟歌舞之，名曰摆手。以为神之欢也，人之爱也。”[①]《（乾隆）永顺府志·风俗》及《（光绪）龙山县志·风俗》都分别记载了土家族各寨设摆手堂祭祀土司神，供奉土司神位以及祀品，每年正月初三至十七日夜间，男女聚集，鸣锣击鼓，跳舞唱歌，唱歌时男女相携，翩跹进退，名曰“摆手”，故伴随的舞蹈只是摆手活动中的一种表现形式。武陵地区民间舞蹈千姿百态，除以上祭祀活动中的舞蹈外还有肉莲花、三棒鼓、八宝铜铃舞、猴儿鼓、地盘子、苗族花鼓舞、仡佬族蹦蹦鼓、板凳舞、地龙灯、龙舞、石柱玩牛、鹿子灯舞，以及瑶族长鼓芦笙舞、羊角短鼓舞、伞舞和侗族哆也舞、春牛舞等。这些舞蹈的审美价值不仅在体态语言，更在于人们对生命的赞礼，在历史宗教、文化艺术和道德教化等方面拥有多重价值。

图8 里耶镇兔吐村村民跳土家族摆手舞 新华网

武陵地区在传统体育竞技方面有龙舟竞渡、思南蛤蟆抱蛋、高台舞狮、打纸牌抽陀螺、骑竹马、仡佬族打篾鸡蛋、武术（苗族武术、中塘向氏武术）、射弩、秋千、踢毽子、打飞棒、高台舞狮、石柱竹铃球，道

图9 玩狮

① 陈廷亮：《守护民族精神家园——湘西少数民族非物质文化遗产研究》，世界图书出版公司，2013年，第96页。

真、务川一带仡佬族的角力（扭扁担、抵扁担、顶牛等体育项目）和民间棋类（打三棋、五码棋、牛角棋、五行棋），以及儿童游戏打伴战、打磨秋、抵腰杆、叠罗汉（打马马架）、抓石子、吹豌豆等。武陵地区各民族宗教祭祀和崇拜活动也是产生民族传统体育文化的源泉，如融入歌舞、宗教等动作的傩戏、花灯、把手、肉莲花、撒叶儿嗬等都不断推动传统体育活动及文化的发展与演进。

武陵地区各个民族在饮食文化方面有着自身的特点和风味，而且在同一区域内有相同性，与其他区域又有一定的区别。在整个武陵地区，各地都有斑鸠叶豆腐（有地方称神仙豆腐），主食品种多有大米饭、苞谷饭、红薯饭、洋芋饭、大米苞谷混合渣饭、鼎罐饭、羊肉粉、豆花荞面等。菜食方面喜酸辣，渝东南地区更喜麻辣，有的还喜加点木姜子，地理环境造成人们嗜酸食辣的饮食习惯，在沿河有“三日不吃酸，走路打捞窜；一天不食辣，睡觉全身麻”之说。泡酸菜、海椒粑、渣海椒、胡辣壳等辣子系列做法甚多，味道有致。还喜做干豇豆、干青菜、干黄花菜、风萝卜等贮备干菜，还有熏（风）香肠、腊肉、腊排骨、熏牛肉，擅长做扣肉、火炕肉、砣砣肉、羊肉笼笼等肉食，特色小菜有羊肉闷豆腐、干豇豆炖腊排等。在湘西一带有湘西腊肉、蜂蜜扣肉、乾州板鸭、吉首麻鸭、血粑鸭、黄豆焖鸡、灌肠粑等特色菜。还有彭水鸡豆花、晶丝苕粉、大脚菌、黔江武陵山珍等美味佳肴。土家待客，品喝咂酒、苞谷烧、苦荞酒、红苕酒、油茶汤、阴米茶，坐席时长辈和年长客人坐上方，有“徒不朝师斟，儿不朝父坐”的讲究，女子一般不坐席。苗族迎客敬牛角酒，仡佬族有二幺台、三幺台。这些都是武陵地区各民族在长期生产实践中，逐渐形成并传承的地方特色饮食结构及风味特点。

图10　办酒席

武陵地区的少数民族在长期的生活、生产中逐渐形成并传承着诸多的传统习俗，有生产劳动习俗、日常生活习俗、传统节日习俗、社会组织习俗。武陵地区各民族多聚族而居，改土归流前土司住宅雕梁画栋、富丽堂皇，而土民居住“篰屋穷檐、四围以竹”，且住宅“一无桌凳、二无床榻”，在接待宾朋时“男女混杂坐卧火床”，毫无避忌。改土归流时，流官不知民情而指责男女混杂，曾发布《详革土司积弊略》《禁陋习四条》《示禁火床同榻》《禁肃内外》等文告强制革新，以厚民风事。之后逐渐翁姑、子媳分居室、桌凳与床，堂屋普设并供奉祖先香龛等，但仍设火铺。民居建筑中设火炕，既可以做饭，也可以取暖，还可以兼卧室。武陵地区多为高寒地区，有客来便请进屋烤火，喝茶交流。这种“一火多用”、陈设“高火铺”取暖的习俗，至今在酉阳铜西、铜鼓、小河等地可见。在酉阳考察时，笔者还在主家的火铺上与众人一起聊歌，收集到一些反映夫妻恩爱以及如何处理夫妻关系的歌。在传统社会里，家长也是在晚上全家人聚在火铺上时与孩子交流，小孩子多在这样的环境中接受有关为人处世、待人接物、道德品质等方面的知识和经验教育。武陵地区房屋多选择依山傍水的向阳坡地，建土基盖瓦房，也有“千根柱头落地”全木结构的吊脚楼，以及全木结构或木石结构的干栏建筑等，民居院落主要为一正型、一正一厢型、一正二厢型、一正三厢型等平列式布局类型。

武陵地区民间修建房屋很讲究，人们多信仰“地善即苗壮，宅吉即人荣”，信奉“山管人丁，水管财”，因此，在建房过程中形成了诸多的仪式。民间视建房为大事，喜吉利、奉神灵、敬鲁班，重视地理风水，注重与自然生态和谐相处，运用中国传统建筑学科中的建筑风水学、建筑营造学、建筑造园学三大基础理论，创造宜人的居住环境。为了追求自然与人类生命融合的利益，民众对建房选址十分谨慎，必查看山的来龙去脉，寻找“宝地”，在长期实践中总结出一些经验，讲究屋后有靠山，地势高低要适中。针对这些民间还流传着“坟对尖山，屋对坳”“明坟暗屋”“富坐湾，穷落凼，背时人家落在梁梁上”“案山高不过眉间，低不过乳线”“前空后空，不出寡妇则出寡公”的说法，确有小冲犯就会采取在前面村口栽植风水树，左右空虚就栽竹木或修建厢房、猪圈牛栏等来补救，认为这是化解之法。这些做法，从现象看很“迷信”，从深层次看却是传统建筑的一种造园学的运用，让房屋建筑与自然更加和谐，这不仅满足民众的心理，还符合视觉平衡及景观营造效果等规律。武陵地区各族人民在长期实践中形成了一套结构复杂的建房礼仪系统，如建房前期的仪式有风水择地、祭山神、定方向、择日下基脚、定法稷、偷梁、骂梁等，建房过程仪式有立马、起造、画梁、安基石、排列等，建房落成仪式有立屋、开梁口、升梁、盖屋及宴客，建房落成后还有装屋、请火等仪式。而且在奠基、上梁、竣工、迁居等仪式中掌墨师都要说与各仪式相应的四言八句，如开梁口有：“师傅开东我开西，后院骡马笑嘻嘻。后院骡马笑啥子，主家代代穿朝衣。”一些地方在建筑中还要唱诸如选梁、砍大梁、竖列、上梁等福事歌。由此看出从选址到房屋落成均有一定的程序，虽然礼仪繁杂讲究颇多，但却反映了人们的良好祈愿及对未来的向往。

武陵地区各族人民在彼此的交流、交际中形成了以尊老爱幼、长幼有序为主要内容的生活礼仪，诸如着装、席桌、问候、行走、叩拜、迎送等。这种生活礼仪多在家庭教育、社会熏陶、人际交往等日常生活中养成，土家人出嫁时的哭嫁歌不仅充分映射出土家人生活礼仪的方方面面，还表明土家人适时抓住婚嫁场域对子女进行生活礼仪的教育。如哭嫁歌《娘哭女》：“出嫁多顺公婆意，要对男人温馨些。……当娘送儿一句话，勤奋过好小日子。”《哭爹娘》：“轻重活路一样做，朝出晚归同样忙。丢了锄头提扫帚，进屋又跳锅边舞。……为娘走了这条路，女儿要踩脚后跟。有些没顺女儿心，宽怀大量要容情。公婆面前行孝道，高声喊来低声应。哥嫂姊妹要和顺，左邻右舍多亲近。”《娘教女》：“走路定要周周正，切莫斜眼偷看人。见人不要嘴喳喳，女娃无礼逗人骂。……长辈坟前磕个头，烧钱化纸祭亡灵。”“切肉要切刀片样，莫要砌成纸一张。油煎豆腐二面黄，南星豆腐别掺汤。桌上菜要摆八样，乡邻才会不骂娘。”《姑母哭》：“芝麻开花节节高，侄女随日长大了。明白事理有礼貌，种田绣花不用教。栽秧薅草样样会，去到婆家要起早。替你婆妈上厨房，不要随便把嘴翘。烧茶煮饭理家务，当好家里贤内助。”武陵地区各民族不同的生产环境和心理结构，也导致区境千姿百态的民族生活礼仪习俗，如土家族、苗族也有自己特色的婚姻习俗。土家族在历史进程中曾存在血缘婚、扁担婚、对偶婚、坐床婚、骨种婚、童婚等不同的婚姻形态，在旧社会的婚俗中也存在童养媳的现象。改土归流时，流官颁发《禁陋习四条》：“禁违律转房。律载兄亡收嫂，弟亡收弟妇者，俱应绞罪。有娶同族兄弟、伯叔、子侄之妻为妻妾者，俱论服制之……”[①]区境婚俗一般都有“说媒、择吉、过礼、迎亲、送亲、拜堂、闹房、答谢、回门”等过程，在各个环节中都还有着烦琐的仪式。苗族婚俗也有“讨口风、吃放口酒、订婚、过礼、择娶吉日、迎亲、回门”等仪式。仡佬族婚嫁礼仪活动，男女双方都有几道程序，“男方有提亲、交礼、发茶、装香、开庚、报期、迎娶；女方相应有放话、盘媒、备嫁、哭嫁、发亲”[②]。其程

图11　哭嫁歌

① 周明阜、胡晨、胡炳章：《湘西风土志》，中央民族大学出版社，2012年，第166页。
② 贵州省非物质文化遗产网站：http://www.gzfwz.org.cn/WebArticle/ShowContent?ID=915.

序繁多，礼仪完备，对梳头、铺床、发烛等环节有禁忌一些内容。总体来看，土家族、苗族、侗族等改土归流前也多以歌为媒，婚姻比较自由，由此则形成“跳月”、“踩花节”、土家女儿会、赶边边场等传统婚姻习俗节日和婚俗。改流后形成“父母之命，媒妁之言”的规矩。武陵地区各民族一直流传的婚姻习俗，表面烦琐，但实际上很有规范性和合理性，集中反映了其严谨的生活方式和独特的民族风情。改革开放以后，随着人们的生产生活方式的变化，婚俗在不同程度上有些演变，礼仪也逐渐简单化。

图12　龙凤花烛

武陵地区的生育习俗也是武陵地区各族人民精神文化的一种重要体现，各族在有喜、捡生、报喜、养育等生育习俗中都有相应的礼仪。诸多地方“有喜”前都有一些“偷瓜”“祈石”“架子孙桥”“祈神求子”等仪式活动。如在湘西一带，长期未孕夫妇有些就会请当地巫师做相应的法事，搭建“子孙桥”或“敬神祈子”；龙山县土家族人的祈子仪式是在草坪上搭台挂菩萨神案，在神案前放一盆水，水中放入牛肉，中间放上豆腐，豆腐上挂有剪纸纸人以及小人样的粑粑、牛的五脏等作为供品敬菩萨，礼毕未孕夫妇遂将粑粑讨回家躲在屋里分食；在梯玛巫师求“天地公婆”时会不时穿插如“……三求贵男，四求贵女，双脚跪到屋檐下，那是天也要呀地也要，神也要来鬼也要，山也要来水也要，儿也要来女也要啊……”[①]等粗俗的对话，据说主要是让抱着孩子的送子娘娘发笑，以便其一不留神让怀中的孩子掉下来，才能求得孩子。媳妇“有喜”也有一些禁忌，如慎戒房事，忌乱吃食物，禁在孕妇家动土、敲打、拆门和移动东西，以及在柱子、板壁上钉钉子，在门槛上砍东西等，以免动胎气、生缺嘴（兔唇），也不吃羊肉、鸭肉、母猪肉，担心小孩得羊儿疯病、打摆子和母猪疯病（癫痫病）等。捡生时捡生婆会带上备好的桃枝桃叶插在孕妇家门上避邪，婴儿的脐带装在旧背篓里挂在山外茂密的常青树上，将胎盘埋于地下。还有婴儿不能用裤子包的说法。孩子出生后有的还讲究踩生，出生第二天，女婿提着鸡（生男提公鸡，生女提母鸡）去岳父岳母家报喜。有地方儿歌“推豆腐，迎舅母。舅母来得快，一脚踩到鼎盖。舅母来得慢，一脚踩到尿泥塘”，讲的是孩子的舅母来看望，然后回家让外婆家准备满月酒的礼物。坐月子也有很多

① 周明阜、胡晨、胡炳章：《湘西风土志》，中央民族大学出版社，2012年，第188页。

忌讳，产妇不吃白毛和花毛鸡，不吃生冷、酸辣食物，不能随便走动，要卧床休养，未满月不能入堂屋和灶屋，以免冲撞祖先神灵和灶神爷；忌讳穿草鞋的人和哺乳妇女进产房，担心带走奶水，等等。刚出生几个月或者幼小的孩子经常夜间哭闹、体弱多病，为保佑孩子健康成长往往会拜保爷（干爹），或拜树保爷、石保保等，有的在山寨的三岔路口立石质或木质的碑，碑的正中书写“×××身犯将军箭”，左右书写“弓开弦断、箭来碑挡”的对联，并写明东南西北去处，为行人指路，积德行善，使小孩易养。随着经济条件的改善，儿女成家立业了，逐渐形成了一系列寿诞习俗。土家族凡男女年满60岁者，儿女为老人祝寿，亲朋好友带上酒或面条之类的贺礼来庆寿，一年一“小寿”，五年一“大寿”。家里父母等老人健在者都不大张旗鼓做生日，据说办了会“折阳寿”。

由于特定的地理、人文环境及文化传承，武陵地区各民族有着自身独特的丧葬仪式及习俗。人们一般都称丧事为“白事”，亡者在七十岁以上的又称“白喜事”。按照区境习俗，不满三十岁的死者称“化损子”，未满六十岁的叫“死人”，六十以上亡者称“亡人”。办理丧事也各有不同，六十岁以上的丧事很讲究，其家大门上方贴上“当大事”，守孝三年。一般来讲，武陵地区的丧葬仪式大体都有送终、洗沐入殓、报丧戴孝、超度、堂祭与祭路、点祖、坐夜、发丧、安葬、买山、送亮送火等程序。办理丧事都要请堪舆择“吉日吉时”和安葬的“风水宝地”。区境古载墓葬形式有洞葬、岩棺葬、悬棺葬、崖墓、竖葬、倒埋、石板棺葬、生基、土坟、佛塔等。明田汝成《炎徼纪闻》中说：仡佬族“殓死有棺而不葬，置之崖穴间，高者绝地千尺，或临大河，不施蔽盖，以木主若圭，罗树其侧，号‘家亲殿’”[②]。武陵地区自清代以来多盛行土葬，留下了遍及乡野的各式造型墓碑。武陵地区土家族、苗族除受巫教影响外，还受汉族文化影响而更多地糅进佛教、道教文化因素。改土归流前，湘西一带老人去世后，丧葬仪式都由土老司、苗老司主持，归流后多由道士主持。武陵地区老人去世有歌丧、跳丧等习俗，在清水江流域地区一般要跳“撒叶儿嗬”歌舞。佛道文化因素传入后，区境也逐步兴起打绕棺超度法事（做道场）的习俗。武陵地区土家族打绕棺有“开路、存亡、交牲、上熟、散花、解结、辞灵、扫屋”等内容，苗族打绕棺有“十王

图13　悬棺[①]

① 当地人总结：四四方方一块田，田里有棵黄桷树，左三步是丰都，右三步是石柱，旁边还有二十八个仙人洞。
② （明）田汝成：《炎徼纪闻》卷四。

绕、药王绕、血盆绕、弥陀绕、地藏绕、观音绕”等内容，打绕棺的具体内容都要视死者的死因、性别及丧家经济实力和具体要求而定。

图14　丧葬习俗

图15　丧葬习俗

武陵地区民间信仰习俗方面，主要有图腾崇拜、祖先崇拜和自然崇拜，也有民众信仰的佛教、道教、基督教等。白虎是土家族的图腾，清江流域以白虎为祖神或家神，而酉水及武水流域的土家族则有驱赶白虎的信仰习俗，在背小孩子出门上坡时，要在小孩脑门上用锅灰画上“+”，以示驱虎辟邪，冬天还有戴虎头帽的习惯。在渝东南石柱县等地仍有家猫（方言麻咪）死后挂于树枝上的习俗，因当地人称老虎为大猫或麻老虎，这种行为应是一种崇拜白虎的表现形式。其实土家族民间信仰为多神崇拜和多神信仰，既有信仰自然、民族图腾、祖先、土王崇拜等，也有佛教、道教信仰。土王崇拜各地不同，湘西主要有彭士愁、田好汉、向老官人土司崇拜，而龙山、永顺、保靖却祭“八部大王”，立八部大神庙，多数还建土王庙；鄂西一带建覃、田、向三王“三抚庙”；长阳、五峰及巴东一带信仰祖先巴务相（称其向王天子）；渝黔地区信仰冉、马、田、杨几姓土王，并建“土王庙”

图16　祭树习俗

或者“飞山宫”，有的还崇拜傩神公公、傩神婆婆等，这些都是土家族的祖先崇拜。中华人民共和国成立前，土家族“俗喜巫鬼，多淫祀”，非常迷信鬼神，巫术活动极为盛行，梯玛、道士、仙娘、算命先生、阴阳先生、巫医等遍及山乡。人生病要到天王庙许愿，病好后要请巫师做法还愿。逢年过节祭灶神以及四官神、五谷神，人死请道士“打绕棺”。酉水上游一带，每每都请道士主持做法事，由此在民间流传“客老司一本经，苗老司来半本经，土老司乱弹经”的俗话，这表明道教、佛教等主要神祇都统统纳入到民间信仰神灵体系中，造成土家族多种信仰并存的局面。

武陵地区苗族崇拜盘瓠，堂屋神龛立盘瓠大王神位，在麻阳锦江两岸有盘瓠庙遗址18处，以高村乡漫水村田姓盘瓠庙最大。庙内正殿正中供案上立有“本祭盘瓠大王位”石碑，左右分别是“新息大王”“四官大王”石碑，供案两边塑有龙头，大门上方浮雕图案，中间立有一只龙犬。而且每年年头岁末和农历五月，都有盘瓠庙祭祀活动，有椎牛或杀猪祀盘瓠、接龙参神、抬犬求雨等内容[①]。如今苗族仍然保留崇拜狗、喜五彩服饰的文化习俗；在沅陵一带苗族崇拜辛女，兴“跳香”活动仪式，泸溪等地苗族“跳香”敬奉天王、地王、人王、谷王等诸多神像，敬请三清三虚祖师八方神灵等，祈求风调雨顺，五谷丰登，六畜兴旺。侗族主要以龙、蛇为图腾崇拜，有些侗寨立有龙像；有雪神、土地神和水神等自然崇拜表现；崇拜萨岁和飞山祖公，不少地方建有萨岁坛和飞山庙。仡佬族有竹子崇拜、龙神信仰、宝王菩萨等崇拜和祭祀的信仰习俗。仡佬族的敬雀节、毛龙节蕴含着生命平等、尊重自然、和睦相处的伦理观念，并渗透在仡佬人的社会生产、生活等诸多方面，影响支配着仡佬人的观念与行为，满足着他们的精神需求、心灵慰藉以及利益诉求。正因为有这些民间信仰和宗教礼仪，武陵地区各族人民在生产生活中还形成了许多禁忌和不成

图17　杨六郎庙

图18　树崇拜

① 湖南省怀化地区地方志编纂委员会：《怀化地区志·民族》，三联书店，1999年，第2137页。

文的习惯，这从区境的“封山育林碑”“禁止捕鱼碑”“大河渡口碑”“化行俗美碑”等可以窥见。与此同时，各族人民在历史发展进程中形成了本民族独特的节日习俗，如土家族的过赶年、六月六、牛王节、摆手活动，思南上元沙洲节、思南板桥甩神节，苗族四月八节、苗族鼓藏节，侗族萨玛节、舞春牛、相打骂祝节、三月三（侗语称玩山节、伉歌节），瑶族的盘王节，回族古尔邦节、开斋节等。

武陵地区传统手工艺精湛，工艺类型多样，主要有织锦、刺绣、印染、编织、石木雕刻、花烛、剪纸、纸扎以及造船工艺、建筑工艺、传统绘画等。西兰卡普是土家族织锦，历史悠久，早在秦时就为贡品，汉代土家族已有纺织生产，史载武陵蛮输賨布，明清时臻于完美。厚实耐用的土家织锦，采取通经通纬织造法，有“数纱花”“对斜”平纹素色和“上下斜”斜纹彩色两大系列、两大流派，传统图案400余种，土家花带图案50余种，以四十八勾、台台花、扎土盖、岩墙花、椅子花最为特色。桑植民间绘画以宗教画为盛，以工笔平涂，无色彩渐变为特色。民间印染有以蓝靛为原料的普染，色彩单纯凝重，朴素大方；以模具刷灰胶的灰染，色彩古色古香，花纹图案形象生动。民间刺绣挑花构图饱满，图案造型活灵活现，令人赏心悦目。传统竹编、草编、棕编、藤编等多种工艺盛行，精细美观，编织制品经济实用，深受民众喜爱；竹编制品中尤以思南花凉背、塘头斗笠最为特色，故有“塘头斗笠，印江伞，思南姑娘大脚板”的俗语流传。区境彭水板桥古法造纸及思南军家坝、桥沟、文店等地土法造纸工序复杂，产品质地坚韧、细腻柔和，技艺依靠口传心授传承下来。秀山、思南花烛配方独特，制作工艺精美，寓意深刻；剪纸构图朴实饱满，形象造型生动优美；民间扎纸做工讲究，图案丰富，多见于丧事、祭祀中的布景及道具等。这些传统工艺多姿多彩，弥足珍贵。

旧时对传统的手工业劳动者都统称“工匠”，他们都拥有很高的手工技艺。武陵地区的工匠包括木匠、石匠、泥水匠、铁匠、弹匠、织花匠、染匠、裁缝、扎匠、剃头匠、杀猪匠、劁猪匠、篾匠、漆匠、皮匠、银匠、瓦匠、油匠等各行各业的手工业者。这些匠人手艺多是在不同历史时期中，从不同地区传入境内的。改土归流前，区境各族人民不善匠作，只停留在家庭手工生产阶段，没有形成专门的手工工匠。《（光绪）乾州厅志·苗防志》载苗族“不屑为工匠”，其土布“文不甚工致，不能如永顺、保靖土人为峒锦、峒被、峒巾，能作鹤凤花鸟之形”[①]。改流后大量汉族地区的手工业者进入区境，《（民国）永顺县志》载：“自改流后，百务咸兴，于是攻石之工、砖植之工、设色之工皆自远来矣。”[②]区境少数民族学习外来工匠的手艺，手工技艺也逐渐提高，致使手工业内部分工更加明细，“土、木、竹、石、裁缝、机匠之属，各有专司”，因此区境的手工业种类号称百工。武陵地区不少篾匠长期以来以竹编为副

① 转引朱圣钟：《鄂湘渝黔土家族地区历史经济地理研究》，陕西师范大学博士学位论文，2002年，第152页。
② 同上，第151页。

业，编制凉席、斗篷、烘笼、扇子、箩筐、撮箕、锅盖、斗筐、筲箕等竹制农具和生活用具，除了自用外，还在全县各场镇的竹器市场上销售。武陵地区竹编工艺制品都要经过“伐、刮、破片、蒸、煮、染、洗”等防蛀去甜染色的特殊工艺处理，再按用途以纯手工精心编织成竹编工艺制品。过去有劁猪匠周年累月吹着羊角，奔波于乡村，村民家要想猪儿、公鸡、公牛长得膘肥，就请劁猪匠做阉割之事，要是不再让母猪生仔，就对“老母猪来一刀”，阉割了喂成肥猪卖。其实，各行各业的工匠都有颇具特色的传统习俗，区境手工艺人多脾气倔强，因此，邀请或拜师学艺，主家都必须善待他们，尊敬他们，否则就会担心对自己不利。百姓认为有一门好手艺就不愁吃穿，等于有了个吃饭的饭碗，民间都流传一句“养儿不学艺，挑断箩篼系”的话，认为“手艺一坝田”“只有败丢的家财，没有败丢的手艺”。由此学艺之人也不少，但每个行业的师傅收徒弟都比较谨慎，一要看人品正直朴实可靠；二要看能够吃苦耐劳，头脑比较灵活，善于动脑筋；三要看交情。学艺也有拜师、出师等礼仪，拜师仪式都要由师傅确定举行仪式的时间、地点，一般都会选择师傅的生日或喜庆吉利的日子，地点在家里或饭庄。拜师仪式一般有“听家门大义、读拜师贴、听引保代诸师的训示、焚香叩首”等流程。拜师贴要规定授业内容、学艺期限、收入分配方法以及双方负有的责任等内容，是手艺人强化和认同的手段和标志。学艺一般要三年，在学艺期间的收入都归师傅，吃穿由师傅供给。学艺期满一般都举行出师仪式，有的即使出师了，也会随师傅跟学几年才独当一面。出师仪式也有一定的流程。各行业都有自己的绝活和行业习俗，如吊脚楼、鼓楼等木工传统制作技艺，其修建材料、尺寸等都非常讲究，尺寸要按“生、老、病、死、苦、吉、凶、祸、福”来选择“生、吉、福”几个吉祥尺寸。各行业都有自身的高难度，就像建筑中转角楼难度最大。正如民歌所唱：“山歌好唱难起头，木匠难起转角楼，岩匠难打石狮子，铁匠难打铁绣球。”

图19　牛、猪、羊阉割师石敦义

武陵地区民族服饰不仅有纺织、印染、挑花、刺绣、银饰等传统制作工艺，还形成了相应的服饰礼仪文化。土家族服饰在改土归流前，男女装不分，皆穿短衣、筒裙，赤足椎髻，戴耳环。改土归流后，男女服饰有别，男着长裤、右开襟长衫，系腰带，外套黑色的“鸦鹊褂”；妇女着长裤系绣花围裙、脚穿绣花鞋、饰银钩；土家族男女一直保持头包青丝帕或白帕的习俗。湘西苗族妇女基本上穿无领右大襟上衣和宽脚长裤，头帕盘于头上呈圆筒形。思南、印江、道真、务川等县，女装在清代是大襟宽袖镶栏杆短衣，全红或红黑相间的绣花百褶中长裙，缠头巾，盛装时佩戴多件银饰。清代后期易裙为裤，衣式照旧，惟袖稍窄，衣身略长，缠头巾，裙、裤并存。湘西苗族头包蓝色与白色相间的小方格帕数圈，形成又高又大厚实的包头，喜戴细耳环，上衣大襟右衽无领，尚阴丹蓝色，衣袖宽大。衣领四周镶深蓝色布边十厘米，中间镶一条细蓝花带。喜带胸围（围腰），下装蓝布长裤，裤脚宽大，裤边镶有三厘米的青底绣花花边。脚穿蓝底绣花鞋。苗族男子多数以青布或白布包头，腰拴大腰带，脚穿草鞋。小孩戴“冬瓜圈帽”“狗头帽”“鱼尾帽”等。

武陵地区还以非物质文化遗产保护为核心，并将与之相关的物质文化遗产一起纳入整体性保护和活态传承，并以此设立了湘西、渝东南和鄂西南“武陵山区土家族苗族文化生态保护实验区”3个，分别于2010年5月和2015年8月由文化部批准设立。区境内被命名为“中国民间文化艺术之乡”的有50个：重庆市境内的彭水苗族民歌之乡，酉阳摆手舞、民歌之乡，石柱啰儿调之乡，秀山花灯之乡；湖北境内的宣恩耍耍之乡，长阳歌舞之乡，来凤百福司镇摆手舞之乡、来凤旧司乡地龙灯之乡，秭归屈原镇屈原传说之乡，建始长梁乡吹打乐之乡，利川柏杨坝镇民歌之乡，恩施芭蕉侗族乡板凳龙之乡，恩施太阳河乡民歌之乡，巴东溪丘湾乡堂戏之乡，巴东沿渡河镇堂戏之乡，巴东野三关镇撒叶儿嗬之乡，鹤峰走马镇歌舞之乡，咸丰朝阳寺镇地盘子之乡，恩施三岔乡傩戏之乡；湖南省境内的花垣苗绣、织锦之乡，靖州三锹乡苗族歌鼟之乡，靖州藕团乡芦笙之乡，通道坪坦乡芦笙之乡，通道侗族芦笙之乡，桑植瑞塔铺镇花灯之乡，泸溪合水镇踏虎凿花之乡，溆浦低庄镇辰河戏之乡，张家界永定区王家坪乡诗社之乡，张家界永定区罗水乡毛古斯舞之乡，吉首丹青乡苗族山歌之乡，吉首社塘坡乡苗鼓之乡，吉首寨阳乡苗鼓之乡，古丈默戎镇苗鼓之乡，龙山兴隆街乡三棒鼓之乡，龙山农车乡摆手舞之乡，龙山靛房镇土家族溜子之乡，龙山苗儿滩镇土家织锦之乡，永顺砂坝镇土家族山歌之乡，凤凰山江镇花鼓之乡，隆回县绘画之乡，隆回虎形山瑶族乡瑶族挑花之乡，隆回滩头镇木版年画之乡，麻阳绘画之乡，双峰走马街镇书画之乡，慈利县龙潭河镇板板龙灯之乡；贵州境内的思南花灯之乡、正安小说之乡、德江傩戏之乡、玉屏平溪镇箫笛之乡、松桃寨英镇滚龙之乡。另外，武陵地区还有中国传统村落350个，其中，重庆市境内46个，湖北省境内53个，湖南省境内142个，贵州省境内109个，另外还有贵州万山汞矿国家矿山公园。其实在区境还有传统特产相关的农业文化遗产，如石柱黄连农业文化遗产等有待开发。武陵地区物质形态的文化资源还有广为民众使用的以西兰卡普为代表的纺织品，以竹木藤器为代表的背篓、竹席子、木瓢、水桶、藤编座椅以及犁、耙等生产生活工具。

以上这些是武陵地区土家、苗、侗、仡佬等少数民族人民长期以来创造的包括世代相传的神话传说、谚语歌谣、歌舞曲艺以及织、绣、印、雕等传统工艺等在内的非物质性文化遗产，它们与武陵地区的自然环境和传统古村镇、古建筑等物质性文化遗产相依相存，形成了较为完整的武陵文化生态区域。武陵地区人文资源既是武陵地区民族历史的记录，也是地方文化及地方精神的物质体现。

第二节 武陵地区非物质文化遗产概述

一、武陵地区非物质文化遗产普查情况

武陵地区是一个多民族聚居区域，在历史长河中生活在这里的9个世居民族为了满足物质生活和精神生活需要，不断创造了饮食、服饰、节日、习俗、文学艺术、建筑、工艺美术和宗教等类型多样的民族文化，并世代传承，构筑起武陵地区民族独特的精神家园，为民族地区社会的进步做出了卓越贡献。这些魅力的武陵民族文化不仅彰显出极其巨大的文化价值、艺术价值、经济价值，还对武陵山连片特困区脱贫致富起到了强有力的推动作用，同时也极大地丰富了中华民族文化宝库。

武陵地区各地政府部门在国家统一部署下对非物质文化遗产的保护做了大量工作，进行了积极的探索，取得了重要的阶段性成果和有益的经验。中华人民共和国成立初期在全国范围内开展少数民族识别和社会历史调查工作，同时还对民间文化进行了大量收集、整理和抢救，其内容涉及口头文学、音乐、舞蹈、戏剧、工艺、古籍和文物等方方面面。20世纪50年代，湘西州在对少数民族艺术的发掘调查中，收集到一百余类、一千余个项目；贵州省文化部门收集到民间服饰、挑花、刺绣、蜡染、傩戏面具及剪纸、银饰等工艺品两千余件，整理汇编了44集《贵州民族民间文艺资料集》和《黔东花灯曲调选》等；怀化地区50年代对区内民族民间文艺进行挖掘整理，调查全区有蚕灯、龙灯、花灯、苗歌、侗歌、侗戏、阳戏、辰阳戏、号子山歌和各种舞蹈等72种文艺形式，一万余个节目。60年代搜集辰河戏传统手抄本125个，约500万字，记录和校正传统剧本124个，记录高腔曲牌203支，低腔曲牌423支，锣鼓点子73个[①]。重庆渝东南相关的民间文化方面的资料均收录于《四川歌谣》《四川地方戏剧选曲》《四川民间故事》等。20世纪八九十年代以来，全国开展了“十部中国民族民间文艺集成志书”的编撰，普查、收集和保存了大量珍贵的文艺资源。各省分别收集、整理及编辑了相关的民间故事、民间

① 湖南省怀化地区地方志编纂委员会：《怀化地区志·民族》，三联书店，1999年，第1869页。

歌谣、民间谚语“三套集成”工作。湘西完成了民间艺术九百余个项目的收集、编纂工作，怀化地区完成了《湖南民族民间歌曲集成·怀化卷》《湖南民族民间曲艺音乐集成·怀化卷》《湖南民族民间曲艺志·怀化卷》等。贵州省相继启动了《中国民间歌曲集成·贵州卷》《中国戏曲音乐集成·贵州卷》《中国民间器乐曲集成·贵州卷》《中国曲艺音乐集成·贵州卷》等编辑工作，收集整理了包括汉族、土家族、苗族、侗族、仡佬族等民族的民歌1571首，歌种释文40余条；收集侗戏、花灯、阳戏、傩戏等戏曲剧种的音乐和文字资料600余万字；收集贵州16种曲艺音乐包含乐谱、文字、图表等全部资料近100万字。重庆群众艺术馆编印了《故事集锦》，罗泅、湛卢编印了《儿歌选》（收录298首），吴恭俭搜集审订了《土家族情歌集》；武陵地区重庆境内的饮食民俗、民间故事等大都收录于《中国民间故事集成·四川卷》《中国民间故事集成·重庆市卷》；《苗族赶秋坡的来历》《土家族八月中秋“偷瓜送子节”》《十月初一牛王会》等收录于雪犁主编的《中华民俗源流集成》（十卷）；吴存浩的《中国婚俗》一书也涉及苗族、土家族和汉族的婚俗；石柱文化馆的《民间民歌集成卷》、宋玉鹏等的《土家族民歌》等也收集整理了部分民族民歌。21世纪以来，党和国家高度重视我国非物质文化遗产保护工作，同时积极参与联合国保护非物质文化遗产的各项工作，自始至终积极参与联合国教科文组织在2003年通过的《保护非物质文化遗产公约》制定工作，并于2004年正式加入《保护非物质文化遗产公约》。自2001年以来，我国的昆曲等多项非遗项目被列入世界人类口头和非物质文化遗产代表作。2005年国务院发布了《国务院关于加强文化遗产保护的通知》（国发〔2005〕42号），并决定从2006年起，每年6月的第二个星期六定为“文化遗产日”，2016年改为“文化和自然遗产日”（国函〔2016〕162号）。

2004年以来，武陵地区各级政府部门分别成立非物质文化遗产保护工作领导小组办公室或非物质文化遗产保护中心，认真开展非物质文化遗产普查及保护申报工作。湘西州自2004年至2008年间，投入大量的财力和人力纷纷开展了所在辖区的非物质文化遗产大普查行动，出动普查工作人员548人，普查项目初步统计共有3200余项，涉及非物质文化遗产10大门类。贵州铜仁地区自2006至2007年，共摸排普查线索5600多条，调查项目涵盖16个门类，共1118项；经过遴选、归并、调整，正式确认普查项目875项，其中重点项目423项；2009年截止，铜仁全区共有国家级非物质文化遗产5项，省级非物质文化遗产41项，地区级非物质文化遗产70项。鄂西南州在此期间调查有传统音乐84项，传统舞蹈68项，传统技艺85项，传统美术33项，民间习俗104项，其中人生礼仪28项，生产商贸习俗12项、消费习俗30项、民间信仰习俗34项。巴东县《寇准的故事》有民间故事638篇，利川市长诗《醉花楼》也有1249行。重庆市自2005年起至2009年底完成初次普查，收集到非物质文化遗产十大门类50余个品种，4110项，其中渝东南少数民族地区非物质文化遗产资源占普查总数的33.2%。

有关武陵地区非物质文化遗产方面的资料有《恩南县非物质文化遗产》《沿河非物质文化遗产大观》《巴渝民俗戏剧研究》《重庆市非物质文化遗产名录图典（一）》《川剧传统剧目选集》《梁山灯戏》《秀山花灯大全》《重庆市国家级非物质文化遗产名录项目集成》《守望精神家园——走进桑植非物质文化遗产》《恩施州非物质文化遗产》《恩施州民间歌曲集》《恩施州民间舞蹈集》《恩施州民间戏剧——南剧音乐集》《恩施州民间歌谣集》《恩施州民间曲艺音乐集》《湘西非物质文化遗产丛书》《湖南省非物质文化遗产名录》《湖南非物质文化遗产名录图典》，以及石柱地方志办公室主编的《石柱土家族研究丛书》（内部资料，2011）、田发奎《龙山非物质文化遗产名录集锦》等，几乎每个县都有辑集刊印或者出版等。武陵地区非物质文化遗产研究著作的代表性作品有唐腾华、罗孝平《渝东南民歌》（重庆出版社，1999），苏晓云、张洪伦等主编《土家族研究丛书》，包括萧洪恩《土家族口承文化哲学研究》（中央民族大学出版社，1999）、田世高《土家族音乐概论》（中央民族大学出版社，2002）等。另外还有杨昌鑫《土家族风俗志》（中央民族学院出版社，1989），秦雨、彭林绪《土家族苗族民俗民间艺术》（重庆出版社，1990），彭继宽、彭勃《土家族摆手活动史料辑》（岳麓书社，2000），向柏松《土家族民间信仰与文化》（民族出版社，2001），龙泽瑞、龙利农《牛角吹出的古歌——梯玛神歌》（中国文联出版社，2003），黄洁等《民间口传文学的珍贵遗产——重庆土家族民歌》（中国文史出版社，2004），丁世忠《重庆土家族民俗文化概论》（重庆出版社，2006），潘顺福《薅草锣鼓》（湖北人民出版社，2006），湘西土家族苗族自治州民族工艺美术研究所等《湘西民间工艺美术精粹》（学苑出版社，2007），彭振坤、黄柏权《土家族文化资源保护与利用研究》（社会科学文献出版社，2007），谭笑《民间艺术之星》（武汉出版社，2008），胡萍、蔡清万《武陵地区非物质文化遗产及其文献集成》（民族出版社，2008），李良品、彭福荣、余继平《重庆民族文化研究》（重庆出版社，2010）及《重庆民族地区非物质文化遗产研究》（重庆出版社，2012），张军《石阡木偶戏》（贵州民族出版社，2011），余继平《乌江流域民族民间美术研究与集成》（重庆出版社，2011），张子伟、陈廷亮《湘西土家族毛古斯舞》（湖南师范大学出版社，2011），余继平《乌江流域民族民间美术》（重庆出版社，2012），冉文玉《道真古傩》（贵州民族出版社，2012），谭志国《土家族非物质文化遗产研究》（世界图书上海出版公司，2013），陈廷亮《守护民族精神家园：湘西少数民族非物质文化遗产研究》（世界图书出版公司，2013），刘冰清、王文明《傩与盘古文化探微》（世界图书出版公司，2013），熊晓辉、余继平《辰河高腔》（中国戏剧出版社，2014），汪华生《石柱土家啰儿调》（重庆出版社，2014），杨秀忠《石阡木偶戏》（中国文史出版社，2014），杨爱平、韦济木《飞跃历史视觉的灵魂：摆手舞的起源与流变》（中国戏剧出版社，2015），余继平、洪业应《乌江流域特色文化产业创新发展研究》（经济日报出版社，2016），罗亚阳等《神秘湘西：湘西土家族苗族自治州非物质文化遗产集萃》（共八卷，中国社会出版社，2017）等。目前武陵地区非物质文化遗产全面普查工作已告一段落，非遗保护已取得阶段性成果，学者们已在相关领域做了众多积累，为本书在理论与实践方法上都提供了可资借鉴的经验。

二、武陵地区非物质文化遗产代表性项目名录的基本情况

1. 武陵地区国家级非物质文化遗产代表性项目名录情况

武陵地区已建立起国家级、省级、市级和县级非物质文化遗产保护名录体系。我国国家级非遗代表性项目名录均由文化部确定经国务院批准并公布，目前，先后颁布了四批国家级非物质文化遗产代表性项目名录，共1836个项目，其中扩展名录464项，武陵地区有90项入列其中，占总数的4.9%①（见图20）。具体分布为：2006年5月，国务院（国发〔2006〕18号）批准文化部确定并公布第一批国家级非物质文化遗产名录共计518项，其中武陵地区有25项入选，占总数的4.8%；2008年6月，国务院（国发〔2008〕19号）批准并公布了第二批国家级非物质文化遗产名录510项及第一批扩展名录147项，其中武陵地区有23项列入其中，占总数的4.5%；2011年5月

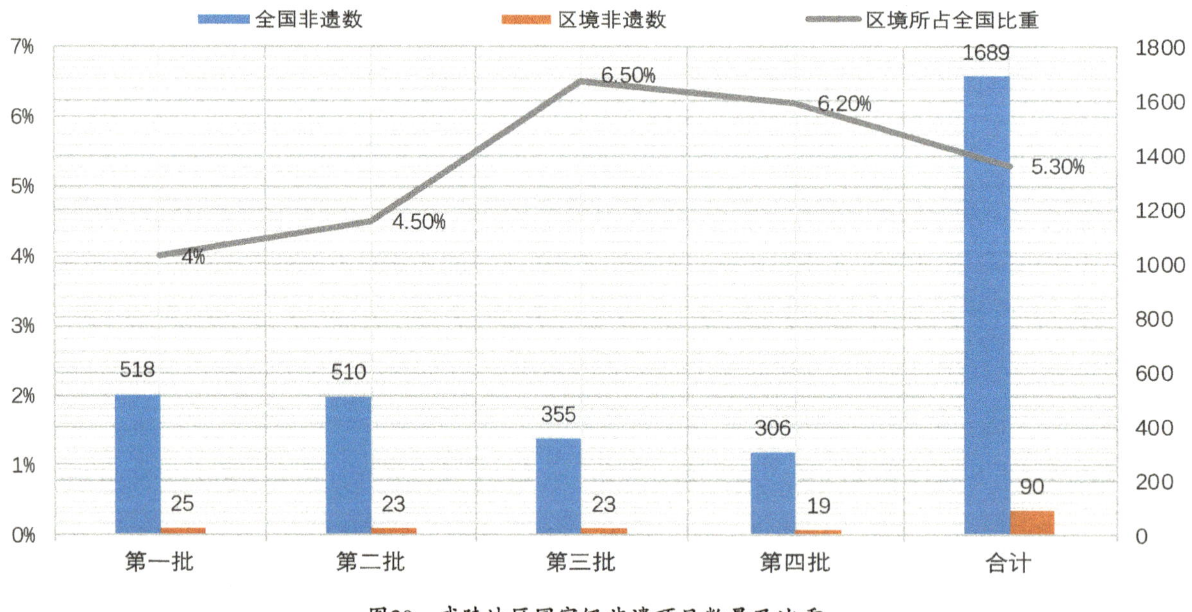

图20 武陵地区国家级非遗项目数量及比重

① 数据均统计于重庆市人民政府网、重庆市文化委员会网、重庆市文化艺术研究院网，湖北省人民政府网、湖北省文化厅网、湖北群众艺术馆网、恩施土家族苗族自治州文化馆网站，湖南省人民政府网、湖南省非物质文化遗产网、湖南省文化厅网站、湘西自治州文化广电新闻出版局网，贵州省人民政府网、贵州省非物质文化遗产网、铜仁市人民政府网，以及中国非物质文化遗产网等。

国务院（国发〔2011〕14号）公布了第三批国家级非物质文化遗产名录共191项和扩展名录164项，其中武陵地区有23项，占总数的6.5%；2014年11月，国务院（国发〔2014〕59号）颁布了第四批国家级非物质文化遗产代表性项目名录153项和扩展项目名录153项，其中武陵地区有19项，占总数的6.2%。武陵地区国家级非物质文化遗产代表性项目名录详见表1。

表1　武陵地区国家级非物质文化遗产名录一览表

项目类别	编号	项目名称	申报地区或单位	备注说明
民间文学	Ⅰ-47	屈原传说	湖北省秭归县	第二批
	Ⅰ-56	都镇湾故事	湖北省长阳土家族自治县	第二批
	Ⅰ-80	土家族梯玛歌	湖南省龙山县	第二批
	Ⅰ-93	盘瓠传说	湖南省泸溪县	第三批
	Ⅰ-112	土家族哭嫁歌	湖南省永顺县、古丈县	第三批
	Ⅰ-124	酉阳古歌	重庆市酉阳土家族苗族自治县	第三批
	Ⅰ-1	苗族古歌	湖南省花垣县	第三批扩展
民间音乐	Ⅱ-10	桑植民歌	湖南省桑植县	第一批
	Ⅱ-15	石柱土家啰儿调	重庆市石柱土家族自治县	第一批
	Ⅱ-23	靖州苗族歌鼟	湖南省靖州苗族侗族自治县	第一批
	Ⅱ-25	南溪号子	重庆市黔江区	第一批
	Ⅱ-54	土家族打溜子	湖南省湘西土家族苗族自治州	第一批
	Ⅱ-84	秀山民歌	重庆市秀山土家族苗族自治县	第二批
	Ⅱ-85	酉阳民歌	重庆市酉阳土家族苗族自治县	第二批
	Ⅱ-89	茶山号子	湖南省辰溪县	第二批
	Ⅱ-98	长江峡江号子	湖北省巴东县、秭归县	第二批
	Ⅱ-98	酉水船工号子	湖南省保靖县	第二批
	Ⅱ-110	花瑶呜哇山歌	湖南省隆回县	第二批
	Ⅱ-125	土家族咚咚喹	湖南省龙山县	第二批
	Ⅱ-109	湘西苗族民歌	湖南省吉首市	第二批
	Ⅱ-129	侗族芦笙	湖南省通道侗族自治县	第二批
	Ⅱ-27	五峰土家族薅草锣鼓	湖北五峰土家族自治县	第一批扩展
	Ⅱ-27	宣恩薅草锣鼓	湖北宣恩县	第一批扩展
	Ⅱ-27	长阳山歌	长阳土家族自治县	第一批扩展
	Ⅱ-54	土家族打溜子	湖北省五峰土家族自治县、鹤峰县	第一批扩展

续表

	Ⅱ–142	利川灯歌	湖北省利川市	第三批
	Ⅱ–156	土家族民歌	湖南省湘西土家族苗族自治州，贵州省沿河土家族自治县	第四批
	Ⅱ–109	苗族民歌	重庆市彭水苗族土家族自治县	第四批扩展
民间舞蹈	Ⅲ–17	土家族摆手舞	湖南省湘西土家族苗族自治州	第一批
	Ⅲ–18	土家族撒叶儿嗬	湖北省长阳土家族自治县	第一批
	Ⅲ–30	湘西苗族鼓舞	湖南省湘西土家族苗族自治州	第一批
	Ⅲ–31	湘西土家族毛古斯舞	湖南省湘西土家族苗族自治州	第一批
	Ⅲ–52	肉连响	湖北省利川市	第二批
	Ⅲ–17	土家族摆手舞	湖北省来凤县	第一批扩展
	Ⅲ–17	酉阳摆手舞	重庆市酉阳土家族苗族自治县	第一批扩展
	Ⅲ–98	仗鼓舞（桑植仗鼓舞）	湖南省桑植县	第三批
	Ⅲ–4	地龙灯	湖北省来凤县	第三批扩展
	Ⅲ–4	芷江孽龙	湖南省芷江侗族自治县	第三批扩展
	Ⅲ–5	高台狮舞	重庆市彭水苗族土家族自治县	第三批扩展
	Ⅲ–119	棕包脑	湖南省洞口县	第四批
	Ⅲ–121	玩牛	重庆市石柱土家族自治县	第四批
	Ⅲ–18	土家族撒叶儿嗬	湖北省五峰土家族自治县、巴东县，湖南省桑植县	第四批扩展
传统戏剧	Ⅳ–7	辰河高腔	湖南省辰溪县、泸溪县	第一批
	Ⅳ–7	常德高腔	湖南省常德市	第一批
	Ⅳ–78	思南花灯戏	贵州省思南县	第一批
	Ⅳ–87	辰河目连戏	湖南省溆浦县	第一批
	Ⅳ–89	侗族傩戏	湖南省新晃侗族自治县	第一批
	Ⅳ–89	沅陵辰州傩戏	湖南省沅陵县	第一批
	Ⅳ–89	德江傩堂戏	贵州省德江县	第一批
	Ⅳ–92	石阡木偶戏	贵州省石阡县	第一批
	Ⅳ–112	花鼓戏	湖南常德市	第二批
	Ⅳ–125	南剧	湖北省来凤县、咸丰县	第二批
	Ⅳ–77	灯戏	湖北省恩施市	第一批扩展
	Ⅳ–83	侗戏	湖南省通道侗族自治县	第一批扩展

续表

	Ⅳ-89	仡佬族傩戏	贵州省道真仡佬族苗族自治县	第一批扩展
	Ⅳ-89	鹤峰傩戏、恩施傩戏	湖北省鹤峰县、恩施市	第一批扩展
	Ⅳ-157	张家界阳戏	湖南省张家界市永定区	第三批
	Ⅳ-157	上河阳戏	湖南省怀化市鹤城区	第四批扩展
曲艺	Ⅴ-27	常德丝弦	湖南省常德市	第一批
	Ⅴ-71	南曲	湖北省五峰土家族自治县	第二批
	Ⅴ-74	恩施扬琴	湖北省恩施市	第二批
	Ⅴ-106	三棒鼓	湖北省宣恩县	第三批
传统体育、游艺与杂技	Ⅵ-65	赛龙舟	湖南省沅陵县，贵州省铜仁市、镇远县	第三批
民间美术	Ⅶ-8	滩头木版年画	湖南省隆回县	第一批
	Ⅶ-25	花瑶挑花	湖南省隆回县	第一批
	Ⅶ-66	凤凰纸扎	湖南省凤凰县	第二批
	Ⅶ-16	踏虎凿花	湖南省泸溪县	第一批扩展
	Ⅶ-25	花瑶挑花	湖南省溆浦县	第一批扩展
	Ⅶ-98	苗画	湖南省保靖县	第三批
	Ⅶ-56	沅洲石雕	湖南省芷江侗族自治县	第四批扩展
传统手工技艺	Ⅷ-18	土家族织锦技艺	湖南省湘西土家族苗族自治州	第一批
	Ⅷ-34	玉屏箫笛制作技艺	贵州省玉屏侗族自治县	第一批
	Ⅷ-40	苗族银饰锻制技艺	湖南省凤凰县	第一批
	Ⅷ-104	侗锦织造技艺	湖南省通道侗族自治县	第二批
	Ⅷ-211	土家族吊脚楼营造技艺	湖北省咸丰县，湖南省永顺县，重庆市石柱土家族自治县	第三批
	Ⅷ-71	滩头手工抄纸技艺	湖南省隆回县	第四批扩展
	Ⅷ-148	恩施玉露制作技艺	湖北省恩施市	第四批扩展
传统医药民俗	Ⅸ-3	西塞神舟会	湖北省秭归县	第一批
	Ⅸ-26	仡佬毛龙节	贵州省石阡县	第一批
	Ⅸ-51	秀山花灯	重庆市秀山土家族苗族自治县	第一批
	Ⅹ-65	苗族服饰	湖南省湘西土家族苗族自治州	第一批扩展
	Ⅹ-128	土家年	湖南省永顺县	第三批
	Ⅹ-134	四十八寨歌节	贵州省天柱县	第三批

续表

	Ⅸ-15	苗医药（癫痫症疗法、钻节风疗法）	湖南省凤凰县、花垣县	第三批扩展
	X-68	石阡说春	贵州省石阡县	第三批扩展
	X-77	苗族四月八	湖南省吉首市	第三批扩展
	X-150	仡佬族三幺台习俗	贵州省道真仡佬族苗族自治县	第四批
	X-12	报京三月三	贵州省镇远县	第四批扩展
	X-68	苗族赶秋	湖南省花垣县	第四批扩展

重庆市先后公布了四批市级非物质文化遗产代表性项目名录共388项，其中武陵地区重庆市境内国家级非遗项目共有11项，占市内国家级非遗项目总数的26.2%，占市级非遗项目总量的2.8%，占武陵地区国家级非遗项目总量的12.2%。具体情况为：重庆市政府（渝办发〔2007〕154号）公布了第一批市级非物质文化遗产代表性项目名录共62项，其中武陵地区重庆市境内有国家级非遗项目3项，占重庆市内国家级非遗代表性项目名录总数的25%，占重庆市内非遗项目总量的4.8%，占武陵地区国家级非遗项目总量的12%；重庆市政府（渝府发〔2009〕94号）公

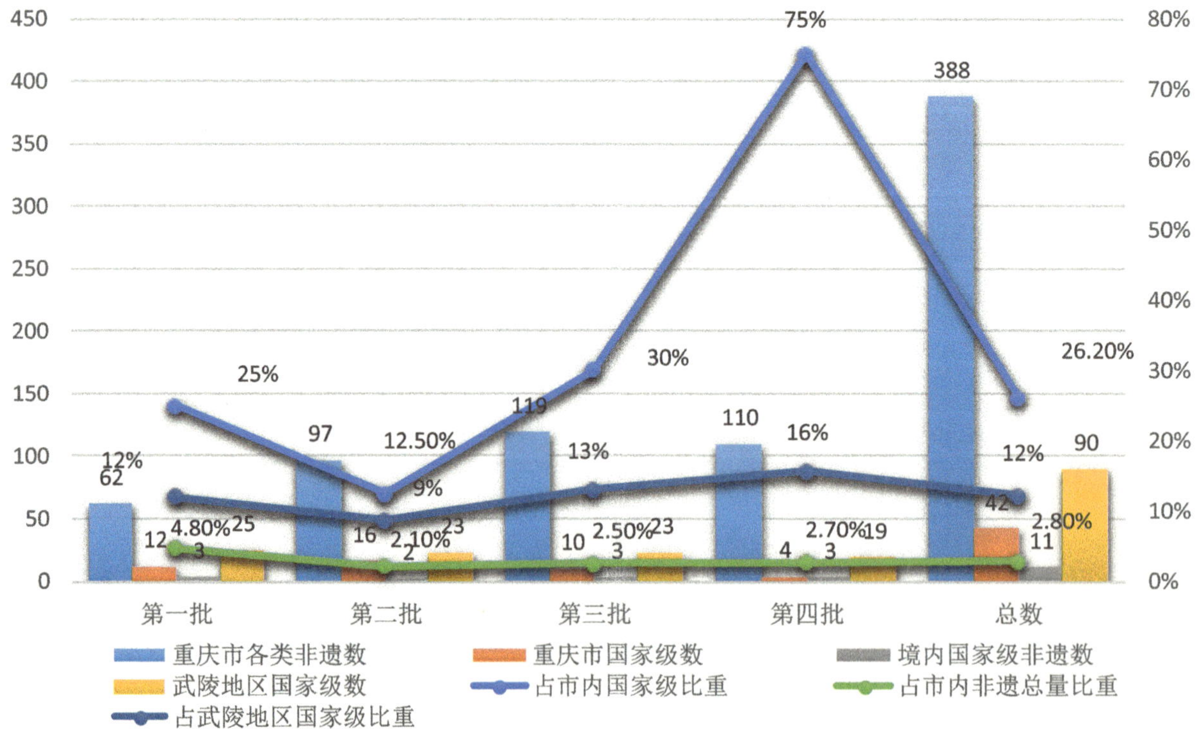

图21 武陵地区重庆市境内国家级非遗项目数量及比重

布了第二批市级非物质文化遗产代表性项目名录共97项，其中武陵地区重庆市境内有国家级非遗项目2项，占重庆市内国家级非遗代表性项目名录总数12.5%，占重庆市内非遗项目总量的2.1%，占武陵地区国家级非遗项目总量的8.6%；2011年4月，重庆市政府（渝府发〔2011〕27号）公布了第三批市级非物质文化遗产119项，其中武陵地区重庆市境内有国家级项目3项，占重庆市内国家级非遗代表性项目名录总数的30%，占重庆市内非遗项目总量的2.5%，占武陵地区国家级非遗项目总量的13%；重庆市政府（渝府发〔2014〕1号）公布的第四批重庆市市级非物质文化遗产代表性项目名录共110项，其中武陵地区重庆市境内有国家级非遗项目3项，占重庆市内国家级非遗代表性项目名录总数的75%，占重庆市内非遗项目总量的2.7%，占武陵地区国家级非遗项目总量的15.7%。

湖北省先后公布了四批省级非物质文化遗产代表性项目名录共310项（第五批暂未统计），其中武陵地区湖北省境内共有国家级非遗项目20项，占省内国家级非遗项目总数的19.8%，占省级非遗项目总量的6.5%，占武陵地区国家级非遗项目的22.2%。具体情况为：2007年6月，省人民政府（鄂政发〔2007〕38号）公布了第一批省级非物质文化遗产名录共计98项，其中武陵地区湖北省境内有国家级非遗项目2项，占湖北省国家级非遗代表性项目名录总数的10.5%，占湖北省省内非遗项目总量的2%，占武陵地区国家级非遗项目总量的8%；2009年5月，湖北省（鄂政发〔2009〕27号）公布的第二批省级非物质文化遗产名录共计66项，其中武陵地区湖北省境内有国家非遗项目9项，占湖北省国家级非遗代表性项目名录总数的21.9%，占湖北省省内非遗项目总量的13.6%，占武陵地区国家级非遗项目总量的39.1%；2011年6月，

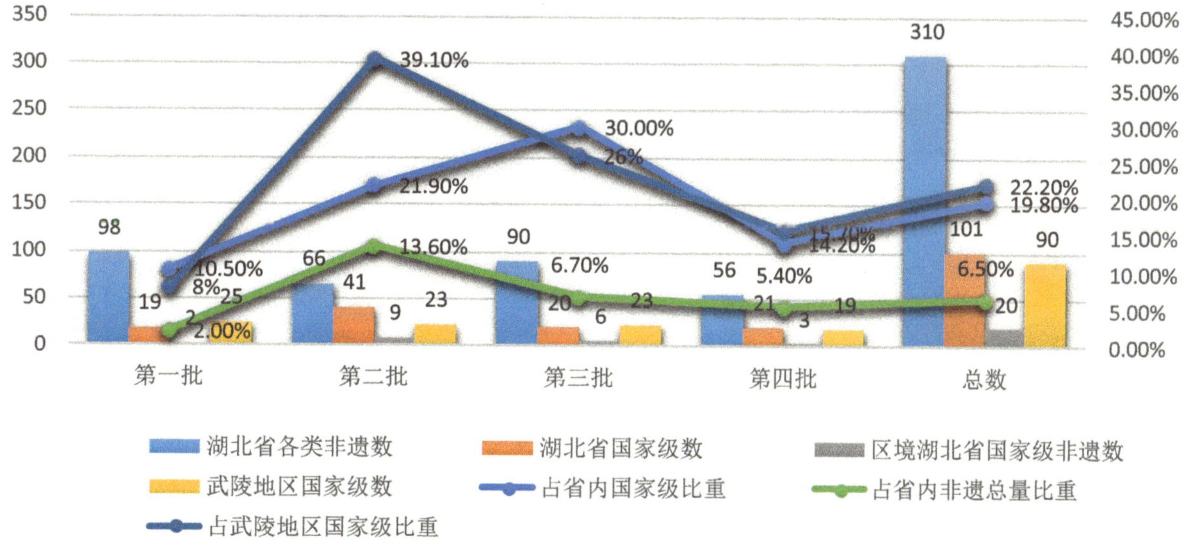

图22　武陵地区湖北省境内国家级非遗项目数量及比重

湖北省（鄂政发〔2011〕33号）公布了第三批省级非物质文化遗产名录共90项，其中武陵地区湖北省境内有国家级非遗项目6项，占湖北省国家级非遗代表性项目名录总数的23%，占湖北省省内非遗项目总量的6.7%，占武陵地区国家级非遗项目总量的26%；2013年10月，湖北省（鄂政发〔2013〕49号）公布了第四批省级非物质文化遗产名录共计56项，其中武陵地区湖北省境内有国家级非遗项目3项，占湖北省国家级非遗代表性项目名录总数14.2%，占湖北省省内非遗项目总量的5.4%，占武陵地区国家级非遗项目总量的15.7%。

湖南省先后公布了四批省级非物质文化遗产代表性项目名录共374项，其中武陵地区湖南省境内共有国家级非遗项目50项，占省内国家级非遗项目总数的53.8%，占省级非遗项目总量的13.4%，占武陵地区国家级非遗项目的55.6%。具体情况为：2006年6月湖南省人民政府（湘政发〔2006〕18号）公布了第一批省级非物质文化遗产代表性项目名录共计74项，其中武陵地区湖南省境内有国家级非遗项目15项，占湖南省国家级非遗代表性项目名录总数的58%，占湖南省省内非遗项目总量的20%，占武陵地区国家级非遗项目总量的60%；2009年2月湖南省人民政府（湘政发〔2009〕9号）公布了第二批省级非物质文化遗产代表性项目名录共计114项，其中武陵地区湖南省境内有国家级非遗项目12项，占湖南省国家级非遗代表性项目名录总数的57%，占湖南省省内非遗项目总量的10.5%，占武陵地区国家级非遗项目总量的52%；2012年8月湖南省人民政府（湘政发〔2012〕24号）公布了第三批省级非物质文化遗产代表性项目名录推荐项目名单共70项，其中武陵地区湖南省境内有国家级非遗项目14项，占湖南省国家级非遗代表性项

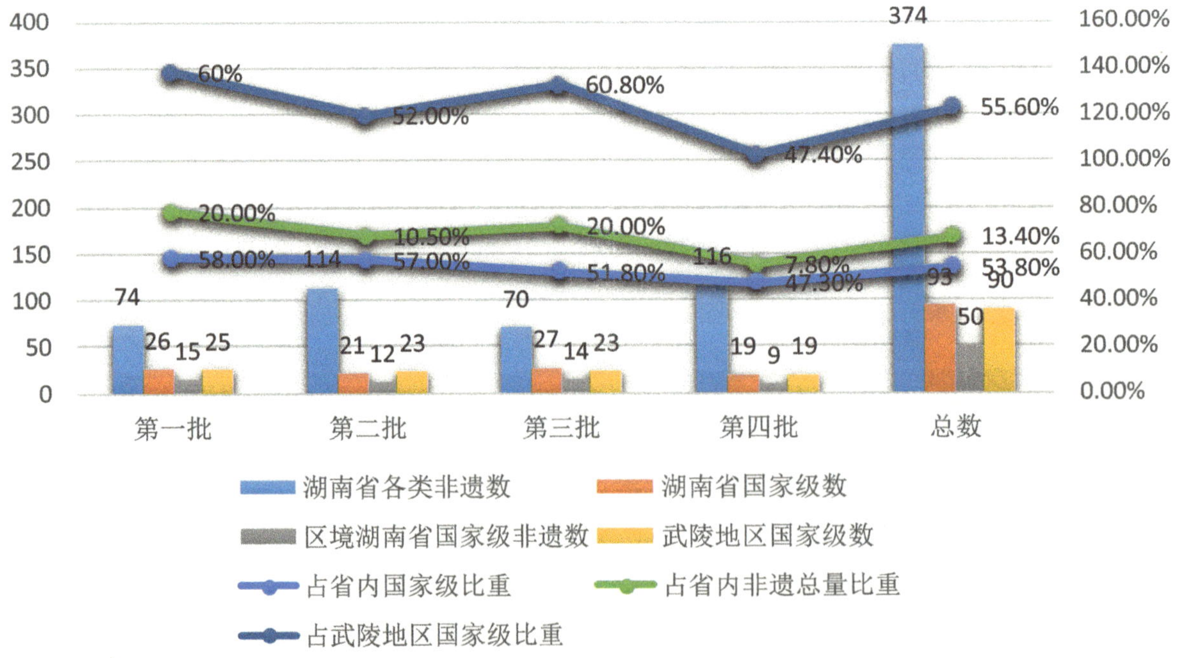

图23　武陵地区湖南省境内国家级非遗项目数量及比重

目名录总数的51.8%，占湖南省省内非遗项目总量的20%，占武陵地区国家级非遗项目总量的60.8%；2016年5月湖南省文化厅提出第四批省级非物质文化遗产代表性项目名录推荐名单116项，其中武陵地区湖南省境内有国家级非遗项目9项，占湖南省国家级非遗代表性项目名录总数47.3%，占湖南省省内非遗项目总量7.8%，占武陵地区国家级非遗项目总量的47.4%。

贵州省人民政府先后公布了四批省级非物质文化遗产代表性项目名录共561项（第五批暂未统计），其中武陵地区贵州省境内共有国家级非遗项目11项，占省内国家级非遗项目总数的12.4%，占省级非遗项目总量的2%，占武陵地区国家级非遗项目的12.2%。具体情况为：2005年12月贵州省人民政府（黔府发〔2005〕27号）公布了首批省级非物质文化遗产代表性项目名录91个，其中武陵地区贵州省境内有国家级非遗项目5项，占贵州省国家级非遗代表性项目名录总数的16.2%，占贵州省省内非遗项目总量的5.5%，占武陵地区国家级非遗项目总量的20%；2007年5月贵州省（黔府发〔2007〕16号）公布了第二批省级非物质文化遗产代表性项目名录202个，其中武陵地区贵州省境内没有国家级非遗项目，而贵州省有国家级非遗代表性项目名录23项；2009年9月贵州省〔黔府发〔2009〕30号）正式公布了第三批省级非物质文化遗产代表性项目名录共147项，其中武陵地区贵州省境内有国家级非遗项目3项，占贵州省国家级非遗代表性项目名录总数的15%，占贵州省省内非遗项目总量的2.04%，占武陵地区国家级非遗项目总量的13%；2015年1月贵州省人民政府（黔府发〔2015〕1号）批准并公布第四批省级非物质文化遗产代表性项目名录121项，其中武陵地区贵州省境内有国家级非遗项目3项，占贵州省国家级非遗代表性项目名录总数的20%，占贵州省省内非遗项目总量的2.48%，占武陵地区国家级非遗项目总量的15.8%。

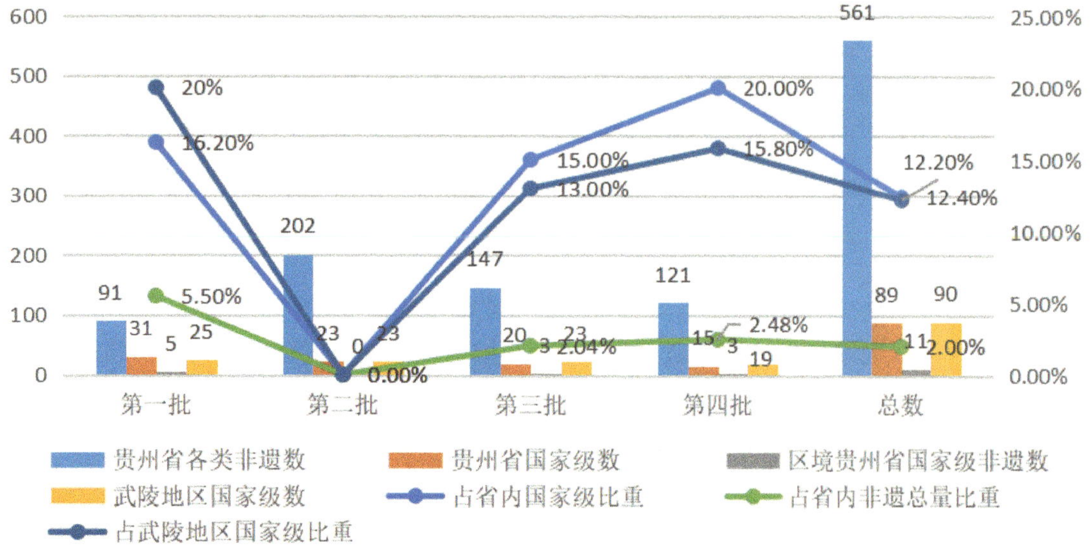

图24　武陵地区贵州省境内国家级非遗项目数量及比重

2. **武陵地区省级非物质文化遗产代表性项目名录情况**

重庆市、湖北省、湖南省、贵州省先后公布了四批省级非物质文化遗产代表性项目名录，三省一市共计1633项，其中武陵地区所在各省市境内的省级非遗代表性项目名录共计344项（见表2），即重庆市境内有80项，占全市市级非遗项目总数的20.6%，占武陵地区省级非遗项目总数的23.3%；湖北省境内有79项占全省非遗项目总量的25.4%，占武陵地区省级非遗项目总数的23%；湖南省境内有124项，占全省非遗项目总量的33.2%，占武陵地区省级非遗项目总数的36%；贵州省境内有61项，占全省非遗项目总量的10.9%，占武陵地区省级非遗项目总数的17.7%。

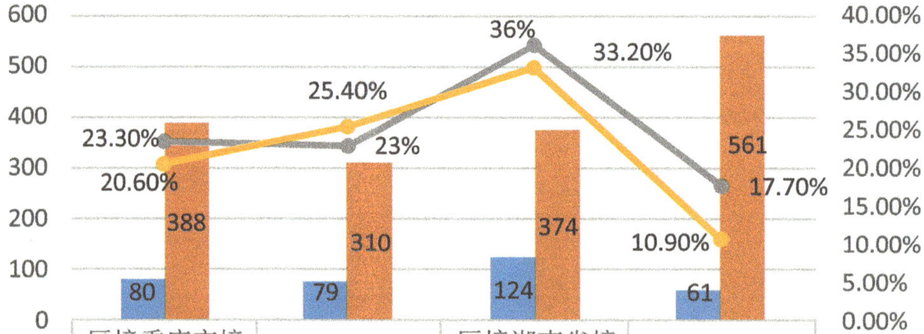

	区境重庆市境内	区境湖北境内	区境湖南省境内	区境贵州省内
区境非遗合计	80	79	124	61
全省省级非遗总量	388	310	374	561
占区境非遗比重	23.30%	23%	36%	17.70%
占全省非遗比重	20.60%	25.40%	33.20%	10.90%

图25 武陵地区各省市省级非遗项目分布数量及比重

在武陵地区各省市人民政府公布的四批省级非物质文化遗产名录中，武陵地区非遗项目总量占四省市省级非遗项目总量的21%，区境非遗在各省市分布情况为湖南、湖北均高于总量比重，分别为33.2%、25.4%，其次是重庆市境内比重为20.6%，贵州省境内比重为10.9%。从武陵地区省级非遗项目来看，湖南省境内比重最高，占区境非遗项目总量的36%，且主要集中在湘西地区；其次是重庆市境内，占区境非遗项目总量的23.3%，且主要集中在渝东南少数民族地区；湖北省境内占区境非遗项目总量的23%，主要集中在恩施土家族苗族自治州；贵州省境内占区境非遗项目总量的17.7%，主要集中在铜仁地区，遵义市的道真、正安、务川等县分布较少。从区境非遗类型情况来看，十大分类中非遗数量相差较大，非遗项目最多的是传统技艺类66项，占区境非遗项目总数的19.3%；其次是民间音乐类63项、民俗类46项、民间舞蹈42项、民间文学32

项、传统戏剧32项，分别占区境总数的18.3%、13.4%、12.2%、9.3%、9.3%；接着是传统体育、游艺与杂技类和传统美术类均为21项，占区境非遗项目总数的6.1%，曲艺类14项，占区境非遗项目总数的4.1%；最后是传统医药类7项，只占区境总数的2%。

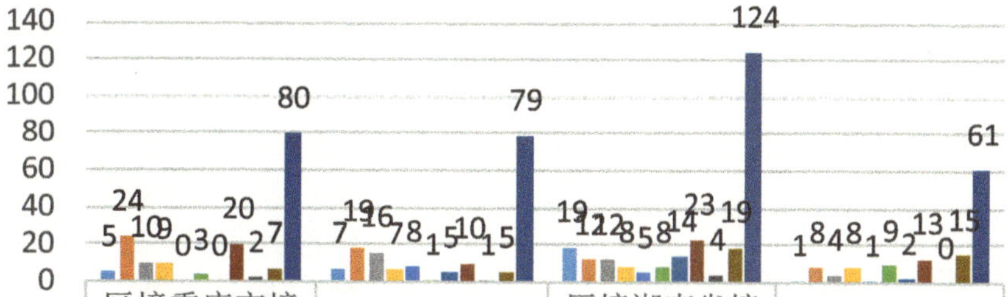

	区境重庆市境内	区境湖北境内	区境湖南省境内	区境贵州省内
民间文学	5	7	19	1
民间音乐	24	19	12	8
民间舞蹈	10	16	12	4
传统戏剧	9	7	8	8
曲艺	0	8	5	1
传统体育、游艺与杂技	3	1	8	9
传统美术	0	5	14	2
传统技艺	20	10	23	13
传统医药	2	1	4	0
民俗	7	5	19	15
合计	80	79	124	61

图26　武陵地区各省市省级非遗项目分布情况

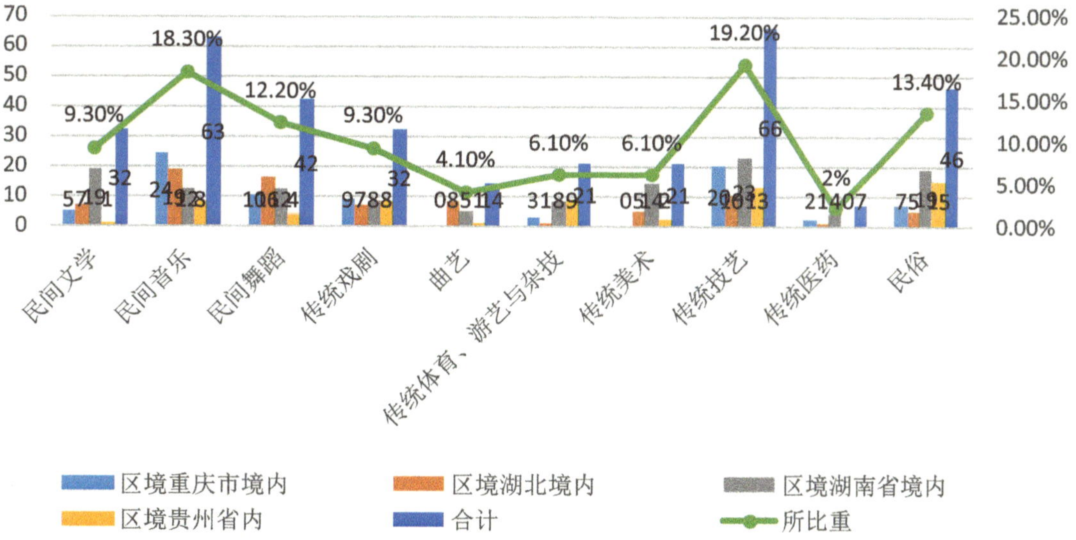

图27　武陵地区十大类非遗项目及比重

武陵地区各省市公布的四批省级非遗项目统计表明，各省市在武陵地区境内的非遗数量多少不一，多集中于少数民族聚居区域，且多集中于传统技艺、民间音乐民间舞蹈和民俗类，这突出了少数民族能歌善舞、以歌为媒的特征和注重传统技艺、民俗的传承等的文化特点。但是曲艺类数量很少，尤其是重庆市空缺，贵州省境内也只有1项，曲艺在区境流传、发展不乐观，区境内传统美术、曲艺类非遗申报数仍有较大空间。另外传统医药数量不足，仅涉及7项，该项贵州省境内没有，湖北省境内只有 1 项。然而，目前在区境内仍有不少传统医药类的非遗仍活态传承，从整个武陵地区非遗存量来看，武陵地区非物质文化遗产还有待进一步挖掘、整理、继承、保护和弘扬。武陵地区非遗项目涉及的民族有土家族、苗族、侗族、仡佬族、瑶族、白族等少数民族，主要集中于土家族、苗族，白族及壮族较少，也有几个少数民族共享非遗，如张家界泼水龙习俗为土家、白、苗三少数民族共享，还有苗族与侗族的雕花蜜饯制作技艺、苗侗芦笙节等。

图28 下油锅技艺表演

表2 武陵地区各省（市）省（市）级非物质文化遗产名录一览表

项目类别	区境所在省市	项目名称	申报地区	备注说明
民间文学	重庆市	男女石柱神话	石柱县	第二批
		吴幺姑传说	黔江区	第二批
		巫傩诗文	酉阳县	第二批
		丰都县民间故事	丰都县	第三批
		石柱酒令	石柱县	第三批
	湖北省	屈原传说	秭归县	第一批
		都镇湾故事	长阳县	第一批
		寇准的故事	巴东县	第二批
		廪君传说	长阳土家族自治县	第三批
		土家族哭嫁歌	来凤县	第三批

续表

		三峡传说	巴东县	第四批
		长乐坪民间故事	五峰土家族自治县	第五批
	湖南省	苗族古老话	湘西土家族苗族自治州花垣县	第一批
		苗族歌谣	湘西土家族苗族自治州花垣县	第一批
		土家族梯玛神歌	湘西土家族苗族自治州龙山县、永顺县、保靖县、古丈县	第一批
		土家族山歌	湘西土家族苗族自治州保靖县	第一批
		土家族哭嫁歌	湘西土家族苗族自治州永顺县、龙山县、保靖县、古丈县	第一批
		土家族挖土锣鼓歌	湘西土家族苗族自治州古丈县、龙山县	第一批
		土家族摆手歌	湘西土家族苗族自治州、古丈县、龙山县	第二批
		侗款	怀化市通道侗族自治县	第二批
		盘瓠与辛女传说	湘西土家族苗族自治州泸溪县	第二批
		桩巴龙传说	常德市石门县	第二批
		二酉藏书洞传说	怀化市沅陵县	第二批
		苗族傩歌	湘西自治州吉首市非遗保护中心	第三批
		蚩尤传说	湘西州非遗保护中心	第三批
		酉水船歌	湘西自治州龙山县非遗保护中心	第三批
		老司城的传说	湘西土家族苗族自治州永顺县	第四批
		八部大王传说	湘西土家族苗族自治州保靖县	第四批
		陈洋盘的故事	张家界市桑植县	第四批
		翠鸟	湘西土家族苗族自治州	第四批
		侗款（侗族垒词）	怀化市新晃侗族自治县	第四批扩展
	贵州省	苗族“巴狄熊”口传经典	松桃苗族自治县	第四批
民间音乐	重庆市	石柱土家啰儿调	石柱县	第一批
		南溪号子	黔江区	第一批
		鞍子苗歌	彭水县	第一批
		秀山民歌	秀山县	第一批
		薅草锣鼓	秀山县	第一批
		酉阳民歌	酉阳县	第一批
		土家斗锣	石柱县	第一批

续表

		诸佛盘歌	彭水县	第二批
		彭水耍锣鼓	彭水县	第二批
		彭水道场音乐	彭水县	第二批
		马喇号子	黔江区	第二批
		帅氏莽号	黔江区	第二批
		后坪山歌	武隆县	第三批
		鸭平吹打	武隆县	第三批
		仙女山耍锣鼓	武隆县	第三批
		木叶吹奏	酉阳县	第三批
		三棒鼓	酉阳县	第三批
		梅子山歌	彭水县	第三批
		石城情歌	黔江区	第四批
		龙孔吹打	丰都县	第四批
		石柱土家断头锣鼓	石柱县	第四批
		酉阳耍锣鼓	酉阳县	第四批
		苗山打闹	彭水县	第四批
		彭水太原民歌	彭水县	第四批
	湖北省	薅草锣鼓	宣恩县、五峰县、长阳县、秭归县	第一批
		喜花鼓	建始县	第一批
		利川灯歌	利川市	第一批
		长阳山歌	长阳县	第一批
		建始丝弦锣鼓	建始县	第一批
		长江峡江号子	秭归县、巴东县	第一批
		五峰打溜子	五峰县	第一批
		鹤峰围鼓	鹤峰县	第一批
		十姊妹歌	宣恩县	第二批
		长阳吹打乐	长阳土家族自治县	第二批
		星岩坪山歌	五峰土家族自治县	第三批
		恩施五句子山歌	恩施州	第三批
		石工号子	恩施州	第三批
		宣恩高腔山歌	宣恩县	第三批

续表

		穿句子山歌（鹤峰山歌）	鹤峰县	第三批
		五峰民间吹打乐、建始南乡锣鼓、来凤打安庆	五峰土家族自治县、建始县、来凤县	第三批
		长阳道教科仪音乐	长阳土家族自治县	第四批
		太阳河民歌	恩施市	第四批
		坪坝营镇唢呐	咸丰县	第五批扩展
	湖南省	湘西苗族民歌	湘西土家族苗族自治州吉首市	第一批
		土家族咚咚喹	湘西土家族苗族自治州龙山县	第一批
		酉水船工号子	湘西土家族苗族自治州保靖县	第一批
		花瑶呜哇山歌	邵阳市隆回县	第一批
		茶山号子	怀化市辰溪县	第一批
		侗族芦笙	怀化市通道侗族自治县	第一批
		沅陵山歌	怀化市沅陵县	第一批
		侗族喉路歌	怀化市通道侗族自治县	第二批
		湘西土家族民歌	湘西土家族苗族自治州	第二批
		石门土家山歌	常德市石门县文化馆	第三批
		侗族大歌	怀化市通道侗族自治县非遗保护中心	第三批
		苗族竹唢呐	湘西土家族苗族自治州花垣县	第四批
	贵州省	土家族打溜子	沿河县	第二批
		船工号子	思南县	第二批
		仡佬族哭嫁歌	道真县	第二批
		土家族高腔山歌	印江土家族苗族自治县、沿河土家族自治县	第三批
		仡佬族情歌	石阡县	第三批
		瓦寨锣鼓	江口县	第四批
		薅草锣鼓	石阡县	第四批
		高腔大山歌	正安县	第四批扩展
民间舞蹈	重庆市	摆手舞	酉阳县	第一批
		普子铁炮火龙	彭水县	第二批
		高台狮舞	彭水县	第二批
		庙池甩手揖	彭水县	第二批
		玩牛	石柱县	第二批

续表

		打绕棺	石柱县、酉阳县、秀山县	第二批
		石柱板凳龙	石柱县	第三批
		龙孔戏牛舞	丰都县	第四批
		平桥耍龙	武隆县	第四批
		高台狮舞	酉阳县	第四批
	湖北省	土家族撒叶儿嗬	五峰县、巴东县	第一批
		建始闹灵歌	建始县	第一批
		耍耍	宣恩县、恩施市	第一批
		地盘子	咸丰县	第一批
		土家族摆手舞	来凤县	第一批
		宣恩土家族八宝铜铃舞	宣恩县	第一批
		肉连响	利川市	第一批
		地龙灯	来凤县	第一批
		恩施板凳龙	恩施市	第二批
		滚龙连厢	宣恩县	第二批
		五峰土家花鼓子、长阳花鼓子	五峰土家族自治县、长阳土家族自治县	第二批
		龙舞（咸丰板凳龙）	咸丰县	第二批（扩展）
		鹤峰花鼓灯	鹤峰县	第四批
		绕棺	利川市、咸丰县	第四批
		草把龙灯（宣恩草把龙、咸丰草把龙）	宣恩县、咸丰县	第四批
	湖南省	龙舞（板板龙灯）	张家界市慈利县	第一批
		张家界高花灯	张家界市永定区	第一批
		土家族跳丧舞	常德市石门县	第一批
		文武茶灯	湘西土家族苗族自治州凤凰县	第一批
		龙舞（湘西苗族接龙舞、芷江孽龙舞）	湘西土家族苗族自治州吉首市、花垣县，怀化市芷江侗族自治县	第二批
		蚕灯舞	怀化市溆浦县	第二批
		湘西土家族铜铃舞	湘西土家族苗族自治州保靖县	第二批
		苗族绺巾舞	湘西土家族苗族自治州花垣县	第二批

续表

		七江炭花舞	邵阳市隆回县	第二批
		桑植白族仗鼓舞	张家界市桑植县	第二批
		棕包脑	邵阳市洞口县非物遗保护中心	第三批
		苗族团圆鼓舞	湘西自治州古丈县非物遗保护中心	第三批
		桑植跳丧舞	张家界市桑植县非遗保护中心	第三批
	贵州省	松桃瓦窑四面花鼓	松桃县	第一批
		莲花十八响	沿河县	第一批
		土家族摆手	沿河县	第二批
		金钱杆	江口县	第二批
传统戏剧	重庆市	面具阳戏	酉阳县	第一批
		阳戏	秀山县	第一批
		余家傩戏	秀山县	第一批
		石柱土戏	石柱县	第二批
		辰河戏	秀山县	第二批
		保安灯儿戏	秀山县	第二批
		木腊庄傩戏	彭水县	第二批
		濯水后河戏	黔江区	第二批
		酉阳花灯	酉阳县	第四批
	湖北省	傩戏	鹤峰县、恩施市	第一批
		南剧	来凤县、咸丰县	第一批
		恩施灯戏	恩施市	第一批
		鹤峰柳子戏	鹤峰县	第一批
		巴东堂戏	巴东县	第一批
		皮影戏（秭归皮影戏）	秭归县	第二批扩展
		花鼓戏（秭归建东花鼓戏）	秭归县	第四批扩展
	湖南省	阳戏（张家界阳戏、湘西自治州阳戏、怀化上河阳戏）	张家界市永定区，湘西土家族苗族自治州凤凰县、吉首市，怀化市鹤城区	第一批
		苗戏	湘西土家族苗族自治州花垣县	第一批
		侗戏	怀化市通道侗族自治县	第一批

续表

		花灯戏（麻阳花灯戏、桑植花灯戏）	怀化市麻阳苗族自治县、张家界市桑植县	第二批
		傩戏（桑植傩戏、溆浦傩戏）	张家界市桑植县、怀化市溆浦县	第二批
		木偶戏（龙山木偶戏）	湘西自治州龙山县非遗保护中心	第三批扩展
		木偶戏（辰溪社塘木偶戏、桥头杖头木偶戏）	怀化市辰溪县、张家界市永定区	第四批扩展
		傩戏（傩愿戏）	湘西土家族苗族自治州凤凰县	第四批扩展
	贵州省	花灯戏	石阡县、印江县	第二批
		仡佬族傩戏	道真县	第二批
		仡佬族滚龙戏	正安县	第三批
		马马灯	正安县	第四批
		松桃茶灯	松桃苗族自治县	第四批
		花灯戏	沿河县	第四批扩展
		阳戏	正安县	第四批扩展
		傩戏（石阡傩堂戏）	石阡县	第四批扩展
曲艺	重庆市	0	0	0
	湖北省	南曲	长阳县、五峰县	第一批
		恩施扬琴	恩施市	第一批
		利川小曲	利川市	第一批
		满堂音	鹤峰县	第一批
		三棒鼓（土家三棒鼓、土家族花鼓）	宣恩县、来凤县	第二批
		恩施三才板	恩施市	第二批
		竹琴	利川市	第五批
		讲书锣鼓	鹤峰县	第五批
	湖南省	侗族琵琶歌	怀化市通道侗族自治县	第一批
		湘西三棒鼓	湘西土家族苗族自治州龙山县	第二批
		丝弦（辰溪丝弦）	怀化市辰溪县非遗保护中心	第三批扩展
		围鼓（永顺围鼓、桑植围鼓）	湘西土家族苗族自治州永顺县、张家界市桑植县	第四批

续表

	贵州省	围鼓	正安县	第三批
传统体育、游艺与杂技	重庆市	中塘向氏武术	黔江区	第一批
		三六福字牌	秀山县	第二批
		上刀山	酉阳县	第四批
	湖北省	板凳拳	咸丰县	第三批
	湖南省	苗族武术	湘西土家族苗族自治州花垣县	第一批
		龙舟赛（沅陵传统龙舟赛）	怀化市沅陵县	第一批
		张家界鬼谷神功	张家界市永定区	第二批
		苗家八合拳	湘西自治州古丈县非遗保护中心	第三批扩展
		土家族武术	湘西土家族苗族自治州	第四批
		高脚马	湘西土家族苗族自治州龙山县	第四批
		刀梯舞狮	怀化市新晃侗族自治县	第四批
		攀岩采摘绝技	张家界市武陵源区	第四批
	贵州省	德江土家舞龙	德江县	第一批
		仡佬族高台舞狮	务川县、道真县	第二批
		寨英滚龙	松桃县	第二批
		仡佬族打蔑鸡蛋	道真县	第二批
		傩技—上刀山	松桃苗族自治县	第三批
		民间棋艺	正安县	第三批
		土家族高台狮灯	沿河土家族自治县	第四批
		苗族武术	松桃苗族自治县	第四批扩展
		赛龙舟	沿河土家族自治县	第四批扩展
传统美术	重庆市	0	0	0
	湖北省	咸丰何氏根雕	咸丰县	第二批
		民间绣活（土家族苗族绣花鞋垫）	咸丰县、宣恩县	第三批
		石雕（尖山石刻）	咸丰县	第四批扩展
		木雕（利川木雕）	利川市	第五批扩展
		竹编（宣恩竹编）	宣恩县	第五批扩展
	湖南省	湘西苗族服饰绘画	湘西土家族苗族自治州保靖县	第二批

续表

		浦市窨子屋建筑艺术	湘西土家族苗族自治州泸溪县	第二批
		土家族转角楼建筑艺术	湘西土家族苗族自治州永顺县	第二批
		木雕（湘西木雕、洞口木雕）	湘西土家族苗族自治州永顺县、邵阳市洞口县	第二批
		石雕（塔卧石雕、杨柳石雕、洞口墨晶石雕）	湘西土家族苗族自治州永顺县、湘西土家族苗族自治州泸溪县、邵阳市洞口县	第二批
		土家族竹雕	湘西土家族苗族自治州龙山县	第二批
		湘西苗绣	湘西土家族苗族自治州花垣县、凤凰县	第二批
		湘西苗族挑花	湘西土家族苗族自治州泸溪县	第二批
		泸溪傩面具	湘西土家族苗族自治州泸溪县	第二批
		木雕（傅氏木雕、湘西木雕）	怀化市非遗保护中心、湘西自治州泸溪县非遗保护中心	第三批扩展
		石雕（芷江明山石雕）	怀化市芷江侗族自治县非遗保护中心	第三批扩展
		石雕（菊花石雕）	湘西土家族苗族自治州泸溪县	第四批
		挑花（土家族挑花）	湘西土家族苗族自治州永顺县	第四批
		土家族刺绣	张家界市永定区	第四批
	贵州省	苗绣	松桃苗族自治县	第四批扩展
		侗族刺绣	镇远县	第四批扩展
传统技艺	重庆市	龙凤花烛	秀山县	第一批
		朗溪竹板桥造纸	彭水县	第一批
		纸竹工艺	武隆县	第一批
		重庆吊脚楼营造技艺	石柱县	第二批
		郁山鸡豆花制作技艺	彭水县	第二批
		郁山擀酥饼制作技艺	彭水县	第二批
		秀山竹编制作技艺	秀山县	第二批
		濯水绿豆粉制作技艺	黔江区	第二批
		黔江珍珠兰茶罐窨手工制作技艺	黔江区	第三批
		黔江斑鸠蛋树叶绿豆腐制作技艺	黔江区	第三批
		羊角豆腐干传统制作技艺	武隆县	第三批

续表

		石柱黄连传统生产技艺	石柱县	第三批
		酉阳西兰卡普传统制作技艺	酉阳县	第三批
		宜居乡传统制茶技艺	酉阳县	第三批
		彭水青瓦烧制技艺	彭水县	第三批
		彭水灰豆腐制作技艺	彭水县	第三批
		彭水普子火药制作技艺	彭水县	第三批
		西兰卡普（土家织锦）制作技艺	黔江区	第四批
		后坪木器制作工艺	武隆县	第四批
		羊角老醋传统制作技艺	武隆县	第四批
	湖北省	土家织锦“西兰卡普”	来凤县	第二批
		五峰采花毛尖茶制作技艺	五峰土家族自治县	第二批
		干栏吊脚楼建造技艺	咸丰县	第二批
		建始花坪桃片糕制作技艺	建始县	第三批
		恩施玉露制作技艺、宣恩伍家台贡茶制作技艺	恩施市、宣恩县	第三批
		利川柏杨豆干制作技艺、巴东五香豆干制作技艺	利川市、巴东县	第三批
		油茶汤制作技艺	咸丰县、来凤县	第三批
		制漆技艺（坝漆制作技艺）	利川市	第五批
		酱菜制作技艺（凤头姜制作技艺）	来凤县	第四批扩展
		蒸馏酒传统酿造技艺（三峡老窖酒传统酿造技艺）	巴东县	第四批扩展
	湖南省	踏虎凿花	湘西土家族苗族自治州泸溪县	第一批
		湘西苗族服饰	湘西土家族苗族自治州	第一批
		邵阳蓝印花布、凤凰蓝印花布	邵阳市、湘西土家族苗族自治州凤凰县	第一批
		凤凰纸扎	湘西土家族苗族自治州凤凰县	第一批

续表

		花瑶挑花	怀化市溆浦县	第一批
		侗锦	怀化市通道侗族自治县	第一批
		苗族花带技艺	湘西土家族苗族自治州花垣县	第二批
		湘西土陶制作技艺	湘西土家族苗族自治州龙山县、永顺县、保靖县	第二批
		竹编技艺	湘西土家族苗族自治州永顺县、保靖县	第二批
		古丈毛尖茶制作技艺	湘西土家族苗族自治州古丈县	第二批
		雕花蜜饯制作技艺	怀化市靖州苗族侗族自治县	第二批
		酒鬼酒酿制技艺	湘西土家族苗族自治州	第二批
		保靖松花皮蛋制作技艺	湘西土家族苗族自治州保靖县	第二批
		滩头手工抄纸	邵阳市隆回县非遗保护中心	第三批
		凤凰扎染技艺	湘西自治州凤凰县非遗保护中心	第三批
		水冲石砚	湘西自治州吉首市非遗保护中心	第三批
		土家族织锦技艺	张家界市	第四批
		湘西苗锦芭排技艺	湘西土家族苗族自治州吉首市	第四批
		苗族八人秋制作技艺	湘西土家族苗族自治州花垣县	第四批
		湘西舀纸工艺	湘西土家族苗族自治州永顺县	第四批
		侗族木构建筑营造技艺	怀化市通道侗族自治县	第四批
		苗族花带技艺	湘西土家族苗族自治州凤凰县	第四批扩展
		黄金古茶制作技艺	湘西土家族苗族自治州保靖县	第四批扩展
	贵州省	玉屏箫笛制作工艺	玉屏县	第一批
		傩面具制作工艺	德江县	第二批
		印染工艺	印江县	第二批
		油茶制作技艺	正安县、玉屏侗族自治县	第三批
		焰火架制作技艺	印江土家族苗族自治县	第三批
		民间纸扎技艺	正安县	第四批
		墨石雕刻技艺	正安县	第四批
		石阡苔茶制作技艺	石阡县	第四批
		土家熬熬茶制作技艺	德江县	第四批
		花烛制作技艺	思南县	第四批
		豆制品制作技艺	江口县	第四批扩展

续表

		印染工艺	石阡县	第四批扩展
		砂陶制作技艺	印江土家族苗族自治县	第四批扩展
传统医药	重庆市	鹿角镇民间蛇伤疗法	彭水县	第三批
		刘氏“捏膈食筋”疗法	黔江区	第四批
	湖北省	严氏眼科中医疗法	咸丰县	第三批
	湖南省	湘西苗医苗药	湘西土家族苗族自治州花垣县、凤凰县	第二批
		湘西刘氏小儿推拿	吉首大学	第四批
		针灸（化脓灸）	张家界慈利县中医医院	第四批
		土家医（封刀接骨术、桐油接骨黑膏药制作技法、蛇伤疗法）	湘西土家族苗族自治州	第四批
	贵州省	0	0	0
民俗	重庆市	秀山花灯	秀山县	第一批
		角角调	黔江区	第三批
		盐运民俗	石柱县	第三批
		薅草仪式	石柱县	第三批
		秀山苗族羊马节	秀山县	第四批
		哭嫁	酉阳县	第四批
		郁山孝歌	彭水县	第四批
	湖北省	五峰土家族告祖礼仪	五峰县	第一批
		恩施社节	恩施市	第一批
		恩施土家女儿会	恩施市	第二批
		巴东土家族民间历法	巴东县	第二批
		土家族牛王节	来凤县	第四批
	湖南省	土家族过赶年	湘西土家族苗族自治州永顺县	第一批
		乾州春会	湘西土家族苗族自治州吉首市	第一批
		土家族舍巴日	湘西土家族苗族自治州	第一批
		苗族椎牛祭	湘西土家族苗族自治州	第一批
		盘王节（盘瓠祭）	怀化市麻阳苗族自治县	第一批
		苗族赶秋	湘西土家族苗族自治州花垣县	第一批

续表

		苗侗芦笙节	怀化市靖州苗族侗族自治县	第一批
		大戊梁歌会	怀化市通道侗族自治县	第一批
		苗族赶秋节	湘西土家族苗族自治州吉首市	第二批
		苗族四月八节	湘西土家族苗族自治州吉首市	第二批
		古丈跳马节	湘西土家族苗族自治州古丈县	第二批
		苗族跳香	湘西土家族苗族自治州泸溪县	第二批
		花瑶“讨僚皈”	邵阳市隆回县	第二批
		桑植白族游神	张家界市桑植县	第二批
		中元节（浦市中元节）	湘西土家族苗族自治州泸溪县	第四批
		民间信俗（飞山信俗、侗族萨岁信俗、苗族“巴代”）	怀化市靖州苗族侗族自治县、怀化市通道侗族自治县、湘西土家族苗族自治州花垣县	第四批
		歌会（四十八寨赶歌场、清明歌会）	怀化市靖州苗族侗族自治县、湘西土家族苗族自治州吉首市	第四批扩展
		婚俗（花苗婚俗、湘西土家族婚俗）	怀化市靖州苗族侗族自治县、湘西土家族苗族自治州龙山县	第四批扩展
		祭祖习俗（吕洞山祭祀习俗）	湘西土家族苗族自治州保靖县	第四批扩展
	贵州省	思南上元沙洲节	思南县	第一批
		仡佬族敬雀节	石阡县	第一批
		仡佬族毛龙节	石阡县	第一批
		仡佬族婚俗	务川县	第二批
		土家族过赶年	印江县	第二批
		下洞祭风神	印江县	第二批
		仡佬族宝王祭拜	务川县	第二批
		仡佬族丧葬习俗	石阡县	第二批
		侗族民俗“悄悄年”	石阡县	第二批
		玉屏赶坳	玉屏县	第二批
		仡佬族三幺台习俗	道真县、务川县	第二批
		说春	石阡县	第二批
		苗族二月二	松桃县	第三批

续表

		羌历年	江口县	第四批
		仡佬族吃新节	务川仡佬族苗族自治县	第四批扩展

三、武陵地区非物质文化遗产特点

武陵地区以土家族、苗族为大的主体少数民族，他们与其他民族在长期的生产生活中创造并传承了十分丰富的非物质文化遗产。从表二可见武陵地区非遗突显出如下特点。

1. **种类齐全、数量较多**　依据《国家非物质文化遗产名录》所公布的项目类型来看，武陵地区非遗涵盖了十大类别。目前拥有省级非遗项目344项，其中被列入国家级非遗代表性项目名录的有90项，在全国非遗代表性项目名录1372项（不含扩展）中占6.6%（见图29），数量可观，主要集中在传统音乐、传统舞蹈类，其中传统音乐类21项，占该项目总数的13.2%，传统舞蹈类14项，占该项目总数的10.7%；传统体育、游艺与竞技类和传统医药类分布数量很少，分别为1项、2项，占该项目总数的1.2%和6.3%。总体来看武陵地区非遗项目类型不存在缺项，种类齐全，且传统音乐和传统舞蹈占有相当大的比重，传统戏剧全国有162项，区境有16项，占总数的9.9%，这三类项目占全国该类非遗项目总量的11%。武陵地区传统音乐项目主要涉及土家族、苗族、白族、瑶族等少数民族，如桑植民歌、石柱土家啰儿调、南溪号子、靖州苗族歌鼟、花瑶呜哇山歌、薅草锣鼓、湘西苗族民歌、侗族芦笙等，以及辰河高腔、思南花灯戏、辰河目连戏、石阡木偶戏、张家界阳戏等，区境还有较多类型的傩戏（侗族傩戏、沅陵辰州傩

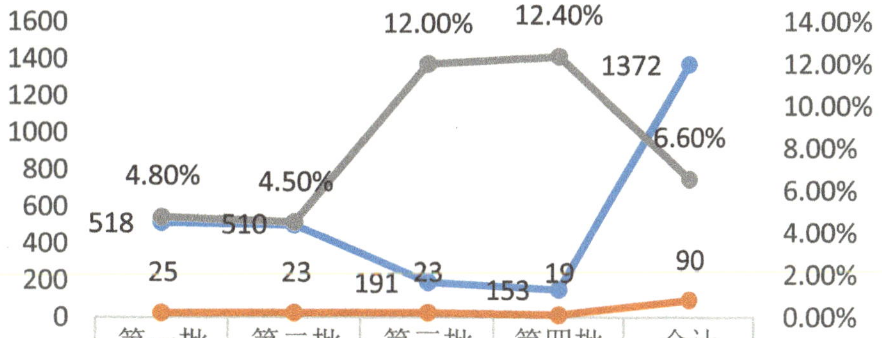

	第一批	第二批	第三批	第四批	合计
全国非遗数	518	510	191	153	1372
区境非遗数	25	23	23	19	90
区境所占全国比重	4.80%	4.50%	12.00%	12.40%	6.60%

全国非遗数　区境非遗数　区境所占全国比重

图29　武陵地区国家级非物质文化遗产代表性项目名录数量及比重

戏、鹤峰傩戏、恩施傩戏、德江傩堂戏、仡佬族傩戏）等国家级戏剧；传统舞蹈有地龙灯、芷江孽龙舞、土家族摆手舞（酉阳摆手舞、湘西摆手舞、恩施摆手舞）、高台狮舞、土家族撒叶儿嗬、湘西苗族鼓舞、湘西土家族毛古斯舞、肉连响、桑植仗鼓舞等。这些非遗类型突出了区境的地域性和民族性，突显了区境少数民族音乐、舞蹈及传统戏剧种类繁多，并活在当下，得到国家和民众的广泛认可。

2.民族特色浓郁、共生并存突出 武陵地区非物质文化遗产从其生产机制来看，有土生土长型、多民族共生型、汉化融合共生型。土生土长型如土家族语言、苗族语言、苗族古歌、苗族歌鼟、花瑶呜哇山歌、湘西苗族鼓舞、土家族摆手舞、土家族织锦技艺、侗锦织造技艺、花瑶挑花、苗族银饰锻制技艺、仡佬族三幺台习俗、仡佬族毛龙节等，主要是单一民族长期在区境生产生活中不断创造并承袭下来的非物质文化遗产项目。像土家族摆手舞、土家织锦、毛古斯、土家族梯玛神歌等这些都是土生土长的民族特色浓郁的非遗项目。土家族摆手在百福司镇舍米湖是最具典型的文化事项，不少学者都对此进行过深入调查和研究，根据相关资料显示，舍米湖土家摆手一直是在摆手堂（神堂）举行，其中摆手舞是在跳摆手前或者摆手后最为突出的流程。在《永顺县志》中记载有土庙年年赛，深巷犹传摆手歌。在西西一带土家人流传古语：年年摆手堂前舞，村村共有摆手歌。其动作也都模仿土家族人在生产生活中推磨、薅草、

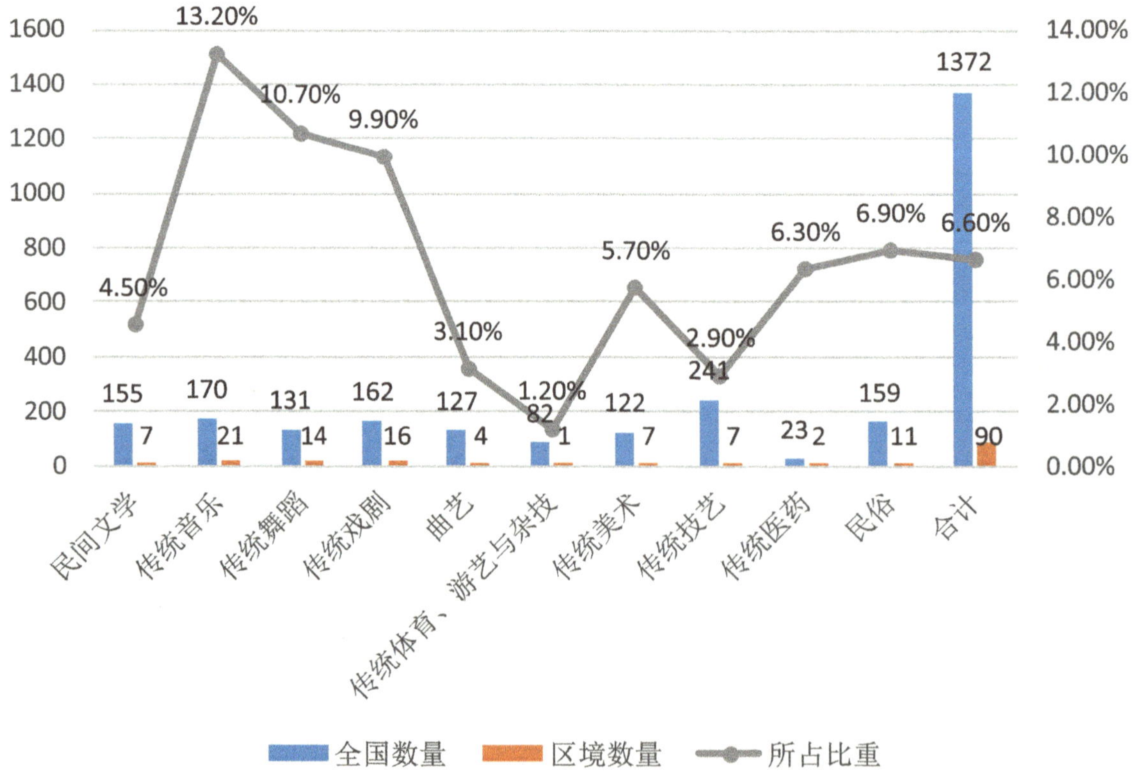

图30 武陵地区十大类国家级非遗项目数量及比重

插秧割谷、打场、收仓、挑水等，这些动作都具有极强的写实性，演绎了农耕劳动场面。土家织锦，是旧时习俗中土家姑娘出嫁时的嫁妆——土花铺盖，土家织锦图案有来自土家人生活中的动植物纹，有生动的传说故事图案，有几何抽象图案，以及喜庆吉祥寓意的文字纹，这些都生动地承载并传承了土家族文化，姑娘织土家织锦的技艺水平可以影响其将来在夫家的地位。土家原始戏剧活动“毛古斯”，生动地表现了土家族先民从野蛮到文明，从落后到进步的发展历程①。梯玛神歌是土家族创世史诗，也是诠释土家文化的宝典。

多民族共生型非遗，如牛王节在武陵地区是土家族、苗族、侗族在相互交往、文化互动的过程中，相互摄取对方特色文化因子而共同形成的非遗。武陵地区少数民族自古“散居溪谷，所居必择高居”，在历史进程中，土家族、苗族民间工匠在长期的生产实践中逐渐形成了高超的吊脚楼营造技艺，湖北咸丰、湖南永顺、重庆石柱于2011年联合申报并入选第三批国家级非物质文化遗产名录，成为地域性共生共享型文化遗产。少数民族传统建筑技艺同样对武陵地区汉族居住建筑产生影响，有许多汉族民居建筑也采用转角楼、吊脚楼样式。同样汉族传统建筑技术如风火墙院建筑形式也被当地少数民族所吸收采用。侗族、苗族、土家族建筑技艺相互交流，共同掌握和传承风雨廊桥营造技术。再如四月八“牛王节”，这是酬谢耕牛的节日祭祀活动，一说农历四月初八一条水牛用牛尾把战败的土家士兵转移到河对岸而挽救了生命，遂奉为神牛，每年此日都举行牛王节以谢救命之恩；一说一头神牛盗取谷种，并为土家人世代耕种农田而尊奉“牛王”；一说四月八是牛王菩萨诞生日。无论何种说法，牛王节的实质就是一个农事祭祀节日。各地土家族、苗族在过牛王节时，都会用玉米糊或五色糯米饭或鸡蛋和白酒等好东西喂牛吃，犒劳耕牛，还要让耕牛好好休息一天。可见“四月八”都被土家族、苗族认同为本民族的民族节日，而且，有的地方土、苗还共同举办节日活动，表演其他传统节目，如民歌对唱、上刀梯等。

汉化融合共生型是武陵地区少数民族受到汉族文化的影响，主动摄取其中的非物质文化因素，并创新性转化到本民族非遗中来，成为本民族非遗的有机组成部分的一种非物质文化遗产类型。如受汉族的祖先崇拜、土地神信仰影响，土家族在与之长期交往活动中也形成了向王天子崇拜、土地神信仰等。土家族土地神分土地公公和土地婆

图31　民间土地信仰

① 谭志国：《土家族非物质文化遗产研究》，世界图书出版社广东有限公司，2013年，第7页。

婆，负责保护人畜兴旺和五谷丰登，且被赋予姓氏，土地公公称肖天子。相传土地公公娶了两个妻子柳婆婆和李婆婆，柳婆婆所生四个儿子都得道升仙，而李婆婆生了五个儿子未能成愿，被封为专管农事的土地。鄂西农历二月二日过土地节，土地菩萨是地方总管，一切都听他的，“土地不开口，老虎不咬狗”，给土地祝生，目的就是求得家事顺心，农事丰收。人们还通过这天的天气总结出农事气象经验：“土地老儿打把伞，荞麦豌豆光杆杆；土地老儿晒出汗，一碗荞麦打一担。”汉化融合共生型非遗是在一定区域环境内，或者在相同相似的文化背景中各民族交流交往交融，使区域文化多样性、文化多元逐步整合。如在武陵地区各民族傩文化中都有民族融合的现象，“汉人的巫教传入苗疆，苗人亦信汉族之神”①。苗族在“还傩愿”大型祭祀活动中，举办30堂法事，既有苗族风格的《傩神起源歌》《傩公傩母》等自娱性节目，也有汉族流传及歌颂的《孟姜女》戏文。川黔湘鄂等地区的巫师们在傩祭仪式和傩戏演出中，角色开山找唐氏太婆打开上、中、下三洞，让各路神灵到祭坛一一就座，表演所衍发出的剧目《桃源洞》等，类似《出开山》《出先锋》《出土地》《请师娘》等都成为各地苗族、土家族、仡佬族和布依族傩愿戏、傩堂戏必演出的节目了。而所供神祇也发展到既有儒教、道教、佛教，也有民间信仰的神祇，统统纳入其中供奉。武陵地区的花灯流布广泛，花灯文化内容丰富，各地叫法不一，表演形式大同小异。秀山叫“跳花灯”，表演形式在其各个区域不同，加入当地民间文艺元素，以地域名命名为“小坪村花灯”“新华村花灯”“凉桥花灯”等，“小坪村花灯”以“双手甩打屁股”矮桩动作最有特色，也称之“摆手花灯”。鄂西南花灯是在清乾隆以后，通过渝东南秀山、酉阳、黔江和石柱一带传入，并在传承过程中不断融合鄂西南方言和民歌小调而形成独具特色的鄂西灯戏。恩施灯戏在五峰县称“花戏”，在长阳称“花鼓子”，鹤峰称“花鼓灯”，来凤村“花花灯”，恩施叫“唱灯儿”。再如酉水船工号子最具代表性，它是世代在酉水河上讨生计的船工们为协调动作、振奋精神而创造的劳动号子，是酉水河两岸各族人民共同创造并世代传承的非物质文化遗产。

图32 跳花灯

3.山地文化突出，综合特性很强 受武陵地区环境及历史文化等因素影响，在长期的发展过程中，武陵地区各民族的主要生活方式是农作，形成了以旱粮作物为主的农耕文化。同治《来

① 凌纯声、芮逸夫：《湘西苗族调查报告》，民族出版社，2003年，第127–142页。

凤县志》载："乡人居高者，持苞谷以接济正粮；居下者，持甘薯以济正粮。"《宋氏府志》载："地处万山中，每岁霖雨数月……其气多阴，又多暖。土多沙泥，春夏得雨高山峻岭上，种荞麦、豆、粟等杂种……水田甚少，有所谓旱稻者，米性坚硬，不及水稻之滑腻，惟苞谷最盛。"[①]而且山区多陡坡，旱地多在挂坡地、岩壳地，土层瘠薄，水土流失非常严重，真是民谣描绘的"风吹石头滚下河，老鸦歇脚土下梭，三个太阳晒死苗，一场暴雨现岩壳"。山区灾害也多发，粮食、油料产量低且不稳定，"十天无雨就闹旱，山洪暴发便毁田"[②]。但是，武陵地区各族人民在适应自然、改造自然的过程中，生发和积淀了浓郁淳厚的民族风情，对歌找恋人的"女儿会"，守丧时的"跳丧鼓""撒叶儿嗬"，土家摆手舞，苗族"猴儿鼓"，山歌号子，苞谷饭合渣菜，西兰卡普苗家挑花等，民族文化多姿多彩。在武陵山区渝东南，黔东北沿河、思南，湘西古丈、龙山等地土家族催生并流传着与农作生活方式相关的挖土锣鼓、薅草锣鼓等，这既是群众集体参与的劳动歌，也是一种祭祀性仪式，体现了浓郁的山地农耕民俗特色。山区人们多在从事各种繁重的体力劳动中，为劳动解乏鼓劲，于是催生了诸如南溪号子、筑台号子、石工号子等劳动号子，有一人领唱众人合的，有独唱的，有对唱的多种形式，如为了使抬轿的步调一致，注意路况变化时，前者会灵机一动，随口编唱，如"左边之字拐，往右慢慢摆，平路好甩手，齐把快步走"。武陵山区劳动人民在生产过程中为了活跃劳动气氛，增加劳动情趣，还创作出诸多反映山区劳动人民浓郁生活气息的山歌，正如《不唱山歌不开怀》所唱："南溪山高两面坡，土家人生来爱唱歌，不吼号子喉咙痒，不唱山歌不开怀，唱得太阳笑呵呵，唱得月亮停住脚，唱得彩云绕曲飞，唱得百灵羞闭嘴，唱得鲤鱼板（跳）上滩……山歌本是古人留，南溪号子永不落。"武陵地区山歌形式简朴，题材广泛，内容丰富，歌词为即兴创作，"山歌腔调多，高山破头和沿河"，"山歌好比乱劈柴，哪门方便哪门来"。演唱形式有一人唱一人接的盘歌，有一人独唱或多人合唱的山歌，真是"酸菜家家有，唱歌人人会"，"三个姑娘唱过湾，三个小伙唱过滩"。山区劳动人民还把劳动中的农耕动作也编入舞蹈中去，在摆手舞蹈中就有"挖土""播种""烧灰积肥""插秧""除草""擦汗"等日常动作，表现人们生产生活过程。不仅如此，在土家族史诗《摆手歌》中也有生动反映山区土家生活劳动的唱词："雨落了，水涨了，丘丘田水落满了，阳雀声声催得急，做好秧田莫大意，耕田的，耙田的，头发忙得竖起来……仓屋取出谷种来，谷种装在木桶，上面盖起稻草。秧苗正转青，过了十天半个月，满田都是一色青。今年秧苗长得好，今年阳春有望了。客家大嫂来帮忙，苗家大姐来帮忙……燕子含泥做好巢了，秧田绿油要插秧了……簸箩装来大米饭，插秧的酒哩，不醉不放手。栽秧的肉哩，

---

① 鄂西土家族苗族自治州民族事务委员会：《鄂西少数民族史料辑录》，内部资料，1986年，第267—271页。
② 廖康清：《鄂西民俗》，内部资料，1993年，第35页。

不饱不住口。”[①]唱词反映出山区平坝、丘陵的人民“做秧田、下种、施肥、插秧、吃新、打谷子”等农事劳动。山区人民还在生产生活中创作出一些有关农耕经验的谚语，如苗族水利谚语“高山上的米，筛子上的米”“千丘田怕一个漏水眼”“山嘴对山嘴，嘴嘴下面有泉水”。关于山区物候的谚语如“阳雀叫到六月六，茅草窠里摘小谷”，“阳雀叫到六月半，高坡田土不用看”“桐子开花，忙坏千家”“呆人莫听乖人哄，桐树开花才下种”“桐子开花种苞谷”“桐油树叶包得粑，空坪隙地种芝麻”等。描述山区土地情况的谚语如“做尽上坡地，不抵田一角”“岩缝泥巴骨缝的肉”“瞎子婆婆好儿女，岩地凹地好苞谷”[②]，这些谚语都反映出武陵地区独具特色的自然生态和民俗风情。

特殊的山区环境，也表现出当地民族独具特色的民间信仰文化，如土家族在渔猎生活中所形成的猎神崇拜。在湘西地区普遍信仰猎神为“梅山神”，在鄂西南地区信仰猎神“张五郎”，渝东南却视山神为猎神，且在冬季多集体举行传统狩猎活动，据《永顺府志》载：“龙山深林密箐，往日皆土官围场，一草一木，不许轻取。每冬狩猎，谓之‘赶仗’。”赶仗时由老猎手主持，根据侦察组反映的情况，按照地形指派排环网组、堵卡组、闹山组和围场组实施赶仗活动，在做好“安豪”，围好山后，闹山组带上猎犬从围场薄弱处进入围场，用“嗦呀嗦呀”叫喊声来惊吓野猪、野兔等动物，使之出动，猎犬见到野猪又追又咬叫，人们通力合作使野猪逃窜进入大猎网中被捉拿，或被枪杀。狩猎成功回村寨用猎物和一套姑娘衣裤、首饰等祭祀打猎女英雄梅嫦神。这种活动在龙山坡脚、靛房等地都还盛行。土家族敬奉的传统神祇还有“天公地母”，“天公地母”为自然神与本民族祖先神的合体，有的称“头王太公”“巴沙老母”[③]或“利虎利墨”“拜衣帕帕”[④]，称呼不一，其神的性质都一致。土家族的祖先神灵还有彭公爵主、向王天子和田好汉等土王神，人们将他们的神位供奉在土王祠、三抚庙、八部神庙、向王庙里，逢年过节举行祭祀土王、跳摆手舞等庆祝活动。苗族崇拜盘瓠，这在《后汉书·南蛮西南夷列传》《辰州府志》《泸溪县志》中都有明确记载。泸溪为盘瓠文化的发祥地，如今在沅水流域的麻阳、沅陵和泸溪还流传着盘瓠神话。苗族还崇拜白帝天王，在鸦溪建有天王庙祭祀白帝天王。受山地农耕文化影响，武陵地区少数民族形成了与祈求风调雨顺、五谷丰登有关的节庆。如土家族在秋收季节进行的“吃新节”，就是谷神崇拜的体现，谷神即“五谷娘娘”“田神”“秧苗神”等，有的地方还修建谷神庙祭祀谷神。湘西泸溪、沅陵吉首和古丈、花垣等地的部分苗族村寨在十月初一到十五期间会轮流进行跳香活动，以祭祀神灵、庆祝丰

① 余继平、马玉峰：《渝东南木礌子及其文化蕴涵》，《装饰》2011年第9期。
② 孟宪政：《湘西民间歇后语与谚语集萃》，湖南师范大学出版社，2011年，第211页。
③ 彭荣德、万承尧：《梯玛歌》，岳麓书社，1989年，第11、14页。
④ 雷翔等：《梯玛的世界》，民族出版社，2006年，第11、26页。

收，祈祐来年风调雨顺、六畜兴旺。

由于武陵地区地处东西部过渡地带，历史上受楚文化、云贵高原文化和蜀文化及汉中文化的影响很深，成为多元文化的沉积带，土家族、苗族、侗族及白族等长期杂居生活于武陵地区，在交流交往互动过程中，互相吸纳他民族文化因子，让本民族的非物质文化遗产得到不断丰富，不断吐故纳新。如国家级非遗项目土家族阳戏是乌江、沅江和酉水文化融合的产物，继承融合了辰河戏、傩戏、花灯等多种艺术表现形式，其唱词也综合、吸收了各种民间文学的文化因子。武陵地区的阳戏，又受到流布区域文化差异影响，造成面具在材质、造型、色彩、表现手法上各异，就是同一角色也有所不同。傩戏也是如此，不仅剧目多样纷繁，也因地域文化的差异而形成十分丰富的题材，同时还受姊妹艺术影响形成多样的唱腔变化。武陵地区辰河高腔的舞台语言在湘西浦市官话的基础上提炼而成，演唱时常与山歌、号子相融，并插有帮腔和唢呐帮腔。受各地不同文化的影响而又有不同特色，沅陵、辰溪等地的不少艺人多由唱围鼓堂走上高台唱戏，形成唱功讲究，多唱传奇本高腔，以演《目连》最擅长；溆浦一带由于艺人多从木偶班走向舞台，表演还多带有一些木偶表演痕迹，体现出粗犷、诙谐的表演艺术特点；芷江、铜仁一带的艺人多出自清末民国初年洪江等地科班，因多与常德、荆河的弹戏艺人同台演出合作，交流技艺，其表演艺术较为严谨规范，上演的剧目高腔、弹腔并重；永顺、龙山和古丈等地，由于艺人多兼演出木偶戏，戏班有舞台演出和木偶表演两套用具，唱腔、道白多用本地方言①。武陵地区各少数民族非物质文化遗产深受环境和社会发展等因素影响，可以说是各个时代重要的生活生产有机组成部分，具有极强的综合特性。在功能方面，武陵地区非遗具有认识、娱乐、教化和艺术、历史、科学传承普及等多种作用；在构成元素方面，武陵地区非遗又体现出歌舞、戏曲、民俗等各种表现形式的综合，如《梯玛歌》，在形式上不仅可以歌唱，还以歌唱与说讲形式交替进行，而且还可以载歌载舞，歌舞兼具。受不同民族风俗和地域差异的影响，武陵地区音乐文化也具有差异性和地域特色，但是无论是民歌、山歌、号子、小调、长歌还是风俗歌、器乐等，都蕴含着曲艺、戏曲、舞蹈等艺术形式的胚胎因素，包含多种艺术与音乐体裁结缘交叉的综合性特征。大多非物质文化遗产都与其非遗的物质载体互相依存，在形式上也都表现出综合性特征。

① 周明阜、胡晨、胡炳章：《湘西风土志》，中央民族大学出版社，2012年，第281-283页。

第二章
武陵地区非物质文化遗产传承人概述

第一节 非遗传承与传承人内涵阐释

一、传承及传承人定义

传承是一种文化延续的机制或策略。传承是一个很常见的用语，但在《辞海》《辞源》等大型语词工具书里是找不到“传承”一词的，在古代汉语中“传”和“承”不是一个固定语词。古时，“传”指“延续、继承”，多指对知识的传授；“承”亦为“延续、继承”之意[①]。“传承”就是传授或传递和继承的意思。

传承一词较早出自民俗学研究中的一个基本概念，指民间知识的传授和继承。在日本编纂出版的工具书里对“传承”释义为：“指一定团体传承文化遗产的行为及其传承的事物。此时传承与传统有诸多相似的关联。在民间也有重视没有文字和记录的传承下来的事项，因而传承被视为民俗学研究对象。”[②]传承是民俗文化的基本特征，民俗学家乌丙安先生认为“传承性是民俗发展过程中显示出的具有运动规律性的特征”，“好的习俗以其合理性赢得广泛的承认，代代相传，不断地继承下来”[③]。张紫晨先生指出“传承性是指民俗在约定俗成之后，即人相袭，代相传，今俗袭古，古俗沿今，具有承袭性和相对稳定性。它往往反映着对历史上某种经济形

① 陈万雄等：《汉语大词典》，商务印书馆（香港）有限公司，2.0版光碟版，2005年。
② ［日］《世界大百科事典》，东京：平凡社，1972年（二十一卷），第489页。
③ 乌丙安：《中国民俗学》，辽宁大学出版社，1985年，第36-37页。

式及其残余的依存性”[①]。后来，祁庆富在此基础上提出“‘口头传承’无疑是个起点，但口头传承不是全部，它只是传统‘文化传承’的一个重要组成部分”。他还指出“文化传承现象是传统文化的根本性特征，传承的本质是文化的延续”[②]。由此看来，文化传承是涵盖了传统文化、文学、艺术、民俗、宗教和精神等众多方面的，其概念已经扩展到历史学、考古学、艺术学、人类学、民族学、社会学、文化学等多学科研究中。

传承是一种文化延续的机制或策略，是一个民族在其历史过程中形成的物质文化及精神文化，以身传或口授的方式一代一代延续不断往下传承的。文化传承又总是受制于在社会化过程中人们所遵循的习惯，习惯即形成于家庭及其生活的群体的社会化经验。正如本尼迪克特所言：个体生活的历史中，首要的就是对他所属的那个社群传统上手把手传下来的那些模式和准则的适应[③]。文化传承形态一方面体现在具有亲缘关系的人们之间的代代承继，这在一定程度上保证了代际间的文化连续性和同一性；一方面体现在具有地域性关系或特殊关系的人们之间的交换，具有相对的开放性和明显的互惠性[④]。传承保持了文化的活力和生命力，文化“一旦停止了传承活动，也就意味着死亡”[⑤]。

传承是非物质文化遗产保护的核心，传承的本质是使文化得以延续。文化延续离不开传承人、传承团体或传承群体的直接参与，是离不开人的能动活动。像民间音乐、舞蹈、戏曲戏剧等表演艺术类非遗都要靠人的表演和口传心授来完成，民间巫术、图腾崇拜、民俗节庆等非遗得靠动态的仪式活动来表现，建筑、生产生活器具和器物等制作技艺都体现在动态过程中，这都需要传承人、传承团体及群众的参与，可见非物质文化遗产的表现和传承需要语言和行为的动态过程来体现，充分体现了非物质文化遗产的活态性特征。

非物质文化遗产的传承本质是传承人的传承与发展问题，非遗的大部分信息都集中存储于传承人身上，保护好非遗传承人，就抓住了实现非遗活态传承最基本的要素和最关键的环节。非遗传承人是非遗的重要组成部分，传承人既是非遗文化的继承者，也是非遗文化的创新者，还是文化遗产的传递者，他们承担着承前启后的历史作用，他们既要将非遗从前人手中继承下来，还要将其传递给后人。

作为非遗传承主体，联合国教科文组织将传承人定义为既可以是非物质文化的创造者、实践者，同时还是管理者，普通传承人及来源群体都是非遗传承的群众基础[⑥]。于此可见，非遗传

① 张紫晨：《中国民俗与民俗学》，浙江人民出版社，1985年，第44页。
② 祁庆富：《论非物质文化遗产保护中的传承及传承人》，《西北民族研究》2006年第3期。
③ ［美］露丝·本尼迪克特著，王炜等译：《文化模式》，三联书店，1988年，第5页。
④ 梁正海：《地方性医药知识的传承模式及其内在机制与特点》，《吉首大学学报（社会科学版）》2010年第1期。
⑤ 王文章：《非物质文化遗产概论》，文化艺术出版社，2006年，第64页。
⑥ 田艳：《非物质文化遗产代表性传承人认定制度探究》，《政法论坛》2013年第4期。

承体系应该由非遗传承群众、非遗普通传承人和非遗项目代表性传承人三部分构成。

非遗传承群众是非遗得以传承的主体。在多数少数民族集聚地，过去由于没有自己本民族文字，而且很少有读书识字的，他们多以歌代言，以歌传情，用歌记事，他们创造了丰富的民歌文化，形成了所谓“饭养身，歌养心”的文化传统。就石柱啰儿调而言，石柱人民在生产劳动中，除相互间开玩笑、讲笑话外，无论什么季节，不管什么劳动，也不管什么场合，男女老少都会随口而歌，清脆悦耳的山歌成为人们调节生产劳动节奏的家常便饭。在石柱黄水、悦来、鱼池坝、枫木、沙子、马武、三合、桥头、南宾、大沙、龙沙、三星、六塘等镇都普遍流行啰儿调。还有土家女性都还有一手针线活，谁家女不会做针线活，嫁人就成了难题，会被视为不会持家，好吃懒做，人品低；而且不光是她本人会被看不起，甚至其家庭也会受到牵连，说她没家教，父母有过，不会为人，与其打亲家也会带来不良后果。因此，土家女孩从儿童时就开始学习穿针引线。记得笔者上小学时，学校的女生在课间就拿出针线绣鞋垫，绣鞋底。秋冬是绣棉鞋，打线子衣服（麻或棉线，20世纪70年代有毛线的家庭很少），鞋垫、鞋底布料都是用旧得不能再旧了的衣裤，用米糊浆粘多次来做成千层底的。可见，这些群众都应视为啰儿调、土家挑绣非遗的传承群众。还有像群体所创造和拥有的大型民俗活动如礼俗仪式、岁时节令以及社祭庙会等，这类属于群体记忆或者民间记忆的非遗都离不开传承群众的参与，可以说是群体传承行为。非单一属性的非遗，其群体及国家可以作为非遗传承主体，都有保护和传承非遗的责任。

图1　傩技—上刀山

非遗普通传承人是在一定的范围内传承传统文化技艺，应该视为非遗传统文化技艺的基础传承人。以傩戏非遗项目为例，傩堂戏仅凭掌坛师个人根本无法完成法事活动和戏剧演出，他必须依靠其他掌坛师甚至还得依靠文艺爱好者的配合才可以顺利开展傩事活动。如德江县傩戏坛班很多，从业人员很多，一个坛班有自己的徒弟多人，但在从事法事时，往往需要多人合作完成。比如张春江是德江稳坪镇铁坑村傩坛掌坛师，他搞傩事活动时，经常邀请同镇荆角乡茶寨村周家组的掌坛师杨秀辉和荆角乡茶山村安家组的掌坛师安明胜帮忙。掌坛师一般也会派其徒弟参与其中。再如德江稳坪镇周家组的掌坛师周权友在作法事活动时，其弟弟周权进、同乡水桶口组的杨再富、秦家村冉家组的冉茂辉，有时还有铁坑村的张毓福都会来做搭班。江口县民和乡凯文下寨掌坛师樊绍权与姚云成、杨桥云就是经常的搭班。这些在当地都是有名望的傩戏人，有的掌坛师在非遗项目保护背景下被政府确定为傩戏代表性传承人。如德江的安永柏就是国家级傩堂戏代表性传承人，但是他做傩坛法事时，也必须有多人合作，有儿子安军和弟子张华军、张进，还有经常搭档的稳坪镇三角村的掌坛师张玉文成，有时还要请桶井乡郑家村凤窝组的佛道场师傅安正法、安高如帮忙。在对道真三桥傩戏坛班的调查中发现，出自同门的传人也很多，且都成立了自己的班子，但在完成一坛法事时，都要与其他掌坛师搭班，他们谁接到法事任务，就由谁来主持，其他掌坛师只要有空就会来帮忙，工钱平均分配。由此看来，傩戏活动都是以主持傩戏法事的掌坛师为核心来组织活动，那么，从事傩戏的人应视为非遗的普通传承人。非遗普通传承人都是在民间传承中自然形成的，是非遗传承的重要主体。

非遗项目代表性传承人是我国非遗保护制度的重要组成部分，政府认定非遗传承人的标准即学界都认同的非遗传承人概念。在文化部颁行的《国家级非物质文化遗产项目代表性传承人认定与管理暂行办法》（中华人民共和国文化部令第45号）中规定：国家级非遗项目代表性传承人为“指经国务院文化行政部门认定的，承担国家级非物质文化遗产名录项目传承保护责任，具有公认的代表性、权威性与影响力的传承人”[①]。其申报条件与在2011年6月1日起施行的《中华人民共和国非物质文化遗产法》中第二十九条第二项中规定的“熟练掌握其传承的非物质文化遗产；在特定领域内具有代表性，并在一定区域内具有较大影响；积极开展传承活动”[②]等三个条件一致。并且明确规定：“从事非物质文化遗产资料收集、整理和研究的人员不得认定为国家级非物质文化遗产项目代表性传承人。”重庆、贵州、湖北、湖南等地都先后对传承人认定条件做了相关规定，如《湘西自治州民族民间文化遗产传承人保护管理暂行办法州政发》（州政发〔2007〕4号）将传承人的界定为“指州人民政府公告命名并在我州境内通晓本民族传统文化活动内涵、表现形式、组织规程或在本民族民间工艺领域中技艺精湛或掌握有一定数量的民族传统文化原始文献、资料和实物，并有一定研究成果被群众公认的代表人物”[③]。学界探讨非遗传承人界定，王文章先生认为传承人是“指民间文化艺术的优秀传承人，即掌握着具有重大价值的民间文化技艺、技术，并且具有最高水准的个人或群体”[④]。苑利先生提出非遗传承人“是指那些直接参与了非物质文化遗产传承，且有突出成就，并愿意将自己所掌握的相关知识与技能，原汁原味传授给后人的自然人或社会群体”[⑤]。祁庆富先生认为非遗传承人应是“在

① 《国家级非物质文化遗产项目代表性传承人认定与管理暂行办法》，中国非物质文化遗产网：http://www.ihchina.cn/Article/Index/detail?id=11584.
② 《中华人民共和国非物质文化遗产法》，中国非物质文化遗产网：http://www.ihchina.cn/Article/Index/detail?id=11569.
③ 汇法网：https://www.lawxp.com/statute/s743544.html.
④ 王文章：《非物质文化遗产概论》，文化艺术出版社，2006年，第347页。
⑤ 苑利：《非物质文化遗产保护干部必读》，社会科学文献出版社，2013年，第129页。

有重要价值的非物质文化遗产传承过程中，代表某项遗产深厚的民族民间文化传统，掌握杰出的技术、技艺、技能，为社区、群体、族群所公认的有影响力的人物”①。由此可见，非遗项目代表性传承人为行内才艺杰出的人，是普通传承人中遴选出来的佼佼者，是该体系中的领军人物，是非遗传承中的支柱型优秀传承人物。

非遗项目代表性传承人是某种非遗的象征和携带者，是众多普遍传承人中出类拔萃的人物。如土家族毛古斯舞流布整个武陵山区，在中华人民共和国成立初期湘西州就有50余个自然村遗存毛古斯舞，其中龙山县传承状况最好，堂班数量最多，多达14堂班。毛古斯舞传承人多为师传方式，每个堂班都有明晰的传承谱系，传承人数多为几位或十几位。像土碧村的毛古斯代表性堂班掌坛师王厚佑，初小文化，十七岁学艺，功法了得，该堂班传承人还有王焕由、田景树、王绍贵、王焕武。永顺双凤村彭英发堂班的传承人就有彭英威、彭英远、田仁信、彭振瑶、彭振璜、彭振球、彭英斌、彭英根、唐日明、彭振虎、彭振兴等人。然而毛古斯舞被认定为国家级非遗代表性传承人的也只有彭英威和彭南京两位，省级传承人只有李云富、彭天顺、彭英宣3人。要成为代表性的人物，必须要付出艰苦的努力，并且在非遗传承过程中有自己独特的风格和特点，在传承区域及非遗门类中都具有广泛的影响力。彭英威是毛古斯最具权威的传承人之一，他从小受到毛古斯这一民族传统技艺的熏陶，自6岁就随父彭武振学习。他通习毛古斯全部演出内容，包括用土家语对白，主持全场祭祀演出，如今先后培养了120余名弟子。彭南京从小受到土家族文化熏陶，能歌善舞，他不仅传承了内容丰富、表演独特的毛古斯，而且也擅长土家摆手舞、咚咚喹等，同时也十分注重对民间文艺的挖掘、收集整理，重视传承人的培养，创办“土家族民间艺术团”培养大批艺术人才。傩戏坛班也不少，传承人也很多，但是被确定为国家级非遗代表性传承人的也只有少数几个，如贵州德江的安永柏、张月福，湖南沅陵的李福国，湖南新晃的龙子明、龙开春，湖北恩施的蒋品三；省级非遗代表性传承人有湖北的黄茂庭、卢碧川、邓玉书，湖南的周达涌、冯明柱，泸溪的傩面具代表性传承人吴兴知，重庆的何建勋、冉正高、李应中等几位。

代表性传承人还得为该类文化遗产做出杰出贡献。以土家族织锦为例，被确定为国家级代表性传承人的只有叶水云、刘代娥。谈到土家织锦技艺传承发展的贡献，就不得不提及叶玉翠。叶玉翠是土家族人民的骄傲，土家织锦最著名的楷模②。她7岁开始向母亲学习十字挑花技艺，9岁向伯母向水花学习织锦技艺。曾在长沙表演织锦技艺、研讨创作，与李昌鄂合作的《开发山区》等五幅作品参加北京及英国伦敦国际博览会展出，受到国内外专家一致好评；十一届三中全会后，叶老为振兴土家织锦，开始收徒授艺，还翻山越岭收集各种传统织锦图

① 祁庆富：《论非物质文化遗产保护中的传承及传承人》，《西北民族研究》2006年第3期。
② 田明、张心平等：《湘西土家族织锦技艺》，湖南师范大学出版社，2011年，第86-87页。

案，还将许多濒临失传的作品复制出来，使之得以保存和流传。同时在她的传授下，土家族织锦制作在猫儿滩一带很快恢复到1000多户。叶老还被龙山县轻纺局聘请为“土家织锦工艺厂”终身顾问，期间先后培养了200余名艺徒，由她亲自动手和指导，抢救和改造及创作的土家织锦的花色品种达150多种。土家织锦国家级代表性传承人叶水云，自15岁开始向叶玉翠学习土家织锦技艺，她心灵手巧，学艺刻苦钻研，成为猫儿滩的织锦达人，其作品被中国国家博物馆、中国美术馆、中国艺术研究院以及清华大学、四川大学、深圳大学和美国哈佛大学等收藏。其多件作品先后获奖和展览，其中，2件作品在湖南首届民族民间工艺美术精品展中荣获金奖（2000年）；先后被联合国教科文组织和中国民间文艺家协会授予“民间工艺美术家”称号；被评为“中国织锦工艺大师”和第五届“中国工艺美术大师”等；其作品多次被中央电视台、凤凰电视台、北京电视台、湘西电视台、湖南卫视以及国内报纸杂志等媒体报道。刘代娥博采广积，勤奋好学，土家织锦技艺功底深厚、技术精湛，是捞车河畔织锦佼佼者，为土家织锦技艺的传承发展做出了很大贡献，曾在花垣县民族民间工艺美术厂和张家界带徒100余名授艺，创办“龙山县捞车河土家织锦厂”，员工达180人，其中自己培养的徒弟32人。在她多年的织锦生涯中，作品坚持传统，形式新颖，品种多样，受到了专家和研究机构的好评，作品《岩墙花》《船船花》等曾荣获湘西州民间工艺美术大赛二、三等奖，作品被贵州民委、湖北民委、湖北民族大学等多家单位收藏；刘代娥还搜集收藏传统织锦图案多达150余种，其织锦技艺被北京大学、清华大学、武汉大学、中南大学、重庆大学等高校专家学者肯定，并予以高度评价。刘代娥先后被评为“土家织锦优秀民间工艺师”、“中国土家织锦工艺大师”（2006年）、“杰出非物质文化遗产传承人”（2007年），被列为第一批国家级非遗代表性传承人[①]。叶玉翠、叶水云、刘代娥就是土家织锦领域很具权威性和代表性的人物，对土家传统文化的继承做出了杰出贡献。

二、非遗传承人的重要作用及意义

非遗传承人在非遗传承中的作用至关重要，非遗传承人是“非物质文化遗产赖以生存发展的源泉和载体，是非物质文化遗产得以代代相传的基础，也是非物质文化遗产存续的关键所在”[②]。非遗不以物质的形态存在，是一种活态、动态的文化形态，体现的是人的思想意识和精神世界，是各族人民特有的“情感、智慧和风俗习惯以及世界观、价值观”[③]的反映。表演艺术如苗族鼓舞、毛古斯、撒叶儿嗬、傩戏、木偶戏等非遗项目都是在动态中得以表现，

① 田明、张心平等：《湘西土家族织锦技艺》，湖南师范大学出版社，2011年，第90页。
② 魏康琪：《非物质文化遗产传承人的权利保护研究》，西北师范大学硕士学位论文，2015年。
③ 苏喆：《民间文化传承中的知识产权》，社会科学文献出版社，2012年，第32页。

传统手工艺技能如土家族苗族吊脚楼营造技艺、土家族织锦技艺、玉屏箫笛制作技艺、滩头木版年画技艺、蓝印花布印染技艺等非遗项目都需要通过手工技艺制作动态过程展示出来，虽然会有物质的因素展现，但是工艺美术品都不是非遗，而是通过这些工艺美术品来衡量制作技艺、创造力等非物质的文化；还有岁时节庆、人生礼仪、宗教仪式等社会风俗习惯也都在动态过程中来完成。

图2　采访玉屏箫笛传承人姚茂禄

非遗不像物质文化遗产那样以较强的稳定、固化的有形物质为载体，物质文化遗产也不因传承人的变故而变化。非遗没有固定的物质形态，而是依靠传承人在传承过程中发挥极其重要的作用，正如刘魁立先生所言，非遗是“以人为载体，以人的观念、人的知识、人的技能、人的行为作为其表现形态”①。的确，对不少没有自己文字的民族而言，他们的历史知识就只能靠非遗传承人的口述来记录；那些民间纺织技术、印染技术、民间酿酒工艺技术、民间药材炮制技术等传统工艺技艺，都需要民间技艺匠师创造与传承；还有苗族古歌、梯玛神歌、民间歌谣、民间剪纸、民间雕刻等传统文学与艺术，都需要传承人通过口头及肢体语言来表达，手把手来传授；不少传统手工艺品、民间音乐与民间舞蹈等传统艺术也都是通过传承人的动态表现给人们带来直击心灵的审美体验；许多民族民俗、节庆以及人生礼俗等也都包含有不同的艺术价值和美的含义，都是靠传承人的讲述、传唱、表演等得以传递和传承。可见非遗传承人担当

① 刘魁立：《我国非物质文化遗产保护的若干问题》，人民网：http://npc.people.com.cn/GB/15097/12808199.html，2010年9月25日。

着传统文化薪火传承的神圣使命。苑利先生认为非遗传承人在一国文明的创造与传承过程中，主要扮演的角色是“一国历史知识的重要记录者，传统工艺技艺的重要创造者，传统文学与艺术的重要传承者，民族精神与道德文明的重要守望者”[1]。传承人是非遗保护中非常关键的环节和不可缺失的基石[2]，是非遗的活态载体。非遗主要依赖于传承人的传承行为，以口传心授和言传身教的传承形式一代代继承和创新，一旦停止传承活动，非遗就会面临消失的命运，就会成为历史，成为一种记忆。土家族纺织技术和印染工艺已经没有新的传人，只有极少艺人在艰难坚守，且年事已高；土家民间银饰工艺也因没有传承人而失传；再有从事土家族传统建筑工艺、藤编、剪纸、部分工具（家具）制造、髹漆工艺、彩绘的人越来越少，这些传统工艺技艺处于濒危状态[3]。许多民族民间文化主要靠口头传承，以身示范，而一些民族民间文化传承人往往是些高龄艺人，年轻人又不热衷，常常出现“人亡艺绝”的状况，如恩施灯戏传人廖南山去世后，在恩施境内再也找不到全面精通灯戏的老艺人[4]。

图3　民间文学调查中与受访者合影

石柱土戏自清初传入，流传于沙子、官田、中益、下路等地，繁盛了300年，而后仅沙子乡有极少民间戏班，如今国家级非遗项目石柱土戏代表性传承人向大学，以及老艺人向大华也都相继离世，在世的土戏班子成员只有锣鼓师谭登全、樵地禄二人，但他们不会土戏唱腔，较少了解土戏的剧目、内容等，土戏表演后继无人，土戏已成为离开水的鱼儿。由此可见传承人在非遗中的主要作用，也只有传承人的存在才意味着非遗的存在，我们保护了传承人也就保护了非遗，也就保证了非遗的有效延续。

---

① 苑利：《非物质文化遗产保护干部必读》，第133–135页。
② 芝萱：《非物质文化遗产传承人制度研究》，华中师范大学硕士学位论文，2012年。
③ 黄柏权：《土家族民间工艺变迁研究》，《中南民族大学学报（人文社会科学版）》2007年第1期。
④ 黄柏权：《土家族非物质文化遗产现状及保护对策》，《民族问题研究》2006年第9期。

三、非遗传承人类型

非物质文化遗产传承人直接参与非遗传承，他们是使非遗能够沿袭的个人或群体（团体）[①]。由此可见，传承人必须具备两个条件，一是掌握非遗内容或者具有某项特殊技能；二是能够积极开展传承活动。“在个人来说，传承的第一义是习得，即通过传习而获得；第二义是创新或发明，即在前人所传授的知识或技能的基础上，加入自己的聪明才智，有所发明有所创新，使传承的知识和技艺因创新和发明而有所增益。在群体（族群或社区）来说，由个别人所传承的非物质文化在群体（族群或社区）中得到传播和认同，并进入集体的‘再创造’的过程。”[②]而根据目前非遗传承方式的不同，传承人可大致分为社会传承人、家庭（族）传承人、行业传承人以及学校教育传承人等四种主种类型。

（一）社会传承人

非遗的社会传承是指以社会为传承空间的文化传承，包括国家机关、民间团体、企事业单位和社会成员间所进行的影响人成长和学习的文化传承活动。参与文化遗产社会传承的人则称为非遗社会传承人，是非遗传承主体。非遗社会传承属于群体传承方式，从参与者的数量、地域和族群等因素考量，社会传承人可以分为全民性社会传承人、地域性社会传承人和族群性社会传承人。

1. 全民性社会传承人

在某个特定地域或人群范围内，存在着由众多的社会成员（几乎是全员）共同参与其中的文化项目。这类非遗项目是由数量众多的群体所创造、拥有和传习的，传播范围广，传承人员多，具有跨地域、跨族群等特征。这些非遗可以追溯到某些人群的集体记忆，文化的传承依靠集体记忆和集体性的无意识代代相传，在传袭的过程中很少发生变异和断裂。传承此类文化遗产的传承人称为全民性社会传承人。属于全民性社会传承的非遗大致有两类，即地方风俗和时岁节日，如恩施社节[③]。社节俗称过社，源于土地神崇拜和“二次葬”习俗，其主要内容包括两个方面，即吃社饭和拦社。过社在立春后第五个戊日，即“五戊逢社”。社节是湖北恩施地区汉族、土家族、苗族和侗族等各族人民共同传承的地方性节日，参与人涉及恩施州全境及其周边部分地区。武陵地区自古就流行“歌丧”的习俗，凡是老人过世，入棺后安葬前一夜就有人来唱孝歌，有的地方称坐夜哭（唱）丧歌，《石柱厅志》有记载丧葬“家家燕乐闹丧”，唱孝歌有很广泛的群众基础，一般年纪大的尤其是老年人都会。土家唱孝歌活动有很多群众参与，热热闹闹办丧事，吹吹打打唱孝歌，既是表达对死者的哀思，又是对生者的劝慰，土家人通过这种活动以协调邻里之间、人

① 中国非物质文化遗产数字博物馆[EB/OL].：http://www.ihchina.cn/chuanchengren.jsp.

② 刘锡诚：《非物质文化遗产：理论与实践》，学苑出版社，2009年，第127-128页。

③ 恩施社节，2007年由湖北省恩施市申报并列入湖北省第一批非物质文化遗产名录。

与人之间的关系。不少民族人生礼俗中都有哭嫁歌，武陵地区哭嫁歌为土家族、苗族、仡佬族等妇女的重要风俗歌，是表达新娘对家乡父老兄妹、亲朋好友们难分难舍的离别真情的特别形式[①]。哭嫁习俗系“妇女对平等经济生活的要求和对理想的婚姻家庭的追求在风俗文化上的反映”[②]，它是妇女歌谣的重要组成部分，为集体创作，并在一代代相传中，不断增加、不断完善而定型。

遍布武陵的土家年习俗，各地的年俗内容、庆祝形式、活动范围等都有差异，但土家年“先期度岁”是共同的特点，这一特色成为土家族民族认同的重要标志[③]。土家年是土家族最为隆重的节日，时间都比汉族除夕要提前一天或者更长一点，据清《（光绪）永顺府龙山县志》载“土人度岁，月大以二十九日为岁，月小则二十八日”[④]，也因此称过“赶年”。土家年内容丰富，形式多样，有杀年猪吃团年饭、打糍粑粑、做炒米、做糖馓、跳摆手、祭祀祖先、贴春联、贴门神、守岁抢年等习俗。重庆市土家族过年时间因姓氏宗支而异，过年方式略有差异，在可大乡、沙滩乡李姓过赶年时，晚上禁止点油灯，要通宵点蜡烛，忌讳杀鸡、杀猪；彭姓过赶年由男子做早饭，饭前祭祀祖先后再叫女人孩子起床吃饭。黔江土家族过赶年要举行唱傩戏、跳摆手舞、跳花灯等活动，秀山还在正月闹花灯，正月初三出灯十五收灯（烧灯）。湘西土家年还要举行舍巴日（跳摆手、摆手舞）活动，鄂西土家过年还有祭灶神、打扬尘、敬土地神等习俗。土家年持续的时间长，从腊月初开始忙活，只要冬至一过，土家山寨的人们就会选择一个红煞日“杀猪杀羊过大节”，而且杀年猪时要盛情邀请亲朋好友、左邻右舍在一起撮一顿“泡汤肉”，然后做腊肉、灌香肠、做霉豆腐等，守岁抢年、走亲拜年，龙灯花灯摆手闹新春，直到过了正月十五，“吃了爬坡肉，各自找门路”才结束。土家年是土家族重要的传统节庆习俗，并入选第三批国家级非物质文化遗产名录，而且“湘西土家族苗族自治州人民政府落实党的民族政策，将土家年列入地方法定节日，休假一天”[⑤]。土家年本身没有特定的传承人，土家年的传承轨迹并非源远流长，在土家族民间社会里，土家年俗节日活动是自觉自发的民俗文化行为，是土家族百姓们的大盛会，土家百姓就是全民性社会传承人。为了使这项非遗文化延续，国家才特意指定出具体代表性传承人，而指定的具体传承人也多为所谓的家族传承。如永顺大坝乡双凤村的彭家齐被选为国家级非遗土家年代表性传承人，他8岁跟随父亲习土家族过赶年习俗，至今70余年，如今先后传与彭振奎、彭磊等人。从永顺县对山乡太吉村的彭善光传承谱系申报情况看，也为家族传承，由其祖父彭继林传其父亲彭楚敖，其父传给他，然后由他传给其子彭武斌和子孙彭继仁等人。

① 吴胜延、余继平：《大喜之日，痛哭——土家族的哭嫁习俗》，《中华手工》2005年第2期。
② 沙媛：《论哭嫁习俗与“哭嫁歌”的风俗文化本质》，《贵州民族研究》2000年第2期。
③ 罗亚阳：《神秘湘西：湘西土家族苗族自治州非物质文化遗产集萃》第八卷，中国社会出版社，2017年，第15页。
④ 中国非物质文化遗产网：http://www.ihchina.cn/55/51168.html.
⑤ 中国非物质文化遗产网：http://www.ihchina.cn/55/51168.html.

苗族四月八节源于苗族祭天地、祭祖宗、祭英雄等祭祀活动，随着时代变迁，节日逐步加进歌舞表演及人们情感交流等内容，使节日更加丰富多彩。武陵地区湘西凤凰、吉首、保靖、古丈、花垣等几个苗族聚居县的乡镇与毗邻的贵州、重庆、湖北一些苗区在每年农历四月初八，都要举办或大或小、或隆重或简朴的跳花跳月节。节日里青年男女穿上盛装，围绕花树唱歌跳舞。苗族未婚青年披阳而舞，戴月而歌，俗称“跳花跳月”，也称“赶歌场”。如今苗族四月八节已是富有民族特色的社会交往的传统节日，也是湘、渝、鄂、黔、滇等省市苗族、侗族、瑶族等多民族的大聚会。同样苗族的赶秋节也是群体性的民俗节日活动，参与者都穿着盛装，歌舞相伴，或唱歌或荡秋千或贸易或观光，尽情欢度节日，欢庆丰收，祈求来年风调雨顺。赶秋节会举行祭祖、打八人秋、拦门酒、舞狮接龙、婚俗表演、苗鼓舞、看花灯、演傩戏、观苗族绝技等丰富的活动内容，人们在赶秋中形成了自发性聚合的活动仪式，并自觉地维护礼仪的庄重性，共同分享丰收的喜悦。近年来随着交通及生活条件的改善，现代的赶秋活动参与人群范围不断扩大，形成了以花垣为中心，逐渐扩散到湘渝鄂黔等省市边区的少数民族地区，参与的民族由苗族扩大到土家族、汉族、白族、侗族、瑶族等。“苗族赶秋”承载着苗族鼓舞、苗族服饰、苗族歌谣等30多项各级非物质文化遗产项目的传承发展，于2014年被国务院公布为第四批国家级非遗名录项目。2016年11月30日，“苗族赶秋”随中国“二十四节气”入列联合国非遗项目，2017年11月湖南湘西垣县十八洞村举行苗族“赶秋节”，来自全国8个省份近2万名苗族同胞参加了这次活动①。赶秋节是一个群体性节日，其文化的传承和发展要依靠苗族群众对节日的信仰和集体认识，应该说他的传承是全体性的②。

2. 地域性社会传承人

一部分非物质文化遗产的传承限定于某个特殊的地域和特定的传习场所进行，这些具有明显地域性特征的文化传承可以称为地域性社会传承，参与其中的人或群体被称为地域性社会传承人。如思南上元沙洲节③，贵州思南人称农历正月十五为“上元”，是赐福人类的天官降生的日子，思南附近的人每年正月十五都会在思南白鹭洲开展纪念活动，祈求天官赐福。前面涉及的苗族赶秋节也是地域性民族节日，虽然无法将传承谱系界定到具体的个体，但从流布范围来看，湘西花垣和吉首市是最具代表性的。酉水流域有男方向女方家送糯米粑粑的习俗，当地称“耳朵粑粑”，是要告诉女方望考虑早日成亲，如今在提亲和年节中都还存在送耳朵粑粑或耳朵嘎嘎这种地域性的民间习俗④。土家族崇拜白虎图腾具有明显的地域性社会传承特征，清江流域鄂西土

① 中国非物质文化遗产网：http://www.ihchina.cn/12/53561.html.
② 罗亚阳：《神秘湘西：湘西土家族苗族自治州非物质文化遗产集萃》第八卷，第212页。
③ 思南上元沙洲节，2005年由贵州省思南县申报并列入贵州省首批非物质文化遗产名录。
④ 林继富：《酉水流域土家族民俗志》，民族出版社，2014年，第332页。

家族人普遍信奉白虎，视白虎为家神；乌江流域土家族既有崇拜白虎的，也有不崇拜白虎的；而酉水流域的土家族不敬白虎，而且有驱赶白虎的习俗。在石柱也有祭拜白虎的习俗，境内漆辽坝一带每年七月十二或腊月都要祭白虎神，石家坝一带田氏家家都挂白虎神图像。石柱七曜山及方斗山一带不少地名都用虎来命名，有漆辽坝的白虎岭、蚕溪的麦虎威、中益的黑虎寨、黄鹤的黑虎岭、鱼池的虎头寨、石流的木虎槽、石家的马虎岭等地名。土家白虎崇拜源自先民之一巴人的白虎崇拜，地域性社会传承凸显。另外在湖北长阳县都镇湾的十五溪、庄溪、杜家溪和龙潭坪一带，普遍流行民族都镇湾故事。目前，全镇民间故事重点传承人就有2100余人[①]，收集了4000余则故事。都镇湾故事情节发展明快简洁，有话则长无话则短；故事特点是开门见山，单刀直入，结尾戛然而止，这些故事都具有很强的娱乐性、教化性和生活性，同时还具有认识和传承历史、了解社会的功能，对民俗学等研究也有很高的价值。都镇湾故事多为家庭传承和村落社会传承，具有鲜明的地域性特征。贵州石阡县宴明、龙凤等仡佬族村寨流传着在大年三十夜至正月十五、十六日举行“仡佬族毛龙节”的习俗。毛龙节是仡佬族民间以“龙神”为主的信仰民俗活动，据学者推论，毛龙源起于古代仡佬的“竹王”崇拜和生殖崇拜。毛龙节民俗活动由“挂公德”、准备做毛龙所需材料及“扎毛龙”等古老民俗，神祭拜、耍毛龙、送毛龙等传统仪式，以及送唱龙句、舞龙技艺表演、毛龙锣鼓等歌舞乐三个部分组成。玩毛龙是一种集舞蹈、美术、音乐、传教和观赏于一体的综合性表演艺术，在毛龙节民俗活动中，同村寨的男性村民一般都要“扎毛龙”，家家户户都会参与到毛龙节活动中来。如今，石阡仡佬族的女子也加入毛龙传承活动，打破了“女人之辈不予玩灯”的习俗。在民间，从扎制毛龙到玩毛龙都处于自然的、自发的传承状态，既没有专门拜师传承的习俗，也没有不示于人的秘密诀窍。仡佬族这一习俗活动，目前也影响到周边的苗族、土家族、侗族、蒙古族等，成为地域性社会传承活动，这些兄弟民族也自发地组织过毛龙节民俗活动，且场景十分热烈壮观。

3. 族群性社会传承人

武陵地区是有着众多少数民族杂居的地方，各少数民族传承着民族特色鲜明的非物质文化遗产。某些非物质文化遗产就是某个少数民族优秀的传统文化，表现出浓郁的族群特点，参与其中的传承人称为族群性社会传承人，其多具有少数民族身份。如土家族舍巴日[②]是土家族盛大的祭祀庆典，主要内容为祭祀祖先、祈求风调雨顺。舍巴日大都以姓氏或村寨为单位，由梯玛或寨首主持。侗歌艺术的表演或展演都讲究集体参与性，以一人领唱众人与观众互动来完成表演。侗族艺术的传承被认为是族群集体的事情，传统社会侗族人人爱歌、人人学唱、人人歌唱，学习侗族艺术就是侗族的一门必修课，否则社会成员个体得不到族群的认同。在侗寨许多

---

① 姚小云、刘水良：《武陵山片区非物质文化遗产保护与旅游利用》，西南交通大学出版社，2015年，第28页。
② 土家族舍巴日，2006年由湖南省湘西土家族苗族自治州申报并列入湖南省第一批非物质文化遗产名录。

歌师常常一年到头走村串寨地进行教歌、传歌，侗族青年男女从小就成群结队地学习演唱侗歌技巧。往往掌握基本技巧后，很多人还在社会生活中相互借鉴，不断提升歌唱水平。

仡佬族敬雀节是石阡上饶仡佬族村落的一项重大节日。相传古仡佬族村寨遭受毁灭性的洪水灾害，一先民将刚出生的婴儿放入葫芦漂浮在水面，被一只大鹰搭救，而后繁衍子孙，“葫芦鹰”因此成为仡佬族的文化图腾。每年的农历二月初一，仡佬村民要打糍粑，杀猪宰羊举办祭祀活动，纪念拯救仡佬祖先的葫芦和神鹰。祭祀后还有毛龙舞、嘣嘣鼓、木偶戏等艺术表演节目，以及唱山歌、坐马车、坐花轿等内容丰富多彩的文娱活动。敬雀节蕴含了族群图腾崇拜、自然崇拜以及佛教、道教文化理念，具有鲜明的地域性、独特的民族性。

图4 仡佬族敬雀节

（二）家庭（族）传承人

非物质文化遗产的家庭（族）传承是指在有血缘关系的人群中传承的传统文化，主要表现为手工艺、医药治疗技艺以及其他一些专业性较强的知识和技能。家庭（族）传承具有排外性、保密性等特征，即家庭（族）内部传承的知识和技能不能外传，有的还有“传男不传女”“传女不传男”的特别规定。参与非物质文化遗产家庭（族）传承的人称为家庭（族）传承人。如苗族银饰锻制技艺就是家庭（族）传承的技能①。苗族银匠大约出现于清末，最初是一些苗族铁匠拜汉族工匠学习金银器制作，学成之后自立门户，在苗族地区从事银饰品制作。

① 苗族银饰锻制技艺，2006年由湖南省凤凰县、贵州省雷山县申报并列入国家级第一批非物质文化遗产名录。

银饰制作以家庭作坊制作为主，全手工操作，一件饰品多的要经过一二十道工序才能完成，对匠人手工技术要求极其严格。苗族银匠一般都是父子相承，世代相袭，制作工艺和秘技极少外传。湘西苗绣传统手工技艺的传承主要也是依靠家族传承，都是女性向祖母、母亲学习，如凤凰三江镇毛都塘苗寨的吴四英，对一整套苗族服装的制作工艺十分精通，为湖南省第二批苗绣传承人，她从小跟母亲学习苗族刺绣，十五岁会绣花，十七岁会纺纱、织布。省级传承人龙红香，出身“裁缝世家”，十二岁时开始学习绣花、纺纱，十四岁会织布、镶绲、缝纫衣服，成家后又跟其婆母学织绣、裁剪和缝补工艺，而后将手艺传授给爱女贤媳。花垣麻粟场镇的石菊香，自幼也是跟随姑妈石金银学织苗族花带，石金银还将手艺传授与爱女吴香莲。

武陵地区踏虎凿花传承模式为家族式直线传承，一种是封闭式家族式的世袭传承，以踏虎村黄氏家族为例，黄氏家族有“家族技艺传男不传女”的族规规定；一种是泛家族式的传承，即周边村寨有黄氏家族的亲人，靠亲缘关系而学到踏虎凿花技艺。另外黄家的黄桂兰是黄靠天的堂妹，因家境困难，经族长及族内同意而破例师从叔叔学艺，出嫁成家后，又将手艺传授给儿子邓兴隆，邓兴隆于2008年被评为踏虎凿花国家级非遗传承人。这样一种泛家族式的传承关系使得踏虎凿花由黄氏一支发展到了徐家、龚家、张家和肖家等五支姓氏，扩大了踏虎凿花队伍①。

表1　湘西苗族医药从业人数统计表②

县名	人数	所占比	县名	人数	所占比
吉首市	91	15.4%	保靖	45	7.6%
凤凰	198	33.6%	龙山	30	5.1%
花垣	106	18%	永顺	18	3.1%
古丈	55	9.3%	泸溪	46	7.8%

武陵地区苗族医药列入我国国家级非遗项目，苗族医学有着深厚的文化内涵、核心思想及构成要素。苗族医药核心思想是生命动力与内在动力，核心思想体现在“生命观、疾病观、治疗观、用药观、制药观”五大认识观念，苗医学术核心为“气、血、水”和“三因学说”。武陵地区相关部门自20世纪80年代中期开始对少数民族医药做了大量社会调查和资料调查及整理工作，据湘西州有关部门对土家族、苗族和其他民族医药及中医药的摸底调查表明，全州现共有1400余名民族医药人员，其中土家族、苗族医药人员占总量的70%，全州现共有1800余种中药

① 罗亚阳：《神秘湘西：湘西土家族苗族自治州非物质文化遗产集萃》第五卷，中国社会出版社，2017年，第187–190页。

② 据湘西民族医药研究所提供的资料统计。

和民族药材。据相关资料显示，全州有苗医药人员589人，凤凰及花垣的苗医药人员占比分别为33.6%和18%，两地占总量的51.6%，可见凤凰县、花垣县是苗族医药重点传承区。实际上，目前还有一大批苗医活跃在苗家山乡，如在苗医药传承较好的花垣排碧乡共有苗医药人员35人，其中板栗村有8人；花垣董马库乡有苗医16人，其中黄土坪村有6人。苗医药传承多为家学祖传，以"口耳相传"的形式世代传承。苗医药传承一般有传男不传女的传承规矩，但如果母亲是苗医且有治疗妇女病专长的，就可以传给女儿①。我们可以从凤凰龙氏苗医学传承谱系（见表2）看到这一点，龙玉年是凤凰龙氏苗医第十三代传人，也是国家级非遗项目苗医癫痫症疗法代表性传承人，12岁随父亲龙老长学医，17岁就独立行医。龙玉年医术高超，医德高尚，苗医治疗方法多样，临床经验丰富，是黔边区颇有名望的苗医。其弟龙玉山也从事祖业，精通苗医学和中医医术，是远近闻名的苗医肝病专家。龙玉年的儿子龙绍文，子承父业，秉承龙氏祖传苗医的医技医术，成为龙氏祖传苗医的第十四代传承人。

表2 凤凰龙氏苗医学传承谱系一览表

代别	姓名	性别	民族	出生年月	传承方式	家庭住址	备注
第一代	龙志蜕	男	苗族	清	祖传	凤凰柳薄乡米坨村	已故
第二代	龙老良	男	苗族	清	祖传	凤凰柳薄乡米坨村	已故
第三代	龙老二	男	苗族	清康熙	祖传	凤凰柳薄乡米坨村	已故
第四代	龙老顺	男	苗族	清康熙	祖传	凤凰柳薄乡米坨村	已故
第五代	龙继生	男	苗族	清乾隆	祖传	凤凰柳薄乡米坨村	已故
第六代	龙老一	男	苗族	清乾隆	祖传	凤凰柳薄乡米坨村	已故
第七代	龙老明	男	苗族	清嘉庆	祖传	凤凰柳薄乡米坨村	已故
第八代	龙老山	男	苗族	清道光	祖传	凤凰柳薄乡米坨村	已故
第九代	龙老贵	男	苗族	清道光	祖传	凤凰柳薄乡米坨村	已故
第十代	龙老援	男	苗族	清同治	祖传	凤凰柳薄乡米坨村	已故
第十一代	龙老情	男	苗族	清光绪	祖传	凤凰柳薄乡米坨村	已故
第十二代	龙老长	男	苗族	1911	祖传	凤凰柳薄乡米坨村	已故
第十三代	龙玉年	男	苗族	1935	祖传	凤凰柳薄乡米坨村	健在
	龙玉山	男	苗族	1947	祖传	凤凰中医院	医师
第十四代	龙绍文	男	苗族	1963	祖传	凤凰沱江镇	行医

① 罗亚阳：《神秘湘西：湘西土家族苗族自治州非物质文化遗产集萃》第七卷，中国社会出版社，2017年，第106页。

花垣猫儿乡苗医龙玉六（1988年2月去世），也是从小随父亲学医，承袭祖传八代苗医。由此可见，无文字的少数民族“自古以来，其医术诀窍，口耳相授，且多为单传”[1]。单传是苗族医药专业继承形式，主要依靠父辈的言传身教以及传授他们在实践探索中不断积累的诊治经验，来维持苗医药的生存和发展。

贵州省石阡木偶戏俗称“木斗斗戏”或“木脑壳戏”，属于湘剧剧种，其唱腔系湘剧“辰河腔”，有“高腔”和“平弹”两部分表演剧目唱腔。据石阡县文化志记载，“该戏大约在清代中后期由湖南辰溪传入，至今已有七代传人”[2]。石阡木偶戏在中华人民共和国成立前夕最为盛行，当时能够常年演出的有“泰洪班”“太平班”“兴隆班”“天福班”“杨本家班”等。木偶戏表演者全为男性，一个戏班成员少则六七人，多则是十余人不等。石阡木偶戏发展历程可从民间戏班传承谱系中以每代20年来推算，至少也不低于140余年的历史。石阡木偶戏有家传、师传、家传师传相结合这三种传承形式。石阡木偶戏多建立在族亲制度之上，即在一个家族内部传承，且秉承传男不传女的传统，但没有同父、同祖父或同曾祖父的严格限定。在家传班内，班主与其他各行当的当班艺人均为本家同辈兄弟。平时班子的人都会在下一辈男丁中物色培养一些人品出众、资质聪明又喜欢木偶戏的年轻人跟班学习，并根据学艺情况适时安排上台演出，手艺到家后，会找一个合适的时间举行出师仪式，并为其取个“法名”，这样他就可以成为新戏班班主，组织一支队伍外出演出。

表3 石阡木偶戏传承谱系一览表

花桥傅家班传承谱系		坪山饶家班传承谱系	
第一代	傅登象	饶廷愉，法名饶法兴	生于1837年
第二代	傅为士	饶文斗，法名饶法开	生于1860年
第三代	傅荣任，法名傅法荣	饶财源，法名饶法灵	生于1886年
第四代	傅庭佩	饶光龙，法名饶法清	生于1914年
第五代	傅应举，艺名傅童芳	饶世光，法名饶法用	生于1944年
第六代	傅银洲，艺名法灵	饶泽木，法名饶法扬	
第七代	傅正华，法名傅法旺		
	傅正荣		
	傅正贵		

① 诸国本：《湘西土家族医、苗族医调查报告》，《中国民族医药杂志》2001年第2期。
② 张应华：《湘黔交界少数民族社区的汉传戏班——以石阡木偶戏为例的艺术人类学考察》，《艺术探索》2011年第6期。

（三）行业传承人

所谓行业传承人，是指以某一职业为划分标准，在行业内部传承非物质文化的个人或群体。行业传承一般有两种形式，一种是“师傅带徒弟”，如一些手工技艺、戏剧曲艺类；一种是没有通过拜师学艺，而是生活中在行业氛围内，靠学习者自身的勤劳与聪慧，无师自通而习得，然后从事某项职业，这类传承人多是行业精英，对所传承的文化有深刻理解，并有熟练乃至高绝的技艺。张家界阳戏是一种流行于张家界的地方小剧种①。阳戏得名说法有二：一说为种田人、种阳春人演的戏；一说是因与傩戏同班演出，傩戏为娱鬼之戏，故称“阳戏”。阳戏表演的题材大多反映农村生活，具有浓郁的生活气息和乡土风味。张家界阳戏多用真假声结合，有“金鱼吊葫芦”之说。张家界阳戏的传统戏班多为一家班制，人数最多者也只有十一二人，少则七八人，故而戏班演员多数都具有一专多能的表演技艺。其代表性传承人符奇男自1976年加入大庸文艺工作队担任演员，师从阳戏第八代传人李跃胜。因其个人表演特点和才能，又从另一位第八代阳戏传人，著名丑角演员李贤臣老师身上学会了丑角表演程式，“走矮子步”和“踩三步半”的特技功夫，并且还创造性地在“鸭脚矮子步”和“双脚前趟矮子步”的基础上苦练出了“矮子步飞脚”“矮子步旋子”和“矮子步背手按头前翻”的功夫，最终成长为一专多能的阳戏表演大师。

武陵地区自古为巫傩盛行之地，且多有史籍记载。《汉书·地理志》说楚地“信巫鬼，重淫祀”。朱熹《楚辞集注》载：“沅湘之间，其俗信鬼而好祀。其祀必使巫觋作乐，歌舞以娱神。”在清代，《酉阳直隶州总志》《长阳县志》《沅陵县志》《永顺县志》《来凤县志》等都记载有傩戏在各地的风行情况。傩祭活动在武陵地区流布广泛，傩戏坛班数量不少，从艺人员较多，傩祭歌舞规模宏大壮观，艺术层次较高，地方特色明显。在黔北仡佬族迎神、酬神、送神等傩事活动中，都由法师扮演角色，戴上面具上场表演。黔北傩戏面具半堂傩有12个面具，全堂傩24个面具。面具有正神、凶神、丑角、龙头马面和世俗人物等，面具色彩有淡彩和重彩两类。中华人民共和国成立前道真全县有傩戏100余坛，至今仍有50余坛，630余专业人员还在境内及附近县开展相关活动。鹤峰县傩愿戏以前有25个傩坛，每个傩坛约八至十人不等，现在清湖、江口还有两支傩坛较为完整，其他地方只有零散艺人。德江傩堂戏保存最为完整，是拥有傩戏班和古面具最多的地方戏种。据不完全统计，现有傩戏131坛，掌坛师131人，傩艺师740人，德江县非遗中心、县民宗局搜集展示傩戏面具有1400余面，常用的道具有牛角、师刀、牌带、卦子、法鞭、法衣等。

傩戏传授注重家传，传于子嗣称“家艺”，子承父业称“跟上艺”，当然傩戏也不限“外

---

① 张家界阳戏，2006年由张家界市永定区、湘西土家族苗族自治州凤凰县、吉首市共同申报并列入湖南省第一批非物质文化遗产名录。

传”，但都有传男不传女的规矩。湖南桑植澧源镇冯明柱坛班，前四代系家族内部祖传父教的家族传承方式。第四代掌坛师冯明柱，三十岁跟其父冯其党正式学艺，八年后度职，承担起冯氏傩戏和目连戏的表演和传授的责任，数年来在澧源及八大公山、打鼓泉、洪家关等20余个乡镇带班子演出，在澧水流域有极高的声望。第五代继嗣冯金胜，十六岁开始随父冯明柱学艺，二十八岁正式传度，成为新一代骨干坛主。自冯明柱开始，其坛班传承方式突破了家传形式，出现了向非本家族的弟子传授傩艺的师徒传承方式，而且还招收女子易春华为徒，打破一贯“传男不传女”的规矩。

表4　傩戏传承谱系一览表

代别	姓名	性别	出生年份	传承方式	学艺时间	居住地址	备注
第一代	冯吉高	男	1844	家传	1853	今澧源镇	已故
第二代	冯永双	男	1879	家传	1888	今澧源镇	已故
第三代	冯其党	男	1910	家传	1922	今澧源镇	已故
第四代	冯明柱	男	1944	家传	1954	今澧源镇	
第五代	冯金胜	男	1975	家传	1991	今澧源镇	2003年度职
	易春华	女	1971	师传	不详	今澧源镇	
	刘绍东	男	1970	师传	不详	今澧源镇	
	余秋林	男	1968	师传	不详	桥自湾乡	

外人学艺需要面请引荐师向拟拜先生致意，若有意则允其随坛就学，经过相关活动考察，品行端正、志意精专、能吃苦者，则授意出具《投师贴》，择黄道吉日正式行拜师之礼，收入门下传授傩艺。艺成后，徒弟可向师请职。同样择期分别举行“抛牌”请职仪式并安设师坛，让弟子升为“掌坛”，独立门户从事演出。铜仁滑石乡李贵生12岁学艺，先是拜沈照德为师，后又拜湘西傩戏艺人沈钻山和湘西名旦田应宪为师，30岁时，能够演出一百多出传统“条纲”和“本子”傩戏，唱、做、念、打，生、旦、净、末、丑样样在行，不仅在本县颇有名气，在湘西一带也是颇有影响的民间艺人①。鹤峰走马区千金坪傩戏坛班张盛鼎师祖牌位为：并坛启教南岳爷爷汤法胜，辰州师傅邓法刚，佛法师傅李法陵、藤静宁、藤玄文、易栋刚、易栋清，师祖张法雷，曾祖考张法阳、王法显、张法祥、王法琛、王法仁，祖考石法旺、龙金辉、董万顺、田五、毕淋万、饶祖祥、张尚明、符贞益、满法旺，恩师张法霖，师伯叔张茂登、万年成、王年成、王和轩、李玉征、李法金、戴万清、李四、董方之、向润生、余诰三、覃法

① 贵州省文化厅：《贵州民间艺人小传》，贵州人民出版社，1986年，第256页。

靖、张柏川、周幺、张法先，弟子张法龙（即张盛鼎本人），门徒李法正、张法金、张介清、周朋成、王学礼、鲁柏生、闵良善、陈登品、田长川、董明生、周伦元、王圣之、周南轩、余业昌、向梅生、向润生、覃松廷、张平发、桌志柏、谭文友、覃兰英、石家益、覃建武，门孙向绪斌、孟竹生、陶武州等，共计十代传人。从师祖牌位的记载可以见其傩戏坛班的传承表现为师徒传承形式。恩施三岔的谭学朝（1926年1月–2006年12月23日），法名谭法一，是一位精通傩戏的老艺人，12岁师从灯戏头儿、傩戏掌坛师廖明池，学艺期间还刻苦学习傩面具雕刻技艺，21岁度职出师，成为恩施傩戏第27代掌坛师，也是恩施傩戏、傩面具制作工艺最为系统、最全面的唯一继承人，2003年8月被恩施州人民政府授予“民间艺术大师”称号。谭老为让傩戏后继有人，不遗余力，传授弟子50余人，其中傩戏演艺弟子有尹秀敖、杨代银、谭绍富、田玉光，傩戏面具制作的弟子有汪如兵、李典华、刘继荣、江英奎，傩戏、灯戏和耍耍弟子40余人[①]。国家级非遗项目傩戏传承人安永柏，法名安法印，出生于1964年。他先后拜张金太、安国儒学师傩艺。26岁请职后掌坛从事傩艺演出，其坛班共9人，活跃于稳坪、青龙、共和的乡镇，先后到北京、重庆、贵阳及日本、韩国等地表演，深受专家、观众的高度好评。现传授弟子9人，其中掌握傩技知识较为全面的有安飞、张进、张连才、安军几弟子，而且安飞、吴庭军已接职“开红山”傩技绝活[②]。

民间称专司祭仪的组织叫“坛班”，派属“巫教”“巫门”。个别坛班或者人士除习巫教外，还兼习佛教或道教、儒教，成为“巫佛（道、儒）两教”坛班或者人士。如道真黄守奎，法名续应，自小受当地民俗影响，对佛、巫二教及民间文化有浓厚兴趣，先后师从李龙船习巫教，师从黄吉显学上树刀，向车海臣习佛教，向陈大元学风水命相，还向向述臣学川剧，并自学纸扎、打闹山歌和厨艺等。所学技艺无一不精，所演角色出神入化。肖云鹏也是一位巫佛二教法师，七岁拜师学艺，佛教先后拜肖海廷、康云清、张碧坤、吴南延为师，巫教先后向龙正蛟学葬理，向周合廷、黄合廷学阳戏，向王见芝学冲傩、打保福，拜李广达为师学鞁铧傩技，拜陈万合为师学习择吉、风水。12岁时请职，其传度师就是周合廷，赐法名德鸿。他有徒弟肖朝文、肖怀清、肖延福、陈守珍、陈元吉、周德珍、彭少武、胡云鹏，以及武隆的龙云华、张志成、安国静、龚南海、肖德书、罗明龙等人[③]。

（四）学校教育传承人

与传统的文化传承相比，学校教育对非物质文化的传承则表现出先进性、规范性、目的

① 谭笑：《寻访民间艺术大师》，民族出版社，2003年，第30页。

② 贵州省文化厅、贵州省非物质文化遗产保护中心：《传衍文脉——贵州省非物质文化遗产项目代表性传承人小传》，贵州民族出版社，2009年，第117页。

③ 李志远、冉文玉：《道真圆真》，内部资料，2017年，第13–14页。

性、组织性、计划性和广泛性的特点而成为新型非物质文化遗产传承的重要方式。从非物质文化遗产传承的角度来看，教师和学生成为非物质文化遗产的学校教育传承人。

学校教育采用先进的课堂制，以专业老师辅导学生来进行非物质文化遗产的教育教学。为了达到理想的教育效果，学校教育还创新多种教学模式来强化非物质文化传承，主要有组织双语双文教学、开发乡土教材及校本教材、民间艺人进课堂、开展丰富多彩的课外活动等。一些民族语言、民间剪纸、泥塑、民间故事等非物质文化纷纷进入学校课堂。如湘西凤凰落潮井学区、三拱桥学区以及山江完小被列入双语双文的教学实验学校，并制定了具体教学目标与要求。另外学校对苗族语言文字教育传承也有要求：一是组织好苗文教师的培训学习；二是每周开设两节苗文课；三是学生讲规范的苗语和正确拼读、书写苗文，并能用于日常生活中；四是能阅读简短苗文读物；五是掌握苗汉两种语言的主要差异，运用其相似相通的规律，提高汉语普通话的学习效率；六是探索保护和传承民族文化的途径、方法。

图5　市级非遗传承人夏文光进校园传承涪陵御锣　采自于涪陵文化馆　杨远强摄

民族绘画被引进小学美术课堂的做法相对较多，比如早在2003年就分别在吉首大学师范学院附属小学和泸溪县白沙小学进行美术教育教学改革，将苗画课列入选编教程。湘西苗画还被凤凰腊山小学引入课堂，在学校传授。保靖县民族中学、吉首民族中学都很重视传统文化进校园的传承工作，教授苗画的艺术特征、文化内涵以及基本技法等理论，同时重视苗画实践教学环节，在学校建立苗画工作室、传统文化陈列室、作品展览室，聘请民间艺术传承人进校园指导实践教学，充实学校师资。把苗画引进学校课堂教学，极大地丰富了教学内容，激发了学生学习传统文化的兴趣，调动了学生学习美术的积极性，同时也拓展了课本知识，加强学生对本地区厚重历史文化的了解。湖南龙山县实验小学自2005年开始，在美术课堂里引入了“西兰卡普”丰富的纹样，丰富课题教学内容，提高了教师和学生的素质，增强了师生对优秀传统文化传承发展的自信力。高校里针对非遗传承也设置有相应的课程，湖北民族大学美术学专业开设了“民间漆艺”课程，工业设计专业开设了“民间传统工艺”课程，学习民俗传统文化，重视对非遗保护意识的培养。同时还将土家织锦艺术与素描教学和绘画创作相融合，摄取民间艺术的色彩、造型等营养，培养学生对传统文化的创新性转化精神和创新能力；将土家族织锦艺术纳入设计类教学中，认识土家织锦的图案、构成的形式、色彩处理的方法以及制作技法，加深学生对民间优秀文化遗产的热爱，激发学生的民族自豪感。重庆旅游职业学院于2012年在工艺品设计专业开设土家织锦课程，授课内容包括土家织锦发展历程、制作工具及材料、工艺流程及基本织造技法、图案构图解读、色彩，以及将土家织锦融入当代设计课程内容教学，如土家织锦图案设计制作和土家织锦包装设计，通过理论学习与实践操作相结合，教师理论讲授与织锦传承人技术辅导相结合的教学模式，让学生学习土家族优秀传统文化，掌握织锦工艺流程和基本制作技艺，让民族传统文化薪火相承。

第二节 武陵地区非遗文化传承人传承逻辑

传承人是贮存、掌握和承载着非物质文化遗产的群体和个人。作为活态的传承体，一方面他们是文化遗产既定的承载者和传递者；另一方面，人的主观能动性使传承者在某些特定的时间、空间以及外来因素的影响下创新或者抛弃他们所承载的文化遗产。因此，传承人的主观选择，对于非物质文化遗产的传承有着极大的影响，它既可能支持文化遗产的健康发展，也可能导致文化遗产式微，甚至消亡。综观武陵地区非物质文化遗产的传承，在传承人传承非物质文化遗产时主要表现出两种主观选择逻辑，即从众逻辑和求利逻辑。从众逻辑在社会传承等群体性传承活动中表现突出；而求利逻辑则在个体性传承活动中表现明显，如行业传承、家庭传承都具有这种特点。

一、从众逻辑

从众指个人受到外界人群行为的影响，而在自己的知觉、判断、认识上表现出符合于公众舆论或多数人意见的行为方式。C. A. 基斯勒（1969）提出从众行为产生的四种需求或愿望：一是与大家保持一致以实现团体目标；二是为取得团体中其他成员的好感；三是维持良好人际关系的现状；四是不愿意感受到与众不同的压力。而社会心理学家比较一致的认识是从众产生于个体的某些心理需求。从众的行为基本动因有三种：渴望获得正确的信息；为了被喜欢和接受；为减缓群体压力①。而笔者认为，在武陵地区非物质文化传承中所表现出来的从众行为，更有其内在的文化意义，即从众行为是经文化规范而形成的。

① 时蓉华：《现代社会心理学》，华东师范大学出版社，1989年，第281–291页。

首先是认同意识。认同意识包括两种：一种是族群认同，一种是地域认同。族群认同表现为各少数民族各自传承着属于自己民族的文化，包括语言、宗教、习俗和地域等方面的文化特征，这些都是族群认同的一些要素。武陵地区是一个多民族杂居的地区，有土家族、苗族、彝族、布依族、仡佬族、侗族、白族、蒙古族等近30个少数民族。这些少数民族在历史上长期保持着自己民族的传统，如湘西苗族小伙子穿上苗装，最多时穿7层，由里及外，每件衣服依次扣7颗、6颗、5颗、4颗、3颗、2颗、1颗纽扣。这种习惯在苗族男性中普遍存在，他们的心理则是“苗族人就应该这么穿”。这表明服饰是民族之间最直观的区别的表征，是区别于他族的外在符号，人们通过服饰来判别其所属的民族群体。民族服饰对内而言是族群认同的标志，具有凝聚群众力量作用；对外来讲则具有区别他族的标志作用，也是族群认同的标志之一。白族女性服装以白色、粉红色为主调，苗族服饰以色彩斑斓、款式复杂、银饰绚丽而著称，仡佬族则以简洁的样式与浓烈的色彩迥异于其他民族。苗族服饰图案体现叙述历史、祭祀祖先、图腾崇拜等美学价值。仡佬族服饰图案以红、绿、蓝作为主要色彩，绿色示草地、红色代表朝阳、蓝色为天空，同时还以浅色调搭配，让服饰色调鲜艳明朗，秀丽和谐，传达出仡佬族族群的审美理想与生活理想。

祖先崇拜虽然具有民族共性，但土家族、苗族、白族、仡佬族等都有本民族浓厚的祖先崇拜意识和对祖先不同程度的崇拜思想观念。仡佬族崇拜祖先是感谢祖先“开荒辟草”，感谢他们创造并留给族人赖以生存的家园，有了家园族裔才得以繁衍、昌盛。仡佬族在腊月三十、正月初一、三月三、五月五、六月六、七月七等日子里都以祭祖为主要内容举行祭祀活动，祭祖过程总是把怀念祖先与祈祷家业兴旺、五谷丰登的思想紧密联系在一起。务川仡佬族的七月七“打新节”又叫“尝新节”“吃新节”，仡佬族群众在这天聚族采新祭祖，同享劳动果实。务川仡佬族崇拜“高岩老祖”“蛮王老祖”，对“宝王菩萨”特别崇拜，还修“宝王庙”世代祭祀，香火不断。无论是祭祖还是丧葬，仡佬族古歌都以“地盘业主，古佬先人”开头，反复强调本民族的地盘业主身份，目的是在传唱古歌的过程中，传递民族情感，发挥社会功能，让子孙记住自己的主人身份，催发族群成员奋进的力量。

土家族“摆手舞”“毛古斯”“扎巴日”等仪式活动与梯玛信仰活动血肉相连，成为武陵地区土家族最具民族特色的民族民间艺术形式。武陵地区土家族信仰的地域性神灵祖先有八部大王、彭公爵主、田好汉、向老官人、三姓土司、土官神，苗族信仰蚩尤、盘瓠、幸女等神灵，这些民族信仰神灵也被分别描绘于梯玛神图绘画以及椎牛神坛上，让族人在追忆缅怀祖先的心理之下唤起民族激情。土家族《梯玛神歌》、苗族《椎牛巫歌》都能让族裔依循表演者的感觉和记忆逻辑去感知过去，了解历史，“缅怀祖先”，进而促进民族心理、情感和历史记忆的延续，达到群体、民族意识的进一步认同。

桑植白族游神源于白族民间“本主会”活动，为了铭记入湘始祖谷均万、钟迁一、王朋凯落户桑植马合口、芙蓉桥、麦地坪一带艰苦创业、勤建家园的功德，白族后裔们给几位祖先雕像，虔诚信奉和崇拜，把他们当成本主。本主神至高无上，神圣不可侵犯，认为世间一切都有祖先的灵魂化身，山、水、田都由祖先管，一切粮食丰收、幸福健康以及美好生活都受祖先们的庇护和施舍。桑植白族地区的村村寨寨都设有自己信奉敬仰的本主神像，是村寨的保护神，并定期在各村寨特殊日子里，将本主像抬出来出游，如芙蓉桥正月初九游祖先王朋凯，马合口农历六月二十一游祖先谷均万，麦地坪农历十月十五游祖先钟迁一。白族游神有请神、游神、安神三个阶段，游神即表演，抬着本主像到各家各户，象征祖先出巡看望自己的后人。白族通过庄严肃穆而又热闹的游神活动，抬着本主像穿街过市，表述不忘祖恩祖德，同时以此树立本族形象，显示本族人丁兴旺，向外展示威力。后来逐渐添加歌舞表演等内容，形成肃穆而热闹，表达感恩与庆贺，具有独特的艺术性和观赏性的民族文化活动。

地域认同则表现了当前武陵地区民族团结和谐的一种状态，形成一种不分族群的地域性意识。武陵地区是土家族、苗族、汉族、侗族、回族、白族等15个世居民族杂居区，这些民族的民俗传统在相对独立的时空里几乎是共享的，只是存在不同民族身份民俗传统的特殊性而已。“四月八”既是苗族的传统节日，也是土家族的节日，四月八已成为地方性节日，但两个民族又有各自“四月八”的特殊性。梅山文化是由苗、瑶、侗、土家、汉等民族共同创造的区域性民间文化，祭祀梅山祖师神张五郎为主的梅山信仰体系成为梅山文化的核心与精髓，保持了原始农耕、渔猎经济生活方式，又集巫、道、傩等多种信仰体系与民间艺术元素为一体，梅山文化以湘中新化县、安化县、隆回县等为中心向外辐射至周边省市及东南亚和欧美各国①。这表明民俗的地方性是地方传统知识和生活实践，表现在一定范围内可以共享和交流的知识。

民族杂居地区，民俗共享在所难免，例如被确认为国家级非遗项目的土家族织锦技艺、土家族摆手舞、土家族毛古斯、土家族梯玛歌、土家族打溜子以及土家族咚咚喹等，这些传统民俗不仅在龙山土家族人中盛行，同时也被汉族、苗族等视为生活传统，也有他民族在传承这些非遗。土家织锦由家庭（族）性传承到改革开放以后，织锦手艺成为谋生方式，出现专职的织锦艺人，学习织锦的人不再限于家族或本寨范围，出现师傅带徒弟的师承关系，加上政府倡导及鼓励兴办作坊、传习所等，土家织锦手工艺技艺在一定区域内产生区域性传承，形成开放性传承的状态。土家族织锦传承不仅仅局限于土家族之内，其他兄弟民族只要愿意都可以学习织锦，比如廖茂英就是苗族人，他一直坚持传承土家织锦，还以单个授徒与团体办班结合形式向苗族、汉族传承织锦技艺。在2007年“第一届中国优秀织锦传承人”评选中就产生了两位苗族、一位汉族融合土家族织锦优秀传承人。其实，被确认为土家族织锦非遗代表性传承人

① 赵书峰：《湖南瑶传道教音乐与梅山文化——以瑶族还家愿与梅山教仪式音乐的比较为例》，民族出版社，2013年，第23页。

的土家族也不仅仅传承本民族的民俗传统，同时还传承其他民族的传统。吊脚楼是武陵地区土家族、苗族、侗族等普遍使用的一种干栏式民居建筑形式，其营造技艺由贵州省雷山县（2006年）和湖北省咸丰县（2009年）、湖南省永顺县、重庆市石柱土家族自治县先后申报并列入国家级非遗项目。武陵地区傩文化多姿多彩，并行不悖，共荣共存，体现出各民族对傩文化的认同感。境内众多傩戏巫门派别，被确认为国家级非遗项目的就有沅陵辰州傩戏、侗族傩戏咚咚推、梅山傩戏、恩施鹤峰傩愿戏、德江傩堂戏，傩戏得到各民族认同及传承，《出先锋》《出土地》《请师娘》等也是土家族、仡佬族、苗族、布依族傩愿戏、傩堂戏必演的剧目。这都反映出武陵地区各少数民族在长期历史发展过程中形成的一种“多民族共生，多文化共存”的和谐状态。

其次是互助意识。武陵山区山高林密，生活在其中的各少数民族为了共同抵抗自然灾害，防御外敌，自然地形成了互帮互助的风俗习惯。无论是“红白喜会”、农忙“双抢”，还是“围山赶仗”，人们总是“一方有难，八方支援”。互助意识更加深化了生活在同一地域的人们的从众行为，从而形成一种自觉的潜意识行为。

第三是风险意识。在自己无法确定风险时，“随大流”可以有更高的机率规避风险，或者能在一定程度上减少风险压力。这类从众意识主要表现在信仰与祭祀仪式文化传承方面。在武陵地区，有原始信仰、道教、佛教以及各种物神信仰，过去几乎全体武陵地区的人们都相信鬼神、阴间存在。在此基础上，产生了数量较多的如“梯玛”“巴代雄”等神职人员和巫医。即使少数不相信鬼神之说的人，在遇到家境不顺或重大人生转折时，也会参与到“还傩愿”“阳戏”等与鬼神相亲的传统文化之中。武陵地区民居在修建时，自己不相信风水，但为避免风险也会随俗择吉日、选址、配景等。

二、求利逻辑

传承人通过承袭某种特定的文化项目从中获取利益，是文化遗产延续和发展最基本的机理。失去了利益的支撑，大部分非物质文化也将失去发展动力，最终只能消亡。传承人从传承非物质文化中获得的利益主要有三种形式：金钱、文化权力和社会地位。

作为生活在现实生活中的传承人，首先需要解决的就是生计问题。将传承非物质文化与赚取生活所必需钱财有机结合起来，是文化传承的最佳选择。在所有非物质文化遗产名录中，一直可以作为传承人生计方式的项目主要有传统手工技艺、戏曲、杂技等。在武陵地区，谁家有红白喜事，内亲外戚会请唢呐艺人来吹奏唢呐，俗称“吹喇叭”。唢呐队伍由两人或者四人组成，每人带两支唢呐，有的地方还要带上两支号，寓意好事成双。以前邀请的唢呐艺人工钱多数是由主家根据当地行情老规矩给，外加一次一包随礼香烟。现在一些地方邀请艺人去吹奏唢呐是按天数来算工钱，一般一位艺人一天的工钱多在100至200元，工钱的差别由唢呐艺人吹奏技艺水平和社会人际影响来决定，唢呐艺人的工钱由所邀请的人来支付，主家也会随礼给点吉祥数字的小红包。传统表演类、手工技艺类的传承人，通过固本守正、传古融新，取得较好的生计，如在巴东县城殡仪馆，常驻那里的撒叶儿嗬表演队收入相对好一些，多数丧葬仪式都会请撒叶儿嗬队伍，每支队伍表演一次收入都在2000元左右①。龙山县通过保护性发展，土家织锦进入市场，提高了传承人经济收入，如国家非遗项目土家族织锦技艺代表性传承人刘代娥的捞车刘氏姐妹土家织锦作坊，拥有织锦工人20人，织锦机器20台，年产值逾150万元；田若兰“土家山寨”公司年产值达到100万②。来凤满妹织锦厂长期聘用员工30至40人，大小织机60余台，厂月产值已达30万元，年销售额达300万元③。这都显示出潜在巨大的民族民间手工艺品市场和商业利益。在非遗传承中，处理好原汁原味传承和非遗衍生品研发生产的关系，提高传承人生计水平，通过非遗传承与衍生品研发生产相结合招聘有志从业人员，可有选择地培养非遗传承人，这也是手工技艺类非遗产生性保护的发展方式。

而在一些具有宗教信仰性质的项目（如傩戏、巫医）中，一些传承人承认虽然有行规规定不能收取当事人任何费用，但是，在仪式结束时总有当事人以红包的形式付一定报酬，这样报酬也总是跟一些吉利的数字结合在一起，比如“四”谓之“四季发财”，“六”即“六六顺”，“八”即“大家发”，“十”则“十全十美”，“十二”则“月月红”等。目前，境内还有少数礼请法师冲傩还愿的，据调查有的东家要求坛班做三天、五天甚至七天的法事，一般一坛班的表演需要6至10人不等，每人每天200至300元工钱。当然，坛班的业务很少，收入也极其不稳定。还有一些非物质文化遗产的传承则表达了一种话语权，如涉及少数民族的一些舞蹈与节会。少数民族传统舞蹈多半与其信仰粘连在一起，这些舞蹈的传承旨在宣扬族群的共同记忆，同时也宣示出其文化认同与排斥的权利。而在传统手工技艺、知识的传承中，传承人则表达出一种知识占有的文化权力，如在一些乡村从事宗教和巫医职业的传承人，他们往往会有一整套入行、拜师、学艺、出师以及封地等仪式，通过这些仪式来宣示他们在这些领域中的权力。

优秀的文化传承人一般都掌握了某项特殊技能和平常人达不到的熟练技艺，在传统社会中他们就是某个族群或某个社区的文化精英，在长期的生活中，特别是在文化领域中占据了稳定的地位，成为族群和社区的领军人物，从而获得政治上的权力，提高自身的社会地位。在武陵地区的民族村寨，村长或寨首一般都是群体性民俗活动的主持人，或者某些仪式的掌坛师。

① 谭志国：《土家族非物质文化遗产保护与开发研究》，中南民族大学博士学位论文，2011年。
② 李艳芳：《土家织锦生产性保护的现状研究》，中央民族大学硕士学位论文，2012年。
③ 冉红芳：《土家织锦遗产的产业化振兴》，《民族大家庭》2014年第1期。

第三节 武陵地区非遗传承人谱系

非遗传承人谱系是在非遗历史演化中所形成的传承结构网络系统，是非遗在代代相传的传统中，在传承精英的传承活动中所形成的自上而下、自长而幼的传承谱系。非遗传承人谱系表述了非遗延续、传承的历史脉络，在各国非遗申报材料中都必须涉及传承谱系内容。非遗传承人谱系可以捋清某项非遗的来龙去脉，为今后更深入研究提供参考。

武陵地区社会结构是一个流变的血缘性、地缘性、志缘性相互影响的组织结构。武陵地区开发较晚，宋代以前境内广大的区域“居民鲜少”，自宋代以后，大规模的移民进入武陵地区，如北宋景德年间募民垦施黔州田，明代思南府改流后“流民入境者络绎道途，布满村落，已不下数万”，明代有陶、田、万等12姓汉人入境黔江县，各血缘性群体共同努力开发农商，有的还修建祠堂以显示家族兴旺。他们带来的农耕生产理念和习俗，无疑推动了农耕生产的大发展。武陵地区农业自宋代后的大发展，也促进商业的兴起，土司治辖地店铺林立。特别是清代改流后，大量外地客商涌进了武陵地区，开设商铺从事各行业的商贸活动，致使境内出现了

表5 武陵地区清代末年集市分布统计表

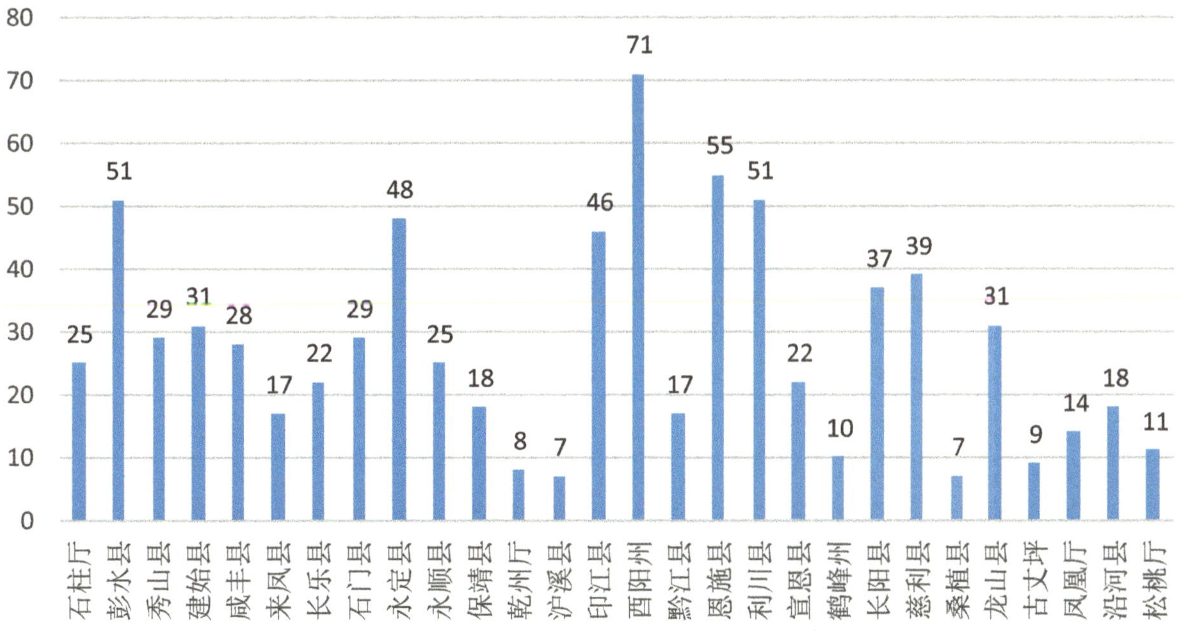

不少的集市（见表5[①]）。同时还在水陆交通沿线和军砦堡及政治中心地带建立商号和商庄，如思南府先后就有广西、广东、江苏、浙江、安徽、湖北、湖南、陕西、宁夏、山西和四川等省商人在府城内设庄号、建会馆经营山货及布匹；江右商民在许家坝、塘头、文家店等地修建万寿宫；陕西商民在塘头开设“源恒顺”“吴恒顺”“聚茂源”等十来家商号；沿河县至清末也发展有“祥发永号”“恒丰源号”“天字号”“永昌恒号”等商号；另外，古丈坪厅城也有商民开设规模不小的裕生商号，建始全县至清末时有浙江帮、汉阳帮、江西帮等商户350余家，在龙山县农车区马蹄寨的万寿宫规模最大，帮会有数千人之多[②]。商业的发展促进了民族间民族文化的交流，推动了传统手工业的发展。如土家特产西兰卡普的织法“或经纬皆丝，或丝经棉纬，用一手织纬，一手挑花，遂成五色，其挑花用细牛角”[③]，织工更加精细，色彩更为鲜艳；商业发展也促进了苗区内的苗锦使用蚕丝材料。改土归流后，随着外地工匠大量进入武陵民族地区，增进了志缘性情感交流，使手工业生产“皆日新月异”，土家工匠也逐渐习得外来工匠的手艺，且“艺亦渐精”；苗族人也转变了思想，从“不屑为工匠”转变为向流民工匠学手艺，且“技亦渐精”。在民族互动与文化交流交往过程中，武陵地区“土、木、竹、石、裁缝机匠之属，各有专司”[④]，手工业生产遂有了“百工”之名[⑤]。

表6 重庆市彭水县朗溪乡竹板桥造纸术传承谱系一览表

代别	姓名	性别
第一代	刘国伦	男
第二代	刘兴富	男
	刘兴荣	男
第三代	刘永成	男
	刘永长	男
	刘永胜	男
	刘永泰	男
	刘永祥	男
	刘永清	男
第四代	刘德富	男
第七代	刘坤保	男
	刘坤富	男
	刘坤贵	男
	刘坤荣	男
	刘坤华	男
第八代	刘天尧	男
	刘天银	男
第九代	刘开胜	男
	刘开华	男
	刘开学	男

① 朱圣钟：《鄂湘渝黔土家族地区历史经济地理研究》，陕西师范大学博士学位论文，2002年，第175页。
② 同上，第171页。
③ 同上。
④ 同治《保靖县志》卷二《舆地志》。
⑤ 同治《增修酉阳直隶州总志》卷十九《物产志》。

续表

	刘德乾	男		刘开文	男
	刘德寿	男		刘开友	男
第五代	刘正宗	男	第十代	刘洪才	男
	刘正位	男		刘洪学	男
	刘正瑗	男		刘洪和	男
	刘正银	男		刘洪顺	男
	刘正兴	男		刘洪友	男
第六代	刘乾仁	男		刘洪平	男
	刘乾义	男	第十一代	刘恩奎	男
	刘乾钊	男			

人口迁徙会形成以血缘、地缘关系为纽带的村落、城镇的兴起，这种礼俗社会自然会使一些文化延续且必然遵循家族式的传承方式。如重庆市彭水县朗溪乡竹板桥造纸术（见表6），就是清康熙年间，刘氏漕溪脉派的刘国伦从江西举家迁移彭水长溪河左岸的欧家洞，运用家传造纸术砍伐河竹生产土纸，发展造纸产业。自刘国伦落户彭水朗溪乡竹板桥开始家族传承造纸，经“兴、永、德、正、乾、坤、天、开、洪、恩”字辈，至今已传至第十一代人。传承谱系表格显示竹板桥造纸术传承人均为家族男性，技艺很少在家族外部传承；同时还突出反映了当地各族群众男女的社会分工状况。

表7　龙山县叶家寨叶玉翠西兰卡普工艺主要传承谱系①一览表

代别	姓名	性别	出生时间	传承方式	传承关系	备注
第一代	彭氏	女	/	/	族祖母	
第二代	向翠翠	女	/	家族传	族婶	
	向水花	女	/	家族传	伯娘	
第三代	叶玉翠	女	1908	家族传	传承人	
	王银翠	女	1912	家族传	族弟媳	
	叶兰英	女	1930	家族传	族妹	
	黎世英	女	1927	家族传	族侄	

① 罗亚阳：《神秘湘西：湘西土家族苗族自治州非物质文化遗产集萃》第六卷，中国社会出版社，2017年，第66页。

续表

第四代	叶卓香	女	1963	家族传	族侄	州级传承人
	叶冬翠	女	1965	家族传	族侄孙	
	叶七妹	女	1965	家族传	族侄孙	
	叶春英	女	1965	家族传	族侄孙	
	叶玉常	女	1964	家族传	族侄孙	
	叶九翠	女	1966	家族传	族侄媳	州级传承人
	叶水云	女	1967	家族传	族侄孙	国家级传承人
	向珍花	女	1955	家族传	族侄媳	
	叶珍翠	女	1955	家族传	族侄孙	
	彭秀莲	女	1955	师传	徒弟	
	黎秋梅	女	1968	家族传	族侄孙	省级传承人
	黎承凤	女	1965	家族传	族侄孙	州级传承人
	叶玉花	女	1943	家族传	族妹	
	叶红艳	女	1975	家族传	族侄孙	
	叶菊秀	女	1964	家族传	族侄孙	省级传承人、师从黎世英、叶玉翠
第五代	叶丽萍	女	1978	家族传	族侄孙	
	叶英	女	1964	家族传	族侄	
	程远英	女	1969	师传	徒孙	
	彭光秀	女	1972	师传	徒孙	
	向金翠	女	1963	师传	徒孙	
	龙永姐	女	1971	师传	徒孙	
	傅家轩	女	1995	家传	族侄孙	

随着时代的变迁，民族互动与文化交流交往的频繁，村落及民间传统工艺逐渐由封闭转向开放，本属家族传承的非遗也逐渐发生改变，从氏族内部血缘传承与家族传承逐渐向社会传承转变，出现师徒传承和地域性社会传承。彭水竹板桥造纸术最初是刘氏家族内传承，直到20世纪70年代，外地搬迁于此地的董氏董世林、董世学、董世江向刘氏族人学习，并成为第九代竹板桥造纸术传承人；马姓人家有马才华、马才友、马才云也向刘氏族人学习这一古老的造纸术，成为竹板桥造纸术第十代传承人。土家族织锦织造技艺采取以家族或家庭为主的传承渠道

和传承方式，但随着市场商业化的需求，酉水流域周边的妇女也请师求教，学习土家族织锦织造技术，还办起各种形式的土家族织锦作坊或织锦厂。龙山县叶家寨谱系传承上下约五代，在第四代以前以家族血亲传承为主，姓氏单一且传承人数较少，四代就出现了家族传承与师徒传承的方式，不仅姓氏多样而且人数也增加了。保靖县清水门前村土家族织锦宗玉兰传承谱系为：第一代宗玉兰在浓郁民族文化及织锦传承大环境中，通过自学成才，织锦技艺达到炉火纯青地步，随后有彭仲苹、岳国珍向她学习土家织锦并成为第一代徒弟，接着有第二代徒弟罗亮群和杨建群，第三代徒弟吴鸿珍、龚贤翠等人。谱系表明从事土家织锦的都为女性，且充分表明土家织锦传承以师徒传承为形式，姓氏多样，已经由家族血亲传承模式向师徒传授转变。从整个武陵地区来看，土家族织锦制作技艺也由家族传承转变到师徒传承，相对集中地向酉水河整个区域扩散，形成了家族传承、师徒传承和家族与师徒传承结合的地域社会传承的方式。

在对武陵民族地区非遗的调查采访中发现，非遗在民间的传承形式还是以当地民众和民间艺人的口传身教为主。从传承方式看，卫艳蕾认为晋南鼓舞传承谱系表现为“以家族、村落、社团三种社会组织为主要传承方式”①。白蓉认为黄梅挑花传承谱系主要体现出家族谱系和地域谱系，这都反映出非遗传承的地域性传承特征②。而根据前面章节论及的传承人的四种主种类型，即社会传承人、家庭（族）传承人、行业传承人以及学校教育传承人等，综合来看，目前非遗传承谱系主要还是体现出家族传承谱系、师徒传承谱系及社会传承谱系三种类型。

一、家族传承谱系

家族传承谱系指在有血缘关系的人群中传承的传统文化而形成的谱系。家族是以血统关系为基础的若干家庭所构成的社会集团，因此由家庭（族）内部传承的知识和技能都传内不传外，即多是父子相传的传承方式，极少数以舅亲、姑亲、表亲等血亲为基础的传承谱系。如五峰婚俗礼仪告祖自明清时期传入，在本地传承中告祖班底将其内容与土家族婚俗与歌舞等文化融合而流传于今，其仪式中设“三加冠、三献大礼、迎祖礼、陈设礼、窨毛血茅沙礼、迎祖送祖礼、朝祖礼”七类行仪，告祖文本由歌、赋、文等体裁构成，内容多源自《诗经》《楚辞》之类的古籍，突出祖先崇拜和明礼明孝、明诚明信、耕读勤俭等伦理道德，立德树人，弘扬传统文化以满足人们的心理需求。从事告祖世代相袭，为家族传承，县内刘氏家族的儒煊生于1934年，十岁随其堂伯刘元清、哥哥刘应端参加告祖活动，学习仪式的整套程序，并保存刘宗公二十二代孙刘师亨公康熙年间迁进五峰落籍带来的告祖文本、印章等物。县内还有付家堰张宏敖班底也是继承祖辈事业，张氏家族从事告祖自张开书为班首，至今已传承至第五代。

① 卫艳蕾：《晋南临汾地区鼓舞传承谱系调查研究》，《北京舞蹈学院学报》2013年第6期。
② 白蓉：《黄梅挑花传承谱系研究》，湖北美术学院硕士学位论文，2016年。

表8 溆浦县卢峰镇周氏傩坛班传承谱系一览表

姓名	法名	生年	备注
周延仪	周法道	明正德二年（1507）	已故
周有道	周法灵	明崇祯十五年（1642）	已故
周之高	周法明	康熙二年（1663）	已故
周之链	周法先	康熙十七年（1678）	已故
周祖德	周法瑞	康熙二十三年（1684）	已故
周祖显	周法应	康熙五十三年（1714）	已故
周茂义	周法钧	乾隆十三年（1748）	已故
周兆炯	周法轸	乾隆五十四年（1789）	已故
周兆镗	周法科	嘉庆二十二年（1817）	已故
周兆论	周法轲	嘉庆二十五年（1820）	已故
周克望	周法榜	道光二十年（1840）	已故
周克文	周法变	道光二十一年（1841）	已故
周永清	周法钧	咸丰九年（1859）	已故
周永达	周法禄	同治九年（1870）	已故
周明训	周法全	光绪二十四年（1898）	已故
周明清	周法源	光绪三十二年（1906）	已故
周达涌	周法永	1931年	
周达渭	周法远	1936年	
周本洪	周法和	1963年	
周心松	周法灵	1980年	
周心柏	周法通	1985年	
周兵		1987年	

湖南省溆浦县傩戏坛班以家族传承为主。卢峰镇周氏坛班传承就是其中最为典型的家族传承谱系[①]（见表8）。周氏坛班启坛于明正德年间，现传自周本洪已有十七代人了，周本洪已被申报为湖南省非遗项目“溆浦傩戏”代表性传承人，他自十岁随祖父周明清及伯父周达涌学艺，1984年抛牌过职，取法名周法和，1988年祖父过世后组建其自己的坛班，从事傩戏活动。

湖南麻阳，古为五溪之地，史称“苗疆要冲”，是苗族集聚地，信奉盘瓠祖先，修建有漫

① 刘冰清：《记忆与呈现——武陵地区傩戏的多维考察》书稿，第57、58页。

水盘瓠庙，至今坚持举行划龙舟祭盘瓠的民俗活动，建有“盘瓠文化研究基地”。麻阳也是中国民间文化艺术之乡，苗乡风俗独特。麻阳县藤汉云傩戏班为五代祖传，第一代名字无考，第二代为祖父藤法勇，第三代为父藤法雄，第四代系藤汉云，法名藤法斌，第五代系其大儿子藤法雄。藤汉云十六岁度职，传度师为其祖父藤法勇，保举人系其伯父，师兄师弟为证明人。其下传徒弟还有藤树豪、藤久胜、藤久敬等人。贵州江口太平赵峰赵氏坛班为九代家传，其家族传承谱系由远及近为：赵法胜→赵法高→赵法林→赵法明→赵法通→赵法旺→赵法权→赵法兴→赵法忠（赵峰本人）。传承都取法名“法”字。

重庆秀山余家傩于2007年列入重庆市市级非遗项目，在隘口镇传承至第六代，据第六代传承人何建勋讲述，余家傩在秀山已经传承了十一代人，其先祖何大盛法名何法微拜师学艺成为第一代余家傩传承人。余家傩以家族传承为主，也有其他姓氏学艺的，就何氏家族代代传承而言，近六代传承谱系见表9。现何建勋系该坛班领军人物，他于1990年正式拜叔父为师，并请职执掌余家傩。该坛班还从事秀山花灯的传承活动，也形成了花灯传承谱系。

表9　重庆市秀山土家族苗族自治县余家傩传承谱系一览表

代别	姓名	法名	备注
第一代	何大盛	何法微	
	何应龙	何法威	
第二代	何显科	何法洋	何应龙之子
	何显仲	何法顺	
第三代	何祖寿	何法周	何显科长子
	何祖安	何法应	何祖寿三弟
第四代	何正明	何法亮	何祖寿之子
	不详	何法旺	何祖安之子
第五代	何大华	何法雷	何正明之子
	何大荣	不详	何正明之子，何建勋之父
	不详	何法初	何法旺之子
第六代	何建勋	何法令	何大荣之子

重庆秀山花灯是多以村寨为主体的全体性活动，花灯技艺传承也是家庭（族）及师徒多种形式交融的传承方式，有以家族为主其他形式为辅的传承谱系，如秀山清溪镇寨踵村石氏花灯班为例（见表10）。寨踵花灯班班首石维国、石达邦父子，出身花灯世家，分别卒于1981年、1993年，他们继承并发展了祖辈的跳花灯艺术，既能扮丑角，又能掌调领唱。该班表演时，唱

腔明亮、流畅，舞姿优美，灵活多变，独具风格。该班擅长扮演赖花子（丑角），“丑中见美”的“花子打岔”，场面活跃，即兴创作、现编现唱，颇受观众的赞赏。目前，寨踵花灯班由第七代传承人，即该村村支部书记石正发担任领班，改变了单一的祖传形式，打破女子不跳花灯的规矩，现已有一批女子参与花灯技艺的传承。

表10　秀山土家族苗族自治县清溪镇寨踵村石氏花灯班传承谱系一览表

代别	姓名	性别	生年	传承方式	角色	地址
第一代	石瑞和	男	不详	祖传	旦、丑	清溪镇寨踵村
第二代	石国清	男	不详	祖传	旦、丑	清溪镇寨踵村
	石正学	男	不详	祖传	旦、丑	清溪镇寨踵村
第三代	石宗礼	男	不详	祖传	旦、丑	清溪镇寨踵村
第四代	石维国	男	1894	祖传	旦	清溪镇寨踵村
	石维举	男	1890	祖传	旦	清溪镇寨踵村
	石胜多	男	1897	祖传	打击乐	清溪镇寨踵村
	石胜鲜	男	1895	祖传	旦	清溪镇寨踵村
	石敦汉	男	1895	祖传	领唱、编词	清溪镇寨踵村
第五代	石达邦	男	1920	祖传	丑、编导	清溪镇寨踵村
	石吉鲜	男	1923	祖传	丑、编导	清溪镇寨踵村
	石道邦	男	1935	祖传	编创	清溪镇寨踵村
	石化明	男	1932	祖传	丑、编	清溪镇寨踵村
	石胜强	男	1932	祖传	领唱	清溪镇寨踵村
第六代	石敦保	男	1942	祖传	旦	清溪镇寨踵村
	石敦泽	男	1935	祖传	旦	清溪镇寨踵村
	石化军	男	1935	祖传	打击乐	清溪镇寨踵村
	石化仲	男	1938	祖传	打击乐	清溪镇寨踵村
	石群仙	男	1941	祖传	旦	清溪镇寨踵村
	石胜福	男	1948	祖传	领唱	清溪镇寨踵村
	石吉祥	男	1948	祖传	丑、唱	清溪镇寨踵村
	石正辉	男	1948	祖传	帮、唱	清溪镇寨踵村
第七代	石正发	男	1965	祖传	旦、编创	清溪镇寨踵村
	石金虎	男	1963	祖传	丑	清溪镇寨踵村
	石敦元	男	1965	祖传	丑	清溪镇寨踵村

续表

第八代	石盈盈	男	1992	祖传	旦	清溪镇寨踵村
	石佳佳	男	1991	祖传	丑	清溪镇寨踵村
	石华	男	1993	祖传	丑	清溪镇寨踵村
	石福进	男	1995	祖传	旦	清溪镇寨踵村
	石浩	男	1995	祖传	打击乐	清溪镇寨踵村
	石俊	男	1997	祖传	丑、打击乐	清溪镇寨踵村

重庆市彭水县要锣鼓是县内各族民众在红白喜事礼俗中重要的演奏器乐之一，在境内农村地区几乎每个村寨都有要锣鼓队，甚至一些村寨还有几个要锣鼓班子。其演奏风格因传承关系和地域不同而形成繁多曲牌和不同色彩区，如新田乡任家村（任远乾）任家班、乔梓乡高隆村（杨昌平）杨家班、同河乡谭关吉师传的青圃垭等各异的色彩区。其中杨昌平乐班传承谱系为：乐班自杨业祥创建，第二代杨绪安，第三代杨元勋、杨元德、杨元思、杨元红，第四代杨昌平、杨昌林、杨昌俊、杨昌杰，第五代杨崇尧、杨崇培、杨崇金、杨崇奎，第六代杨进等人，遗憾的是目前该班已无从事此业的人了。彭水要锣鼓乐班中最负盛名的要数任家乐班，该乐班第五代传人为任汉平，现已传至第六代，其家族传承谱系为：任正邦、任正炽→任兴禄、任兴照、任兴宽→任广义、任广扬、任广堂、任广仁→任远乾、任远宇、任远志、任远洪→任汉平、任永绍、任永良、任孝兵→任华波、任小波、任小扬、任江成、任乾昌。该乐班只前三代演奏要锣鼓，至四代时，任远乾拓宽演奏技艺，就拜豆再权、廖登应为师习吹唢呐，而后将唢呐演奏与要锣鼓融入其中，使任家乐班盛名远播。

思南花烛传承多是以家庭关系为主的传承，还有“传男不传女”“传内不传外”的保守思想。刘贵贤系思南花烛工艺的主要传承人之一，其传承谱系为：吴锡荣（外公）→刘金桂（父亲）→刘贵贤（儿子）→刘仕贵（孙子）。从龙山县苗儿滩镇捞车村刘代娥传承谱系（见表11）便可以看出，刘代娥12岁向祖母彭妹学习织锦技艺，后又向其胞姐刘代玉学习织花，高中毕业在家专门从事织锦，其技艺在土家织锦圈内声誉很高，于2007年获得“土家族织锦技艺”国家级非遗项目代表性传承人荣誉称号。其传承谱系均显示为“祖母、母亲、姨、族婶、姐妹、族妹、族姑子、族侄、族侄孙”等血亲关系，反映了土家族织锦工艺以家庭女性传承为主，母亲传给女儿，嫂嫂教会小姑，形成以血亲关系为主的家庭成员之间互相学习的同一宗族内网状式传承谱系。

表11　龙山县苗儿滩镇捞车村刘代娥家族传承谱系一览表

代别	姓名	性别	传承方式	学艺时间	与传承人关系
第一代	彭妹	女	家传	不详	祖母
第二代	梁三妹	女	家传	1934年	母
	向七妹	女	家传	不详	姨
	叶德良	女	家族传	1951年	族婶
第三代	刘代娥	女	家传	1972年	传承人
	刘代玉	女	家传	1962年	姐
	刘代英	女	家传	1972年	妹
第四代	刘艳	女	家族传	1985年	族妹
	彭珍花	女	家族传	1982年	族姑子
	向湘翠	女	家族传	1982年	族侄孙
	郭顺玉	女	家族传	1985年	族侄
	彭官秀	女	家族传	1985年	族姑子
	彭八妹	女	家族传	1986年	族侄子
	向秋香	女	家族传	1986年	族侄
	彭珍玉	女	家族传	1986年	族侄
	彭珍香	女	家族传	1986年	族姑子
	彭雁娥	女	家族传	1986年	族侄
	向春菊	女	家族传	1991年	族侄孙

土家族吊脚楼木工营造技艺传承谱系也显示出“传内不传外”的家族式传承方式（见表12）。木工活需要较好的体力，只有男性从事这项职业，体现出性别社会分工。这项职业满足

表12　永顺县泽家镇沙斗湖村彭承龙家族传承谱系一览表

代别	姓名	性别	传承方式	学艺时间	居住地
第一代	彭承龙	男	家族传承	1899	泽家镇沙斗湖
第二代	彭楚褚	男	家族传承	1927	泽家镇沙斗湖
第三代	彭善尧	男	家族传承	1956	泽家镇沙斗湖
第四代	彭武淮	男	家族传承	1985	泽家镇沙斗湖
第五代	彭继文	男	家族传承	2006	泽家镇沙斗湖

人们日常生活所需，小到生活用的饭甑子、木瓢、木锅盖、盛水桶、木脸盆和木脚盆，以及储藏粮食的柜子、叠放服装棉被的衣柜，大到居住房屋建筑等。从事这门手艺的人很受人们尊敬，大家视其为能人，手艺人视技艺为重要的生计出路，不愿传于外人，否则就会抢自己的饭碗，这种保守心理促进了家族内部传统谱系的形成，认为传与子孙，家族荣光。苗族银饰锻制技艺同样也不是常人想学就能学得会的，这种技术活还是需要有一定灵气和吃苦耐劳的品质。一般人们都会称有手艺的人为能人，技术精湛者为高人，因此，银匠师在苗区的社会地位很高，颇受人们尊敬。由此，从事银饰金属锻制技艺的匠师，都视这门手艺为个人所有的技艺，多以此为职业或者半职业，他们将此技能技术看得十分重要，不会随便向外人传授，特别是在长期实践中产生的新经验总结、新加工技术等，总会视为独家所有的知识产权，致使苗区银饰打造以家庭为单位。从湘西苗族银匠师传承谱系中可见（见表13），传承者均为男性，且都是地地道道的家传谱系。麻氏传承谱系中，麻富强系麻茂庭的曾祖父，其曾祖父向外房亲戚中的一个叔父学习银饰技艺，

表13　湘西苗族银匠师传承谱系一览表

麻茂庭家族传承谱系							
代别	姓名	性别	族别	出生年月	传承方式	家庭住址	备注
第一代	麻善求	男	苗族	清末	祖传	山江镇	已故
第二代	麻富强	男	苗族	清末	祖传	山江镇	已故
第三代	麻青林	男	苗族	清末	祖传	山江镇	已故
第四代	麻青文	男	苗族	清末	祖传	山江镇	已故
第五代	麻茂庭	男	苗族	1954.6	祖传	山江镇	
龙米谷家族传承谱系							
代别	姓名	性别	族别	出生年月	传承方式	家庭住址	备注
第一代	张老五	男	苗族	清末	祖传	三江镇	已故
第二代	张六林	男	苗族	清末	祖传	东就镇	已故
第三代	龙米谷	男	苗族	1947.3	师承	山江镇	
第四代	龙炳周	男	苗族	1982.5	家传	山江镇	
龙云炳家族传承谱系							
代别	姓名	性别	族别	出生年月	传承方式	家庭住址	备注
第一代	吴银匠	男	苗族	清末	祖传	松桃镇	已故
第二代	龙云炳	男	苗族	1928.2	师承	勾良苗寨	
第三代	龙成章	男	苗族	1989.2	祖传	勾良苗寨	

续表

石春林家族传承谱系							
代别	姓名	性别	族别	出生年月	传承方式	家庭住址	备注
第一代	石成富	男	苗族	清末	师承	腊尔山夺希	已故
第二代	石云银	男	苗族	1943.7	祖传	腊尔山夺希	已故
第三代	石春林	男	苗族	1964.11	祖传	腊尔山夺希	

这个叔父自己没有儿女继承手艺，担心失传而招其为徒，其曾祖父跟师学艺五年，掌握全部银饰制作技艺，得到师傅真传，而后成为一名专职银匠师，至此再传授给自己的儿子，这样父传子，子传孙，一代一代传承。自麻善求始，至今已传承了五代人，而且麻茂庭凭借精湛的银饰锻制技艺于2006年成为湘西苗族银饰锻制技艺国家级非遗代表性传承人。龙米谷传承谱系中的龙米谷12岁向祖传银匠师张六林学艺，其师傅张六林的手艺也为父传子的家族传承，习得手艺后，至今他从事银饰制作已有50余年。龙米谷现为国家级非遗项目湘西苗族银饰锻制技艺代表性传承人，现已将其手艺传给儿子龙炳周。龙云炳家族传承谱系是龙云炳受艺于松桃祖传苗族银饰手艺人吴银匠，吴银匠膝下无男丁，收养流浪松桃的龙云炳为义子，传授本家手艺，学成后开设银饰打制作坊，而后将手艺传于子孙。而石氏传承，起初系石成富在军队给清朝一个把总当勤务兵时，拜把总的父亲为银匠师傅，三年艺成回腊尔山开了一间打制银饰的小店铺[①]。湘西苗族银匠艺人始于清代末年，起初均是苗族铁匠改行向汉族工匠拜师而习得的银饰锻制工艺技艺。中华人民共和国成立前苗族银匠师多流动于湘西吉首、凤凰、花垣，贵州铜仁、松桃，今重庆秀山、酉阳等地。目前从事银饰制作的人越来越少，只有少数还在从事本职业。

武陵山民族地区蓝印花布历史久远，一是源自土、苗、瑶、汉等西南蛮或武陵蛮、板楯蛮、五溪蛮等先民的“阑干斑布”及蜡缬；一是明清时期移民垦殖，以及“江西填两湖”“湖广填四川”大规模移民，随人口流动传入印染技术于境内。蓝印花布在境内分布广泛，特别是湘西较为集中，如龙山靛房曾是出产染布的土靛与生产蓝印花布而出名之地，沅江两岸染房也是20世纪中叶才淡出人们的视线。如今在浦市的道渣码头、正街和上街还可以找到田、李和刘三家染铺染匠后人，在潭溪、洗溪、河溪可以找到昔日染铺旧址。凤凰在全盛时期全镇有20多家染坊，腊尔山、阿拉等地均有染坊。其中清道光中期刘家染坊从贵州松桃迁居凤凰开设染坊，至今传有五代人。刘氏染坊坚守传承，其中刘大炮被认定为国家级非遗项目代表性传承人。刘大炮出生于染匠世家，传系谱系为刘老太爷→刘裕兴→刘光成→刘贡鑫

① 田特平、田茂军、石群勇等：《湘西苗族银饰锻制技艺》，湖南师范大学出版社，2010年，第125-130页。

（刘大炮）→刘建明、刘建新。刘大炮12岁开始学艺，通过传统的师傅徒弟口传身授方式和长期刻苦实践，掌握了印染家传的手法、技巧和秘方，并在纳古融新中不断发展这门传统手工艺。笔者于2004年春天前往凤凰古城七星街刘大炮的染坊登门拜访，宅前“刘大炮染坊”蓝底白字布帘招幌飘动在临街门前。刘大炮真名叫刘贡鑫，他满面红光，颇有精神，为人和善，热情接待并向笔者介绍蓝印花布的家传历史、制作过程和印染技艺，也参观了工作车间、各种花纹图案雕刻花版，还为笔者介绍了花版雕刻制作技艺等知识。他的蓝印花布加工工艺精细，表现技巧娴熟，蓝印花布图案完美，具有细腻、古朴、优雅的艺术特点。他现已将蓝印花布技艺传授给儿子刘建明、刘建新两人，他们成为刘氏第五代传人，由此构建起“刘氏印染世家”传承谱系。

湘西纸扎工艺的传承也多以家族为单位，都在家族内部传承，后代人的技艺靠祖传获得。纸扎工艺的艺人们都是为了保障自己的社会地位和保住自己谋生的饭碗，其看家技巧、本领基本不传于外人，只能依靠父传子、婆传媳、传媳不传女等方式，以保持家族在掌握某项造型技艺的优势地位①。湘西最具代表性的民间手工技艺与民间传统工艺美术就是湘西纸扎，分布广泛且从事职业的人数也较多，据《凤凰县志》载，县城在清末至民国初年就有103家纸扎铺子，其中聂氏、刘家、藤家、向家等纸扎店是凤凰古城沱江镇的纸扎代表作坊。与其他纸扎相比，聂氏纸扎家族传承已有上百年历史，至今还一直延续（见表14）。聂氏纸扎花色品种更加丰富，主要有龙灯水族、狮子走兽、人物神像、花鸟虫草、纸绢风筝、宫灯彩灯、娃娃面具等七种系列400多个品种，现已形成聂氏纸扎的品牌。2004年春天笔者拜访过聂方俊老人（外号聂胡子），在他家里，聂老介绍了制作一个纸扎工艺品从开始选竹到产品组装就有十几道制作工艺，强调了工序中最关键、最核心、也是最难的一步即为形状篾的制作和骨架的扎制，详细介绍了“形状篾”的主要扎法、骨架的扎制技术要领等。聂老还将其撰写的《挖掘民间传统纸扎工艺精品丰富人民生活》一文交与笔者，收录于笔者主编的《乌江流域民族民间美术研究（一）》一书。聂方俊老先生10岁就能独立创作，20世纪90年代受到工艺美术界专家、学者们的关注。他的作品造型生动、惟妙惟肖、色彩鲜明，有很高的艺术欣赏价值和民俗特色。其作品曾被中央电视台等媒体报道，多件作品被《湖南民间美术全集·民间美术拾零卷》收录，还曾荣获过中国民间文艺最高奖“山花奖”。聂老是著名的纸扎工艺大师，编写了《凤凰彩扎技艺》一书等。聂老是第三代传承人，是聂氏纸扎承前启后的重要传人，是国家级非遗项目代表性传承人，纸扎技艺再由他传承给自己的儿子和侄儿，构建起聂氏纸扎家族传承谱系。

---

① 罗亚阳：《神秘湘西：湘西土家族苗族自治州非物质文化遗产集萃》第七卷，中国社会出版社，2017年，第170页。

表14 凤凰县聂氏纸扎传承谱系一览表

代别	姓名	性别	传承方式	生卒年份	备注
第一代	聂世煊	男	家传	1872–1934	著名纸扎师傅。从事纸扎生意，同时经营着红白喜事租借道具与餐具的业务。
第二代	聂伯谋	男	家传	1901–1985	从事纸扎营生。
第三代	聂方俊	男	家传	1931–2015	国家级非物质文化遗产传承人，著名的纸扎工艺大师。
第四代	聂大勇	男	家传	1960–	在凤凰县物价部门工作，业余时间从事聂氏纸扎工作，是湖南省级非物质文化遗产传承人。

诸如以上织锦工艺、木工营造技艺、印染工艺、纸扎技艺、土家苗族医药以及芦笙制作、家庭服饰制作等专业性、技艺性比较强的非遗门类的传承，一般仅限家庭或具备血缘关系的家族成员内部的传统传授和修习，一般秉承“父传子”“传男不传女”“传本姓不传外姓”“传媳不传女”的家族规矩，昭示了非遗传承链封闭保守性和秘密性的特点。

当然，随着非遗环境的变化，家族传承中“秘而不宣”的封闭保守色彩也趋于开放，手艺绝活传承不再局限于一个家庭、家族范围内，而是逐渐涉及外姓的传授，且传承人还关注其他姓氏范围的非遗。比如聂氏纸扎传至聂方俊这一代，他深知纸扎艺术延续发展的重要性，除编著《凤凰彩扎技艺》书稿，还打破艺不外传的祖训，将这门古老纸扎技艺传授给了外人，力图将这门绝活发扬光大。聂方俊招收弟子中有弟弟聂援朝，儿子聂大智、聂大勇，还有外姓徒弟颜春花、傅刚、田芬等，另外还有来自湖南、云南、安徽、陕西等地的高校学生。这一点也可看出家庭（族）传承和师徒传承及社会传承等逐渐成为多元并举的非遗传承方式。

二、师徒传承谱系

师徒传授是非遗传承技艺的方式之一，是家庭（族）传承的补充。一般来讲是由师傅挑选徒弟，师徒之间往往带有血缘、亲戚关系，或者具有地缘或业缘关系，至此民间有“师徒如父子”之说。源于傩戏的阳戏（木脸戏、鬼脸壳戏）技艺主要是靠师徒传承，并形成稳定的传承谱系。阳戏在武陵民族地区流传较久，分布广泛，在传承过程中又与当地的风俗、语言相结合，摄取花灯、傩戏、土家族“打溜子”、弹戏、辰河高腔等其他姊妹艺术精髓，不断丰富和发展形成具有鲜明特色的地方戏剧。

阳戏传承有家族传承和师徒传承两种形式，但多以师徒传承为主，戏班名称一般以收徒授艺或世代相传的掌坛师姓名或姓氏来命名，如怀化地区麻阳县的藤家堂子、洪江市的向长疤子班等都是以姓氏来命名的阳戏班，而且向长疤子班是最早有女艺人的戏班。贵州沿河县沙子镇纸坊村的阳戏班，就是以宋氏来命名的，其阳戏班传承谱系为：师祖爷黄古老祖传自纸坊村老水井→宋继贡、宋级鑫→宋统承、宋光武、宋登源→宋发其、宋统福、宋焕齐→宋德旺、宋法衣、宋绍轩→宋发权、宋绍莲、宋绍常、宋绍仪。该班阳戏剧本较多，但在特殊年代多数被烧毁，现存剧本多为艺人回忆整理出来的，所以主要依靠口头传承给班子成员，对剧情的了解主要依靠师傅传授和成员之间相互学习。目前宋发权、宋绍莲是第六代掌坛师，班子有成员20多人，年龄在48岁至76岁，都是本村人。沿河阳戏于2009年被申报为省级非遗项目项目。笔者曾对福泉阳戏马田、黄土哨、沙子坎、谷龙、大坪、龙昌高堡、地松街上阳戏班进行过调查，对曾华祥、聂仕学、周昌志等人进行采访，他们都认同福泉阳戏“江西说”，认为阳戏于明朝洪武年间传入贵州，自认是“元皇起教”。而在重庆酉阳的阳戏都认为形成于唐代，其祭祖时开头唱词有“白马堂上，唐朝启教”，师祖牌供奉“唐朝启教，历代戏官”。同治《酉阳直隶州总志·风俗志》、乾隆《酉阳通志》中有对酉阳县阳戏的文献记载：“案州属多男巫，其女巫可谓之师娘子。凡咒舞求佑，只用男巫一二人或三四人，病愈还愿，谓之阳戏……盖巫风为淫风。”[①]酉西一带流行的阳戏有冉法兴、陈法林所带领的戏班传承，该戏班凭口传授。酉阳小河镇小冈村阳戏班的班主均由吴姓担任，据第六代掌坛师吴长富回忆，该戏班的师承谱系为第一代掌坛师朱贵方，第二代掌坛师冉正元，第三代为冉正兴，第四、五代掌坛师分别是陈光地和吴名高，吴长富是第六代传人。该戏班除吴姓外还有本村其他姓氏的成员也在学习和传承阳戏。铜鼓乡车坝村的陈德森阳戏坛班至今传承了十四代人。重庆市酉阳县铜鼓乡陈永霞阳戏班师传谱系，目前只能追溯上四代传承人，由远及近为陈光蛟→樊昌玉→许洪炎→樊少宣→陈永霞。该戏班有掌坛师不允许家传，说家传容易败，须外姓有才之人担当重任才行。陈永霞现为市级非遗项目面具阳戏代表性传承人，该戏班主要活动在铜鼓及附近乡镇。重庆市秀山阳戏中平马溜沙阳戏班已传承至八代，该坛班掌坛师学艺年龄都较小，前四代掌坛师都在十来岁开始学艺，吴庭科（1797年生）十四岁开始学艺，主唱生角，侯玉春（1798年生）十三岁学艺，主唱旦角；第五代传承人侯景辉（1941年生）十四岁向胞弟侯景志学艺，他学习全面，能演生、旦、净、丑角色，还在行拉琴和打击乐。该戏班前六代传承人都为男性，而后才开始招有女性学阳戏，主演旦角。第七代有女性吴碧珍，第八代有杨丽娜、李仙荷两位，而且文化程度分别是高中和大专文凭，两位分别是在十一二岁就开始学艺，比以前的传人都早。

阳戏在贵州福泉、开阳一带从业者众多，阳戏传承有较稳定的传承谱系。福泉阳戏有的坛门的坛师传承是比较清楚的，传承谱系也明晰。马田阳戏坛从邓法清、邓法林一直传到了五十四

---

① 王鳞飞等：《同治增修酉阳直隶州总志》，巴蜀书社，1992年，第767页。

代，掌坛师为曾华祥；黄土哨阳戏坛从何法成传了三十二代，现有邓法禹、徐法高、聂法祥和黄法德四位掌坛师；沙子坎阳戏坛从陈法宽、何法兴传承至今已经有二十代，其坛师是叶法隆；地松镇街上阳戏坛从刘法清传至现在也有十七代，莫法荣系十七代掌坛师；谷龙阳戏坛从徐法通传至今第十七代掌坛师周法伦、周法兴手里[①]。受特定的地理环境影响，并从“信巫摒医”传统，加上民族互动与文化多样性等因素的影响，阳戏在此区域得以流行、传播。湘西阳戏按艺术风格形成南北两个流派，南路阳戏流行在吉首、凤凰、怀化、芷江、泸溪、麻阳等县市，而北路阳戏主要流行于现湘西州张家界、桑植、沅陵等地。张家界阳戏属湘西北路阳戏，起班较早且弟子最多的是覃家戏班，始于清朝道光年间，前三代为家传，从第四代覃保元（1872–1938）开始突破家族规矩招收外姓徒弟，涌现出一批优秀的阳戏表演名家（见表15），形成了家传与师传结合的传承体系。

图6 田野考察中收集阳戏剧本

表15 覃家戏班四代以后传承谱系表

	姓名	角色	备注
第四代	覃保元	丑角	1872–1938
	杜从善	旦角	1835–1999
	覃清云	旦角	
	覃德之	旦角	
	覃发之	旦角	
	覃兴皆	旦角	
	覃华堂	净角	

① 余继平、曲静：《民族乡村戏剧的生态语境与发展对策研究——以贵州福泉阳戏为例》，《教育文化论坛》2018年第1期。

续表

第五代	庹松霞	旦角	1913–1994
	跃胜	生角	1916–1999
	彭银洲	丑角	1901–1971
	刘金之	丑角	1890–1952
	田全之	丑角	1902–1979
	金德明	丑角	1927–1999
	秦振泽	丑角	1924–1986
	胡维星	花旦	已故
	林秀华	生行	已故

由于阳戏与花灯、傩戏的关系密切，过去不少老艺人都兼备这三技，其戏路十分广阔。如湖南洪江市江市镇的阳戏老艺人杨思梅（1896–1970）就出自巫师世家，祖传四代，既演出傩坛，同时也要演唱上河阳戏。麻阳县的滕代荣的滕家堂子技艺超群，以演唱南路阳戏为主，也演傩堂和花灯戏，该堂子于1949年散班[①]。

辰河高腔源于明代，由戏曲四大声腔之一的弋阳腔与沅水流域地方民歌曲调、傩腔、佛道音乐等融合而成，并广泛流传于武陵民族地区，以湖南泸溪浦市为中心，向四周扩散。其传承根系约在明代末，江西弋阳曾姓兄弟二人因避战乱而流迹泸溪浦市寓居“万寿宫”（江西豫章会馆）。为谋求生计，曾氏兄弟在“万寿宫”教授徒弟，教唱“弋阳腔”（又名弋阳戏）。沅陵、辰溪、溆浦等附近邻县不少人来此拜师学戏，学成后再回当地教戏，逐渐形成辰河戏各自流派。因各地语言有别，唱腔大同小异，所以仍以浦腔浦调为正宗，至今已有400余年历史[②]。辰河高腔技艺传承谱系错综复杂，有家族传承的，也有师徒相传的，但以师徒传承为主。如以泸溪县浦市为中心，辐射沅陵、辰溪等地的下河派盛行围鼓堂[③]，在清光绪年间，蒋裕生、张春老、李亨太、文子雅、龙桌章等人设堂授徒，清代光绪五年（1879），蒋裕生于浦市堤上授艺，学员就有二十五人，其堂名为“协议堂”；光绪九年，张春老在浦市堤上授艺，有学员二十三人，取名“信义堂”；以溆浦为中心的中河派艺人多由木偶戏班走向舞台，除演出整本高腔外，还将一些矮台班的高腔剧目搬上舞台，仍保留了一些木偶戏表演的痕迹。以洪江为中心，辐射黔阳、芷江、铜仁等地的上河派艺人大多数来自清末民初洪江等各地科班，其上演剧

① 湖南省怀化地区方志编纂委员会：《怀化地区志》，三联书店，1999年，第1909页。
② 熊晓辉、余继平：《辰河高腔》，中国戏剧出版社，2014年，第54页。熊晓辉：《辰河高腔传承谱系与科仪》，《艺海》2015年第3期。
③ 围鼓堂：在市西万华禅林专事辰河戏最早的演出形式。因不少艺人都由唱围鼓堂开始走上高台戏而形成了讲究唱功、多唱传奇本高腔、擅长演《目连》的特点。

目高腔、弹腔并重。以永顺王村为中心，辐射古丈、龙山等地的白河派戏班同时还有木偶表演用具，其唱腔、道白有浓厚的本地方方言[①]。辰河高腔演出与艺人传承主要通过技艺的传承（师徒关系）组合起来，无论是日常起居还是组织演出，都是论资排辈、敬祖尊宗，打上了浓厚的传承谱系烙印。艺人们通过师徒之间的传教关系、世系相承，形成明显的派别遗传基因和形态上的拟地域性。[②]辰河高腔传承谱系一览表中有家传、拜师学艺、师承等传承形式存在。其中著名坤旦角陈依白从小受到父亲影响，7岁登台演出，11岁拜石玉松为师学艺，也向开甲、康桂卿等拜师学艺，最终她演技精湛，名动辰河，从事辰河戏表演艺术70余年，塑造舞台形象230余个，培养辰河戏剧人才140余人，整理辰河高腔曲牌468支、剧本324部。国家级非遗项目辰河高腔代表性传承人向荣（向积善）出生于辰河戏世家，七岁随祖父学艺，九岁进戏班唱戏。向荣戏路宽阔，旦角、小生、净角无所不能，导演、圈腔、念唱做打样样在行，而且司鼓技艺闻名辰河流域[③]。

图7 辰河戏表演

① 熊晓辉、余继平：《辰河高腔》，中国戏剧出版社，2014年，第55-56页。
② 同上，第57页。
③ 罗亚阳：《神秘湘西：湘西土家族苗族自治州非物质文化遗产集萃》第七卷，中国社会出版社，2017年，第279-280页。

表16 辰河高腔传承谱系一览表

代别	姓名	性别	角色	传承方式	授徒	备注
第一代	杜凤林	男	生角	拜师学艺	向梅峰、安启家、米殿臣	清道光至光绪年间
第二代	安启家	男	净角	师承	众多	1848–1920
	米殿臣	男	净角	师承	米寿生	1862–1933
	向代键	男	生角	家族传承	石玉松、康桂卿、陈德生等	1880–1938
	陈德生	男	丑角	师承	陈盛昌	1887–1947
	石楠庭	男	司鼓	拜师学艺	石玉松	1856–1920
第三代	米寿生	男	净角	家族传承	陈盛昌	1910–1950
	向开甲	男	小生	拜师学艺	陈依白	1872–1956
	康桂卿	男	小生	家族传承	陈依白	1913–1983
第四代	石玉松	男	小生	家族传承	陈依白、杨进等	1900–1984
	陈依白	女	旦角	拜师学艺	向小仙、钱小丹、邓七枝、杨进等	1921–2005
	陈盛昌	男	净角	家传+师承	刘丕荣等	1928–
	向荣（国家级传承人）	男	小生、鼓师	家传、拜师	刘耀鸿、张永平、向敏谦、向玉仙、钱小丹	1935–2014
第五代	杨大舜	男	生角	拜师学艺	钱小丹、郑敏等	1938–
	向玉仙	女	旦角	拜师学艺		
第六代	钱小丹	女	旦角	拜师学艺		1960–
	邓七枝	女	旦角、小生	拜师学艺	李雪、杨洁	1957–
	郑敏	女	旦角	拜师学艺	杨元涛	1962–
第七代	杨进	男	小生	科班		1965–
	向敏谦	男	鼓师	家族传承		1973–

流传于重庆市彭水县鞍子乡及其周边地区的鞍子苗歌系苗族民歌，内容十分丰富，按类别分有劳动歌、生活歌、历史歌、时政歌、情歌、仪式歌、儿歌、杂歌；按表现形式分有独唱、对唱、合唱、一领众唱（打音）、多领众唱等；演唱场地适于山间田野、庭院楼房。鞍

子苗歌中“娇阿依”衬腔使用独具特色。鞍子苗歌演唱技艺有家族传承的形式，更多还是以师徒传唱为主，均已传承了五代。在传唱过程中涌现出一大批远近闻名的歌师傅，如歌师傅任大提（苗族，已故），生前为鞍子苗歌传唱的召集人之一。他8岁跟随师傅学习传唱苗歌，

表17 鞍子苗歌师传谱系一览表

代别	姓名	性别	出生年份	文化	传承	居住地址
第一代	任永点	男	不详	不详	师传	鞍子乡大池村
	任尚才	男	不详	不详	师传	鞍子乡大池村
第二代	任万双	男	不详	不详	师传	鞍子乡大池村
	任万泰	男	不详	不详	师传	鞍子乡大池村
第三代	任世全	男	不详	不详	师传	鞍子乡大池村
	任士格	男	不详	不详	师传	鞍子乡大池村
	任世高	男	不详	不详	师传	鞍子乡大池村
	任世品	男	不详	不详	师传	鞍子乡大池村
	任宝珍	男	不详	不详	师传	鞍子乡大池村
第四代	任远碧	男	不详	不详	师传	鞍子乡大池村
	任大提	男	不详	小学	师传	鞍子乡大池村
	任世权	男	1940	小学	师传	鞍子乡冯家村
	任大成	男	不详	小学	师传	鞍子乡冯家村
	任大学	男	不详	小学	师传	鞍子乡冯家村
	庹国良	男	不详	小学	师传	鞍子乡冯家村
	何友联	男	不详	小学	师传	鞍子乡冯家村
第五代	任荣新	男	1953	初中	师传	鞍子乡冯家村
	吴庆友	男	1955	初中	师传	鞍子乡冯家村
	吴庆堂	男	1939	小学	师传	鞍子乡冯家村
	冉隆仙	女	1966	初中	师传	鞍子乡冯家村
	谢太莲	女	1949	小学	师传	鞍子乡冯家村
	任素仙	女	1927	初小	师传	鞍子乡冯家村
	任荣富	女	1926	初小	师传	鞍子乡冯家村
	任世凤	女	1960	初中	师传	鞍子乡冯家村
	李昌凤	女	1965	初中	师传	鞍子乡冯家村
	任大仙	女	1968	高中	师传	鞍子乡冯家村

续表

	庹清仙	女	1960	高中	师传	鞍子乡大池村
	何梦	女	1969	高中	师传	鞍子乡大池村
	李凤玉	女	1965	初中	师传	鞍子乡大池村
	李昌仙	女	1965	高中	师传	鞍子乡大池村
	任昌华	男	1968	高中	师传	鞍子乡大池村
	李久容	女	1970	高中	师传	鞍子乡大池村
	任昌莲	女	1955	初中	师传	鞍子乡大池村
	谢昌碧	女	1962	高中	师传	鞍子乡大池村
	马元举	男	1952	小学	师传	鞍子乡新四村
	罗新建	男	1945	小学	师传	鞍子乡新四村
	任正高	男	1951	小学	师传	鞍子乡新四村
	曾庆容	女	1962	初中	师传	鞍子乡新四村
	任荣仙	女	1975	高中	师传	鞍子乡新四村
	任右凤	女	1954	初中	师传	鞍子乡新四村
	谢中仙	女	1968	高中	师传	鞍子乡新四村
	李少明	男	1952	高中	师传	鞍子乡大池村

后来，又与马中虎、张正福、任世权师兄弟一起拜师习吹唢呐，组成耍锣鼓班，将苗歌演唱与耍锣鼓演奏相结合，凡有红白喜事均受邀演出，名声远播，演唱代表曲目有《娇阿依》《花线囊》等。第五代鞍子苗歌最有名的传人要数任荣新，被喻为歌王；第五代传人庹清仙获得县人民政府颁发的歌师傅称号。从师传谱系一览表中可看出，传承人有男性和女性，传承人所受教育程度相对较高，传承区域都在鞍子乡大池村、冯家村和新四村三个比邻行政村。湖南桑植民歌入选第一批国家级非遗项目，曲式结构严谨，曲体多样，涵盖了传统民歌的所有曲种，如小调、礼仪歌及傩腔等。桑植民歌在继承和传唱中，还将宗教信仰、音乐舞蹈结合起来，产生了土地戏、傩戏、花灯戏、目连戏和柳子戏等多个民间剧种，这些剧种流传也让桑植民歌的文化价值得到很好的保留。桑植民歌的传承主要是以乡村为传唱场，多以师传为主，如谷兆庆传承谱系，第一代统计为家传，第二代起是家传与师传结合的传承形式，现已传承至第五代。谷兆庆（1919–2004），8岁师从父亲陈松桃演唱傩戏，会汉戏和阳戏表演，常年在湘鄂边界一带演出，继承和创编了一百余首低傩曲牌。

表18 桑植民歌谷兆庆传承谱系一览表

代别	姓名	性别	出生年份	文化程度	传承方式	居住地址	备注
第一代	陈业旺	男	不详	不详	家传	马合口乡佳木峪村	已故
第二代	陈松桃	男	1890	不详	家传	马合口乡佳木峪村	已故
	谷志翠	女	1893	不详	师传	马合口乡梭子丘村	已故
	甄如柏	男	1892	不详	师传	马合口乡梭子丘村	已故
	谷学之	男	1895	不详	师传	马合口乡佳木峪村	已故
第三代	谷兆庆	男	1919	不详	家传	马合口乡佳木峪村	已故
	谷志提	男	1912	私塾	家传	马合口乡梭子村	已故
	甄金芝	女	1914	不详	家传	马合口乡梭子丘村	已故
第四代	谷春凡	女	1942	高小	家传	马合口乡佳木峪村	
	谷彩花	女	1946	高小	家传	官地坪镇杜家坪村	
	陈才学	男	1946	初中	师传	马合口乡梭子丘村	
	钟以黄	男	1940	初中	师传	芙蓉桥乡	
	谷美菊	女	1955	初中	家传	马合口乡佳木峪村	
第五代	谷臣强	男	1942	初中	家传	马合口乡佳木峪村	
	彭世振	男	1947	初中	师传	官地坪镇彭家湾村	
	向国建	男	1965	初中	师传	合口乡梭子丘村	
	余明师	男	1972	初中	师传	走马坪乡堰垭村	

桑植白岩门村民歌演唱风格独特，主要来看以金岸武为代表的师传谱系，金岸武即桑植外半县第四代薅草锣鼓传人，演唱具有浓郁的原始农耕文化的遗风。该传承谱系与谷兆庆有所不同，代表性传人均为男性，年龄都偏高，而谷兆庆谱系传人性别男女平衡。

表19 桑植民歌金岸武谱系一览表

代别	姓名	性别	出生年份	文化程度	传承方式	居住地址	备注
第一代	邓金兆	男	1879	不详	师传	白石乡双狮村	已故
	林伯善	男	1877	不详	师传	白石乡谷村	已故
	袁奎林	男	1872	不详	师传	白石乡白石村	已故
第二代	吴德忠	男	1888	不详	师传	白石乡岩门村	已故
	吴三泰	男	1882	不详	师传	白石乡岩门村	已故

续表

	黄杰武	男	1887	不详	师传	白石乡岩门村	已故
第三代	徐协生	男	1890	不详	师传	白石乡岩门村	已故
第四代	金岸武	男	1919	私塾	师传	白石乡岩门村	已故
	金绪武	男	1921	私塾	师传	白石乡岩门村	
	金志武	男	1931	高小	师传	白石乡岩门村	已故
第五代	黄协清	男	1931	高小	师传	白石乡岩门村	
	黄次武	男	1938	高小	师传	白石乡岩门村	
第六代	金则勋	男	1949	初小	师传	白石乡岩门村	
	金则振	男	1954	初中	师传	白石乡岩门村	

师徒传承谱系最为典型的是傩戏。西南地区各民族傩坛传承都有递代传承的过职仪式，这是正一道授箓传度仪式移植于傩坛的结果[①]。贵州织金县庆五显傩班的传承谱系，完全沿袭道教三山滴血派的谱系。三山滴血派的传授谱系（字辈）是："守道明仁德，全真复太和。至诚宣玉典，忠正演金科。冲汉通元蕴，高宏鼎大罗。三山愈兴振，福海启洪波。"[②]在武陵地区，傩坛的传承也有一套拜师学艺规矩，一般都有投师贴、拜师仪式、学艺、秘传、过师法、度职仪式、封牌及谢师主要程序。招为入坛弟子后必须遵守包括礼节、操行、保密及语言饮食禁忌等坛规，还要按照传承谱系确定的字辈起一个法名。如贵州三桥傩戏黄守奎坛门的谱系字派为"智慧清净，道德圆明。真如性海，寂照普通。心源广续，本觉昌隆。能仁圣果，常演宽宏。惟传法印，正悟会融。坚持戒定，永继祖宗"。掌坛师黄守奎（法名续应），其弟子是"本"字辈的法名，徒孙为"觉"字辈。贵州道真县三桥李光绪坛班，系巫教、佛教合一传承，其字辈为"智慧清净，道德圆明。真如性海，寂照普通。心源广续，本觉昌明。能仁盛果，常远宽宏。历传法印，正悟会容。真持戒定，永继祖宗"。李光绪爱好傩戏表演，于1970年拜师谭寂鸿学习巫、佛二教，1978年抛牌出师，开始独立掌坛。1981年，又拜冯祥云为师，技艺更加成熟。1984年，开始从事傩面具、神像、法器等的雕刻，累计近600面（件、尊、个）。李光绪坛班传承谱系为：第一代李海会、王真玄，第二代税寂常、王寂安，第三代李照会、李照定，第四代王普演、冯祥云，第五代李普纪、黄抛应，第六代谭寂鸿，第七代李光绪，第八代李飞、李伯友、李伯书、骆明谷、陈夕文。李光绪从艺30多年来，独立举办或参与民间婚庆、寿庆、冲傩还愿、丧葬等大小法事近500场（次）。

① 麻国钧、向承强：《古傩新论》，学苑出版社，2016年，第327页。
② 同上。

道真县三桥镇接龙村道教传承人王昌弟（仡佬族），1983年开始随其父亲王建奎（法名慧仙）习道教丧葬法事，于1985年5月传职过法成为掌坛师，迄今已30余年。该坛班的传承谱系由远及近有：刘道陵→刘法真→刘守真→刘正云→涂玄兵→涂洞澄→罗吉函→罗吉祥→毛寂源→毛普贤→罗祥光→罗祥灵→王洞云→王玄兴→王吉春→涂祥云→罗祥云→张祥清→张祥照→王慧仙→王慧真→王慧净→罗慧真→毛慧缘→张慧明→张慧缘→张真一→韩真清→王续明。

道真县三桥镇接龙村傩戏传承人左朝元出生于1963年，苗族，21岁拜师学艺，该坛班传承谱系由远及近有：杨道洪→姚通明→方宗谷→何心灵→彭圆滨→陈圆静→龙正蛟→陈性海→肖道源→周道海→方广源→方续源→郑祥仙→罗祥云→毛普贤→皮法高→管广净→周通净→周通慧→王广玄→李圆明→李如明→何德清→何道清→李广澄→李广达→李广通→黄普进→黄普明→康进素→康进慧→张广涵→谭续明→田维耕→李本淋（健在）→杨觉临→夏觉汉→夏觉海→谭觉澄→肖圆海→谭圆清（健在）→周本海→肖德鸿，共43位。在调查中，左朝元说他是在1984年开始向本村的周兴全（法名本海）拜师习佛、巫二教的，后来又转拜师肖德鸿习佛、巫二教。傩戏传法过职传承仪式包括开牌、安扎五营、传法、收兵、安龙神、安坛榜等程序，十分复杂烦琐，整个仪式过程庄严肃穆，而这些仪式都要有传度师、证明师、唱度师、保举师、接法师等在场，各司其职而进行操作。左朝元在1989年进行了度职仪式，仪式中肖德鸿为恩师，谭圆清为传度师，谭觉澄为荐度师，杨觉临为度诀师，肖圆海为保举师，夏觉汉为引荐师，夏觉海为抛牌师，杨觉淋为过法师，田沛然为过经师，张觉淋为承行师，抛牌请职，并依佛教法派立以法名，获独立主持佛、巫二教大小法事资格。左朝元从艺至今二十余年，亲传弟子有左朝明、左朝礼、陈万书、张敏强、肖廷福、肖廷禄、扬秀群、夏昌学八人。

图8　师坛图

武陵地区有的傩坛不以字辈取法名，而是每一代都取“法”字为法名。如贵州德江傩坛法师张金辽（法名张法兴，第二十六代传人），其父亲张羽清（法名张法广）、祖父张祖桢（法名张法高），该傩坛班是由梅山启教，由师祖张法娘启坛，至今已传承二十七代。张金辽拜张时贤学傩技，1943年过职，引进师为崔法兴；后又拜张羽鹏（法旺）为口授阳传师。张金辽自十四岁掌坛至今，从业五十余年，有门徒石文华、张羽茂、黎纯扬、杨正文、勾天禄等十一人[①]。贵州松桃田五金傩坛班自第一代掌坛师代法清开始，到第九代田法应后均为田姓传承，而且都取“法”字为法名，至今已传五十代[②]。德江合兴镇吴贤富属师娘教，其师承谱系顺序为：马法继→李法清→田景辉→田景玉→田法旺→田兴旺→陈法明→刘旺权→史法清→史法明→史法灵→吴法旺→吴法清→陆正兵→项法权→熊国富→吴朝恩→安太乾→安祖强，共19世。吴贤富师父有吴贤玉（法名吴法林）、苏信清（法名苏法清）、朱法兴、庹法兴、杜法珍、杜法权、高林珠（誊录师）、龚珍林。吴贤富系三十一代传人，1981年请职，擅长“地盘神”表演以及三刀山、顶坳、杀红铧等傩技绝活。吴贤富下传弟子有其三儿子吴延军（2006年度职），还有何平德，两人为第三十二代传人。

图9 采访道真傩戏传承人黄本朝 余柏汝摄

贵州思南县谢国祥坛班的法师都以“法”字为“法名”，如：掌坛师谢成云，法名谢法旺；引见师梁忠友，法名梁法全；接法师冉隆碧，法名冉法彬；传牌师彭和俊，法名彭法林；封牌师崔道昌，法名崔法全；保具师文汉如，法名文法成；过法师谢成云，法名谢法旺[③]。贵州岑巩县杨国鼎傩坛班也是以“法”字传承的，其传承谱系从远及近为：杨法显→姚法胜→张法

---

① 庹修明：《冲寿傩，一种欲望的仪式戏剧——贵州省德江县稳坪乡黄土村冲寿傩调查述要》，《民间文学论坛》1994年第2期。
② 庹修明：《贵州民间道教与傩坛》，《贵州民族学院学报》1999年第4期。
③ 庹修明：《贵州黔东北少数民族傩戏》，《中华艺术论丛》2009年第9辑。，

乾→谢法用→周法旺→周法胜→廖法清→刘法通→陈法兴→陈法先→许法通→周法灵→周法行→李法兴→吴法兴→吴法高→郑法旺→李法齐→吴法祖→陆法洪→李法深→刘法明→李法洪→李法开→唐法万→吴法兴→吴法经→杨法景→杨法灵→杨法胜[①]。杨国鼎法名杨法胜，是仡佬族傩坛三十代传人，属于元皇教派，其徒弟萧光华于1992年举行了抛牌过职仪式，取法名为萧法开。重庆秀山余家傩技艺传承都是师徒传承，第一代龙正文12岁学艺，第二代龙洪40岁拜师学艺，第三代龙万贤13岁随父辈学艺，第五代何建勋从小学跳花灯，又拜师学傩戏，他天资聪颖，精明能干，是余家傩班的领军人物，2003年被秀山县人民政府授予“民间艺术家”称号，后又成为重庆市级非遗代表性传承人。

辰州傩上岗教传承谱系为：鼻祖金全鸾→胡法秀→胡法星→胡法春→胡法明→胡法龙→胡法海→胡法印→胡法兴→胡法真→张法兵→胡法通、张显道→胡法强→胡法有→李法龙、张应红→张法旺→张法清。由上岗教分出五支坛班，一是第九代传承人胡法兴度职后建立自己的坛班，在民国初年讲坛于内溪谷，并招收弟子代代传法，其支坛谱系为：胡法兴→全法胜→全法应→全法妙→梅西川→全永考→张大理→全法圣→全法龙→张志妙→金先勇；二是第十代传承人胡法真形成了自己的传承谱系：胡法真→金法虎→金法兴→金发应→金法春→金法真→金法明→张法应→全法祥→张开富→刘红芬→张刚怀→金立章；三是第十二代传承人胡法通支坛班传承谱系：胡法通→张道真→全兴介→全舜池→张子西→张光国；四是第十三代传承人胡法强支坛传承谱系：胡法强→张法旺→全法高→张应红→张法仙→张法应→张法正→张法玄→张高岸；五是第十四代传承人胡法有支坛班传承谱系：胡法有→胡汉臣→胡南生。辰州傩河边教传承谱系为金法仙启坛，下传张法灵→张法应→张法兴→张法真→张法春→张法旺→张法仙→全敏。河边教第五代传人张法真下传田法显、赵玄信后，二位弟子分别建立支坛，其中田法显下传邓法显→邓法成→邓显林→全法强→邓宗妙→聂德望→张真传→全天军；赵玄信下传法赵法升→赵法清→赵法显→金正兴→赵丕全→赵宏胜→李立权→李世正。第六代传人张法春度职后建立支坛，传法于聂德望和张宗德，两位弟子艺成后也分别建立了支坛，聂德望支坛传承谱系由远及近下传全永显、向世显、李福显等人；张宗德建立支坛，下传李法通、刘应传、全法显、张德灵、姜英楚。辰州傩上岗教鼻祖金全鸾和河边教鼻祖金法仙是为夫妻，金法仙原名杨幺妹，是杨氏第十代河边教传人。金全鸾去世后金法仙将丈夫的上岗教传法于金全鸾的妹夫胡法秀，把河边教传授于熊溪张法灵。湖南桃源县黄甲铺刘清元坛班也为师徒传承谱系，其启教宗师有师祖法先、张超化、王显真、王显灵、张太亨、刘太真、黄太玄、袁太得等人，阴传师傅有刘法灵、刘法全、刘法诚、李法先、聂法玄、兰法冲、王法兴、刘法应、杜法灵等人，阴

① 麻国钧、向承强：《古傩新论》，学苑出版社，2016年，第331页。

师法王肖法元、苟法宏、苟法真、贺法生、伍法全、伍法宏等人，至今已传第五代人，刘法清法名刘法启，下传弟子二十余人①。

重庆彭水木蜡庄傩戏有严格的师传关系，每一代法师都按“妙、法、玄、真、宝、应、道、普、贤、通”十字辈循环赐法号，现已传至第六代“应”字辈（见表20）。其传承范围涉及贵州道真县忠信镇、务川县泥水镇，有道真县的韩继榜、韩继要、韩继腾、毛锡海、朱忠孝，务川县的雷兴强、王明成等同门师兄弟。谱系反映出木蜡庄傩戏传承地在彭水木蜡村，表演均为男性，在苗族、土家族中传承，其中苗族最多，土家族只有五人。

表20 重庆市彭水县木蜡庄傩戏传承谱系一览表

代别	姓名	民族	性别	年龄	传承方式	居住地
第一代“妙”字辈	曾秒兴	苗族	男	已故	师传	重庆彭水龙龟村
	朱妙清	苗族	男	已故	师传	不详
	雷妙清	苗族	男	已故	师传	不详
第二代“法”字辈	覃法灵	苗族	男	已故	师传	重庆彭水木蜡村
	甘法灵	苗族	男	已故	师传	重庆彭水木蜡村
	冯法灵	苗族	男	已故	师传	重庆彭水木蜡村
	朱法云	苗族	男	已故	师传	重庆彭水木蜡村
	曾法会	苗族	男	已故	师传	重庆彭水木蜡村
	傅法林	苗族	男	已故	师传	重庆彭水木蜡村
	袁法明	苗族	男	已故	师传	重庆彭水木蜡村
	傅法旺	苗族	男	已故	师传	重庆彭水木蜡村
第三代“玄”字辈	朱玄清	苗族	男	已故	师传	重庆彭水木蜡村
	黄玄清	苗族	男	已故	师传	重庆彭水木蜡村
	冉玄清	土家族	男	已故	师传	重庆彭水木蜡村
第四代“真”字辈	冉真文	土家族	男	78	师传	重庆彭水木蜡村
	韩继榜	苗族	男	76	师传	贵州道真忠信镇
	韩继要	苗族	男	75	师传	贵州道真忠信镇
	韩继腾	苗族	男	71	师传	贵州道真忠信镇
	毛锡海	苗族	男	76	师传	贵州道真忠信镇
	朱忠孝	苗族	男	75	师传	贵州道真忠信镇

① 刘冰清：《记忆与呈现——武陵地区傩戏的多维考察》书稿，第282页。

续表

第五代“宝”字辈	田宝权	苗族	男	66	师传	贵州道真忠信镇
	黄旗	苗族	男	48	师传	贵州道真忠信镇
	廖宝忠	苗族	男	41	师传	贵州道真忠信镇
	冉小强	土家族	男	37	师传	重庆彭水木蜡村
	冉小兵	土家族	男	34	师传	重庆彭水木蜡村
	雷兴强	苗族	男	44	师传	贵州务川泥水镇
	王明成	苗族	男	52	师传	贵州务川泥水镇
	冉瑞华	土家族	男	51	师传	重庆彭水木蜡村
第六代“应”字辈	游明智	苗族	男	43	师传	重庆彭水木蜡村

重庆市彭水县苗族吊脚楼是农村苗族同胞主要的居住房屋样式。在20世纪90年代以前，县内每个乡镇都有几位出名的木工掌墨师，他们一般包揽建房的立高架、装板壁、刻窗花、安大门等木工工艺。彭水立高架房屋技艺传承都为师徒传承（见表21），从彭水润溪乡安派传承谱系来看，几代传承人均为苗族，性别全部为男性，反映师传仅限本民族内的保守性特点和该项手艺传承遵循传男不传女的古训；传承谱系一览表显示缺少青壮年传人，而且受教育程度均在高中以下。随着城乡砖混、框架等房屋的普及，大多建房木工师傅改了行，更是没有青壮年来学习或从事木工立高架房屋技术。同时，随着掌墨师傅的衰老和去世，这种技艺逐渐濒临危境。

表21 彭水县润溪乡安派高架房屋技艺传承谱系一览表

代别	姓名	民族	性别	年龄	文化程度	传承方式	居住地址
第一代	向法权	苗族	男	不详	不详	师传	肖家沟
第二代	胡立志	苗族	男	不详	不详	师传	麻池村
第三代	安永发	苗族	男	72	初小	师传	麻池村
	罗光元	苗族	男	67	初小	师传	干溪村
第四代	向福堂	苗族	男	44	初中	师传	麻池村

彭水县鹿角镇毒蛇疗伤传统民间医术的传承，主要是依靠师傅带徒弟、手把手的方式来传承（见表22）。鹿角镇医治蛇伤的传承人均为苗族和土家族，民族特征非常明显。从性别特征来看，传承人均为男性，这与当地民间记忆传男不传女有一定关系，同时也与此传统民间医术

要与蛇打交道关系密切。传承谱系中陈鸿儒、黄茂昌等人医术高明，抢救了无数人的生命。陈鸿儒与黄茂昌同出师门，医治毒蛇咬伤的方法大同小异，还选用剧毒五步蛇、中草药研制并开发鹿角蛇酒。治疗毒蛇咬伤特效药酒，由黄茂昌研制，主治各类毒蛇咬伤。五步蛇药酒，由陈鸿儒研制，主治各种风湿关节疼痛。

表22　彭水县鹿角镇毒蛇疗伤医术传承人谱系一览表

代别	姓名	民族	性别	年龄	传承方式	居住地址
第一代	黄显国	土家族	男	已故	师传	万足乡红旗村
第二代	黄庭昌	土家族	男	已故	师传	万足乡红旗村
第三代	张德秋	苗族	男	75	师传	鹿角镇鹿角居委
	黄茂昌	土家族	男	69	师传	鹿角镇鹿角居委
	黄兰田	土家族	男	60	师传	鹿角镇鹿角居委
	张维平	苗族	男	75	师传	鹿角镇鹿角居委
	陈鸿儒	苗族	男	74	师传	鹿角镇鹿角居委
	文昌国	苗族	男	55	师传	双龙乡水子坪村
第四代	冉武	土家族	男	45	师传	高谷镇
	何秀红	苗族	男	50	师传	秀山县

重庆市彭水县普子铁炮火龙舞蹈艺术以师传为主，现已传至第四代（见表23），从民族构成来看，普子铁炮火龙表演者全部为男性，以苗族为主，土家族只有一人。

表23　彭水县普子铁炮火龙舞蹈传承谱系一览表

代别	姓名	民族	性别	年龄	文化程度	传承方式	居住地址
第一代	冉文德	土家族	男	92	不详	师传	古钱居委
第二代	肖世泽	苗族	男	不详	不详	师传	古钱居委
	王茂辉	苗族	男	不详	不详	师传	古钱居委
第三代	李方成	苗族	男	57	初小	师传	双桥居委
	王四	苗族	男	60	初小	师传	双桥居委
第四代	张光强	苗族	男	40	初中	师传	古钱居委
	杨宗宇	苗族	男	28	大学	师传	镇中心校

师徒传承谱系中也有作坊师傅在学徒中挑选人品和天赋俱佳的、可继承技艺的“苗子”，对其重点培养，使之日后成为衣钵继承人，如民间印染作坊中就有这样的师徒传承。在土家梯玛传承中，不完全是以单线传承，而是一种错综复杂的传承形式，在以师承关系为主的里耶岩冲三角堡彭氏家坛中即可窥见梯玛传承谱系，由远及近为：太波→周纪→向纪→彭和乐→彭玉簪→彭狗崽→彭光武→乜折湖金彩→彭心龙→彭顺仁→彭官洋→彭官真→彭清明→彭明龙。总而言之，这种通过传统的拜师仪式确立起来的师徒名分和关系，不受血缘的关系束缚，可以使非遗的技艺、手法及套路和表演等在家庭或家族之外得到相对稳定的传承效果。

三、社会传承谱系

社会传承是除家庭与师徒传承这种单人传承之外的传承方式，主要以社会（社区）为传承源，在长期参与社会各种风俗活动和群众性歌舞、民间故事讲传及民间歌谣演唱活动中耳闻目睹，受到潜移默化的影响，口学心记，通过偷偷地模仿以掌握技艺，成长为非遗群体传承人里的佼佼者。比如土家族打溜子这一民间传统艺术，土家族无论是大小摆手祭祀活动，还是婚事寿宴、修房立屋、过年过节等日子都会打溜子，世代相传，习而成风，于2008年被列入国家级非遗名录，其流布范围有湘西龙山县的坡脚、靛房、他沙、农车、甘溪、塔泥、猛必，永顺县的和平、对山、石堤、勺哈、高坪、西岐、王村、颗砂、松柏、保坪、新寨、首车、两岔、列夕，保靖县的拔茅、龙溪、仙仁、普戎、昂洞、大妥、梅花、朝阳，古丈县的茄通、断龙、河西、双溪等乡镇[①]，每个乡镇村寨以前都有一支或多支溜子队伍。打溜子至少要三个人一起来表演，最多也有五人一起表演的，可见是土家族的一种民间组合性艺术，这也体现了打溜子需要表演者互相密切配合才能打出和谐的调子出来。打溜子在土家山寨沿袭成俗，自发地组成很多职业性和半职业性的队伍。在土家寨子里只要有喜事人们就会自觉汇集在一起，打起溜子来助兴，大家相互交流溜子技艺，在这样的浓郁氛围里，如果喜爱这种音乐，就可以得到人们的指点。田隆信出生在龙山坡脚万龙村，自小受到土家族民间音乐的熏陶和浸染，童年学会“咚咚喹”，常常跟着寨子里接亲队伍学习打溜子。王习平13岁从艺，能演奏溜子曲牌20余首，头钹、二钹、锣等都表演娴熟，是乐班的主心骨，至今已有30余年艺龄，在农闲时间里总会组织年轻人学打溜子。梳理其传承谱系，自向二林、王万国起，在河西镇列溪村下马路稳定传承至今已有七代人。打溜子传承表现出很强的以村落（村寨）传承为主的地域性（见表24）。从以罗仕碧为主的乐班传承谱系特征可见，学艺年龄最小的只有9岁，最晚的30岁开始学艺，且流传区域多在麻岔乡落月洞村、石堤镇九官坪村、麻岔乡牙拉村。永顺县和平乡两岔村打溜子传

① 罗亚阳：《神秘湘西：湘西土家族苗族自治州非物质文化遗产集萃》第三卷，中国社会出版社，2017年，第15页。

承主要梳理了彭述福乐班传承谱系，彭述福从小耳濡目染学习“五支家伙”，11岁已经熟练掌握操打“五支家伙”，而且在社会传承中还学会了土家山歌和挖土锣鼓歌。如今在政府的高度重视下，湘西州的永顺、龙山、保靖和古丈都建立了“打溜子”三种演奏形式的20个生态保护村，从中挑选三四名优秀“打溜子”艺人为师传授技艺，沿袭流派。同时建立一年一度的民间艺术节，开展“打溜子”演奏比赛，还在吉首大学相关学院开设“打溜子”课程，培养传承薪火，实现活态传承。

表24　乐班传承谱系表一览表

古丈县河西镇列溪村下马路王习平乐班传承谱系					
代别	姓名	性别	生年	学艺时间	地域传承
第一代	向二林	男	不详	不详	断龙乡猛虎洲村桐油柯
第二代	王万国	男	1880	不详	河西镇列溪村下马路
	王万寿	男	1883	不详	河西镇列溪村下马路
第三代	王万成	男	1917	不详	河西镇列溪村下马路
	王承发	男	1925	不详	河西镇列溪村下马路
	王习恭	男	1910	不详	河西镇列溪村下马路
第四代	王万义	男	1928	1947	河西镇列溪村下马路
	王万龙	男	1929	1947	河西镇列溪村下马路
第五代	王习龙	男	1948	1965	河西镇列溪村下马路
第六代	王习平	男	1963	1976	河西镇列溪村下马路
	王卫忠	男	1970	1985	河西镇列溪村下马路
	王习金	男	1966	1978	河西镇列溪村下马路
第七代	王本龙	男	1969	1988	河西镇列溪村下马路
	王承弟	男	1968	1988	河西镇列溪村下马路
	田桂生	男	1967	1988	河西镇列溪村下马路
永顺县麻岔乡落月洞村以岁仕碧为主的乐班传承谱系					
代别	姓名	性别	生年	学艺时间	地域传承
第一代	罗永彪	男	1854	不详	麻岔乡落月洞村
第二代	罗玉轩	男	1869	不详	麻岔乡落月洞村
	罗云芝	男	1899	不详	麻岔乡落月洞村
	罗习芝	男	1860	不详	麻岔乡落月洞村

续表

第三代	罗仕碧	男	1931	不详	麻岔乡落月洞村
	王大银	男	1920	不详	石堤镇喜把湖村
	王贵生	男	1916	不详	羊峰乡甘溪村
	刘云生	男	1923	不详	石堤镇喜把湖村
	罗仕奎	男	1927	不详	麻岔乡落月洞村
	罗超雄	男	1920	不详	麻岔乡落月洞村
	罗仕提	男	1931	不详	麻岔乡落月洞村
	向德星	男	1916	不详	抚志乡切机村
第四代	罗庭林	男	1950	1959	麻岔乡落月洞村
	罗庭友	男	1968	1978	麻岔乡落月洞村
	曾宪柯	安	1941	1853	石堤镇九官坪村
	王成照	男	1952	1962	石堤镇喜把湖村
	颜昌燕	男	1937	1945	麻岔乡通达村
	甘关明	男	1945	1956	石堤镇九官坪村
	曾宪林	男	1946	1956	石堤镇九官坪村
	江汉山	男	1946	1956	石堤镇九官坪村
第五代	甘召双	男	1974	1984	石堤镇九官坪村
	甘召生	男	1975	1984	石堤镇九官坪村
	王竭生	男	1971	1982	麻岔细作湖村
	李高明	男	1947	1980	麻岔乡牙拉村
	李固根	男	1948	1980	麻岔乡牙拉村
	王锡易	男	1950	1980	麻岔乡牙拉村
	李固宏	男	1958	1980	麻岔乡牙拉村
	霸远兵	男	1955	1981	大明乡且格村
	罗启发	男	1971	1981	麻岔乡落月洞村
永顺县和平乡两岔村以彭述福为主的乐班传承谱系					
代别	姓名	性别	生年	学艺时间	传承区域
第一代	彭勇迪	男	1885	不详	和平乡两岔村
	彭勇盼	男	1880	不详	和平乡两岔村
	彭勇祯	男	1881	不详	和平乡两岔村

续表

第二代	彭施先	男	1909	不详	和平乡两岔村
	彭施鹤	男	1899	不详	和平乡两岔村
	彭施庆	男	1903	不详	和平乡两岔村
	彭长银	男	1903	不详	和平乡两岔村
	彭长忠	男	1905	不详	和平乡两岔村
	田长范	男	1907	不详	和平乡两岔村
第三代	彭品图	男	1932	1944	和平乡两岔村
	彭述志	男	1948	1959	和平乡两岔村
	彭述福	男	1936	1948	和平乡两岔村
	田万奎	男	1951	1964	和平乡两岔村
	向文斌	男	1954	1964	和平乡两岔村
	彭施敖	班	1931	1941	和平乡两岔村
	彭述礼	男	1935	1946	和平乡两岔村
	彭述安	男	1936	1947	和平乡两岔村
	彭述青	男	1936	1947	和平乡两岔村
第四代	彭先龙	男	1970	1971	和平乡两岔村
	李树银	男	1963	1975	和平乡两岔村
	李成兵	男	1975	1987	和平乡两岔村
	彭古勇	男	1968	1980	和平乡两岔村
	彭古用	男	1968	1980	和平乡两岔村
第五代	彭江海	男	1987	1980	和平乡两岔村
	付文念	男	1988	1998	和平乡两岔村
	彭古龙	男	1987	1998	和平乡两岔村
	彭古进	男	1986	1998	和平乡两岔村
	彭谷奎	男	1986	1998	和平乡两岔村

苗族盘瓠传说系“一个社会群体对某一历史事件或历史人物的共同记忆”[①]，具有族群身份认同功能。苗族盘瓠传说、辛女传说在泸溪县辛女村人人知晓，且能够讲出一两个故事传说出来，每个人都会在家庭里听到“盘瓠传说”，村寨里三五成群也相互讲传着“盘瓠传说”。这

① 万建中：《传说记忆与族群认同——以盘瓠传说为考察对象》，《广西民族大学学报（哲学社会科学版）》2004年第1期。

类传说故事的传承谱系实为地域性社会传承谱系，但在政府认定保护时往往需要确定一套认定标准，如谁讲盘瓠、辛女的故事多，讲得最好，对这盘瓠、辛女文化做的贡献最大谁就被确定为代表性传承人[①]。政府认定的盘瓠传说代表性传承人如下表所示。

表25　泸溪县盘瓠传说社会传承谱系一览表

姓名	性别	民族	年龄	居住地
向明玉	女	苗族	72	泸溪县辛女村
侯大顺	男	苗族	70	泸溪县辛女村
侯祥鑫	男	苗族	68	泸溪县辛女村
侯自财	男	苗族	56	泸溪县辛女村
侯祥太	男	苗族	52	泸溪县辛女村
侯自鹏	男	苗族	43	泸溪县辛女村

表格反映出同一民族苗族男女共同传承，主要传承地为泸溪县辛女村，突出盘瓠传说社会传承的广泛性特点。在重庆市彭水县梅子垭有不少人会唱《吴幺姑》，他们都是自学传唱，没有固定的授唱者，现对主要传唱《吴幺姑》突出者做统计（见表26），以窥见其社会传承谱系。统计表反映出大多数传唱者主要分布在佛山村一带，而梅花、小河等村只有少量传唱者，传唱者中男性人数多于女性，而且年龄都很高，没有55岁以下的传唱者，传唱人群断层严重。

表26　彭水县《吴幺姑》主要传唱人社会传承谱系一览表

姓名	性别	民族	年龄	居住地
冯广金	男	苗族	77	彭水县佛山村2组
冯秀利	男	苗族	71	彭水县佛山村2组
任正芝	女	苗族	79	彭水县佛山村2组
刘俊高	男	苗族	57	彭水县佛山村2组
冯广富	男	苗族	70	彭水县佛山村2组
冯秀平	男	苗族	68	彭水县佛山村2组
冯久贞	男	苗族	66	彭水县小河村1组
谢正玉	女	苗族	79	彭水县梅花村5组

① 罗亚阳：《神秘湘西：湘西土家族苗族自治州非物质文化遗产集萃》第一卷，中国社会出版社，2017年，第232–233页。

武陵地区土家族、苗族千百年来一直传承着的挑花刺绣民间传统美术，这也通过家庭、邻里相互教习的方式世代口耳相传，挑花刺绣成为土家、苗家一个家庭、一个村寨（庄），乃至一个地域内的集体文化传承。过去在武陵地区大大小小的村寨里，无论是房檐屋下、土石晒坝，还是田埂地角，只要是劳作休息时间，都会见到妇女练习传统挑花刺绣的生动场面。挑花刺绣几乎成为女子的流行爱好，农忙之余，茶余饭后，她们就会把随身携带的针线和一块布料拿出来，针织不辍，而且互相切磋技艺，取他人之长补己之短，不断提升挑绣技艺水平。挑花刺绣凸显了集体文化社会传承性，2012年湘西州授牌与良家潭乡芭蕉坪村为苗族数纱秀之乡。但随着社会文化变迁，挑花刺绣这种民间自发，家庭、村寨内妇女相传的民间传统工艺必然会受到市场经济、机器文明的强劲冲击，在年轻一代中不再流行。所幸这些传统民间手工艺引起专家、学者的关注和关心，得到政府的重视，有组织地进行保护传承，湘西挑花被泸溪政府列入“县级非遗项目”，还申报成为湘西州非遗项目，即“苗族刺绣”“泸溪苗族数纱”，2009年被列入湖南省非遗名录，2011年成功入选国家级非遗代表性项目。在这种背景下，苗族挑花传习所成立，组织有影响力的挑花传承人，口传心授、手把手穿针引线带徒传授技艺，挑花刺绣技艺传承又得到妇女青睐。同时政府也任命一批代表性传承人，如泸溪苗族挑花省级代表性传承人杨春英，湘西州级传承人藤静蓉，县级传承人张芝秀、向彩云、杨云香、向冬梅、姚秀莲、刘艳等（见表27）。从社会传承谱系及政府层面开展的有组织的苗族挑花传承角度来看，泸溪苗族挑花传承谱系主要有三脉：一是早期规划确定的梁家潭梁富姐一脉，该传承谱系中已有县级代表性传承人一人；二是实力较强、人脉兴旺的潭溪镇下都挑花传承人杨春英一脉，其传承谱系中有省级代表性传承人一人，县二级代表性传承人四人；三是苗族挑花后起之秀藤静蓉一脉，传承谱系中有一位州级代表性传承人。社会传承谱系必然少不了家庭和家庭传承场域的影响，所以确定这类传承谱系也以家庭和家庭传习为主，确定最具实力及当地有影响力的人物。如杨春英从小受到苗族挑花氛围熏陶，13岁跟姑姑学习挑花技艺，20岁时完全掌握各种挑花技法和各种图案纹样的挑织技艺和方法，其作品多次获得各种大奖，现已成为当地很有名气的人物。以上这些非遗类型，多以村寨为单位形成非遗的社会传承场域，民间文学、风俗礼俗、岁时节令以及民俗活动类的非遗都依存于村寨的民众群体生活，反映的是社会群体传承性特征，传承谱系呈现出家庭传承、师徒化和互师化的社会传承综合性非遗传承关系。

表27 泸溪县挑花刺绣技艺传承谱系一览表

泸溪县潭溪镇杨春英传承谱系				
姓名	性别	生年	居住地	备注
姚菊秀	女	不详	梁家潭乡芭蕉坪村	随母习艺为主
符树英	女	不详	梁家潭乡灯油坪村	随母习艺为主
杨春英	女	1950	梁家潭乡下都村	从姑学艺，省级传承人
向晓英	女	1977	梁家潭乡下都村	从母杨春英习艺，县级传承人
向晓梅	女	1980	梁家潭乡下都村	从母杨春英习艺，县级传承人
刘艳	女	1990	潭溪镇土麻寨	从母习艺，县级传承人
邓敏	女	1991	潭溪镇土麻寨	拜师学艺，县级传承人
泸溪县张芝秀传承谱系				
姓名	性别	生年	居住地	备注
梁富姐	女	不详	泸溪梁家潭	
向金四	女	不详	泸溪梁家潭	从母梁富姐学艺
张芝秀	女	1949	泸溪梁家潭	从母向金四学艺，县级传承人
张美蓝	女		泸溪梁家潭	
泸溪县藤静蓉传承谱系				
姓名	性别	生年	居住地	备注
李氏	女	不详	沅陵县筲箕湾乡三角村	
戴小妹	女	1927	沅陵县筲箕湾乡三角村	
石秀	女	1949	泸溪县白沙镇红土溪村	
藤静蓉	女	1986	原籍凤凰县嫁至泸溪	州级传承人

武陵地区广泛流行着地域特色鲜明的饮食习俗，如神仙豆腐、鸡豆花、厥粑、榨菜、泡菜等。如彭水县郁山镇的居民中广为流传鸡豆花，在喜庆宴会、酒席上都要制备鸡豆花招待客人。鸡豆花采用优质母鸡肉作主料，用蛋、油以及鸡汤将鸡肉制作的形、色均如豆花而得名，其清香鲜嫩，入口即化，食而不厌，营养丰富。鸡豆花制作工艺均无保密性，人人都可以现场观摩、学习。其主要代表性传承人有罗明静（女），苗族，现年68岁，是罗家第四代传人，制作鸡豆花500余年；冉清，土家族，现年65岁，冉家第四代传人，在镇上开有一家聚源酒楼，经营鸡豆花30余年；冉清的弟子张小宁，苗族，现年46岁，在利源酒楼当主厨，制作鸡豆花25年；李清银（女），汉族，现年64岁，系李家第五代传人，制作鸡豆花40余年；龚长静，汉族，现年35岁，师传弟子，

制作鸡豆花已有18年。这些人都为郁山鸡豆花制作的佼佼者。

武陵地区境内群众喜爱采集山里的斑鸠叶加工成斑鸠豆腐，斑鸠叶系“马鞭草科豆腐柴，属多年生落叶灌木”①，其叶片呈心状，散发出特殊的香味。斑鸠叶豆腐又称“神仙豆腐”，色泽碧绿，口感细腻嫩滑，有很好的弹性及韧性，香气浓郁，是清热解暑的最佳天然绿色食品。其加工工序不复杂，为山区人民群众集体传承。武陵地区独特的地理及气候条件有利于茎瘤芥的生长和对茎瘤芥的风脱水加工。山区人民充分利用这得天独厚的自然条件，普遍种植大头菜、青菜头，制作咸菜、榨菜，养成了品尝咸菜和榨菜的习惯。涪陵榨菜民间传统手工艺经过长期的历史积淀，工艺制作流程比较固定，代代相传沿袭至今。涪陵榨菜以茎瘤芥为原料，经风脱水、三腌三榨、配以特殊辅料腌制而成，其加工有诸多环节，工序数十道②。青菜头在涪陵境内广泛种植，家家户户用此制作咸菜供家庭食用。万绍碧系国家级非遗项目涪陵榨菜传统制作技艺代表性传承人，她父亲万兴忠是涪陵榨菜传统制作技艺的第五代继承人，母亲也是制作榨菜的能手。制作榨菜为集体行为方式，为涪陵等地特有的文化风俗。

土家族哭嫁歌代代相传，这种婚嫁习俗与生活环境密切相关，在同一地域同一题材也有不同传承的风格，歌词和哭法各异。如在龙山坡脚吾拉村一带，《骂媒人》歌词特别尖刻和狠毒。哭嫁歌的传承既有家族传承、家族外杂姓传承还带有社会传承形式，应该说它是一种综合传承现象，也可以分为自然传承和干预性传承。自然传承是祖母、母亲或婶婶通过言传身教的形式将哭嫁歌传授给孙女、女儿、侄女等，同时也因为在这样一个浓郁的民俗中，村寨左邻右舍的姑娘从小亲临嫁女场域中聆听新娘哭嫁，自然而然地接受并模仿，也有姑娘会专门拜师学艺。这类都是自发地传授和学习哭嫁。在武陵山区，少数民族都有哭嫁的习俗，如仡佬族、苗族、侗族等都有哭嫁歌，传承中也不存在“传内不传外”之问题，只要姑娘愿意，都有机会学习。随着社会快速发展，不少年轻人放弃了继承哭嫁歌，哭嫁习俗逐渐式微，政府为保护这一非遗，会让该项非遗传承人按照政府要求进行传承活动，将哭嫁歌在校园、课堂等进行传承，就产生了干预性传承。干预性传承受到时间和地点的限制，承继者也有被动性，其传承效果也没有自然传承的好。在土家族哭嫁历史中，有不少哭嫁高手，如古丈县断龙乡报吾烈村的彭祖秀，她10岁（1940年）跟外婆、母亲等前辈学哭嫁歌，14岁随母亲帮人家哭嫁，18岁在不断总结前人哭唱风格的基础上形成自己的哭唱特色，既能用汉语又能用土家语来演唱哭嫁歌。其演唱“以哭为歌、以歌言情、以情带声、以声感人”，她传承哭嫁歌70余年，教会280余人，在2008年、2012年分别被评定为湖南省及国家级非遗项目土家哭嫁歌代表性传承人。龙山靛房永明村的哭嫁歌省级代表性传承人彭万姣，8岁（1941年）时开始学哭嫁歌，27岁时在本村组织哭嫁队，传授土家族哭嫁歌，1984年、

① 孙莹莹：《“神仙豆腐”加工工艺优化》，《保鲜与加工》2017年第2期。
② 余继平：《涪陵非物质文化遗产保护与发展——以民间传统手工艺为视角》，《铜仁学院学报》2014年第2期。

1986年分别被永顺县对山镇、保靖县普戎镇邀请为当地文化部门提供哭嫁歌、山歌等土家族民间歌谣资料，并为爱好者传授《女哭娘》《女哭嫂》等哭嫁歌。1991年至今在龙山洗车河镇、他砂乡、苗儿滩镇、农车乡、洛塔乡等地巡回授徒百余人。田义翠六十年代初出生于哭嫁习俗气氛浓郁的龙山县坡脚联星村，12岁跟随母亲学唱哭嫁歌；龙山坡脚万龙村的田玉永（1935年生）是当地有名的哭嫁歌艺人，其祖母、母亲、姑母都是出名的“哭嫁婆婆”，在这样的环境成长的女孩子，5岁随母亲哭新娘，见到一屋子人在摇头晃脑地哭也就跟着哭，随后乡里每逢有婚嫁就会请她哭嫁，22岁出嫁到相邻的联星村，婆母田仕妹也是地道的哭嫁能人。田玉永擅长《哭父母》《哭女儿》《骂媒人》等古老土家语哭嫁歌，也能用汉语演唱哭嫁歌，其哭嫁歌词情真意切、入情入理，2012年被评定为县级代表性传承人，受她影响，自己的大女儿、二女儿也都是哭嫁歌的行家。永顺县大坝双凤村的严水花也出生于六十年代初，6岁就跟母亲学习哭嫁歌，如今还时常在双凤村进行哭嫁歌传承①。

图10 土家族哭嫁

在民族文化浓厚的武陵地区，少数民族子女在成长过程中，经常参与各种群体生产与生活活动，渐而习得了本民族的语言、生产技能以及其他风俗习惯等。如在长阳县城、巴东县城、五峰县城、建始县城，“半夜听到丧鼓响，脚板就发痒”，人们陆续聚拢到孝家灵堂前，跳起撒叶儿嗬，送情意，交朋友，长见识。由此，清江的土家人将“跳丧”当作聚会欢歌的舞台，将撒叶儿嗬视为男人必备的人生课业，也是民众衡量男子汉智慧与能力的标准之一。那么要是

① 罗亚阳：《神秘湘西：湘西土家族苗族自治州非物质文化遗产集萃》第三卷，中国社会出版社，2017年，第201–202页。

不会跳撒叶儿嗬的男人，是会遭人讥讽、嘲笑的[①]。如果女儿不会“女红”也是会被别人看不起的，认为不聪明而被嘲笑为“笨女儿”。

武陵山区土家族、苗族民歌世代相袭，传承形式上自然少不了家族传承、师徒传承，受地域性的交叉等社会环境因素影响，传承谱系也较为复杂，以上类型的非遗都彰显了武陵文化区、族群或者地域内的民众集体记忆和民众文化心理，呈现出群体性社会传承特征。土家摆手歌是武陵地区正月初七至正月初九开展的摆手歌舞演唱活动，活动由几个村寨共同举办，参加摆手的人成百上千，多至上万，大家摆手共欢，唱歌取乐，有对唱或齐唱民歌的，谁唱歌唱得多，谁就是最好的，正如刘禹锡所言“里中儿联歌，以曲多为贤”。但出于实施保护行为的需要，这类集体传承的非遗项目分别认定了一些代表性传承人，如苗族民歌国家级代表性传承人陈千均，湖南省级代表性传承人吴腊保；土家民歌国家级代表性传承人田隆信，省级代表性传承人彭万姣、彭武庚、向云焱、彭继龙、向汉光等。各地非遗中心明确了传承人的权利和义务，还建立和完善了经济保障和知识产权保护机制，积极为传承人提供传承必要的场所，利用各种媒体进行宣传、展示、交流，并且在中小学开展校园传承活动，在高校等机构培养新的传承人等。土家年、苗年等社会传承性较为突出的民俗非遗类代表性传承人一般为传统歌师傅、寨老、掌堂师、鼓藏头。如在永顺县双凤村祖字辈土家族民歌传承艺人一览表中可窥见土家族祖字辈民歌传承人中，有的是掌堂师、梯玛、锣鼓师，还有的是毛古斯中重要角色的扮演者，他们受文化教育的程度都不高，多数没有进过学堂，彭武鑫为初小文凭，念过初中的只有彭武根一人，他既是掌堂师也是乡长，是活动的组织者。该村英字辈掌堂师彭英发、锣鼓师彭英远，年岁都较高。在湖南湘西土家族民歌代表性传承人中，田隆信既是土家族民歌省级代表性传承人，也是国家级非遗项目土家族打溜子代表性传承人，土家族民间音乐家。田茂忠具有唱民歌的天赋，加上从小就跟随本地有名歌娘房族大姐田隆香往来于歌台，耳濡目染，潜移默化，五岁时就能随口而歌，十五岁拜著名歌郎歌娘何太富、庹先廷、陈二姐等为师，加上政府关怀和培养，其“歌如潮水滚滚来”，成为土家民歌歌师傅中的佼佼者，1989年出版了《田茂忠山歌选》。在苗族民歌代表性传承人中，陈千均是最具代表性、权威性的人物，1943年生，初中文化，吉首丹青镇吉鱼村支部书记，现为国家级非遗代表性传承人，在中小学举办十余期苗族山歌培训班，培养了一批苗族山歌爱好者。吴腊保为省级非遗代表性传承人，师从吴正清；自幼爱唱苗歌，如今仍与龙美银（35岁）、秋春燕（39岁）、时芝英（50岁）搭档唱苗歌，还是寨阳乡排乃

① 林继富：《撒叶儿嗬与乡村社会关系建设》，《湖北民族学院学报（哲学社会科学版）》2011年第5期。

表28 民歌传承艺人一览表

永顺县双凤村祖字辈土家族民歌传承艺人							
姓名	性别	民族	文化程度	身份	扮演角色	居住地址	备注
彭祖焜	男	土家	私塾	梯玛	掌堂师	双凤村	病故
彭武根	男	土家	初中	乡长	掌堂师	双凤村	病故
彭世碧	男	土家	文盲	村民	锣鼓师	双凤村	病故
唐礼门	男	土家	文盲	村民	拔你（祖婆）	双凤村	病故
彭世贞	男	土家	私塾	村民	拔不卡（祖公）	双凤村	病故
彭振湘	男	土家	文盲	村民	嘎梅嫁（头首）	双凤村	病故
彭振南	男	土家	文盲	村民	卵必	双凤村	病故
田其民	男	土家	文盲	村民	洛伽尼（新娘）	双凤村	病故
彭武鑫	男	土家	初小	村民	帮师	双凤村	唱舍巴歌
湘西土家族民歌代表性传承人							
姓名	性别	民族	生年	居住地址	备注		
杨光万	男	土家	1937	保靖涂乍乡马路村	第一批省级代表性传承人		
彭祖秀	女	土家	1940	古丈断龙山乡	第一批省级代表性传承人		
彭万姣	女	土家	1933	龙山靛房镇永明村	第一批省级代表性传承人		
彭武庚	男	土家	1942	龙山靛房镇百型村	第一批省级代表性传承人		
向云焱	男	土家	1929	永顺芙蓉镇发树村	第一批省级代表性传承人		
彭继龙	男	土家	1949	龙山内溪乡双坪村	第一批省级代表性传承人		
田隆信	男	土家	1941	龙山县人	第一批省级、第三批国家级非遗项目土家打溜子代表性传承人		
向汉光	男	土家	1941	古丈县人	第二批省级代表性传承人		
田祖福	男	土家	1933	古丈断龙山乡	第二批省级代表性传承人		
田茂忠	男	土家	1923	保靖马王乡马王村			
杨梅玉	女	土家	1910	吉首河溪镇张排村	1982年逝世		

续表

湘西苗族民歌团队及传承人情况									
所属乡镇	团队名称	人数	负责人	传承人	所属乡镇	团队名称	人数	负责人	传承人
吉首市矮寨镇	小兴队	50	石远冲	龙大姐	保靖县	葫芦队	30	石凤花	石泽玉
	杨桃队	30	石正生	龙大姐		光床队	20	龙子林	龙子林
	阳光队	20	龙绍金	龙大姐		排香队	34	洪生利	洪富文
	吉好队	50	石红莲	龙大姐		仁伍队	12	石亮妹	
	夯腊队	50	石继宝	龙大姐		尖岩队	20	洪科	
	德汝队	50	石继发	龙大姐		两路队	14	石仁富	
	家庭队	30	杨胜千	龙大姐		黄皮队	16	隆自珍	
	补育队	15	施正富	龙大姐		瓦厂队	14	石香莲	
	德夯公司队	40	石贵金	龙大姐		枫香队	22	龙天顺	
吉首市寨阳乡	树耳队	10	杨秀金	吴腊保	保靖县				
夯沙乡	蜂塘队	18	杨昌满						
	坪冲队	10	杨昌云	吴腊保		矮坡队	14	石艳平	
	补点队	13	石千银	吴腊保		格重队	16	龙春文	
	坪郎队	15	施和艳	吴腊保		雀儿队	18	石思秀	
	寨阳队	25	秧水秀	吴腊保		新田队	22	龙波	龙波
	排乃队	10	吴腊保	吴腊保		梯子队	14		
	新溪队	15	石福新	吴腊保		夯沙队	20	石群	
吉首市社塘坡乡	牯牛队	10	吴为琪	不详	吉首市社塘坡乡	三岔队	30	石梅秀	石成勇
	十八湾	10	石冬妹	不详		龙牙队	20	吴永香	吴老李
	齐心队	10	吴永芳	不详		黄土桐	15	吴国美	不详
	坪云队	50	石银香	梁成姐		劳动队	20	石素英	石素英
	关侯队	40	龙秀莲	龙秀莲		城江队	15	秧正芳	罗其凤

湘西苗族民歌代表性传承人					
姓名	性别	民族	生年	居住地址	备注
石吴氏	女	苗族	1891	乾城西乡大兴寨	已故（1951年）
龙英棠	女	苗族	1928	吉首矮寨镇	龙大姐
陈千均	男	苗族	1943	吉首丹青镇吉鱼村	国家级非遗代表性传承人
吴腊保	女	苗族	1958	吉首寨阳乡	省级代表性传承人
石花香	女	苗族	1946	矮寨镇矮寨村	

村苗歌队的负责人。这些代表性传承人为民俗“地方性知识”的持有者，其实属于区域民众群体的代言人，他们背后的具有文化主体意识的民众群体才是促进非遗本真、活态传承的基础性保证①。湘西苗族民歌团队及传承人情况一览表中统计了42支队伍，共957人，代表性传承人12人。重庆石柱县是啰儿调故乡，啰儿调是劳动人民在生产生活中自编自唱的民间歌曲，有众多的演唱者，上有七八十岁的老人，下有六七岁的孩童；既有青壮男子，也有少女少妇，人们或闲暇时自吟唱，或在劳作时以歌鼓劲。石柱县土家人尤喜山歌，幼儿刚学会讲话母亲就会教其唱歌，随着年龄增长，久而久之，就学会了唱山歌。在众多演唱者中，有不少演唱啰儿调的佼佼者，如国家级非遗项目代表性传承人刘永斌、黄代书，市级传承人胡德先、李高德、帅时进等人，这些山歌能人都受到当地山歌师傅的指点。刘永斌出生于山歌之乡，从小醉心于山歌的学唱，由于自己喜欢，学歌十分认真，听上一遍就能熟记于心。九岁走亲戚家得到庄五的赏识而招为徒弟，教唱山歌。在参加石万公路修建工作中成为号子头，他将所见所闻与当前实际结合起来编成喊号子歌，指挥大家劳动。刘永斌对土家啰儿调领悟很深，传唱曲目较多，风格突出，演唱情真意切，音域较高，音色、节奏控制较好，被当地群众称为“土家歌神”。目前组建有“刘家班”专业演唱队，传承啰儿调，先后培训学生四百余人，其中出色弟子有二十余人。黄代书出生自山歌世家，爷爷黄木松、叔父黄后美、姑母黄后才等都是当地有名的山歌师傅。黄代书自小爱好山歌，加上记性好，常常一听老人唱歌，就熟记于心且能独立演唱。五岁时在彭水清明山外婆家又得到当地山歌师傅秦大义、彭廷科、彭树发、谭昭碧等的指导和栽培，歌唱技巧日益精进。在前辈们的指点下，加上自己天资聪慧，黄代书综合各路演唱风格而形成自己粗犷豪放、音域辽阔的鲜明特色，被当地称为“黄歌仙”。黄代书在教书生涯中，常常收集民间山歌，适当加以改编成适合小学生演唱的山歌歌曲。他与刘永斌被评定为国家级非遗土家啰儿调代表性传承人。我多次专程拜访这两位老人，他们对传承土家啰儿调民歌乐此不疲，2015年冬天，我在石柱组织非遗传承保护与发展研讨会，他们放下自己手头的工作，冒着风雪参加座谈，会后还在良玉广场、河边廊桥演唱多曲山歌，引来不少路人驻足观摩，一些男女老少也情不自禁一起高歌。2017年6月9-10日我组织民间艺术进校园活动，黄代书老人也从石柱赶来，并登台即兴演唱啰儿调，让更多的大学生和社会人士零距离聆听原生态民歌。刘永斌及其女儿刘长珍经常参加我组织的民间艺术活动，父女俩对唱、联唱石柱啰儿调和武陵山歌等。市级传承人李高德出生山歌之家，父亲会吹唢呐，母亲会唱山歌，常常父亲唢呐伴奏母亲山歌演唱，自李高德牙牙学语时，母亲就教他学唱《雅雀叫唤客要来》《吱吱多多》等儿歌，年龄稍长，便教其学唱情歌。他曾在修建沙子至水田乡道公路时被爱好唱山歌的分队长张道

① 谢中元：《佛山非物质文化遗产的传承及其传承人探析》，《佛山科学技术学院学报（社会科学版）》2015年第4期。

富、黄德全等人安排每天给筑路队唱山歌鼓劲，邻近的栗兴、金铃筑路队常常在上班时跑来听他唱山歌，至此还引起两个队的严正抗议①。

表29 重庆市石柱啰儿调代表性传承人一览表

姓名	性别	民族	生年	居住地址	备注
刘永斌	男	土家族	1941	石柱枫木乡	国家级非遗代表性传承人
黄代书	男	土家族	1944	石柱马武坝	国家级非遗代表性传承人
胡德先	男	土家族	1947	石柱沙子镇	重庆市级代表性传承人
李高德	男	土家族	1967	石柱冷水乡天河村	重庆市级代表性传承人
帅时进	男	土家族	1940	石柱城关镇	重庆市级代表性传承人
黄德仁	男	土家族	1927	石柱沙子镇	县级代表性传承人
冯启瑞	男	土家族	1943	石柱三河镇	县级代表性传承人，已故
黄宣文	男	土家族	1948	石柱马武六塘乡	县级代表性传承人
张秀梅	女	汉族	1973	石柱南宾镇	县级代表性传承人
马碧	女	土家族	1986	石柱龙沙青龙村	县级代表性传承人
马晓宏	男	土家族	1973	石柱黄水金花村	县级代表性传承人
向云群	女	土家族	1963	石柱枫木乡昌坪村	县级代表性传承人
刘长珍	女	土家族	1973	石柱枫木乡莲花村	县级代表性传承人

湖南桑植县于2008年被中国文联民间艺术家协会命名为“中国民歌之乡”，桑植民歌被列入第一批国家级非遗名录。桑植民歌为群众性传承，分布于三十九个乡镇及相邻的湘鄂渝黔周边县市，由于流布范围较广，又因其地理环境、民风民俗各异而形成了不同风格的民歌类型及艺术特色。其中五道水（包含芭茅溪、五道水、细砂坪、八大公山）一带主要以山歌、小调为主，陈家河、凉水口区（含陈家河、蹇家坡、沙塔坪、河口、上河溪、岩屋口、凉水口、桥自湾、龙潭坪、苦竹坪、四方溪、谷罗山）一带以花灯调、风俗歌为主，廖家村区（包括上洞街、打鼓泉、两河口）一带主要以祭祀歌、傩腔为主，官地坪区（包括马合口、麦地坪、淋溪河、长潭坪、天星山林场、人潮溪、西莲、白石）一带以薅草锣鼓、号子为显著特征，瑞塔铺区（包括空壳树、汨湖、刘家坪、竹叶坪、走马坪和芙蓉桥）一带以小调、革命民歌为主，澧源镇、城郊区（包括洪家关、利福塔）一带以革命民歌和花灯调为主。在传统社会里，民歌传承过程始终贯穿于民众生活，其主要传承空间在家庭、村落，长辈和村落歌师傅的熏陶和影

① 汪华生：《石柱啰儿调》，重庆出版社，2014年，第66页。

响是人们学艺的最初动因和主要渠道。为弄清桑植民歌传承现状，2005年桑植文化局开展了境内民歌的全面普查，并进行了归类整理，按照家族传承或师徒传承来梳理出各地具有代表性的传承谱系，如五道水镇土溪洞村娄菊香传承谱系、瑞塔铺镇瑞市村戴福香传承谱系、廖家村镇老庄坪村向宏治传承谱系、洪家关乡龙凤塔村谷志壮传承谱系、走马坪乡走马坪村钟学芝传承谱系、樵子湾乡白果村朱耀榜传承谱系、河口乡尚生武传承谱系、人潮溪乡向佐绒传承谱系、马合口乡谷兆庆传承谱系、白石乡岩门村金岸武传承谱系。其实民歌传承多以血缘、业缘和地缘为纽带联结成传承的主体，依靠一代代桑植人传承至今，成为族群的交流工具，人们以歌代言、以歌传情，反映了各族人民的思想感情与理想愿望。桑植民歌的传承“除了家庭，还有集体性的歌唱形式，在集体性歌唱中，参加的人不分徒弟与师父，大家在唱歌的实践中共同感受、互相进步”①。不论桑植民歌、土家哭嫁歌也好，还是啰儿调也罢，这些都是人们在特定区域生态环境中形成的一种生产生活方式、社会习俗，一种留存在人们生活里的艺术化方式，其传播方式都表现为年轻人向家庭、村落的长辈或者当地歌师傅、民间艺人学习而得，在民俗节日、生活礼俗等社交活动场域中习得，并在交流互动中得到实践与提升。代表性传承人在这样的社会传承空间中不断进取，脱颖而出，成为精英人物。

第四节　武陵地区非遗代表性传承人基本情况

非遗活态传承依靠直接参与非遗传承的个体和群体，同时也依附于特定区域和空间而存在，对非遗的保护就是对作为传承载体的非遗传承个人或者群体的活态保护。从2006年开始，为加强非遗传承人队伍建设，保护和传承我国非遗代表性项目，国家出台了《国务院办公厅关于加强我国非物质文化遗产保护工作的意见》（国办发〔2005〕18号）、《中华人民共和国非物质文化遗产法》以及《国家级非物质文化遗产项目代表性传承人认定与管理暂行办法》（中华人民共和国文化部令第45号）等文件，加强对国家级非遗项目及代表性传承人的保护。全国已建立起一整套完整的工作方法和保护体系，构建了国家、省、市、县四级非遗和传承人目录，并持续开展了非遗传承人的申报及认定工作。至2017年，国家已先后公布了四批代表性传承人名单，共1986人。2018年2月又公示了第五批国家级非遗代表性项目代表性传承人推荐名单，共1113人。2018年5月，文化和旅游部最终确定了第五批国家级非物质文化遗产代表性项目

① 邓集勋：《桑植民歌的当代生存环境与发展路径研究——基于传承人的视角》，《当代音乐》2017年第16期。

代表性传承人名单共有1082人。截至目前，五批国家级非物质文化遗产代表性项目代表性传承人总计3068名，而地方认定的省级项目代表性传承人就更多了，由此，在非遗项目代表性传承人保护上，逐渐形成了中国经验。

一、武陵地区国家级非物质文化遗产代表性项目名录代表性传承人基本情况

（一）武陵地区国家级非物质文化遗产代表性项目名录代表性传承人数量及比重情况

武陵地区已建立起国家级、省级、市级和县级非遗项目和代表性传承人保护体系。截至2017年12月底，国家评定了四批国家级非遗项目代表性传承人，共1986人，且武陵地区共有72人被评为国家级代表性传承人①。其中，传统戏剧、传统舞蹈、传统音乐、传统技艺的传承人数在10位以上。传统戏剧22人，占该项的3.62%；传统舞蹈15人，占该项的8.47%；传统音乐和传统技艺都为10人，分别占该项的4.3%、3.06%；传统美术6人，占该项的2.6%；民间文学4人，占该项的5.2%；曲艺和民俗各2人，分别占该项的1.32%、3.3%；而传统医药只有1人，占该项的1.4%。境内国家级非遗传统戏剧代表性传承人的人数是最多的，但所占的比重却并不高，这是因为该项目中被评定为国家级非遗代表性传承人的就有611人。传统舞蹈虽然只有15人，但所占

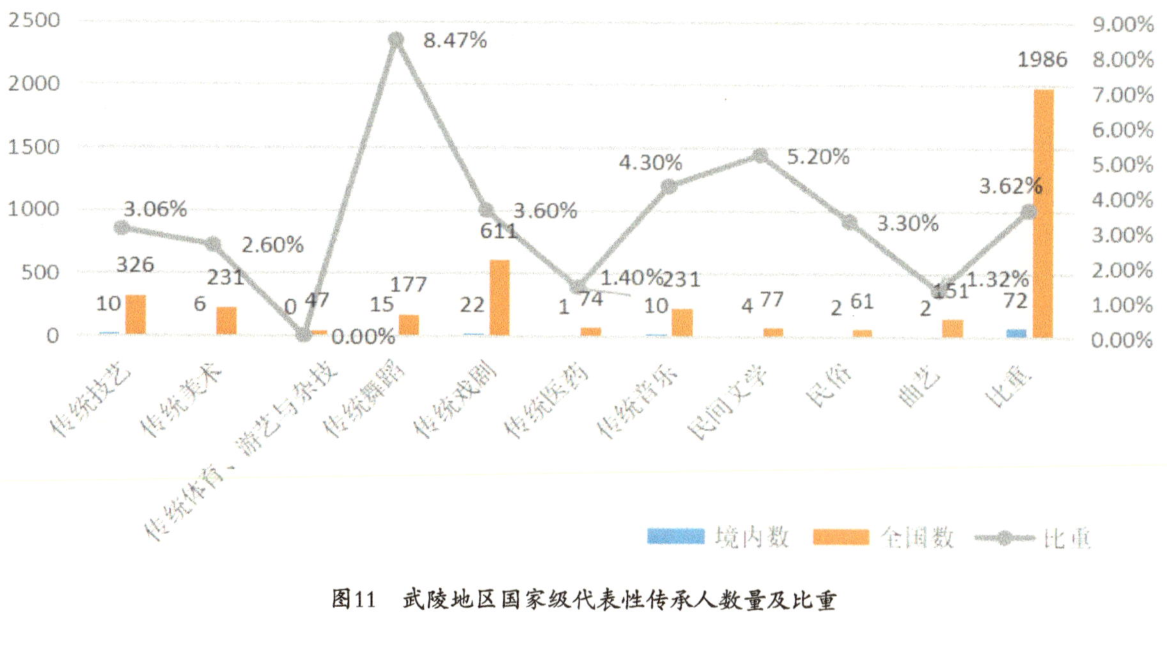

图11 武陵地区国家级代表性传承人数量及比重

① 数据统计于重庆市人民政府网、重庆市文化委员会网、重庆市文化艺术研究院网、湖北省人民政府网、湖北省文化厅网、湖北群众艺术馆网、恩施土家族苗族自治州文化馆网、湖南省人民政府网、湖南省非物质文化遗产网、湖南省文化厅网、湘西自治州文化广电新闻出版局网、贵州省人民政府网、贵州省非物质文化遗产网、铜仁市人民政府网，以及中国非物质文化遗产网等官方网站。

的比重却较高。由此统计表格还可见，民间曲艺、民俗和医药都很少，而且传统体育、游艺与杂技类国家级非遗代表性传承人还是空白。武陵地区各批次被评定为国家级非遗项目代表性传承人的具体情况为：

第一批公布名单中境内只有7人，没有民间文学类、杂技与竞技类、传统医药类国家级非遗项目代表性传承人，只有民间美术类3人、传统手工技艺类4人，所占该类比重分别为4.2%和5.1%，两项非遗类传承人共7人，只占第一批总量的3.1%。

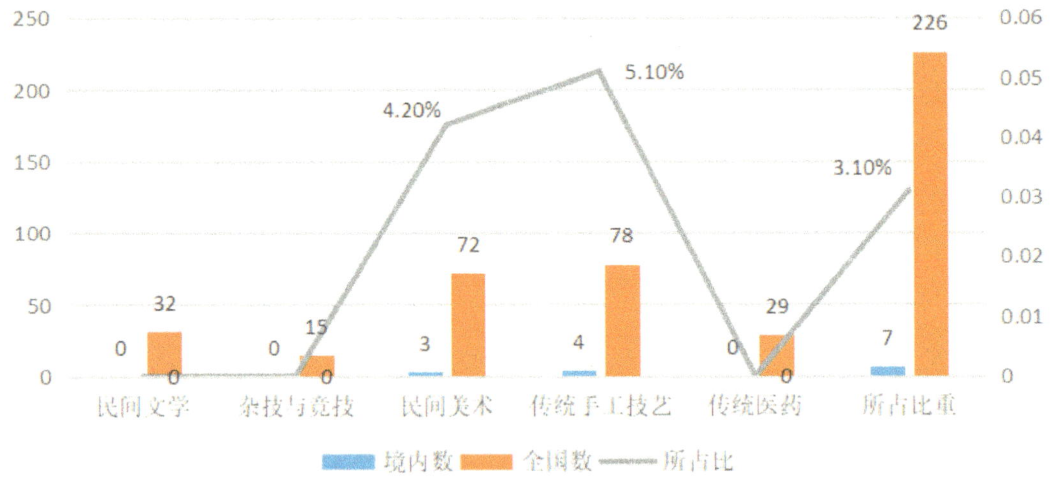

图12 武陵地区第一批国家级代表性传承人数量及比重

第二批公布名单中区境内有30名国家级非遗代表性传承人，没有民俗类、传统医药类等国家级非遗代表性传承人。第二批中分别是民间音乐3人、民间曲艺2人、民间舞蹈8人、传统戏剧17

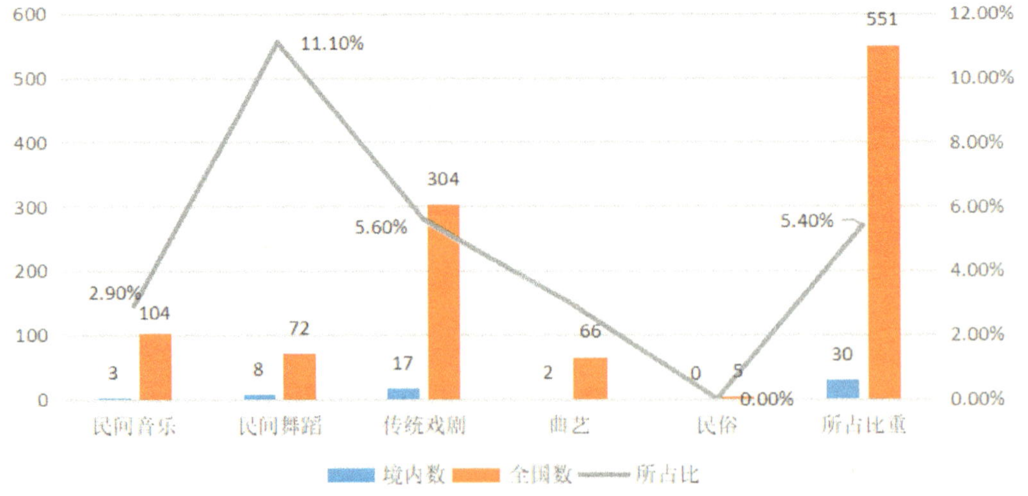

图13 武陵地区第二批国家级代表性传承人数量及比重

人，占该类非遗人数的2.90%、3%、11.1%、5.60%，占第二批总量的5.4%。

第三批国家级代表性传承人中区境内共有23人，占本批次传承人数量比重为3.2%。本批次传统医药类、传统曲艺类和传统体育、游艺与杂技类没有国家级非遗代表性传承人，传统音乐类7人，为人数最多的，占该类的7.3%；而传统戏剧类和传统技艺类各4人，分别占该类的2%、2.9%；民间文学类、传统舞蹈类、传统美术类和民俗类各有2人，分别占各类的8%、3.6%、2.4%、8%。

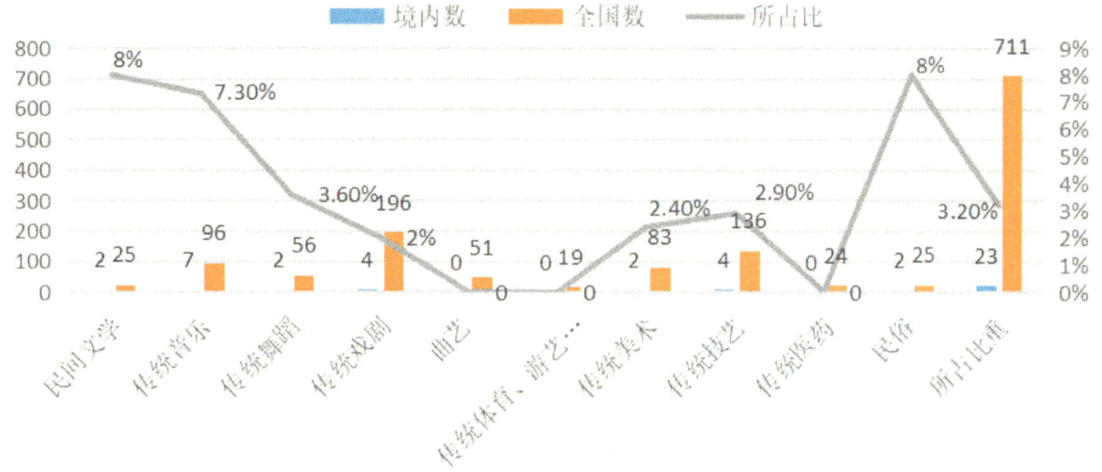

图14 武陵地区第三批国家级代表性传承人数量及比重

第四批国家级非遗代表性传承人中境内共有14人，占本次传承人数量的2.8%。境内第四批国家级代表性传承人中，传统舞蹈类有6人，占该类传承人数量的为12.2%；民间文学类、传统

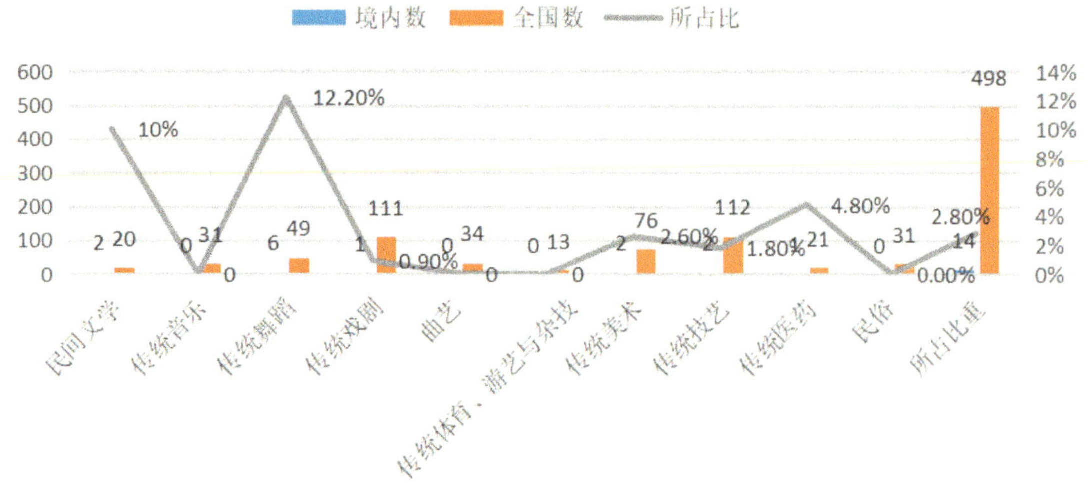

图15 武陵地区第四批国家级代表性传承人数量及比重

美术类、传统技艺类均为2人，分别占该类传承人数量的10%、2.60%、1.80%；传统戏剧和传统医药各有1人，分别占该类传承人数量的0.9%、4.8%。

2018年2月，又公示了第五批国家级非物质文化遗产代表性项目代表性传承人共1113人，其中，武陵地区境内有47人名列其中，分别为民间文学3人、传统音乐11人、传统舞蹈7人、传统戏剧9人、曲艺1人、体育及游艺1人、传统美术5人、传统技艺4人、传统医药1人、民俗5人。从公示的情况看，本次体育及游艺类国家级非遗代表性项目名录代表性传承人虽然只有一位，但他填补了非遗十大类型的缺项，使该项有了国家级传承人。

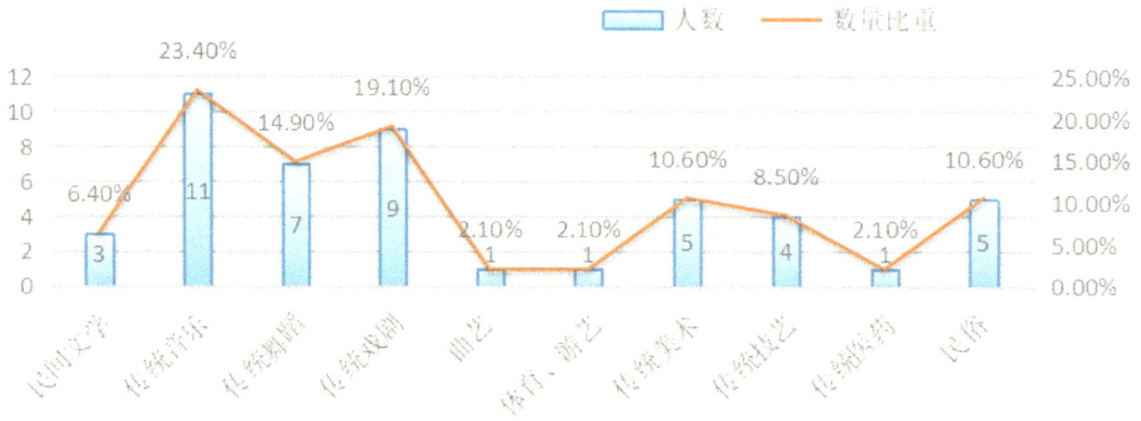

图16 武陵地区第五批国家级代表性传承人数量及比重

（二）武陵地区国家级非物质文化遗产代表性项目名录代表性传承人的地域分布情况

从武陵地区非遗传承人的地域分布来看，共涉及三省一市的49个市、县（区），呈现分布

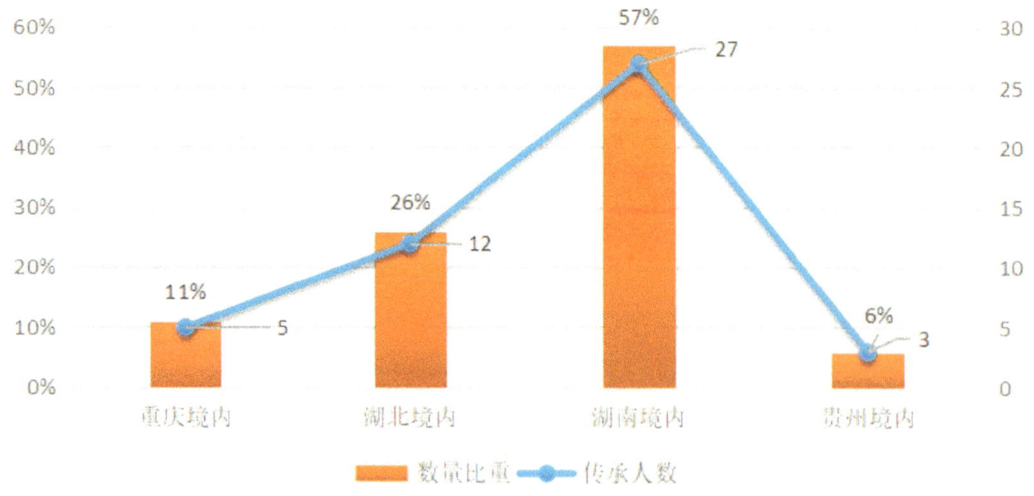

图17 武陵地区第五批国家级代表性传承人各省市数量及比重

不均，主要集中在武陵地区湖南境内，共有国家级代表性传承人44人，占境内传承人数量的61%，其中湘西地区就有21人，占其传承人数量的48%，占武陵地区传承人数量的29%。其次是武陵地区湖北境内，共有国家级代表性传承人11人，占境内传承人数量的15%。贵州及重庆市境内分别为9人、8人，占武陵地区传承人数量的13%、11%。

在公示的第五批国家级非物质文化遗产代表性项目代表性传承人中武陵地区境内有47人。其中湖南境内共有27人，人数最多，占本批次境内总数的57%；其次是湖北境内有12人，占本批次境内数量的26%；重庆、贵州境内分别为5人、3人，占本批次境内数量的11%、6%。该批次代表性传承人涉及非遗十大类。

（三）武陵地区国家级非物质文化遗产代表性项目名录少数民族代表性传承人分布状况

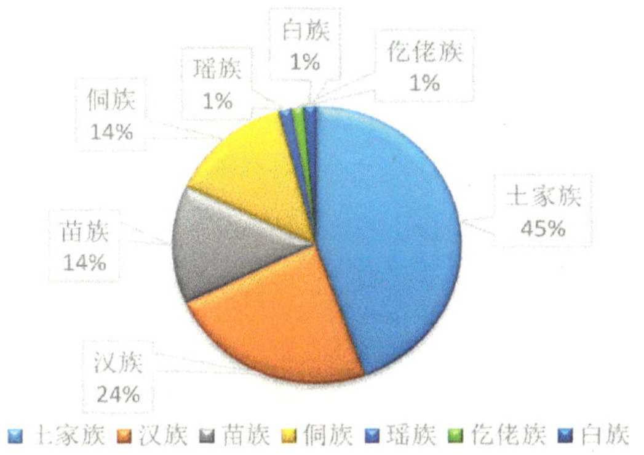

图18 境内四批国家级民族传承人数量及比重

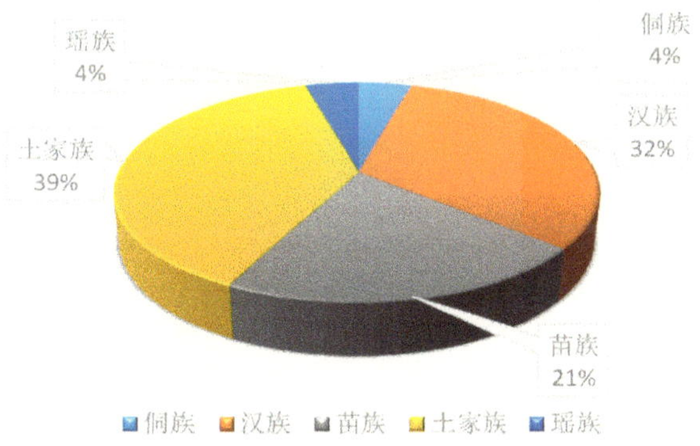

图19 境内第五批国家级传承人民族分布数量比重（公示）

武陵地区国家级非遗项目代表性传承人涉及汉族、土家族、苗族、侗族、白族、瑶族和仡佬族这七个主要民族，共72人（见前四批国家级民族传承人数量及比重一览表），其中汉族人数有17人，占武陵地区传承人总数的24%；其余六个少数民族中，土家族居多，占45%；苗族、侗族国家级代表性传承人各有10人，各占14%；白族、瑶族、仡佬族人数各有1人，各占1%。在这四批国家级代表性传承人中，共有女性15人，占境内国家级代表性传承人总数量的21%，其中土家族6人，汉族5人，苗族2人，侗族和瑶族各1人。在2018年2月公示的第五批国家级非物质文化遗产代表性项目代表性传承人中，武陵地区境内涉及五个民族，其中土家族人数最多，共有18人，其次为汉族15人，苗族10人，瑶族及侗族各2人。在这47位国家级代表性传承人中有男性38人，女性9人。女性中有汉族4人，土家族3人，苗族2人。

以上数据显示了武陵地区国家级非物质文化名录代表性传承人在确立和保护中所取得的成绩，传承人群体得到充实是非遗项目能够传承下去的有力保证，他们的存在与发展赋予了非遗鲜活持久的动力，凸显了武陵地区非遗项目旺盛的生命力。

二、武陵地区各省级非物质文化遗产代表性项目名录代表性传承人基本情况

（一）武陵地区省级非物质文化遗产代表性项目名录代表性传承人数量及比重情况

渝鄂湘黔三省一市先后公布的四批省级非遗代表性传承人涉及非遗十大类共1947人（第五批暂未统计），其中民间文学有111人，传统音乐民间音乐394人，传统舞蹈民间舞蹈184人，传统戏剧326人，曲艺130人，传统体育、游艺、杂技73人，传统美术162人，传统技艺381人，传统医药64人，民俗122人。武陵地区省级代表性传承人共有468人，约占三省一市省级传承人总

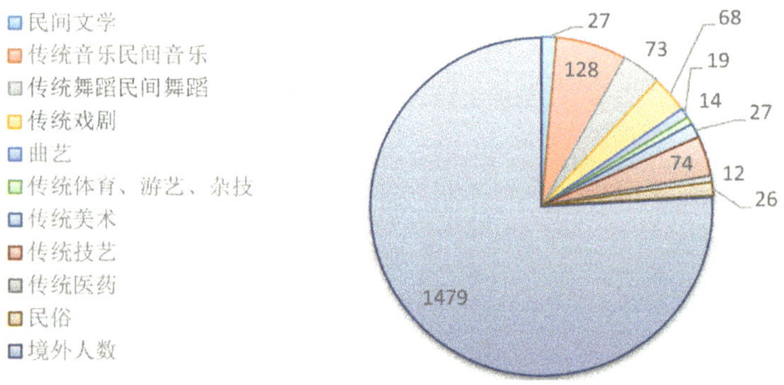

图20 渝鄂湘黔三省一市四批省级非遗代表性传承人分布情况

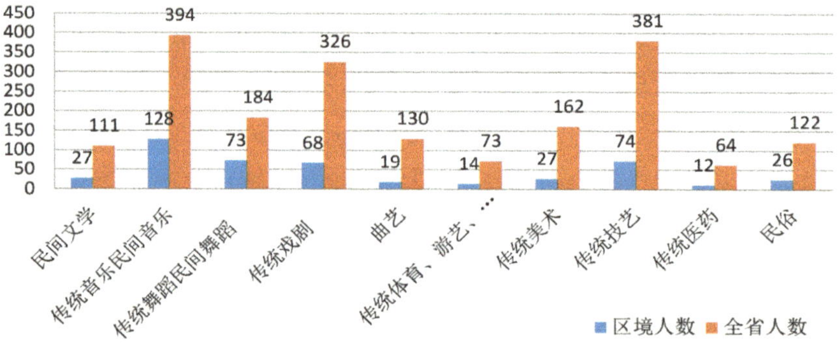

图21 武陵地区省级非物质文化遗产名录代表性传承人分布状况

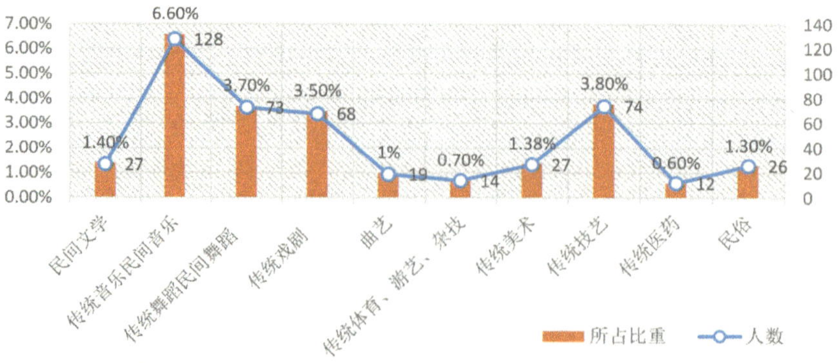

图22 武陵地区省级非遗名录代表性传承人分布及数量比重

人数的24%。其中民间文学27人，占1.4%；传统音乐民间音乐128人，占6.6%；传统舞蹈民间舞蹈73人，占3.7%；传统戏剧68人，占3.5%；曲艺19人，占1%；传统体育、游艺、杂技14人，占0.7%；传统美术27人，占1.38%；传统技艺74人，占3.8%；传统医药12人，占0.6%；民俗26人，占1.3%。从三个数据表可以看到，武陵地区境外有1479人，占渝鄂湘黔省级代表性传承人总人数的76%，而武陵地区的省级代表性传承人数量是境外人数的32%。这也表明武陵地区非遗代表性传承人总量还待进一步增加，非遗保护工作仍不乐观，尤其是传统医药，传统体育、游艺及竞技，曲艺类非遗项目代表性传承人的保护工作亟待加强。

（二）武陵地区省级非物质文化遗产代表性项目名录代表性传承人地域分布状况

武陵地区各省市都认定公布了四批省级非遗代表性项目名录代表性传承人，境内民间文学共111人，其中湖南省共有17人，武陵地区境内就有14人，占全省该类非遗传承人数比重最高，为82.3%；其次是重庆市四批民间文学代表性传承人共有27人，境内有7人，所占人数比重为25.9%；湖北省该类非遗省级代表性传承人共有37人，境内仅有5人，所占人数比重为13.5%；贵州省共认定该类代表性传承人30人，而境内只有1人，所占人数比重为3.3%。

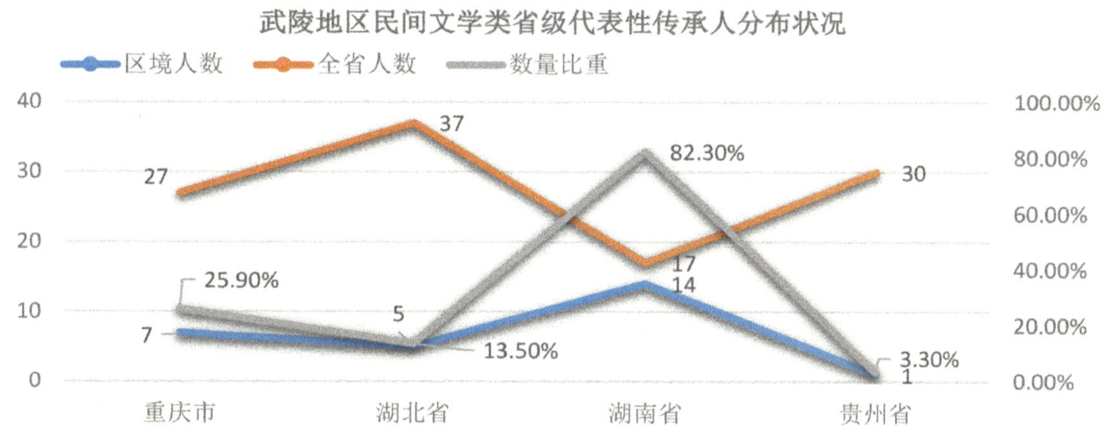

图23 武陵地区民间文学类省级代表性传承人分布状况

武陵地区民间音乐类省级代表性传承人128人，全省有34人，境内有23人，所占省内比重最高，为67.60%，但占四省市该类总数量比重却只有6%；其次是湖北和重庆，境内分别为45人、53人，所占省内该类非遗代表性传承人数比重分别为33.5%、34%，所占四省市总数量比重为11%、13%；贵州省该类代表性传承人境内有7人，所占省内同类项目传承人数比重为10%，所占四省市该类总数量比重为2%。

武陵地区民间舞蹈省级代表性传承人湖北境内最多，为29人，所占全省民间舞蹈类传承人数量比重为53.7%，所占武陵地区境内数量比重为40%，所占渝鄂湘黔四省市传承人数量比重为

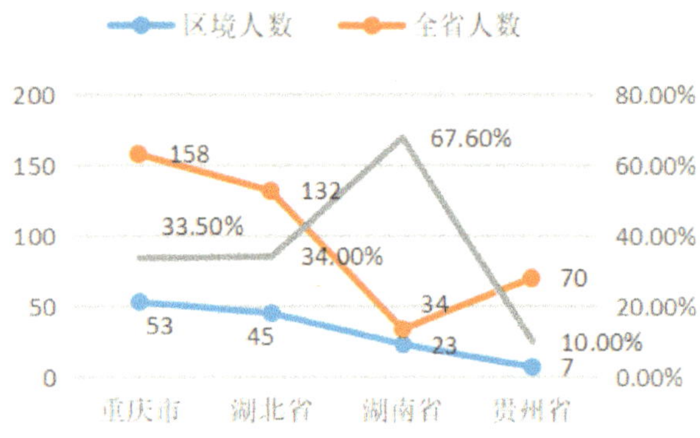

图24 武陵地区民间音乐类省级代表性传承人分布状况

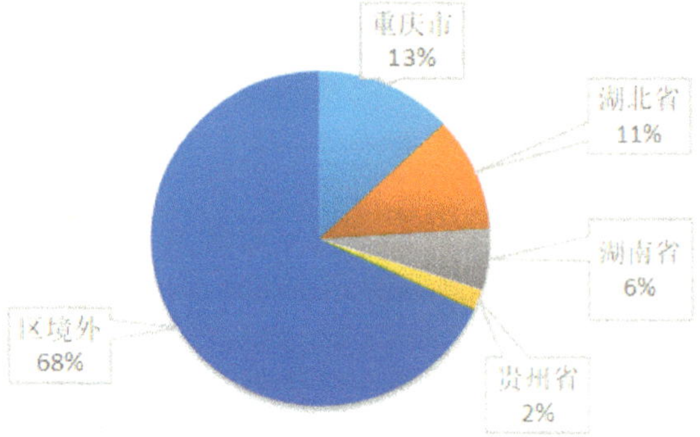

图25 渝鄂湘黔民间舞蹈类省级代表性传承人比重状况

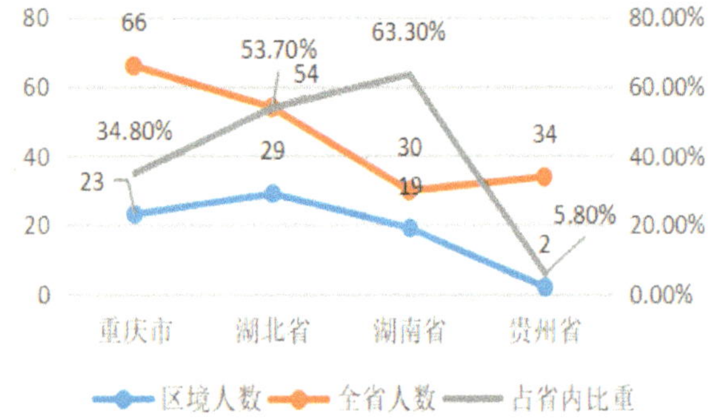

图26 武陵地区民间舞蹈类省级代表性传承人分布状况

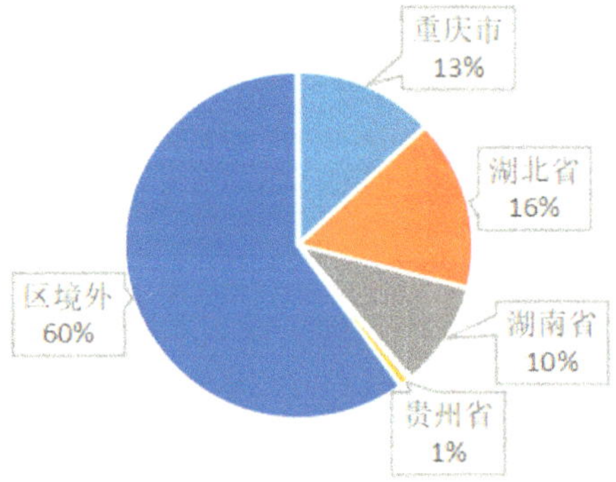

图27 渝鄂湘黔民间舞蹈类省级代表性传承人比重状况

16%；武陵地区重庆市境内有23人，所占全市该类传承人数量比重为34.8%，所占武陵地区境内数量比重为32%，占渝鄂湘黔四省市该类传承人数量比重为13%；武陵地区湖南境内有19人，所占全省该类传承人数量比重为63.3%，所占武陵地区境内数量比重为26%，所占渝鄂湘黔四省市该类传承人数量比重为10%；武陵地区贵州境内只有2人，所占贵州省该类传承人数量比重为5.8%，所占武陵地区境内的3%，所占渝鄂湘黔四省市境内该类传承人数量比重仅为1%。

武陵地区民间传统戏剧类省级代表性传承人以贵州最多，为22人，所占其全省传统戏剧类传承人数量比重为35.4%，所占武陵地区境内数量比重为32%，所占四省市传承人数量比重为7%；重庆市、湖北省分别17人、16人，所占其省内该类传承人数量比重为22%、13.2%，所占武陵地区境内的比重为25%、24%，所占四省市传承人数量比重均为5%；湖南省有13人，所占

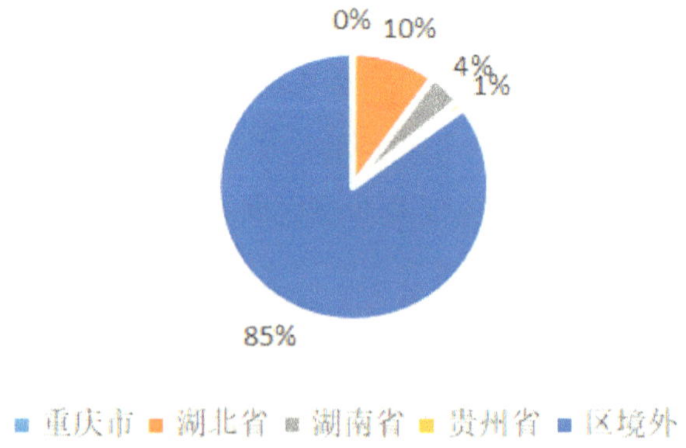

图28 渝鄂湘黔曲艺类省级代表性传承人比重状况

其全省的19.6%，所占境内该类传承人数量比重为19%，所占四省市传承人数量比重为4%。

武陵地区曲艺类省级代表性传承人湖北省内有13人，所占全省该类省级传承人数比重为24.5%，所占境内比重为68%，所占渝鄂湘黔该类总量比重为10%；其次是湖南省有5人，所占省内该类比重为33.3%，所占境内同类比重为26%，占渝鄂湘黔同类比重为4%；贵州省境内只有1人，重庆市境内的该类代表性传承人还是空缺。

武陵地区传统体育、游艺、杂技类省级代表性传承人湖南、贵州境内都各有5人，所占境内比重为36%，所占其省内同类比重分别为41.6%、27.7%；重庆境内有3人，湖北境内只有1人，所占比重较少。

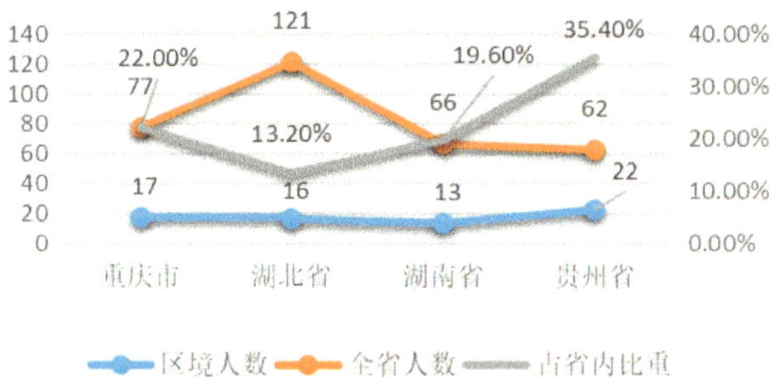

图29 武陵地区传统戏剧类省级代表性传承人分布状况

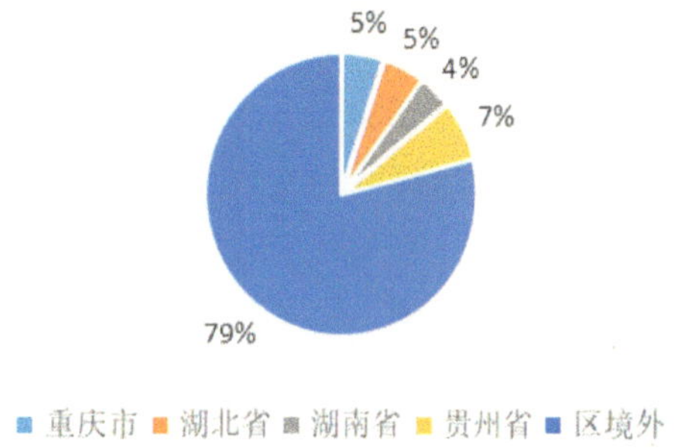

图30 渝鄂湘黔传统戏剧类省级代表性传承人比重状况

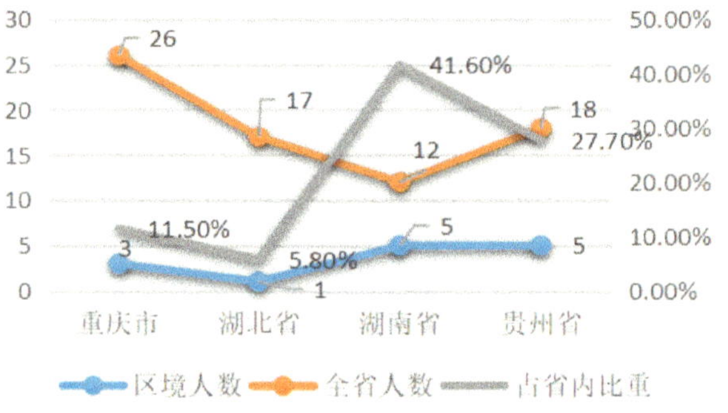

图31 武陵地区传统体育、游艺杂技类省级代表性传承人分布状况

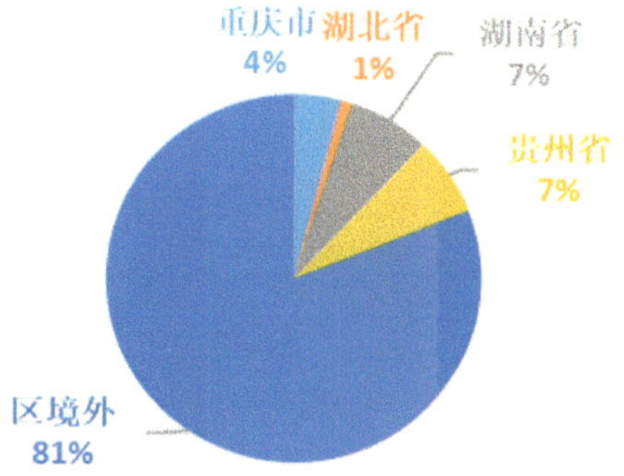

图32 渝鄂湘黔传统体育、游艺、杂技类省级代表性传承人数比重状况

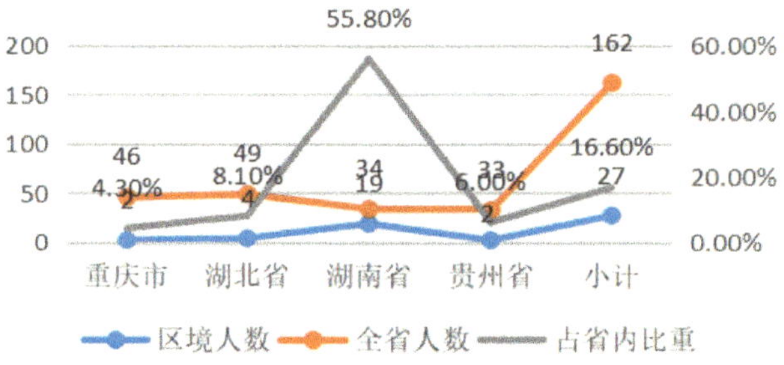

图33 武陵地区传统美术类省级代表性传承人分布状况

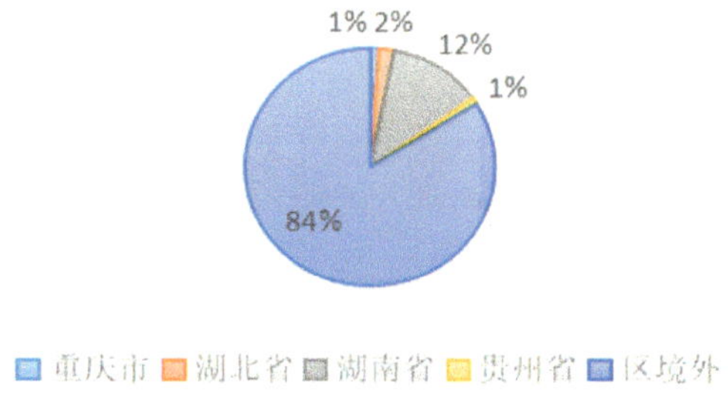

图34 渝鄂湘黔传统美术类省级代表性传承入比重状况

武陵地区传统美术类省级代表性传承人湖南省境内有19人，所占全省同类比重为55.8%，所占渝鄂湘黔该类数量比重为12%；湖北省境内有4人，重庆及贵州境内均有2人。传统技艺类省级代表性传承人重庆境内最多，有35人，所占全市同类比重为18.8%；湖南境内有20人，所占其全省同类比重为54%；其余湖北境内有11人，贵州境内有8人。武陵地区传统医药类代表性传承人重庆境内有6人，湖南境内有4人，贵州及湖北省境内各有1人。从图表可见，在传统医药方面境内传承人共有12人，所占渝鄂湘黔该类数量比重为18.7%，其中重庆境内为9%，湖南省境内为6%，湖北及贵州省境内都约占2%。

武陵地区民俗类省级代表性传承人共有26人，所占渝鄂湘黔该类数量比重为21%。其中湖南省境内有10人，重庆市境内9人，湖北境内5人，贵州境内2人，所占渝鄂湘黔同类比重分别为8%、7%、4%、2%，所占所在省内同类比重分别为52%、24.3%、25%、4.3%。

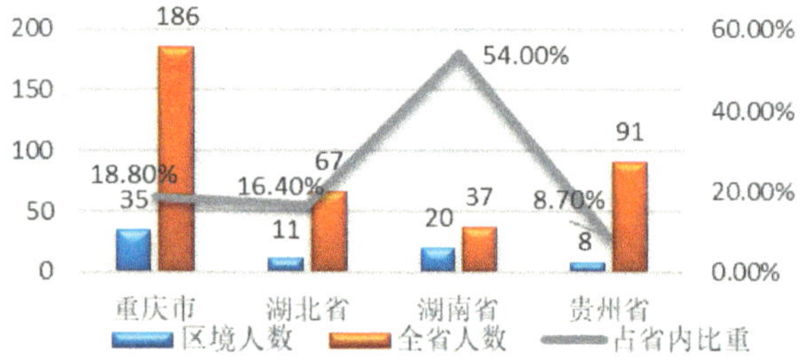

图35 武陵地区传统技艺类省级代表性传承人分布状况

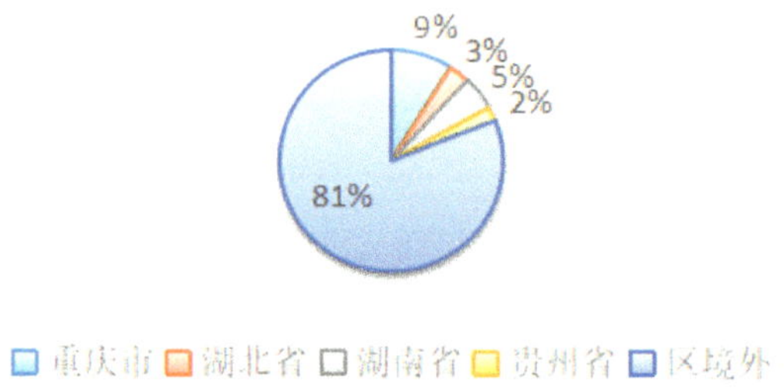

图36 渝鄂湘黔传统技艺类省级代表性传承人比重状况

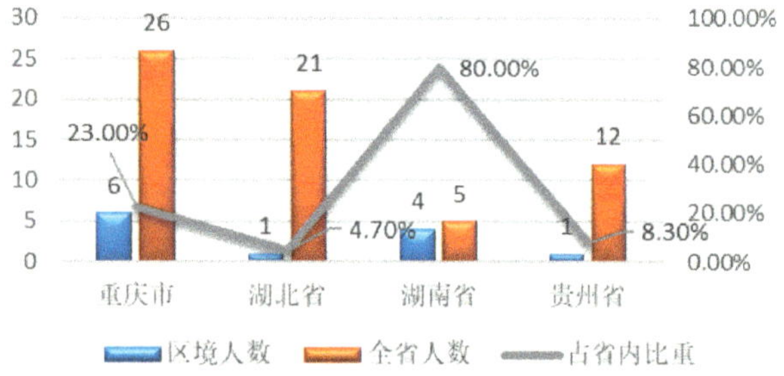

图37 武陵地区传统医药类省级代表性传承人分布状况

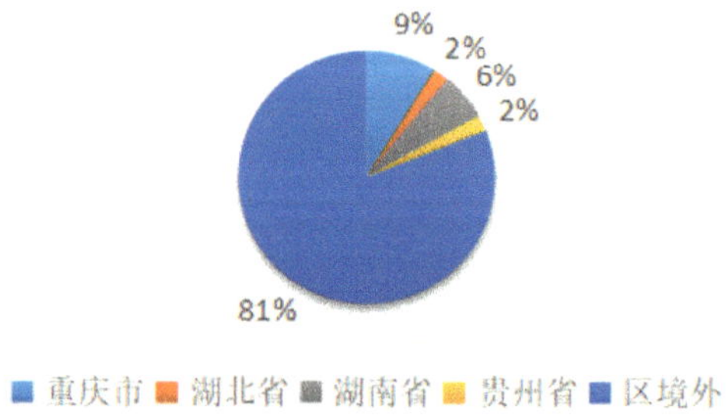

图38 渝鄂湘黔传统医药类省级代表性传承人比重状况

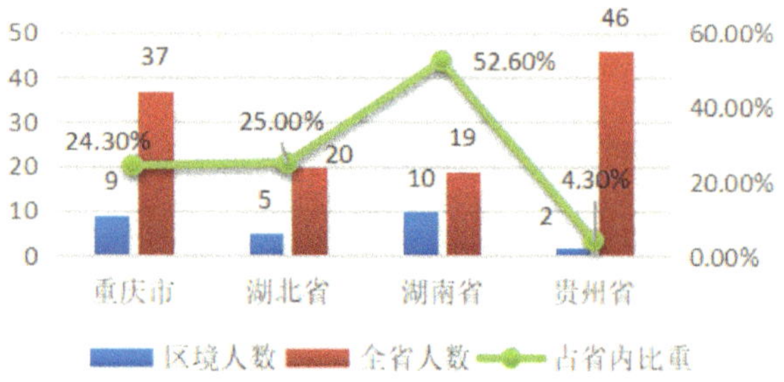

图39 武陵地区民俗类省级代表性传承人分布状况

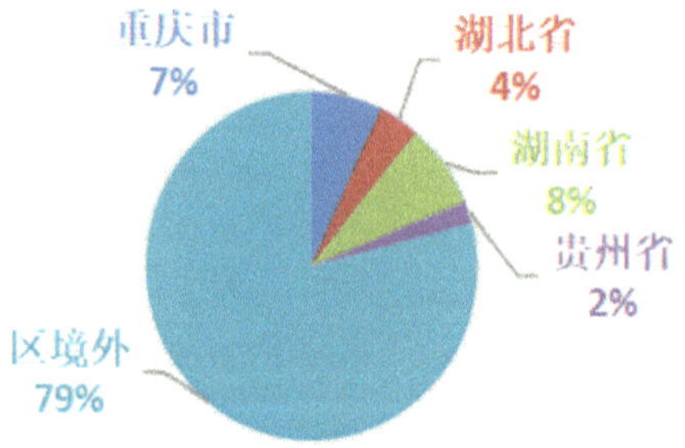

图40 渝鄂湘黔民俗类省级代表性传承人数比重状况

（三）武陵地区省级非物质文化遗产代表性项目名录代表性传承人发展现状特点

武陵地区省级非物质文化遗产代表性传承人总量偏少且比重不一。从地域上看，这些非遗项目的代表性传承人多分布于湘西、渝东南及恩施州少数民族聚居地，相对较少的是黔东铜仁地区。武陵地区民间文学、民间音乐、传统美术、传统民俗类非遗代表性传承人更多分布在湖南省境内，传统舞蹈、曲艺类非遗代表性传承人更多分布在湖北恩施州境内，相对而言，贵州省境内非遗传承人分布较少，该地区在整个贵州省来看也是分布较少的区域。从武陵地区地理空间来观察非遗传承人分布看，较多地集中在武陵山腹地渝鄂湘黔交界的酉水河流域。

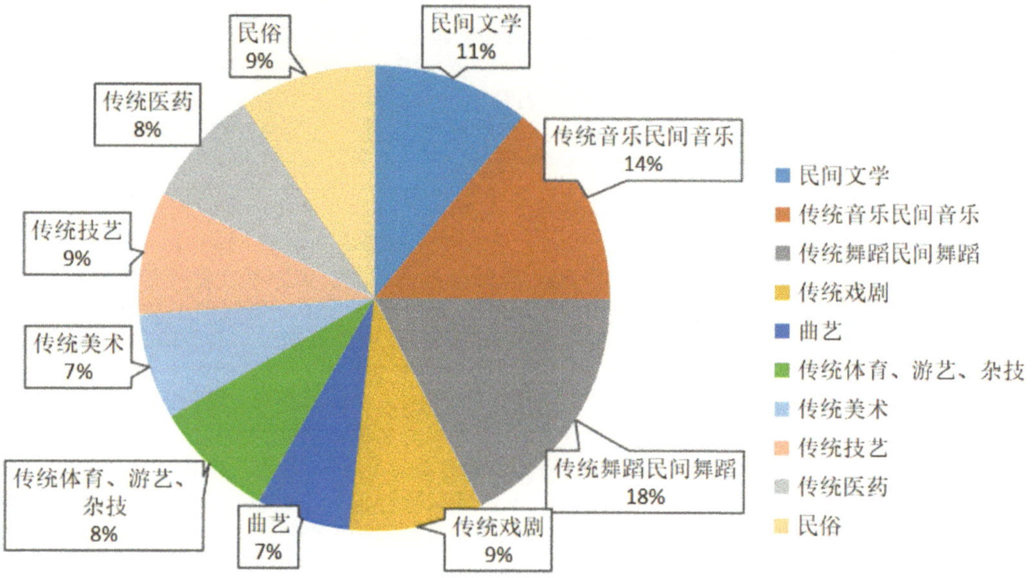

图41 武陵地区省市级非物质文化遗产名录代表性传承人分布状况

表30 武陵地区省市级非物质文化遗产名录代表性传承人分布状况

项目类型	所在省份	非遗项目及代表性传承人
民间文学	重庆市	1.男女石柱神话/石柱县：马兹文、秦文洲；2.吴幺姑传说/黔江区：胡万华；3.巫傩诗文/酉阳县：彭承善；4.酉阳古歌/酉阳县：张泽本、吴少强；5.石柱酒令/石柱县：谭世银
	湖北省	1.都镇湾故事/长阳县：孙家香（女）、刘泽刚、李国新、刘为芬（女）；2.屈原传说/秭归县：郑承志
	湖南省	1.土家族挖土锣鼓歌/龙山县、古丈县：彭武庚、李正平；2.土家族哭嫁歌/古丈县、龙山县：彭祖秀（女）、彭万姣（女）、田义翠（女）；3.土家族山歌/保靖县：杨光万、向品玉；4.土家族梯玛神歌/永顺县、龙山县：向云淼、彭继龙、周光交；5.苗族歌谣/花垣县：张艳（女）；6.土家族摆手歌/古丈县：田祖福；7.侗款/通道县：吴祥跃；8.苗族傩歌/吉首市：石福保
	贵州省	苗族“巴狄熊”口传经典/松桃县：田如超

传统音乐 民间音乐	重庆市	1.土家斗锣/石柱土家族自治县：谭松芳、王洪奇、申绪权；2.后坝山歌/黔江区：张国文、田桂香（女）；3.鞍子苗歌/彭水苗族土家族自治县：任云新、任茂淑（女）、吴庆友、庹清先；4.薅草锣鼓/秀山土家族苗族自治县：赵祖静；5.秀山民歌/秀山县：王世金；6.酉阳民歌/酉阳县：白现贵、冉平英、简祖明；7.诸佛盘歌/彭水县：万朝珍；8.彭水耍锣鼓/彭水县：任汉平；9.彭水道场音乐/彭水县：冯秀平；10.马喇号子/黔江区：张柱阳、张宇江；11.帅氏莽号/黔江区：帅世全；12.仙女山耍锣鼓/武隆县：代祖林、吕代林；13.后坪山歌/武隆县：黄华禄；14.鸭平吹打/武隆县：王孝尤、肖久永；15.木叶吹奏/酉阳县：张宗应、田景义；16.三棒鼓/酉阳县：唐开其；17.梅子山歌/彭水县：刘俊高、冯广田；18.石城情歌/黔江区：孙其华（女）；19.焦石民歌/涪陵区：彭金俸；20.龙孔吹打/丰都县：冉龙华；21.龙骨坡抬工号子/巫山县：吴光照、龙代富；22.邓家背二哥号子/巫山县：向文轩；23.酉阳耍锣鼓/酉阳县：冉文章；24.彭水太原民歌/彭水县：刘凤平；25.苗山打闹/彭水县：唐守学、唐守贵 （第五批传承人推荐）：26.薅草锣鼓/黔江区、秀山县：田仁炳、杨再高；27.黎水拗岩号子/黔江区：秦治学；28.谢家锣鼓/黔江区：谢育齐；29.平桥薅秧号子/武隆区：张文渊；30.石桥木叶吹奏/武隆区：张麒麟；31.梁山吹打/丰都县：蓝明河；32.石柱土家断头锣鼓/石柱县：黄康胜；33.石柱土家啰儿调/石柱县：向云群（女）、刘长珍（女）；34.咚咚喹/酉阳县：白现贵；35.酉阳吹打/酉阳县：田井辉；36.鞍子苗歌/彭水县：李信阳
	湖北省	1.薅草锣鼓/宣恩县、五峰县、长阳县、秭归县：李忠和、向昌进、付吉佳、高秉全、王道本、向维平（女）、熊作正、罗留英（女）、毛开善、鲁邦文、王新华、王文彬、冷浩然；2.喜花鼓/建始县：吕守芹、黄宗平、罗伦秀（女）；3.利川灯歌：全友发；4.长阳山歌/长阳县：马协菊（女）、李德翠（女）、覃春波、王爱民、秦道菊（女）；5.建始丝弦锣鼓/建始县：肖远游、余定喜、冉起良；6.长江峡江号子/秭归县、巴东县：胡振浩、王祖湘、董长华、严明军、张厚彪；7.五峰打溜子/五峰县：简伯元、王德方、王德才；8.鹤峰围鼓/鹤峰县：王兆梧、苏国明；9.十姊妹歌/宣恩县：李美珍（女）；10.长阳吹打乐/长阳县：田文宣、康玉泉、杨士朋；11.星岩坪山歌/五峰县：隗传章（女）；12.高腔山歌（宣恩高腔山歌）/宣恩县：何松庭；13.吹打乐（五峰民间吹打乐）/五峰县：余现炳、钟立；14.吹打乐（来凤打安庆）/来凤县：刘法兵；15.太阳河民歌/恩施市：谢小平（女）
	湖南省	1.侗族芦笙/通道侗族自治县：石喜富、杨枝光；2.沅陵山歌/沅陵县：刘运凡、黄休香（女）；3.桑植民歌/张家界、桑植县：向佐绒（女）、陈金钟、尚生武、谷彩花（女）、袁绍云；4.茶山号子/辰溪县：米庆松；5.酉水船工号子/保靖县：张官坤；6.花瑶呜哇山歌/隆回县：戴碧生、陈世达；7.湘西苗族民歌/吉首市：吴腊保（女）、陈千均；8.土家族咚咚喹/龙山县：严三秀（女）、田隆信、田采和（女）；9.苗族歌鼟/靖州县：龙景平；10.侗族喉路歌/通道县：陆飘；11.土家族打溜子/龙山县：杨文明；12.石门土家山歌/石门县：李育南；13.侗族大歌/通道侗族自治县：吴焕英（女）
	贵州省	1.土家族高腔山歌/印江自治县、沿河自治县：刘朝英、杨秀昭、王波；2.土家族打溜子/沿河自治县：陈庆福；3.仡佬族情歌/石阡自治县：毛呈祥；4.仡佬族哭嫁歌/遵义市道真县：王前梅（女）；5.乌江船工号子/思南县：刘明礼
传统舞蹈 民间舞蹈	重庆市	1.摆手舞/酉阳县：田景民、田维政、田景银、田景树、彭银花（女）、顾昌福；2.普子铁炮火龙/彭水县：潘中仁；3.高台狮舞/彭水县：唐守益、朱万志；4.庙池甩手揖/彭水县：李元胜；5.玩牛/石柱县：江再顺、刘贤江、马兹美（女）；6.打绕棺/石柱县、酉阳县：刘远高、彭世泽、白运文、董仁虎、董仁明；7.石柱板凳龙/石柱县：余绍军；8.平桥耍龙/武隆县：李代琼（女）；9.龙孔戏牛舞/丰都县：文永潮 （第五批传承人推荐）：10.玩牛/石柱县：余长英（女）；11.高台狮舞/彭水县：毛云锋

	湖北省	1.土家族撒叶儿嗬/五峰县、巴东县、长阳县：毛方明、向科美、黄在秀、黄治军、谭学聪、张言科、覃自友、汪达升、田承干；2.建始闹灵歌/建始县：陈生源、郭隆聪、龙世斌；3.耍耍/宣恩县、恩施市：董兴林、向大荣、黄知培；4.地盘子/咸丰县：李仕洲；5.摆手舞/来凤县：彭承金；6.宣恩土家族八宝铜铃舞/宣恩县：田宗堂；7.肉连响/利川市：吴修富、刘守红；8.地龙灯/来凤县：邓斌、李英；9.土家族摆手舞/来凤县：彭南清；10.滚龙连厢/宣恩县：侯安星；11.龙舞（咸丰板凳龙）/咸丰县：周礼乐；12.地花鼓（长阳花鼓子）/长阳县：覃培养；13.地花鼓（五峰土家花鼓子）/五峰土家族自治县：樊孝珍（女）；14.绕棺/利川市：李兴爱；15.花鼓灯（鹤峰花鼓灯）/鹤峰县：范先菊（女）
	湖南省	1.土家族跳丧舞/石门县：陈本龙、刘远正；2.土家族毛古斯/龙山县、古丈县、永顺县：彭南京、李云富、彭英宣；3.文武茶灯/凤凰县：郭长明；4.湘西苗族接龙舞/吉首市：吴国勤；5.苗族绺巾舞/花垣县：石三冬；6.七江炭花舞/隆回县：胡光旦；7.桑植白族仗鼓舞/桑植县：钟会龙、王安平；8.桑植花灯/桑植县：满员恒；9.芷江孽龙舞/芷江县：田宗林、田志泽；10.蚕灯舞/溆浦县：张祖选；11.张家界高花灯/张家界市：秦太林；12.棕包脑/洞口县：丰保连；13.桑植跳丧舞/桑植县：周纯勤；14.苗族团圆鼓舞/古丈县：陈万玉（女）
	贵州省	1.松桃瓦窑四面花鼓/铜仁市松桃县：龙云辉；2.金钱杆/铜仁市江口县：杨秀虎
传统戏剧	重庆市	1.面具阳戏/酉阳土家族苗族自治县：吴长富、陈德森、黄光尧、陈永霞、吴中良；2.阳戏/秀山土家族苗族自治县：侯锦辉；3.傩戏/秀山土家族苗族自治县：何建勋；4.石柱土戏/石柱县：向大学；5.木腊庄傩戏/彭水县：冉正高、李应中、冉瑞财；6.濯水后河戏/黔江区：樊宣洪、徐余清、陈绍明；7.酉阳花灯/酉阳县：罗忠廷（第五批传承人推荐）：8.苞谷灯戏/酉阳县：冯元林；9.面具阳戏/酉阳县：冷定祥
	湖北省	1.傩戏/鹤峰县、恩施市：黄茂庭、蒋品三、卢碧川、邓玉书；2.南剧/来凤县、咸丰县：秦唯正、徐钊元、杨道运、吴兆云；3.恩施灯戏/恩施市：孟永香（女）；4.鹤峰柳子戏/鹤峰县：谭文友、熊晓华（女）；5.巴东堂戏/巴东县：谭绍康、谭文碧；6.皮影戏（秭归皮影戏）/秭归县：王光德；7.花鼓戏（秭归建东花鼓戏）/秭归县：傅永香
	湖南省	1.湘西阳戏/吉首市：杨秀早；2.张家界阳戏/张家界：符奇男、朱丽珍（女）；3.苗戏/花垣县：石成业、吴天清；4.侗戏/通道侗族自治县：吴尚德；5.邵阳花鼓戏/邵阳市：刘忠明；6.祁剧/邵阳市：刘登雄、王任贤；7.桑植傩戏/桑植县：冯明柱；8.溆浦傩戏/溆浦县：周达涌；9.怀化上河阳戏/怀化市：梁厚芳（女）、陈付清
	贵州省	1.石阡木偶戏/石阡县：饶世凡、饶世印、付正华、付正贵、刘超；2.思南花灯戏/思南县：刘义明、刘胜杨、罗君国、寇源、许朝正；3.德江傩堂戏/德江县：张月福、张金辽、吴贤富、张金太、安明秀（女）；4.傩戏/印江自治县：杨胜淮、罗会秀（女）5.仡佬族滚龙戏/正安县：刘学勇；6.花灯戏/铜仁市印江县：周和平；7.阳戏/正安县、铜仁市沿河县：黎岗、宋绍连；8.马马灯/正安县：骆长伦；9.仡佬族傩戏/道真县：程均；10.傩堂戏/石阡县：胡定昌；11.仡佬族傩戏/遵义市道真县：杨朝忠
曲艺	重庆市	
	湖北省	1.南曲/长阳县、五峰县：田卜栋、覃远新、覃好群、高家尧、陆先模、李子元；2.恩施扬琴/恩施市：孙邦固；3.利川小曲/利川市：李源道；4.满堂音/鹤峰县：彭文照；5.三棒鼓（土家三棒鼓）/来凤县、宣恩县：田延江、向前和、朱锦泉；6.恩施三才板/恩施市：杨洪顺
	湖南省	1.侗族琵琶歌/通道侗族自治：石志运、吴永春；2.湘西三棒鼓/龙山县：肖泽贵；3.丝弦（辰溪丝弦）/辰溪县：唐运善；4.湘西三棒鼓/龙山县：宁国胜
	贵州省	围鼓/正安县：霍长伦

传统体育、游艺、杂技	重庆市	1.中塘向氏武术/黔江区：向国胜、向国珍 （第五批传承人推荐）：2.上刀山/酉阳县：冉启国
	湖北省	板凳拳/咸丰县：陈俊法
	湖南省	1.苗族武术/花垣县：石仕贞；2.沅陵传统龙舟赛/沅陵县：姜盛文；3.大成拳/邵阳市：张礼义；4.苗族武术/花垣县：石兴文；5.张家界鬼谷神功/张家界市：黄德君
	贵州省	1.仡佬族高台舞狮/道真县：申克纯、申学军；2.寨英滚龙/松桃自治县：文华仙（女）；3.傩技-上刀山/松桃县：田如平、石伟；4.仡佬族打蔑鸡蛋/遵义市道真县：王代勤
传统美术	重庆市	（第五批传承人推荐）：1.秀山金珠苗绣/秀山县：杨秀燕（女）；2.彭水苗绣/彭水县：李绍玉（女）
	湖北省	1.咸丰何氏根雕/咸丰县：何平；2.民间绣活（土家族苗族绣花鞋垫）/宣恩县、咸丰县：周银菊（女）、陈永丰（女）；3.石雕（尖山石刻）/咸丰县：谢先华
	湖南省	1.苗画/保靖县：梁永福、梁德颂；2.湘西木雕/永顺县：陶代荣；3.土家族竹雕/龙山县：王仕辉；4.湘西苗绣/凤凰县：吴四英（女）；5.宝庆竹刻/邵阳市：张宗凡、张交云；6.洞口墨晶石雕/洞口县：唐文泰；7.洞口木雕/洞口县：付金林；8.滩头年画/隆回县：高腊梅（女）；9.剪纸（踏虎凿花）/泸溪县：杨桂军；10.挑花（苗族挑花）/泸溪县：杨春英（女）；11.挑花（花瑶挑花）/溆浦县：奉兰香（女）；12.石雕（芷江明山石雕）/芷江侗族自治县：胡杨；13.木雕（傅氏木雕）/怀化市：傅昭槐；14.湘西苗绣/花垣县：吴英继（女）；15.泸溪傩面具/泸溪县：吴兴知
	贵州省	苗绣/松桃县：田应芝（女）、石丽平（女）
传统技艺	重庆市	1.朗溪竹板桥造纸/彭水苗族土家族自治县：刘开胜；2.纸竹工艺/武隆县：王远贤；3.龙凤花烛/秀山土家族苗族自治县：喻淑芬（女）；4.重庆吊脚楼营造技艺/石柱县：刘成柏、刘成海；5.郁山擀酥饼制作技艺/彭水县：甘秉廉（女）；6.包鸾竹席传统制作技艺/丰都县：舒文海；7.仙家豆腐乳传统制作技艺/丰都县：杨东辉；8.羊角豆腐干传统制作技艺/武隆县：梁启超、石登阳；9.石柱黄连传统生产技艺/石柱县：郭华贵；10.酉阳西兰卡普传统制作技艺/酉阳县：左翠平（女）、胡荣贞（女）；11.彭水青瓦烧制技艺/彭水县：李举奎；12.郁山鸡豆花制作技艺/彭水县：黄守萍（女）；13.西兰卡普（土家织锦）制作技艺/黔江区：周秀霞（女）；14.麻辣鸡块传统技艺/丰都县：范淑英（女）；15.羊角老醋传统制作技艺/武隆县：谢承玉（女） （第五批传承人推荐）：16.西兰卡普（土家织锦）制作技艺/黔江区：汪少碧（女）；17.鲊（渣）海椒传统制作技艺/黔江区：李清华；18.羊角豆腐干传统制作技艺/武隆区：张奎林；19.羊角老醋传统制作技艺/武隆区：彭绪兵；20.火炉药膳羊肉传统制作技艺/武隆区：蒋斗琼（女）；21.白马天然蜂蜜传统酿制技艺/武隆区：张梅（女）；22.土家倒流水豆腐干传统手工制作技艺/石柱县：秦光建；23.龙凤花烛/秀山县：陈建友；24.洪安腌菜鱼传统制作技艺/秀山县：杨昌兵；25.龙潭鸭子龙彩扎技艺/酉阳县：陈茂和；26.柚子龟传统制作技艺/酉阳县：刘仲华；27.龚滩镇绿豆粉传统制作技艺/酉阳县：冉国华；28.酉阳白酒传统酿造技艺/酉阳县：冉师兰；29.彭水灰豆腐制作技艺/彭水县：马树成；30.苗族银饰锻制技艺/彭水县：庹俊鶣；31.郁山泼炉印灶制盐技艺/彭水县：刘运铭；32.彭水米花传统制作技艺/彭水县：崔会媛（女）

	湖北省	1.土家织锦“西兰卡普”/来凤县：刘未香（女）；2.干栏吊脚楼建造技艺/咸丰县：万桃元、谢明贤；3.糕点制作技艺（建始花坪桃片糕制作技艺）/建始县：吴际安；4.豆制品制作技艺（利川柏杨豆干制作技艺）/利川市：沈金忠；5.豆制品制作技艺（巴东五香豆干制作技艺）/巴东县：刘家富；6.油茶汤制作技艺/来凤县：田小英（女）；7.漆筷制作技艺（来凤漆筷制作技艺）/来凤县：王耀志；8.油茶汤制作技艺/咸丰县：马金现；9.绿茶制作技艺（宣恩伍家台贡茶制作技艺）/宣恩县：郑时兵；10.绿茶制作技艺（恩施玉露制作技艺）/恩施市：杨胜伟
	湖南省	1.凤凰纸扎/凤凰县：聂方俊、聂大勇；2.苗族银饰锻造技艺/凤凰县：龙米谷、麻茂庭；3.踏虎凿花/泸溪县：邓兴隆；4.蓝印花布印染技艺/凤凰县：刘大炮、刘新建；5.侗锦制造技艺/通道侗族自治县：粟田梅（女）、吴念姬（女）；6.泸溪傩面具/泸溪县：梁铁；7.湘西竹编/保靖县：姚本顺；8.土家族吊脚楼营造技艺/永顺县：彭善尧、万玉其；9.土家族织锦技艺/保靖县、龙山县：田明花（女）、黎秋梅（女）、叶菊秀（女）；10.苗族花带技艺/花垣县：石菊香（女）；11.古丈毛尖茶制作技艺/古丈县：张远忠；12.雕花蜜饯/靖州县：汪永珍（女）；13.岳州扇制作技艺/岳阳县：彭明华；14.滩头手工抄纸/隆回县：李志军；15.水冲石砚/吉首市：杨光三
	贵州省	1.玉屏箫笛制作技艺/玉屏县：顾国富、杨长流、姚茂禄、吴继红；2.傩面具制作工艺/德江县：黎世宏、王国华；3.皮纸制作/印江县：蔡文举；4.石阡苔茶传统制作技艺/石阡县：王飞；5.古法造纸/印江县：田儒林；6.印染工艺/铜仁市印江县：任明武；7.焰火架制作技艺/铜仁市印江县：张安怀
传统医药	重庆市	1.郭昌毕中医跌打损伤传统疗法/涪陵区：郭小惠（女）；2.李志沧传统中医正骨术/涪陵区：李朝阳；3.鹿角镇民间蛇伤疗法/彭水县：陈洪儒（第五批传承人推荐）：4.曾氏“正骨术”/黔江区：曾红专；5.刘氏“捏嗝食筋”疗法/黔江区：刘元成；6.诸佛冯氏蜂毒疗法/彭水县：冯庆双
	湖北省	严氏眼科中医疗法/咸丰县：严一福
	湖南省	1.苗医药（癫痫症疗法）/凤凰县：龙玉年；2.苗医药/花垣县：田兴秀；3.孙氏正骨术/邵阳正骨医院：廖怀章；4.土家医小儿提风疗法/永顺县：周青松
	贵州省	遵义王氏中医推拿/遵义市：王超文
民俗	重庆市	1.盐运民俗/石柱县：彭家胜；2.秀山花灯/秀山县：杨正斌；3.角角调/黔江区：张永松；4.哭嫁/酉阳县：向金翠（女）、田维翠（女）；5.郁山孝歌/彭水县：蔡明杨（第五批传承人推荐）：6.马喇龙灯习俗/黔江区：王顺明；7.凤来大石箐香会/武隆区：刘明忠；8.秀山花灯/秀山县：石正发
	湖北省	1.端午节（屈原故里端午习俗、西塞神舟会）/秭归县：徐正端、向富昌、谭国政；2.五峰土家族告祖礼仪/五峰县：陈儒煊；3.巴东土家族民间历法/巴东县：谭支秀（女）
	湖南省	1.乾州春会/吉首市：滕召云；2.苗侗芦笙节/靖州县：谢科团；3.盘瓠祭/麻阳县：田年均；5.苗族跳香/泸溪县：张启荣；6.古丈跳马节/古丈县：鲁选明；7.泼水龙习俗/永定区：邹启祥；8.桑植白族游神/桑植县：钟阳生；9.苗族服饰/湘西自治州：王钊（女）；10.苗族四月八/吉首市：吴牛振；11.苗族赶秋/花垣县：吴海深
	贵州省	1.下洞祭风神/印江县：任贞茂；2.江口羌历年/江口县：胡政法；3.说春/铜仁市石阡县：封万明

第三章 武陵地区非物质文化遗产传承人的传承机制

非物质文化遗产传承人的传承行为是一个非常复杂的过程，受自然、社会、信仰、法制、风俗、行政以及家庭等各方面因素的影响。这些不同的要素就构成了非物质文化遗产传承人传承行为的有机整体，各要素或结构之间的协调运行保证了传承行为的顺利实现。对武陵地区非物质文化遗产传承人的传承机制进行研究具有非常重要的作用和意义，能够使我们更加清楚武陵地区非物质文化遗产传承人传承的内部构成，能够使我们更进一步了解武陵地区非物质文化遗产传承人的传承过程、传承特点、传承模式、传承途径等。

第一节 武陵地区非物质文化遗产传承模式

传承模式就是非物质文化传承人长期形成的一种固定的有规律的传承方式。关于传承模式的问题，一些民俗专家从不同角度对其进行了论述。有专家按传承途径分为口头传承、行为传承、心理传承与书面传承，有专家按照传承主体分为群体传承和个体传承，有专家按照传承的组织形态分为血缘传承、地缘传承和业缘传承[①]，还有学者从非遗的视角分为群体传承、家庭传承（或家族传承）、社会传承、神授传承[②]。武陵地区地域广泛，民族众多，传承人的传承模式具有多样化的特点，经过归纳总结，我们认为当前武陵地区非物质文化遗产传承模式主要有：家庭传承模式、师徒传承模式、民间社区模式、政府主导模式、学校传承模式以及传习馆传承模式等。

① 姜又春：《民俗传承论》，《青海民族研究》2012年第3期。
② 刘锡诚：《传承与传承人论》，《河南教育学院学报（哲学社会科学版）》2006年第5期。

一、家庭传承模式

家庭传承（或家族传承）模式“是指以家庭内部为传承范围的传承体系，往往是父亲传给儿子，母亲传给女儿，或是祖父传给孙子，祖母传给孙女”①。家庭传承（或家族传承）模式是我国传统历史当中传承文化的主要渠道。“家庭是社会的细胞，是人们最亲密的情感存在……优秀传统文化的传承和大众文化的建设，都要回归家庭。中国传统的家庭多是制度式的家庭，它强调个体对家庭、家族乃至整个宗族的责任、义务和忠诚。”②由此可见，中国一直以来就有子承父业的历史传统，尤其一些需要高超和特殊技艺的文化艺术形式，更是不得随便外传。家庭传承其实属于一种特殊的师徒传承模式，都是通过手把手、口传心授的方式进行传承，家族长扮演着师傅和家族长辈的双重身份，师傅和徒弟之间具有血缘关系。在中国悠久的传统教育当中，“父子相传，师徒相授”一直被作为典型的教育方式。经过调查和统计，当前武陵地区非物质文化遗产中，以家庭传承模式进行传承活动的项目占有非常大的比重。贵州石阡县木偶戏传承人付正华传承木偶戏的方式，属于典型的家庭传承模式。付正华1931年出生于石阡县花桥镇花桥村大塘坪组，他从未上过学，十二岁就跟随父亲付银洲学艺，经过刻苦努力学习，很快就掌握了木偶戏表演的全部技艺。德江傩堂戏传承人安永柏也是通过家庭传承模式进行传承。安永柏1964年10月20日出生于一个傩戏世家，从小就受到傩戏的熏陶，1979年7月从稳坪镇木叶中学毕业后就在家随父亲安国胜学习傩艺技术，并接职出师。除此之外，还有大量的家庭传承范例，如重庆石柱土家啰儿调刘氏传承谱系中第六代国家级传承人刘永斌，第七代传承人刘长顺、刘长珍；黄氏传承谱系中第四代传承人黄代书，第五代传承人黄明兵，第六代传承人黄雷等；湖北五峰薅草锣鼓第三代传承人王德方、王德财，第四代传承人邹阳、李奎、王仁重等。他们是典型家庭传承的典范。

图1 调查傩戏传承情况

① 张泽忠、韦芳：《侗歌艺术传承研究》，民族出版社，2010年，第118页。
② 王丽荣、李若衡：《论家庭模式与优秀传统文化传承》，《广西社会科学》2016年第7期。

二、师徒传承模式

师徒传承模式是以择徒拜师的形式进行，师傅和徒弟双方按照一定的行业规范要求以及权利义务，以传习某种技艺为目的的一种传承模式，这种一对一的传承方式主要以口传心授、借助面对面的语言动作交流进行传承活动，这种传承模式属于个人传承行为。在中国传统社会中，以传习某种技艺为纽带而形成的师徒传承，几乎是所有文化艺术门类发展过程中的普遍现象。师徒传承是武陵地区非物质文化遗产传承最普遍和最重要的传承模式，从古至今，在民间技艺学习群体中一直都被延续着。例如湖南桑植民歌戴福香谱系中第三代传承人陈功振、陈广学、王荷香、王顺芝，娄菊香谱系中第三代传承人袁绍荣和第四代传承人黄道英等；重庆石柱土家啰儿调李氏传承谱系中第六代传承人漆安江、任鹏飞、黄国勇，马氏传承谱系中第七代传承人马丹妮、马波、马燕妮、马亦寒等；湖北鹤峰满堂音第四代传承人费正奇，第五代传承人李连泉、马银阶、董明元、田泽延，第六代传承人彭文照、田秀甫、田新甫、向文轩等。湖南常德国家级非物质文化遗产项目传承人谌晓辉，于1971年向当地丝弦老艺人代望本拜师学艺，经过几年的学习掌握了常德丝弦的基本唱法。1973年谌晓辉也开始招收小演员（徒弟）10名，先后向龙赛帘、林红、黄祖义等3人传授了常德丝弦基本演唱技法。总之，无论过去还是现在，这种传承模式在武陵地区各地方各民族当中都是非常普及的传承模式。

图2 秀山花灯拜师仪式 扬正斌摄

三、社会传承模式

社会传承模式属于一种集体的传承行为模式，又叫群体传承模式，是指非物质文化遗产传承活动中，参与人数较多、涉及人群较广的一些传承项目活动。绝大部分的民俗活动，如民俗节庆、民族歌舞、婚丧嫁娶以及一些集体歌唱活动都属于此类传承活动形式。社会传承模式的重要特征是人数众多，此传承模式在过去以及现在的非物质文化遗产传承中起着非常重要的作用。社会传承模式一般以村寨为单位进行，当然也存在跨寨传承的情况。武陵地区属于少数民族聚居地，都是能歌善舞的民族，有着丰富的集体歌舞娱乐活动和多样化的民俗活动。“六月六”苗歌节是苗族祭祀祖先的节日，每逢节日，苗族同胞便云集山下，青年男女身穿盛装，相聚情人坡吹起芦笙、跳起鼓舞、纵情对歌。他们以歌会友、以歌传情、以歌为媒，表达对生活的热爱。夜晚降临的时候，身着五彩银饰的苗家青年男女，相约来到凤凰古苗寨，围着篝火跳花跳月，尽情地唱歌，以山传情、以月为媒，苗家人的人间大爱，在“六月六”情人节的歌声中，在跳花跳月的篝火中，传承了一辈又一辈。重庆酉阳县土家摆手舞传承人田维政、田景银、田景树、彭银花、顾昌福等就是典型的社会传承模式下的非遗传承人，参与摆手舞活动的大量青年男女也是在集体活动过程当中传承着这种歌舞形式。

图3 摆手舞

四、政府主导模式

政府主导模式是地方政府依靠行政权力针对濒临消失的非物质文化遗产及其传承人而采取一系列措施，从而达到保护传承的行为模式。非物质文化遗产及其传承人属于一种社会公共资源，政府有责任和义务长期保护、培养当地传统非物质文化遗产及其传承人。对非物质文化遗产及其传承人的保护和开发是一项长期性的工作，需要投入很大的物力、财力和人力，并且还涉及协调各方面的利益，因而必须明确政府的主导功能作用，必须将政府主导与民间参与相结合，建立以政府为主导，社会参与、权责分明、运转协调的传承人保护和培养机制。近些年来，武陵地区各地方政府非常重视对当地传统非物质文化遗产及其传承人的保护工作，纷纷出台相关保护和培养政策，不断加大人力、物力的投入，充分利用各地方文化部门、文艺团体展开相关的收集与整理工作，落实传承人的申报与保护工作，对非物质文化传承人进行全面的普查，建立传承人档案，同时不断加强对传承人的培养工作。贵州省早在2002年7月就颁布了《贵州省民族民间文化保护条例》，2005年7月湖北省恩施州颁布了《恩施土家族苗族自治州民族文化遗产保护条例》，2005年9月湖南省颁布了《湖南省人民政府办公厅关于加强非物质文化遗产保护工作的意见》，2005年10月重庆市颁布了《重庆市人民政府办公厅关于加强我市非物质文化遗产保护工作的实施意见》，2006年2月湖北省宜昌市长阳土家族自治县颁布了《长阳土家族自治县民族民间传统文化保护条例》，2006年3月湖南省湘西州颁布了《湘西土家族苗族自治州民间文化遗产保护条例》等①。这些政策条例的颁布实施，对于传承保护这一地区的传统非物质文化遗产及其传承人具有非常重要的促进作用。我们从长阳国家级非遗项目代表性传承人张言科（1947—2017）写的一篇日记中可以看出地方政府对保护和培养非物质文化传承人的主导作用。他写道："多年以来，由于民俗活动过分商业化，文化生态保护处于一种无奈的尴尬处境，沿袭几千年沉淀下来的历史瑰宝面临失传的危险。"但现在，全镇初、高级职称南曲艺人已达60多人，撒叶儿嗬队伍壮大到1000多人。这样一种局面，是国家重视非遗文化的结果，是各级文化工作者辛勤付出的结果，是一批老艺人发挥余热的结果，这其中也有张言科的艰辛付出。2006年随着土家族撒叶儿嗬被成功申报为国家非物质文化遗产项目，全镇兴起民族民间文化传承与保护的高潮。这一年，张言科被资丘中心学校聘任为撒叶儿嗬辅导老师，张言科借助民族民间文化进入校园，先后在资丘中学、白沙坪小学、凉水寺希望小学等五所学校授课。与此同时，在长阳资丘民族文化馆"撒叶儿嗬传习基地"培训班上，张言科用三期课程教会300多人跳撒叶儿嗬，还教会90多名学生和10多名社会人士跳花鼓子戏。由此可见政府在非物质文化传承人的保护和培养工作中所起的主导性作用②。

图4 谷龙村成立文艺机构推动阳戏传承

图5 石阡县文化馆举办非遗周末课堂

① 胡萍、蔡清万：《武陵地区非物质文化遗产及其文献集成》，民族出版社，2008年，第2页。
② 《湖北长阳张言科："非遗"传承不了情》，https://news.cnhubei.com/xw/hb/yc/201310/t2736803.shtml.

五、学校传承模式

学校教育是人才培养不可缺少的重要途径，也是对非物质文化遗产传承人传承保护和发展的重要模式。我们应该充分利用地方高校、中小学来传承保护非物质文化遗产及其传承人。

首先，地方高校作为重要的文化传播平台，必须将挖掘、保护、传承和研究地方非物质文化遗产及其传承人作为自己不可推卸的责任。把当地非物质文化遗产及其传承人作为传承对象纳入地方高校教育体系中，是时代所赋予的机遇，应将当地民族文化遗产保护与学科建设和课程有机结合，将民族文化保护与教学有机结合，设置具有民族文化特色的课程和教学模式，将有代表性的非物质文化遗产写入教材，将非物质文化的特质和理念融入新的教育体系中。武陵地区地处重庆、贵州、湖南、湖北的接壤地带，所辖范围及周边分布着多所高校，如湖北民族学院、长江师范学院、吉首大学、遵义师范学院等。这些高校在武陵地区非物质文化遗产及其传承人的保护传承工作中发挥了非常重要的作用，并做出了巨大的贡献。长江师范学院于2006年、2010年分别成立了武陵山区特色资源开发与利用研究中心和武陵山片区民族理论政策研究基地，吉首大学先后分别成立了武陵山发展研究院、武陵山区生态文化与居民健康营造重点实验室、武陵山地区民族药解析与创制湖南省工程实验室、武陵山区民族生态文化研究协同创新研究中心、武陵山片区扶贫与发展协同创新中心等。这些专门的研究基地和机构的成立对于武陵地区经济发展，民族非物质文化遗产的保护与传承、开发与利用，政府相关政策与策略的制定等都起到了非常重要的作用。这些院校还开设了相关专业和课程，培养专门的研究人才、管理人才以及表演人才，对于武陵地区非物质文化遗产及其传承人的保护和培养做出了巨大的贡献。

其次，中小学教育应该成为传承非物质文化遗产和培养传承人的重要平台。只有将武陵地区非物质文化遗产和传承人的培养工作纳入各地方中小学教育体系当中，走进学校和课堂，最终成为当地义务教育的重要内容，才能为传统非物质文化遗产传承人的培养以及对非物质文化遗产的普及和宣传提供强有力的制度保障。各级教育部门应将当地民族传统非物质文化作为实施学校素质教育的重要内容列入学校课程，开设具有民族和地区特点的民族文化特色课程，编写具有本地特色的传统民族文化教材，培训一批能够精通地方民族文化的教师，利用课堂向学生传授相关传统民族文化知识和技

图6 中国民间剪纸学校传承

能，以此来促进对本土非物质文化的传承。培养文化遗产传承人必须从娃娃抓起，从根本上解决传承人当前所面临的真正问题。当前武陵地区各地各级行政和教育部门都积极响应，纷纷出台政策，加强当地中小学对民族文化的保护和传承工作，充分挖掘当地民族非物质文化遗产资源，开设具有地方民族特色的文化课程，将民族文化融入常规的教学活动当中。2006年湖南湘西土家族苗族自治州政府通过的《湘西土家族苗族自治州民族民间文化遗产保护条例》议案，号召各地方中小学将民族民间文化传承与中小学教育相结合，鼓励中小学开设地方民族文化课程。据新浪网2017年1月23日报道：近年来，黔江区创新实施“寓乐于教”“文化树人”的政策，将民族文化融入幼儿教学、职业教育、专业教育当中，建成“非遗”传承基地学校32所、特色民族文化学校9所、体育艺术特色学校5所，把民间音乐、舞蹈、民族常识、民风民俗、民间工艺成功引入课堂，将民族常识校本教材列入学校教育教学计划，开发《后坝山歌》《竹铃操》等民族文化校本课程26门，编创《土家摆手操》《云上太阳》等精品民族文化节目20余个，广泛开展踢毽子、打陀螺、向氏武术、花样跳绳等民族传统体育活动[①]。据湖北《恩施日报》报道：恩施州所有中小学从今年秋季起，三至六年级、七至九年级分别开设《恩施民族常识》《恩施民族文化》地方课程。两本教材由“恩施土家族苗族自治州民族传统文化传承与弘扬教育研究”课题组编写，经湖北省中小学教材审定委员会审定通过，正式成为恩施州地方教材，免费发放给中小学生使用。两本教材是基于恩施州州情和富有特色的少数民族政治、经济、文化、宗教、习俗等教育资源的开发利用而编写的。学生通过学习，可以了解家乡的概况，领略恩施土家族、苗族的风土人情，感受灿烂的民族文化[②]。

图7　石阡县花桥中学《说春》校园传承及春词创作大赛

六、传习馆传承模式

建立各种民族文化传习馆传承保护传统非物质文化遗产，培养非物质文化遗产传承人，是

① 《黔江区实施“寓乐于教”促进民族文化与教育相互融合》，http://news.sina.com.cn/c/2017-01-23/doc-ifxzutkf2353262.shtml.

② 《我州中小学今秋开设民族文化课》，恩施新闻网：http://www.enshi.cn/2008/0906/414666.shtml.

一个值得我们借鉴和学习的重要模式，对于维持武陵地区传统民族非物质文化遗产的“活态性”具有非常重要的意义。就全国而言，“传习馆”这种非物质文化遗产及其传承人保护模式由来已久。早在1993年11月，我国中央交响乐团国家一级作曲家田丰先生就在距昆明30公里的云南安宁县境内创办了“云南民族文化传习馆”。它的创办是对我国各少数民族非物质文化遗产传承进行的一项创举，对我国传统非物质文化遗产及传承人的保护和培养具有非常重要的启示，有人把它称为“中国第一馆”。之后这种传承模式在云南地区兴盛起来，各地产生了大批的传习馆，并逐渐推向全国。其中云南丽江“传习馆”模式和玉溪师范学院“湄公河次区域民族民间文化传习馆”的成功做法和经验是非常值得我们学习和借鉴的。近些年来，武陵地区一些地方也开始兴起各种传统民族非物质文化传习馆和传习室，这些传习馆和传习室对于传承保护武陵地区传统民族非物质文化及其传承人发挥了重要的作用。湘西武陵山民族文艺传习中心在湘西州委、州政府关心支持下于2012年成立，承担了对湘西非物质文化遗产挖掘、整理、传承，以及培养民族非物质文化传承人等工作。据新华网报道：贵州省于“十三五”期间，将培训民族工艺人才1000人，建成10个民族工艺人才培训基地，建成10个左右大师工作室，命名挂牌1000家少数民族工艺传习所[①]。重庆石柱文化委于2017年筹备建设一个民族文化中心传习所，专门用于对当地土家族民歌“啰儿调”的传承，已于2018年竣工，并正式投入使用。此外还有大量的非物质文化传承人在各自地方设立传习室，收徒进行传习。湖南省龙山县西兰卡普传承人叶英，于1997年办起了“洗车河镇土家织锦工艺坊”，以这种方式培养了数十名西兰卡普传承人，同时还解决了他们的就业问题。

图8 刘代娥土家织锦传习馆传授技艺

① 《贵州投入1.8亿扶持500少数民族村寨》，新华网：http://news.xinhuanet.com/politics/2016-12/16/c_129408199.htm.

第二节 武陵地区非物质文化遗产传承人传承机制原理与特点

非物质文化遗产活态传承必须以人为本，传承人是非物质文化遗产的载体。对非物质文化遗产的传承保护，人才是根本。非物质文化遗产传承人的传承行为有其自身的规律和传承特点，受各种制度的制约和规范，我们必须了解并尊重这些规律和特点，传承人的传承行为才能得以顺利进行。本节将对武陵地区非物质文化遗产传承人的传承机制原理和特点展开论述。

一、关于传承人传承机制问题

要研究传承人传承机制问题，我们必须首先搞清楚什么是机制、什么是传承机制。《现代汉语词典》对机制一词进行了全面的解释：指机体的构造、功能及其相互关系；机器的构造和工作原理。现已广泛应用于自然现象和社会现象，指其内部组织和运行变化的规律。将机制的本义引申到不同的领域，就产生了不同的机制，如引申到生物领域，就产生了生物机制；引申到社会领域，就产生了社会机制。因而，传承机制就是指传承人传承行为过程中各种要素或结构的总和，各要素或结构之间形成一个完整的整体，通过一定的手段将各要素部分之间协调运行，从而确保传承人的传承行为有序进行。传承人传承机制必须以一定的运作方式将传承行为活动中的各个要素联系起来，并使它们协调运行而发挥相应的作用。传承人传承机制的建立必须依靠体制和制度保障，主要包括各级政府的法律法规与行业内部的各种规章制度。只有以相关体制和制度的建立作为保障，传承机制才能在实践中得以体现，才能真正发挥作用。我们可以通过改革和调整非物质文化遗产传承人相关的传承体制和制度，从而达到转换和改变传承机制的目的。非物质文化遗产传承人的传承行为是一个非常复杂的系统工程，受到来自自然、社会、信仰、风俗、法律、制度、道德、行政以及家庭等各方面因素的影响。因而，非物质文化传承人的传承机制是多个不同功能作用的机制综合运行的结果。非物质文化传承人传承机制主要包括内部传承人的选择机制、传承人培养机制、传承人退出机制、传承人自立机制以及传承人驱动机制；外部机制包括传承人传承的激励机制、社会规范机制、行业规范机制、政府规范机制、传承人保护机制等。选择机制就是如何选择传承人的整套办法和措施，培养机制就是对传承人进行培养的整套办法，退出机制就是传承人不再继续传承事业而选择退出的办法与措施。外部机制中的激励机制是指激励传承人进行传承活动的整套措施与办法。社会规范机制是指社会对传承人行为规范的要求和需求，以及传承人如何达到这些要求的一系列运行的机制。行业规范机制是指传承项目行业内部对传承人的规定和要求，以及传承人如何实现系列运行机制。政府规范机制是指政府为了良好地保护和传承非物质文化遗产，而对传承人进行规范和要求的整套办法与措施。保护机制是指社会、政府、行业为了保护传承人的权利和义务而采取的一系列措施与办法。这些不同的传承机制构成一个系统的传承人传承有机整体，彼此之间具有紧密的联系，相互协作，从而确保传承活动和传承工作的顺利完成。传承人传承的外部机制与传承人传承的内部机制之间有着紧密的联系，他们之间既有互动的关系，也有相互制约的关系，内部机制是根本，外部机制是保障。

二、武陵地区传承人传承机制原理

所谓原理就是“带有普遍性的、最基本的、可以作为其他规律的基础的规律；具有普遍意义的道理”（《现代汉语词典》）。因而，本书认为传承人的传承机制原理就是指传承人的传承行为构成要素，以及各要素或结构之间协调运行的普遍规律。万事万物总是有其自身的运行规律，而非物质文化遗产传承人的传承行为担负着对人类文化传承传播的重任，这种传承行为从古延续至今，自然有其自身的运行规律。我们只有遵循这些规律，才能保证传承人传承行为的顺利完成，祖先留下来的人类文化才能较好地延续下去，当今的文化遗产保护才能得以实现。

传承人传承机制原理主要包括传承人传承构成原理和传承人传承行为的运行原理。首先，从传承人传承机制的构成原理来看，传承人传承机制是由一个庞大的系统组成的。就整体宏观而言，传承人的传承机制主要由对传承人的认定和选择、传承人的培养模式、传承人的退出程序、传承人的激励机制、社会对传承人的规范、行业对传承人的规范、政府对传承人的规范以及对传承人的保护等要素构成。当然，这个庞大的整体系统又包括了多个子系统，如传承人的认定和选择这一行为又形成一套完整的内部结构原理和运行系统，包括认定和选择的标准、规定，认定与选择的程序和礼仪，还有传统的认定方式与现代的认定方式也存在着较大的差异。又如传承人的培养模式又属于传承人传承行为中的一个子系统，并有其自身的结构和运行规律，包括了师徒之间的关系、培养的方式、培养的内容、传统培养模式与现代培养模式特点的异同等。再如传承人的激励机制属于传承人传承行为中外部机制中的一个子系统，激励机制有其自身的结构要素，包括传承人内在的职业需求、个人的兴趣需求、外在的物质奖励以及精神奖励等内容。

其次，从传承人传承行为的运行原理来看，主要表现在两个方面，一是传承人传承机制结构各要素的有序性，二是传承人传承行为的保障体系。传承机制结构各要素的有序性大多根据项目性质的需要以及行业内部长期形成的一种约定俗成的习惯来决定其行为的有序性。当然，还有政府或组织根据需要，对某一项目传承人的传承行为进行有意识、有计划、有目的安排，这种行为属于政府和群体行为。从传承人传承的内部机制来看，按照行业规定和项目性质要求，首先开展对传承人的选定或认定工作，然后才进入到对传承人的培训工作，最后才是传承人的退出程序。经过一套程序完成对传承人的选定和认定工作之后，就正式的确立了师徒或师生关系，进入到传承人培养的环节。对传承人的培养无论是个人行为还是政府行为或群体行为，其培养的内容都会根据传承人自身的特点和项目特点，循序渐进、由易到难，逐渐实施培养目标。传承人传承行为的保障体系主要指各级政府、行业、社会对传承人传承行为的各种规定，以及所出台的各种规章制度和措施。保障体系既有无形的道德规范，也有有形的政策和制度要求，既保证了传承人传承行为的权利，也明确了传承人传承行为的应尽义务。只有在各种制度、政策的保障之下，传承人的传承行为才能最终得以完成。2006年3月29日湘西土家族苗族自治州第十一届人民代表大会第四次会议通过，2006年5月31日湖南省第十届人民代表大会常务委员会第二十一次会议批准的《湘西土家族苗族自治州民族民间文化遗产保护条例》；2006年2月17日长阳土家族自治县第六届人民代表大会第三次会议通过，2006年3月31日湖北省第十届人民代表大会常务委员会第二十次会议批准的《长阳土家族自治县民族民间传统文化保护条例》等[①]，对传承人的传承范围、传承人的认定标准、传承人的权利和义务、传承人的保护、传承人的管理以及传承人的奖惩等都进行了详细的规定。这些制度和政策的出台，有力保证了传承人传承行为有序进行，从而达到传承人传承机制的有效运行。

三、武陵地区传承人传承机制特点

传承人传承机制特点是指传承人传承行为过程当中所呈现的个人行为特点、传承机制的构成特点、传承人项目的行业特点、传承人传承行为的社会特点、传承人传承行为机制的运行特点、传承人传承行为的区域性特点等。

首先，传承人传承行为过程中存在着明显的区域性特点。武陵地区是一个横跨多个行政区域的地区，无论是自然环境还是人文环境、社会环境、政治环境、宗教信仰、民族结构等都有不同于其他地区的明显特点。境内民族众多，少数民族多达30余个，其中世居主体少数民族就有土家族、苗族、侗族、仡佬族、白族和瑶族，少数民族的人数比例占总人数的60%以上。因而，武陵地区的非物质文化遗产呈现多元化和多样化的特点。文化遗产的多样化带来传承人的多样化特点，传承人的传承行为以及行为模式必然呈现多样化的特点。武陵地区地理范围涵盖湖南、贵州、重庆、湖北三省一市，61个区、县（区、市、自治县），每个县市分别属于不同的行政管辖范围，关于非物质文化遗产及传承人相关的制度政策等就呈现不同的地区特点，其传承行为和传承机制的构成、运行模式当然就存在地域的差异性。

第二，传承人传承行为过程中存在明显的社会性特点。从非物质文化本身属性来看，传承人是非物质文化遗产最重要的载体，非物质文化遗产传承人的传承行为属于一种社会群体行

---

① 胡萍、蔡清万：《武陵地区非物质文化遗产及其文献集成》，民族出版社，2008年，第433-440页，第441-447页。

为，需要众多社会群众的参与。同时，非物质文化属于民间文化，是广大人民群众在生活中日积月累而产生和发展的。因而，非物质文化传承人的行为绝非个人行为，而是一种群体性行为，具有明显的社会属性。如湖南湘西、重庆酉阳、湖北来凤以及贵州沿河土家族的摆手舞是集歌乐舞剧为一体的宗教性祭祀舞蹈，也是土家族重要传统节日中要举行的活动。“届时土家族男女老少聚集摆手堂前，先举行祭祀仪式，然后敲锣打鼓鸣放鞭炮，众人围圈而舞尽情欢跳。具体方式人数不限，由一人在圈中司鼓鸣锣，男女舞众围成圆圈随鼓点进退变换舞姿。一般手与脚成顺向同时动作，两人一组面面相对踢踏摆手翩跹进退、扭腰旋转有力。”[①]由此可见，摆手舞这种非物质文化属于典型的群体行为，其传承人的传承行为具有典型的社会性特征。还有湖南思南、湖北恩施、贵州石阡等地的花灯戏，贵州德江、湖北鹤峰、湖北恩施、重庆秀山的傩戏，湖南张家界、湖南湘西凤凰、重庆秀山以及贵州福泉的阳戏等，这些传统民间戏曲都必须由多人组合而成，多则十多人，少则七八人。演出时，参与群众人数众多，其传承的社会性特征就非常明显。从传承方式来看，武陵地区非物质文化遗产当中，大部分遗产传承都是以群体的方式进行。无论是全民性传承，还是地域性传承，还是族群性传承以及行业性传承等，都是以群体性的方式进行，具有较强的社会属性。以全民性社会传承为例，这种传承活动一般参与人数众多，是多个地区多个民族当中共同的活动形式。如湖北恩施的“社节”就属于这一地区汉族、土家族、苗族以及侗族等民族共同参与传承的地方性节日，参与人涉及本地区各民族以及周边部分地区的人民群众。再如贵州思南上元沙州节是赐福人类的天宫降生的纪念日，思南附近的人都会在思南白鹭洲开展纪念活动，祈求天宫赐福[②]。

第三，传承人传承行为过程中存在着明显的场域特点。场域是指社会成员参与社会活动的场所，是由社会成员按照特定的逻辑要求共同建设的，是集中的符号竞争和个人策略的场所，每一个社会成员的行动均被行动所发生的场域影响。“‘场’本身是一个物理学意义上的概念，法国社会学家布尔迪厄将‘场’理论引入了社会学研究范畴之内，并发展成了‘场域’理论，布尔迪厄把现代社会阐释为一系列相对自主但具有结构同源性的、由各种形式的文化资源与物质资源组成的生产场域、流通场域与消费场域。”[③]场域是各种位置之间存在的客观关系的一个网络，具有相对独立的自然和社会空间。场域既包括自然场域，也包括社会场域。“人作为自然—社会的双重存在物，是在自然场与社会场相互交织的环境中创造文化的。”[④]在我们

① 胡萍、蔡清万：《武陵地区非物质文化遗产及其文献集成》，民族出版社，2008年，第85页。
② 余继平：《基于传承人本体视角的非物质文化遗产活态传承初探：以武陵民族地区为例》，《四川戏剧》2012年第6期。
③ ［美］戴维·斯沃茨著，陶东风译：《文化与权力——布尔迪厄的社会学》，上海译文出版社，2012年，第10页。
④ 冯天瑜：《中华文化史》（上），上海人民出版社，1990年，第9页。

生活的社会中，场域无所不在，如宗教场域、政治场域、美学场域、法律场域、文化场域、教育场域等。同样，非物质文化遗产也有其自身的场域特征，非物质文化遗产的场域是由多种因素构成一个整体，包括群众、传承人、自然环境、政府、市场等，而非物质文化传承人是这一场域中非常重要的构成因素。场域总是随着社会的变迁而不断发生变化，场域的变化必将带来传承人行为的变化。与过去传统历史相比，当前武陵地区非物质文化遗产场域发生了翻天覆地的变迁，包括自然场域和社会场域。从政府权力和传承人的关系来看，过去非物质文化作为民间文化形式，传承人的传承行为属于一种自然行为，也是一种主动行为，很少受到政府权力的干预，传承人拥有绝对的话语权；而当代社会随着非物质文化遗产濒临灭绝，越来越多的政府权力参与其中，这样传承人自身的话语权就出现严重萎缩。从传承人与普通群众的关系来看，过去非物质文化作为民间文化形式，属于人民群众生活的重要组成部分，传承人与人民群众有着密不可分的关系，人民群众参与非物质文化传承属于主动行为，社会行为非常明显；而当代社会，人民群众的娱乐形式丰富多彩，对传统的民间文化参与越来越少，其信仰、价值观、生活观都发生了翻天覆地的变化，传承人与人民群众的距离越来越远。从传承人与自然环境来看，过去的自然环境交通闭塞，人与人的交往范围有限，非物质文化受到外来文化冲击也非常小；而当代社会，随着交通的发达，人与人之间的距离越来越近，其影响范围无限扩大，传统的民间文化受到来自外来各方面的影响就非常大，传承人也必然受到各方面的冲击。总之，随着时代的变迁，武陵地区非物质文化的自然场域和社会场域都发生了翻天覆地的变化，对非物质文化传承人的保护，必须注重对非物质文化的场域进行保护。

第四，传承机制存在着明显的行业特点。武陵地区非物质文化遗产的种类非常的丰富，有民间文学、民间音乐、民间美术、民间舞蹈、传统戏剧、传统曲艺、民间武术、传统工艺、民俗节庆等，这些不同行业对传承人选择标准、收费标准、培养内容、退出机制等都呈现出不同的行业特点。有些行业对收徒的要求较高，有些行业要求就较低，比如戏曲艺术、武术的要求就比较高，而民歌收徒标准要求就较低，武术对传承人的道德要求比一般的行业更高。

第三节 武陵地区非物质文化遗产传承人内部传承机制构成

非物质文化遗产传承人内部传承机制是指非物质文化遗产传承人传承内部的构成要素，以及各要素自身的运行特征和各要素之间的关系问题。构成非物质文化遗产传承人内部传承机制的因素或结构非常多，在此不可能面面俱到对每一种要素全部进行分析，而且不同地区、不同行业和不同非物质文化类型的构成因素也不尽相同。通过分析、归纳、总结，笔者认为非物质文化遗产传承人内部传承机制主要包括传承人的选择机制、传承人的培养机制、传承人的退出机制以及传承人的驱动机制等。本节将就以上传承机制的构成要素进行详细分析。

一、传承人选择机制

传承人培养的第一步就是对传承人的选择。如何选择和确定合适的传承人对于非物质文化遗产的传承具有非常重要的意义，也是传承非物质文化传承的关键所在，建立科学合理的传承人选择机制就显得尤为重要，否则就会对我们的非物质文化传承事业产生不良影响。

1. 传承人选择内涵历史变迁

“传承人”作为一个具有学理层面的概念，是当代社会的产物，是当前面临传统非物质文化危机背景而提出的一个概念。但是，传承人以及对传承人的选择这一行为在我国传统历史当中早已存在。不同时代和不同行业都形成了对传承人选择的不同标准、不同程序和不同礼仪等。古代对传承人的选择和现代对传承人的选择，其内涵有着较大差异。首先，我国古代对传承人选择的目的属于某种技艺、技能和文化传播以及代代相传的自然行为，大部分传承人的传承行为属于生活行为；而现代传承人选择是出于对某种濒临消失的传统技艺、技能和文化的保护而做出的选择行为。其次，我国古代对传承人的选择属于个人行为，而现代传承人选择更多的属于政府行为，也有部分属于个人行为。第三，由于古代传承人选择属于个人行为，因而对传承人选择就不可能有统一的标准，其选择传承人的标准具有多样化的特点；而现代传承人选择属于一种政府行为，必须制定严格的统一认定标准。第四，由于古代传承人选择属于个人行为，对传承人选择没有统一的程序和礼仪要求，一般个人和行业不同，其程序和礼仪就不同；而现代传承人选择属于政府和个人并存的行为，政府占主导作用，对传承人的选择和认定必须有严格的申报程序。

图9　与段宝林教授一起在龚滩调查

2. 制定科学合理的传承人选择标准

当前对传承人的选择有两种行为，一种是政府行为，是各级政府为了保护濒临消亡的非物质文化遗产项目，对这些具有代表性的文化传承人给予扶持而进行的传承人选择和认定的行为；第二种是民间个人行为，是民间艺人为了传承某种技艺或技能而展开的传承人选择的行为。对于传承人选择标准的制定主要是针对政府对传承人选择标准的统一认定，对于民间传承行为无法制定统一的认定标准。

对于传承人的选择标准，武陵地区各级政府在出台的相关文件中都有专门的规定。早在2002年7月30日贵州省第九届人民代表大会常务委员会第二十九次会议上通过的自2003年1月1日起施行的《贵州省民族民间文化保护条例》第十五条，即对传承人的标准作了明确的规定：符合下列条件之一的公民，可以申请命名为贵州省民族民间文化传承人：第一，熟练掌握某种民间传统技艺，在当地有较大影响或者被公认为技艺精湛的；第二，在一定区域内被群众公认为通晓本民族或者本区域民族民间文化形式和内涵的；第三，形成了只有本人和徒弟才有的特殊技艺的；第四，大量掌握和保存本民族民间传统文化原始文献、资料和实物，并且有一定研究成果的[①]。2006年3月29日湘西土家族苗族自治州第十一届人民代表大会第四次会议通过，2006年5月31日湖南省第十届人民代表大会常务委员会第二十一次会议批准的《湘西土家族苗族自治州民族民间文化遗产保护条例》[②]第十六条对传承人的标准也作了明确的规定，其标准和内容与《贵州省民族民间文化保护条例》所规定内容大致相同。2006年2月17日长阳土家族自治县第六届人民代表大会第三次会议通过，2006年3月31日湖北省第十届人民代表大会常务委员会第二十次会议批准的《长阳土家族自治县民族民间传统文化保护条例》[③]第十六条对传承人进行了明确的界定，其认定的标准和内容都大同小异，只是在说法上有细微的差别。2008年文化部又颁布了《国家级非物质文化遗产项目代表性传承人认定与管理暂行办法》，2011年又颁布了《中华人民共和国非物质文化遗产法》。这些标准的制定给武陵地区非物质文化遗产传承人的选择工作带来了极大的方便。

但是，笔者认为：当前对非物质文化传承人的认定的标准还存在方方面面的不足。首先，政府出台的文件中，对传承人的选择和认定标准还嫌笼统，不够具体，缺乏可操作性。这样就会出现有些能力很强的传承人没有被认定为传承人，或高能力被低级别认定，从而给这部分传承人带来心理上的不平衡，对文化传承带来不利和消极的影响。因而，政府应该根据不同的行业具体情况，制定更科学更合理的传承人选择标准。其次，文件中没有对传承人认定的程序做出明确的规定。即使有了科学合理的传承标准，没有合理的选择程序，也无法客观公正地选出传承人。认定程序正确的做法，是必须在相关部门的监督下，通过人民群众和行业专家的评

① 胡萍、蔡清万：《武陵地区非物质文化遗产及其文献集成》，民族出版社，2008年，第409–411页。
② 同上，第433–436页。
③ 同上，第441–444页。

审，然后才能被认定为传承人，这样才能真正选出一流的传承人。所以还需要进一步制定出更加明确和细化的传承人认定标准，结合当前传承人认定标准制定出每一类非物质文化的行业或专业标准。还可以采取调查的方式，完成对传承人的认定工作。

3. 建立公正合理的传承人选择程序

传承人的选择和推荐工作，必须根据相关文件的规定，按照一定程序要求，公正合理地推选。我国古代对传承人的选择属于民间个人行为，没有统一固定的程序，往往根据个人和行业准则进行，具有很强的灵活性，能够将民间真正有才能、有威望、有品德的传承人推荐出来。对于现代社会来说，传统的选择推荐方式由于没有统一的标准而缺乏可操作性，而且现代传承人的内涵、性质、作用等都有很大的不同。现代的传承人选择和推荐属于政府行为，必须按统一的要求和程序进行推荐。建立公正合理的传承人选择程序具有非常重要的意义。只有科学合理的标准，而没有公正合理的推选程序，也无法选择出真正具有代表性、权威性的传承人。

2008年5月14日文化部会议审议通过并发布自2008年6月14日起施行的《国家级非物质文化遗产项目代表性传承人认定与管理暂行办法》，2011年2月25日第十一届全国人民代表大会常务委员会第十九次会议通过的《中华人民共和国非物质文化遗产法》，对传承人的认定标准和程序都做出了明确的规定。根据这两个法规，各省市结合本地区实际情况也制定了自己的管理规定。2014年12月31日重庆市文化委员会、重庆市财政局联合出台关于《重庆市非物质文化遗产代表性传承人管理办法》，2009年10月19日湖南省文化厅颁布《湖南省非物质文化遗产项目代表性传承人认定与管理办法》，2014年12月23日贵州省文化厅颁布《贵州省省级非物质文化遗产项目代表性传承人认定与管理办法》，2015年3月1日遵义市颁布《遵义市市级非物质文化遗产项目代表性传承人认定与管理办法》。这些文件和政策的出台，对于非物质文化遗产传承人的推选程序进行了更加详细和明确的规定。《中华人民共和国非物质文化遗产法》第二十九条第二款规定：申请代表性传承人，由申请人向政府提出书面申请，再由政府部门对提出的申请进行审核，最后公布审核通过的情况。一旦通过，这个申请人即成为该项目的代表性传承人。《湖南省非物质文化遗产项目代表性传承人认定与管理办法》第五条对传承人申报程序规定：公民提出省级非物质文化遗产项目代表性传承人申请的，由个人自愿向所在地县级以上文化行政部门申报，经所在地市州文化行政部门组织专家审核、认定同意后上报至省文化行政部门。《贵州省省级非物质文化遗产项目代表性传承人认定与管理办法》第六条对传承人推选程序明确规定：公民可自愿向当地县级以上文化行政主管部门提出申请；市级非物质文化遗产项目保护单位可向当地文化行政主管部门推荐市级非物质文化遗产项目代表性传承人。《遵义市市级非物质文化遗产项目代表性传承人认定与管理办法》第六条对传承人推选程序的内容与《贵州省省级非物质文化遗产项目代表性传承人认定与管理办法》基本一样。这些政策的出台，为非物质文化遗产传承人的认定和管理带来了便利。但虽有这些法律法规，推选程序还是存在方方面面的问题，需要进一步完善。如对于“传承人的主动申请”的规定，就存在一些问题。由于非物质文化传承人大多生活于偏远地区，加上大多数传统民间艺人不识字，从而导致传承人根本无从了解相关政策和制度，因而指望传承人主动提出申请根本不现实。另外从文件规定来看，似乎整个推选过程非常民主合理，但仔细看一下，其实有很多漏洞，因为整个认定过程的话语权都掌握在政府和所谓专家手中，传承人、民众以及行业人士无法参与认定，因而难免出现不公平不合理的情况。

二、传承人培养机制

对传承人的培养是非物质文化遗产传承人内部传承机制构成的重要内容，对于非物质文化遗产的保护传承以及创新都具有非常重要的作用和意义。传承人培养机制是指传承人培养这一活动的内部组织结构及其运行变化的规律，遵循相应的规律和采用相关的手段，以实现特定的培养目标，最终达到对非物质文化遗产进行传承的目的。具体而言，传承人培养机制包括建立立体多元的培养网络途径，注重培养方式和手段的多样化、培养内容的规范化和丰富性，建立健全完善的培养保障体系，建立健全科学合理的评价体系等内容。

1. 建立立体多元的培养网络途径

对非物质文化传承人的培养是一项长期而艰巨的工程，必须建立长效和可持续的人才培养机制，采取多元化、立体化的人才培养途径。如此巨大的工程，单一的培养模式或途径很难满足当前对非物质文化传承保护的需求。当今社会，随着人们生产生活方式、交流渠道、传递信息方式的多样化，非物质文化传承培养途径也多元化发展。

第一，代表性传承人传习培养途径。充分调动国家级、省级、市级和县级等认定的非物质文化传承人，以师徒、办培训班的方式对年轻一代进行培养，传授传统技艺和技能。对年轻一代的培养是代表性传承人应尽的责任和义务。要利用相关政策和制度，支持和保障代表性传承人的培养事业。同时，还要充分调动大量非代表性传承人对年轻下一代的培养，尽可能给予他们政策、经济、物质等方面的支持。据统计，武陵地区仅国家级、省级、市级和县级非物质文化传承人就有上千人，加上普遍性传承人，其规模可想而知。所以，我们一定要充分利用和发挥非遗代表性传承人这支队伍的力量，培养接班人。

第二，学校教育的途径进行培养。学校教育是人才培养不可或缺的重要途径，也是对非物质文化遗产进行传承保护和发展的重要途径。学校教育包括地方高校、中小学和幼儿园等，通过学校教育的途径培养非物质文化传承人既能够保护传承非物质文化遗产，还能够开展人文教育。各级政府也号召教育部门应该承担起对非物质文化遗产传承人培养的责任和义务。“联合国教科文组织在其公布的《人类口头及非物质遗产代表作公告》实施指南中，要求‘以适当的方式将人类口头和非物质遗产学习列入学校的正式课程’。在国务院办公厅《关于加强我国非物质文化遗产保护工作的意见》的规定中，明确提出‘教育部和各级各类学校要逐步将优秀的、体现民族精神与民间特色的非物质文化遗产内容编入有关教材，开展教学活动’。”[①]由此可见这一培养途径在全国以及国际上都形成了一致的做法。武陵地区有多所地方高校，如长江师范学院、吉首大学、湖北民族学院等，这些高校应该担负起对武陵地区非物质文化传承人的培养工作。

第三，传习基地、传习馆培养途径。通过建立传习基地、传习馆（所）和生态博物馆等方式，为非物质文化传承人提供培养后备军、理论研讨以及文化展演的平台，充分利用和发挥这些基地和场馆的作用，宣传和弘扬非物质文化遗产。这一传承人培养途径在武陵地区也是较普遍的培养形式。据三峡宜昌网2006年5月31日报道：中国第一个“撒叶儿嗬”传习基地在宜昌市长阳土家族自治县资丘镇挂牌成立。这一基地的建立，为进入国家首批非物质文化名录的土家族传统民间舞蹈——“撒叶儿嗬”的流传奠定了基础。据资丘文化馆馆长田玉成介绍，传习基地首批报名学员已达50多人[②]。据中国硒都网报道：2014年5月20日，恩施市非遗文化传承后备人才基地授牌仪式在市中等职业技术学校举行。非遗文化传承后备人才基地成立是恩施市非遗文化和教育的有机接轨的尝试，将有效加快非遗文化与教育的深度融合。市非遗文化传承后备人才基地的成立，将积极促进传承教学新机制、新途径，更好地发挥学校在非物质文化遗产教育和传承中的积极推动作用[③]。新华网2016年12月16日报道：贵州省于“十三五”期间，将培训民族工艺人才1000人，建成10个民族工艺人才培训基地，建成10个左右大师工作室，命名挂牌1000家少数民族工艺传习所[④]。

第四，利用大众数字传媒培养途径。20世纪以来，传媒技术发生了日新月异的变化。随着无线广播、电视、互联网、多媒体的广泛使用，出现了崭新的传播方式。这些新的传播技术和手段的运用，对传统非物质文化的传承带来机遇和挑战。对于新时代的我们，更应该充分利用这些现代数字传媒技术，为保护传承非物质文化遗产和培养传承人而服务。现代传媒技术和手段，对于传承保护非物质文化遗产和培养传承人具有鲜明的时代意义和现代价值。如恩施土家族苗族自治州非物质遗产保护中心、重庆文化艺术研究院、武陵网、贵州民族文化网、湖南非物质文化遗产网、宜昌文化网等，都充分利用了现代传媒技术，为非物质文化的保护传承以及传承人的培养提供了非常好的途径和平台。

---

① 夏宁博：《非物质文化传承的途径研究》，云南艺术学院硕士学位论文，2011年，第27页。
② 恩施新闻网：http://www.enshi.cn/20060525/ca46264.htm.
③ 中国硒都网：http://www.hbenshi.gov.cn/xinwen/shizhenxinwen/201612/t20161228_344589.html.
④ 新华网：http://news.xinhuanet.com/politics/2016-12/16/c_129408199.htm.

第五，大众娱乐方式培养途径。大众娱乐传承培养途径是指“通过大众娱乐与非物质文化遗产结合起来使非物质文化遗产在大众娱乐中得以传承”[①]的方式，同时对年轻一代传承人在潜移默化当中进行了培养。绝大部分的“民俗节日、传统体育运动与旅游业和文化产业相结合。通过这种途径使人们在休闲娱乐之余，乐于接受和学习非物质文化遗产，通过把非物质文化遗产融入大众娱乐之中，来辅助非物质文化遗产的传承”[②]，进而也达到对非物质文化传承人培养的目的。如土家女儿会、苗族赶秋节、“六月六”苗歌节、土家族摆手舞等，这些娱乐活动对于非物质文化的传承以及传承人的培养都具有非常重要的作用。

2. 培养手段的多样化

对非物质文化遗产传承人的培养手段和方式可以充分利用现代技术，采取多样化的方式和手段进行培养。将传统的传授手段与现代的传授手段结合起来，多种手段形成互补关系。一直以来，我国古代民间非物质文化都是以师徒模式一对一的教授方式或群体娱乐方式进行传承的，延续了几千年，为我国传统民族文化的传承做出了巨大的贡献。即使发展高度发达的今天，也没有更好的方式能够取代此传授方式，师徒模式仍然有自身很大的生存空间。尤其对传统非物质文化的传承保护，如果没有一对一师徒教学模式，传统非物质文化遗产的传承保护工作将会成为一句空话。传承是非物质文化遗产生存的根本所在，只有通过一对一口传心授的方式进行传授，才能使非物质文化遗产的文化形式代代相传而不消亡。但是，当今的世界科学技术高度发达，教学模式、教学手段发生了翻天覆地的变化。我们应该运用多种手段为保护传承文化遗产以及对传承人培养服务，以便更好地传承保护非物质文化遗产。在授课形式上，除了一对一的授课形式，我们还可以通过课堂集体授课的方式进行传授，还可以以讲座的形式进行集体传授，还可以通过研讨会、展演、观摩、传习馆等方式进行传习培养。在传授工具方面，我们可以运用多媒体以及其他更为先进的教学工具为传承人的培养工作服务。

3. 培养内容的规范化

一直以来非物质文化传承人的培养都是以民间的方式进行，没有政府的参与，是一种纯粹自在的状态，在培养的内容方面没有统一的要求。而随着现代社会的高速发展，传统的非物质文化面临着消亡的危险，政府必须承担起保护传承的责任。因而，现代社会对传承人的培养是政府和民间结合的培养方式。作为政府，有责任和义务对传承人培养计划和培养内容制定更为规范的要求。对传承人培训的规范性主要体现在两个方面，一是有培训的计划，二是培训内容的全面性。首先，无论是代表性传承人的传承培养行为，还是其他方式的传承培养行为，都应该有正规的培养计划以及培养的目标要求，这样就不会出现盲目和随意性的情况。其次，在培

① 夏宁博：《非物质文化传承的途径研究》，云南艺术学院硕士学位论文，2011年，第36页。
② 同上。

养内容方面，不同的行业可以依据不同的级别制定统一标准的培养内容。培养内容应该体现丰富性，对传承人的培养不仅要体现传授技艺技能的重要内容，还有培养和传授传承人相关法律法规知识、文化价值判断能力、使用现代技术和手段的能力、创新能力等。总之，我们要培养具有新时代能力和特征的非物质文化传承人和传播者。

4. 建立健全培养保障体系

对传统非物质文化遗产传承人的培养绝对不只是个人的事情，它关系到传统文化传承保护，关系到一个国家的发展问题，关系到整个人类的发展问题。因而，对传承人的培养需要全社会的关心与支持，需要政府的大力扶持，需要各种法律政策手段做保障，需要大量人力物力的投入。对传承人的培养必须建立健全培养保障体系，才能够顺利实现培养目标。建立健全培养保障体系主要从三个方面完成，一是相关法律和政策的保障，二是必要的资金保障，三是培养的基本设施保障。

从法律和政策保障体系来看，现代社会是一个法制社会，公民的权利需要得到法律的保护，“法制现代化是一个从传统型的人治社会向现代型的法制社会的历史创造性的变革过程，是从人治型的价值规范体系向法制型的价值规范体系的转变过程”①。非物质文化遗产传承人制度包括对传承人的保护、扶持、监管以及推广等一系列制度。具体而言，传承人制度核心内容主要包括对传承人的普查和登记制度、代表性传承人的认定制度、传承人队伍建设和人才培养制度、对传承人以及各政府部门有关传承情况考核及奖惩制度，还有对传承人的扶持与保护制度、传承人更迭和退出制度等内容。为了保障传承人的社会地位和利益，武陵地区各级政府部门也出台了各种制度，如《重庆市非物质文化遗产代表性传承人管理办法》《遵义市市级非物质文化遗产项目代表性传承人认定与管理办法》《重庆市非物质文化遗产专家评审办法》《湖南省非物质文化遗产项目代表性传承人认定与管理办法》《贵州省省级非物质文化遗产项目代表性传承人认定与管理办法》《湖北省非物质文化遗产项目代表性传承人认定与管理办法》等，这些制度的出台对于非物质文化传承人的培养给予了保障。

通过法律的方式对非物质文化遗产进行保护是世界各国公认的最有效最稳定的方式。非物质文化传承人的法律地位需要制定完善的法律作为保障。我国对于非物质文化遗产保护的法律起步较晚，《中华人民共和国非物质文化遗产法》于2011年6月1日起正式施行。总体而言，我国在非物质文化遗产保护的法律方面还存在诸多的问题和不足，需要进一步完善。我国关于非物质文化遗产传承人专门的法律还处于空白，只有在《中华人民共和国非物质文化遗产法》中部分涉及。一些国家对非物质文化传承人有专门的法律保护，如日本的《文化财保护法》、

① 公丕祥：《中国法制现代化的进程》，中国人民公安大学出版社，1991年。

韩国的《文化财保护法》等对非物质文化传承人有专门的法律保护。因而，我国需要不断完善法律法规，保护非物质文化传承人的合法地位，为传承人争取有利的法律保障。

5. **建立科学合理的评价体系**

对非遗传承人的培养必须建立科学合理的评价体系，包括传承人培养的评价标准、评价内容、评价程序、评价人员组成、评价结果等。科学合理的评价体系有利于规范对非物质文化传承人培养的管理工作，有利于提高代表性传承人和管理部门的积极性，有利于促进和推动传承人培养的改革和发展，有利于促进传承人培养质量水平的提高。非物质文化遗产传承人培养的科学评价体系应该做到评价主体多元化，既要对代表性传承人的传习情况进行评价，还要对培养的传承人对象进行评价，还有对相关部门和地方政府官员进行评价。科学评价体系要求评价内容的综合化，不能以单一的内容作为评价标准，要将培养传承人的数量、学员知识技能掌握情况、培养效果和成果、任务完成情况、政策执行情况和落实情况等纳入评价内容。科学评价体系要求评价手段必须多样化，包括观察记录法、问卷法、创作与作品分析法、技能展演法、研究报告、考察报告以及个案分析等方法的综合运用。与此同时，还应将成果转化评价体系、文化创新评价体系、经济推动评价体系、产业贡献评价体系以及社会服务评价体系等，纳入传承人培养的评价体系当中。因而，武陵地区建立科学合理的非物质文化遗产传承人培养评价体系必须遵循多元化的原则，必须由相关政府部门与行业部门进行充分调研和科学论证，制定出整套评价内容、评价程序和要求，以及评审委员会的产生办法等。制定评价体系的过程中必须将多元化的原则纳入整个传承人培养评价机制的运行当中，要遵循人才培养规律的长效机制，从而推动武陵地区非遗传承人培养评价体系的科学建构。

三、传承人退出机制

非物质文化遗产传承人退出机制是非物质文化传承人资源战略的重要组成部分。当前，我国还没有建立完善合理的传承人退出机制，严重影响到非遗传承人积极性的发挥。传承人退出机制的建立对传承人以及相关部门形成压力，增强代表性传承人的责任感，通过压力形成传承人的动力。这一机制的建立有利于发挥代表性传承人和非代表性传承人的积极性，使非代表性传承人看到希望，而又增强代表性传承人的责任感。

多年来，由于我国没有建立完善的代表性传承人的正常退出机制，在传承人的管理执行过程当中已经暴露出诸多的问题，一些非遗传承人虽然享受了政府的资金扶持和补贴，享受了传承人这一头衔所带来的光环和实际利益，但由于种种原因不能履行自己应尽的责任和义务。这种现象已经对非物质文化遗产的保护产生了不良的影响，也充分暴露出我国当前的非物质文化遗产及其传承人保护法律法规的不完善。针对这一现象，一些专家、学者以及相关部门呼吁取消传承人终身制，建立正常的传承人退出机制。在此背景下，2011年6月1日起实施的《中华人民共和国非物质文化遗产法》第三十一条第二款首次对非物质文化遗产代表性传承人的退出做了规定：非遗代表性传承人无正当理由不履行传承、配合调查、宣传等规定义务以及丧失传承能力的，文化主管部门可以重新认定该项目的代表性传承人。此法规出台之后，各地方也开始出台相应的地方政策。2016年7月1日施行的《湖南省实施〈中华人民共和国非物质文化遗产法〉办法》第十七条，2015年3月1日施行的《遵义市市级非物质文化遗产项目代表性传承人认定与管理办法》第二十一条，2014年12月31日实施的《重庆市非物质文化遗产代表性传承人管理办法》第二十一条，都对传承人取消终身制和退出做了明确规定，其内容与《中华人民共和国非物质文化遗产法》的相关内容基本相同。

毫无疑问，各级政府所颁布的法律法规从立法的角度打破了原来传承人终身制，为传承人退出机制的建立提供了法律依据，走出了第一步。但是我们也要看到，光有法律法规还远远不够，内容上过于笼统，缺乏可操作性。要建立完善的传承人退出机制，各级政府部门还需要制定与《中华人民共和国非物质文化遗产法》相配套的、更为详细的、可操作的制度体系。建立完善的传承人退出机制主要从三方面进行：一是制定完善的、详细的传承人考核制度，由专门的部门定期（一般为一年）对代表性传承人传承活动完成情况进行跟踪考评，对没有按照相关要求完成传承任务的代表性传承人必须及时给予警告，如果连续两次考核不合格，应该退出，重新认定新的传承人。二是传承人退出之后，必须及时展开增补传承人候选人的工作，建立健全候选人机制，对符合要求的进行增补，让项目传下去。三是制定完善的后续制度，对已经退出的传承人，如果改进之后经考核合格，还应给予再次申报的机会；对部分因年龄或身体原因而被迫退出的传承人，特别是有困难的高龄传承人，应该适当给予帮助和关怀，在授予荣誉称号的基础上给予适当物质和经济补偿。关于退出机制的完善，一些省份如江苏省、海南省、湖南省、甘肃省等，在立法基础上制定了一系列详细的退出机制配套措施。武陵地区各省份县市也应该尽快制定配套的传承人预警机制、退出机制等，加强非物质遗产传承人的合理流动。

第四节　武陵地区非物质文化遗产传承人外部传承机制构成

非物质文化遗产传承人外部传承机制是指非物质文化遗产传承人传承的外部构成要素，以及各要素之间的关系问题。非物质文化遗产传承人外部传承机制是通过社会、政府、行业的外部制约而发生作用的。外部传承机制主要包括外部激励机制、外部监督机制、外部保护机制、社会规范机制、行业规范机制以及政府规范机制等。

一、非物质文化遗产传承人外部激励机制

非常遗憾，我国各级政府对于非物质文化传承人的激励机制还没有制定专门的相关文件和政策，武陵地区也没有相关政策出台，这种状况不利于非物质文化遗产的保护工作。如果想对非物质文化遗产传承人的管理达到较为理想的效果，就必须建立完善的传承人激励机制，本节将试图对传承人激励机制这一话题展开探讨。

1. 激励机制内涵

激励作为心理学术语是指“激发个人行为动机的心理过程，即通过各种客观因素的刺激，引发和增强产生人的行为的内在驱动力，从而把外部的刺激内化为个人自觉的行动。当激励用于管理学时，其含义是指一种精神力量或精神状态，对人的行为动机产生激发、推动和加强的作用”[①]。激励机制通过各种奖酬资源调动员工积极性，从而最大限度地激发人们生产、劳动、工作和学习的积极性，鼓励人们发奋努力，多做贡献。传承人激励机制是指对非物质文化遗产传承人主体（代表性传承人或单位）和客体（被传承人）产生激励的一整套制度和手段等各种因素资源的总和，传承人激励机制对于激发传承人客体和主体的动力和积极性都具有非常重要的作用和意义。

2. 激励机制的类型

具体来看，不同的激励类型对传承人行为过程将会产生不同程度的影响，因而激励类型的选择是做好传承人激励工作的一项重要条件，对传承人可以通过以下激励类型实现。

第一，目标激励。通过设立目标，激发传承人和被传承人不断工作和学习的欲望。人的行为都是由一定的动机所引起，并且具有一定的目标指向，这种动机是行为的一种诱因，是行动的内在驱动力，对人的活动具有强烈的激励作用。文化管理部门通过设置适当的目标，可以有效诱发、导向和激励非物质文化遗产代表性传承人和被传承人员的保护、传承以及创新行为，调动传承人和被传承人的积极性。

第二，榜样激励。通过为传承人和被传承人树立一些具有榜样作用的传承人和被传承人，激发其保护、传承和研究的激情。树立榜样具有非常重要的作用和意义，榜样的人格魅力可以感染其他社会成员，可以激发其他传承者的工作热情；榜样的思想观念可以启发其他成员，可以激发其他传承者的创新能力。

第三，参与激励。指相关文化管理部门在一定程度上让非物质文化代表性传承人参与到对

---

① 孙鸿滨：《中小企业激励机制研究浅析》，《北方经贸》2012年第7期。

非物质文化遗产保护传承的相关决策和政策的制定工作中。处于平等地位研讨非物质文化遗产传承保护等相关重大问题，可以使代表性传承人感觉到自己的重要性，激发传承人的主人翁精神与主体意识，从而更好地做好传承保护工作。

第四，情感激励。政府管理部门给代表性传承人在生活上、思想情感方面给予关心和爱护，真诚地为他们排忧解难，让这些身怀绝技的非物质文化传承人始终感受到关怀、带着一颗责任的心，尽自己最大的努力保护传承好我们祖先留下的文化遗产。

第五，竞争激励。指在对非物质文化传承人的管理中，调动非物质文化传承人潜在的和外显的积极性的一种激励方式。可以通过设置荣誉称号，通过考核、评选、组织达标、创优争先等活动，通过开展各种民间级技能比赛活动，形成竞争气氛，激励传承人在危机中生存、奋斗和发展，充分调动传承人及其管理部门的积极性、主动性、创造性和争先创优意识。

3. 激励机制的原则

科学的方式要以正确的原则为指导，对于传承人激励机制的建立和完善，我们必须遵循以下原则：

第一，必须坚持物质激励与精神激励相结合、以精神激励为主的原则。物质激励是指通过物质手段来激发传承人以及传承单位的工作积极性的重要手段。在马斯洛的需求理论中，物质是人类生存理论的第一需要，虽然金钱不是万能的，但能够满足传承人的生活需求。因而，物质激励是重要的手段。但是，我们也不能过分注重物质的激励手段，否则就会庸俗化和功利化，我们更应该重视对传承人精神方面的激励。通过精神的激励，往往更能够激发传承人和传承单位的工作热情，以榜样激励、目标激励、授权激励、荣誉表彰等激励形式对他们的价值给予充分肯定。只有将物质激励与精神激励相结合、以精神激励为主，才能充分调动传承人的工作热情。

第二，必须坚持正激励与负激励相结合、以正激励为主的原则。按激励的形式可以分为正激励和负激励。正激励是指通过肯定、承认、赞扬、奖赏、信任等具有正面意义的激励手段对传承人给予奖赏，其目的是鼓励传承人更加努力地工作下去。而负激励是指通过否定、约束、冷落、批评、惩罚等具有负面意义的手段对传承人进行激励。对于传承人的激励，单纯的正激励或负激励都不能形成良好的结果，必须将正激励和负激励结合起来，并以正激励为主，才能形成良好的效果。

第三，必须坚持内激励与外激励相结合、以内激励为主的原则。内激励源自传承人内心的激励，是指由于传承人对工作任务本身的兴趣、爱好、成就和价值而产生的激励作用。也就是说，内激励是内驱力所致，即一个人内心深处的追求。工作任务本身所引发的内激励，具有持久性的作用。外激励是指由于外部报酬的刺激而形成的激励形式，也就是说，外激励是外部的各种正面鼓励和奖励等力量促使传承人去完成自己应该完成的事情。对于传承人的激励必须坚持内激励与外激励相结合、以内激励为主的原则。无论是代表性传承人还是被传承人都必须建立在对非物质文化的兴趣和热爱之上，对于做出杰出成绩的传承人或被传承人都应该给予适当的奖励，即外部激励。

第四，必须坚持激励强度适度原则。激励强度适度原则就是对传承人或相关单位进行激励时，在奖励的数量和周期上要适度。无论是奖励还是惩罚，在数量上都有一个适量的问题，数量过小难于达到激励的效果，数量过大同样会产生负面的影响。激励周期适度的原则要求激励周期不可过短或过长，必须注意激励周期的时效性。有些激励可以以一年为一个周期，有的激励必须在任务完成之后就进行及时的奖励。

4. 激励机制的功能与作用

激励机制是激发传承人积极向上的重要手段和保障，有效的激励可以在非物质文化传承人内部营造尊重知识、尊重人才的氛围。完善的激励机制对于调动和激发传承人的传承保护工作热情具有非常重要的功能作用。传承人激励机制的功能与作用主要表现在以下几个方面：

第一，建立完善的激励机制有利于良性竞争环境的形成。科学的激励机制本身蕴含着某种竞争精神，它的运行有利于创造一种良性的竞争环境，进而形成一种良性的竞争机制。只有让代表性传承人及其部门感受到这种竞争的压力，才能形成一种努力工作、认真工作的动力。美国著名行为科学家道格拉斯·麦格雷戈曾经说：“个人与个人之间的竞争，才是激励的主要来源之一。”

第二，建立完善的激励机制有利于激发传承人的创新精神。传承人和被传承人能够通过完善的激励机制来提高学习和实践的巨大动力，从而促使传承人和被传承人不断提高自身的能力和素养，增强自身的工作能力，进而促进传承人创新能力的提高。因此，建立完善的传承人激励机制必须以人为本，以便发挥传承人和被传承人的主观能动性、积极性和创造性，从而最大化的发挥传承人的智慧和才能。

第三，建立完善的激励机制有利于人才的流动。完善的激励机制包括完善的评价机制和对传承人的奖惩机制以及退出机制等。通过定期的考核，对于合格优秀的传承人和学员给予必要的奖励，对于不合格的传承人给予警告或退出，让更优秀的传承人能够进入，给其他非代表性传承人更多的希望。这样就保证了正常的人才流动，而避免出现传承人终身制现象。

二、非物质文化遗产传承人外部监督机制

在各级政府的高度重视和努力下，经过几年的快速发展，我国非物质文化遗产传承人的队伍已经非常庞大。但是对于传承人、传承单位以及非物质文化管理部门的监督管理工作却远远

跟不上。各级政府重视申报，而疏于监管。政府对于传承人完成传承保护工作和任务的过程、情况一无所知，从而使得当前的传承人队伍中出现了种种不良现象，如许多传承人拿了国家的钱却没有做任何事情，有些甚至以传承人和所谓“大师”的身份做一些对社会不利的事情。要避免这些现象的出现，就必须建立完善的非物质文化遗产传承人监督机制。

1. 监督机制内涵

“所谓监督机制，是指监督系统内部各构成要素相互作用的关系及其运行过程和方式。作为一个完善的监督机制，其构成要素应包括：（1）监督主体；（2）监督主体的组织结构及各种监督主体之间的关系，即监督体制；（3）监督制度，包括监督主体的权力（权利）、义务、责任，被监督方的义务、权利，监督的程序、方式、手段；（4）监督的动力，即促使监督主体行使监督权力、履行监督义务的动力；（5）监督的客体，即具有意志性的社会公共权力。”① 非物质文化遗产传承人监督机制是指政府、社会、群众对传承人等形成的监督系统。

2. 监督机制构成

监督机制主要由监督制度、监督部门、问责制度、舆论监督以及相应的考核体系建设等要素构成。

第一，督查制度。督查制度是指对督查事项的跟踪和监督，明确非物质文化遗产相关部门的工作职责，制定并完善相关督查制度，以便增强部门工作人员对规章制度的执行力。

第二，监督部门。非物质文化遗产传承人监督机制的建立，必须设立专门的监督部门，明确监督部门的监督职责。监督部门必须担负起对传承人的监督管理职责。通过定期开展基层调研、工作交流等活动听取非物质文化传承人和传承单位对于相关非物质文化遗产项目的执行情况。对于有问题的传承人和传承单位，必须提出批评和警告。当前，武陵地区乃至全国各级政府没有设立非物质文化监督部门，其监督职责也不明确，今后需要进一步完善。

第三，问责制度。问责制度既包括对政府管理部门的问责，也包括对非物质文化传承人和传承单位的问责。对于保护非物质文化遗产及其传承人不力、故意不执行和违反非物质文化遗产相关法律法规的相关部门，要给予相应的责任追究；对于不认真履行传承任务或无法完成任务的非物质文化遗产项目传承人，也必须给予相应的责任追究。

第四，舆论监督。对非物质文化遗产传承人及其传承部门的监督不仅要利用政府职能部门进行监督，还要充分利用广播、影视、杂志、报纸等大众传播媒介对政府职能部门、传承人及其传承部门进行监督。舆论监督虽然不具有强制性和法律效力，但它具有一种精神的、道德的力量，能形成一种无形的威慑。

---

① 邢述宇：《监督机制的概念解析与模式选择》，《南通大学学报（哲学社会科学版）》2002年第4期。

另外，完善的监督机制必须以科学完整的考核体系作为保障。

3. 监督机制作用

非物质文化遗产和传承人监督机制的建立和完善，对于我国非物质文化遗产保护制度的完善，对于纠正部门领导、传承人和传承单位的不当行为，对于提高领导者、传承人、传承单位的整体素质等都具有非常重要的作用和意义。

第一，监督机制的建立和完善有利于非物质文化遗产及其传承人管理体制的健全和完善。非物质文化遗产监督机制是非物质文化遗产及其管理体制的一个重要组成部分。监督机制本身的功能缺失和不健全，将直接或间接地影响非物质文化遗产管理体制的运转和管理效能的提高。因而，建立健全监督机制，施行有效的监督，是非物质文化遗产管理体制不断完善的重要内容。

第二，监督机制的建立和完善有利于纠正管理部门管理者、传承单位、传承人等行为的偏差。监督活动不只是消极地查错纠弊，而且可以及时发现问题，以便对相关部门、人员进行教育和指导，使其管理、传承、保护行为及时得到纠正。

第三，监督机制的建立和完善有利于非物质文化遗产领导者、传承单位、传承人素质的提高。监督机制是一种外在的约束和激励机制，也是一种动力机制。开展及时、有效的监督活动，可以推动领导者、传承单位和传承人水平和能力不断提高。

三、非物质文化遗产传承人外部保护机制

非物质文化遗产保护传承的关键还是对传承人的保护，所有非物质文化遗产的保护传承项目都应围绕传承人，最终落实到对传承人的保护上。当前武陵地区乃至全国各级部门对非物质文化传承人的管理以及传承人的队伍建设总体上还不容乐观。传承人普遍呈现出老龄化、传承后继无人、传承人数量越来越少的现象。因而，必须建立由政府、社会以及行业所形成的多元外部保护机制。非物质文化遗产传承人外部保护机制主要包括建立健全相关法律法规、完善传承人普查和管理制度、加大传承人保护的资金投入、加强文化产业开发、加强传承人的培养工作等。

1. 建立健全相关法律法规

当前我国对于保护非物质文化遗产传承人的法律法规还不够健全，需要加以完善。只有在各种法律法规的保护之下，非物质文化传承人的地位才能够得到保障，各种非物质文化及传承人的保护工作才能有依据。法律法规是否完善，是能否保护非物质文化遗产传承人的根本所在，关系到传承人保护的效果与成败。我们既要建立健全国家性的法律法规，还要根据各地方不同情况制定具有地方特色的法律法规；既要保护代表性传承人的法律地位，还要保障非代表

性传承人的法律地位；既要保护传承人个人的法律地位，还要保护传承人群体的地位。

2. 完善传承人普查和管理制度

对非物质文化遗产传承人的保护必须不断完善传承人普查和管理制度。武陵地区各级政府在各地方传承人的普查以及数据管理方面做了大量的工作，如对传承人基本信息的记录、传承人谱系的整理等。但是，总体而言这一工作还很不完善，主要表现为传承人信息不全、各地传承人数据分散、传承人普查的范围较窄等，需要进一步加以改善。完善武陵地区非物质传承人普查和管理工作，首先，必须全面加强传承人的普查工作，并在此基础上建立详细的传承人档案，从而形成对传承人规范、系统的管理工作，为传承人保护工作策略提供第一手信息；其次，加强对非物质文化遗产传承人的分类管理；最后，加强武陵地区各地方传承人资源资料信息的共享建设，从而形成整体性的数据管理，更有利于对武陵地区非物质文化传承人的整体宏观的认识。

3. 加大传承人保护的资金投入

对传承人的保护必须建立完善的保障制度，其中资金的投入是最重要的保障。政府应在相关法律制度的保障下，做好非物质文化传承人在物质和精神方面的扶持工作，保障传承人的基本生活来源，保障传承人展开相关传承和保护工作的资金。

4. 加强文化产业开发

政府应该充分利用市场机制，将地方传统非物质文化遗产与市场、旅游相结合，加强非物质文化遗产的产业化发展。只有将非物质文化遗产转化为文化产业，才能形成一种经济价值，传承人才能真正体现自身的价值，才能激发传承人的积极性和创造性，变被动为主动，并得到生活上的扶持，非物质文化遗产的传承保护工作才能得到真正的保障。

四、非物质文化遗产传承人社会规范机制

社会规范是指人们社会行为的规矩，社会活动的准则。它是人类为了社会共同生活的需要在社会互动过程中衍生出来，相习成风，约定俗成，或者由人们共同制定并明确施行的。其本质是对社会关系的反映，也是社会关系的具体化。任何社会都有一个立体化的环境，其中既有物质环境因素，又有文化环境因素，各种社会规范都概属于特定社会的文化环境因素。而且，不同的民族文化有不同的规范特征，它为自己社会成员的行为大体上确定了坐标，无论人们愿意与否，都得在既存的文化环境中生活，都在思考上、行为上受该种文化规范和诱导。社会规范系统是文化系统中发挥规定协调人的行为组织有序的人类群体功能生活的部分[①]。广义的社

① 庄平：《社会规范系统的结构与机制》，《社会学研究》1988年第4期。

会规范包括习俗规范、道德规范、法律规范以及宗教规范等具体形式。习俗规范是最早最普遍的社会规范形式，它是人们自发的、被一定范围内多数人反复遵循的行为规范，具有自律性行为特征，不需要外部压力就能实现。道德规范是指人们对那些与社会共同生活关系极为密切的事物及行为，给予是非、善恶、公正等的评价而形成的规范形式。法律规范是人类发展到阶级社会所特有的、具有强制性调整的社会规范形式，它是由国家制定或认可的，体现统治阶级意志，并由国家机构保证实施。宗教规范是神化了的社会行为规范，它所采取的是一种超自然、超人间的神秘形式，具有极强的自律性特征。本书所指社会规范主要指除法律法规之外的社会行为规范，因为法律法规规范行为有专门的讨论，在此不赘述。

非物质文化遗产传承人作为社会成员之一，必然受到来自风俗习惯、思想道德、宗教信仰等方面的规范要求。武陵地区是一个跨地域、多民族的地区，不同民族和地域形成了不同的自然、社会和人文环境，进而形成了不同的社会规范形式。非物质文化遗产传承人绝大部分都生活于广大农村地区，农村的法制化水平普遍偏低，千百年来当地民间艺人都默默遵守着这些不同的社会规范模式。如家住重庆涪陵区年轻一代傩戏传承人周毅（法名觉远），属于新一代的掌坛师，他非常热爱傩戏，几乎掌握了贵州道真仡佬族全部传统傩戏戏曲文化形式，能够独立主持和开展全套傩戏宗教祭祀仪式程序，能够演唱傩戏中的各种唱腔（高腔、低腔、请神调、诵经调等）中不同种类的歌曲，能够完整表演傩戏中72种步法。据周毅本人说，他2003年师从当地著名掌坛师黄朝合老先生，开始学习傩戏艺术，于2005年度职获得掌坛师资格。他对傩戏的传承完全遵循了当地的传统习俗规范、道德规范以及宗教规范。按照传统，傩戏拜师必须经过发帖、祭拜、问卦等一套烦琐的拜师仪式，出师的时候也必须经过几天的祭祀、问卦等一系列非常复杂的程序。他从拜师学艺到获得掌坛师资格都经过了一整套严格的仪式程序。

武陵地区各地方政府应在充分尊重地方习俗、道德和宗教信仰的基础上，充分利用当地习俗、道德和宗教信仰等社会规范形式，并建立完善的社会规范机制。非物质文化遗产传承人社会规范机制是指社会规范系统的内部结构或各种要素，是系统在发展变化过程中内部各要素之间的关系和相互作用。按照类型，非物质文化遗产传承人社会规范机制可分为习俗规范机制、道德规范机制和宗教规范机制。对于非物质文化传承人的行为规范不能单一地使用某一类规范机制，而是要将法律法规与道德规范、习俗规范以及宗教规范等社会规范形式相互协调、相互促进，构建起互动互补的协调机制，形成传承人行为规范的合力，为非物质文化遗产的保护传承工作提供有力的规范支持。

第五节 传承人外部传承机制与内部传承机制的相互关系

外部传承机制与内部传承机制之间有着非常密切的联系，两者相辅相成，既相互促进又相互制约。外部传承机制是外因，内部传承机制是内因。外部传承机制能够保障内部机制的顺利完成，没有外部机制传承，其内部传承机制无法得以实现。而外部传承机制只能通过内部机制起作用，没有内部的传承机制就不可能有外部机制的存在。因而，外部传承机制是通过内部机制而起作用的，外部传承机制是内部传承机制的根本保障。

一、外部传承机制与内部传承机制的互动关系

外部传承机制与内部传承机制的互动关系是指外部传承机制与内部传承机制之间具有相互推动的紧密关系。外部传承机制与内部传承机制的互动关系主要表现为：外部传承机制对内部传承机制的动力作用，内部传承机制推动外部传承机制的完善，外部传承机制对内部传承机制的保障作用。

1. 外部传承机制对内部传承机制的动力作用

外部传承机制作为一种外部因素对于内部传承机制具有推动作用。传承人激励机制属于外部传承机制的范畴，对于激发传承人传承保护非物质文化遗产的动力具有非常重要的作用和意义。外部激励机制通过目标激励、榜样激励、参与激励、情感激励以及竞争激励等激励方式，将物质激励与精神激励相结合、正激励与负激励相结合、内激励与外激励相结合，能够推动传承人的选择、培养等工作。外部激励机制能够调动和激发传承人的传承保护工作热情，能够激发传承人的创新精神。非物质文化遗产传承人外部保护机制通过建立健全相关法律法规、完善传承人普查和管理制度、加大传承人保护的资金投入、加强文化产业开发等方式，同样对于传承人内部的选择、培养以及保护传承等工作具有非常重要的动力作用，能够激发传承人传承保护和收授徒弟的热情。

2. 外部传承机制对内部传承机制的保障作用

外部传承机制对内部传承机制不仅具有推动作用，而且具有保障作用。各种外部法律法规以及规章制度能够保障传承人内部选择机制、培养机制的正常运行，能够保障非物质文化遗产传承人的社会和法律地位，能够保障对传承人物质生活的帮助和扶持，保障了传承人传承基础设施的投入。外部传承保障机制主要是通过法律法规、制度和政策、经济基础、物质设施的保

障等方式对内部选择、培养机制等发生作用。如《中华人民共和国非物质文化遗产法》《湖南省非物质文化遗产项目代表性传承人认定与管理办法》《遵义市市级非物质文化遗产项目代表性传承人认定与管理办法》《贵州省省级非物质文化遗产项目代表性传承人认定与管理办法》等，这些法律法规对传承人的认定、培养机制等都具有保障性的作用。

3. 内部传承机制推动外部传承机制的完善

外部因素必须通过内部因素起作用，内部传承机制能够推动外部传承机制更加完善。外部机制是为内部机制服务的，只有外部机制为内部机制提供保障时，外部机制才有存在的价值和意义。只有当非物质文化遗产及其传承人濒临消亡的时候，人们才会制定各种法律法规，制定各种规章制度，来确保传承人的传承保护工作、传承人培养等内部机制的地位和价值。正是由于传承人保护工作、传承人培养等内部机制在运行中出现了方方面面的问题，所以才要求有良好的各种规章制度作保障，推动非物质文化遗产及其传承人相关法律法规逐渐完善。

二、外部传承机制与内部传承机制的制约关系

外部传承机制与内部传承机制既相互推动又相互制约。外部传承机制与内部传承机制的制约关系是指外部传承机制与内部传承机制的相互规定或限定。外部传承机制与内部传承机制的制约关系主要表现为以下几个方面：

首先，外部传承机制对内部机制权利和义务的规定。这种对内部传承机制各要素结构权利和义务关系的规定主要通过各种法律法规、制度和政策、风俗习惯、思想道德以及宗教信仰等形式来实现。如《中华人民共和国非物质文化遗产法》第三十一条对传承人的义务进行了规定：非物质文化遗产代表性项目的代表性传承人应当履行下列义务：（一）开展传承活动，培养后继人才；（二）妥善保存相关的实物、资料；（三）配合文化主管部门和其他有关部门进行非物质文化遗产调查；（四）参与非物质文化遗产公益性宣传。非物质文化遗产代表性项目的代表性传承人无正当理由不履行前款规定义务的，文化主管部门可以取消其代表性传承人资格，重新认定该项目的代表性传承人；丧失传承能力的，文化主管部门可以重新认定该项目的代表性传承人。再如《湖南省非物质文化遗产项目代表性传承人认定与管理办法》第十五条对省级传承人的责任和义务进行了明确规定：省级非物质文化遗产项目代表性传承人应承担以下责任与义务：（一）在不违反国家有关法律、法规的前提下，按照协议的资助项目任务书规定的时限和要求，向当地及上级文化行政部门提供完整的项目操作程序、技术规范、技艺要领、材料要求等非物质文化遗产资料；（二）努力从事非物质文化遗产的生产、创作，提供高质量的非物质文化遗产作品及其他智力成果，积极参与各级文化行政部门组织的展览、演示、教育、研讨、交流等活动；（三）采取收徒、办学等方式开展传承活动，无保留的传授技艺，培

养后继人才；（四）定期向省文化行政部门提交实施情况报告。

第二，外部传承机制对内部机制内涵的规定，主要通过外部传承机制中的相关法律法规以及规章制度对内部传承中某些具有特殊意义的概念的限定。如《中华人民共和国非物质文化遗产法》第二十九条对传承人的认定进行了相应的规定：非物质文化遗产代表性项目的代表性传承人应当符合下列条件：（一）熟练掌握其传承的非物质文化遗产；（二）在特定领域内具有代表性，并在一定区域内具有较大影响；（三）积极开展传承活动。再如《遵义市市级非物质文化遗产项目代表性传承人认定与管理办法》第四条对市级传承人进行了规定：符合下列条件的公民可以申请或被推荐为市级非物质文化遗产项目代表性传承人：（一）完整掌握并承续某项市级非物质文化遗产项目且有传承能力；（二）在一定区域或领域内具有该项目公认的代表性、影响力；（三）积极开展传承活动，培养后继人才；（四）师承脉络连贯，具有较长的传承经历；（五）申请人或被推荐人原则上是县（市、区）文化行政主管部门已认定的县（市、区）级非物质文化遗产项目代表性传承人。其中第五条规定：具有下列情况之一者，不能或暂不推荐为市级非物质文化遗产项目代表性传承人：（一）目前在该项目领域内存在争议的；（二）丧失传承能力、无法履行传承义务的；（三）群体性较强，难以确定其代表性的；（四）专职从事非物质文化遗产资料收集、整理、研究和管理的人员。

第三，内部传承机制对外部传承机制同样具有限定和制约的作用和意义。这种制约主要表现为外部传承机制所制定的相关法律法规、制度和政策必须以内部传承机制的实际需要和客观条件为依据，否则就会影响内部机制的正常运行。如相关法律法规对传承人选择标准的制定必须受到传承人本身客观情况的限定，制定科学合理的传承人选择标准。只有制定科学合理的传承人标准，在传承人选择机制的运行过程中才能够顺利进行，才能够选出真正具有代表性的传承人。当前对非物质文化传承人认定的标准还存在方方面面的不足，如认定标准过于笼统，不够具体，缺乏可操作性。这些缺陷必将影响传承人选择的正常运行，并且已经出现了许多不良或消极的影响。因而，我们必须对相关规定进行修改或进一步完善，让外部传承机制更好适应内部传承机制的需要。

第四章
武陵地区非物质文化遗产活态传承案例分析

本章主要选取武陵地区不同地方不同民族不同非物质文化遗产种类为代表进行案例分析，分别对这些文化遗产项目的基本情况、分布特征、传承人情况、传承人结构、传承模式以及项目传承现状等进行详细分析，以可感知的方式反映非物质文化遗产及其传承人在实际传承保护过程中出现的问题和困境。

第一节　武陵地区民间音乐活态传承案例分析

武陵地区少数民族众多、地域宽广，有着丰富的民族民间音乐类非物质文化遗产，如重庆黔江土家族南溪号子、重庆石柱土家族啰儿调、湖南桑植民歌、重庆彭水苗族民歌、湖北利川灯歌、重庆酉阳民歌、湖北长阳山歌、重庆彭水鞍子苗歌、武陵地区酉水船工号子、长江三峡号子、湖南湘西土家族打溜子、土家族咚咚喹、湖北建始喜花鼓以及丝弦锣鼓等。本节将以武陵地区重庆黔江土家族南溪号子、重庆石柱土家族啰儿调、湖南桑植民歌活态传承以及重庆彭水苗族民歌为代表的音乐类非物质文化遗产活态传承为个案进行分析。

一、重庆黔江土家族南溪号子活态传承个案分析

南溪号子属于武陵地区具有代表性的民间歌曲种类，2006年被列入第一批国家级非物质文化遗产名录。南溪号子具有悠久的历史文化，反映了当地各民族生产生活的方方面面，具有非常重要的历史价值、文化价值、文学价值、学术价值以及现代商业价值。

（一）重庆黔江土家族南溪号子综述

1. 重庆黔江土家族南溪号子概述

从种属关系和类别划分来看，重庆黔江土家族南溪号子属于民族民间音乐民歌中号子的一种，它是一种非常富有民族特色和地域特色的原生态民族民间歌曲。南溪号子于2006年由重庆市黔江地区申报，被列入第一批国家级非物质文化遗产名录。主要传承人有：杨正泽（国家级）、杨再方（市级）、胡安禄（市级）、胡兴泽（市级）、阮中英（市级）、冯广香（市级）、李元碧（市级）、李永坤（市级）、李绍俊（市级）等。南溪号子主要流行于武陵地区重庆黔江一带的广大农村地区，其雏形为土家族、苗族以及汉族等民族在生产劳动中为解乏鼓劲而唱的一种劳动号子，与薅草锣鼓有相似之处。经过长期的传唱和演变，南溪号子逐渐发展成为一种独具特色的山歌品种，既不同于周边的纤夫号子、川江号子，也不同于广泛流传于武陵地区的其他劳动号子以及山歌号子。南溪号子历史悠久，风格独特，反映了武陵地区当地人祖祖辈辈的生产生活历史。其内容非常丰富，涉及土家族历史、地理、生产生活、民间传说等，传达出丰富多彩的古老历史文化信息。因而，南溪号子具有非常重要的历史价值、文化价值、文学价值、学术价值以及现代商业价值。南溪号子曾经非常流行，歌曲作品不计其数，不同地方都有各自流行的号子曲目。目前，这些歌曲大部分都已消失，经过收集整理，尚存的南溪号子代表作品主要有：《大板腔》《九道拐》《三台声》《六月薅草》《唢呐调》《新打沙刀薄飘飘》《南河号》《打闹台》《喇叭号》《望郎歌》《幺妹调》《情歌对唱》等。

2. 重庆黔江土家族南溪号子的历史文化

流行于武陵地区重庆市黔江区的南溪号子具有悠久的历史文化，其渊源要追溯到唐朝（也有说产生于清朝时期），距今已有一千多年的发展历史。南溪号子最初是土家族、苗族人民群众在生产劳动当中为了解乏鼓劲而产生的一种劳动号子形式。南溪号子作为一种民族民间歌曲形式长期流传于民间，官方并没有详细的记录。对于南溪号子发展的具体历史我们已无法考证，只能根据老人们的传说以及号子所反映的信息，局部地、片段性地推测其发展的历史。通过传说，我们可以确定南溪号子这种民间歌曲具有较长的发展历史。20世纪五六十年代南溪号子曾经盛极一时，这一时期属于农村集体化和公社化时期，随处可以看到或听到在坡上干活的人民群众唱起号子，两岸应和，声调宏壮的壮观场面。“从20世纪60年代中期起，特别是‘文革时期’，南溪号子便陡遭厄运。李元碧老人回忆说，那时候号子被说成是黄色‘风流歌’，公社、大队都层层严令不准再唱号子。”[①]进入80年代，我国开始实施改革开放政策，南溪号子进入到新的历史发展时期。经过几年的改革开放发展，鹅溪镇和南溪村人民的生产生活发生天

① 《亲聆南溪号子“绝唱”》，新浪网：http://ent.sina.com.cn/x/2006-09-28/00111266368.html.

翻地覆的变化，年轻一代的思想观念、生活方式等都与过去完全不同，“村寨早已通电通话，电视和移动电话也覆盖全村。但随着土地下放到户，集体劳动形式基本结束，特别近年青壮年大量赴外打工，号子实质上已无发展，逐趋衰落。不过进入本世纪后，号子的特殊魅力仍被政府关注，区、镇的文化专干专门来收集、组织演唱过号子。南溪号子也多次参加区县的文艺汇演，老人中也有几位获得过歌王、歌师傅的称号”①。

南溪号子在武陵地区的重庆市黔江一带曾经非常流行，人们常说“南溪左右两面坡，男女老少会唱歌”，在黔江南溪村还流传着“十对男女九对歌，十首山歌九情歌”的说法。由此可见，南溪号子在当地人民群众生产生活当中的地位以及南溪号子在当地曾经流行和普及的程度。南溪号子所表现的内容非常广泛，涉及地理、历史、道德、伦理、婚姻、生产生活以及历史传说等内容。因而，它被誉为是了解黔江地区土家族生活习俗、文化历史及文化交流的“活化石”。

图1 南溪号子传承人演唱号子歌

（二）重庆黔江土家族南溪号子的分布及特征

1. 重庆黔江土家族南溪号子的分布

南溪号子诞生于武陵山区。武陵山区面积约10万平方公里，地跨渝、鄂、湘、黔四省市，是我国土家族的主要聚居区。这里群山连绵、沟壑纵横，千百年来，荆楚文化、巴文化、中原文化等各种文化在这里碰撞、交融，土家族、苗族、汉族、侗族等10多个民族在这里生息繁

① 《亲聆南溪号子“绝唱”》，新浪网：http://ent.sina.com.cn/x/2006-09-28/00111266368.html.

衍，积淀了丰厚的历史文明和独特的民族文化，同时也形成了民歌的丰厚土壤。湘西的《马桑树儿搭灯台》，鄂西的《龙船调》《黄四姐》，渝东南地区的《太阳出来喜洋洋》《黄杨扁担》《木叶情歌》等一大批优秀民歌便孕育于此，并蜚声海内外。和武陵山区其他地方一样，位于重庆市东南部的黔江区也是民歌的盛产地，南溪号子即为黔江区最具特色的民歌。它的诞生地黔江区鹅池镇南溪村位于重庆市黔江、彭水、酉阳三区县交界处，地理环境恶劣，山高坡陡，交通不便，南溪村寨集中在两面高山峡谷之中，南溪河蜿蜒纵贯全境，至酉阳汇入乌江支流阿蓬江。南溪村居民主要为土家族，共有四百余人。由此可见，南溪号子在历史当中主要流行分布于以武陵地区重庆市黔江一带的鹅池镇南溪村为中心的周边土家族当中。但是，由于时代的变迁，其他村寨的南溪号子已经消失，没有人唱这种传统民歌，只有南溪村还有部分老人能够表演这种传统的民歌。因而，这一民歌濒临消亡，必须及时给予抢救和保护。

2. 重庆黔江土家族南溪号子的特征

南溪号子经过数百年的发展，逐渐形成其风格特征，包括演唱形式、唱腔、题材、审美风格等。南溪号子既不同于周边地区的纤夫号子和川江号子，也不同于武陵山区其他劳动号子与山歌号子。从歌曲演唱的形式看，南溪号子多为即兴创作，其演唱形式为一领众和的演唱形式。演唱的人数一般为7人以上，其中1人领唱，2-3人唱高音帮腔，其他人唱低音帮腔，低音帮腔多为衬词，形成高、中、低不同声部的互相应和。从音乐和演唱特点来看，南溪号子的节奏相对规整，旋律起伏较大，演唱多为真声。歌曲由劳动人民集体创作，并与生产劳动紧密结合。南溪号子的唱腔相对比较固定，常用的唱腔主要有九道拐、大板腔、三台声、南河号、打闹台、喇叭号等十余种。南溪号子的演出没有特定的场合与地点，当地群众每遇红白喜事，都会钟情于唱南溪号子。从审美风格来看，南溪号子长期流传于武陵山区高山峡谷地带的土家族群众当中，而武陵地区特殊的地理及社会环境培育了土家人豪放、粗犷的性格特征，所以其音乐具有高昂、粗犷磅礴、雄浑壮阔的审美特点，散发着浓烈的生活气息。

（三）重庆黔江土家族南溪号子代表性传承人

南溪号子于2006年被列入国家级非物质文化遗产，属于濒临消亡的非物质文化遗产。目前能够演唱南溪号子的民间艺人已经非常有限，南溪号子国家级代表性传承人杨正泽，在所有唱南溪号子的民间艺人当中，是最年轻的一个。

1. 南溪号子代表性传承人杨正泽艺术简介

杨正泽（男）是一位地地道道的土家族农民，2006年9月被重庆市黔江区人民政府授予“民间艺术大师”的称号，2008年被列入第二批国家级非物质文化遗产南溪号子代表性传承人。杨正泽1952年6月出生于重庆市黔江区的鹅池镇南溪村第五组，家里祖祖辈辈都生活在这里，以务农为生。在祖辈的影响之下，杨正泽从小就热爱“南溪号子”这一当地广泛流传的民歌艺术。

杨正泽一生的艺术经历非常曲折坎坷。中华人民共和国成立之初的几年是南溪号子发展进入高潮时期，杨正泽作为一个不谙世事的小孩就开始受到祖辈的熏陶而接触南溪号子。因家里非常贫困，杨正泽六岁就同长辈们一起在田间地里参与劳动。南溪号子作为当时人们唯一且普遍的娱乐方式，随时随地都能够让他感受到音乐的美妙。久而久之，杨正泽就在无形中熟悉并掌握了南溪号子的演唱精髓。十年“文革”时期，南溪号子一度被作为“黄色垃圾”而进入发展的低潮时期。20世纪80年代我国迎来了改革开放，南溪号子进入新的发展时期，地方政府开始组织专业人员对南溪号子进行收集和整理。但由于人们生产生活方式的改变，过去集体劳动转变为包产到户的个体方式，南溪号子的生存环境发生改变，逐步走向衰落。而步入中年的杨正泽一直都没放弃演唱南溪号子。闲暇时，杨正泽总会抽出时间和村里热爱南溪号子的村民聚集一起演唱，表达他们对生活的热爱、对南溪号子的钟情和留恋。

图2　演唱南溪号子

2. **南溪号子代表性传承人杨正泽的传承贡献**

20世纪90年代到21世纪以来，随着国家对传统非物质文化传承保护越来越重视，南溪号子获得新生。1990年黔江地方政府在南溪村组建南溪号子队，2006年南溪号子被列入第一批国家级非物质文化遗产名录，2008年杨正泽成功申报南溪号子国家级非物质文化传承人。之后，他一直专注于对南溪号子的保护与传承工作，定期到当地村小学传习南溪号子，他经常到村民家中做工作，鼓励小孩学习南溪号子，通过多种途径培养传承人。“他主动向当地年轻人讲解南溪号子的历史渊源、丰富内容和实质含义，让他们进一步了解南溪号子，培养对南溪号子的兴趣。其孙子杨光更是其中的佼佼者，现在就能够喊出《大板腔》《三台声》等重要腔板的南溪号子，成为南溪号子小能手。在南溪号子濒临失传的情况下，杨正泽努力收集整理部分重要资料，为南溪号子的保护工作做出了贡献。”[①]杨正泽还组织相关人员对南溪号子传统曲目进行收集整理，并出版地方中小学民歌教材，通过学校传承南溪号子。同时，还在鹅池镇南溪村成立中小学南溪号子歌唱队，由民间号子手进行专门的传习，培养青少年对南溪号子的热爱。杨正泽曾多次在国家、省市很多项文艺演出中获奖，2010年4月杨正泽所带领的南溪号子队还参加了中央电视台举行的文艺展演活动。杨正泽演唱的主要代表作品有《三台声》《打闹台》《大板腔》《唢呐号》《九道拐》《一枝号》《南河号》等。

（四）重庆黔江土家族南溪号子传承现状分析

从20世纪80年代以来，随着改革开放政策的实施和深入，人们的生活方式发生了天翻地覆的变化，南溪号子逐渐进入衰退时期，传唱的人越来越少。当下只有10余人能够演唱南溪号子，这些人普遍年事已高，年龄大都在60岁以上，大者80多岁。当地群众对唱号子没有什么热情，年轻人更是冷漠，他们觉得南溪号子粗俗，不符合当代人的审美情趣，因而当前年轻人中没有可以唱南溪号子的人了。加之南溪号子一直以来以口传心授的方式活态传承于民间，其歌词和曲调没有被书面记载，如果不及时地给予抢救、整理和挖掘，无需几年，此类传统民间歌曲定当消亡殆尽。

21世纪以来，政府以及各界人士越来越重视对非物质文化遗产的传承保护。在各级政府的高度重视和关心之下，南溪号子的发展开始进入到传承和保护阶段，包括收集和整理南溪号子传统曲目，录制电视宣传片，收录大量的图片、影像和音响资料。黔江电视台组织拍摄了《南溪歌谣》的电视片，并荣获全国第十届少数民族题材电视“骏马奖”。同时，组织传承人和专业人士对南溪号子进行整理收集，出版地方中小学音乐教材，通过学校对南溪号子进行保护传承；在鹅池镇的南溪村中小学组织成立南溪号子歌唱队，政府通过定期举办各种民歌的演唱比赛，促进南溪号子的保护、传承与发展。为了能让“南溪号子”发扬光大，近年来，鹅池镇政府将“南溪号子”的保护传承工作作为首要的文化工作任务。在口传心授的方式基础之上，积极努力探索运用多媒体等现代化手段进行保护传承。据2013年12月13日《重庆日报》报道：在黔江区鹅池镇举办的首届“南溪号子”人才选拔赛上，在8个村社中遴选了16名能演唱号子的农民角逐“非遗”传承对象。最终，年近70岁的杨通成等4名选手脱颖而出，成为“南溪号子”新一代传承培养对象。人民网重庆视窗2013年10月28日报道：2013年10月在巴西举办的“中国文化月”系列活动中，南溪号子在“文化月”中作为系列节目登台亮相，向世界传达黔江土家族地理、历史、传说、民俗文化和重庆文化，尽情展现土家人生活劳动场景和独特的音乐文化。

---

① 《杨正泽：南溪号子传承人》，土家族文化网：http://tujiazu.org.cn/contant.asp?channelid=3&classid=112&id=2856.

二、重庆石柱土家族啰儿调活态传承个案分析

啰儿调属于武陵地区具有民族和地域特色的民间歌曲之一，起源于武陵地区重庆石柱土家族自治县，主要流传于渝东南的汉族和土家族当中，主要分布于重庆石柱县及其周边县市一带，啰儿调因唱词中有“啰儿”而得名。啰儿调于2006年5月20日经国务院批准被列入第一批国家级非物质文化遗产名录。啰儿调具有悠久的文化历史和民族地域特色，被誉为竹枝词的活化石，反映了当地土家族和汉族生产生活的方方面面，具有非常高的历史、学术研究以及人类学价值。

（一）重庆石柱土家族啰儿调综述

1. 重庆石柱土家族啰儿调概述

重庆石柱土家族啰儿调属于民族民间音乐民歌中的山歌类，主要流传于渝东南一带的汉族和土家族当中，分布于重庆石柱县及其周边县市。啰儿调是一种非常富有民族和地域特色的原生态民间歌曲，在长期的流传中形成自身的特色，明显不同于其他地方的民歌。啰儿调发源于重庆石柱土家族自治县，广泛流传于渝东南一带各地的汉族和土家族之中。千百年来，经过无数先民的传唱，啰儿调形成了体裁内容丰富和曲调简洁多样的民歌歌种，包含了山歌、情歌、叙事歌、生活歌、习俗歌、诙谐歌、盘歌、儿歌、号子等不同的类别。啰儿调的曲目非常丰富，不计其数，当前收集整理的曲目就多达600余首，主要的代表作品有《太阳出来喜洋洋》《长年歌》《小情郎》《怀胎歌》《唢呐调》《卖汤粑儿》《栀子花儿开》《高高山上一口糖》《十郎》《连八句》《胭花告状》《绣香包》《海棠花》《情妹长得一枝花》《吼山曲》等。

2. 重庆石柱土家族啰儿调的历史文化

重庆石柱土家族啰儿调具有悠久而独特的历史文化，体现了土家族的文化精神。据有关专家考证，啰儿调至少可以追溯到我国唐代时期，与唐代巴渝地区广泛流传的竹枝词具有一脉相承的关系，拥有一千多年的发展历史。“从石柱一些‘啰儿调’民间歌手的家谱中隐约可知，‘啰儿调’从宋代起就有传唱，历史悠久，源远流长。‘啰儿调’和竹枝词不仅有着外在诸多相似的因素，诸如起源地域、演唱场合、结构形态、命名方式等，在其所表达的内在思想感情和信仰崇拜上也有不少巧合。”[①]石柱土家族啰儿调与竹枝词的渊源关系一说，不无理由。唐宋时期，竹枝词的主要流行区域以巴渝为中心，下及两湖，黄庭坚说“竹枝歌本出三巴，其流在湖湘耳”，石柱县正好处于“三巴”和“湖湘”的中间地带，是历史上两地文化流转的枢纽地带。巴渝文化与荆湘文化的交流融合所形成的石柱地方文化之形态印迹，在石柱民间多处可见

① 向轼：《竹枝歌与“啰儿调”之关系溯源》，《重庆文理学院学报（社会科学版）》2009年第3期。

可闻[①]。“啰儿调”以浓郁的方言声韵作为衬词，大多采用七言四句的演唱形式，秉承了巴人祖先的歌乐之风。

图3　石柱县万寿山上的男女石柱

历史上，石柱土家族啰儿调曾经风靡一时，20世纪五六十年代，随处可见人们演唱啰儿调的场面，会唱者极为普遍。人们在生产劳动的过程中，边唱啰儿调边劳动，无论放牛、砍柴、薅秧等，都唱啰儿调打情骂俏、取笑闹骂，以解除寂寞和疲乏。进入十年“文革”时期，啰儿调被认为是黄色音乐而被禁止。20世纪80年代以来，我国走上了改革开放的道路。随着人们生产生活方式、思想观念以及审美心理的改变，唱啰儿调的人越来越少，年轻一代基本不会唱，只有极少部分老人能唱，啰儿调濒临消亡。啰儿调的内容非常丰富，包罗万象，涉及土家族人民生产生活、风俗习惯、思想道德、婚姻观念、文化历史、自然地理、科学知识等方面的内容，可以称得上是研究土家族文化的一部百科全书。因而，啰儿调具有重要的学术研究价值、文化价值、历史价值、经济价值以及思想价值等，还具有重要的民族学和人类学意义。

（二）重庆石柱土家族啰儿调的分布及特征

1. 重庆石柱土家族啰儿调的分布

石柱县地处武陵地区与长江流域的交汇之地，历史上属于我国古代巴国腹地，重庆石柱成为啰儿调的发源地。千百年来，随着社会的不断发展，不同地域不同民族之间频繁交往，不同文化相互交融，经过无数先民的传播、传承和发展，发源于石柱县的啰儿调逐渐向周边地区辐射，从而使周边许多地区出现了大量与啰儿调类似的民歌。这些地区主要包括忠县、丰都、武

① 汪华生：《石柱土家啰儿调》，重庆出版社，2014年，第7页。

隆、利川、彭水、南川、巴南、綦江以及宜宾等市县，这些地区的一些民歌与石柱的啰儿调有着密切的联系。如《忠县民歌集成》中的一首民歌《小情郎》与石柱的部分啰儿调的行腔和衬词非常相似，还有《张家幺妹儿十七八》《月亮出来似弯弓》等歌曲的衬词与石柱的啰儿调基本一样。再如彭水鹿角民歌《十想》与石柱桥头、马武一带的啰儿调《十想》在旋法和韵味上都非常相像。

石柱县境内的土家族啰儿调分布于整个石柱县内的32个乡镇，尤其是在方斗山以南的龙河流域一带。流传较为普遍的乡镇主要有黄水镇、沙子镇、鱼池镇、悦崃镇、南宾镇、马武镇、龙沙镇、桥头镇、大歇镇、三河镇、下路镇、枫木乡、三星乡、六塘乡等，这里传唱的啰儿调具有悠久的文化历史。据相关统计，在所搜集的啰儿调中，80%以上来自这一地区。如《卖汤粑儿》《无名着》这些啰儿调就是来自悦崃这个地方；《小放牛》《点兵歌》等来自石柱县枫木乡；《送太阳》《栀子花儿开》来自石柱县马武镇。这些不同地方的啰儿调在曲调和内容上都没有太大的差异。

2. 重庆石柱土家族啰儿调的特征

第一，重庆石柱土家族啰儿调悠久的历史文化，这是一个不争的事实。从发声和来源看，啰儿调无论从音乐的形式、曲调因素、唱和音声，还是歌词的句式结构等都与我国古代巴渝文化、吴越文化以及荆楚文化有着密切的渊源关系。如“啰儿调”以浓郁的方言声韵作为衬词演唱，其演唱形式大多采用七言四句的形式，这些都秉承了古代巴人先祖的歌乐之风；巴渝歌舞是古代巴渝文化的重要代表，是一种祭祀性的歌舞，其表演形式为一领众和的形式，而石柱土家族啰儿调中的一些歌曲如《薅秧歌》《薅草歌》也有祭祀的因素，啰儿调中的劳动号子如《抬工号子》《打夯号子》等，其演唱形式为领和唱。从歌词和语言来看，石柱土家族啰儿调所表达的歌词语言、演唱内容以及格律式样等，都与我国古代“巴人土歌”和唐代竹枝词是一脉相承的。

第二，石柱土家族啰儿调的形成和发展与自然环境、生产生活、风俗习惯、人文环境、政治经济等有着密切的关系。由于啰儿调文化来源的多元性以及生活环境的复杂性，形成了石柱土家族啰儿调类型的多样性。根据不同的分类方法，石柱土家族啰儿调可以分成不同的种类。按啰儿调的历史文化流变和音乐文化的源流，石柱土家族啰儿调可分为“主体民歌、地方民歌、改编歌曲和关联音乐等四种类型”①。按音乐的体裁和表现内容，可以将石柱土家族啰儿调分成号子、山歌、情歌、婚俗歌、叙事歌、习俗歌、改编创作歌曲以及其他类型的歌曲，如号子类代表作品有《打夯号子》《花号子》《拉木号子》《冷号》等；山歌类代表作品有《薅

① 汪华生：《石柱土家啰儿调》，重庆出版社，2014年，第48页。

草锣鼓》《薅秧锣鼓》《打野猪》《小情郎》《山里妹儿唱山歌》《望郎歌》等；叙事歌代表作品有《货郎歌》《走村串寨唱土戏》《丈母娘家看我妻》《太阳落土下西坡》等。

第三，从唱腔和音乐特点来看，石柱土家族啰儿调的节奏规整，歌曲旋律简洁，音域不宽，没有大的跨度，大多旋律在八度以内进行。啰儿调演唱主要使用真声，唱腔中的装饰较少，行腔起伏流畅，容易掌握，便于传唱。啰儿调的调式以徵、羽、商调式较多，既有传统固定的曲目，也有现场即兴发挥的歌调。啰儿调最有特色的还属现场即兴发挥，演唱者一般根据情景需要，见山唱山、见水唱水，触景生情，见什么唱什么。从歌曲的创作看，石柱土家族啰儿调由当地人民群众集体创作而成。从歌曲的演唱形式来看，啰儿调的演唱形式丰富多彩，有独唱、领和唱、对唱等不同演唱形式。

第四，从歌词的特点来看，石柱土家族啰儿调与我国唐代竹枝词有着密切的联系。土家族啰儿调的基本句式结构为七言四句体，在每句七个字中的第四字和第七字后，均附以衬词“啰儿”或“啷啰”等。如啰儿调的著名代表作品《太阳出来喜洋洋》中的第一句歌词“太阳出来（啰儿）喜洋洋（欧啷啰）”，通过加衬词的方式，歌词呈现规律性的停顿，从而改变原有七言诗体的语言节奏，使其更加朗朗上口，其音乐的节奏感更强，表现了土家族人民乐观、豁达、幽默、睿智的性格特征。

（三）重庆石柱土家族啰儿调代表性传承人

重庆石柱土家族啰儿调在历史上是非常普及的民歌形式，过去大部分人都会唱啰儿调，是土家族人民生产生活中不可或缺的艺术形式。随着现代社会的发展，人们的思想观念、生活方式、审美心理发生了巨大的变化，曾经兴盛的土家族啰儿调逐渐走向衰落，濒临消亡。年轻一代已经不再唱啰儿调，能唱的仅有为数不多的几位老人。土家族啰儿调主要代表性传承人有：刘永斌（国家级）、黄代书（国家级）、胡德先（市级）、李高德（市级）、帅时进（市级）、黄德仁（县级）、冯启瑞（县级）、黄宣文（县级）、张秀梅（县级）、马碧（县级）、马晓宏（县级）、向云群（县级）、刘长珍（县级）、江小平（县级）等，还有大量其他民间艺人和歌手。对于这些传承人，本文不能一一展开分析，仅以第二批和第三批国家级啰儿调非物质文化传承人刘永斌、黄代书作为个案进行分析。

1. 啰儿调代表性传承人刘永斌艺术简介及传承贡献

刘永斌（男），土家族，1941年出生于重庆市石柱县枫木乡莲花村，2008年被评定为第二批国家级非物质文化遗产项目重庆石柱土家族啰儿调代表性传承人。刘永斌是一位德高望重、多才多艺的民间艺人，一生经历非常坎坷。刘永斌被当地人誉为“民歌大王”，他不仅歌唱得好，丧葬法事、音乐吹打、民间故事等样样精通。早年由于受到祖父辈、当地匠人以及民间艺人的影响，刘永斌迷恋上土家当地民间说唱吹打艺术。幼年时的刘永斌就与啰儿调结下了奇缘，呱呱坠地之时，当听到父亲唱的“啰儿调”时就变得安静。进小学的时候，偶然的缘分遇到了善唱啰儿调的当地长工庄师傅，刘永斌第一次系统性学习啰儿调，这使他一生都与啰儿调不可分割。在1958年的元旦汇演上，刘永斌凭借响亮的歌喉和动听的啰儿调，初次崭露他演唱的才华，获得观众的认可。汇演之后，单位让他组建业余文工团，在文工团期间，刘永斌得到了极大的锻炼，积累了大量经验和演唱方法。进入中老年时期，刘永斌获得多次施展才华的机会。20世纪80年代，刘永斌在啰儿调方面已经造诣颇深，乡里多次举办民歌大赛，他连续四年参加，蝉联冠军。20世纪90年代末，在渝东南组织的少数民族地区民歌民乐大赛中，他代表石柱县参加并获奖。进入21世纪，晚年的刘永斌演唱的啰儿调更加成熟，对啰儿调的认识也更加深刻。2007年刘永斌应邀参加黄水镇举办的第四届森林旅游节，演唱获得武陵山珍公司的青睐，被力邀去重庆，成为一名专职民间歌手。其间他曾接待了无数观众和外国友人，先后接受重庆电视台、重庆报业集团、中央电视台以及海外传媒等各大重要媒体的节目录制和采访报道，对啰儿调的传播起了极大的推动作用。他参加的各类比赛演出，硕果累累。大家亲切地尊称他为“武陵山歌王”。

图4 啰儿调代表性传承人刘永斌

刘永斌不仅自身的歌唱得非常好，还一直致力于啰儿调的保护传承、收集整理与传播等工作，对啰儿调的传承保护以及传播等做出了巨大的贡献。刘永斌致力于对啰儿调的传承与发展，最早在20世纪80年代开始，他先后四次组建民乐乐队，游走于当地各村寨。当刘永斌成为国家级非物质文化传承人之后，更加意识到传承和发展啰儿调的重要性与紧迫性。他首次收徒，多达几十人，这些徒弟都是喜爱并热切希望学习啰儿调的普通群众。刘永斌为了更好地传承和发扬啰儿调，2012年，他选择辞去待遇丰厚的山歌演员一职，回到家乡，在枫木乡组建了自己的“刘家班”专业演唱队。他把家族亲人如儿女刘长春、刘长顺、刘长珍（女）、刘长梅（女）以及女婿王顺阳、妻侄女向云琼等都召集起来，传唱“啰儿调”，挖掘和整理啰儿调，共同致力于啰儿调的传承保护工作，弘扬土家族传统民族文化。迄今为止，刘永斌所组建的“刘家班”常年在各地传唱啰儿调，曾经三度登上央视舞台，为啰儿调的传播、保护、传承做出了巨大的贡献。他曾先后培训学生400多人，出色弟子就有20多人。刘永斌还坚持在枫木乡小学任教，教学生们演唱啰儿调，日复一日，从未间断。到现在，学校里每个班级都能熟练地演唱十多首啰儿调，学生们更是多次将啰儿调搬上舞台。孩子们朝气蓬勃的歌声为啰儿调的传承注入了一丝新鲜血液，刘永斌也时常为啰儿调后继有人而感到欣慰。

图5 采访刘永斌

2. 啰儿调代表性传承人黄代书艺术简介及传承贡献

黄代书（男），土家族，1944年生于石柱县马武镇金鑫村。黄代书是一位退休教师，是第三批国家级非遗项目石柱土家啰儿调代表性传承人，他一直坚持在马武小学校园内教授学生传唱啰儿调。黄代书生长在民风淳朴、民族民间音乐丰富多彩的土家族地区，从小耳濡目染，掌握了土家民歌演唱技巧，不仅受到家里长辈的影响和指点，还得到彭水清明山本地山歌师傅秦大义、彭廷科、彭树发、谭昭碧等人的指导和培养，歌唱技巧日益精进，10岁就随叔父、师傅出门演唱。黄代书利用当地的民歌调子即兴填词，张口就唱。他的“啰儿调”演唱，声情并茂，声调高亢，音色嘹亮，吐词清楚，风趣别致，逐渐形成了自己的风格，他编唱的山歌很受当地百姓的欢迎，被称为“黄歌仙”。黄代书酷爱山歌，年轻时暗恋裁缝师傅的女儿姚顺云，抓住隔山对歌的机会用一首“你打猪草我砍柴，唱得小妹挨过来”啰儿调赢得了姑娘的芳心，喜结连理。黄代书技艺超群，自编自唱，调门灵活，唱歌打趣、玩笑斗歌、盘歌扯谎歌等都能信手拈来，自成一体。1996年、2011年分别在原黔江地区举办的民歌大赛和石柱黄水山歌决赛中凭借演唱实力技压群雄，摘取了“石柱土家歌王”的桂冠。2005年重庆电视台“巴渝人家”栏目、“重庆民族文化典藏”工作组等都对他进行了专题采访。黄代书成为节目民歌的主唱，其多首演唱曲目收录于石柱文化馆编写的《太阳出来喜洋洋——石柱土家族自治县民族民间音乐曲集》。

图6 啰儿调代表性传承人黄代书

黄代书作为啰儿调代表性传承人，在采访时他自信、坚定地说到："我为被评定为啰儿调的传承人感到自豪，作为传承人我要尽余生之力把我们的啰儿调传承下去！"黄代书18岁那年（1963年）走进乡村小学当上了一名民办教师，教学中，不时地将优秀的啰儿调带入音乐课堂，传授给学生。退休后仍然与马武小学签订授课合同，除教授自己收集整理的啰儿调民歌之外，还将自己的新创作如《我们的童年》《老师是辛勤的园丁》等啰儿调歌曲，以及《交通安全进万家》《优美校园靠大家》等朗朗上口又寓意深刻的多首普及法律法规知识的啰儿调传授给学生。在他几十载的教学生涯里，用啰儿调民歌影响了莘莘学子。黄代书一生坚持奔波在马武镇各个村寨之中走访歌手艺人，收集整理啰儿调。中央电视台在开展非遗保护工作中也曾借阅过他整理的资料。黄代书老人还将政策法规、文明礼仪和传统美德编入啰儿调，先后创编出《贯彻群众路线　办好民生实事》等200余首啰儿调进行传唱，使当地的宣教不再"板着脸"，让村民喜闻乐见。黄代书为石柱土家啰儿调的保护工作做出了巨大贡献。

（四）重庆石柱土家族啰儿调传承人谱系

对传承人谱系的分析和研究有利于我们从宏观上把握啰儿调传承人的纵向脉络与横向的结构，能够了解传承人的传承模式等。通过收集整理资料，我们对传承人刘永斌、黄代书、胡德先、李高德、帅时进等人的传承谱系进行了确认（见表1）。

表1　重庆石柱土家啰儿调传承谱系表

刘永斌代表性传承人传承谱系						
代别	姓名	性别	生年	文化程度	学艺时间	居住地址
第一代	刘正斗	男	不详	不详	不详	石柱县双河乡
第二代	刘中满	男	不详	不详	不详	石柱县双河乡

续表

第三代	刘治岱	男	不详	不详	不详	石柱县双河乡
第四代	刘万长	男	1875	秀才	不详	石柱县双河乡
第五代	刘帮文	男	1898	私塾	不详	石柱县枫木乡
第六代	刘永怀	男	1931	小学	从小	石柱县枫木乡
	刘文斌	男	1941	小学	从小	石柱县枫木乡
第七代	刘长顺	男	1971	初中	从小	石柱县枫木乡
	刘长珍	女	1973	初中	从小	石柱县枫木乡
黄代书代表性传承人传承谱系						
代别	姓名	性别	生年	文化程度	学艺时间	居住地址
第一代	黄昭怀	男	1870	文盲	从小	石柱县马武坝
第二代	黄木松	男	1895	文盲	从小	石柱县马武坝
第三代	黄后碧	男	1914	文盲	从小	石柱县马武坝
第四代	黄代书	男	1944	初中	从小	石柱县马武坝
第五代	黄明兵	男	1970	中师	从小	石柱县马武坝
第六代	黄雷	男	1996	小学	从小	石柱县马武坝
胡德先代表性传承人传承谱系						
代别	姓名	性别	生年	文化程度	学艺时间	居住地址
第一代	胡远牧	男	不详	不详	不详	石柱县沙子乡
第二代	胡龙河	男	清光绪年间	私塾	从小	石柱县沙子乡
第三代	胡崇贵	男	1908	文盲	从小	石柱县沙子乡
第四代	胡德先	男	1947	文盲	从小	石柱县沙子乡
第五代	胡启强	男	1973	初中	从小	石柱县沙子乡
	胡启勇	男	1975	初中	从小	石柱县沙子乡
李高德代表性传承人传承谱系						
代别	姓名	性别	生年	文化程度	学艺时间	居住地址
第一代	李中天	男	不详	文盲	从小	湖北省利川市
第二代	李贵山	男	1852	文盲	从小	石柱县冷水乡
第三代	李定清	男	1908	文盲	从小	石柱县冷水乡
第四代	李天严	男	1932	小学	从小	石柱县冷水乡
第五代	李朋清	男	1963	小学	从小	石柱县冷水乡天河村
	李高德	男	1967	小学	从小	石柱县冷水乡天河村

续表

第六代	漆安江	男	1967	高中	从小	石柱县黄水镇楠木
	任鹏飞	男	1974	本科	从小	石柱县黄水镇迎宾南路居委
	黄国勇	男	1983	初中	从小	石柱县黄水镇水广塘村
	马春娟	女	1986	中专	从小	石柱县黄水镇四分碑村
	马春蓉	女	1992	高中	从小	石柱县黄水镇万胜坝
	李白洲	男	1995	初中	从小	石柱县冷水乡天河村
第七代	冉燕	女	1992	初中	从小	石柱县桥头镇
帅时进代表性传承人传承谱系						
代别	姓名	性别	生年	文化程度	学艺时间	居住地址
第一代	黎大昆	男	不详	文盲	不详	石柱县坡口乡
第二代	黎克用	男	1852	私塾	从小	石柱县坡口乡
第三代	黎永珍	女	1906	文盲	从小	石柱县城关镇
第四代	帅德甫	男	1925	文盲	青年	石柱县城关镇
第五代	帅时进	男	1940	中师	从小	石柱县南宾镇
第六代	帅兵	男	1963	初中	从小	石柱县南宾镇
	帅卒	男	1967	初中	从小	石柱县南宾镇

通过对以上传承人传承谱系的分析和研究，我们可以得出以下信息：

第一，从传承人的传承方式来看，啰儿调的传承主要为社会传承，表现为以家庭传承、师徒传承的方式进行。从所调查的情况来看，这种群体性传承的非遗，多以家庭传承方式为主。但是，我们认为对啰儿调的传承不可能绝对的以某种单一的方式或途径进行，而是以社会传承、群体传承等多种方式和途径进行。如国家级传承人刘永斌、黄代书等演唱者除了受到家庭的影响之外，他们还以师徒的方式拜师学习，还有以群体活动的方式学习并传承啰儿调。

第二，从传承人的性别来看，传承人中绝大部分为男性，女性传承人很少。如刘永斌的传承谱系中，七代传承人只有1人为女性，而且在第七代才出现；黄代书的传承谱系中，六代传承人全是男性；胡德先传承谱系中，五代传承人全是男性；李高德传承谱系中，七代13个传承人中女性仅有3人，而且均为当代年轻女性。由此可见，唱啰儿调主要以男性为主。当然，这并不是只有男性才传承啰儿调，在民间多数女子也都能唱啰儿调山歌，应该是在统计中，表现出以男性为主罢了。

第三，从传承人受教育程度来看，传承人的学历都普遍偏低。大多数传承人为文盲或小学学历，有初中和高中学历的传承人非常少，大学学历的传承人基本上没有。老一代的传承人学历比新一代传承人的学历更低，大部分为文盲。

第四，从传承人年龄结构来看，20世纪80年代以后的年轻一代传承人较少，只有李高德代表性传承人传承谱系中有5个传承人为80年代以后出生，其他四个传承谱系中传承人均为80年代以前出生。由此可见，啰儿调传承的情况不容乐观，仍有后继乏人的危机。

第五，从传承人姓氏结构来看，啰儿调的传承没有严格的姓氏限制，五个传承人谱系中包含了帅氏、黎氏、冉氏、马氏、任氏、黄氏、李氏等十多个姓氏的传承人，说明啰儿调的传承具有开放性的特点，其流传范围较广。

（五）重庆石柱土家族啰儿调传承现状分析

据相关调查，目前石柱县能唱啰儿调的只有几十人，而且大多为六七十岁的老人。30岁以下的年轻一代，包括中、小学生等，绝大部分对啰儿调不了解。30–50岁的人群对啰儿调只有部分了解，能演唱的人却非常少。对于此现象，石柱县政府也采取了多种传承和保护措施：

第一，利用各级代表性传承人进行传习。国家级传承人刘永斌从2012年开始辞去山歌演员一职，回到家乡组建了自己的“刘家班”专业演唱队。几年以来刘永斌培训学生四百多人，出色弟子就有20多人。刘永斌还坚持在枫木乡小学任教，教学生们演唱啰儿调，日复一日，从未间断。国家级传承人黄代书在马武小学任教期间，将啰儿调传授给学生和周围的村民。退休之后，仍然将马武中小学作为他的教学基地，传承啰儿调。经他培训的学员多达600余人，其对啰儿调的保护传承工作做出了巨大的贡献。市级传承人胡德先利用农闲、赶集、劳动等时机为群众传授啰儿调，现已传授学员100多人。市级传承人李高德利用“五一”“十一”小长假、寒暑假等教授中小学生啰儿调，现已有学生250余人。市级传承人帅时进积极推动“啰儿调进课堂”活动，多次为石柱民族中学职业高中旅游班义务授课，先后培训学员200多人。还有其他县级传承人都在展开相关的培训工作。

第二，对“啰儿调”进行普查、收集和整理等。从2006年开始，石柱县文化馆组织文化馆的干部并抽调县里部分音乐教师，与乡镇文化站干部一起，对全县范围的啰儿调进行普查，通过三年的工作，掌握了第一手资料。同时，2009年，文化馆还制定了《石柱土家“啰儿调”保护详规》及《“十五”期间啰儿调保护规划》等规章制度，从制度上明确了工作思路和责任。2007年至2013年，石柱县文化馆对啰儿调文史资料、曲谱、图片、视频、录音等资料进行收集、整理、录入、建档等工作，共收录啰儿调原始民歌600余首，整理啰儿调普查总表、原始材料登记表、线索表、普查文字素材等原始资料14本，对啰儿调传承人和民间艺人进行录音、录像，制作光盘23张，并建立档案。此外，一些传承人也展开了对啰儿调的收集、整理与保护的工作。

第三，展开对“啰儿调”的对外宣传和展演活动。在石柱电视台定期播放《石柱土家啰儿调》专题片，在中国石柱网、《石柱报》开设啰儿调宣传主页和宣传专版，将啰儿调作为石柱形象宣传片的主题音乐和大型土家族歌舞剧《太阳出来》的主题音乐，啰儿调歌曲已经成为石柱各类文艺演出的主打节目和旅游文化宣传的重要内容，《太阳出来喜洋洋》已经成为重庆电视台的台标音乐。通过举办“太阳之歌·民歌擂台赛”“啰儿调歌手擂台赛”“土家歌王比赛”“民俗才艺表演”“非遗宣传月”等活动，促进啰儿调的宣传和传承。通过组织实施“啰儿调”进乡村、进学校、进社区、进企业、进景区进行表演和传唱等系列活动，加强宣传力度。为了加大宣传，石柱文化馆先后组织啰儿调参加“庆直辖十年　展巴渝风采”重庆市群众文艺展演周、重庆市“渝州大舞台”城乡文化互动展演、重庆市社区文化节、全国民俗旅游推荐会、重庆市乡村文艺汇演、重庆旅游推荐会、第八届中国（重庆）国际园林博览会专场文化演出等文艺展演活动。多次组织参加成都国际非遗节、重庆湖广会馆春节庙会、武陵山区民歌邀请赛、全国群星奖选拔赛、重庆市文化艺术节、中国武陵山民族文化节等展演活动。2013年8月，以石柱土家“啰儿调”民歌音乐为主题的大型土家歌舞《天上黄水》在4A级景区黄水国家森林公园成功演出，这是将土家族啰儿调推向市场的壮举，是土家族啰儿调新的推广普及方式[①]。

图7　笔者在石柱文化馆组织召开石柱非遗传承人座谈会

① 汪华生：《石柱土家啰儿调》，重庆出版社，2014年，第86-87页。

三、湖南桑植民歌活态传承个案分析

桑植具有丰富多彩的传统文化，历史悠久，千百年来勤劳智慧的桑植各族人民，创造了辉煌灿烂的非物质文化遗产。桑植民歌是桑植传统民族非物质文化遗产中的一枝奇葩，浩如烟海，源远流长，2006年5月20日，经国务院批准被列入第一批国家级非物质文化遗产名录。桑植民歌曲调丰富，旋律优美，具有鲜明的民族和地方风格，是桑植人民的智慧结晶、心灵的家园和精神的寄托。

（一）湖南桑植民歌综述

1. 湖南桑植民歌概述

桑植民歌属于传统民族民间音乐非常重要的形式之一，具有悠久的历史文化。桑植民歌起源于原始农耕时期的生产劳动当中，是中华民族古老歌谣的延续和发展。在长期的历史发展过程中，桑植人民创造了丰富多彩、浩如烟海的民间歌曲。经过千百年的发展与锤炼，桑植民歌显现出独特的艺术魅力，呈现出质朴、风趣、粗放、诙谐的审美特征。在长期的发展中，桑植民歌形成了不同风格、不同曲调、不同种类的民歌形式，主要包括劳动号子、山歌情歌、小调、礼仪歌、生活歌、习俗歌、革命歌曲、傩腔等，涵盖了传统民歌的多种体裁，演出形式包括独唱、对唱等。朱德、刘少奇、周恩来、李先念、邓小平、贺龙等领导人还曾亲自接见过桑植民歌歌手彭玉翠、尚立顺、李德杰等。

湖南桑植民歌曾分别于1957年1月、1962年5月、1979年10月三次在京演出，并获党和国家领导人的高度赞誉。1987年，桑植民歌歌手尚生武第一个登上国际舞台，在波兰举行的第十九届国际民间舞蹈赛上，深情演唱《棒棒儿捶在岩板上》《桑木扁担软溜溜》等五首民歌。桑植民歌是众多音乐专家、学者进行创作和研究取之不竭的宝贵资源。我国现当代著名作曲家瞿希贤、白诚仁、谭盾、鲁颂、彭梦麟等曾到这里采风，吸纳桑植民歌丰富的营养，创作了大量脍炙人口的音乐作品，如白诚仁《挑担茶叶上北京》、鲁颂《甜甜的山歌》、王佑贵《心头爱》等都是根据桑植民歌进行创作的。我国著名歌唱家何纪光曾在澳门、香港、新加坡等地演唱的《四季花儿开》《板栗开花一条线》《门口挂盏灯》，著名歌唱家宋祖英在维也纳金色大厅举办的独唱音乐会上演唱的《马桑树儿搭灯台》等曲目，已成为我国民歌的经典之作。

据相关资料记载，目前收集到的桑植民歌有一万多首，其中山歌1400多首，小调200余首，花灯调129首，劳动号子100余首，习俗仪式类歌曲66首。当前桑植民歌的主要传承人有：向佐绒（国家级）、尚生武（省级）、陈金钟（省级）、谷彩花（省级）、袁绍云（省级）等。桑植民歌主要代表作品有：《四季花儿开》《板栗开花一条线》《冷水泡茶慢慢浓》《门口挂盏灯》《马桑树儿搭灯台》《好郎好姐不用媒》《大姐上四川》《棒棒儿捶在岩板上》等。总之，桑植民歌是桑植各族人民智慧的结晶，反映了桑植各族人民的生产生活习俗、宗教信仰、思想观念、审美心理、民族精神等方方面面的内容，具有非常重要的历史价值、学术价值、民族学价值、人类学价值以及经济价值等。

2、湖南桑植民歌历史文化

湖南桑植民歌历史悠久、源远流长，它起源于原始农耕时期的生产劳动当中，是中华民族古老歌谣的延续和发展。桑植隶属西楚荆州，早在十万年前，就有濮人在此活动。先民们在长期的生产生活中，通过歌声倾诉情感、调节情绪，从而形成早期的原始歌唱艺术形式。之后又不断吸收楚国巫风时期宗教祭祀活动所唱音乐元素，一代一代口口相传，加之桑植特有的地理环境与半封闭的生存状态，使得桑植民歌完整保存下来，至今一些桑植民歌仍保留着许多反映原始宗教的歌谣，如傩腔、薅草锣鼓等。桑植民歌中的三句体歌词结构体现了桑植先民崇尚“三”的朴素哲学思想，为研究中国民歌的丰富性和多样化提供了宝贵的资料。

据相关文献记载，桑植民歌距今已有两千多年的历史。《后汉书·马援传》：“二十四年，武威将军刘尚击武陵五溪蛮夷，深入，军没，援因复请行。时年六十二……帝令试之，援据鞍顾眄，以示可用……援以为弃日费粮，不如进壶头……贼乘高守隘，水疾，船不得上。会暑甚，士卒多疫死，援亦中病，遂困……贼每升险鼓噪，援辄曳足以观之，左右哀其壮意，莫不为之流涕。”一说，这里的“鼓噪”就是唱歌之意。清代同治年间的《桑植县志》有民歌演唱的记载：“雍正五年（1727），邑人张宏毅偕侄崇周、仕周在县城西捐地创建武庙，有歌楼。”清嘉庆二年（1797）生于桑植河口、官至道台的沙文清创作的诗词《挽友人》“日边飞送薤歌声，疑信偏教旅梦惊”，其“薤歌”为丧葬歌①。历史上，桑植民歌经历了两次大的融合与变迁。战乱使得多个民族和地方的人民纷纷迁徙桑植，桑植民歌不断丰富和发展。第一次大融合时期为春秋战国时期，频繁的战乱使得大量的外来人口纷纷到此避难，从而带来了不同地方的音乐文化，为桑植原始古代民歌注入新的血液。第二次大融合时期是大革命时期，桑植成为湘鄂川黔一带的革命根据地，来自四川、云南、湖北、湖南、江西、广西等地的红军，带来了当地的民歌，逐渐与桑植传统民歌相融合，从而使桑植民歌的风格、内容、题材等更为丰富多彩。

（二）湖南桑植民歌的分布及特征

1. 湖南桑植民歌的分布

桑植县地处武陵山脉北麓，鄂西山地南端，位于湖南省西北部，东接慈利、石门两县以及武陵源区，南接张家界市永定区、湘西土家族苗族自治州永顺县，西与湘西龙山县毗邻，北与湖

① 陈俊勉、侯碧云：《守望精神家园——走进桑植非物质文化遗产》，九州出版社，2012年，第12-13页。

北宜恩县和鹤峰县相连，总面积为3474平方公里。桑植民歌分布非常广泛，全县38个乡镇及其周边县市均有分布。就桑植县内的分布情况来看，陈家河、河口镇、龙潭坪、沙塔坪、苦竹坪、上和溪、凉水口、岩屋口、桥自湾、四方溪以及谷罗山等乡镇的民歌主要以花灯调、风俗歌、礼仪歌为主；官地坪、麦地坪、马合口、天星山林场、淋溪河、人潮溪、长潭坪、白石、西莲等乡镇的民歌主要以薅草锣鼓和号子体裁为主；五道水、芭茅溪、细砂坪、八大公山等乡镇的民歌主要以山歌和小调体裁为主；上洞街、廖家村、两河口、打鼓泉等乡镇的民歌主要以祭祀歌、傩腔为主；瑞塔铺、空壳树、汩湖、竹叶坪、刘家坪、走马坪、芙蓉桥等乡镇的民歌主要以小调和革命歌曲为主；澧源镇城郊区、洪家关、利福塔等乡镇主要以革命歌曲和花灯体裁为主。由于桑植县地理环境和气候的多样性、民族风俗习惯的差异性，形成了不同风格体裁的桑植民歌形式。

2、湖南桑植民歌的特征

经过千百年的发展与融合，桑植民歌在音乐种类、音乐风格、语言唱腔、表现手法等方面都形成了有别于其他地方民歌的特征。

第一，从桑植民歌的种类、体裁和内容来看，在长期的历史发展和融合的过程中形成了种类繁多、体裁多样、内容丰富的桑植民歌。桑植民歌可以分为山歌、情歌、号子、习俗歌、叙事歌、劳动歌、革命歌、婚俗歌、丧葬歌、祭祀歌等体裁种类。歌曲所表现的内容非常丰富，涉及桑植各族人民生产生活的方方面面，包括生产生活、文化历史、婚恋习俗、自然地理、科学道理、人生礼仪、伦理道德、宗教思想等各方面的内容。

第二，从审美风格与特点来看，桑植民歌起源于原始农耕时期的生产劳动当中，其音乐审美具有质朴、粗放、风趣、诙谐的艺术风格。桑植民歌曲调丰富多变，旋律优美动听，节奏明快，淳朴、真挚的情感扣人心弦。由于桑植是一个以土家族、白族和苗族为主体的少数民族地区，这些少数民族只有语言而没有本民族的文字，民歌就成了传承本民族和地方传统文化的重要载体，主要以口头传唱的方式代代相传。从创作的方式看，桑植民歌采用一种集体性的创作方式，由不同时期、不同民族人民群众所创作。桑植民歌能表达丰富的情感和精神内涵，如优美抒情的小调、浑圆嘹亮的山歌、欢快活跃的花灯、气势磅礴的劳动号子、低沉哀怨的曲艺、荡气回肠的薅草锣鼓、激昂向上的革命歌曲等。

第三，从唱腔和歌词的特点来看，桑植民歌善于运用衬词衬腔对声腔进行扩充，90%的桑植民歌都有衬腔。通过比较简单的歌腔加入生动的衬词，大大扩充了歌词的内容，丰富了歌曲的旋律，使音乐具有鲜明、生动、形象的特点。桑植民歌中衬词的完美运用，为桑植民歌带来无穷的魅力。桑植民歌的句式结构主要有一句式、二句式、三句式、四句式、五句式、六句式和七句式等，多呈奇数结构。桑植民歌曲句式结构严谨、曲式多样化的特点，是其他民歌无法比拟的。

（三）湖南桑植民歌代表性传承人

1. 桑植民歌代表性传承人向佐绒艺术简介

向佐绒，女，土家族，中共党员，副教授，1955年2月出生于湖南省张家界桑植县人潮溪乡，是国家非物质文化遗产桑植民歌传承人。向佐绒擅长民族唱法和原生态唱法，被誉为“中国民歌皇后”，她演唱桑植民歌高亢明亮，有“百灵鸟”之称。向佐绒5岁就跟随父母学唱桑植民歌，其父母、二叔、舅妈等都是当地非常优秀的民间歌手，邻里周边还有许多老歌师傅，她从小就受到歌唱艺术的熏陶，在6岁的时候就能够在众人面前大胆演唱当地民歌。桑植民歌丰富多彩，在长期的生产生活劳动过程中，向佐绒在潜移默化中将当地丰富的民歌如花灯、拉纤号子、打娥歌、丧葬歌、跳丧、哭嫁、做道场、还傩愿等扎根于脑海之中。向佐绒进入剧团之后，又先后师从于谷兆芹、娄菊香、谷春凡、向宏治、陈召炯、张巧珍、陈金钟等歌手和老师，向他们学习各种民歌演唱技法。通过长期的学习，向佐绒掌握了3000余首包括山歌、小调、花灯、号子、傩愿戏以及风俗礼仪歌曲等桑植民歌，为她的艺术道路打下了坚实的基础。

图8 桑植民歌代表性传承人向佐绒

向佐绒既是一位民间歌手，也是一位专业歌唱演员，在演出桑植民歌方面，取得了较高的艺术成就。在1978年10月由文化部举办的少数民族文艺汇演中，向佐绒演唱的桑植民歌《冷水泡茶慢慢浓》被拍摄为《民歌之声》电影新闻纪录片在全国放映。同年，中央人民广播电台将《叫我唱歌就唱歌》《冷水泡茶慢慢浓》《土家唱起跃进歌》《三看郎》四首桑植民歌进行录制并面向全国播放。1995年以来，向佐绒曾先后为党和国家领导人江泽民、朱镕基、李瑞环、李岚清、邹家华，以及赞比亚总统奇卢巴、荷兰大使参事等演唱了许多桑植民歌，获得高度评价。1995年10月在人民大会堂举办纪念红军长征胜利六十周年纪录片《长征纪事》的首映式上，向佐绒成功演唱《要当红军不怕杀》《送郎当红军》《马桑树儿搭灯台》。1996年在电子音像出版社成功发行的桑植民歌磁带二十首歌曲中，向佐绒演唱了十首。1999年向佐绒参加广西南宁“99国际民歌艺术节、在广西歌圩荟萃”比赛并荣获“特别奖”，2005年参加中央电视台“心连心”艺术团慰问演出，演唱桑植民歌《门前挂盏灯》，2006年7月中央电视台CCTV音乐频道摄制向佐绒演唱的六首桑植民歌面向全国播放，2006年10月向佐绒受邀到北京中央电视台参加《民歌盛典》并演唱了《四季花儿开》，2006年12月受邀到北京参加“华夏清音”中国民间经典音乐展演，演唱了五首桑植民歌，2009年11月受邀赴中国音乐学院做学术讲座，2010年3月受邀赴湖南师范大学做学术讲座。

2. **桑植民歌代表性传承人向佐绒传承贡献**

向佐绒在工作、学习的同时，还担负着非物质文化遗产传承人的责任和义务。为了保护、传承和普及桑植民歌，将从前辈老艺人们那里学到的民歌传授给年轻一代，向佐绒每年在全市导游年检处、科干培训学习班、市委党校处干班、吉首大学、航空职业技术学院、旅游职业学院旅游导游系、街道办事处、企事业单位、各大酒店、农家乐风情餐饮业等处进行桑植民歌培训，学员达6万余人次。近几年来，向佐绒不断推出一些新的民歌，如《找媳妇》《麦草帽儿十八转》《把伞伞儿看丈人》等，对桑植民歌进行传承和创新。向佐绒利用个人在社会和公众当中的影响，通过中央电视台、凤凰卫视、湖南红网、湖南卫视、《人民日报》、《人民画报》等多家媒体的宣传和报道，对外宣传桑植民歌。她还多次接受中央音乐学院、中国音乐学院、中央民族大学、北京师范大学等学校研究民俗民间音乐的教授、学生的采访，并陪同他们一起跋山涉水去深山老歌师傅家抢救、学习桑植民歌。总之，作为国家非物质文化遗产传承人和民间歌手的向佐绒，对桑植民歌的传承保护、收集整理、宣传创新等都做出了巨大的贡献。

（四）湖南桑植民歌传承人谱系

下表为娄菊香、戴福香、向宏治、谷志壮、钟学芝等桑植民歌部分传承人谱系列表。

表2 桑植民歌传承谱系表

五道水镇土溪洞村娄菊香谱系							
代别	姓名	性别	生年	文化程度	学艺时间	居住地址	备注
第一代	娄云生	男	不详	不详	不详	五道水镇土溪洞村	已故
	卓元姑	女	不详	不详	不详	五道水镇土溪洞村	已故
第二代	娄菊香	女	1937	不详	1943	五道水镇土溪洞村	已故
	皮喜姑	女	1923	文盲	1945	五道水镇土溪洞村	
	蔡美生	男	1917	文盲	1945	五道水镇土溪洞村	
第三代	袁绍荣	男	1948	初小	1957	五道水镇土溪洞村	
第四代	黄道英	女	1963	高中	1972	张家界市	
瑞塔铺镇瑞市村戴福香谱系							
代别	姓名	性别	生年	文化程度	学艺时间	居住地址	备注
第一代	莫裁缝	男	不详	不详	不详	瑞塔铺镇瑞市村	已故
第二代	戴福香	女	1914	文盲	1949	瑞塔铺镇瑞市村	已故

续表

第三代	莫祖喜	男	1944	高小	1950	瑞塔铺镇瑞市村	
	陈功振	男	1946	高小	60年代	瑞塔铺镇瑞市村	
	陈广学	男	1946	高小	60年代	瑞塔铺镇瑞市村	
	王荷香	女	1944	私塾	60年代	瑞塔铺镇瑞市村	
	陈广炎	男	1936	私塾	60年代	瑞塔铺镇瑞市村	
	王顺芝	女	1947	初中	1967	瑞塔铺镇瑞市村	
第四代	莫青峰	男	1967	高中	1973	瑞塔铺镇瑞市村	
	莫群	女	1970	高中	1976	外嫁河北省	
	莫晓玲	女	1973	初中	1978	瑞塔铺镇瑞市村	
廖家村镇老庄坪村向宏治（向法真）谱系							
代别	姓名	性别	生年	文化程度	学艺时间	居住地址	备注
第55代	向法仙	男	不详	不详	幼年	廖家村镇老庄坪村	已故
第56代	向法高	男	不详	不详	幼年	廖家村镇老庄坪村	已故
第57代	向法通	男	不详	不详	幼年	廖家村镇老庄坪村	已故
第58代	向法明	男	不详	不详	幼年	廖家村镇老庄坪村	已故
第59代	向法春	男	不详	不详	幼年	廖家村镇老庄坪村	已故
第60代	向法政	男	不详	不详	幼年	廖家村镇老庄坪村	已故
	向本固	男	不详	不详	幼年	两河口乡田家村	已故
第61代	向法真	男	1928	不详	幼年	廖家村镇老庄坪村	已故
	尚立顺	男	1933	中专	幼年	两河口乡田家村	
	尚立亮	男	1943	初中	幼年	两河口乡田家村	
第62代	向宗瑞	男	1954	初中	1982	廖家村镇老庄坪村	
	宋人受	男	1945	初小	幼年	廖家村镇老庄坪村	
	尚铁流	男	1958	大学	1966	两河口乡田家村	
第63代	向平	男	1979	初中	2000	廖家村镇老庄坪村	
洪家关乡龙凤塔村谷志壮谱系							
代别	姓名	性别	生年	文化程度	学艺时间	居住地址	备注
第一代	毛立芝	男	1903	不详	不详	长潭坪乡	已故
	谷晓丰	男	1905	不详	不详	洪家关乡	已故
第二代	谷志壮	男	1919	小学	1931	洪家关乡龙凤塔村	已故
	刘芳豹	男	1920	小学	1934	洪家关乡龙凤塔村	已故

续表

第三代	刘良毕	男	1947	初中	1970	洪家关乡窑厂峪	
	尚立喜	男	1942	初中	1956	两河口乡田家村	
第四代	满元垣	男	1946	中专	1963	澧源镇高家坪村	
	向志新	女	1959	大专	1978	廖家村镇	
第五代	蒋炳然	男	1949	中专	1978	县文化馆	
	王翠云	女	1956	初中	1978	县文化馆	
第六代	王招娣	女	1962	初中	1989	县文化馆	
走马坪乡走马坪村钟学芝谱系							
代别	姓名	性别	生年	文化程度	学艺时间	居住地址	备注
第一代	郑光旁	男	不详	不详	不详	走马坪乡	已故
第二代	钟学芝	男	1876	不详	1883	走马坪乡走马坪村	已故
	陈才应	男	1878	不详	1888	瑞塔铺乡	已故
	陈才生	男	1876	不详	1887	空壳树乡	已故
第三代	黎运旦	男	1910	不详	1924	走马坪乡卓家峪村	已故
第四代	黎连城	男	1928	中专	1948	走马坪乡卓家峪村	
	钟会龙	男	1936	初中	1956	走马坪乡走马坪村	
第五代	钟以章	男	1975	初中	1993	走马坪乡走马坪村	
樵子湾乡白果村朱耀榜谱系							
代别	姓名	性别	生年	文化程度	学艺时间	居住地址	备注
第一代	朱耀龙	男	1919	不详	1934	樵子湾乡白果村	已故
第二代	朱耀榜	男	1931	小学	1949	樵子湾乡白果村	
第三代	朱巧梅	女	1985	初中	1993	樵子湾乡白果村	
河口乡尚生武谱系							
代别	姓名	性别	生年	文化程度	学艺时间	居住地址	备注
第一代	尚宗圣	男	不详	不详	不详	河口乡塘坊村	已故
第二代	尚德春	男	1901	不详	不详	河口乡	
第三代	尚世金	男	1924	初小	1932	河口乡	
	尚世胄	男	1947	初中	1957	河口乡	
	尚世龙	男	1949	初小	1957	河口乡	
第四代	尚生武	男	1952	中专	1960	县文化馆	

续表

人潮溪乡向佐绒谱系							
代别	姓名	性别	生年	文化程度	学艺时间	居住地址	备注
第一代	向楚亮	男	不详	不详	不详	廖家村镇	已故
第二代	向明清	男	不详	不详	不详	人潮溪乡	已故
	王光银	女	不详	不详	不详	人潮溪乡	已故
第三代	向桂怀	男	1923	不详	1927	人潮溪乡	已故
	向桂之	男	1932	不详	1937	人潮溪乡	
第四代	向佐绒	女	1955	中专	1963	张家界市群众艺术馆	

通过对传承人列表的分析，我们可以看出如下几个现象：

第一，从传承人的学历和文化程度来看，桑植民歌传承人的整体学历和文化程度较低。戴福香代表性传承人谱系中学历最高的是莫青峰和莫群，都为高中；娄菊香代表性传承人传承谱系最高学历为高中；谷志壮代表性传承人谱系最高学历为大专；钟学芝代表性传承人谱系最高学历为中专。所有谱系中大专文凭只有一位，没有大专以上学历的传承人。

第二，从传承人的传承方式来看，桑植民歌传承人的传承方式有师传和家传两种传承方式，以师徒传承为主，很大一部分传承人是通过师徒传承的方式进行传承的。桑植民歌的传承不可能是绝对的单向传承，而是以多向、多元化的方式进行传承的。如代表性传承人向佐绒，既有家庭的传承，也有群体的传承，还有拜师学艺的传承方式。

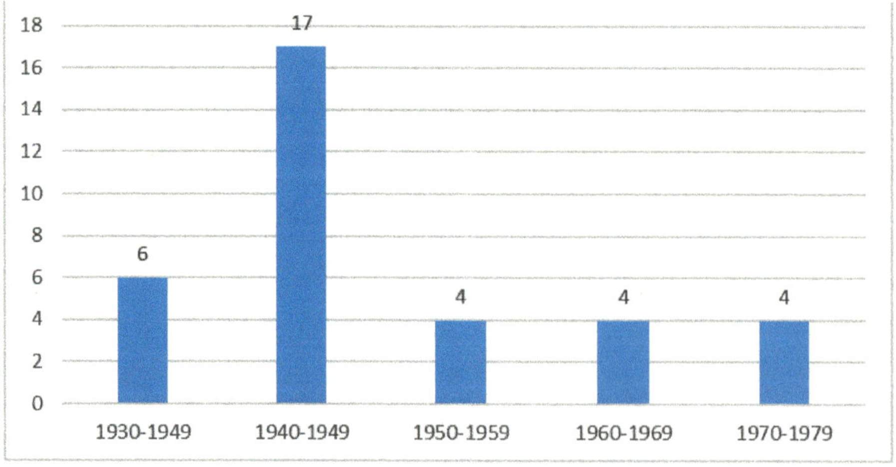

图9　桑植民歌部分传承人谱系的年龄结构及人数

第三，从传承人谱系中的性别结构来看，桑植民歌传承人主要以男性居多。由此可见，过去桑植民歌演出主要以男性为主，但也有部分女性，女性虽有所增加，但总体还是以男性为主。这种能够接纳女性唱桑植民歌的现象，也反映了桑植人民所具有的开放性，与桑植文化的多元性和多样性有着紧密的联系。

第四，从传承人的年龄结构来看，20世纪80年代以后的年轻一代传承人非常少，绝大部分为1975年以前的传承人，1940年至1949年的人数居多，这是值得我们注意的现象，说明需要加强对新一代传承人的培养。

第五，从传承人的姓氏结构来看，桑植民歌传承人谱系中出现多个姓氏，如黎氏、陈氏、钟氏、郑氏、蒋氏、向氏、满氏、王氏、吴氏、林氏、金氏等20余个姓氏，说明桑植民歌的流传具有开放性，不是某个或某几个姓氏所独有。

谱系表中不少传承人在积极发扬这一灿烂的民族文化遗产之外，还着力培养一大批桑植民歌传承人，如桑植民歌国家级非遗传承人向佐绒培养出青年民歌歌手有陈玲玉、徐成武、宋运辉等，尚生武培养出具有影响力的民歌歌手黄道英、张家庆、熊廷发、唐桂珍、王海春、赵吉林、赵群金、谷怡、度红锦、谢静、胡小舟等。另外谱系外也有如空壳树乡龙虎山村的陈金钟、官地坪镇杜家坪村的谷彩花、人潮溪乡红旗村的陈召炯、空壳树乡桥子峪村的陈玲玉、张家界市永定区教字娅镇甘溪村的徐成武等人，都以自己的实际行动为桑植民歌的传承发展做出贡献。

（五）湖南桑植民歌传承现状分析

为了做好对非物质文化遗产的传承保护工作，从2009年6月开始，湖南省桑植县根据国务院《关于加强文化遗产保护的通知》以及国务院办公厅《关于加强我国非物质文化遗产保护工作的意见》的精神，按照湖南省文化厅开展非物质文化遗产普查的统一部署，坚持“全面普查、摸清家底、健全机制、规范管理、整体保护、传承发展”的工作目标，由文化局牵头，展开对非物质文化遗产及其传承人的普查，基本掌握了非物质文化遗产项目代表性传承人的基本情况、分布情况、生存环境及传承情况。

普查组对桑植县38个乡镇进行普查，走访民间艺人600多人，普查项目共计17类157人，传承人206个。其中民族民间音乐类传承人50人，这些传承人的年龄普遍偏大，大多为60岁以上者，其中30–40岁5人，50–60岁12人，60–70岁20人，70岁以上13人。他们大多生活在农村，生活不富裕，只能解决温饱问题①。由此可见，当前作为桑植非常重要的非物质文化遗产，桑植民歌及其传承人的保护和传承面临很大的危机。鉴于当前桑植民歌及其传承人在传承保护中所面

① 陈俊勉、侯碧云：《守望精神家园——走进桑植非物质文化遗产》，九州出版社，2012年，第66–67页。

临的问题，桑植县人民政府及相关部门也采取一系列措施和办法，加强对桑植民歌的传承与保护工作。如建立健全完备的非物质文化遗产及其传承人的档案资料，通过文字、图片、影像以及实物等方式，加强对包括桑植民歌在内的非物质文化遗产的保护。建立非物质文化遗产的保护队伍，加强民众对非物质文化遗产的保护意识，充分发挥艺人、专家、村民、教师及学生等资源的力量，展开相关传承保护以及收集整理的工作。

桑植县政府及相关部门也通过各种渠道积极加大对桑植民歌的宣传、传承与保护工作。2006年7月20日至9月10日，桑植县组织举办了为期一个多月的民歌大赛，全县38个乡镇1000多名参赛选手，最终有486名选手进入决赛。活动期间，湖南卫视《乡村发现》栏目组在桑植进行了为期两周的跟踪拍摄，著名电视节目主持人李兵亲自主持了歌会半决赛和决赛。2006年9月，桑植县政府组织尚生武等四位歌手进京参加“中国民歌盛典”节目，十个省份的300多名演员同唱桑植民歌《四季花儿开》《砍柴歌》，节目在中央电视台音乐频道和中央三台反复播放。2006年12月3日，中国民间文艺家协会组织主办了“华夏清音——中国民间经典音乐会展演”，全国范围内仅选三场，其中第三场“潇湘印象”即为桑植专场，50多位驻华大使、联合国科教文卫组织驻北京办事处总代表青岛泰之及1000多名中外观众观看了桑植民歌演唱会。2007年5月，桑植县与湖南卫视联合举办“超女快男桑植民歌专场演唱会”，参加人员有5000多人。2008年11月19日和2011年11月29日成功举办两届中国桑植民歌节。2010年桑植民歌歌手参加中国少数民族非物质文化遗产歌舞类调研。2011年，谷彩花、尚生武、庹红锦、胡小舟在台湾“两岸文化交流活动月”唱响桑植民歌[①]。这些展演和交流活动对桑植民歌的宣传具有非常重要的意义。为了培养年轻一代对桑植民歌的传承与保护，桑植县将桑植民歌列入中小学乡土教材中，4万多名学生学唱桑植民歌，湖南艺术职业学院音乐系更是将桑植民歌演唱纳入必修课程。2007年10月，桑植县组建桑植民族艺术团，专门负责传承、保护、发扬和创新桑植民歌。

四、重庆彭水苗族民歌活态传承个案分析

彭水苗族土家族自治县位于重庆市东南部，地处武陵山区、乌江流域下游，东连重庆黔江，东南接酉阳，北连石柱，东北接湖北利川，南邻贵州沿河、务川两县，西连武隆，西南连贵州道真，西北与丰都接壤。彭水县是以苗族和土家族为主的少数民族自治县。根据2010年第六次全国人口普查，彭水县总人口为54.51万，共12个民族。其中苗族人口为236613人，占总人口的43.41%；土家族人口为54363人，占总人口的9.97%。彭水有“全国民间文化艺术之乡”“中国最佳文化休闲旅游县”“中华蜜蜂之乡”之称。苗族是彭水县最古老的世居少数民族之一，有

① 陈俊勉、侯碧云：《守望精神家园——走进桑植非物质文化遗产》，九州出版社，2012年，第80页。

着悠久的历史文化。苗族是一个能歌善舞的民族，民歌是彭水苗族传统民族文化的重要内容，具有鲜明的民族和地方特色，是彭水苗族人民的集体智慧结晶。

（一）重庆彭水苗族民歌综述

1. 重庆彭水苗族民歌概述

苗族是我国最古老的民族之一，具有悠久的历史文化，主要分布于我国湖南、四川、重庆、贵州、广西、广东、云南等省区的边缘山区。苗族人民能歌善舞，人们常说“哪里有苗族人，哪里就有歌声”，而每一首歌都是一部历史。彭水县苗族人民同其他苗族人一样，经历过多次战乱与迁徙，居住在海拔600米-1100米的地方，深谷重叠，土、苗、汉杂居，特殊的自然环境和人文环境，形成了彭水苗族民歌独特的音乐风格。彭水苗族民歌是彭水苗族人民世代生息繁衍，经过无数苗族先民加工改编，借助口口相传的形式，保留下来的艺术结晶，它具有浓郁的乡土气息和鲜明的地域特征。彭水苗族民歌于2014年被列入第四批国家级非物质文化遗产代表性项目名录。苗族民歌内容丰富，种类体裁多样。根据体裁和内容，苗族民歌可以分为山歌情歌、劳动号子、习俗歌、婚俗歌、丧葬歌、采茶歌、刺绣歌、花灯调、生活歌、历史歌、仪式歌、时政歌、儿歌、谜语歌以及其他民歌等类型，内容和曲调各不相同。按照地区，苗族民歌可以分为鞍子苗歌、梅子山歌、郁山山歌、太原民歌、诸佛民歌、乌江号子等。彭水苗族民歌主要代表性传承人有：任云新（国家级）、任茂淑（国家级）、吴庆友（市级）、万朝珍（市级）、刘俊高（市级）、冯广田（市级）、庹清先（市级）、刘凤平（市级）、唐守学（市级）、唐守贵（市级）、李信阳（市级）等。彭水苗族民歌主要代表性曲目有：《娇阿依》《花线囊》《乌江号子》《石工号子》《过山号》《莽号》《哭嫁歌》《盘歌》《孝歌》《打闹》《酒歌》《太阳去了四山阴》《联八句》《四季溜溜歌》《十劝姑娘家》《正月麦草青》《倒采茶》《梳头打扮跟你走》《劝朗哥》《十绣古人》《郎在对门打伞来》《逢春歌》《这山没有那山高》等。

2. 重庆彭水苗族民歌的历史文化

苗族是我国最古老的民族之一，具有悠久的历史文化，苗族民歌与苗族的历史一样悠久。彭水苗族民歌从远古时期就开始萌芽，到春秋战国时期已初步形成。早在我国唐代就有对彭水苗族民歌的相关文献记载，唐代诗人许棠在《寄黔南李校书》中就有“俗土尚巴歌”的诗句[①]。这里所言“巴歌”就是指当时的巴人所唱的民歌。进入宋代以后，苗族民歌得到进一步的发展。北宋时期，谪居彭水的黄庭坚，不仅在反映黔中仕女生活的《木兰花令》中有“竹枝歌罢移船就”的诗句，而且其他作品中还有“递歌彭水”“道尽黔南，醉舞裀歌袂”“笛在层楼，声

① 彭水苗族土家族自治县民族宗教志编委会：《彭水苗族土家族自治县民族宗教志》，重庆出版社，2003年，第73页。

彻摩围顶上头”“何处歌楼，贪看冰轮不转头”“中有摩围为领袖……一曲琵琶千年寿”等名句[①]。黄庭坚还在他的书信中说，黔州有“善音者”能将他的词即席“试歌”，还说黔州的“乐籍，皆胜渝泸，微有成都之风”，这些都真实地反映了彭水在宋代时期民间音乐之普及[②]。彭水的苗族与土家族、汉族以及其他各民族经过多次的战乱和迁徙杂居于此并相互融合。从地理的角度看，彭水县地处川、渝、黔、湘、鄂交界处，多民族杂居于此，不同地域的文化、不同民族的文化在这里相互渗透与融合，逐渐形成了彭水县多地域、多民族的文化格局，从而使彭水苗族民歌具有多样化、多元化的民族风格特征。彭水苗族民歌与彭水苗族的生产生活、风俗习惯、宗教信仰、道德观念等紧密联系，反映了苗族人民的文化历史、民族精神和审美心理，具有非常重要的历史学、民俗学、民族学以及学术研究价值，是苗族人民智慧的结晶和艺术瑰宝，是苗族人民为全人类文化多样化所做出的重要贡献。

图10　彭水鞍子镇娇歌师傅传唱《娇阿依》

（二）重庆彭水苗族民歌的分布及特征

1. 重庆彭水苗族民歌的分布

彭水苗族民歌广泛分布于苗族聚居地的乡村地区。彭水苗族属于当地人口最多的少数民族，大部分都聚居于彭水县境内北部、东部及南部。总体而言，彭水苗族主要分布和居住于偏

① 彭水县志编委会：《彭水县志》，四川人民出版社，1998年，第633页。
② 彭水苗族土家族自治县概况编写组：《彭水苗族土家族自治县概况》，民族出版社，2007年，第207页。

僻、交通不便、经济不发达的山区和农村地区。具体而言，彭水苗族主要居住在保家镇、黄家镇、郁山镇、桑柘镇、普子镇、鞍子镇、太原镇、梅子垭镇、平安镇、鹿鸣乡、诸佛乡、走马乡等20多个乡镇。其中，尤以保家镇、普子镇、鞍子镇、桑柘镇、鹿鸣乡以及黄家镇的苗族人口最多。

2. 重庆彭水苗族民歌的特征

与其他地方的苗族一样，彭水苗族能歌善舞，从古至今热爱唱歌。唱歌是苗族人民生活的重要组成部分，苗族人民的生活离不开唱歌。由于彭水地处渝、黔、湘、鄂的交汇之地，这里的苗族民歌形成了自身的风格特征，既有我国西南苗族民歌特有的风格特征，同时又融合了汉族、土家族等民族以及巴、黔、楚、蜀等多个源流的文化元素。

第一，彭水苗族民歌种类非常多样化，内容丰富多彩。彭水苗族民歌与苗族人民生产生活有着紧密的联系，包括天文地理、民族历史、生产劳动、伦理道德、生活习俗、婚丧嫁娶、起房建屋等，因而，彭水苗族民歌的内容非常多样化。根据地域又可分为鞍子苗歌、梅子苗歌、郁山苗歌、太原苗歌、诸佛苗歌、保家苗歌、普子苗歌、桑柘苗歌，等等。根据体裁内容，苗族民歌可以分为号子、山歌情歌、习俗歌、婚俗歌、丧葬歌、采茶歌、生活歌、历史歌、仪式歌、时政歌、儿歌、谜语歌等。彭水苗族劳动号子是伴随劳动而产生的民歌种类，是由苗族人民群众在生产劳动当中创作而成，并直接与生产劳动紧密结合，如过山号子、乌江号子、石工号子、打闹号子等。石工号子是苗族人民开山采石的时候所使用的号子形式，乌江号子是在乌江流域行船当中配合船务、航运等传唱的民歌。苗族山歌和情歌紧密联系，是苗族人民群众在田野劳动当中抒发情感时个人即兴演唱的歌曲。仪式歌是指在苗族民间举行的各种仪式礼俗等仪式活动中所唱的歌谣。

图11　采访鞍子镇陈老师苗歌

第二，从彭水苗族民歌的演唱形式来看，有独唱、合唱、对唱、一领众和、多领众唱、齐唱等。一人独唱时，歌声婉转悠扬；众人合唱及对唱时，场面更加热闹、歌声更加轻快。彭水苗族民歌尤以众人齐唱和对歌为主，如过山号子、乌江号子、石工号子、打闹号子都是以或众人齐唱的集体方式进行演唱。而彭水苗族盘歌是一种古老的对歌演唱方式，也是一种情歌，是苗族青年男女向对方表达心愿、显示其才能的方式。在盘歌时一般是男方先唱，然后女方答复，都是即兴的，现编现唱，没有准备。双方通过对唱显示自己的智慧和才能。彭水苗族民歌中的“娇阿依”是苗族民歌最古老、最具代表性的歌种，也是盘歌的一种，演唱形式非常丰富，有一问一答、一领众和等演唱形式。

第三，从彭水苗族民歌的功能作用来看，苗族民歌主要有实用、教育、审美和交际等社会功能。与我们现代专业音乐不同的是，彭水苗族几乎所有的民歌种类都包含着重要的实用功能。如苗族民歌中的号子产生于集体劳动过程当中，其主要目的是协调集体动作和减轻疲乏，当然也有娱乐的审美作用，但实用功能更多一些；习俗歌、婚俗歌、丧葬歌、生活歌、历史歌、时政歌等，其歌曲的实用性和教育性就非常强，而审美娱乐的成分更少一些；盘歌有着较强的交际功能，还有教育和审美娱乐的功能。

第四，从彭水苗族民歌的语言和音乐特征来看，彭水苗族民歌具有多样性的特征。一方面，彭水苗族民歌具有较强的地域性特征，比如《情妹妹下河洗白菜》等歌曲，只流行于山水奇秀的梅子镇、诸佛乡、鞍子镇等地。另一方面，苗族民歌具有独特的民族风格，通过核心音调的变形延伸和交替式的广泛应用，彭水的苗族民歌在调式、节奏、结构等方面形成了特殊的声音色彩。与其他地区的苗族民歌相比较，彭水苗族民歌的歌词内容更加直白简洁。经过多年的发展与融合，彭水苗族民歌逐渐转变为使用汉语演唱，句式结构多为五言句、七言句、十字句和长短句等不同形式。从唱腔来看，彭水苗族民歌主要有高腔、平腔、混腔三大类，高腔主要唱于山间田野，而平腔和混腔主要唱于广场和庭院。苗族民歌对演唱者嗓音技巧的要求也相当高，在演唱技巧上，高腔多使用真假声结合，平腔和低腔多使用真声。

第五，从演唱的场合来看，彭水苗族民歌在田间地头、山间田野、瓜旁架下、山林溪边、庭院楼房都能演唱。然而，部分习俗歌只能在特定的场合和地点演出，如丧葬调、哭嫁调、宗教仪式歌曲等都有特定的演唱地点和场合。彭水的民歌大多采用无伴奏的清唱，如：《乌江号子》《石工号子》《娇阿依》《酒歌》《四季溜溜歌》《倒采茶》《逢春歌》《劝郎哥》《十绣古人》等。但有一些苗族民歌也必须加入伴奏，如薅草打闹歌、祭祀歌以及丧葬歌等都需加入打击乐器作为伴奏。薅草打闹伴奏乐器主要有盆鼓、大锣等，丧葬歌和祭祀歌伴奏乐器主要有盆鼓、大锣、小马锣、川钹、海螺等。

第六，彭水苗族民歌曲调众多，据不完全统计，彭水苗族民歌曲牌多达120个。每个地区、每个曲牌都形成了自身的风格特征。如彭水县鞍子镇一带的歌曲具有高亢嘹亮的风格特征，形成了以古老的窄声韵三声腔为核心的唱腔，通过核心音调结构变形延伸以及交替调式的广泛运用，形成了鞍子苗歌宽音域高腔系列的大跳、上升、下跌的旋律线，乐曲拖腔尾音和乐曲结音的下滑，以及非功能性均分律动型节拍节奏等音乐特征。再如“娇阿依”是彭水县苗族民歌中最具有代表性的歌种，是流传最广、最经典的一个曲牌。其歌词中衬词的运用特别多，形成特有的衬腔，娇阿依衬腔多为偏音、上下滑音、拖腔和尾音等。

（三）重庆彭水苗族民歌代表性传承人

1. 彭水苗族民歌代表性传承人任荣新艺术简介

任荣新，男，苗族，1952年6月出生于重庆市彭水县鞍子镇，初中文化，2006年被列入重庆市苗族民歌非物质文化遗产代表性传承人。任荣新是彭水县鞍子苗歌著名的领唱歌手，是鞍子苗族民歌中师徒传承的第五代传人之一。他从小就学唱当地苗族山歌，在耳濡目染当中掌握了大量苗族山歌的演唱技巧和曲目。任荣新是一个地道的农民，一生非常艰辛和坎坷，正是各种民歌给了他生活的力量和希望。他有10个同父异母的兄妹，家里负担特别重，他从小就跟舅舅一家生活。虽然生活如此艰难，但是他在上下学或是上坡放牛的时候，都要对着跳磴河对岸的石灰溪练唱当地的苗族山歌。任荣新的叔公任远碧是当地有名的歌手，为了能够全面掌握苗族民歌《娇阿依》调子，成年后的任荣新专门拜叔公为师。经过几年的锤炼，任荣新对苗族民歌《娇阿依》中的十多种原生态唱法烂熟于胸。正是民歌给了任荣新精神上莫大的安慰，给了他生活的力量和希望。1982年，任荣新1岁的儿子不幸夭折，不久又遇父亲病故，年迈的母亲也因过分悲伤病倒。虽然家中接连发生变故，任荣新依旧歌声不断，用歌声抚慰自己的心灵，度过了最痛苦和最困难的人生阶段。任荣新很俏皮地说到，也正是因为他的歌声，妻子谢国苹才被他的歌“骗”到手。任荣新不仅嗓音高亢嘹亮，而且对苗族民歌有独到的理解，演唱极富表现力，被誉为演唱鞍子苗歌的歌王。任荣新曾在全国、市级、县级等多次展演比赛活动中获奖。在1984年彭水成立自治县所举办的文化演出活动中，正是凭着自己所唱的苗族山歌，他第一次走出鞍子。从此，县里每一次举行大型活动，都少不了任荣新和鞍子盘歌艺术团的精彩表演。在1989年彭水自治县成立五周年时，任荣新凭着一副好嗓子，在演唱比赛中获得全县第一名。1996年，任荣新和鞍子盘歌艺术团演唱的《娇阿依》，获得了原黔江地区民歌大赛第二名。2006年10月，在北京举行的第三届全国少数民族歌舞文艺汇演大赛中，由任荣新和任茂淑领唱的苗族原生态歌曲《娇阿依》，震惊了在场的大赛评委和观众，引发强烈的反响，并最终获得表演金奖。

2. 彭水苗族民歌代表性传承人任荣新传承贡献

任荣新作为代表性传承人，在工作和演出的同时，还承担着传承保护苗族民歌的责任。他一直担任鞍子镇罗家坨村村民小组长，不但自己唱歌，还带领村民唱山歌，传承山歌。大集体时期，任荣新担任大队文艺宣传队队长，充分利用到各小组演出的机会，从当地民间老歌手和老艺人处搜集了大量的原生态《娇阿依》曲调，并整理出《情歌》《调子歌》《排子歌》等不同调子的民歌600多首。2006年12月28日，在彭水县举办的首届“娇阿依民族文化艺术周”上，任荣新被县政府命名为“苗家歌王”。之后在每年举办的“娇阿依民族文化艺术周”上，都会出现大量的新一代歌手。同时，任荣新还在彭水鞍子民歌传习所教授徒弟，通过展演对外宣传。由他所教授的徒弟有60多人，其中出名的有李吉阳、苏斌等人。任荣新经常到彭水县阿依河旅游景区为成千上万的游客表演苗族民歌，向游客宣传彭水的民族文化。

（四）重庆彭水苗族民歌传承人谱系

表3 彭水苗族民歌传承谱系表

任氏代表性传承人谱系							
代别	姓名	性别	出生	文化	传承	学艺时间	居住地址
第一代	任永点	男	不详	不详	师传	不详	鞍子乡大池村
	任尚才	男	不详	不详	师传	不详	鞍子乡大池村
第二代	任万双	男	不详	不详	师传	不详	鞍子乡大池村
	任万泰	男	不详	不详	师传	不详	鞍子乡大池村
第三代	任世全	男	不详	不详	师传	不详	鞍子乡大池村
	任世格	男	不详	不详	师传	不详	鞍子乡大池村
	任世高	男	不详	不详	师传	不详	鞍子乡大池村
	任世品	男	不详	不详	师传	不详	鞍子乡大池村
	任宝珍	男	不详	不详	师传	不详	鞍子乡大池村
第四代	任远碧	男	不详	不详	师传	不详	鞍子乡大池村
	任大提	男	不详	小学	师传	不详	鞍子乡大池村
	任世权	男	1940	小学	师传	1951	鞍子乡冯家村
	任大成	男	不详	小学	师传	不详	鞍子乡冯家村
	任大学	男	不详	小学	师传	不详	鞍子乡冯家村
	庹国良	男	不详	小学	师传	不详	鞍子乡冯家村
	何友联	男	不详	小学	师传	不详	鞍子乡冯家村
第五代	任荣新	男	1953	初中	师传	不详	鞍子乡冯家村
	吴庆友	男	1955	初中	师传	1968	鞍子乡冯家村
	吴庆堂	男	1939	小学	师传	1945	鞍子乡冯家村
	冉隆仙	女	1966	初中	师传	1979	鞍子乡冯家村
	谢太莲	女	1949	小学	师传	1963	鞍子乡冯家村

续表

	任素仙	女	1927	初小	师传	1940	鞍子乡冯家村
	任荣富	女	1926	初小	师传	1934	鞍子乡冯家村
	任世凤	女	1960	初中	师传	1975	鞍子乡冯家村
	李昌凤	女	1965	初中	师传	1977	鞍子乡冯家村
	任大仙	女	1968	高中	师传	1984	鞍子乡冯家村
	庹清仙	女	1960	高中	师传	1976	鞍子乡大池村
	何梦	女	1969	高中	师传	1983	鞍子乡大池村
	李凤玉	女	1965	初中	师传	1980	鞍子乡大池村
	李昌仙	女	1965	高中	师传	1981	鞍子乡大池村
	任昌华	男	1968	高中	师传	1984	鞍子乡大池村
	李久容	女	1970	高中	师传	1984	鞍子乡大池村
	任昌莲	女	1955	初中	师传	1963	鞍子乡大池村
	谢昌碧	女	1962	高中	师传	1975	鞍子乡大池村
	马元举	男	1952	小学	师传	1968	鞍子乡新四村
	罗新建	男	1945	小学	师传	1958	鞍子乡新四村
	任正高	男	1951	小学	师传	1963	鞍子乡新四村
	曾庆容	女	1962	初中	师传	1977	鞍子乡新四村
	任荣仙	女	1975	高中	师传	1988	鞍子乡新四村
	任右凤	女	1954	初中	师传	1967	鞍子乡新四村
	谢中仙	女	1968	高中	师传	1982	鞍子乡新四村
	李少明	男	1952	高中	师传	1967	鞍子乡大池村
何氏代表性传承人谱系							
代别	姓名	性别	出生	文化	传承方式	学艺时间	居住地址
第一代	何其娇	男	不详	不详	家传	不详	鞍子乡冯家村
第二代	何启能	男	不详	不详	家传	不详	鞍子乡冯家村
	何启思	男	不详	不详	家传	不详	鞍子乡冯家村
第三代	何德跃	男	不详	不详	家传	不详	鞍子乡冯家村
	何德崇	男	不详	不详	家传	不详	鞍子乡冯家村
	何德奎	男	不详	不详	家传	不详	鞍子乡冯家村
	何德艮	男	不详	不详	家传	不详	鞍子乡冯家村
	何德广	男	不详	不详	家传	不详	鞍子乡冯家村

续表

第四代	何修明	男	不详	不详	家传	不详	鞍子乡冯家村
	何修品	男	不详	不详	家传	不详	鞍子乡冯家村
	何修享	男	不详	不详	家传	不详	鞍子乡冯家村
	何修利	男	不详	不详	家传	不详	鞍子乡冯家村
	何修亲	男	不详	不详	家传	不详	鞍子乡冯家村
	何修点	男	不详	不详	家传	不详	鞍子乡冯家村
第五代	何永发	男	不详	不详	家传	不详	鞍子乡冯家村
	何永贵	男	不详	不详	家传	不详	鞍子乡冯家村
	何永寿	男	不详	不详	家传	不详	鞍子乡冯家村
	何永旺	男	不详	不详	家传	不详	鞍子乡冯家村
	何永久	男	不详	不详	家传	不详	鞍子乡冯家村
	何永才	男	不详	不详	家传	不详	鞍子乡冯家村
第六代	何贤德	男	丙申年	不详	家传	不详	鞍子乡冯家村
	何贤东	男	不详	不详	家传	不详	鞍子乡冯家村
	何贤树	男	不详	不详	家传	不详	鞍子乡冯家村
	何贤举	男	不详	不详	家传	不详	鞍子乡冯家村
	何贤纲	男	不详	不详	家传	不详	鞍子乡冯家村
	何贤常	男	不详	不详	家传	不详	鞍子乡冯家村
	何贤驹	男	不详	不详	家传	不详	鞍子乡冯家村
	何贤均	男	不详	不详	家传	不详	鞍子乡冯家村
第七代	何朝官	男	不详	不详	家传	不详	鞍子乡冯家村
	何朝员	男	不详	不详	家传	不详	鞍子乡冯家村
	何朝贵	男	不详	不详	家传	不详	鞍子乡冯家村
	何朝进	男	不详	不详	家传	不详	鞍子乡冯家村
	何朝良	男	不详	不详	家传	不详	鞍子乡冯家村
	何朝能	男	不详	不详	家传	不详	鞍子乡冯家村
	何朝金	男	不详	不详	家传	不详	鞍子乡冯家村
	何朝文	男	不详	不详	家传	不详	鞍子乡冯家村
	何朝伍	男	不详	不详	家传	不详	鞍子乡冯家村
	何朝其	男	不详	不详	家传	不详	鞍子乡冯家村
	何朝东	男	不详	不详	家传	不详	鞍子乡冯家村

续表

第八代	何廷仁	男	不详	不详	家传	不详	鞍子乡冯家村
	何廷国	男	1951	初小	家传	1962	鞍子乡冯家村
	何梦生	男	1954	小学	家传	1965	鞍子乡冯家村
	何安康	男	1964	初中	家传	1975	鞍子乡冯家村

通过对以上彭水苗族民歌任氏家族与何氏家族传承人谱系列表的分析，我们可以看出传承人谱系中的如下几个现象：

第一，从传承人的学历和文化程度来看，彭水苗族民歌任氏家族与何氏家族传承人的整体学历和文化程度较低，任氏代表性传承人谱系中最高学历为高中，何氏代表性传承人谱系中最高学历为初中，两个谱系中都没有大专以上的学历。

第二，从传承人的传承方式来看，彭水苗族民歌传承人的传承方式主要有师传和家传两种，而任氏家族的传承方式主要以师传为主，何氏家族的传承方式主要以家传为主。但彭水苗族民歌的传承方式不可能是绝对的单向传承，而应是以多向、多元化的方

图12 村民歌唱过山号

式进行传承。如彭水鞍子苗歌传承人谢碧，从小就受父母的影响而学唱山歌，同时，她还向老一辈歌师傅请教学习，使她的歌唱技巧很快得到提高，并获得歌师傅的称号。

第三，从传承人谱系中的性别结构来看，任氏家族传承人第四代以前全部都是男性，从第五代开始（即20世纪50年代以后）出现部分女性传承人；而何氏家族传承人谱系中没有女性传承人出现。由此可见，20世纪50年代以前，彭水的苗族民歌演唱主要以男性为主，50年代以后人们的思想开始解放，部分女性能够学唱民歌。同时，从谱系列表我们还能看出，以任氏家族传承人为代表的师传方式比以何氏家族传承人为代表的家传方式更具有开放性，任氏家族传承人中女性更多。

第四，从传承人的年龄结构来看，没有20世纪80年代以后出生的年轻一代传承人，绝大部分为1975年以前出生的传承人，这是值得我们注意的现象，说明需要加强新一代的传承人的培养。任氏代表性传承人谱系中年轻一代的传承人更多一些，而何氏家族传承人谱系中年轻一代的传承人较少。这种现象可能与传承方式有着紧密的联系，任氏代表性传承人的师传方式更具有开放性，而何氏家族传承人的家传方式却有其保守和封闭的一面。

（五）重庆彭水苗族民歌传承现状分析

重庆彭水苗族民歌是彭水苗族人民智慧的结晶，也是苗族人民为人类社会所做的一份贡献，重庆彭水苗族民歌所具有的文化和艺术价值是社会各界所公认的。由于苗族没有形成文字，苗族民歌都是以口口相传的方式进行传承的。我们在对彭水苗族民歌的调查中发现，由于受到现代化、城市化、市场经济等潮流的影响，人们的生活方式、思想观念、审美心理等发生了巨大的变化，越来越多的年轻人外出打工，能唱传统民歌的绝大部分都是老年人，越来越多的传统苗族民歌逐渐消亡，这对于苗族人民乃至世界人民都是一个非常大的损失。这些珍贵的苗族传统民歌都由艺人们世世代代口头传授传承下来，并形成社会的特色文化。这些富有特色的传统民族文化属于苗族人民不可丢弃的财富，反映了苗族人民的文化历史、民族精神和审美心理。由于有造诣的民族民间艺人普遍年事已高，有的甚至已经谢世，传承人越来越少，加之多数农村青少年长期外出务工，当地中小学又缺乏传统民族音乐教育，彭水苗族民歌传承后继乏人的现象愈益明显。

针对此种现象，重庆市彭水县政府及相关部门也采取了一系列保护措施。一是通过建立传承基地，充分利用和调动现有的代表性传承人大力培养新一代传承人，给苗族民歌的传承保护提供继续生存的环境和土壤。2016年4月，由县政府、县文化馆组织并成立了5个非遗传习所，包括传统音乐国家级项目鞍子苗歌传习所、传统音乐市级项目诸佛盘歌传习所、传统音乐市级项目梅子山歌传习所等。另外还规定了传习所的职能是展示非物质文化遗产项目的说明，收集、整理最具有权威的非遗资料，为当地的社会经济做出贡献，保障非物质文化遗产传承下去。二是充分利用各种现代媒体，加大彭水苗族民歌的对外宣传活动。早在20世纪50年代，彭水的苗族代表性民歌《娇阿依》就和《黄杨扁担》《康定情歌》等民歌一起，收入《四川民歌集》当中。1983年，彭水苗族歌手任荣新在民族歌舞表演会上的一曲《娇阿依》，让人们初次领略了苗族民歌的魅力。1999年，原重庆市文化局授予彭水苗族民歌以“巴渝优秀民间艺术——苗族民歌”的称号。2006年10月，任荣新和彭水县鞍子民歌代表团到北京参加全国第三届少数民族文艺汇演，由他们所演唱的苗族民歌《娇阿依》震惊了在场观众，最终夺得表演金奖。

图13 鞍子镇歌师傅

第二节 武陵地区民间舞蹈活态传承案例分析

民间舞蹈属于活态非物质文化遗产。武陵地区属于少数民族聚居的地方，这些民族都是能歌善舞的民族，因而，武陵地区各民族有着丰富的舞蹈类非物质文化遗产。目前已经被列入国家级、省级和地区级舞蹈类非物质文化遗产项目的主要有重庆酉阳土家族摆手舞，湖北长阳土家族撒叶儿嗬，湖南湘西土家族毛古斯舞，湖南湘西苗族鼓舞、龙舞，湖南张家界高花灯，湖北宣恩土家族八宝铜铃舞，湖北来凤地龙舞、文武茶灯，湖北建始耍耍、闹灵歌，湖北咸丰地盘子，湖北利川肉连响，贵州沿河莲花十八响等。本节将以重庆酉阳土家族摆手舞、湖北长阳土家族撒叶儿嗬、湖南湘西苗族鼓舞活态传承为个案进行分析。

一、武陵地区土家族摆手舞活态传承个案分析

摆手舞是武陵地区土家族最具代表性的民间舞蹈形式，它最初是土家族的一种祭祀祈祷活动，一般在年节举行，后来逐渐发展成融祭祀、祈祷、社交、歌舞、体育竞赛以及物资交流为一体的综合性民俗活动。2006年由湖南省湘西土家族苗族自治州申报，并列入第一批国家级非物质文化遗产名录。湖北恩施土家族苗族自治州的来凤县、重庆市酉阳土家族苗族自治县、贵州省沿河土家族自治县也分别申报并列入湖北省和重庆市第一批非物质文化遗产名录、贵州省第二批非物质文化遗产名录。本小节将对武陵地区土家族摆手舞的文化历史、分布情况、基本特征、传承人概况、传承谱系以及项目传承现状等进行深入的分析。

（一）武陵地区土家族摆手舞综述

1. 武陵地区土家族摆手舞概述

摆手舞是武陵地区各县市土家族非常具有代表性的民间舞蹈形式，2006年被列入第一批国家级非物质文化遗产项目，主要流传和分布于湘、鄂、渝、黔交汇的酉水流域和乌江流域，尤以酉水流域最为集中，以重庆市秀山土家族苗族自治县、酉阳土家族苗族自治县，贵州省沿河土家族自治县、印江土家族自治县，湖北省恩施土家族苗族自治州来凤县、宣恩县，湖南湘西土家族苗族自治州龙山县、永顺县、保靖县、古丈县为主要传承和分布地区。土家族传统摆手舞有大摆手与小摆手之分：大摆手，土家语称为“叶梯黑”；小摆手，土家语称为“舍巴”或“舍巴日”。传统的摆手舞是土家族一种大型的宗教祭祀活动，整个祭祀活动以祭典舞蹈和唱歌等为主要表演形式，主要讲述人类起源、民族迁徙以及英雄事迹等。活动祭奠仪式完毕之后，由专职巫师人员“梯玛”或掌坛师带领群众，进入摆手堂或摆手坪跳摆手舞、唱摆手歌，人数少则数十人，多则数百上千人。土家族举行摆手舞活动没有统一的时间，但大部分地区的土家族一般在正月初三至十五举行，且大多在夜晚进行，短则三天，长则七天。也有的地方在二三月或五六月举行，湖南张家界永定区土家族则在农历的六月六进行，重庆市酉阳土家族苗族自治县、湖南湘西土家族苗族自治州龙山县和保靖县的土家族一般在农历二月初七举行，称为“社巴日”。摆手舞活动一般在专用的“摆手堂”或“摆手坪”或“土王庙”等地举行。过去在土家族聚居地，摆手堂特别普遍，凡百户之乡，皆建有摆手堂。土家族摆手舞与土家族的生产生活有着密不可分的联系，其身体动作主要来自日常生活、生产劳动和战斗当中，主要

有“单摆”“双摆”和“回旋摆”之分。现在的土家族摆手舞已经发展成为集舞蹈艺术和体育健身于一体的舞蹈形式，被称为“东方迪斯科”。摆手舞的主要代表性传承人有：湖南省湘西土家族苗族自治州的田隆信（国家级）、田仁信（国家级）、张明光（国家级）；重庆市酉阳土家族苗族自治州的田景仁（国家级）、田景民（国家级）、田维政（市级）、田景银（市级）、田景树（市级）、彭银花（市级）、顾昌福（市级）；湖北恩施土家族苗族自治州的彭昌松、彭承金、彭承美、田远书、彭南清、梁立武等。

2. 武陵地区土家族摆手舞的历史文化

土家族摆手舞是一种非常古老的民间舞蹈，也是土家族一个重要的综合性的民俗活动，具有悠久的历史文化。摆手舞涉及的内容非常丰富，包括人类起源、神话传说、狩猎捕鱼、古代战事、刀耕火种、民族迁徙、饮食起居等方方面面的内容，充分体现了土家族先民的民族历史、风俗习惯、宗教信仰、伦理道德、哲学思想、民族心理、民族精神等。因而，一些专家将土家族摆手舞比喻为土家族文化历史的活化石，也是反映土家族社会生活历史的一部生动的百科全书。

图14 摆手舞

相关专家研究证明，土家族摆手舞的文化历史源远流长，经过了数千年的历史变迁而发展至今。传统的摆手舞是土家族一种大型的宗教祭祀活动，与我国上古社会时期的巫文化联系密切。“中国的巫文化很发达，尤其是在南方地区的长江流域”，而“长江流域的巫文化的核心区域，在上古时期又是以当时的巴楚地区最为典型”①。专家学者一致认为土家族是巴人的后裔，而巴文化最古老的源头就是巫文化，可见土家族摆手舞与上古时期巴楚地区所盛行的巫文化之间是有渊源的。从摆手舞的内容来看，摆手舞有反映狩猎活动和模拟禽兽活动的舞蹈动作，如“犀牛看月”“磨鹰闪翅”“赶猴子”“赶虎”“打虎”“拉弓射箭”“拖野鸡尾巴”“赶野猪”“跳蛤蟆”等内容；还有反映农事生产的舞蹈，如“挖土”“撒种”“砍火渣”“纺棉花”“烧灰积肥”“挽麻蛇”“插秧”“织布”“种苞谷”等内容。这些都反映了土家族早期的狩猎文化和农耕文明，由此可见，摆手舞的文化历史与土家族的一样古老。据同治本《来凤县志》卷三十二转载《湖广通志》记载：五代时“施州漫水寨有木名普舍树，普舍者华言风流也。昔覃氏祖于东门关伐一异木，随流至那车，复生根而活，四时开百种花。覃氏子孙歌舞其下，花乃自落。取而簪之。他姓往歌，花不复落，尤为异也”，这是来凤土家族摆手舞最早见于史书的记载。有专家认为土家族摆手舞与我国古代巴人的巴渝舞、白虎舞有关。《华阳国志·巴志》载：“巴师勇锐，歌舞以凌殷人，前徒仰戈。故世称之曰‘武王伐纣前歌后舞’也。”专家考证，这武王伐纣的歌舞即巴渝舞，而白虎舞乃是巴渝舞的前身，摆手舞“甩同边手”的特点是出于对“龙行虎步”的模拟，其基本动作是表现白虎的。又说杜佑《通典》所载巴渝舞曲中的“矛渝”“弩渝”，与摆手舞中的“披甲”“列队”“拉弓射箭”等军事舞蹈如出一辙，故推断摆手舞与巴渝舞同源异支，当起源于周代②。从“梯玛”所唱的摆手歌来看，主要包括人类的起源，叙述人类创造万物的经过；民族迁徙，叙述先祖定居武陵山的经过；农业生产中的农事活动以及叙述祖先的英雄事迹。从这些古歌所反映的内容，我们也可推测摆手舞的悠久历史。总而言之，对于土家族摆手舞起源问题，我们虽然无法给予确切的回答，但根据以上种种内容，我们可以肯定地说，土家族的摆手舞经历了上千年历史的变迁，与土家族的早期信仰、原始狩猎文化和早期的农耕文化等都有着密切关联，这是毋庸置疑的。

从清代雍正年间开始，清政府在武陵地区开始推行“改土归流”的政策。为了强化在文化上的统治，清政府开始对土家包括摆手舞在内的传统民间文化进行抑制甚至打压，从而导致摆手舞逐渐走向衰落。同时由于我国清朝时期大量汉族流入武陵地区，对土家族包括摆手舞在内的传统民族文化产生了较大的冲击。此后，土家族摆手舞一直处于衰落状态。中华人民共和国成立后，从1953年开始我国政府开始全面展开民族大调查的工作，土家族传统民族文化得以重视，政府对其进行了详细的调查和整理。经过相关专家多年的调查和整理，编纂完成了《土家族民间舞蹈音乐集成》《土家族美术集成》《土家族民歌集成》等。摆手舞作为土家族最重要

① 韦济木、杨爱平：《摆手舞的起源与流变》，中国戏剧出版社，2015年，第20页。
② 《恩施女儿城，不一样的民俗风情！》，http：//baijiahao.baidu.com/s?id=1590923567060572820.

的代表性传统文化艺术形式，在这一时期得到了极大的发展。十年“文革”时期，土家族所有的传统民间文化都被禁止，摆手舞遭受了前所未有的挫折和打击。20世纪80年代初，随着我国改革开放政策的实施，摆手舞也迎来了新的发展时期和发展机遇。20世纪90年代开始，摆手舞逐渐走向现代化和专业化，如摆手舞舞台舞、摆手舞广场舞、摆手舞健身舞等。1993年四川省酉阳县组织专业人士通过创新和改编，成功打造了一部大型的土家乐舞《摆手祭》，并在全国舞蹈界引起了强烈的反响。进入21世纪，由于受到全球化、现代化、城市化和市场化的影响，土家族传统的摆手舞受到巨大的冲击，同样面临着传承保护的危机。

（二）武陵地区土家族摆手舞的分布及特征

1. 武陵地区土家族摆手舞的分布

摆手舞是土家族所特有的最有代表性、最古老的民间舞蹈，是武陵地区土家族所普遍认同的文化形式，只要有土家族聚居的地方，就会有摆手舞这一民俗活动。因而，武陵地区土家族摆手舞主要流传和分布于湘、鄂、渝、黔交汇的酉水流域和乌江流域，尤以酉水流域最为集中。武陵山和酉水流域被认为是土家族的发源地，酉水为武陵山“五溪”之一，发源于湖北宣恩境内，贯穿于鄂、湘、渝、黔四省，流经湖北来凤县、重庆酉阳县、湖南龙山县和湘西州等3省（市）10个县市，被誉为土家族先民的“生命之河”。具体而言，土家族的摆手舞主要传承和分布于湖南湘西土家族苗族自治州龙山县、永顺县、保靖县、古丈县，湖北省恩施土家族苗族自治州来凤县、宣恩县、长阳土家族自治县，重庆市秀山土家族苗族自治县、酉阳土家族苗族自治县，贵州省沿河土家族自治县、印江土家族自治县等地区。不同地区的土家族由于行政管辖、生存环境、

图15　摆手堂前跳摆手舞

生活习性的差异，摆手舞的形式、内容、风格、程序等也存在一定的差异，但总体相同。

2. **武陵地区土家族摆手舞的特征**

摆手舞作为土家族最具有代表性的传统民族文化和最古老的民间舞蹈，经过上千年的历史变迁，已经形成了其自身的独特魅力和风格特征。无论是摆手舞的精神内涵、审美特征，还是舞蹈的动作、表现内容、服饰道具、音乐特点、表演形式等都形成了其自身的风格特征。

从文化的发生来看，土家族摆手舞具有多元化和多样性特征。土家族主要分布于湘、鄂、渝、黔交汇的酉水河流和乌江流域，以摆手舞为代表的土家族传统文化受到巴渝文化和楚文化的影响，两种文化相互交融、相互渗透，充分体现在摆手舞当中。专家一致认为，土家族是古代巴人的后裔，而古代巴人又善于歌舞，土家族摆手舞对古代巴渝舞文化的继承是不争的事实，同时受到地理上相邻的楚文化的影响也是理所当然的事情。摆手舞的表演形式也具有多元性的特征，将音乐、舞蹈、歌唱、美术、工艺、服饰、祭祀等多种元素融为一体。由于土家族生活在不同的地区，摆手舞的表演形式、内容、程式、场地、时间、敬奉的神灵、祭品等方面，也呈现多样化的特点。从摆手舞的时间来看，少的只有1天，多的有3天、5天、7天、9天、11天、13天、15天等；有的在白天举行，而有的则在晚上进行。摆手舞表现的类型同样具有多样性的特点，有表现原始宗教的“祭祀舞”，有表现土家族原始狩猎生活的“狩猎舞”，有表现土家族农耕文化的“农事舞”，有表现土家族古代战争的“战争舞”，有体现土家民族风情的“民俗舞”，还有体现土官土司宴享的“宴会舞”等。

从摆手舞所表现的内容和动作语言来看，摆手舞的基本动作主要包括“单摆”“双摆”“回旋摆”等，其身体动作主要取材于日常生活以及生产劳动当中，如“挖土”“插秧”“拉弓射箭”“打虎”“织布”“纺棉花”“扫地”等动作，都是来源于日常生活中的舞蹈动作。各地土家族摆手舞的基本特点是顺拐、屈膝、颤动、下沉，而顺拐（即甩同边手）则是摆手舞最主要的动作特征，要求手脚配合默契，动作一致，手摆动的幅度要求下不过膝而上不过肩，动作自然、大方、流畅。摆手舞所体现的内容非常丰富，主要有反映早期狩猎文化的内容，如“犀牛看月”“赶虎”“拉弓射

图16 摆手舞动作“水牛打架”

箭”“跳蛤蟆”等；反映农事生产文化的内容，如“挖土”“撒种”“插秧”“织布”“种苞谷”等；反映生活类的内容，如“打蚊子”“扫地”“打粑粑”“水牛打架”“擦背”等。

从摆手舞的音乐特征来看，跳舞少不了音乐的伴奏，摆手舞当然也不例外。传统的摆手舞有专门的吹打乐为其伴奏。摆手舞活动中所使用的乐器主要有牛角、土号、唢呐、大鼓、大锣等。乐队演奏的时候，由1–2人在摆手堂或摆手坪中央击鼓打锣指挥全场。摆手舞经常使用的曲牌主要有单摆曲调、双摆曲调、磨鹰闪翅曲调、撒种曲调等，音乐风格强弱分明、节奏平稳、雄浑深沉。另外，跳摆手舞的时候，还有梯玛用古老的土家语演唱摆手歌，其他跳舞者和观众跟着合唱。其唱腔具有喊腔的特点，旋律性不强，但非常有声势，充分表现欢乐的情绪。不同的舞蹈内容需要不同的伴奏风格，表现生产劳动的舞蹈，音乐节奏要求快慢有致；表现战斗的动作，音乐节奏必须高亢激越；表现追忆祖先的动作，音乐节奏表现得舒缓而庄重；表现生活舞蹈动作时，音乐节奏要求轻松活泼。

图17 摆手堂前跳摆手舞

从审美特征来看，摆手舞具有质朴厚重的审美特点，具有歌舞乐三位一体的综合之美、自然粗犷的原始之美等。土家族摆手舞无论从形式还是内容都呈现出古朴之美。摆手舞是一种祭祀性的活动，有着隆重而庄严的宗教仪式。摆手堂被各种式样的民族服饰和道具装饰得格外隆重和热烈，四周插上许多不同颜色的幡旗，人们身披“西兰卡布”，捧着贴有“福”字的酒罐，手举龙凤旗队，还有大量其他道具，如五谷、猎物、齐眉棍、神刀、朝筒、鸟枪、梭镖等，吹起牛角、土号、唢呐，锣鼓喧天，炸起鞭炮，男欢女乐，歌声动地，起舞翩翩，气氛十分热烈。质朴的表演形式与厚重的内容构成了土家摆手舞深邃的民族审美内涵。

（三）武陵地区土家族摆手舞代表性传承人

1. 摆手舞代表性传承人彭昌松艺术简介

彭昌松，男，土家族，中共党员，1930年11月18日出生于湖北省来凤县百福司镇舍米湖村。1952年，彭昌松担任舍米湖村生产组组长；1954年春被派往湖南省龙山县桂塘镇腰带山执行任务；1964年他又担任百福司镇舍米湖村大队民兵连长。由于工作成绩突出，思想政治先进，1975年他被选为第四届全国人民代表大会代表，并受到国务院副总理李先念的亲自接见。1977年他再次当选第五届全国人民代表大会代表、湖北省第五届人民代表大会代表、湖北省人大常务委员会委员；1978年当选国家民委委员、来凤县第七届人民代表大会代表。

图18　摆手舞传承人彭昌松

彭昌松是一名地地道道的农民，从小家境贫寒，没有上过学堂。由于长期对土家族文化耳濡目染，加上与生俱来的天赋，他从小就对土家族摆手舞情有独钟。逢年过节的时候，彭昌松就跟他的祖辈们一起去摆手堂跳摆手舞。彭昌松十分好学，努力进取，从老一辈摆手舞民间艺人身上继承了完整的动作。随着时代的发展，老一辈跳摆手舞的人越来越少，年轻一代跳摆手舞的人成长起来，正当年华的他继承了祖辈传统的摆手舞，把九节摆手舞跳得炉火纯青，成为摆手舞中出类拔萃的新一代。不仅如此，他还学会了土家族传统的麻舞。麻在古代土家纺线织布中是必不可少的用品，在长期的生产生活当中，智慧的土家族先民创造了麻舞。麻舞表现了种麻的全部过程，包括砍、烧、撒、管、挂、洗、刮、破、结、牵、织等全部过程，边跳边唱，让人身临其境，仿佛自己身在种麻场景之中。彭昌松的舞姿柔美娴熟，舞蹈动作轻盈刚健，把土家族人民积极乐观、自强不息的民族精神表现得淋漓尽致。彭昌松被人们亲切地称为“土家舞蹈家”，2003年8月被恩施土家族苗族自治州人民政府授予“民间艺术大师”称号。

2. 摆手舞代表性传承人彭昌松传承贡献

摆手舞传承人彭昌松对土家族摆手舞的传承、传播以及发展等都做出了巨大的贡献。彭昌松是一个非常富有创新的人，他以古为今用的思想，在充分理解摆手舞精神的基础上，将土家族传统摆手舞推陈出新，从形式、内容和动作上不断完善土家族传统的摆手舞，用自己的表演对土家族文化精神进行阐释。彭昌松通常在摆手堂演出“大摆手舞”，其内容包含“开天辟地”“人类起源”“迁徙定居”“耕作劳动”“自卫抗敌”“扫堂关驾”“闯堂进驾”，等等。他所表演的“小摆手舞”一般在土王祠进行，其内容主要包含“挖土”“下种”“插秧”“除草”“收割”“塞冰口”“牛打架”“推磨”“打蚊子”“打粑粑”“跳蛤蟆”“开弓射箭”“骑马挥刀”“磨鹰闪翅”“庆功饮宴”“拖野鸡尾巴”，等等。彭昌松通过生动形象的表演，运用舞蹈的身体语言，对土家族先民迁徙繁衍、跋山涉水、农事活动、激烈战斗、日常生活以及安居乐业的历史画卷进行鲜活的解读，令观众如同在读一部土家族传统民族民间艺术的百科全书。彭昌松在摆手舞的对外宣传方面也发挥了重要的作用，从20世纪80年代以来的三四十年间，彭昌松和他所领导的舍米湖摆手队曾多次参加省市县各级各种演出。在2002年的万人摆手节上，由他所带领的摆手舞队取得了第一名的好成绩。除此之外，彭昌松还多次接待来访的国内外游客以及专家学者，宣传了土家族的传统民族文化，同时弘扬了土家族的民族文化精神。彭昌松作为传承人，还承担了摆手舞的保护传承工作，由他所培养的新一代传承人不计其数，弟子如云。当下他虽然已是90岁高龄，但仍然

图19 摆手舞动作“比脚”

图20 在彭昌松家采访

专注于土家族摆手舞的传承发展，传授徒弟，培养新人。

（四）武陵地区土家族摆手舞传承人谱系

表4　土家族摆手舞传承谱系表

彭氏家族传承人谱系					
姓名	性别	出生年月	民族	文化程度	居住地址
彭荣梓	男	不详	土家	私塾	舍米湖村
彭祖求	男	1890	土家	私塾	舍米湖村
田世彩	女	1896	土家	私塾	舍米湖村
彭昌义	男	1916	土家	私塾	舍米湖村
彭昌松	男	1930	土家	私塾	舍米湖村
彭昌会	男	1918	土家	私塾	舍米湖村
彭昌久	男	1927	土家	小学	舍米湖村
彭大贵	男	1931	土家	小学	舍米湖村
彭芝花	女	1943	土家	小学	舍米湖村
贾光美	女	1924	土家	初中	舍米湖村
曾银秀	女	1946	土家	小学	舍米湖村
曾令翠	女	1948	土家	小学	舍米湖村
彭大光	男	1927	土家	小学	舍米湖村
彭大钊	男	1945	土家	小学	舍米湖村
曾老四	女	1946	土家	小学	大岩板村
彭承益	男	1945	土家	小学	舍米湖村
彭承金	男	1968	土家	小学	舍米湖村
彭承美	男	1968	土家	初中	舍米湖村
彭承福	男	1954	土家	小学	舍米湖村
彭大旺	男	1953	土家	小学	舍米湖村
夏文菊	女	1953	土家	小学	舍米湖村
彭承爱	男	1965	土家	初中	舍米湖村
彭承云	男	1972	土家	初中	舍米湖村
彭承亮	男	1953	土家	初中	舍米湖村
谭双云	女	1968	土家	小学	舍米湖村
林桂英	女	1971	汉	小学	舍米湖村

续表

林亚珍	女	1973	汉	小学	舍米湖村
林有菊	女	1969	土家	小学	舍米湖村
安翠云	女	1970	汉	小学	舍米湖村
彭承凯	男	1966	土家	初中	舍米湖村
田德扯	男	1973	土家	初中	舍米湖村
彭银科	男	1971	土家	小学	舍米湖村
彭承胜	男	1971	土家	初中	舍米湖村
田志莲	女	1970	土家	小学	舍米湖村
彭昌实	男	1971	土家	初中	舍米湖村
彭中龙	男	1991	土家	初中	舍米湖村
彭卫军	男	1996	土家	小学	舍米湖村
彭珊珊	女	1997	土家	小学	舍米湖村
彭亚芬	女	1998	土家	小学	舍米湖村

田氏家族传承人谱系

姓名	性别	出生年月	民族	文化程度	传承方式	学艺时间	居住地址
田宗堂	男	1933	土家	小学	师传	1939	沙道沟镇栏杆坪村
梁云汉	男	1927	土家	小学	师传	1940	沙道沟镇龙潭村
陈大才	男	1929	土家	小学	师传	1943	李家河乡金陵寨村
田远征	男	1941	土家	初中	师传	1951	高罗乡龙河村
向桂元	男	1940	土家	小学	师传	1954	李家河乡凤山村
向泽林	男	1946	土家	小学	师传	1960	李家河乡塘坊村
向家儒	男	1947	土家	初中	师传	1963	沙道沟镇班大湖村
田宗富	男	1949	土家	初中	师传	1963	沙道沟镇栏杆坪村
田远书	男	1954	土家	初中	师传	1965	高罗乡九间店村
周保成	男	1959	土家	小学	帅传	1971	高罗乡埃山村
梁立武	男	1967	土家	小学	师传	1980	沙道沟镇龙潭村
张明华	男	1970	土家	小学	师传	1990	沙道沟镇当阳坪村
田宗辉	男	1971	土家	初中	师传	1990	沙道沟镇栏杆坪村
彭南军	男	1980	土家	初中	师传	1994	李家河乡凤山村
田文才	男	1986	土家	初中	师传	2002	沙道沟镇栏杆坪村

通过对以上土家族摆手舞彭氏家族传承人谱系与田氏家族传承人谱系的分析，我们可以看出传承人谱系中的如下几个现象：

第一，从传承人的学历来看，彭氏家族传承人谱系与田氏家族传承人谱系中传承人的最高学历为初中，最低学历为小学，整体学历层次偏低。

第二，从传承方式来看，彭氏家族传承人谱系没有表明传承关系，田氏家族传承人谱系全部为师徒传承关系。摆手舞属于群众性的民俗活动，不可能只是单一的某种方式，而是几种传承方式都有。但是，摆手舞的祭祀仪式部分，其家传的方式可能较大。

第三，从民族成分来看，彭氏家族传承人谱系中传承人大部分为土家族，但也有少部分汉族，说明同一区域不同民族之间在文化上存在交流与互动以及相互认同的现象。田氏家族传承人谱系中的传承人全部为土家族，但也不排除不同民族之间的传承和参与现象。总体来看，摆手舞属于土家族特有的民族习俗文化形式，具有较强的封闭性。

第四，从传承人的性别来看，彭氏家族传承人谱系中传承人男女都有，说明彭氏家族传承关系具有较高的开放性。而田氏家族传承人谱系中传承人全部为男性，其传承关系具有较强的封闭性。

第五，从传承人的年龄结构来看，彭氏家族传承人谱系传承人中20世纪80年代以后出生的有4人，田氏家族传承人谱系中有2人，说明摆手舞传承后继有人。

第六，从传承人的姓氏来看，彭氏家族传承人谱系与田氏家族传承人谱系中传承人除了彭氏和田氏之外，还有许多其他姓氏的传承人出现，如向氏、张氏、陈氏、林氏、谭氏、周氏等，说明摆手舞的传承具有较强的开放性和普及性。

（五）武陵地区土家族摆手舞传承现状分析

受现代化、全球化、城市化以及商业化的冲击和影响，人们的生活方式、思想观念、审美意识等都发生了巨大的变化，传统摆手舞的生存受到巨大的冲击。年轻一代对传统摆手舞不再感兴趣，会跳传统摆手舞或会主持摆手舞活动的人越来越少，只有为数不多的几位老人能够完成，传统摆手舞面临失传的境地。针对土家族传统摆手舞所面临的问题，武陵地区各级政府及相关部门也采取了相应的措施与办法加强摆手舞的传承、保护、传播和发展。

第一，政府充分利用代表性传承人对传统摆手舞展开保护传承的工作。如国家级摆手舞传承人田仁信被聘请到毕兹卡艺术团教授摆手舞，使土家族摆手舞得到推广，由他教授的徒弟非常多，有名的弟子有田朝发、田明孔等。又如国家级非物质文化遗产项目传承人张明光，2000

年被邀请到长沙“湖南民俗村”教授土家摆手舞；2004年2月，受邀到张家界“土家风情园”教授摆手舞，并为其培养一名掌堂师。他还参加州、县、乡举办的民族民间文化表演活动100多场，对摆手舞的传承保护和宣传做出了巨大的贡献。

第二，地方政府通过各种展演、比赛推广和宣传土家族摆手舞。2002年，湖南湘西土家族苗族自治州永顺县在北京中华民族园举办土家社巴节，凤凰卫视等多家媒体采访报道，将土家族摆手舞介绍到全世界。2007年4月，湖北恩施州摆手舞参加湖北省第一届“金凤奖”并在比赛中荣获二等奖；2008年9月，参加“武汉国际旅游节”活动展演，使国内外更多的人了解和认识了土家族摆手舞；2009年9月，参加“上海国际文化旅游节”，获得国内外游客好评；2010年5月，参加“中国艺术广场舞表演”获得“群星奖”；2011年2月，在“荆楚文化走澳洲庆新春”系列活动中再次亮相国际舞台；2013年，恩施州组织了第七届运动会之健身摆手舞比赛，使摆手舞得到进一步推广。2009年7月，重庆电视台科教频道栏目拍摄了“酉阳土家摆手舞”的展演活动；2009年9月，酉阳《欢乐的毕兹卡》节目组到CCTV3《舞蹈天地》栏目演播厅演出；2010年以来重庆市酉阳土家族苗族自治县连续举办武陵山区摆手舞大赛，获得了良好的宣传效果。

第三，地方政府通过打造现代版的摆手舞，如广场摆手舞、健身摆手舞以及舞台摆手舞等，加大对摆手舞在群众中的普及和宣传，提高普通群众对摆手舞的喜爱。20世纪90年代开始，摆手舞逐渐走向现代化和专业化。重庆酉阳县桃花源广场，湖北恩施民族广场、硒都广场以及土桥广场等每天都有大量的群众跳摆手舞。据悉，恩施州30%的人都会跳广场摆手舞，恩施市基本上每个广场都有专门负责教摆手舞的教练，费用一般为60–100元。由于广场摆手舞的动作非常简单易学，尤其受到老年朋友们的青睐。据了解，跳广场摆手舞的人群中大多为退休的老人，年龄一般为50–70岁，也有部分为30–50岁的中青年。广场摆手舞具有较好的群众基础，对于宣传和推广摆手舞具有重要的意义。但是，现代摆手舞的普及促使传统摆手舞的社会功能发生转变，其原来所具有的宗教内容、民俗内涵和实用功能丢失，而转向以审美娱乐为主的社会功能。

第四，地方政府通过地方高校和中小学校来传承和推广土家族摆手舞。据悉，重庆市酉阳土家族苗族自治县每年都会举行全县的中小学摆手舞比赛，酉阳县的酉阳二中、民族师范、黑水中学、后溪中学、黑水小学、后溪小学等学校将摆手舞纳入学校的教学计划，有专门的教师编写摆手舞教材，供学生学习使用。湖北恩施土家族苗族自治州60%的中小学将摆手舞纳入学校的教学计划，将摆手舞编写进入本土教材当中。

第五，各地政府通过各种旅游景点展演土家族摆手舞，加强摆手舞的对外宣传。湖北恩施土家族苗族自治州利川市的腾龙洞和恩施土司城两个著名景区都有专门的歌舞表演队，土家摆手舞是必演的重要内容之一。重庆酉阳土家族苗族自治县的世外桃源——桃花源景区也开展了向游客展演、教授摆手舞，教唱摆手歌等对外宣传活动。这些通过旅游景区宣传摆手舞的行为活动，促使武陵地区土家族的传统民族文化摆手舞走向全国乃至国际。

二、武陵地区土家族撒叶儿嗬活态传承个案分析

撒叶儿嗬是集音乐、舞蹈、歌唱于一体，并体现土家族先民的宗教信仰、思想哲学、伦理道德、人生观以及生死观的综合性丧葬习俗活动，2006年由湖北省五峰土家族自治县、巴东县以及湖南省桑植县联合申报，并列入第一批国家级非物质文化遗产名录。撒叶儿嗬具有重要的艺术学、民俗学、人类学、民族学等学术研究价值等，是土家族重要的具有代表性的传统民族文化艺术。

（一）武陵地区土家族撒叶儿嗬综述

1. 武陵地区土家族撒叶儿嗬概述

土家族“撒叶儿嗬”，汉语为“跳丧”之意，又叫“打丧鼓”，是集音乐、舞蹈、歌唱于一体，并体现土家族先民的宗教信仰、思想哲学、伦理道德、人生观以及生死观的综合性丧葬习俗活动。撒叶儿嗬主要分布于沿清江流域的湖北省巴东大部分地区和恩施土家族苗族自治州鹤峰县、恩施土家族苗族自治州建始县与巴东接壤的部分地区，其流行的中心区域为湖北巴东野三关和清太坪。撒叶儿嗬不仅是一种精彩的、风俗性很强的土家族传统歌舞艺术，而且还承载着土家族丰富的传统历史文化信息，蕴含着深邃的文化精神与哲学思想。

撒叶儿嗬作为武陵地区清江流域土家族人民的一种传统丧葬习俗，不同之处在于将丧事当作喜事来办，反映了土家族人民特有的生死观。土家族有句俗语“一死众家丧，一打丧鼓二帮忙”，当有老人去世的时候，左邻右舍、四山五岭的乡亲们都来到孝家堂屋，众人汇集于亡人灵柩前，打鼓踏歌，载歌载舞，气氛欢快而热烈，通宵达旦，既为亡人解寂，又为安慰亲属节哀。土家族既把葬礼当大事，又把葬礼当喜事，因此撒叶儿嗬的舞蹈和音乐虽哀而不悲，常常以欢快的歌舞风格表现。从舞蹈表现的内容来看，撒叶儿嗬除了表现祭祀的内容之外，还包括祖先图腾、渔猎生活、农业生产、爱情及历史事件等内容，表现了对祖先的崇拜和对民族历史的追忆。从撒叶儿嗬的舞蹈动作来看，按照丧葬内容和程序，撒叶儿嗬舞蹈动作可分为四大步、幺女儿合、摇丧、待师、怀胎歌、打丧、哭丧、退丧、跳丧、穿丧、践丧等三十多套动作；按照舞蹈动作的象形特点，撒叶儿嗬舞蹈动作可分为凤凰展翅、猛虎下山、鹞子翻身、白蛇吐信、犀牛望月、白马悬蹄、虎抱头、狗撒尿、猴子爬岩、燕儿含泥、狗连裆、乡姑筛箩等。撒叶儿嗬参加的人数可多可少，少则几人多则几十上百都可以，场面非常宏大，十分壮观。传统的撒叶儿嗬是一种综合性的民俗活动，具有较强的社会功能，主要表现在民族凝聚、

社会和谐、教育和娱乐功能等方面。

图21　撒叶儿嗬

随着时代的变迁，撒叶儿嗬的社会功能和运用范围发生了较大的变化。现代的撒叶儿嗬不仅仅局限于对丧葬民俗的服务，还通过改编和创新使得撒叶儿嗬走向专业舞台和大众广场，用于其他喜事当中。撒叶儿嗬的社会功能由原来的实用功能转向审美娱乐功能，其巫术性和宗教性逐渐减弱。1986年9月，湖北省巴东县野三关镇民间艺人黄在秀和他的撒叶儿嗬表演团队，应邀赴新疆参加全国第三届少数民族运动会，并获表演奖一等奖。从此，撒叶儿嗬舞蹈被推向了专业的舞台。2010年湖北省土家族“撒叶儿嗬”组合代表湖北省参加全国第十四届CCTV青歌赛，荣获原生态组金奖，对土家族撒叶儿嗬的宣传具有巨大的推动作用，使撒叶儿嗬走向全国乃至世界。撒叶儿嗬的代表性传承人主要有：覃自友（国家级）、张言科（国家级）、毛方明（省级）、向科美（省级）、黄在秀（省级）、黄治军（省级）、谭学聪（省级）、田承干（省级）等。

2.　武陵地区土家族撒叶儿嗬的历史文化

土家族撒叶儿嗬具有悠久的历史文化，与早期的原始宗教崇拜、图腾崇拜以及夏商周时期的巫文化有着密切的关系，“土家学界一致认为，土家族崇拜白虎。毫无疑问，‘撒叶儿嗬’丧礼就源于土家族的白虎崇拜。它的最初形态，就是虎舞和关于白虎系列歌谣的祭祀歌舞”①。撒叶儿嗬的舞蹈动作也可以印证这一结论，如其舞蹈动作中的猛虎下山、虎抱头等，舞者模仿猛虎扑食以及老虎的其他各种动作，前纵后跃，一跃一扑，口里发出阵阵啸声，动作、形象非常

① 田万振：《土家族生死观绝唱——撒叶儿嗬》，中央民族大学出版社，1999年，第197页。

逼真。因而“土家族葬礼丧礼最迟在夏商时期就已经开始了。这有长阳‘香炉石文化’等考古文化为证（下面所引资料来自于1995年第1期《清江潮》杂志的《香炉石文化专栏》）……从上述情况看，土家‘撒叶儿嗬’至少在4000年前已出现，一直到西周时”[①]。专家一致认为，土家族为古代巴人的后裔，而巴文化最古老的源头就是巫文化，可见土家族撒叶儿嗬与上古时期巴楚地区所盛行的巫文化之间的渊源，撒叶儿嗬中的巫术性质也能证明这一现象。

田万振所著《土家族生死观绝唱——撒叶儿嗬》一书认为：历史上，土家族撒叶儿嗬的发展经历了三个大的发展阶段，第一阶段为秦汉以前的独立发展阶段；第二阶段为秦统一之后到改土归流前逐渐受到中原文化的影响，但基本保持了自身的特色；第三个阶段是清朝改土归流之后的汉化影响，撒叶儿嗬受到强有力的冲击。秦汉以前是土家族先民丧葬习俗“撒叶儿嗬”的形成和独立发展时期，主要受到远古时期原始宗教以及夏商周时期古代巴人的巫文化的影响而形成和发展。“秦统一后，中央封建王朝对土家地区先后实行羁縻政策和土司制度，实行分而治之……应该说，羁縻政策在政治上是一种控制，但对于民族文化的继承发展有利。所以，土家族的‘撒叶儿嗬’丧礼基本得到保持并有发展……元、明、清（改土归流前），土司制度建立，表明中央封建王朝对土家族的控制加强。土司有大有小，都是皇帝承认的，土司官对土家族民众来说，代表封建王朝在地方的统治。这实际是羁縻政策的‘以夷治夷’‘分而治之’的进一步发展。到土司制度时，本民族文化虽在一定程度上受到外来文化的冲击，但仍能保持本民族的文化传统。土家丧葬礼俗‘撒叶儿嗬’仍得以基本保持原貌。”[②]雍正年间，清政府在土家族地区推行的“改土归流”政策，使得以往“民皆土著”的状况发生了变化，形成了“州民客土杂处”的局面，加之地方流管强行推广汉文化，从而使土家族传统民族文化受到巨大的冲击，土家族传统的丧葬习俗文化“撒叶儿嗬”当然也不例外。中华人民共和国成立以后，“因破除封建迷信，民间道士活动被禁，民间‘打丧鼓’‘跳撒叶儿嗬’‘跳丧鼓’‘唱丧堂’‘打围鼓’便活跃起来。过去的‘道士’没有了，土家族艺人就把过去看到听到的儒家佛家的内容等杂糅在一起，重新组合，并把现实的政策宣传结合起来，带进灵堂。所以，我们现在很难看到‘道士’之类，见得多是土家艺人主持的丧礼”[③]。本书认为撒叶儿嗬当前正经历第四个发展阶段，正受到来自现代化、全球化、城市化以及商业化的影响，这种影响是前所未有的，是彻底的、翻天覆地的影响。土家族传统丧葬习俗文化“撒叶儿嗬”正经历一场严峻的考验。

① 田万振：《土家族生死观绝唱——撒叶儿嗬》，中央民族大学出版社，1999年，第198-202页。
② 同上，第206-209页。
③ 同上，第212-213页。

（二）武陵地区土家族撒叶儿嗬的分布及特征

1. 武陵地区土家族撒叶儿嗬的分布

撒叶儿嗬主要分布于武陵地区沿清江流域的湖北省巴东县大部分地区和恩施土家族苗族自治州鹤峰县、恩施土家族苗族自治州建始县与巴东县接壤的部分地区、湖北省宜昌市长阳土家族自治县部分地区，其流行的中心区域为湖北巴东野三关和清太坪。具体而言，湖北长阳土家族自治县撒叶儿嗬主要分布地区在资丘镇、渔峡口镇、榔坪镇、贺家坪镇等地区，均兴盛跳丧（撒叶儿嗬）习俗；湖北省巴东县撒叶儿嗬主要分布在绿葱坡镇、野三关镇、清太坪镇以及杨柳池镇等地区；湖北省建始县与巴东县紧邻，撒叶儿嗬在建始县分布非常广泛，几乎分布于全县所有土家族聚居地区，最盛行的乡镇有官店镇、景阳镇和花坪镇等；湖北恩施市撒叶儿嗬主要分布于新塘镇、红土镇和沙子镇等地区；湖北省鹤峰县撒叶儿嗬主要分布在邬阳关镇、金鸡口镇一带；湖北省五峰县撒叶儿嗬主要分布在五峰县西部一带的乡镇。

2. 武陵地区土家族撒叶儿嗬的特征

土家族撒叶儿嗬具有悠久的历史文化，经历了数千年的历史变迁，并受到早期原始宗教信仰、巫文化、楚文化、汉文化、道教文化、佛教文化等多种文化的影响而发展至今，从而形成其自身的文化特征、审美特征、艺术特征、形式特征、语言特征等。

第一，从撒叶儿嗬的表现形式来看，撒叶儿嗬是集音乐、舞蹈、歌唱于一体，并体现土家族先民的宗教信仰、思想哲学、伦理道德、人生观以及生死观的综合性文化艺术。撒叶儿嗬属于歌舞形式，而非纯粹的舞蹈形式。撒叶儿嗬的歌唱形式为一领众和，由一人执鼓领唱，而其他为和唱。执鼓领唱者一般由当地有声望的长者担任，他们都是能歌善舞的能手，通过鼓点指挥舞蹈，通过鼓点变换曲牌。

第二，从撒叶儿嗬的舞蹈动作来看，按照丧葬内容和程序，撒叶儿嗬舞蹈动作可分为四大步、幺女儿合、摇丧、待师、怀胎歌、打丧、哭丧、退丧、跳丧、穿丧、践丧等三十多套动作；按照舞蹈动作的象形特点，撒叶儿嗬舞蹈动作可分为凤凰展翅、猛虎下山、鹞子翻身、白蛇吐信、犀牛望月、白马悬蹄、虎抱头、狗撒尿、猴子爬岩、燕儿含泥、狗连裆、乡姑筛箩等。撒叶儿嗬舞蹈动作特点是顺拐、悠颤、屈膝，无论用什么节奏、人数多少，舞蹈动作都非常对称，动作姿态一般都有哈腰、屈膝、摆胯、八字步、绕手等特点，身体按节奏上下或左右颤动，手、脚、胯向同一方向呈顺边运动。

第三，从撒叶儿嗬的歌词内容和特征来看，撒叶儿嗬的歌词内容非常广泛，包括人类起源、民族历史、民间故事、父母养育之恩等。撒叶儿嗬的歌词句式一般为四句七言，四、三句式，五句式以及上下句等，仍保持了古代巴歌《杨柳》《竹枝》等曲牌格律形式。每唱完一首，大家一起高声合唱一句“跳撒尔嗬喂”。

第四，从撒叶儿嗬的伴奏和音乐特点来看，用于“撒叶儿嗬”跳舞和唱歌的伴奏乐器有大鼓、钹、锣、唢呐等乐器。其中，大鼓是最重要的、必不可少的伴奏乐器，大鼓可以单独作为伴奏乐器，而其他钹、锣、唢呐等乐器可有可无。大鼓作为核心乐器担任伴奏的同时，还担负着歌师（击鼓者）指挥舞蹈、调整情绪、交换曲牌的重任。一鼓多用，通过敲击鼓心、鼓边、鼓邦等可以发出不同音色，掌鼓者通过鼓心、鼓边、鼓邦击出丰富的鼓点和节奏，边击鼓边唱歌，舞者随着击鼓者的指挥，不时变换舞姿和节奏。“撒叶儿嗬”曲牌较多，结构复杂，唱腔有高腔或平腔之分，音乐的拍子主要有四二拍、四四拍、四三拍、八六拍，不同地方、不同曲牌的拍子不同，其中八六拍较为普遍。

第五，从撒叶儿嗬的艺术审美来看，无论是撒叶儿嗬的舞步舞姿，还是撒叶儿嗬的音乐风格，都体现了一种刚劲有力、粗犷豪放、质朴之美。撒叶儿嗬舞蹈动作中猛虎下山最为壮观，舞者前纵后跃，模仿猛虎扑食动作，发出阵阵啸声。撒叶儿嗬的音乐在大鼓的伴奏下，铿锵有力，充满阳刚之气，演唱者歌唱时情绪非常激越慷慨。

（三）武陵地区土家族撒叶儿嗬代表性传承人

1. 土家族撒叶儿嗬代表性传承人张言科艺术简介

张言科，男，土家族，中共党员，1947年3月出生于湖北省长阳土家族自治县资丘镇资丘村，2008年被评为第二批国家级非物质文化遗产项目代表性传承人。1965–1976年，张言科曾先后担任湖北长阳资丘镇资丘村龙潭大队副书记、民兵连长、治保主任、资丘区税务干部等职务，1976年被调到长阳农业银行资丘营业所工作，2001年退休。张言科从3岁就开始跟随乡里父辈们学习土家族传统民族民间文化艺术，青年时期就已经成为当地远近闻名的师傅，随着年龄的增长，他逐渐掌握了撒叶儿嗬、花鼓子、玩狮子、吹打乐、采莲船、龙灯、唱山歌、九子鞭等多项民族文化。同时，他还可担任农村新房落成中的“送匾”“接匾”，红白喜事中的“支客”“都管”等仪式的司仪。张言科退休之后，一直坚持奋斗在非物质文化遗产保护传承工作的一线。2006年张言科被评为国家级非物质文化遗产代表性传承人之后，2008年经过相关部门注册备案成立了“张言科撒叶儿嗬艺术表演队”，后来又改名为“长阳土家族自治县资丘镇民间文化艺术团”。他将自己家的客厅和寝室腾出来，作为民间艺人的传承室和艺术团办公室。张言科多次到县、镇相关部门先后争取资金三万

图22 张言科向学生传授技艺

余元，为艺术团配齐了服装、道具、音响等，组建起45人规模的撒叶儿嗬表演队伍，开展文化遗产撒叶儿嗬的传承活动。张言科和他的艺术团，常年活跃于农村或闹市各种红白喜事场所。不仅如此，张言科还经常作为传承人代表省、市、县、镇等参加各种展演和比赛，2005年4月参加湖北省在湖北大剧院展演的大型原生态民族风情歌舞《梦幻土家》中的撒叶儿嗬表演。2014年12月参加长阳县庆30周年大型庆典活动，接受央视《焦点访谈》栏目以及省内外十多家电视台的采访，他的事迹曾在香港卫视《乡土文化》栏目中播出。张言科每年都要参加演出活动近百场。

2. 土家族撒叶儿嗬代表性传承人张言科传承贡献

张言科作为非物质文化遗产代表性传承人，不仅舞跳得好、歌唱得好、乐器用得好，在参加各种演出和展演活动的同时，还展开对土家族撒叶儿嗬文化遗产的收集、整理、传承与保护工作。2005年，长阳县资丘民族文化馆土家族撒叶儿嗬传习基地专门聘请他担任传习教员，从事土家族撒叶儿嗬的教学工作，在传习基地他培养出了800多名合格的弟子。2006年以来，张言科先后被白沙坪小学、资丘镇实验小学、希望小学聘请为土家传统民族文化校本课程教师，有6000多名师生都学会了跳撒叶儿嗬舞蹈、唱撒叶儿嗬歌曲以及打花鼓子。为更好地保护、抢救、挖掘、传承土家族传统民间原生态文化艺术，让土家族千百年积淀下来的优秀文化瑰宝留存于世，2008年他用了8个月时间，克服重重困难，凭记忆编撰整理出六万余字的《夷水民俗》一书，并收录了《民间礼仪》《撒叶儿嗬》《花鼓子》歌曲500余首，为后人留下了一笔宝贵的文化遗产。总之，土家族撒叶儿嗬代表性传承人张言科对土家族撒叶儿嗬以及民族民间文化的收集整理及保护传承等工作做出了巨大贡献。

图23　张言科传授撒叶儿嗬

（四）武陵地区土家族撒叶儿嗬传承人谱系

表5　土家族撒叶儿嗬传承谱系表

土家族撒叶儿嗬传承人谱系（一）					
姓名	性别	年龄	民族	文化程度	备注
汪达生	男	63	土家族	小学二年	榔坪镇乐园村5组，农民
汪达海	男	65	土家族	文盲	榔坪镇乐园村5组，农民
赵光军	男	52	土家族	小学	榔坪镇乐园村5组，农民
汪长国	男	51	土家族	小学	榔坪镇乐园村5组，农民
雷其才	男	72	土家族	文盲	榔坪镇秀峰桥村2组，农民
田一伦	男	70	土家族	小学	资丘镇竹园坪3组，农民
田西亭	男	42	土家族	初中	资丘镇天河坪村7组，农民
王春亭	男	42	土家族	初中	资丘镇天河坪村6组，农民
罗宜国	男	50	土家族	小学	资丘镇天河坪村，农民
罗宜志	男	47	土家族	初中	资丘镇天河坪村，农民
田家佑	男	70	土家族	小学二年	资丘镇资丘村，农民
张言科	男	59	土家族	小学	资丘镇退休干部
田德龙	男	61	土家族	高中	资丘镇退休教师
田科广	男	59	土家族	小学	资丘镇资丘村，农民
覃厚金	男	71	土家族	小学	渔峡口镇枝柘坪村3组，农民
覃先气	男	68	土家族	小学	渔峡口镇枝柘坪村3组，农民
童纪炎	男	58	土家族	小学	都镇湾镇成五河村，农民
李祝林	男	61	土家族	小学	都镇湾镇成五河村，农民
谭明望	男	45	土家族	初中	火烧坪乡溜沙口村，农民

土家族撒叶儿嗬传承人谱系（二）						
姓名	性别	出生年月	文化程度	传承方式	学艺时间	居住地址
李国三	男	1978	初中	师传	不详	长阳榔坪沙地四组
罗举成	男	1965	高中	村落传承	不详	长阳资丘镇
曹绪铭	男	1960	初中	家族传承	14岁	长阳榔坪镇乐园
曹绪波	男	1958	初中	家族传承	19岁	长阳榔坪镇乐园
沈行春	男	1981	初中	社会传承	17岁	长阳榔坪镇乐园
田纪付	男	1960	初中	社会传承	15岁	长阳资丘淋湘溪村

续表

赵家万	男	1937	小学	家族传承	20岁	长阳高家堰界岭村
赵家兵	男	1948	小学	家族传承	12岁	长阳高家堰界岭村
赵祖喜	男	1937	小学	家族传承	10岁	长阳高家堰界岭村
徐发辉	男	1937	不详	家族传承	11岁	长阳贺家坪白咸池
马学力	男	1945	小学	村落传承	15岁	长阳贺家坪白咸池
张先法	男	1944	小学	村落传承	10岁	长阳贺家坪白咸池

通过对以上土家族撒叶儿嗬传承人谱系的分析，我们可以看出传承人谱系中的如下几个现象：

第一，从传承人的学历来看，两个传承人谱系中传承人的最高学历为高中，最低学历为文盲，其中大部分为小学和初中，整体学历层次严重偏低。

第二，从传承方式来看，土家族撒叶儿嗬传承人谱系（一）没有表明传承关系，土家族撒叶儿嗬传承人谱系（二）的传承关系有师徒传承、家庭传承、社会传承以及村落传承。土家族撒叶儿嗬属于综合性、群众性较强的民俗活动，其传承方式有家庭传承、社会传承、村落传承、师徒传承等多种方式，不可能只是单一的某种方式，而是几种传承方式综合作用的结果。

第三，从民族成分来看，土家族撒叶儿嗬传承人谱系（一）中的传承人全部为土家族，土家族撒叶儿嗬传承人谱系（二）没有标明族别。这说明土家族撒叶儿嗬的流传范围主要是在土家族聚集的地区，是土家族所特有的传统习俗。

第四，从传承人的性别来看，土家族撒叶儿嗬传承人谱系（一）（二）中只有男性传承人，没有女性传承人，正好印证了土家族撒叶儿嗬传男不传女的传承习俗，反映出土家族的性别角色和伦理观念。

第五，从传承人的年龄结构来看，土家族撒叶儿嗬传承人谱系（一）中传承人都是40岁以上的中老年人，40岁以下的青年人没有；土家族撒叶儿嗬传承人谱系（二）中在1980年以后出生的传承人有1人，其他均为40岁以上的中老年人。两个传承人谱系说明年轻一代的撒叶儿嗬传承人较少，传承后继乏人。

第六，从传承人的姓氏来看，土家族撒叶儿嗬传承人谱系（一）（二）中的姓氏有十余个，说明土家族撒叶儿嗬传承具有开放性，是一种群众性、大众性的民俗活动，其传承方式是开放的，具有较强的普及性。

（五）武陵地区土家族撒叶儿嗬传承现状分析

受全球化、城市化、现代化以及商业化的影响，人们的生活观念、生活方式、宗教信仰、风俗习惯、娱乐方式和审美意识发生了重大的转变。与其他民族的传统非物质文化一样，土家族传统撒叶儿嗬这一民俗活动面临着失传和消亡的困境，年轻一代对撒叶儿嗬不再感兴趣。对于撒叶儿嗬所面临的这一困境，政府和相关部门也采取了一系列措施，加强土家族撒叶儿嗬的保护与传承工作。

第一，充分调动国家级、省级、市级以及县级非物质文化遗产项目撒叶儿嗬代表性传承人和民间艺人，培养新一代传承人，收集整理撒叶儿嗬相关资料，抢救和保护撒叶儿嗬。2006年，湖北省长阳县资丘镇民族文化馆建立了“土家族撒叶儿嗬传习基地”，并专门聘请了国家级传承人张言科担任培训教师，从事土家族撒叶儿嗬的培训，培养学员和弟子800多人。撒叶儿嗬民间艺人邓习稳，为了使土家族“撒叶儿嗬”这一古老民族习俗活动代代相传，他先后在村内外收授徒弟100多名，义务教他们唱撒叶儿嗬歌曲、跳“撒叶儿嗬”舞蹈。2010年湖北巴东县在野三关镇挂牌成立了土家族撒叶儿嗬传承基地和表演队，每年都会有计划地培训新一代撒叶儿嗬继承人，现在野三关有上千人会跳撒叶儿嗬。

第二，充分利用中小学培养年轻一代对土家族“撒叶儿嗬”的兴趣，推动“撒叶儿嗬”的传承和保护。从2006年开始，湖北长阳土家族自治县白沙坪小学、资丘镇实验小学、希望小学等开设了包括土家族“撒叶儿嗬”在内的民族民间文化课程，将民族文化纳入到学生的课程教学当中。学校还聘请国家级非物质文化传承人张言科作为教授撒叶儿嗬的兼职教师，为当地培养师生6000多名，培训内容包括土家族撒叶儿嗬舞蹈、歌曲以及乐器演奏。

第三，通过各种媒介加强对土家族“撒叶儿嗬”的宣传和传播，打造传统文化产业与文化品牌。撒叶儿嗬是土家族传统文化中一颗璀璨的明珠，极具文化穿透力和艺术感染力。“早在2005年，巴东就确立了打造巴东撒叶儿嗬品牌的文化战略，政府先后投资150余万元用以包装推介这一民族民间文化品牌。目前，全县有撒叶儿嗬民间演出团体100多支，在野三关镇建立了撒叶儿嗬保护基地，由全州民间艺术大师和当地基层文体服务中心培训的撒叶儿嗬演唱人员超过1000人。”①2003年在湖北省长阳土家族自治县资丘镇举办的首届中国土家族“撒叶儿嗬”大赛，有来自四川和湖北五峰、巴东等二省四县的300多人参赛，扩大了“撒叶儿嗬”的对外宣传作用。2007年，湖北巴东的《土家撒叶儿嗬》获第八届中国艺术节湖北选拔赛金奖。2010年6月23日湖北巴东土家族“撒叶儿嗬”组合代表湖北省参加全国第十四届CCTV青歌赛，荣获原生态

---

① 《撒叶儿嗬组合的成长沃土》， http://www.enshi.cn/20100707/ca190314.htm.

组金奖，对土家族撒叶儿嗬的宣传具有巨大的推动作用，使撒叶儿嗬走向全国乃至世界。

三、湖南湘西苗族鼓舞活态传承个案分析

湖南湘西的苗族鼓舞，是我国苗族最具特色的舞蹈形式之一，具有悠久的历史文化，2006年由湖南省湘西土家族苗族自治州申报，并列入第一批国家级非物质文化遗产名录。湘西苗族鼓舞反映了苗族先民的宗教信仰、生产生活以及勇于创造和顽强拼搏的民族精神。对湘西苗族鼓舞的传承保护与开发，有利于研究苗族的文化、历史、宗教、战争、迁徙、生产、生活、习俗等。

（一）湖南湘西苗族鼓舞综述

1. 湖南湘西苗族鼓舞概述

鼓舞是苗族人民最热爱的文化艺术，许多苗家山寨都有专门的鼓场。湖南湘西苗族鼓舞是我国苗族最具特色的舞蹈形式之一，主要流传和分布于湖南省湘西土家族苗族自治州境内的吉首市以及泸溪县、凤凰县、保靖县、古丈县、花垣县等。湖南湘西苗族鼓舞具有悠久的历史文化和丰富的文化内涵，反映了苗族人民的文化历史、宗教信仰、思想观念、审美心理和民族精神等。勇敢的苗族人民，在长期的社会劳动实践当中，创造了古老而神秘的文化，而苗族鼓舞则是从古代传承不断发展至今的传统文化艺术形式。历史上，湖南湘西苗族鼓舞与湘西苗族人民的生产生

图24 苗族鼓舞

活、风俗习惯紧密联系，可以说鼓舞是反映苗族人民生活的一套符号系统，其背后蕴含了社会生活中人、物、关系、仪式、活动、时间、观念等内涵丰富的人类文化意义，具有祭祀、娱乐、人际交往、教育、承载文化历史、和谐凝聚等功能。苗族鼓舞种类非常多，主要有花鼓舞、团圆鼓舞、跳年鼓舞、筒子鼓舞、女子单人鼓舞、男子单人鼓舞、双人鼓舞、猴儿鼓舞、四人鼓舞、多人鼓舞、盾牌鼓舞、踩鼓舞等，多达数十种。这些舞蹈具有鲜明的特点，节奏明快，两脚轮换跳跃，双手交替击鼓，全身不停扭摆，动作大方而舒展，充满着阳刚之美，反映了苗族人民积极乐观、豁达热情的生活态度。鼓舞在苗族人民生活当中是必不可缺的民间习俗活动和艺术形式，每逢苗族传统盛大节日，如农历春节、赶秋、椎牛、四月八、丰收喜庆、迎送宾客、婚嫁等，都必须以鼓舞庆祝，以鼓舞表达自己的情感。湘西苗族鼓舞于2006年被列入第一批国家级非物质文化遗产名录，代表性传承人有：洪富强（国家级）、石顺民（国家级）、石金琦（州级）、石惠云（州级）、陈万玉（州级）等。传承与保护湘西苗族鼓舞具有重要的文化历史、民俗学、民族学、人类学、学术和艺术审美等价值。

2. 湖南湘西苗族鼓舞的历史文化

鼓是民族文化精神的象征，舞则是力量的体现，鼓与舞的结合开创了舞蹈文化发展的先河。《尚书·益稷》篇中“击石拊石，百兽率舞”的描述，反映了原始社会先民通过敲打石器，模仿各种兽类形象跳图腾之舞的情景。《易·系辞》篇中“鼓之舞之以尽神”表明了鼓舞已经出现，促使舞蹈艺术飞跃发展，也标志着我国农耕舞蹈文化艺术的开端，并成为弘扬民族精神的重要文化艺术形式。鼓的起源和发展与人类社会发展、生产生活方式以及思想观念等密切联系。

湘西苗族鼓舞历史文化悠久，追溯苗族鼓舞的产生和起源，众说纷纭，莫衷一是。有人根据苗族民族史诗《鸺巴鸺玛》的记载，认为苗族在远古迁徙前就有鼓了。鼓社、鼓会以及鼓舞的产生和发展是苗族祖先在衍生和迁徙过程中的产物，伴随着苗族的迁徙历史；另有传说认为苗族鼓和鼓舞是苗族先民迁徙到湖南湘西之后，由于常年居住草莽洞穴和荒山野岭之中，在与野兽和妖魔斗争的过程中，为了防御豺狼虎豹和妖魔的侵袭而产生的。成臻铭在《明清以来苗族鼓舞文化的历史人类学透视》一文中提到“到春秋战国时期，苗族已退居原始森林密布、虎豹成群的武陵五溪地区，过着父系氏族公社生活”①，也能够印证此传说。还有传说认为，远古时期苗族祖先在迁徙途中遇上妖魔，为了驱赶妖魔而产生了鼓和鼓舞。这些民间传说虽然无法证明苗族鼓舞产生的具体时间，但苗族鼓舞的发展具有悠久的历史文化是毫无疑问的，并与苗族先民早期的历史迁徙、生活战斗、宗教信仰等密切相关。传统湘西苗族鼓舞的祭祀性、舞蹈动作、舞蹈题材等都能体现出湘西苗族鼓舞早期的社会功能，主要是为了祈福祭祖、节庆狂欢

① 成臻铭：《明清以来苗族鼓舞文化的历史人类学透视》，《湖北民族学院学报》2007年第1期。

以及传递生产生活知识等。

（二）湖南湘西苗族鼓舞的分布及特征

1. 湖南湘西苗族鼓舞的分布

湖南湘西土家族苗族自治州位于湖南西北，地处湖南、湖北、贵州、重庆四省市的交界处，现辖7县（龙山县、永顺县、泸溪县、凤凰县、保靖县、古丈县、花垣县）、1市（吉首市），有115个乡镇（街道），总人口298万，其中土家族、苗族等少数民族占80%。湘西鼓舞主要流传和分布于湖南省湘西土家族苗族自治州吉首市以及泸溪县、凤凰县、保靖县、古丈县、花垣县等各县的苗族聚居地区。鼓舞是湘西所有苗族区域都流行的民间舞蹈，只要有苗族聚居的地方就会有苗族鼓舞。其种类有花鼓舞、团圆鼓舞、跳年鼓舞、筒子鼓舞、女子单人鼓舞、男子单人鼓舞、双人鼓舞、猴儿鼓舞、四人鼓舞、多人鼓舞、盾牌鼓舞、踩鼓舞等。不同种类的鼓舞，其流传地区和范围也有一定的差别，如花鼓舞主要流行于吉首市、保靖县、古丈县、凤凰县以及花垣县等，猴儿鼓舞则主要流行于凤凰县和花垣县等。同一种苗族鼓舞在不同的地区也有不同的打法和风格，如古丈县、凤凰县多为单边配鼓，一手一根木棒敲打鼓边作为伴奏，其节奏均匀，根据情绪的变化决定鼓点的快慢和力度。在保靖县、花垣县、吉首市以及古丈县的部分地区，鼓点和鼓边又有不同的风格特征，伴奏常使用双边，一手慢一手快，右手打一拍，左手打两拍。

2. 湖南湘西苗族鼓舞的特征

湖南湘西苗族鼓舞具有悠久的历史文化，蕴含着本民族的文化历史、宗教信仰、思想道德、生产生活、审美意识和民族精神等信息。随着历史的不断发展和变迁，湘西苗族鼓舞形成了与其他民族鼓舞和其他地方苗族鼓舞不同的风格特征。

第一，从鼓舞的表演形式来看，湖南湘西苗族鼓舞最突出的、与其他民族鼓舞不同的表演形式是打鼓和打边同时进行。一人打鼓边，一人打鼓面，鼓面和鼓边相互协调配合演奏。鼓边为伴奏，鼓面为主奏。鼓面的基本节奏拍子主要有“一点鼓”“三点鼓”“五点鼓”“七点鼓”“九点鼓”“十一点鼓”以及“六槌”等。所有苗族鼓舞表演的节奏都是在这些鼓点基础上进行变化的。而打鼓边的节奏则是固定的节奏，主要起指挥鼓乐的作用，鼓边打法有单打和双打之分，能起到调动情绪和渲染气氛的作用。湘西苗鼓技法独特、形式多样，有单人鼓舞、双人鼓舞、四人鼓舞、八人鼓舞和多人鼓舞等不同的形式。湘西苗族鼓舞击鼓槌主要有握槌、抓槌、卡槌、松槌等不同的击法，与舞蹈动作相互配合。

第二，从鼓舞表演的动作来看，湖南湘西苗族鼓舞动作表现的内容非常丰富，大多来源于生产生活当中。根据内容可以分为生产劳动、生活习俗、动物模仿以及武功拳术四大类。生产劳动类主要包括挖土、犁田、种地、插秧、挑谷、送粮、晒谷、扯炉、挑煤、上山、下山等动作，生活习俗类主要包括梳头、挑花、打粑粑、织布、推磨、淘米、煮饭、洗菜、洗衣等动作，动物模仿类主要包括猴子打苞谷、猴子上树、猴子抓痒、猫儿洗脸、猫儿抖痒、狮子滚绣球等，武功拳术类主要包括雪花盖顶、背箭、拳术等。

第三，从鼓舞表演的服饰道具来看，湖南湘西苗族鼓舞表演的时候，男女都必须穿上节日的传统民族盛装。男子上身穿无领的满襟短衣，胸部及衣服下边带有花边，下身穿长花裙或大口花裤。脚上一般穿男式船头式样花布鞋，夏天多穿麻草鞋。颈部佩一至三根银项圈，头上佩戴丝绒大黑头帕或花帕，耳部挂上碗口大小的银耳环，手部佩戴银手镯。女子的服饰更加艳丽，更为隆重。上身穿镶花的大肩衣，下身穿百褶裙或镶花的大花裤。腰部系上绣花的围腰，脚上穿女式绣花鞋。头上佩戴银帽或大黑头帕或花帕，颈部佩戴三至八根银花项圈，耳部佩戴龙头耳环和瓜子耳环，胸部佩戴银花、银链、银铃、银牙签、银牌、银蝴蝶以及银披肩等饰品，手腕佩戴二至四个银手镯。

第四，从鼓舞所表演的音乐特征来看，湖南湘西苗族鼓舞的伴奏乐器主要是大鼓，可以单独使用大鼓作为伴奏乐器。为了营造热闹的气氛，苗族鼓舞也经常会配上铜锣、钹或镲、唢呐、土号等乐器，一些大型活动还会加上二胡、三弦等作为伴奏乐器。湘西苗族鼓舞伴奏音乐的节奏丰富多彩，各地节奏都不相同，如吉首市、花垣县、保靖县以及古丈县的部分地区，鼓面和鼓边打

图25 苗族鼓舞表演

法非常具有特色，伴奏通常使用双边打法，双手一快一慢对节奏进行调节，右手打一拍，左手打两拍。花垣县的鼓舞有一种鼓点非常复杂，敲鼓边伴奏的左手节奏为二拍子，而右手则使用三拍子，左右手同时使用不同的拍子，这是难度非常高的技巧，这种复杂的节奏主要用于带有武功拳术类的苗族鼓舞表演。湘西苗族鼓舞伴奏音乐的节奏非常丰富，不同的节奏表达不同的思想情感，常见的拍子有四三拍、四二拍、四四拍三种，极少数人还用到八三拍的节奏。

第五，从鼓舞的审美特征来看，湖南湘西苗族鼓舞充分体现了苗族人民的生产生活、思想情感、理想生活、审美心理以及民族精神等内涵，具有多方面的审美价值。湘西苗族鼓舞具有古朴之美，苗鼓是湘西苗族的圣物，而鼓舞蕴含了苗族人民的信仰，无论是富有传统民族特色的服饰，还是舞蹈音乐、舞蹈动作等都充满了古朴之美的特征。湘西苗族鼓舞具有和谐之美，苗族鼓舞将音乐、舞蹈、服饰等融为一体，使苗族鼓舞中的各种艺术形式相互协调，具有和谐之美。湘西苗族鼓舞具有阳刚之美，无论是鼓乐还是舞蹈动作，始终充满着力量，充满着热烈欢快、积极向上的精神，能够激发苗族人民奋发向上、努力拼搏的民族精神。

第六，从鼓舞的步伐来看，湖南湘西苗族鼓舞主要有四种基本步伐：一是三步步法，此步伐多用于表演生产劳动动作，如插秧、挑谷等，左右脚前后交叉替换；二是前小踢腿步与两边跳小踢腿步，动作幅度较小，柔软优美，多用于女子鼓舞动作；三是滚翻身法，打鼓的同时滚翻身体，旋转打鼓，多用于表演上山、下山或者过坳等内容；四是踩三角走三步的步伐，主要用于表演武术的动作。

（三）湖南湘西苗族鼓舞代表性传承人

1. 苗族鼓舞代表性传承人艺术简介

石顺民，女，苗族，1949年11月出生于湖南省湘西土家族苗族自治州吉首市已略乡求产村，被评为湖南省第二批国家级非物质文化遗产项目湘西苗族鼓舞代表性传承人，中国湖南湘西第二代鼓王。石顺民受家庭及周围环境的影响，从小就爱上苗族鼓舞。石顺民8岁的时候目睹了“椎牛”祭祀仪式。按照风俗，仪式前一天晚上，人们围着篝火，整夜敲鼓、跳舞和唱歌。自此，石顺民就迷上了苗族鼓舞，要求妈妈教她打鼓。从此以后，只要有空，石顺民就会到邻居家，跟妈妈、邻居阿姨以及民间艺人学习苗族鼓舞。石顺民逐渐长大，却没有就此满足于自娱自乐，而是先后考入当时湘西吉首县舞蹈戏剧学校以及湘西土家族苗族自治州京剧团，接受专业的训练和学

图26 苗族鼓舞代表性传承人石顺民

习，更加熟悉地掌握和具备了全套的武生功底以及烦琐而复杂的舞蹈技巧，苗族鼓舞在她的演绎之下显得更加迷人。石顺民出类拔萃的文艺才能，引起当时湘西土家族苗族自治州吉首市己略公社党委的高度重视，将她调到公社担任团委专干，负责己略公社的文艺宣传。从此，石顺民的艺术激情被进一步激发，不断地发扬和传承苗族鼓舞。

1962年至1985年，石顺民在湖南吉首市寨阳乡树耳村务农期间，曾多次参加由全国、全省、州、县、乡镇等各级政府组织的少数民族文艺汇演。1964年，北京举行了全国少数民族文艺汇演，而当时只有15岁的石顺民担任苗族鼓舞《苗族女民兵》的主要演员，登上人民大会堂的舞台进行表演，并获得良好反响。1982年8月，石顺民代表湖南到内蒙古呼和浩特参加第二届全国少数民族传统体育运动会的演出活动，精彩地表演了苗族鼓舞，使全国乃至全世界的亿万观众都认识了湘西苗族鼓舞。1985年3月到1986年4月，石顺民又在湖南吉首市寨阳乡堂乐洞风景区表演鼓舞，同时也从事辅导苗族鼓舞演员的工作。1986年9月石顺民到新疆乌鲁木齐参加第三届全国少数民族传统体育运动会的演出活动，1989年1月带领湘西民间文化团应邀参加香港葵青区第二届艺术节，1991年11月到广西南宁参加第四届全国少数民族传统体育运动会，2005年先后参加由香港康乐及文化事务署主办的文化交流活动、广东深圳锦绣中华民俗文化村文化交流活动以及上海全国旅游交易会等。石顺民曾先后在国家级、省级、市级、县乡镇等比赛中获得荣誉奖项。1964年12月，石顺民的苗族鼓舞表演荣获全国少数民族业余文艺观摩会优秀表演奖；先后荣获第二、三届全国少数民族传统体育运动会鼓舞表演金奖，第四届全国少数民族传统体育运动会鼓舞表演银奖；先后荣获省、州、市文学艺术辅导奖、突出贡献奖等，共获奖项28个，奖牌12枚。这些比赛、展演以及文化交流活动，对湖南湘西苗族鼓舞知名度的提升和对外宣传具有非常重要的作用和意义。

从表演技法来看，石顺民的苗族鼓舞不仅在苗族人民生产生活动作基础上完整继承了传统苗族鼓舞的技法和套路，而且在此基础上进行了创新，将舞蹈专业技巧与传统动作融合，使舞蹈动作更加完美，表现内容更加丰富，技巧性更强，可观赏性更高，形成了独具特色的风格特征。她所表演的织布、纺纱、绣花以及梳妆打扮等生活性的动作，充分展示了湘女柔情的性格特征；而挖地和打谷等生产性动作又表现得刚劲有力，充分表现了湘西苗族女性所具有的勤劳、强悍的性格特征。石顺民所创编的苗族鼓舞有单人、双人、三人、四人、群体等形式，还有男女单打、男女双打以及男女混合打等多种形式。

2. 苗族鼓舞代表性传承人石顺民传承贡献

石顺民不仅苗族鼓舞跳得好，多年来在苗族鼓舞的保护传承、收集整理、创新发展等方面也做出了巨大的贡献。20世纪80年代以来，石顺民为国家级旅游景点德夯苗族文化风情园、原吉首市堂乐洞风景区、矮寨镇文化站、湘西土家族苗族自治州歌舞团、吉首大学、州民族体校、州文艺职校、吉首市个私协会、吉首市民族实验小学、吉首市民族中学、沅陵县戏剧团、怀化某军区艺术团以及湖南电视台等培训苗族鼓舞人员1000余人。2004年，石顺民自己筹资创办了湖南湘西地区第一个苗族鼓舞传习中心——顺民苗族鼓舞培训班，对农村学员免费培训，多年来培训苗族鼓舞成员成百上千，还培养出了第三代女鼓王龙菊兰、第四代女鼓王龙菊献、第五代女鼓王黄娟。此外，石顺民受湖南省相关部门委托，通过各种渠道为湖南省培训苗族鼓舞成员1000多人，在她的传承谱系内组建苗族鼓舞队180多支，其队员近万人，促进了苗族鼓舞在当地的普及和传承。石顺民在自己传承谱系之外还组建了矮寨苗族鼓舞队、德夯苗族鼓舞队、吉首市民族实验小学苗族鼓舞队、吉首市个私协会苗族鼓舞队等47支苗族鼓舞队。同时，石顺民还完成了对苗族鼓舞的传统技艺和手法的收集整理，并创编苗族鼓舞20多个，重要代表作有《迎宾鼓》《庆丰收》《团圆鼓》《金猴云海庆丰年》《苗族女民兵》《鼓王献艺》等。当前，湖南湘西土家族苗族自治州各地都掀起了学习苗族鼓舞的热潮，青少年将其作为一项技能特长而勤学苦练，中老年则将其视为一项强体健身的项目。当地一些大中小学专门开设苗族鼓舞课程或教学内容，并聘请苗族鼓舞教师进行教学，湘西苗族鼓舞在国内外的影响力和知名度越来越大。实际上，这些成就的取得与石顺民五十多年来的大力宣传与精心教导是密不可分的。

图27 石顺民表演

（四）湖南湘西苗族鼓舞传承人谱系

表6 湘西苗族鼓舞传承人谱系（石顺民谱系）表

姓名	性别	民族	出生年月	文化程度	传承方式	居住地址
龙帕英	女	苗族	不详	不详	家族传承	吉首市己略乡求产村
龙英棠	女	苗族	1930	不详	家族传承	吉首市矮寨镇坪年村
龙秋英	女	苗族	1933	不详	家族传承	吉首市己略乡龙舞村
石顺民	女	苗族	1949	中专	家族传承	吉首市寨阳乡树耳村
龙菊兰	女	苗族	1972	不详	师徒传承	吉首市矮寨镇德夯村
时红英	女	苗族	1972	初中	师徒传承	吉首市寨阳乡树耳村
龙菊献	女	苗族	1976	不详	师徒传承	吉首市寨阳乡树耳村
时建群	女	苗族	1972	不详	师徒传承	吉首市矮寨镇矮寨村
石红艳	女	苗族	1975	不详	师徒传承	吉首市寨阳乡树耳村
施云生	男	苗族	1965	不详	家族传承	吉首市矮寨镇德夯村
时光金	男	苗族	1978	不详	家族传承	吉首市寨阳乡树耳村
黄娟	女	苗族	1980	不详	师徒传承	吉首市矮寨镇大兴寨
时林美	女	苗族	1989	不详	家族传承	吉首市寨阳乡树耳村
朱佳丽	女	苗族	1999	不详	家族传承	吉首市

通过对以上湖南湘西苗族鼓舞传承人谱系（石顺民谱系）列表的分析，我们可以看出传承人谱系中的如下几个现象：

第一，从传承方式来看，湖南湘西苗族鼓舞传承人谱系（石顺民谱系）的传承关系和传承方式有师徒传承、家庭传承两种。湖南湘西传统苗族鼓舞既是一种群众性的民俗活动，也是一种民族民间舞蹈，其传承方式非常多，包括家庭传承、社会传承、村落传承、师徒传承以及学校传承等，每一个传承人都可能通过多种方式和途径获得鼓舞的学习，而非单一的某种传承方式。

第二，从民族成分来看，湖南湘西苗族鼓舞传承人谱系（石顺民谱系）中的传承人全部为苗族。这说明湘西苗族鼓舞的流传范围主要是湘西地区苗族聚集的地区，而鼓舞是苗族人民所特有的传统习俗。

第三，从传承人的性别来看，湖南湘西苗族鼓舞传承人谱系（石顺民谱系）中传承人以女性为主，男性传承人相对较少，但只是通过这一个传承谱系还不能完全说明苗族鼓舞就是以女性为主的舞蹈形式。但是，我们至少可以看出，湘西苗族鼓舞的传承没有性别上的限制。

第四，从传承人的年龄结构来看，湖南湘西苗族鼓舞传承人谱系（石顺民谱系）中20世纪60年代、70年代、80年代和90年代的传承人都有，说明湘西苗族鼓舞传承情况较好，传承后继有人。

第五，从传承人的姓氏来看，湖南湘西苗族鼓舞传承人谱系（石顺民谱系）中传承人有多种姓氏，如龙、施、时、朱、黄等。这说明湘西苗族鼓舞的传承具有开放性，是一种群众性、大众性的集体活动，其传承方式是开放的，具有较强的普及性。

（五）湖南湘西苗族鼓舞传承现状分析

湖南湘西苗族鼓舞具有悠久的历史文化，在苗族人民的历史发展过程中占据着非常重要的地位，对于维系苗族人民的社会稳定和增强凝聚力等方面具有非常重要的作用。随着当代社会的多元化、城市化、现代化以及商业化的冲击，湘西传统苗族鼓舞的生存环境发生巨大的改变，人们的娱乐方式、生活方式、审美意识等各方面都随之改变，传统苗族鼓舞也面临着各方面的困境。通过政府及相关部门和专家的努力，湘西苗族鼓舞在传承与发展、抢救与保护、收集与整理、开发与创新等方面都取得了可喜的成果。

第一，湖南湘西苗族鼓舞具有较好的民间基础和群众基础。据相关调查显示，湘西地区几乎所有群众都知道苗族鼓舞，并有百分之四十以上的群众曾参与过苗族鼓舞。当前，无论是在农村还是在城区，湖南湘西土家族苗族自治州各地都掀起了学习苗族鼓舞的热潮。如今只要你走进湖南湘西，到处都可以听到苗族鼓舞的声音。湖南湘西苗族聚居地几乎村村寨寨都有自己的鼓舞队，如吉首市寨阳乡坪朗村就有两支苗族鼓舞表演队和一个苗族鼓舞传习所，这里上至五六十的老人，下至几岁小孩都会打苗鼓、跳苗鼓舞蹈。

第二，湘西苗族鼓舞代表性传承人的传承情况较好。以国家级代表性传承人洪富强、石顺民为例，多年来由洪富强组建的苗族鼓舞表演队就有上百个，其队员有3000人以上；石顺民在她的传承谱系内组建苗族鼓舞队180多支，其队员近万人，同时在自己传承谱系之外还组建了苗族鼓舞队，为湖南省培训苗族鼓舞成员1000多人，并培养出湘西第三代、第四代、第五代女鼓王。

第三，湘西苗族鼓舞在大、中、小等学校中的传承情况较好，主要通过州内各专业艺术院校、地方其他高校、职业学校以及各县市乡镇的中学和小学进行传承与普及，将苗族鼓舞纳入各级各类学校的艺术及体育课堂，作为学生的必修课程，并聘请苗族鼓舞教师进行教学。如湖南吉首矮寨中学和民族中学等都将苗族鼓舞纳入音乐舞蹈课程以及体育课程的教学内容当中；当地最高学府吉首大学体育学院也将苗族鼓舞作为民族传统体育专业的必修课。

第四，通过各种文化艺术展演、交流等活动，加强对湘西苗族鼓舞的宣传。湘西苗族鼓舞的对外宣传和交流从20世纪50年代就已经开始走向全国。早在1953年，湘西凤凰县苗族艺人麻顺太、麻管送就代表湖南赴京参加第一届全国民族民间音乐舞蹈汇演，所表演的苗族花鼓受到全国观众和评委的喜爱并获奖。1955年，湘西古丈县苗族女青年龙彩莲受邀参加在波兰举行的第五届世界青年联欢节，由她表演的苗族女子单人鼓舞获得好评，苗族鼓舞走出国门，走向世界。1964–1991年，石顺民多次参加演出、比赛，极大地提升了苗族鼓舞的知名度。1991年，湖南湘西第三代鼓王龙菊兰受邀参加新加坡国际民间艺术节，由她所表演的苗族鼓舞获得极大成功。2005年石顺民曾先后参加了由香港康乐及文化事务署主办的文化交流活动、广东深圳锦绣中华民俗文化村文化交流活动以及上海全国旅游交易会等。这些展演和交流活动，对苗族鼓舞的宣传和传承保护等都具有非常重要的作用和意义。

第五，当地政府通过各种旅游景点展演湘西苗族鼓舞，加强苗族鼓舞的对外宣传。德夯苗族文化风情园是湖南湘西土家族苗族自治州的著名国家级旅游景点，公司自2002年以来，在开发旅游业的过程中，尽量保护自然生态资源，打造地方传统民族特色文化，建立健全民族民间文化艺术的传承机制，并组建了苗族鼓舞表演队，聘请苗族鼓舞传承人或教师，如石顺民等到德夯苗族文化风情园传授和表演苗族鼓舞，通过这种方式向全国乃至全世界的中外游客展示和宣传苗族传统的鼓舞艺术。湖南湘西著名风景区凤凰古城宣传片之一——“大美湘西·鼓舞天下”就是对苗族鼓舞的宣传，并且每到传统节日都有苗鼓表演，还有专门的鼓舞表演队。

第三节　武陵地区传统戏剧活态传承案例分析

传统戏剧是指在历史上产生，并在生产、生活中以“活态形式传承至今的代言体表演艺术形式”[①]。武陵地区的传统戏剧历史悠久，剧种千姿百态，目前已有阳戏、花灯戏、傩戏（又称傩堂戏、端公戏）、木偶戏、目连戏、巴湘戏、毛古斯、南剧、恩施灯戏、侗戏、苗戏、鹤峰柳子戏、巴东堂戏、文琴戏、后河戏、辰河高腔、石柱土戏等传统戏剧形式，分别被各地申报并列入国家级或者省市级非物质文化遗产名录。

① 苑利、顾军：《非物质文化遗产学》，高等教育出版社，2009年，第113页。

一、武陵地区傩戏活态传承

（一）武陵地区傩戏分布

傩文化是最具广泛影响力的非物质文化遗产之一，长期流传或残存于许多省区，尤其在中南、西南和西北少数民族地区，已列入首批国家级非遗代表性项目名录的就有数十项。曲六乙先生曾将中国傩文化划分为“北方萨满文化圈、中原傩文化圈、青藏苯佛文化圈、西域傩文化圈和巴楚巫文化圈、百越巫文化圈”[①]。按照曲六乙先生的划分，武陵地区属于巴楚巫文化圈，在这个圈的亚系统中傩戏星罗棋布，形态多样，相互渗透交织，呈现出自身的基本特点。

武陵地区湖南境内的傩戏主要在桑植、桃源、溆浦、麻阳、芷江、会同、沅陵、新晃、泸溪、凤凰、花垣等地盛行。其中沅陵辰州傩戏、侗族傩戏“咚咚推”、梅山傩戏和德江傩堂戏于2006年被列入第一批国家级非物质文化遗产名录，国家级代表性传承人有李福国、聂满娥（沅陵辰州傩戏），龙子明、龙开春、龙景昌（侗族傩戏“咚咚推”），苏立文（梅山傩戏），张月福、安永柏（德江傩堂戏）。湖南境内傩戏有“杠菩萨”、“傩堂戏”、侗族傩戏“咚咚推”和“梅山傩戏”四个子系统，这些子系统还可以再细分，如傩堂戏可分为辰州傩戏、溆浦傩戏、桃源傩戏、桑植傩戏、湘西傩戏等。傩戏在武陵地区湖北境内主要流传于湖北恩施和宜昌的长阳、五峰，其中湖北恩施的三岔、石窖，鹤峰的青湖、夏坪等地保存较为完整，恩施、鹤峰傩愿戏被列入国家级非物质文化遗产名录。武陵地区重庆市境内的傩戏主要流传于酉阳、秀山、彭水、石柱一带，主要有酉阳面具阳戏、秀山余家傩戏及彭水木蜡庄傩戏和石柱土戏，其中最具代表性的是酉阳面具阳戏和秀山余家傩戏。武陵地区贵州境内的傩戏主要流传于黔东北地区，该地区在历史上深受巴、楚文化的影响，也是中国傩戏、傩文化最具地域文化特色的地区之一。其中德江傩堂戏、道真傩堂戏、松桃傩堂戏分别代表了该县及周边以土家族、仡佬族、苗族为主体的子系统。

① 曲六乙：《漫话巫傩文化圈的分布与傩戏的生态环境》，张子伟主编《中国傩》，湖南师范大学出版社，1994年，第11页。

表7　武陵地区傩戏流布及其特点一览表

主要流布地		最具代表性名录	主要特点
武陵地区湖南境内	洪江市、中方区、鹤城区、溆浦、会同、通道、靖州以及贵州天柱、锦屏、黎平等地沅水上游苗、侗、汉、瑶等多民族地区	“杠菩萨”也称“搬演菩萨”或“降菩萨”	有“起见、发兵、立寨、架桥、迎神、下马、祭兵、发猖、扫堂、化财、入库”等一套固定的基本程序，使用“司刀、祖师棍、牌印、雷令”等主要法器，演出时戴“脸子壳”（面具），演唱伴奏使用鼓、大锣、钹和小锣，演出剧目有《杠盘古》《杠五通》《杠飞山》《杠城隍》《杠唐氏太婆》《二郎学法》等。除法事和搬演傩戏外，还表演上刀梯、捞油锅、踩（烧红的）耙齿、端（烧红的）犁头等傩技。
	怀化（沅陵、麻阳、溆浦、辰溪、芷江）、常德（石门、桃源）、张家界（桑植、慈利）、湘西州的各县市等地	傩堂戏又称“傩愿戏”“傩神戏”或“傩戏”	各地均称巫师（土家族称“土老师”、苗族称“苗老师”）。其组织称为“坛门”，每个坛门都有掌坛师。巫师的巫事活动名目繁多，各地内容多寡不一，主要有冲傩、还愿、翻解道场。无论法事程序繁或简，其基本流程大致相同：布置傩坛、请圣降神、诸神赴傩坛驱邪赐福、送神归位。程序中都有“二十四戏”逐请出“洞”来赴坛表演，一般傩坛都会置神案供傩公傩母及其他师祖的木像，悬挂众神祇画轴。 傩堂戏的剧目，按其形式和内容，大致可分为三类：正戏、小戏和大本戏。戏目有《扎寨》《发功曹》《先锋》《开山》《算匠》《八郎》《判官》《土地》《搬师娘》以及傩堂“三女戏”（孟姜女、庞氏女、龙王女）、《花关索》、《七仙女》等。傩堂戏面具，纸制和木制，各地都有八郎、先锋、开山、判官、土地等面具，演出服饰除法衣、头扎外，多以日常生活服饰为主，鲜有戏服，法事道具有绺巾、师刀、师棍、令牌、竹卦、牛角等，戏曲道具有拐杖、扇子、毛巾、雨伞、包袱、布制婴儿、马鞭等。有“生、旦、净、丑”等角色。
	沅陵县七甲坪镇	辰州傩戏	有上岗教和河边教两大派系，辰州土老师冲傩还愿时，必唱傩戏。有正戏《朝文》《郎君部取》《双接驾》《判官点兵》《小走猖》《出标》《上熟》《请戏》《搬先锋》《搬开山》《搬鲁班》《度关》《判官勾愿》《姜女勾惠》等；有小戏《三妈土地》《土地》《梁山土地》《蛮八郎买猪》《洗罗裙》《郭先生教书》《董儿放羊》《捡菌子》《毛三边退》《小姑贤》《花子嫁妻》《卖纱》《喜新婚》，还有《观花教女》《姜女下池》《孟姜女》等中的折子戏；有为娱神而演唱的本戏如《孟姜女》《龙王女》《七仙女》《鲍三娘》等。辰州傩戏音乐情调古朴，地方特色浓郁。一般也有土老师表演“上刀梯”“踩犁头”“滚刺丛”等傩技。
	桑植县澧源镇、马合口乡、廖家村镇、两河口乡、打鼓泉乡、官地坪镇等	桑植傩戏	原有“游傩”“大傩”“低（阳）傩”“高（阴）傩”“三元盘古傩”五大门系，现留存“低傩”“高傩”“三元盘古傩”三个流派。桑植傩戏有“二十四戏”，分前十二戏、后十二戏和五十花朝戏，传统剧目有《庙房会》《胡带封官》《令哥烤酒》《上山》《孟姜女》《唱土地》《开山》《观花》《柳毅传书》《鲍家庄》等。戴文、武、老、少、女五类木质傩戏假面。
	溆浦县	溆浦傩戏	傩坛供奉东山圣公、南山圣母各一尊，宫丹数幅，现存剧目有《和娘娘》《装独脚云霄》《扦花台》《和梅山》《进宝做工》《装土地》《装买猪郎》《装和事六娘》《游船送瘟》《孟姜女》等。

续表

	新晃侗族自治县贡溪乡四路村天井寨	侗族傩戏“咚咚推”	也称“跳戏”“咚咚”（鼓声）及“推”（小锣声），侗语对白，现存剧目有《跳土地》《跳小鬼》《癞子偷牛》《老汉摇季》《菩萨反局》《桃园结义》《古城会》《关公捉貂蝉》《关公教子》《云长养伤》《华佗救民》《关公战蔡阳》《天府捞瘟》《打瓜精》等，面具有姜良、姜妹、土地、雷公、雷婆、鬼公、鬼婆、关公、刘备、张飞、关平、周仓、王允、貂蝉、华佗、蔡阳、甘夫人、糜夫人、瓜精以及动物面具。“咚咚推”的音乐多由当地山歌、民歌发展而成，常用的曲调有溜溜腔、石垠腔、吟诵腔、垒歌等。
武陵地区湖北境内	恩施三岔、石窖，鹤峰的青湖、夏坪、走马、白果、锁坪、南北、阳河、铁炉、马家、五里、桃山、六峰、北佳、中营、云蒙山、邬阳等地	恩施、鹤峰傩愿戏	一般是酬神祭祖，或迎神赛会，或消灾求福，或冲傩去邪时进行。仪式繁多，各地称谓内容有些差异，但大同小异，一般有请神、开洞（出戏）、送神仪式。一般神案供奉“东山老人公公”“南山圣母娘娘”木偶神像，神案下有猎神张五郎倒立小木偶像，悬桂“三清图”“三师图”“四大元帅图”“四值功图”等神图。祭中有戏，戏中有祭。傩祭演出中除坛主穿法衣、戴法帽五幅冠之外，其余者均按行当装束，戴上面具进行表演。主要剧目有《张四姐配崔文瑞》《鲍家庄》《青家庄》《孟姜女》。在开坛还愿中必唱《孟姜女》。除此之外也有灯戏、堂戏演出，如《毛货郎卖货》《雪山放羊》《洞宾点单》《韩湘子化斋》《南山耕田》《父子会》《克郎头帮工》等。演出剧目与时间都是根据愿主经济状况和还愿内容，由主家和坛班商定。演唱形式为“打锣板”，生旦净丑各有单独的固定唱腔，法器与道具通用。
武陵地区重庆市境内	酉阳铜鼓等地	酉阳面具阳戏	称“鬼脸子戏”“跳戏”。戴面具进行人物表演，铜鼓陈水霞阳戏班保存面具较完整，有关圣帝、元帅、包公、皇生、三军、先锋、二小生、老生、大小生、山大王、太白金星、孙悟空等32面，演出大致分请神仪式、酬神演戏、送神仪式三个程式。剧目比较丰富，有《关爷镇殿扫殿》《庞氏夫人镇台》等酬神的正戏，也有《薛仁贵征东》《薛丁山征西》《解带封官》《安安送米》《蓝继子》《唐二别家》《邓玉打铁》《穆柯寨》《薛刚反唐》《杜老送子》《冬梅花》《大孝记》《蟒蛇记》《沙陀救围》等折子戏。有一唱众合、对唱、齐唱形式，伴奏使用鼓、锣、钹等打击乐器。
	秀山县隘口镇	秀山傩戏	有正戏和杂戏之分。在还愿人家临时搭台演出的称为“高台”，以杂戏为主；在还愿人家堂屋演出的称为“傩堂”，又称“矮台”，以演正戏为主。主要剧目有《开路郎君》《算命》《师娘》《送子添仙》《传书》等，唱腔有夺板、平板、摇板、姜女板、小生板、老生板、老旦板等近20种。演出服装道具根据剧情需要和人物性格而定。演员一般戴面具，分生、旦、净、末、丑等角色，现尚存有龙王老爷、开山、卖酒娘、邱姑婆、算将、土地、土地婆等角色的面具。服装有凤冠、八幅罗裙。道具有令牌、牛角、司刀、牌带、刀剑、法鞭、卦子等。乐器有大鼓、大锣、头钹、二钹、二胡等。

续表

	彭水木蜡庄村	彭水木蜡庄傩戏	属于杠大神，其仪式严格。一般举行起锣焰火、开坛吃席、立楼扎灶、申文奏疏、搭桥迎宾、抛锣上转、合镖祭坛、开洞、盘洞、祭兵等仪式。根据事主办坛目的不同，进行上刀山、破域、下油锅、煞铧等傩技。面具有汉朝将军、白旗先锋、丙灵、龙头、勾怨叛子、撤怨叛子、周氏太婆、勤头、小三等。剧目有《伏羲姊妹治人烟》《兴周灭纣》《出二郎》《出灵官》《出土地》《包文正问案》《太子送了》《歪嘴婆娘》等。
	沙子、湖镇、官田、盐井、中益等	石柱土戏	供奉川主、药王和土地三圣，有阴戏和阳戏两种形式，主要有《引生》《请神》《发帖》《拨路》《回熟》《清宅》《勾愿》《狮子》《送神》等神事剧目，有《四值功曹》《红灯记》《开路先锋》《八仙庆寿》《二郎降孽》《金童玉女》《安安送米》《苏秦背剑》等民事戏剧目。
武陵地区贵州境内	铜仁市松桃、印江、沿河、玉屏、江治、德江、思南、石阡、江口、万山特区，遵义市务川和道真等地	黔东北傩戏群	傩戏戏名名目繁多，有叫“傩堂戏”（德江）、“傩坛戏”（思南）、“傩愿戏”（沿河）、“冲傩戏”（道真）的，也有称“确奴”（松桃苗族）、“嘎傩戏”（玉屏）的，总体来看它们的主奉神头、行坛程序和内容都趋于一致。傩堂戏的法事内容有：开坛、发文、敬灶、判牲、收界、搭桥、传花红、交标、放兵、发五猖、开洞、牲白、上熟、造船、清火、勾愿、送神等程序。傩堂戏演出一般为开坛、开洞、闭坛三个阶段。开洞是演出正戏，全堂戏演二十四出戏，半堂戏演十二出戏，有《柳毅传书》《槐荫记》《韩湘子渡妻东》《平贵回窑》《三娘教子》《张少子打鱼》《幺八讨小》《东吴招亲》《六郎斩子》《关公斩貂蝉》《杨家将》等神话传说、民间故事、历史演义剧目。演出要戴上面具，有老生、小生、老旦、小旦、花脸等角色，演员均系男性。有法衣、头扎、锣牌、师刀、宝剑、水碗、石砚、马鞭、神棍、牛角等道具服饰，有鼓、钹、马锣、大锣，都是打击乐器，根据主家要求会表演“上刀梯”“下油锅”“踩红铧”“吞刀吐火”“钉鸡”“吊碗”“悬斗”等傩技。

（二）德江傩堂戏活态传承个案分析

1. 德江傩堂戏概述

德江古为“南蛮之地”，地处巴楚边缘，春秋属楚，战国时并入秦，属黔中郡，汉属巴郡，晋属涪陵郡（置万宁县），隋唐属费州（置扶阳县），宋元属羁縻思州（置水特姜长官司），明清时属思南府（置水德江、安化），民国二年（1913）改为德江县。德江东属武陵山脉，西属大娄山山脉，乌江水纵贯其中。历史上，德江地处边远，交通相对闭塞，文化较为落后，加上巴楚少数民族“信巫鬼、重淫祀”（《汉书·地理志》），给傩堂戏提供了滋生、绵延的土壤与温床。德江傩堂戏始于明洪武年间，明代以来，德江傩堂戏遍及各乡村寨，至今仍有131坛，为群众喜闻乐见的一个剧种。1993年、2008年德江县分别被贵州省文化厅、国家文化部授予“傩戏之乡”“中国民间文化艺术之乡·傩戏之乡”的称号，2006年德江傩堂戏被列入国家级第一批非物质文化遗产保护名录。

德江傩堂戏是中国戏剧的活化石，是世界上保存最原始、最完整，拥有傩戏班和古面具最多的地方戏种。据不完全统计，德江县至今有傩戏131坛，傩艺师740余人。德江傩堂戏分为茅山教、师娘教。师娘教为师娘所传，文戏、正戏较多，风格柔和细腻，唱腔婉转，舞步轻盈；茅山教为师傅所传，武戏、插戏较多，风格豪放粗犷，唱腔质朴，舞步矫健。纵观德江傩堂戏的表演形式，主要有“傩祭”“傩仪”“傩戏”“傩舞”和“傩技”等。德江傩堂戏的面具数目较多，有“全堂戏二十四面，半堂戏十二面”神祇面具，面具色彩有淡彩和重彩之分，傩戏面具造型夸张、怪诞；傩戏神案挂“三清图”“司坛图”“功曹图”，傩神杂糅，神案庄严肃穆；傩戏服饰只有头扎、法衣、法裙，较为古朴简单；傩堂戏法器有令旗、令牌、牛角、师刀、牌带、神棍、神鞭、宝剑、链子及傩竹、卦子、木鱼及神鼓、蓑衣、风箱、破木瓢、打狗棍和猪尿泡等常用法器；傩戏音乐有正戏和外戏音乐之分，有“九板十三腔”基本音调，音乐调式结构完整，演唱节奏明快，气氛热烈，时有锣、钹、钗鼓打击乐器伴奏，唱腔铿锵有力；傩戏舞蹈步伐自由，变化性强，旋转幅度大，常有“左右踏步”“大小八字步”“跛步”“丁字步”“搓步”“平步”“梭子步”“旋转步”等，舞蹈动作有基本舞步“踩八卦”“踩九州”。傩堂戏的神秘与张扬、夸张与写实、粗犷与细腻、诙谐与庄重，奇妙地对立统一，具有一种神秘而深邃的美。

2. 德江傩堂戏的分布及特征

关于德江傩堂戏的来源，从土家族文化特征来看，德江位于湘鄂渝黔边境土家族聚集之地，古属楚地，古代文献中记载了湖南、湖北最信傩，屈原的《九歌》就反映了傩的宗教活动。应该说，德江傩戏与之有密切联系，其开坛唱词就有“我祖你原是湖南、湖北人，来在云贵显威灵”①。再有据《思南府志》记载，明正统年间（1436–1449）蛮夷司正长官安洛建有川主祠，成化年间安方重建；成化年间（1465–1487）水德江司正长官张玉建有土主祠，嘉靖四年（1525）张辇重建。以古历六月二十四日和七月二十二日为土主、川主生辰，至日有庆神之举，居民盛装神像，鼓行于市，谓之社火，表明德江土家族傩堂戏与原始巫教、巫术的关系密切。土家族没有固定的宗教信仰，造成了多神信仰现象，常见宗教与宗教活动、生产活动、社会活动与文娱活动和民族习俗等混在一起。从民间德江傩堂戏传承谱系来看，土老师张金辽（土家族）保存的“司坛图”师长传承名录表明至今已传承26代，以20年为一代来推算，也应该有五六百年的历史，而且傩堂戏在德江土家族苗族地区还很盛行②。

德江傩堂戏散布在全县各乡镇土家山寨之中，各寨均有傩堂戏坛组织，可谓“傩堂戏网，巫师遍布”。据德江民族宗教事务局编著的《傩韵》统计，德江傩堂戏分布于德江的青龙、煎茶、稳坪、潮砥、枫香溪5个镇，堰塘、龙泉、钱家、沙溪、平原、楠杆、复兴、合兴、长堡、

---

① 庹修明：《德江傩堂戏》，贵州民族出版社，2012年，第8页。
② 同上，第9页。

桶井、荆角、长丰、高山、泉口14个土家族乡，涉及120个行政村，有掌坛师131人，傩艺师740余人，有傩戏面具3144面，其中古旧面具1484面，仿制面具1660面[①]。

德江傩堂戏是多种宗教文化相互渗透、融合的产物，是集娱神娱人为一体的剧种。傩堂戏的演出由土老师（又称端公）来完成，生活中人们认为“家宅不宁、人畜不旺、怪异作祟”就要冲“太平傩”，如有寿愿、子童愿、过关愿就进行“还愿傩”。傩坛多设在主家的堂屋，傩戏表演中语言是汉语夹杂着土家语，滑稽诙谐，妙趣横生。傩戏演出与傩坛祭祀交织在一起，有祭祀、开洞、闭坛三个阶段。酬神活动部分又有开坛礼请、发文敬灶、行坛洁净、立楼点兵、搭桥放兵、安营扎寨、开红山、收兵招魂、上熟造船、打火送神等主要法事内容，根据仪式性质及主家意愿，还有如开红山、上刀梯、下油锅、口含红铁等傩技表演，酬神法事完毕后演出正戏和插戏。正戏剧目有《唐氏太婆》《金角将军》《关帝圣君》《周仓猛将》《引兵土地》《押兵先师》《开山莽将》《九洲和尚》《十洲道士》《开路将军》《柳毅传书》《钩愿先锋》《秦童挑担》《三娘送行》《甘生赴考》《杨泗将军》等；插戏又称杂戏、花花戏、耍戏，是穿插在正戏间的娱乐性较强的剧目，剧目多取材于神话传说、民间故事和历史演义等，如《张少子打鱼》《陈幺八娶小》《槐荫记》《郭老幺借妻回门》《苏妲妃选婚》《裁缝偷布》等，傩戏演出均需佩戴面具。

德江傩堂戏坛的班子就是一个巫道傩合一的宗教组织。一个傩堂戏坛班即一个戏班，少则七八人，多则十余人不等，全为男性。一个傩坛的核心人物就是掌坛师，掌坛师一兼数职，既是戏坛的组织者、领导者，同时也是表演者，还是精通各种法术的法师，其余参加演出的人员多与掌坛师有师徒关系，或为师兄关系，或者临时客串。傩堂戏坛班成员大多数都能歌善舞，角色兼备，长于表演，而且精通掐时、占卜、画符、念咒等巫道。

3. 德江傩堂戏代表性传承人

德江傩堂戏的传承依靠师傅口耳相传、跟班学艺的方式进行，跟师学法多为三年五载。巫师傩艺授徒有“家传”和“外传”两种，拜师要“投师牒”文约为据，学习内容有傩坛法事、傩戏和傩技法，艺成须举行传法（授职）仪式，授职传法有“茅山传法”和“坐桥传法”两种。隆重的传法过职仪式有“开牌”“安扎五营”“传法”“收兵”“安龙神”“安坛榜”等基本程序，坛榜上都有历代祖师名单和引度师、开荒师、接法师、过法师、传牌师、保举师、封牌师的姓名，得到新的坛榜算取得了正式的行傩资格。一个坛门的祖坛秘诀和巫术都不会轻易外传，按照行内的规矩，绝技只有在师傅临终时才秘传给其得意弟子。德江傩堂戏傩坛很多，仅稳坪乡就有十个傩坛，枫香溪、平原、合兴、荆角、长丰和泉口几个乡分别都有七个傩坛，每

---

① 贵州省德江县民族宗教事务局：《傩韵——贵州德江傩堂戏》，贵州民族出版社，2003年，第5页。

一个傩坛都有各自的传承人，其中德江傩堂戏国家级代表性传承人有张月福、安永柏，省级代表性传承人有张金辽、吴贤富、张金太、安明秀。

张月福，男，德江傩堂戏国家级传承人。张月福是稳坪镇铁坑村地道的土家族人，初小文化，2008年被列入第二批国家级非物质文化遗产项目代表性传承人。张月福1950年10月出生于傩戏世家，受家庭影响，12岁就跟随祖父张金高（法名法灵）、父亲张玉仁（法名法清）学习傩戏，14岁时接受祖父及父亲的秘诀、法宝传授，并随其祖父、父亲同台演出。张月福学艺刻苦，先后拜张羽朋、赵开扬（法名法胜）为师，学习傩戏和绝技。1982年师傅赵开扬将所有傩祭、傩仪、傩舞、傩音乐以及“上刀梯”“开红山”“下火海”“口含红铁”“杀鸡回生”“定鸡”等一切傩技都传授给他，从此逐渐成为独立的掌坛演戏人物①。多年来，张月福表演的傩戏绝技“下油锅”“杀铧”“定鸡”等深受国内外专家学者的称赞。他2000年、2006年赴日本冲绳、东京等地演出或参加“文化遗产日”活动，2003年、2004年分别参加“中国梵净山傩文化研讨会”“黄果树瀑布节天龙屯堡傩文化周”等活动并演出傩戏，还接受中央1台、4台、10台等电视台以及浙江、江西、贵州等多家地方电视台采访并被多家媒体报道。为了让傩戏传承下去，张月福先后招收38名弟子，传授傩戏、傩舞、傩技等绝活，为德江傩堂戏保护发展做出重要贡献。

图28 傩戏传承人张月福

安永柏，男，土家族，德江傩堂戏国家级传承人。安永柏1964年10月出生于德江县稳坪镇，从小受傩戏的熏陶，15岁初中毕业便随父亲安国胜习傩艺，1990年接职出师，同时先后拜安明举、安国儒为师，习“上刀梯”“开红山”等傩技绝活。安永柏重视傩戏传承人的培养，已

① 罗君华：《德江傩堂戏传承人——张月福》，贵州省文化厅、贵州省非物质文化遗产保护中心编《传承文脉 贵州省非物质文化遗产项目代表性传承人小传》，贵州民族出版社，2009年，第112页。

招收15名徒弟，其中有自己的二儿子安旭飞，其弟子安飞、安军、张进、张连才等已较全面掌握傩艺，能够接职“开红山”傩技绝活的有安飞和吴庭军二人。安永柏坛班主要活跃于稳坪、荆角、青龙、桶井和共和等乡镇，先后受邀到北京、内蒙古、成都、重庆、西安、贵阳以及日本、韩国等地表演，其表演代表性节目有《出土地》《下罗网》《开红山》《订刀》等，其演出得到专家及观众的高度称赞。

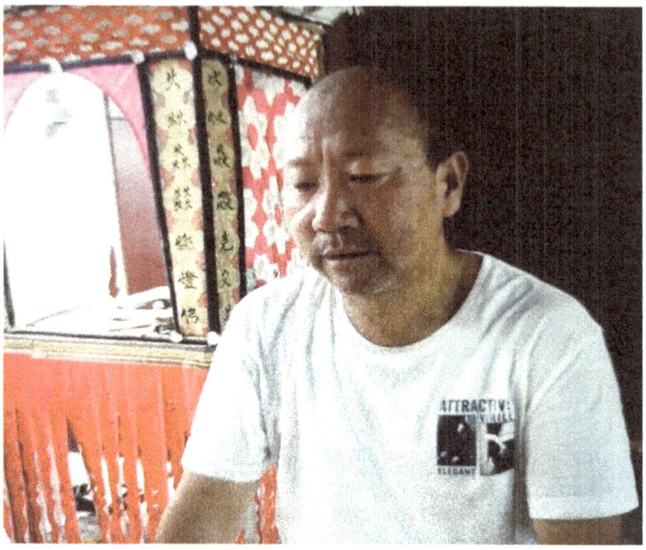

图29　傩戏传承人安永柏

张金辽，男，法名法兴，土家族，德江傩堂戏省级代表性传承人。1929年10月出生于德江县乐泉乡，12岁辍学从事祖业，拜张时贤（法名法高）为师，因师傅病危，请崔法兴作引见师，提前授职，通过师傅的手传法、传诀、传卦、传口授等形式，掌握傩艺。随后又拜张羽鹏（法名法旺）为口授阳传师，1962年10月在喻家坳山上休息时，得到阳传师的全部法术秘诀。张金辽精通傩艺，知名度极高，自14岁掌坛至今60多年来，给他人做还愿上千余次，冲度关傩、急救傩、病傩、冲寿傩数十余坛，上刀梯三十多次。张金辽的弟子较多，有石文华、黎继杨、张羽茂、苟天禄、杨正文等十余人，该傩坛传承谱系已传至二十七代。

图30　傩技踩红铧

吴贤富，男，法名法清，土家族，德江傩堂戏省级代表性传承人，1938年生于合兴乡龙溪丰五组，系祖传第五代传人。自幼受傩文化熏陶，并从事傩戏表演，1981年授职。擅长表演《地盘》《杨氏》《出秦童》等傩戏，以及上刀山、踩红铧、顶坳、抱红墩等傩技绝活①。吴贤富坛

① 政协德江县委员会编：《德江非物质文化遗产名录》，《德江文史资料》十八集，内部资料，第123页。

班多在德江县城、思南、凤冈及省城贵阳等地活动，2006年赴日本演出。目前传授何平德（法名法德）、吴延军（2006年授职）二人。

4. 德江傩堂戏传承现状分析

德江傩堂戏具有浓厚的民族色彩和鲜明的地方特色，曲六乙曾说过德江傩堂戏“整个演出幽默、风趣、诙谐、逗乐、语言极美，反映了土家族人民丰富多彩的文化”①。正是由于德江傩堂戏所表演的内容一直接地气，全面反映出土家族人的信仰、习俗以及日常生产生活知识、伦理道德等方方面面，才使德江傩堂戏文化遗产在本地繁衍传承，活态发展，生生不息。

第一，德江县政府充分发挥了德江傩堂戏活态传承的主导作用。1959年稳坪区大炼钢铁的群众运动活动中，本地傩堂戏艺人张金明为克服文化生活贫乏的情况，在征得领导同意后组织16名爱好文艺的青年男女，编创、排练了傩戏折子戏《恶婆熬媳》《郭老幺借妻回门》，首次在舞台演出，受到群众及领导的欢迎。但是，在“文革”期间，傩堂戏受到查禁，大量古老面具、原始剧本和道具服饰被烧毁，土老师和傩戏艺人遭到批斗，德江傩堂戏传承处于停滞阶段。党的十一届三中全会后，思想得到解放，德江傩堂戏迎来了春天。1985年，省文化出版厅、铜仁地区民委、文化局主持并举办了“第二片区民族民间文艺调演”大会，张金明选取傩戏正戏《甘先生》选段，排导为《甘先生赴考》代表德江作汇报演出，并获得成功，受到地区民委及文化局的奖励②。20世纪80年代以来，地方政府先后开展了一系列的发掘、整理、抢救、保护、宣传工作，如1987年贵州省民族事务委员会在中国美术馆举办“贵州民族民间傩戏面具展览”，引起社会各界广泛关注；1993年3月，贵州省文化厅为德江命名“傩戏之乡”；2003年，组织举办“中国梵净山国际傩文化学术研讨会”加强学术交流，同年傩戏还申请并列入“亚太文化中心传统民间表演艺术数据库”③；2004年，先后被央视一、二频道以及贵州、新疆、浙江等多家电视台栏目报道，得到《贵州日报》《贵州民族报》《贵州都市报》《人民长江报》等报刊的专题报道，还有近年来的网络传播，

图31 祭坛

① 田维跃、吴应仕：《保护与开发利用德江傩文化》，《铜仁职业技术学院学报》2008年第3期。
② 贵州省文化出版厅、贵州省群众文化学会：《贵州民间艺人小传》，贵州人民出版社，1986年，第254页。
③ 吴应仕：《德江土家族傩堂戏文化产业开发战略研究》，《铜仁地委党校学报》2006年第5期。

以不同的形式、角度、态度宣介德江傩堂戏文化。地方政府部门还先后整理编辑编印、出版了不少资料文献，如德江县文化体育广播电视局编印《中国贵州德江县傩堂戏简介》、德江县委宣传部编辑出版《傩魂——梵净山傩文化文选》、德江县民族事务委员会出版《傩韵——贵州德江傩堂戏》（上下册）等。另外，德江县组建起“傩堂戏艺术演出团”（2006年），建立起“德江县傩文化陈列馆”，成立了“非物质文化遗产保护中心”（2014年）等。这些举措集中体现了政府部门对傩坛戏的抢救、保护及学术研究积极作为和对文化遗产保护的热情，发挥了政府对德江傩堂戏多样化保护的主导作用，营造了非遗保护的良好氛围。

图32 张月福跳傩

第二，当地群众对德江傩堂戏传承具有文化自觉性。德江傩堂戏从古至今，传播的内容涵盖了土家人生活的各个方面，特别是在生产力低下、科学文化认知水平低、医学不发达的历史年代，傩祭仪式能让民众在心理上获得一种满足、解脱和慰藉，于是民众开始信奉和崇拜。如1992年张太金为其父举办冲寿傩，邀请掌坛师张金辽主持，当时参与冲寿傩的班子有稳坪乡国家寨的掌坛师张玉茂和勾天禄、朱家沟乡陶家山的掌坛师石文化、稳坪乡大院子的掌坛师张羽茂，以及张玉科、黎纯杨、张月能、安德坤、梅再位几个徒弟。活动举行了三天三夜，张太金合家众亲共十六人均列于其中，为黄土村村民留下愉快的回忆①。2006年3月，由张月福为张有

① 庹修明：《德江傩堂戏》，贵州民族出版社，2012年，第24页。

福主持“过关傩仪”，成员有张金泰、张一文、张连华三人[①]。2006年3月14–15日、3月22–23日，周安全傩戏班子分别在德江县城南社区郭家和德江县城水利局附近的张家举行了过关傩仪[②]。傩堂戏许多剧目是民众喜闻乐见的神话故事与传说、生产生活知识以及取材于现实生活反映“忠孝仁义礼智信”伦理道德的剧目，表达人们向往和追求美好事物的愿望。这种接地气的傩戏艺术与当代民风民俗结合起来，让生命力得到延续。

第三，加强人才培养，重视在青少年中传播傩堂戏文化。目前，德江职校已开设有“傩戏音乐”“傩戏舞蹈”“傩戏雕刻”三门基础课，并规定通过考试后，优秀学员就能获得傩戏专业毕业证书[③]。同时，德江民族中学还把傩戏舞蹈和音乐改编成适合中学生体质发展的《傩韵操》，并在校园推广，2012年受到央视中文国际频道高度关注，《傩韵操》在央视播出后，引起社会各界较大反响。自2013年秋季起，全县中小学均将“傩韵操”列入体育课程内容。

（三）贵州道真傩戏活态传承个案分析

1. 贵州道真傩戏渊源与坛门分布概况

道真傩文化就是乌江流域文化多样性的典型代表，近些年来受到国内外学者的高度关注，不同学科背景的专家学者对道真傩戏的源流、傩戏表演空间、傩戏面具以及傩戏文化内涵与价值等方面展开研究，取得了十分丰硕的成果。就道真的源流问题，不少学者都指出道真傩戏非原生，而是在元明时期移民传入境内本地的[④]。《冯氏宗谱》记载冯氏于元成宗九年（1305）落业播州杉树坝，冯氏有冯延富之父尝与师傅向德玄、师弟安德志三人，“负神船一架，神头二面”，游走于今重庆酉阳、涪陵、南川、璧山、巴县、道真、正安地一带，后来冯延富之父在今道真平木乡，用锣舀水，锣内现鲤鱼一双，以为神船、神头显灵，兆此处为鱼米之乡，便于此地落业。《冯氏宗谱》印证了道真早在元代已有傩事的民俗活动。顾朴光先生却认为道真傩戏的传入时间应该在明末清初，为四川傩、湖南傩流入道真[⑤]。笔者在对道真三桥黄续应坛班弟子黄本济的调查中，得知其坛班大致也应在明末时期，由原四川涪陵傩传入。道真县与重庆南川区、武隆、彭水，贵州正安、务川接壤，素有“黔蜀门屏”之称，旧时三桥多数民众前往武隆白马、南川等地赶集。

道真县特殊的地理位置、交通状况和民族历史等诸因素，使得傩文化在此扎根，并广泛传播和发展，深深影响居民。傩文化在县内覆盖面积广，而且傩戏的种类甚多，表现形式十分丰富，

---

① 庹修明：《德江傩堂戏》，贵州民族出版社，2012年，第25页。
② 同上，第27页。
③ 冉婧：《贵州德江傩堂戏文化传播研究》，广西大学硕士学位论文，2010年。
④ 冉文玉：《道真傩戏傩文化》，《贵州民族学院学报（哲学社会科学版）》2004年第4期。杨晏：《贵州黔北仡佬族傩戏艺术研究——以道真仡佬族苗族自治县为个案》，中央民族大学硕士学位论文，2014年。刘大泯、王义：《贵州傩戏文化研究》，中国社会科学出版社，2016年，第21页。
⑤ 顾朴光：《贵州道真仡佬族傩戏》，《道真古傩》，贵州民族出版社，2012年，第103–104页。

图33 道真自然风光

坛班及从业者数量不少。道真傩戏傩文化实际内容可分“小巫”与“大巫”，傩仪种类有冲傩、打保福、阳戏、梓潼戏、度职等共37种，加上其中所含小类或不同的操作方式，共268种[①]。民间相信这些仪式有着为人治病、接寿、续嗣、净宅、度职、驱邪免灾、还愿等驱邪纳吉、祈福迎祥功能。道真傩戏派系较多，有玉皇、老君、淮南、师娘等支派，而且一个坛班的“掌坛师”，一般除单习巫教统领的傩戏内容外，往往还要兼习以做荐亡法事为主的佛教、道教、清微教、儒教中的某一教，这就使其坛班成为一种巫佛合一，或巫道合一，或巫清合一、巫儒合一等特殊形式。如道真三桥的掌坛师黄续应（法名，本名黄守奎）先拜李龙船学巫教，又向陈大元学风水相命，还向车海臣习佛教，向黄吉显学习上树刀，可以说是巫道佛合一，其傩班常行走于渝黔两地，在南川一带颇有名气。道真玉溪巴渔村张树祥在佛坛和傩坛度职，他既从事巫教，为人冲傩还愿，又能为死者举行丧葬法事。道真县旧城镇槐坪村枧槽沟组的李楹祥，出生于1933年，14岁拜王发林为师开始学傩戏，1977年复拜张发旺为师。李楹祥坛门为佛教、巫教合一，可操作佛教丧葬法事和冲傩、打保福等大、小法事近百种。同村的赵永信于1967年出生，11岁跟赵应全学习

① 冉文玉：《微型傩仪：“上钱”探微——以道真仡佬族苗族自治县为例》，《道真古傩》，贵州民族出版社，2012年，第53页。

打保福，1987年抛小傩牌（度职仪式）成为掌坛师；1988年复拜李楹祥为师学习冲傩和佛教丧葬科仪、纸扎等，熟练掌握佛教、巫教大小法事近百种，在2010年抛大傩牌。赵永信如今累计做过大、小法事千余场次，足迹遍及全县和临近的正安、务川等县。

道真傩坛（坛门）林立，分布广泛，中华人民共和国成立前在全县14乡镇135保中建有100余坛，职业人员数以千计。即使在“文革”期间，也有坛班简易地、秘密地进行傩事。改革开放后，县内乡镇上的傩坛逐渐恢复，据1988年底道真民宗委的统计，全县除大田、杉木、大路、群乐、棕坪、龙桥、河口、阳坝、大塘、三会、开建、杠村、兴宝几个乡没设傩坛外，其余均设有1–3个坛班，全县共有47个，其中三江和接龙设坛最多，有3个；槐坪、忠县、水石桥、桃源、凌霞、福星及平胜分别设有2坛。全县从职演员317名，其中槐坪、接龙、三江的从职人数最多，分别为22人、21人、20人，10–20人的坛班有巴渔、水石脚、忠信、上坝、爱国、桃源、凌霞等乡镇，没有从职人员的乡镇有大路、群乐、阳坝、大塘、三会、开建。全县共有傩面具299面，其中三江和阳溪保存面具最多，分别有32面、30面，其次是巴渔，有20面，槐坪19面，凌霞16面，其余除蟠溪等23个乡没有面具外，均为1–15面不等。在这47个傩坛班的掌坛师中，仡佬族居多，占总人数的52.2%；其次是汉族，占26.1%；苗族、土家族分别占总人数的13%、8.7%。时至今日，据不完全统计，道真县仍有50余个傩坛活动于境内，从职业人员630余人，分布14个乡镇，其中以三桥、隆兴、河口及玉溪、上坝居多。河口乡一个坛班有成员15人，另一坛班发展成员共32人，玉溪在巴渔傩坛中如今有9位成员，其中仡佬族6人，苗族2人，汉族1人。平模、三桥镇一坛班成员却减至4人①。

图34　傩堂

① 冉文玉：《道真仡佬族苗族自治县傩文化简志》，《道真古傩》，贵州民族出版社，2012年，第68页。

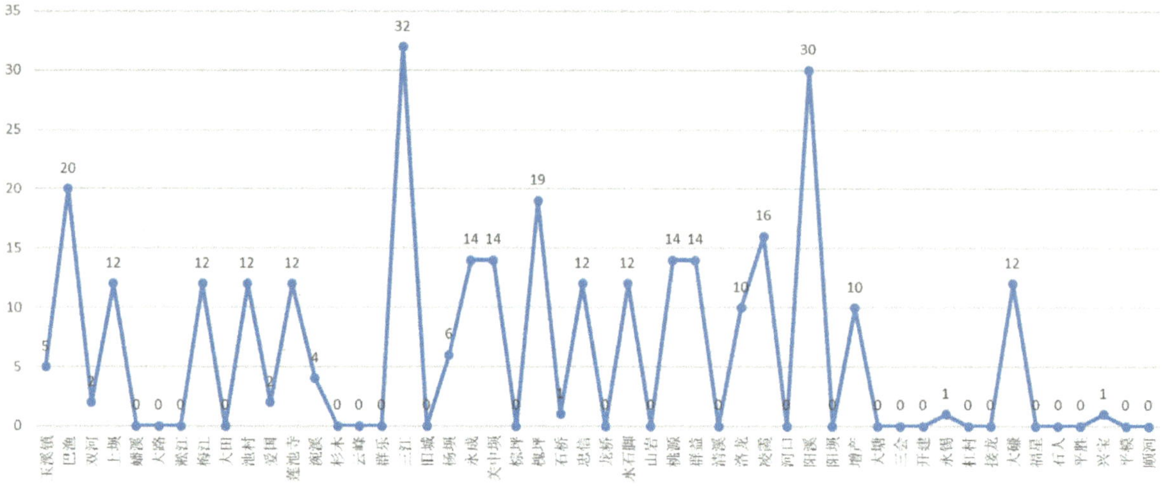

图35 道真县各地傩坛面具统计表（1988年底）

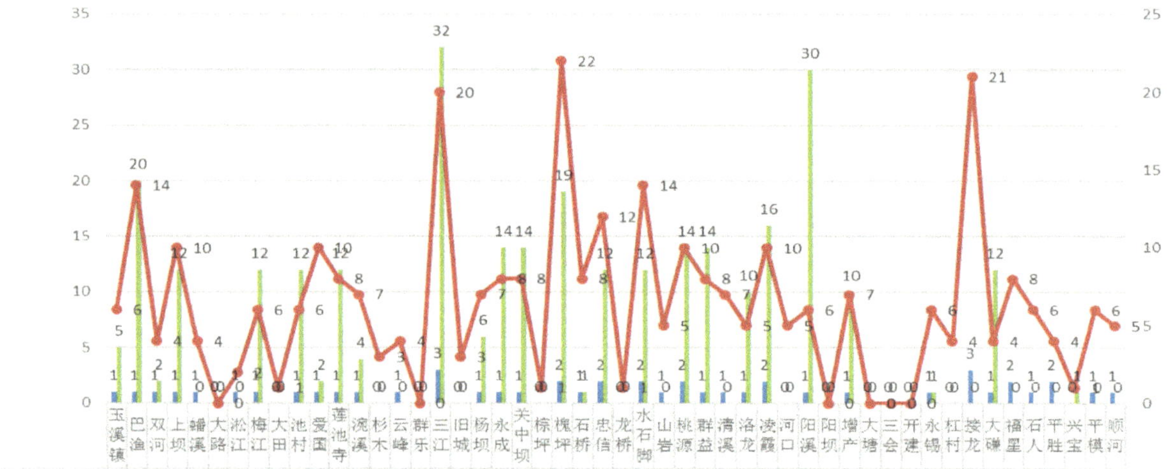

	玉溪镇	巴渔	双河	上坝	蟠溪	大路	淞江	梅江	大田	池村	爱国	莲池寺	洗溪	杉木	云峰	群乐	三江	旧城	杨坝	永成	关中坝	棕坪	槐坪	石桥	忠信
傩坛数	1	1	1	1	1	0	1	1	0	1	1	1	1	0	1	0	3	0	1	1	1	0	2	1	2
面具数	5	20	2	12	0	0	0	12	0	12	2	12	4	0	0	0	32	0	6	14	14	0	19	1	12
演员数	6	14	4	10	4	0	2	6	1	6	10	8	7	3	4	0	20	3	7	8	8	1	22	8	12

	龙桥	水石脚	山岩	桃源	群益	清溪	洛龙	凌霞	河口	阳溪	阳坝	增产	大塘	三会	开建	永锡	杠村	接龙	大礁	福星	石人	平胜	兴宝	平模	顺河
傩坛数	0	2	1	2	1	1	1	2	0	1	0	1	0	0	0	1	0	3	1	2	1	2	0	1	1
面具数	0	12	0	14	14	0	10	16	0	30	0	10	0	0	0	1	0	0	12	0	0	0	1	0	0
演员数	1	14	5	10	8	7	5	10	5	6	0	7	0	0	0	6	4	21	4	8	6	4	1	6	5

图36 道真县傩坛分布统计表（1988年底）

2. 贵州道真傩坛组织及传承机制

道真傩戏组织在民间称为“坛班”，是专司祭仪的组织，派属“巫教”“巫门”。一个小型的傩戏坛班成员七八人到十几人不等，这些成员多是同村寨或者相邻村寨的人士，他们多是师徒或师兄弟关系。坛班的核心人物是掌坛师，精通各种巫术，有的还会佛事。掌坛师是法事的组织者和领导者。坛班成员一般分为掌坛师、引荐师、誊录师、度诀师及传牌师、保举师和接法师等，他们在活动中各司其职，又相互合作。

道真傩坛的传承，在《道真县志》中有载：道真傩戏传承传统与规制严格，傩艺传男不传女。传授更加注重家传，以传内为根本，传外为辅助。外传主要是家传不济时辅以“收徒传法”“外人学艺”。道真上坝乡双河村坪上组王乾坤（法名王心呈）坛班，其第一代是启家曾祖王泽发（法名王寂通），后传与其爷爷王长录（法名王普初），再传其家父王传炳（法名王通法），他本人为第四代传承人，现已打破家传规矩，亲传弟子王家玉、王家贵、王玉其、王书琼、王传锡、王传易、王建波、王锋、张邦传等九人。子承父业称“根上艺”，道真县三桥黄续应坛班中，其徒弟徐本清将手艺传子徐觉源，弟子聂本鸿传于子聂美强，弟子黄本济传于两个儿子黄觉应、黄觉鸿。传与子嗣称“家艺”，如黄续应自己是孤儿，他传于堂侄儿黄本淋、黄本源。家人学艺的年龄较早，多为七八岁就开始学艺。黄本济传艺给自己的两个儿子黄觉应、黄觉鸿，两人学艺年龄都在七八岁。外人拜师学艺一般都需要请引荐师引荐，投拜师贴，接收的师傅先是考虑学艺者的为人品行，要聪明正直，能吃苦耐劳，有的先允许随坛就学，通过相关考察，能遵守坛规，持禁戒，吹打弹唱已有一定基础，才肯收入门下为徒。学艺一般还有拜师、学艺、秘传、过师法、封牌、谢师、度职等一整套程序。拜师时要有随师礼、行三拜九叩，在学艺期间，师傅一般要在俗名之外按照本门派的传承谱系确定字辈另起一个法名。如三桥傩戏黄守奎坛门谱系字派为“智慧清净，道德圆明。真如性海，寂照普通。心源广续，本觉昌隆。能仁圣果，常演宽宏。惟传法印，正悟会融。坚持戒定，永继祖宗”。掌坛师黄守奎，法名续应，其弟子聂本鸿、黄本济、黄本淋、黄本源、徐本清等都是本字辈的法名，其徒孙徐觉源、郑觉净、黄觉应、黄觉鸿、周觉远、李觉惠、周觉法、彭觉治为觉字辈（如图三桥黄续应坛班字辈）。学习傩戏期间，师傅一般都要将自己的收藏秘本交给徒弟誊录，或者将自己抄写的经书或科仪（唱本）赠予徒弟。徒弟平时认真记科仪内容，练唱腔调，一旦有活动就跟班学习。一旦傩艺学成，都要行谢师礼，即度职仪式，只有度职了才具有独立从事傩艺活动的资格。道真河口乡三坝村韩家坝组的韩克应1962年拜师韩少英（法名韩心一）学习佛教、巫教各类法事，1988年，其师委托胡金朴和张明召为其度职传法，成为正式掌坛法师。道真玉溪镇巴渔村三星组的张树祥坛班，系传清微教。张树祥（法名张守治）1935年生，14岁开始随父学习傩戏，因各种因素自1985年才正式抛牌接法成为掌坛师。迄今学

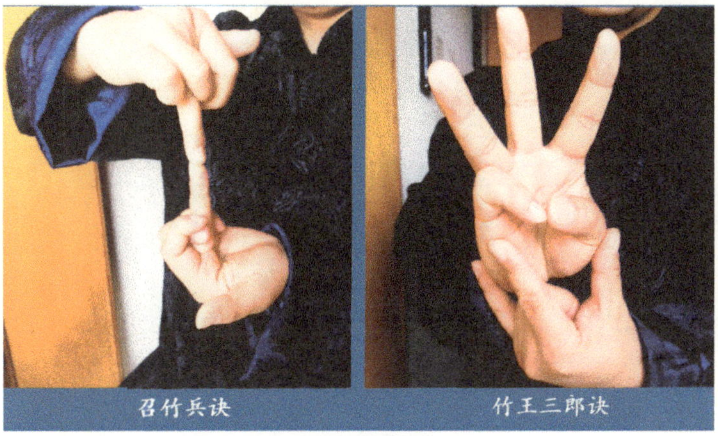

图37 傩技手诀

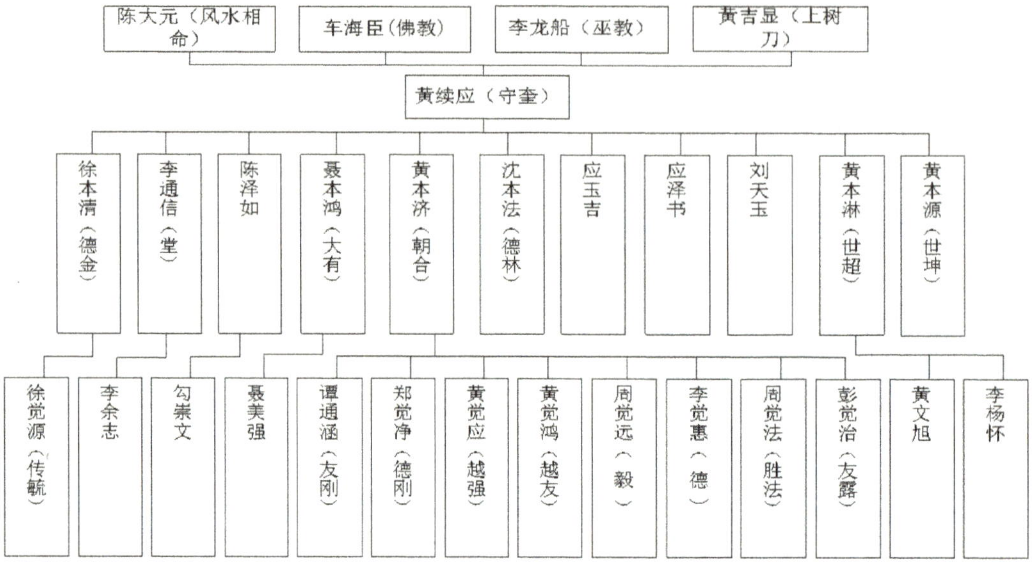

图38　三桥黄续应坛班字辈

艺、做道场近70年，可做清微教、淮南教丧葬法事、冲傩、打保福及上钱、赎魂、退病等大小法事百余种，累计做过近万场次。现为该坛班第四代传承人，其曾祖父张昆美（法名张明通）传与其祖父张光庭（法名张智恩），其家父张保安（法名张德镇）继承坛班再传于他，至今传授弟子刘世贤、张又财，现均已出师。

一个掌坛师一生可招收众多弟子，但其衣钵弟子只有一人。传职衣钵仪式有阳传和阴传两种形式。阳传即掌坛师生前选定衣钵弟子，选定吉日，召集众弟子，并请参师或师叔等字辈，在场见证。阴传即为掌坛师过世，由徒弟为其开天门，在庆师登仙时，众弟子扶起尸体，然后焚香卜卦，每一位徒弟按进师门先后依次打卦，打卦前请一位道士先生问离世师傅愿不愿意将衣钵传给弟子，然后弟子连卜三卦，三卦都是阴卦，则被确定为衣钵弟子，得到衣钵的弟子就继承师傅的经书、面具、审案和各种道具，

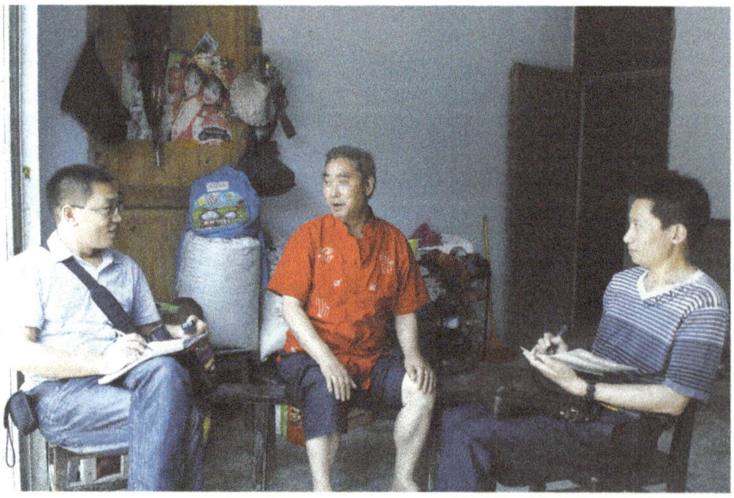
图39　采访传承人黄本济　余柏汝摄

负责主持师傅的葬仪。

3. 贵州道真傩戏代表性传承人

贵州道真县是中国傩文化著名的传承地之一，傩文化历史悠久，体系较为完整，特色鲜明突出，傩文化形态不一，资源十分丰富，至今流传冲傩、梓潼戏、阳戏等37大类290余小类傩戏形式，仍然活跃于乡野的傩戏坛门至少有50余坛。之所以道真傩戏至今仍活态传承着，是因为有这样一大批从业者与信仰者共同保护着人类文化遗产，尤其是傩戏传承人对傩戏的执着坚守。道真仡佬族傩戏被列入第一批国家级非物质文化遗产保护名录，如今有国家级非遗代表性传承人杨朝忠（第五批），省级传承人程均，县级代表性传承人李楹祥、韩克应、赵永信、廖国杰、胡志朴、李辉祥、张树祥、吴延均、罗昌禄、左朝元、黄本济等。

杨朝忠（1953-），男，汉族，道真隆兴镇杉木村人，第五批国家级非物质文化遗产道真仡佬族傩戏代表性传承人，其傩班系巫、释合一。杨朝忠师从侯少华，是一位比较全面的傩法师，演出的傩戏剧目较多，擅长演土地、山王、秦童、二郎等角色。该傩班传承谱系为第一代传人祖师公罗世祖、祖师婆陈氏→李通道→杨妙全→李应正→黄应普→侯少华、邓应全→杨朝忠。杨朝忠注重傩戏挖掘、收集、整理的传承工作，将收集到的科仪本和剧本等宝贵资料汇集成册，收集数十面傩戏面具和各种傩戏法器、神案等道具。至今培养了8位传承人，傩戏县级代表性传承人刘春生就是其中之一。刘春生22岁拜本村杨朝忠为师，掌握全部佛教丧葬科仪和巫教冲傩、打保福、上钱、安胎等法事，现已从艺三30余年，累计做大小道场千余次。

罗昌禄（1943-），男，道真县隆兴镇浣溪村人，县级傩戏代表性传承人，与杨朝忠是师兄弟。1962年开始随师傅侯少华学佛教科仪，1968年开始学习傩戏，1983年开始安师坛，骆开全为其接法师。罗昌禄唱腔雄浑，曲调英武，擅长表演山王、二郎、土地、秦童、度关王母等多个角色。从艺50多年来，能做巫、佛二教大小法事近百种，累计上千场次。为传承道真仡佬族傩戏，经常参加各类社会公益性活动，2009年9月分别在道真“走进神秘仡乡　感受原始道真”第一届旅游推介活动、遵义黔北傩文化国际研讨会和“多彩贵州·中国原生态国际摄影大展”上进行“道真傩戏”表演，2011年9月参加第九届全国民运会“非物质文化遗产展演”活动，2012年、2013年、2014年4次参加县文体广电旅游局组织的文化旅游非遗展演。现已亲传弟子邓应琪、邓应章、姚其礼、杨书华、吴国财、韩忠志、骆科选、董世林、罗旺庆、邓贞碧、骆庆林、赵克俊、赵克清等13人。

黄守奎（1925-1992），男，法名续应，苗族，道真县三桥镇杠村村人。因从小受当地民俗影响，对佛、巫二教及民族民间文化产生浓厚兴趣。成年后，先后师从李龙船学习巫教，师从黄吉显学习上树刀，师从车海臣学习佛教，师从陈大元学习风水命相，师从向述臣学习川剧，并自学打闹山歌、纸扎及厨艺等，且所学技艺，无一不精。他最擅长的还是川剧及傩戏、阳戏、梓潼戏等地方剧种的表演，所演的角色出神入化。1958年，县里成立剧团，黄守奎被举荐入团，常常担当重要角色，并随团赴遵义、贵阳及重庆南川、綦江和四川资阳、成都等地演出，获得普遍赞誉。1960年县文工团解散回老家，虽农事繁忙，但从不废艺业。他传艺严格，所传弟子，技艺亦精良。其中黄本济（法名黄朝合）就是其中之一，现为县级代表性传承人，且传授弟子已有8人。

李槛祥（1933-），男，仡佬族，初中文化，道真县旧城镇槐坪村枧槽沟组人，县级傩戏代表性传承人。1947年拜师王发林学傩戏，1977年复拜张发旺为师学傩戏，其传承谱系由远及近有邹法胜、史道兴、梅友云、梅道兴、王法灵、张法旺。李槛祥坛门唱腔柔和，舞姿阴柔，表演中注重拟物化，是境内保存最为完整的玄皇教坛门。李槛祥从傩艺有67年，可操作佛教丧葬法事和冲傩、打保福等大小法事近百种，如灵官镇台、炳灵领牲、唱火关童子、钟馗盖鬼、神歌、放羊搬册（上中下册）、花戏、唱阳戏、冲喜、祝寿、打保福、冲傩、唱山王、开山取魂等。李槛祥坛班有12人，累计做大小法事近千场次。李槛祥坛班有山王、秦童、度关等13面面具，神头1对、小山人马1套，有法衣、法帽、靠子、罗裙等服装12件（条），锣、鼓、钹、铙、木鱼等15种乐器，师刀、竹卦、令牌、牌带等法器11种，月斧、大刀、鞭子、宝剑等道具19件（把），各类科仪手抄本共37本（册）。李槛祥现已授徒李辉祥（堂侄）、李辉忠（亲侄）、李义昌（侄孙）、李义华（侄孙）、邓才林（女婿）、王文兴、赵永信等十余人。李槛祥积极参与社会公益性活动，1987年参加道真自治县成立庆典演出，2008年参加红岩学校迎接深圳客商演出，2012年、2013年分别参加旧城镇“竹王文化节”活动、玉溪镇巴渔街上公益演出等；还多次接受来自北京、上海及日本、韩国的傩戏研究专家学者的采访，多次接受省、市、县相关单位和部门的调查和采访，为道真仡佬族傩戏传承发展做出贡献。

赵永信（1967-），汉族，道真旧城镇槐坪村枧槽沟组人，县级傩戏代表性传承人。1978年师从赵应全学习打保福，1987年抛小傩牌成为掌坛师；1988年复拜师李槛祥习冲傩和佛教丧葬科仪、纸扎等巫傩法技，2010年抛大傩牌。赵永信的传承谱系一为韩法高（法名）→熊法明（法名）→赵法清（法名）→赵法明（法名）→赵权腾→赵天定→赵应合（传度师）；二为邹法胜→史道兴→梅友云→梅道兴→王法灵→张法旺→李槛祥。赵永信唱腔古朴，能根据角色生动表现生、旦、净、丑诸类，迄今从艺36年，足迹遍及全县和正安、务川等地。1997年、2012年分别参加道真自治县成立10周年庆典活动、旧城镇“竹王节”等活动演出。已传授傩戏弟子有赵学勇，纸扎（外坛）弟子有赵家伦、严代康、赵成林、陈祝军。

张树祥（1935-），男，法名张守治，仡佬族，道真玉溪镇巴渔村三星组人，县级傩戏代表性传承人，其坛门属家传清微教。张树祥坛门历代传承谱系为：周道兴、刘德淑、易雷岩、杨洞玄、李守宪、吕玄清、陈法旺、吕法真、吕法灵、李法雷、李太空、李太钦、张太和、石吉玄、蔺太荣、陈太维、冉通真、刘通明、李清明、李清一、李清云、李清儒、李清铨、李道真、张洞珵、陈洞玄、陈道灵、李正权、李玄佑、张玄仕、冉正洪、石常清、张明彬、张明通、张智恩、张智德、邹智忠、李安平、周德传、张德镇、朱德清、余德明、陈德清、刘德洪、李真传、明真常、张忠池。自其曾祖父张昆美（法名张明通）时开始为家传，其家坛门第二代为其祖父张光庭（法名张智恩），传与其父亲张保安（法名张德镇），再传与他已是第四代。张树祥现授徒出师有刘世贤、张又财两人。张树祥1949年随父开始学傩戏，1985年正式抛牌接法，他学艺、做道场迄今有65年，可做清微教、淮南教丧葬法事、冲傩、打保福及上钱、赎魂、退病等大小法事百余种，累计做过近万场次。张树祥多次参加公益性表演，1987年接受日本早稻田大学专家的采访，2001年参与韩国来道真县采访时的表演等，接受县、镇文化部门的调查和采访，无私演出累计20余次。

4. 贵州道真傩戏传承现状分析

道真县地处偏僻山区，沟壑纵横，交通不便，加之此地域历来信巫鬼，民族信仰习俗文化浓厚，自傩戏传入始，傩戏所谓的消灾祛难、祈福纳吉功效，满足了民众的心理调适功用，加之敲锣打鼓、亦歌亦舞表演形式，正迎合了仡佬民族的习俗，傩戏随即在此地迅速传播开来。任何宗教讲究入世，任何戏剧要想扎根一方，都必须与土著文化相融合才能得以长期发展。道真仡佬族傩戏就是外来傩戏与仡佬族文化互动融合而形成的传统文化。道真县仡佬族傩戏反映出多神崇拜、神巫混杂的独特特征，致使道真县傩坛众多，主要分布在村寨，有的乡镇分布有多个坛门，从职人员数以千计，“他们有的属于佛门，有的属于巫门，更多的还属于佛、巫或道、巫二门”①。无论哪个坛门，道真傩戏都是祭祀性与娱乐性深度融合的产物，将劝诫世人、伦理道德的要义和教义通过傩戏形式传入民心，如《灵官考土地》《骑龙下海》《五岳归天》《收蚩尤》《抓壮丁》等娱神娱人的傩戏剧目表演丰富了人们的文化生活，潜移默化地影响边远山村乡民的精神世界。

图40　三桥傩坛班在黔江某工地行傩法事

道真傩戏活态传承一是得力于政府主导的多样性保护产生的作用。傩戏是民族文化具体表现之一，是中华民族在交流交往交融的历史进程中所形成并传承的集体文化记忆。对傩

① 冉文玉：《冲傩——来自巴渔傩坛的报告》，《芙蓉古度》第一辑，内部资料，2000年。

戏文化的研究与保护也是对中华民族文化多样性的保护。民间傩戏自身内在运行规律，用行内的“规矩”来调节人们的行为，来规范乡村的秩序。但傩戏的发展也是与社会文化语境密切关联的，在中华人民共和国成立前，境内大大小小的山村常有傩坛活动，不少坛门还多次受周边县市之邀去开展傩活动。1949年至党的十一届三中全会前，傩戏活动曾被视为封建迷信遭到禁止，巫师普遍受到管制，有的傩戏艺人也受到批斗，傩戏研究成为禁区，傩戏祭器、神案、演出服饰及道具、傩戏剧本等被视为“四旧”而焚毁。在“百花齐放，百家争鸣”的文艺方针指引下，包括傩戏在内的民族民间传统文化得以复兴。1979年，道真境内的傩坛又开始恢复傩祭活动。在此社会文化背景下，当地政府部门、国内外专家学者开始全面开展傩戏研究和保护工作。道真县政府相关部门自1987年开启了傩戏的调查、收集、整理与研究工作。县民宗委分别于1988年、2015年对全县进行了两次摸底调查，据调查统计发现活跃于境内的坛门还是较多，目前还设立坛班的槐坪村有4个坛门23人，永成村有5个坛门21人，旧城村有2个坛门13人，河西村有2个坛门10人，关坝村也有2个坛门8人，而长坝村还有1个坛门，从职人员4人[①]。同时还建立民族研究所和傩文化博物馆，1987年建立“民族风情展览馆”，专设专版介绍傩戏，展示实物260余件；2007年县人民政府及相关部门下拨专项资金改建“民族博物馆”，专设傩戏展厅，展示实物850余件，其中古籍569册，面具87面，服饰30余件。至目前为止，道真县傩戏展示平台接待来自全国各省市及日本、美国、英国、韩国、加拿大等国家各界人士五万余人次。在对外宣介活动方面，道真县政府多次组织推荐、选送县内坛门参加各类傩戏活动，如1989年3月县文化局、民族事务委员会还调集了旧城、玉溪、河口等地坛门在县城演出傩戏，2002年参加“遵义国际旅游节·海龙囤开游仪式”文艺表演，参加并在“中国·遵义黔北傩文化国际学术研讨会”进行傩戏傩技表演（2009年）等。通过大量的挖掘、整理等工作，“仡佬族傩戏”先后于2006年12月、2007年5月被分别列入县市第一批及省第二批“非物质文化遗产代表作名录”；2008年，“道真仡佬族傩戏”被列入“国家级第一批非物质文化遗产扩展项目名录”。同时，道真县政府相关部门于2014年10月开启了对“打保福”等仡佬族傩戏的数字化建设采录工作，不断完善傩戏档案建设。道真县政府还与相关学术机构协同，多次组织召开仡佬傩文化艺术节暨傩文化学术研讨会，加强傩戏文化研究工作。为传承道真傩戏非遗项目，营造文化生态，结合扶贫工作，县政府主推，企业主导，将资本变资产，招商引资建设“中国傩城”项目落户文家坝村。为加强“道真仡佬族傩戏”保护工作，县民宗委对傩戏传承保护条件成熟的隆兴、上坝等乡镇实施了挂牌保护（2009年），2014年还被省文化厅命名为“省级民族民间（仡佬族傩戏）文化艺术之乡”。官方对傩戏的提倡、支持以及邀请傩戏坛门传承活动的推动，为

① 冉文玉：《大巫冲傩》，贵州人民出版社，2017年，第15页。

傩戏从职人员搭建了平台，以供展示傩艺、傩技文化，政府给予的保护、政策和措施，赋予傩戏艺人的传承新生力量。

“道真仡佬族傩戏”活态传承离不开文化精英的参与和宣传。本土学人、本地民间文化爱好者以及国内外专家学者等文化精英对傩戏的活态传承注入了强大动力。道真傩戏本土学人汪

图41　道真刘安华坛班表演双开坛

图42　在道真聂本鸿家采访

泉恩是最早研究道真傩戏文化的人，早在1989年就在贵州民族学院刊物上发表《贵州道真县傩戏》，文章全面介绍道真傩戏的渊源、族属关系、师承形式、傩戏剧目以及演出习俗和傩戏特色。冉文玉就职于道真县民宗委，对道真全县各乡镇的坛门走访调查，收集大量的实物并拍摄图片。在他陪同笔者对道真三桥、忠信、隆兴等镇的实地考察中，笔者进一步看到他对道真傩戏文化保护所付出的辛勤劳动，对民间文化事业发展的热情，对保护工作的执着。去拜访他时，见其办公室堆满了陈旧的傩戏科仪和访谈记录的第一手资料。为了争取更多时间记录傩戏艺人的口述史，冉文玉常自费邀请老艺人到其办公室，在工作之余进行详细访谈。他长期专注本县傩戏文化调查，先后撰写了《冲傩——来自巴渔傩坛的报告》《傩文化的生命泉源与未来走势》《上刀梯之法事流程与相关习俗》《道真冲傩与阳戏之比较》《微型傩仪："上钱"探微》《道真傩戏傩文化》《道真傩剧：山王破狱》等文章，独自或与人合作编撰了《道真傩文化概论》《道真仡佬族苗族自治县傩文化简志》《大巫冲傩》《傩道圆真》《道真古傩》《黔北仡佬族傩仪大观》等，同时积极参加相关学术会议，进行广泛交流，其研究成果对道真仡佬族傩戏保护做出了重要贡献。自1989年起，庹修明、顾朴光、陈玉平、刘丽、刘冰清、余继平以及日本学者广田律子、稻田耕一郎，韩国学者崔龙洙、曹丘镐、韩相德等国内外专家学者都对道真傩文化开展系列实地调查与研究，发表《贵州道真仡佬族傩坛戏》《黔北傩文化调查中关于传承与保护的思考——以道真程均坛班考察为例》《中国贵州省道真仡佬族苗族平安傩调查》《中国贵州省道真平安傩的结构和特征》等文章。中国傩文化学会也在道真县联合举办两届学术研讨会，不少高校及研究机构都纷纷在道真共建民族文化研究考察基地、傩戏文化考察田野工作站如"贵州民族学院西南傩文化研究中心道真研究基地"（2004年）等，加强傩戏文化的研究。文化精英学术智力的支持，无疑在精神上给予道真傩法师莫大的支持和鼓励。我们在道真三桥岗村采访聂本宏（法名）、黄本济（法名）时，他们说："有专家对我们这个手艺的重视，给予精神上的支持，为我们傩戏做宣传，我们出来做傩活动的机会才更多。而且现在国家也非常重视，县里也经常喊我们去演呢……"也是这些专家学者的介入，激发了傩戏艺人传承傩戏的热情，增强了其活态传承的自信心和动力。同时，有关道真仡佬族傩戏大量专著、论文的出版、发表，让傩戏在理论研究层面上有了坚实基础，为傩戏保护提供了强大的学术支持和强有力的保障。

道真仡佬族傩戏活态传承更离不开传承人的主观能动性。传承人发挥主观能动性具体体现在各坛班相继收集、购置演出的必要道具法器，抄写经书科本等。不少傩艺人如李樾祥等重拾傩面具雕刻技艺，为坛门制作道具，以及重塑神像等。在道真三桥岗村聂本鸿家采访时，他也是凭借记忆自己整理科仪，而且在农闲时继续回忆，整理失传多年的一些剧目以及很少使用的傩技口诀等。聂本鸿性格开朗，说话风趣幽默，谈及傩戏就兴奋不已，随时可以讲许多趣事和傩戏剧本故事，虽然已是八十岁的年纪，思路依然清晰，谈吐清楚，他与师兄弟黄朝忠等搭档时常受邀为人还愿、过关傩、冲寿傩。没有了面具，他们多数是开脸化妆表演。傩戏器具需要重置，不仅在道真是这样，在其他地方也存在一样的情况。2016年，在重庆市彭水县木腊村采访木腊庄傩戏艺人李应中时，他说："剧本都是祖传的，'文革'期间，傩戏剧本、面具、道具等都被焚毁……我现在手头的剧本，还是冉瑞江根据他师傅口述来整理的，我找他借来，自己照上面手抄的。"冉瑞江也回忆证实："我是1981年进入初中，当时会傩戏的先生是个盲人，我爸爸想要学习傩戏，但是学历不高而且不会写字，那时候也没有剧目。因此在寒暑假的时候，我把当时会傩戏的先生背回家，先生说一句，我就写一句。那时候我用学校发放的作业本抄写（这个原始版本已佚），因为年龄还比较小，不知道当时先生所说内容的意思，导致写出来的版本错字和同音字很多。现在的剧本，我们还拿去与贵州道真、务川那边的傩戏剧本进行一对一的比校，无误后，才形成现在的剧本。"他还说："我们把原来傩戏的剧本内容制作成电子档可以好好保存，打印本使用久了，容易翻坏，坏了又可以打印出来使用，科技就是好，很方便的。"[①]在沅陵用坪，傩法师唐守业也讲到："在历史年代，傩戏面具、祖师牌、神图，还有最难得最可惜的祖传红色法衣等都被烧毁了……如今为了重操旧业（还傩愿），开销了三千多元置办道具法器。"当问及科书怎么解决，唐法师说"那就是全凭自己回忆来整理，记不清的问一些老艺人，还有就是借附近的傩法师的科本进行誊抄"。傩戏传承人的专业精神令人敬佩，如在调查采访中得到这样一条信息，道真县隆兴镇大连村炸子门组的傩戏掌坛师廖国杰，在"文革"期间为保护傩戏的相关书籍资料、傩戏器具等，将相关书籍、法衣、法器、神像等实物藏于偏远隐蔽的山洞，后又觉不妥，又转移至秘密挖掘的地洞里。20世纪80年代后，这些实物才重见天日，但大部分损坏严重，为保护这些器物特意修造一间木屋存放，同时用了十年时间修复被毁坏的器物。为了县民族博物馆建设，他无偿捐献出30余件傩戏相关的古书、资料（2013年）。

傩戏传承人能动性的发挥才是傩戏活态传承的重要因素之一。当今现代知识普及和推广，文化娱乐方式转变，生活生产方式改变，使傩戏活动及傩戏传承举步维艰，必然会给道真傩戏活态传承带来很大的冲击和传承压力。道真傩戏掌坛师转变思想观念，一方面积极开展傩戏演出宣传活动，一方面加强傩艺、傩技传承人培养，增添坛班组织的新鲜血液。韩松涛1969年出生，14岁学艺，20岁请职传法独立掌坛，现亲传弟子有韩小超、向召权、巍小芳、周忠碧、韩宏军、韩亿、杨世炼七人。韩克应1950年出生，25岁开始学艺，28岁开始独立掌坛，从业近30年，累计做过近千场大小法事，亲传弟子有张伦法、卢世方、张诗琼、韩小超、张文顺、向

① 彭水木蜡庄傩戏艺人冉瑞江口述，笔者记录，2017年3月11日，彭水木蜡村乡镇办公室。

召权、韩小康、向昌明、邓承勇、韩加林十人。有的老艺人发展自己直系亲属学习傩艺，这既是传统传承方式的继承，也是当下招徒难的无奈之举，如李楹祥的授徒中就有亲侄李辉忠，堂侄李辉祥，女婿邓才林，侄孙李义昌、李义华等人。同时，随着时代变化，传承人改变过去依靠傩戏演出获得报酬来养家糊口的生计方式，以文化传承为己任坚守着，将传承傩戏文化尝试创新转化，编创新的傩戏剧目、傩舞等，以适应时代潮流。如左朝元亲传弟子有左朝明、左朝礼、陈万书、张敏强、肖廷福、肖廷禄、扬秀群、夏昌学八人，该坛班现有十二人，除传统傩法事演出外，还注意傩戏节目的编创，如2007年在道真职业高中传授傩戏表演技艺，参与编排、领舞的“傩祭”荣获“多彩贵州·遵义赛区选拔赛”金奖。道真隆兴镇联兴村九竹坎组的张邦宪，利用现代音乐、舞蹈技法，重新改编、包装古老的傩戏艺术，使之顺应时代发展，适合舞台表演，编创、编排《山王驱邪》等五个傩舞，深受人们喜欢。

二、贵州石阡木偶戏活态传承个案分析

贵州省石阡县地处武陵山区西南部，隶属铜仁市，东与江口、岑巩县毗邻，南与施秉、镇远县接壤，西与余庆、凤岗县相连，北与思南、印江县交界。石阡秦为黔中地，汉时属牂牁郡，晋置夜郎县属象郡，隋置宁夷县，唐隶属夷州，宋隶珍州，元置石阡军民长官司，明永乐十一年（1413）设置石阡府，民国二年（1913）改为石阡县[①]。石阡县古代交通主要靠乌江与外界交流，汉唐明清时，分别在乌江、石阡河、余庆河等河岸开凿27处渡口，以加强该县上与重庆酉阳，下至涪陵与湖北宜昌、武汉等长江下游重要城市的联系，通过乌江水运将布匹、食盐等货物输入境内，向外输出天麻、茶叶等山货。历史上，石阡也有可通达湖南、江西的古驿道，这是与荆湘文化交流的重要陆路交通。明清时期，各地商人来此经商或定居，在此修建如万寿宫、禹王宫等会馆。石阡县有汉、仡佬、土家、苗、侗、蒙古等13个民族，历史上各民族在交流交往中逐渐形成了多姿多彩的民族民间文化，其中仡佬毛龙节和木偶戏（2005年）、说春（2012年）先后被列入国家级非遗保护名录，仡佬族敬雀节、仡佬族丧葬习俗、茶灯戏、侗族民俗“悄悄年”等被列入省级非遗代表性项目名录。石阡木偶戏也称“木脑壳戏”或“木斗斗戏”“傀儡戏”，在石阡木偶戏鼎盛时期，境内有木偶戏班十余个，演出范围辐射县内各乡寨及湘、渝周边地区。石阡木偶戏经过历代艺人传承至今，2006年被列入首批国家级非遗项目。

1. 贵州石阡木偶戏概况

据历史文献显示，石阡境内曾有汤山、坪山、花桥、北塔等地流传木偶戏。如今在石阡的花桥镇和坪山乡还有木偶戏艺人。《石阡文化志》载有明弘治年间（1488–1505）石阡府任仪提

---

① 杨秀忠：《石阡木偶戏》，中国文史出版社，2014年，第13页。

及木偶傀儡戏[①]。明清及民国时期，在石阡县就有以演出傩堂戏、木偶戏、花灯台子戏和湘戏的职业、半职业戏剧班子，如在民国时期，境内的傩戏班子就有一百余个，其中较著名的有晏明姚绍清傩戏班、幺鹅吴忠仁傩戏班、乐桥王清廉傩戏班以及青阳陈正中傩戏班。而石阡县木偶戏班内较为著名的是“秦洪班”“兴隆班”“杨本家班”“太平班”和“天福班”，木偶戏主要流布于花桥、坪山、中坝、北塔、国荣、晏明、万安等地。

中华人民共和国成立后，曾在1956年组建了石阡木偶戏剧团，剧团有十三位成员，剧团副团长由原“秦洪班”班主傅银洲担任，原“太平班”班主周辅庭担任导演，原“兴隆班”班主

图43 装扮好的木偶戏角色

及各班的弟子张伯约、黄玉清、全应斗、李学海、傅云清、严平周、梁河清、张伯高、周祖寿等为演职员，陈世海担任木偶戏剧团会计[②]。当时剧团有36个木偶头子，25套戏装，1套幕布，还有不少道具，剧团能够开展演出，经常下乡和在周边的县市巡回演出。演出剧目有《芦花荡》《摩天岭》《寒江关》《梨花斩子》等50余个剧目。1958年，剧团因队员年老体弱，年轻的张伯约、周祖寿并入县文工团，木偶戏行头都被封箱存于县文化馆，在“文化大革命”中被

① 石阡县文化局：《石阡县文化志》内部资料，1995年，第57页。
② 石阡县文化局：《石阡县文化志》内部资料，1995年，第69页。

焚毁。党的十一届三中全会后重新调查、抢救民间艺术，被禁止的民间艺术如傩戏、木偶戏等得以恢复，乐桥、地古、桶沟、枇杷沟等村恢复傩戏坛班23个，从傩艺人达170余人；在花桥、城关等社区及艺人要求下，政府划拨经费购置演出道具，有从湖南辰溪购置的24面木偶头，从贵阳购买木偶戏装及道具。20世纪末，木偶戏演出受到现代文化的冲击，加上木偶戏演职人员青黄不接，只好将木偶头面、服饰等交与花桥木偶戏艺人傅氏保管，在逢年过节时才有业余表演。21世纪初，“泰洪班”的傅正华、傅正贵，“兴隆班”的张德宣、全应斗等八位老艺人还能较全面演出表演木偶戏艺术。在石阡县政府部门的高度重视下，石阡木偶戏2006年申报并列入首批国家级非遗代表性项目名录，而且还在石阡民族中学建立木偶戏传承基地，非遗传承人进校园传承，同时民间艺人也常参与社会演出活动。

2. 贵州石阡木偶戏历史渊源及特征

石阡木偶戏系由艺人操作木偶进行表演故事的一种综合艺术形式。石阡木偶由木偶头子、身和手杖组成，头子和手杖是最为关键的部分，木偶头子有生、旦、净、丑等角色面谱，以及少量猴头面具，一般一个戏班至少也有二三十个头子。花桥镇泰洪班就有二十四个班头子，其中生角七个，旦角四个，净角九个，丑角三个，还有孙悟空一个。根据不同的角色，其服饰各异，木偶人物衣冠整齐、颜色鲜艳。据《石阡文化志》和民间资料表明，至迟在清中叶石阡已有石阡木偶戏班的活动，而且据花桥“泰洪班”傅法旺和坪山饶家班饶法扬传承人的口述及传承谱系也证明石阡木偶戏源于湖南辰溪。石阡花桥傅正华口述其戏班始于辰溪的吴法灵于祖上捡瓦时传授的，并得到师传的木脑壳戏戏箱子；而饶家祖师却是秀山的黄思民所传，至今已传至第六代人。张军先生认为石阡木偶戏流传应在清道光年间（1821–1850），而且比饶家班要早[①]。石阡木偶戏班由五六人到十余人不等组成，且都为男性，班主和管班两人为班子里的核心人物。班主必须是艺精德高之人，即“生旦净丑，唱做念打”样样在行，全面掌握传统表演且具有创新能力。管班主要负责接“片子”，协助班主管理日常事务，同时也是一位优秀的演职

图44 木偶戏杖头

① 张军：《石阡木偶戏渊源新探》，《铜仁学院学报》2012年第2期。

人员。石阡木偶戏演出场地自由灵活，可在庙堂、场院露天演出，一般驱蝗戏搭建在灾情严重的田间地头，庙会戏则设在佛事场所附近，众戏就选择在祠堂或者学堂等公共场所，祝愿戏多设在主家院坝，还愿戏设在主家的堂屋等。其搭台演出也只需四五平方米的平地，如石阡民族中学在尧上仡佬族敬雀节表演木偶戏时，舞台搭建规格为"正面2.1米，进深2.5米，高2.8米，其中舞台围布高2.5米，台口高1.22米，马门长1.26米，宽0.67米"①。舞台所用材料也是竹竿、围布和棕绳等。石阡木偶戏的剧目有179个，主要有《哪吒闹海》《财神图》《女娲庙焚香》《文王访贤》等封神戏，有《说六国》《周氏拜月》《香山》等东周列国戏目，有《鸿门宴》《霸王别姬》《吕布戏貂》《萧何月下追韩信》《说降关羽》《大战白马坡》《古城会》《单刀赴会》《关公取长沙》等三国演义，以及《罗成占山》《三家店结拜》《斩单雄信》《月擒五王》《黄河摆渡》等隋唐传，还有《杨宗保招亲》《大破天门阵》《辕门斩子》《四郎探母》《土台挡亮》《三搜索相府》等宋至明清时期的历史故事剧目，另外也有不少《安安送米》《仙姬送子》《二十四孝》《西游记》等折子戏。石阡木偶戏属湘剧"辰河腔"，其唱腔分"高腔"和"平弹"两个部分。石阡木偶戏说唱语言通俗，念白多用方言和顺口溜，颇具地方特色，如《安安送米》对白中有"安儿来久了，打发他转去（回去）""来时思念母亲，我这脚硬邦（脚有力）"等。石阡木偶戏的表演是"艺人左手以拇指和食指通过接线来控制木偶的五官、头部、肢体的回头、弯腰、转身等动作，右手执装木偶的两手的木杆，以配合头部操纵其四肢的动作"②。

图45 饶世印传授木偶戏技艺

① 杨秀忠：《石阡木偶戏》，中国文史出版社，2014年，第73页。
② 曲春临：《老艺人与木偶戏》，《中国摄影家》2005年第8期。

表8 贵州石阡代表性传承人传承谱系表

戏班	代别	姓名	生年	戏班	代别	姓名	生年
花桥镇傅家班传承谱系	祖师	吴法灵（辰溪）	不详	坪山乡饶家班传承谱系	祖师	黄思民（秀山）	不详
	第一代	傅登象	不详		第一代	饶廷愉（法名法兴）	1837
	第二代	傅为士	不详		第二代	饶文斗（法名法开）	1860
	第三代	傅荣任（法名法荣）	不详		第三代	饶财源（法名法灵）	1886
	第四代	傅庭佩	不详		第四代	饶光龙（法名法清）	1914
	第五代	傅童芳（艺名）	1924卒			饶光显（法名法镇）	1916
	第六代	傅银洲（又名法灵）	1903			饶光有（法名法明）	1906
	第七代	傅正荣	不详		第五代	饶世凡（法名法文）	1931
		傅正华（法名法旺）	1932			饶世印（法名法权）	1935
		傅正贵	1937			饶世光（法名法用）	1944
	第八代	刘超（法名法全）	1970		第六代	饶泽木（法名法扬）	1964
		冯昌会				饶泽椿	1963

3. 贵州石阡木偶戏传承及代表性传承人

贵州石阡木偶戏的传承方式与其他戏剧传承一样，都是靠艺人的口传心授，学徒在实践中逐渐掌握相关知识及技巧来完成的。石阡木偶戏传承多为家传与师传相结合的传承形式，有家传、师传及两者相结合传承三种形式。据傅家班傅正华介绍，学徒拜师学艺首先学习挑箱子，再学装台面，最后根据其特长传授相应的表演技巧。学习时间少则两三年，徒弟手艺学成要举行谢师酒。木偶戏班的传辈钵仪式相当复杂而神秘，首先是要选择一个黄道吉日，仪式按照设香案、请神与伏愿、卜卦、赐法名、传祭祀词等几个基本程序逐一进行。只有做完全部仪式，才算是木偶戏的真正传承人。石阡木偶戏被列入国家级非遗保护名录，得力于传承人对手艺的坚守。目前，传承人中有国家级代表性传承人傅正华、饶世光，省级传承人有刘超、饶世凡、

图46 左起：饶世凡、饶世印、饶世光

饶世印、傅正贵，另外还有饶泽贵、饶泽茂、饶泽木、饶泽椿、赵廷熙、赵国凡等人。

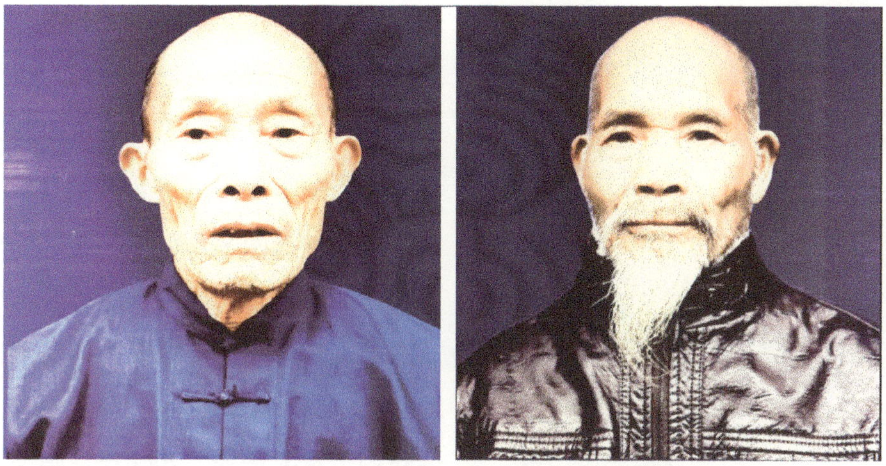

图47 左：饶世印 右：傅正贵

饶世光（1944-），男，法名法用，仡佬族，石阡县坪山乡沙坪村盐井坝组人，国家级非遗项目木偶戏代表性传承人（2007年），饶家班第五代传承人。9岁跟班学艺，21岁出师担任饶家班班主，独立带班，擅长唢呐。20世纪80年代恢复本偶戏演出后，他积极筹资添置木偶戏衣箱、道具等行头，并常在本县及周边县演出。多次在带领戏班在坪山尧上民族文化村敬雀节进行表演，并在石阡县万寿宫、镇远县都坪镇等地演出，受到同行及群众的高度好评。为了让木偶戏得到传承，他动员自已的儿子、孙子学习木偶戏，其中饶泽木、饶泽椿、饶泽贵等全部掌握木偶戏表演技能。饶世光2005年被命名为县级民间艺人，而后又被评为国家级非遗项目木偶戏代表性传承人，为石阡木偶戏传承做出了贡献。

图48 传承人饶世光

傅正华（1932-），男，法名傅法旺，侗族，石阡县花桥村大塘坪组人，泰洪班第七代传人、班主，国家级非遗项目木偶戏代表性传承人（2007年）。傅正华12岁随其父傅银洲学艺。傅银洲法名法灵，是泰洪班第六代传人，所演角色无论文武皆栩栩如生，嗓子甜美，头子和杆

图49 传承人傅正华

子功夫纯熟，20世纪50年代筹建石阡县木偶戏剧团并担任副团长，1982年去世。傅正华自幼聪明，记忆力非凡，从小习艺，学习刻苦，对木偶戏的表演技艺掌握得较快，曾为石阡县木偶戏剧团成员，主要从事配乐、施乐以及文戏、武戏的表演，还负责编辑剧本、排演节目等工作，也经常参加各种民间文艺汇演。20世纪80年代傅正华一家人节衣缩食，想方设法维持木偶戏的演出，后在县文化馆支持下添置木偶戏演出道具，带领戏班不定时演出木偶戏。傅正华老人十分重视木偶戏的传承人培养，2006年被聘为石阡县民族中学木偶戏教师，在校园传授木偶戏，先后培养了刘超（法名法全）、冯昌会、王泓、夏和江、阮绍南、孙洪祥等8人，为石阡木偶戏传承和保护做出了重要贡献，2005年被评定为县级民间艺人，2007年被授予国家级非遗项目木偶戏代表性传承人称号。

刘超（1970-），男，法名法全，侗族，贵州省石阡县国荣乡人，大学文化，石阡民族中学老师，现为石阡县木偶剧团团长、主演，泰洪班第八代传承人，省级非遗项目代表性传承人，2006年拜泰洪班班主傅正华、傅正贵为师学习木偶戏技艺。刘超钟情于木偶戏，学艺十分刻苦，得到师傅的真传，很快掌握了木偶戏表演技艺，并逐步成了登台表演的主角。刘超凭借自己的学识，积极发挥专长，将木偶戏技艺编辑成校本教材《石阡木偶戏》，把木偶戏引入校园，走上课堂，传承和弘扬木偶戏文化。同时，还注意石阡木偶戏的节目收集整理，先后采访并详细记录了木偶戏民间大师口头传授的木偶戏剧目32个，整理编印了约30万字的《石阡木偶戏剧目选编》。近年来他参加展演的节目有《三讨荆州》《古城会》《东吴招亲》（又名《美人计》）等，还在“第21届国际木偶联会大会暨国际木偶节”荣获“最佳传承奖”。

4. 贵州石阡木偶戏传承现状分析

石阡木偶戏在当下，基本上能够活态传承，主要得力于政府高度重视和强有力的支持。石阡木偶戏在该县传承数百年，是木偶戏艺人一辈辈坚守，代代相传至今。这一项宝贵的文化遗产，得到政府及社会各界的高度重视，特别是当今文化消费多元化，人们的文艺活动多样化，木偶戏发展进入低谷期，但在民间艺人的执着追求和非遗保护高度重视的情况下，石阡县政府部门加强了传承和保护工作。中华人民共和国成立后，当地政府建立管理机构，成立木偶戏专业演出团体，还划拨了必要的经费加强木偶戏传承工作。十一届三中全会后，政府组织专业队伍，设立专项资金，加强木偶戏在内的民间文艺的普查工作，与民间艺人交流，添置演出道具，恢复木偶戏演出，举办业余培训班等活动，推动木偶戏传承发展。20世纪80年代初完成木偶戏普查资料的整理、建档工作，编辑整理成册，编入地方志书和《石阡文化艺术志》，较为完整地保存了木偶戏资料。21世纪以来，石阡县政府部门高度重视民间文艺发展，积极申报各级非物质文化遗产代表性项目名录，还专门成立“泉都艺术团”，选派学员向傅正华、傅正贵等老艺人学习木偶戏技艺[①]。同时，石阡县文化部门针对石阡木偶戏制定了详细的保护规划措施，一是建立民族文化博物馆，专设木偶戏展厅，收集木偶戏文献资料、实物道具，充分展示、加强木偶戏文化传播，扩大外界影响力；二是争取资金，购置表演道具，以及灯光、音响、舞台效果购置及制作，组织传承人员训练等；三是重视传承队伍、传承人及传承单位的工作补助，保障木偶戏常态化演出，近年来中央及地方财政投入资金不少于63.6万余元；四是近年来石阡文化馆有计划地加强木偶戏的数字化保护、民间艺人口述史记录，以及利用各级各类活动推荐木偶戏，参加多彩贵州民间文艺展演、举办非遗文化展演活动，为木偶戏传承人搭建展示交流平台；五是举办各类非遗保护学术研讨会、非遗发展座谈会，加强木偶戏剧本收集、编写，剧目创编、学术研究等工作，从学术文献资料整理和学理研究的角度加强木偶戏的保护与传承。

图50 石阡木偶

图51 饶泽木传授木偶戏的身段

石阡木偶戏不仅得到官方高度重视，民间艺人及群众的文化自觉也是木偶戏传承发展的重要因素。笔者在石阡调研期间，不仅得到傅正华兄弟、饶世光父子、刘超等木偶戏传承人的支持，还得到当地群众的帮助。提到石阡木偶戏，大家都很自豪地讲解起来。记得第一次到石阡是2005年夏天，由于是周末，未能到相关部门进行走访，当地人热情地介绍了尧上仡佬族村

① 张军：《石阡木偶戏》，贵州民族出版社，2011年，第90页。

寨，讲了仡佬族敬雀节的来历及内容，并对当地的茶灯、傩戏和木偶戏等文化做了介绍。当时笔者只是对民间工艺感兴趣，就在当地人的引导下对陈氏墓群进行了调查，未能详细调查非遗文化。2014年、2016年，专程对石阡县非遗做了调研。调研中，专访了传承人刘超。他向我介绍了自己学艺的经历，对目前石阡木偶戏的传承现状也有自己的见解，对木偶戏的发展总体还是比较担忧，认为木偶戏等民间文艺在当今自媒体时代，也暴露出诸多问题。但是出于对戏剧的热爱，他将木偶戏非遗项目的保护与传承工作视为己任。他谈到，木偶戏学习是比较苦的，既要掌握表演技巧，还要记牢角色的唱词、对白，同时对人物角色要有深入的理解，模仿表达的肢体语言，平时训练也比较枯燥，师傅要求也很严格。他说，在引进民间艺人进校园传承木偶戏时，起初石阡民族中学安排了不同学科专业背景的老师20余人，有的不适应就不学了，学习木偶戏也算得上是个体力活，不懂内涵的就更吃力了，最终只有刘超、阮绍南、王以香、王泓、冯昌会、赵彪、王卫红和孙洪祥这八位老师坚持了下来。学习木偶戏技艺要用心去掌握表演动作、唱腔，领悟故事情节、人物角色内在文化，熟练记住唱词等。由于自己对戏剧的热爱，学习起来较快，师傅很是看重。后来全面掌握了木偶戏表演技巧，也多次登台表演实践，师傅觉得可以了，选择了吉日为他举行出师仪式。仪式很隆重，为他取法名为法全。最后我们详细交流了石阡民族中学传承木偶戏的具体情况。2006年4月，花桥镇泰洪班的傅正华、傅正贵、傅正文被聘请来学校传授木偶戏，老一辈艺术家还把他们多年收藏的木偶戏行当交给了学校，用于教学。各位老师加强学习木偶戏的同时，也发挥自己的专业优势加强对木偶戏节目的收集整理，如阮绍南是音乐专业教师，他就负责木偶戏音乐整理，孙洪祥是计算机专业的教师，负责净角资料整理等。针对中学生发展的实际，老师们与三位师傅通力合作编辑木偶戏教

图52 教材

程，将木偶戏引入课堂教学，教授木偶戏历史文化，增强学生文化自信力、民族自豪感；介绍木偶戏发展现状，让学生了解文化遗产保护的重要性、紧迫性，增强传承优秀传统文化的责任感；讲授木偶戏的念白、唱腔与基本操作方法，加强实践动手能力和对剧本的文学理解能力。同时举办“非遗周末课堂”等活动，让有兴趣的学生充分展示才艺，不仅提升其自信力，同时也是培养木偶戏艺人和观众。

石阡民族中学“濒临失传的技艺进校园”行动，还将包括石阡“毛龙”“说春”以及民族民间体育等民族民间文艺纳入该校素质教育和教研教改项目，创建民族特色文化示范学校建设。

图53 说春

图54　花桥中学"说春"　石阡文化馆提供

图55　石阡说春　石阡文化馆提供

说春既是农耕时代指导农事生产的一种综合性民俗活动，也是黔北地区民族民间文化交流互动中较为流行的一种方式。石阡说春是在“立春”前后，由春官手端木刻春牛（也称土牛、芒牛），走村串寨派发春贴，提醒百姓春耕种的季节到来了。春官说春“说唱结合”，“以唱为主，辅以间断性的说白”，“春词对仗工整，形式灵活，旋律简单，节奏简洁，内容涵盖历史文化、神话故事、劳动、生活等方方面面”[①]。至今在石阡坚持说春的有花桥的封万明、封万高、封万吉、封万斌、封万学、封复元、封国正、封国林、封家瑜、封强、封伦、封青山、封青海、封武、封乡发、封乡明、封乡强、封乡献、封乡胜、封乡国、封乡寿、封乡泽、封政等，还有彭恩发、彭恩国、彭圣贵、彭仲恒、彭可喜、彭重西等，以及该镇的成启刚、成鹏、成文杰、成文俊、成文挺、成启伦、成文洋、成元信，平山乡的娄兴才、娄国学、娄国柱、娄国孝、娄礼才、娄茂盛才、娄正贤等，共44人。其中封万明是第五批国家级非遗代表性项目代表性传承人。石阡民族中学为了保护传承这项国家级非遗项目，有计划地将其引入校园文化建设。石阡县花桥镇中学还开设“说春传习班”，聘请说春老艺人开展说春授课，编写《说春乡土教材》，开展说春文化春贴制作大赛、春词创作大赛等活动，培养“小春官”，为石阡说春的传承发展积蓄了一批后续人才。正是学校把木偶戏、说春等非遗引入校园传承，丰富学生生活，寓教于乐，营造民族文化的浓郁氛围，启迪心智，才能让木偶戏等非遗文化得以活态传承的态势日益明显。

第四节　武陵地区传统工艺美术活态传承案例分析

武陵地区传统美术是各族人民为满足日常生活、美化环境、丰富民俗活动，自己创作、应用和流传的视觉造型艺术。武陵地区传统美术类非遗范围较为广泛，包括传统挑花刺绣工艺、传统绘画制作工艺、传统石木竹骨雕刻工艺、传统彩扎工艺等。境内拥有滩头木版年画、苗画、踏虎凿花（剪纸）、凤凰纸扎、宝庆竹刻、沅洲石雕和花瑶挑花、苗族挑花、土家织锦技艺、苗族银饰锻制工艺、凤凰蓝印花布、印染工艺、郎溪竹板桥造纸、秀山龙凤花烛、玉屏箫笛制作技艺、傩戏面具制作技艺、吊脚楼营造技艺等非物质文化遗产，分别由湖南、湖北、重庆、贵州申报列入国家级或所在省市县级非物质文化遗产目录。这些传统美术类非物质文化遗产具有丰富的文化底蕴、审美情趣和很高的艺术水平、手工技能技术。

① 饶莉、黄树贵：《走村串寨的送春人——第三批国家级非物质文化遗产石阡“说春”》，《文化月刊》2013年第2期。

一、湘西苗画活态传承案例分析

湘西苗画也称绘绣，是湘西苗族在单色传统刺绣花样稿即剪纸花样的基础上发展而成的独立画种。苗族喜爱绣花，常用凿花（剪花）做刺绣花底样，但在清末或民国初年，苗族画师用白色粉末浆把绣花图案绘制于深色布料上，供苗族绣娘直接按画刺绣。此后进一步把白色线改成彩色，渐而发展成苗画①。苗画主要运用在服饰、被面、门帘、床帘、床檐、壁饰以及一些佩饰等方面。

图56 太极如意

1. 湘西苗画概述

湘西苗画源于苗族绣花、绣模，苗族是一个有自己语言而无自己文字的民族，大量的民族文化信息依靠古歌和刺绣艺术记录和传承，因此苗族服饰就是穿在身上的史诗。清末民国初期苗族开始把剪纸（或凿花）作为刺绣的底样用于替代绘画图案，在绘画上面刺绣。这种方法始于古丈厅葫芦寨（今保靖县）王正义采石头磨粉调成浆，后来改用白色的粉浆在刺绣布面上绘画图案，以方便苗族妇女按照绘画图案进行刺绣，此种方法深得当时苗族群众的喜爱。之后王正义直接在妇女的衣服袖口、胸襟、裤脚用各色颜料画出刺绣纹样。后来王正义搬到花垣麻栗场居住，并收徒传授绘绣技艺。这种绘绣形式很快得到苗区人民的喜爱，并得到流行，人们称之为苗画②。

湘西苗画经秧初兴、梁求瑞、梁永福、梁德颂等一代代人继承和发扬至今，因不同区域的文化审美差异而形成了花垣式、凤凰式、保靖式三种苗画样式。其传承范围包括湖北省来凤县，重庆市秀山、酉阳县，贵州省苗族地区，湖南省麻阳苗族自治县等地。湘西苗画制作工序有选材、构思、涂色打底、勾线描绘、上色、收拾整理、装裱等几个流程。湘西苗画以矿物和植物为原料，画材环保绿色，色彩丰富，强烈艳丽而不俗气，具有鲜明的民族特色。图案纹样造型多变，有人物、动物、植物、人与动植物混合造型以及抽象造型，多采用写实与抽象相结合的艺术手法，通过夸张与变形、自由与严谨等艺术格调表达人们内心世界和思想感情。绘画

① 罗亚阳：《神秘湘西：湘西土家族苗族自治州非物质文化遗产集萃》第五卷，中国社会出版社，2017年，第77页。

② 同上，第89页。

题材十分广泛，既有大自然的花草树木、飞禽走兽、自然山川、日月星辰，也有生活中的婚丧喜庆、衣食住行等生活民俗，还有历史故事、神话传说等。苗画构图饱满，结构布局追求画面空间充实、厚重，具有动态美。画面色调饱和、层次分明。湘西苗画是一种独具特色的民间美术，有着重要的保护与传承的意义与价值，2011年保靖县申报并被列入第三批国家级非物质文化遗产代表性项目名录。

2. **湘西苗画传承与代表性传承人**

湘西苗画的传承方式主要是以家庭传承为主。自王正义创造苗画后，其妻子及弟弟也一起绘画，在移居花垣麻栗场后收徒秧初兴兄弟，授以苗画技艺。目前苗画艺人主要集中在花垣县麻栗镇、大田河镇、葫芦镇等苗族村寨，尤以保靖县水田河镇百合村的梁氏家族为代表。苗画代表性传承人有梁永福、龙志乾、龙明修、梁德颂、梁金翠、梁秋平、龙明俊、龙廷金、麻明进等，其中有国家级代表性传承人梁德颂，湖南省非物质文化遗产项目传承人梁永福。

梁德颂（1964–），男，苗族，保靖县水田河镇百合村人，国家级非遗代表性传承人。梁德颂自幼受到父亲梁永福的影响，五六岁开始学苗画，虽家境贫寒，但学习勤奋，常用自然植物汁作颜料、以破旧衣物作画布刻苦练习苗画艺术。如今从艺40余年，苗岭山寨生活经历，积累的民俗资料为他提供了大量的苗画创作表现题材。自2008年以来，他与父亲在吉首开设苗画馆，一边潜心苗画创作，一边收徒传艺。梁德颂技艺高超，敢于创新表现内容，改良表达形式，除双凤朝阳、凤穿牡丹、鲤鱼跳龙门、龙凤呈祥等吉祥图案和民间传说、神话故事等传统既定题材图案纹样外，打破陈规，将现实生活情景和民俗活动绘入苗画，讴歌美好生活，同时大胆尝试，运用在苗鼓、雨伞、葫芦、折扇等物件上。作品《双凤朝阳》荣获“湘鄂渝黔边区民族民间旅游商品及民间工艺大师评选大赛”金奖（2009年），《麒麟送子》荣获“博艺杯——喜迎党的十八大工艺美术精品展评选大赛”金奖，巨幅作品《大门帘》收藏于中国美术馆。

图57 梁德颂

梁永福（1941-），男，苗族，保靖县水田河镇百合村人，湖南省非物质文化遗产项目传承人。受四叔梁求瑞为村姑画绣模的影响决心学画，七岁开始作画，并逐渐为其姐和村姑们提供绣模。梁永福长期专注苗画创作，绘画技艺日臻成熟，受到远近村寨老百姓的欢迎。作品《丹凤朝阳》《龙凤呈祥》入京展览，并被中国美术馆收藏（1986年），还有作品参加湖南省民族文化艺术博览会暨湘西民族民间文化生态保护节“民族民间工艺美术精品展演”（2004年），苗画代表作《双凤朝阳》《龙凤锦鸡》入选《湘西风情·书法美术摄影民族民间工艺展》赴上海展览（2006年），作品《小门帘》《岁岁平安》《凤戏牡丹》随黄永玉大师到日本展览，作品《大门帘》在北京民族文化宫展出。梁永福先后荣获保靖县首届文学艺术成就奖、保靖县最杰出文学艺术成就奖。梁永福重视苗画的传承工作，自2007年以来，打破传统的传内不传外、传男不传女的旧时行规，为上门求授技艺的人耐心讲解苗画的技艺要领，并先后到保靖民族中学、保靖迁陵小学、水田河民族中学传授苗画技艺，为湘西苗画保护传承做出贡献。

图58 梁永福

3. **湘西苗画传承现状分析**

苗画是一种珍贵的民间文化产品和见证历史的艺术，经过不同历史阶段众多苗族画师对其改进而形成当今这种独具特色的苗族文化内容，苗画凝结了苗族人民的汗水和智慧，是苗族珍贵的物质和精神财富。苗画与其他非遗一样都需要传承人延续，都需要社会各界加以重视并参与到保护发展这项工作中来。

第一，湘西苗画得到当地政府的高度重视，其保护工作已纳入当地政府和文化管理机构日常工作内容范畴。政府组织相关部门开展苗画调查，研究和记录苗画历史、传承谱系、文化价值、艺术特征和现状等基础性工作，积极申报各级非遗保护名录和保护规划，命名县、州、省级及国家级苗画传承人，完善四级保护制度，积极开展外界推荐活动、工作，竭力营造苗画发展环境。保靖县人民政府还制定了相应的保护措施，如成立保靖县民族民间艺术保护专家委员会和“苗画研讨会”（2008年）；建立传承人档案，提供传承人基本生活补贴，帮助传承人挖掘整理资料、办班授徒，在中小学开设《湘西苗族服饰绘画》课程进行普及教育；建立起湘西苗族服饰绘画数据库，不断充实《湘西苗族服饰绘画》普查信息资料，分批出版《湘西保靖文化遗产丛书湘西苗族服饰绘画》，同时开展资源共享；建立湘西苗族服饰绘画博物馆，收藏及定期展览优秀的湘西苗族服饰绘画。

第二，传承人内生动力激发，主动改变传承方式，向社会爱好者传授画技，开办画馆收徒授艺，变家传为师传，同时积极进校园传授苗画技艺；大胆尝试广泛运用到苗鼓、雨伞、葫芦、折扇实用产品上，寻求市场竞争力；积极参加各类各级展览和博览会，扩大外界影响力。

第三，湘西苗画进校园传承，培养学生学习苗画兴趣和技能，拓展学生人文素养。吉首大学师范学院附属小学率先引进湘西苗画，另外还有泸溪白沙小学、凤凰腊山小学、保靖民族中学、保靖迁陵小学、水田河民族中学等相继开展湘西苗画进美术课堂活动。学校建立苗画工作室、苗画陈列室等，美术教师积极开展湘西苗画研究，并将收集整理的苗画资源、研究成果及时转换成美术课堂教学内容，传授苗画艺术特征、绘制方法、图案纹样鉴赏、苗画文化内涵等。教师积极开展教育教学研究，编写教材，申请各类项目研究，不断探索苗画的教育教学研究，并将教学成就在各大媒体进行推荐，如龙俊甲的美术教学在中央电视台、《人民日报》、《中国教育报》等都有报道，“保靖县民族学的传承——湘西苗画”省级课题研究成果还获得教育部基础教育成果奖。湘西苗画进校园进课堂，极大地丰富了学校美术课堂教学内容，激发了学生对美术的学习兴趣，不但调动了学生学习美术的积极性，还让学生充分了解本地深厚的民族历史文化。学校是非遗保护、学习和传承的理想场所，将湘西苗画引进课堂教学，是湘西苗画传承发展的最佳方式。

图59 梁德颂进校园传授苗画技艺

二、踏虎凿花活态传承案例分析

踏虎凿花是湘西民间用作服饰刺绣底稿的一种特殊的剪纸工艺形式，它凝聚着大量历史文化信息。湘西泸溪县踏虎村以独特的凿花工艺而著称，过去踏虎村不少民间艺人们以凿花为业，凿花卖花，肩挑篾箱，走乡串寨，以此谋生。踏虎乡凿花工艺风格独特，凿工精巧，线条流畅，花样繁多，风格灵秀，知名度高，辐射范围广，先后被湘西自治州授予“凿花艺术之乡”称号（1993年），文化部授予“中国民间文化艺术之乡”称号，2008年被列入第二批国家非物质文化遗产名录。

图60　凤穿牡丹

1. 踏虎凿花概述

湘西踏虎凿花系泸溪县特有的民间传统手工艺，由剪纸向凿花演变而来。《泸溪县志》中记载：“起源于清朝乾隆年间，凿花艺人制作凿花作品，有湿纸刻法和干纸刻法两种。”①20世纪四五十年代踏虎村有六十余户人家从事凿花的制作和销售。从事凿花业的主要有黄氏，而后因联姻、交友、认亲等社会交往，逐渐以黄氏凿花为核心扩展到龚、张、廖、徐、邓、肖、梁等姓氏。后来在中华人民共和国成立前，泸溪有二十余户凿花艺人陆续外迁他乡，如迁居吉首马颈坳村的黄喜生，迁居怀化芷江的黄光友，迁居凤凰县城的龚玉和，迁居辰溪坛湾村的黄增初、徐家贵，还有迁居秀山县城的肖应龙等，这也让踏虎凿花扩散到常德、沅陵、麻阳、辰溪、凤凰、吉首、秀山等地。中华人民共和国成立后，随着

图61　百鸟朝凤

① 湖南省泸溪县志编纂委员会：《泸溪县志》，社会科学文献出版社，1993年，第432页。

社会变迁，生活习俗也发生变化，特别是轻工业机械化产品突飞猛进对传统手工业造成冲击，踏虎凿花纹样的实用领域发生巨大变异，凿花艺术受到前所未有的冲击。好在有黄靠天、黄光松、黄生堂、黄桂兰、黄光玉、龚紫芳、龚家银、张应达、肖兴和、廖黑妹等老一辈凿花人对凿花艺术未曾停止追求和坚守[①]，加上沈从文撰《塔户剪纸花样》，黄永厚组画《白毛女》分别在《浙江观察》《民族画报》上推介，使得踏虎凿花名扬天下。20世纪八九十年代以来，凿花艺人进一步解放思想，坚持继承传统，积极进取，不断开拓，积极与文人合作创作，让踏虎凿花出现新主题、新题材、新面貌，如黄靠天、邓兴隆与姚传山合作的《椎牛图》，杨桂军与章长干合作的《阳春三月》《古碾逢春》，邓兴隆、邓启刚与姚传山合作的38幅连环画《盘瓠与辛女》，黄树有与向柳青合作的《采蘑菇》等。凿花艺人之间开展合作，如杨桂军、邓启刚共同刻凿《泸溪白沙城》，邓淑芳、邓启刚共同创作刻凿《和谐泸溪》等。这些作品都是将踏虎凿花技艺与现实生活审美艺术相结合，反映时代精神，贴近现实生活，十分接地气。作品不仅能吸引专家学者关注，还能让踏虎凿花融入人们的日常生活，让更多的群众了解踏虎凿花。同时，还有部分凿花艺人将凿花艺术运用到了挂历、纸扇、纸伞装饰以及商品包装、旅游纪念品、礼品上，进一步拓展和提升了凿花艺术的实用性和艺术表现力，进一步拓宽了踏虎凿花艺术的生存发展空间。

湘西泸溪踏虎凿花是用凿刀雕凿镂空纸样而成，一次能够凿制数十张，可以批量制作相同的凿纸花样，大大提高了效率。其凿花常用工具有刻刀、刻板（也称蜡板）、纸张、磨刀石，以及凿花辅助工具粉袋、纸钉、小铁锤等。踏虎凿花十分讲究握刀、运刀技巧，一刀凿到底不复第二刀，凿刻时刀尖垂直朝下，刀锋向内，由前向后，由上往下，先左后右，用力徐徐运刀。工艺流程主要有画稿、固定稿样、凿刻、装裱几个重要步骤。踏虎凿花图案纹样造型上多讲究对称，追求上下、左右对称，突显庄重严谨之感，追求视觉平衡平和之美感。技法上阴阳凿刻结合，以阳刻为主，阴刻陪衬。擅于用线，粗细、虚实结合，连线灵活生动。踏虎凿花表现题材有鱼虫花鸟、水草禽兽以

图62 凿花工具

① 罗亚阳：《神秘湘西：湘西土家族苗族自治州非物质文化遗产集萃》第五卷，中国社会出版社，2017年，第178页。

及几何纹样等，所凿纹样多、题材丰富、品种齐全，极大地满足了民间女性绣花的喜好和审美意愿。踏虎凿花纹样主要用于服饰鞋帽、日常生活用品和婚嫁祭祀等。

2. 踏虎凿花传承与代表性传承人

武陵地区由于地广人稀，交通不便，外界交流甚少，而泸溪是各民族进出渝黔地区的必经之路，境内的浦市又为通往凤凰城的驿道，其中转站就在踏虎，往来行人都会在此停留，也有移民移居此地。加之泸溪因沅水流经此地，水运加强了外界的交流，史上泸溪也为中央王朝对苗疆统治的过渡地带，大量的军户、骚人墨客、工农商贾云集于此，这必然会给本地文化带来异质元素。外来文化影响着当地的民风民俗，乾隆《泸溪县志》载“大家妇女居城市者，娴于礼教，勤于女红”①，踏虎凿花的形成同样反映出涌入湘西的汉人的剪纸技艺与武陵土著工艺的结合。据资料及民间口传，踏虎村黄姓凿花家族，祖籍原为浙江，途经江西后移居麻阳县吕家坪乡茶溪村，最后有光忠、光刀兄弟的后裔移居踏虎村山脚坪和下斗山。其九婆会剪纸，并一代代传承下来，黄桂兰就是其中的一位。《泸溪县志》记载：“踏虎剪纸起源于清乾隆年间的泸溪踏虎村，并渐由剪纸向凿花演变。”民间剪纸多以女性为主体，而踏虎凿花却是以男性为主，女性为辅。

踏虎凿花技艺的传承是以家族传承为主，行内有传男不传女的保守心态，凿花艺人以此为业，作为谋生计的方式。正如广为流传的民谣所唱“嫁女要嫁剪花郎，肩挑担子走四方。出门身上无银两，回来银子用箩装”。凿花艺人，因女儿要外嫁，担心手艺外传，害怕会这行当的人多了，生意不好做，影响家人收入，因此，为了养家糊口，凿花技艺传承基本上是封闭式家庭传承。这从踏虎村黄靠天传承谱系中可以看出。表中女性黄桂兰为黄靠天的堂妹，因家庭贫困，父亲去世早，为担起家庭重担，经族长同意才向叔叔学艺。黄桂兰成家后，又将手艺传授给儿子邓兴隆，由此邓家也发展起一支凿花传承谱系。在黄靠天这一代，他打破保守传承方式，不仅传艺给女儿，晚年还将凿花技艺传授给了杨桂军。

表9 封闭式家庭传承谱系表

姓名	性别	出年	简介
黄富海	男	不详	踏虎村山脚坪人，以凿花为业，从父学艺。
黄科源	男	1877	黄富海的哥哥，从父学艺，以凿花为生，作品在当地广为流传。
黄科富	男	1899	黄富海的弟弟，从父学艺，以凿花为业。
黄靠天	男	1923	黄富海之子，从父学艺，中国美协会员，凿花艺术大师（1997年卒）。
黄桂兰	女	1927	黄靠天的堂妹，从小随父及叔叔学艺。

① 乾隆《泸溪县志》卷八，岳麓书社，1992年，第149页。

续表

黄光生	男	1929	黄桂兰的弟弟，从父学艺。
黄晚清	女	1955	黄靠天之三女儿，著名凿花艺人。
邓兴隆	男	1951	黄桂兰之子、黄靠天外甥，著名凿花艺术家，国家级传承人（2010年卒）。
邓启刚	男	1984	邓兴隆之子，泸溪文化馆凿花工艺大师。
邓淑芳	女	1980	邓兴隆之女儿，湘西州级传承人。
杨桂军	男	1958	黄靠天关门弟子，省级传承人。

踏虎凿花传承也因踏虎人四处卖花，所到之处有不少人拜师学艺，碍于亲缘或人缘情面，也就教授一点。也有凿花艺人移居他乡，这样一来凿花传承就由家族式传承方式向地域性横向传承转变。如黄德明、徐家贵移居辰溪，肖应龙移居秀山，黄喜生落户吉首马颈坳，龚玉和定居凤凰谋生，黄光有迁居芷江等。徐家、肖家、龚家的凿花技艺都学自黄家，龚玉和是黄靠天的姑父，黄家将凿花技艺传授与他，而徐家和张家是黄桂兰父亲的亲戚，手艺学自黄家，踏虎凿花因此发展为五支。这几家姓氏外迁，致使踏虎凿花传承转变成了地域性横向模式。目前踏虎凿花代表性传承人有邓兴隆（国家级传承人，已故）、杨桂军（省级传承人）、邓启刚（州级传承人）、邓淑芳（州级传承人）、李铁骑（县级传承人）、邓翠英、黄光松、龚建军、邹群等人。

图63 黄桂兰

黄靠天（1923-1997），男，原名黄明生，苗族，泸溪县踏虎村山脚坪人，工艺美术家。黄靠天12岁开始学习凿花，因生性聪敏，勤学苦练，不仅继承了祖辈的技艺，还博取众家之长，在当地众多凿花匠中脱颖而出，成为湘西享有盛名的凿花高手。1957年、1960年，黄靠天先后加入湖南省美术家协会、中国美术家协会，荣获国家民委授予的“工艺美术大师”的称号。传授徒弟有邓

图64 黄靠天

兴隆、杨桂军等人。黄靠天的创作源于传统，敢于创新，其作品有《蝴蝶》《三鱼戏莲》《鲤鱼跳龙门》《生肖》《梅兰竹菊》《龙旗呈祥》及连环画《全国三八红旗手杨玉翠》《椎牛图》《五洲风雷》等，多幅作品分别在日本的东京、大阪，以及南斯拉夫等地展出，受到国内外各界人士和专家的赞赏。中央电视台"百苗图"摄制组为其摄制专题系列片（1993年）。黄靠天为踏虎凿花做出了巨大贡献。

邓兴隆（1949–2010），男，苗族，泸溪县踏虎村人，大专文化，国家级非遗踏虎凿花代表性传承人。邓兴隆6岁跟母亲黄桂兰学习凿花手艺，12岁就以小花客的身份在外卖花，中途中断凿花。1975年吉首大学中文系毕业后回泸溪县任教，重操旧业，师从堂舅黄靠天。邓兴隆凿花刀法娴熟，技艺精湛，创作个性独特，地方风格特色鲜明，总结出"手腕动、刀子动、纸随刀转、手压纸"的方法，创作的作品"既有传统图案的饱满厚重，又显示出活泼可爱、清新秀美的时代气息"[①]。邓兴隆既凿花也卖花，足迹遍及湖南古丈、吉首、花垣、麻阳、辰溪、沅陵、芷江、凤凰及贵州大兴、铜仁和重庆秀山等地。邓兴隆凿花代表作品有《新嫁娘》《十二生肖》《苗山春早》《盘瓠与辛女》《王二小放牛》等。1993年创作的作品《椎牛图》让邓兴隆声名鹊起，1996年加入湖南省首届美术家协会。1999年邓兴隆的10件凿花作品参加湖南省第三届剪纸展览荣获金奖，2000年被省剪纸研究协会和群众艺术馆评定为"剪纸艺术家"。作品《新嫁娘》《百鸟圈》在2004年省民间文化艺术博览会"民族民间工艺美术精品展演"中获精品展演奖。在第六届全国剪纸艺术节中，其作品《摆手舞》荣获银奖，与他人共同创作的三十八幅《盘瓠与辛女》分别在湘鄂渝黔边区首届民族民间旅游商品及民间工艺大师评选大赛、湖南省第四届剪纸艺术展中荣获金奖，多件作品也被中央电视台等数家媒体报道，同时被湖南省群众艺术馆收藏。

图65 邓兴隆

杨桂军（1954–），男，苗族，泸溪县合水镇哂州田人，省级非遗代表性传承人，就职于县文化馆，在泸溪县非遗传习所传授踏虎凿花技艺。杨桂军12岁开始跟长辈学剪纸和纸扎，在工作期间结识凿花大师黄靠天，1989年拜黄靠天为师学习凿花技艺，勤奋刻苦，凿刻技术娴熟，线条平稳流畅。杨桂军热爱凿花艺术，潜心钻研，创作整理的艺术作品有《苗寨六月六》《湘

① 李焱华：《踏虎凿花大师邓兴隆》，《民族论坛》2010年第4期。

西碾米》《打油图》《放羊图》《娶亲图》《春年糍》《双凤朝阳》等，先后与章长干、姚传山、邓启刚等人合作《阳春三月》《古碾逢春》《农闲季节》《老车新唱》《醉湘西》《泸溪白沙城》等。杨桂军多次参加各级剪纸作品比赛和工艺美术大展，得到社会各界和有关专家的高度赞扬。杨桂军创作题材多来自苗家民俗日常生活以及农业生产场景，作品既保留传统踏虎凿花的审美特征，也被赋予当代苗乡生活气息。杨桂军十分注意凿花技艺的传承，收徒三十余人，为保护和传承凿花艺术做出贡献。

图66　杨桂军

邓启刚（1980-），男，苗族，毕业于吉首大学外语系，泸溪县踏虎人，就职于泸溪县文化馆，湘西州州级非遗代表性传承人。邓启刚出身于凿花世家，从小受父亲邓兴隆的影响，8岁开始动刀习凿花。大学毕业担任中学教师，但酷爱凿花，后来放弃了教师工作，继承父业。由于得到其父及舅公黄靠天的指点和培养，凿花技艺渐趋成熟。邓启刚的凿花作品，线条自然流畅，粗细疏密分明有致，刚柔相济，创作有《寿仙图》《五虎图》等，与邓兴隆合作凿花连环画《盘瓠与辛女》荣获湖南省第四届工艺美术精品大赛金奖（2012年），与邓淑芳合作电脑绘制刻凿《和谐泸溪》获创意奖。邓启刚思想开明，摒弃“传内不传外、传男不传女”的家族传统观念，广收门徒传授踏虎凿花技艺，还常去县内外学校巡回授课，目前累计培训学员二千余人次。邓启刚的妹妹邓淑芳出生于1984年，大学毕业在泸溪县第一职业中学任教，因从小受家庭环境影响，初二时跟父亲学习凿花技艺，在邓兴隆的指导下，熟练地掌握了凿花技艺。工作后将踏虎凿花技艺引入美术课程内容，将所学凿花技艺传授给学生，先后培养学生千余名，作品也多次参加各级展览。2013年、2014年先后被评为县级、州级非遗踏虎凿花代表性传承人。

李铁骑（1963-），男，苗族，泸溪县人，县级凿花代表性传承人。李铁骑发挥深厚美术功底优势，结合踏虎凿花技艺，大胆尝试“多层套色”凿花，丰富踏虎凿花表现形式和内容。先后创办“泸溪县踏虎凿花艺术品有限公司”“李铁骑踏虎凿花艺术工作室”，对踏

图67　哭嫁

虎凿花、苗族数纱绣资料和相关实物进行发掘、抢救、收购和整理与研究，开展踏虎凿花活态传承、踏花工艺品开发与销售。招聘职员8名，刀工20余人，秉承传统，开拓创新，先后创作50余幅反映民俗民风的凿花作品，40余幅现代题材作品；举办踏虎凿花技艺培训班12期，受训人员500余人。2012年省剪纸研究会将其公司评为“湖湘剪纸研究基地”。李铁骑作品多次参加展览活动，其中套色作品《五月五》在县委宣传部、县文联评比活动中荣获二等奖（2014年），《古碾逢春》荣获中国工艺美术2014年年会银奖等。李铁骑为踏虎凿花的保护、传承、开发和利用做了大量工作。

3. 踏虎凿花传承现状分析

泸溪踏虎凿花的保护传承得力于文人参与，扩大了踏虎凿花外界知名度。泸溪踏虎凿花是全国非遗宣传保护项目中最早被关注的。早在20世纪50年代，沈从文先生就撰写《塔户剪纸花样》，向外界详细宣传介绍；黄永厚与黄靠天合作完成组画《白毛女》，并于1956年刊登于《人民日报》。此后得到各界人士的关注，吸引了专家学者的眼球，将踏虎凿花作为研究对象，不断提升其影响力。80年代初，胡万卿撰写并出版《黄靠天剪纸技法》，详细介绍黄靠天的剪纸技法；田茂军先生将大量的踏花作为研究对象，出版了《锉刀下的风景——湘西苗族剪纸的文化探寻》；民艺专家左汉中多次前往踏虎，拜访领军人物黄靠天和国家级非遗传承人邓兴隆，高度赞扬他们的作品；研究生张小华、曹亚男将踏虎凿花作为研究对象，分别撰写硕士论文《踏虎凿花形式语言研究》《湘西苗族踏虎凿花研究》，详细叙述了踏虎凿花形成发展历史渊源，分析了踏花凿花题材内容、艺术造型特点、文化内涵及其传承发展等。本土学者章长干、姚本奎合作编著出版了《踏虎凿花》，全书共有五章，涉及踏虎凿花沿革、踏虎凿花与民俗节日礼仪、踏虎凿花传承体制、踏虎凿花艺术风格、民间感悟等内容，图文并茂。

踏虎凿花赢得世人的认可和尊重，获得很高的社会声誉，取得良好成就，关键还在于踏虎凿花艺人对艺术的执着追求和坚守，特别是踏虎凿花领军人物的贡献。黄靠天毕生精力用在凿花艺术事业上，作品多次参加国际国内各种展览，并获得很高奖项和荣誉，多幅作品被收藏。另外还有邓兴隆、杨桂军、邓启刚等凿花艺人通过走出去等各种形式展示凿花技艺，让更多的人能了解泸溪踏虎凿花，了解凿花技艺的艺术魅力，极大地提升了踏虎凿花的知名度。同时，黄靠天、黄桂兰、黄生堂、黄光松、黄光玉、龚家银等打破旧时代传男不传女的习俗，向肯学凿花的男女老少传授技艺，凿花艺人通过传习所、学校授课传承及举办培训班等多样化传承方式，培养传承凿花薪火。正是有文人参与踏虎凿花的挖掘、整理与研究，有踏虎凿花艺人们的艺术追求，才使得踏虎凿花声名鹊起，从普通的民间工艺项目成为政府的保护对象。

踏花凿花早在20世纪80年代，就得到当地党委及政府的重视，如踏虎乡党委及政府成立了专门的领导小组，下拨专项经费，培养凿花技术人才，先后举办了十期凿花技术培训班，共计805人次，先后投入资金3万余元。近年来，泸溪县高度重视非物质文化遗产的传承和保护工作，于2009年成立了非物质文化遗产保护中心，建立踏虎凿花传习所，配备所长、工作人员各一人，专门组织开展踏虎凿花的收集、整理、保护、宣传、利用、培训、创作等一系列工作。从2006年开始，地方财政每年拨5万元专项资金，保证踏虎凿花创作和培训；鼓励技法高超、设计能力强、从艺时间长的老艺人带徒授业，每年在生活、医疗等方面给予适当补贴。同时投入大量资金举办保护踏虎凿花成果展、定期举办踏虎凿花艺术节，还在踏虎村建立起村级凿花基地和作品展览室。

踏虎凿花进入校园传承，民间艺术家进课堂传授技艺。泸溪县中小学设置踏虎凿花工艺课程，注重从小学习踏虎凿花知识、训练技艺，加强学生对本地传统文化包括踏虎凿花在内的非遗的了解和熟悉。踏虎凿花在当下能活态传承，有助于踏虎凿花传承人积极进取，与时俱进。如传承人李铁骑创办个人工作室和踏花凿花艺术公司，加强艺术创作和凿花艺术品的市场销售，不断拓展踏虎凿花生存发展空间。

三、土家族织锦技艺活态传承个案分析

土家族织锦即西兰卡普，汉译为“土花铺盖”“打花铺盖”。土家织锦是武陵地区土家族广为流传的传统手工工艺，被誉为我国四大名锦之一。土家族织锦图案丰富而精美，制作精良，民族色彩特色鲜明。2006年，土家族织锦技艺被列入首批国家级非物质文化遗产保护名录。

1. 土家族织锦概况

土家族织锦历史久远，其“雏形于秦汉，成型于两晋，成熟于唐宋，精于明清”①。《后汉书·南蛮西南夷传》中记载有武陵郡賨人贡赋賨布，“岁令大人输布一匹，小口二丈”。《华阳国志·巴志》记载“禹会诸侯于会稽，执玉帛者万国，巴蜀往焉”。在《大明一统志》、清乾隆《永顺府志》和《湖南通志》中均有记载湖南湘西永顺府有“土锦”“斑布”，且《大明一统志》认为武

图68　阳雀花

① 罗源：《湘西土家族织锦技艺传承研究》，中央民族大学硕士学位论文，2013年。

陵制（织）锦绣，色彩鲜明，与当时蜀锦不分伯仲；在清嘉庆和清光绪年间的《龙山县志》里都记载了当时“土妇颇善织锦”。清《永顺府志》及民国时期《龙山县志》也都记载“汉传载兰干……绩五色线为之，文彩斑斓可观，属用以为被或作巾，故又称峒巾”。清乾隆《乾州府志·艺文》有“赉人峒布新赋”的描述。这些文献中所涉及的峒巾、峝巾、苗巾、斑布、斑巾和花布等均指后来正式命名的土家织锦。

土家织锦采用通经暗纬、断纬挖花的方法进行挑花织造，即制作时以一手织纬，一手用细牛角挑刺花纹。“对斜”平纹素色和“上下斜”斜纹彩色织锦系列是土家织锦最具代表性、典型性的基本技艺，在此基础上演变出“对斜”平纹彩色织锦和“上下斜”斜纹仿挑花彩色织锦两大分支。土家族织锦所用工具为纯木质斜式腰机，而永顺对山一带使用的腰机比通常的稍小，长不足4尺，宽约1.8尺，坡斜度在250-300度之间，后端悬空，中端加纵向木枋直插于地面①。在20世纪80年代，织锦艺人在传统腰机基础上改进为可以织造出四尺二和六尺宽幅的大型平式木铁混合织机。土家族织锦传统纹样丰富多彩，流传于民间的传统图案有300余种，涉及动物鸟兽、花草植物、生活器物、天象地属、几何勾纹、文字装饰等纹样大类，图案纹样做到“有图必有意，有意必吉祥”。目前我们可见到的传统纹样只有百余种。2009年前后，中国艺术研究院王海霞与田明先生挖掘、整理出一百种传统纹样，并让叶英共织造十套这一百种传统图案织锦，目前中国艺术研究院、国家博物馆、长江师范学院等几家单位各收藏一套。在土家族织锦图案中，勾纹是最为常见的装饰纹样，而四十八勾最具代表性，被称为土家族织锦中最经典的图案。土家族织锦表现出“对称与均衡”“传统与创新”“写实与象征”三个层面的审美追求，色彩鲜明热烈，斑斓多彩，对比中显调和，素雅见多彩，华而不俗，素而不单调，凸显明快、活泼和生机。

图69 织锦反织法与正反对比

土家族织锦是一种生活用品和文化载体，是土家族族群成员的一种民族文化认同。土家族织锦按照其用途有铺盖、服饰、佩饰三大系列，土家族生活中有三朝时外婆送织锦、结婚时陪

① 罗亚阳：《神秘湘西：湘西土家族苗族自治州非物质文化遗产集萃》第六卷，中国社会出版社，2017年，第19页。

嫁织锦、舍巴摆手时披织锦、敬祭先祖时供织锦、“火把酒”后要接织锦的习俗，婚丧嫁娶都离不开织锦。土家族织锦图案龙花、蛇花、虎皮花、四十八勾、台台花（也称台台虎）等都有驱秽避邪、消灾纳吉或祈子求昌、子孙繁衍兴旺的含义，隐含着自然崇拜、神灵崇拜和祖先崇拜的族群观念。土家族织锦渗透在土家人生产生活及宗教信仰中的方方面面，成为土家人生命中的一部分，土家族织锦是联系土家族人民物质生活和精神生活的纽带，它加强了土家族身份认同并增强了土家族的凝聚力。

土家族织锦曾流布于武陵地区，具体包括今湘西州永顺、龙山、保靖、古丈；张家界市桑植、慈利、永定区、武陵源区；重庆市酉阳、秀山、黔江、彭水、石柱等县；今湖北省利川、恩施、咸丰、来凤、鹤峰、五峰、建始、巴东、长阳等，以及贵州省印江、德江、镇远、沿河等地土家族村寨。随着经济社会变迁，土家族织锦流传区域范围逐渐缩小，目前土家族织锦传承存留和发展的核心区域多在龙山、永顺、保靖和古丈等县，具体为龙山的苗儿滩镇、洗车河镇、靛房镇、他砂乡、里耶镇、民安镇等地，至今还有不少家庭自发织造土家织锦。永顺县织锦历史悠久，织锦种类较为齐全，对山、大坝、首车、西岐、勺哈、灵溪、芙蓉等乡镇还保留土家族织锦技艺；保靖县土家族织锦主要流布于龙溪、涂乍、清水、普戎等乡镇；古丈土家织锦西兰卡普主要流布于有茄通、断龙、罗依溪等乡镇。这些区域特点明显，织锦艺术风格和表现手法各异，突显其原生性。20世纪80年代后，湘西州花垣、凤凰、吉首等县城、市区也逐步成为土家织锦流布区。改革开放后土家族织锦逐步走向市场，成为一种特殊的商品，部分织锦艺人专职织造织锦商品，织锦手艺也由此成为谋生方式。2006年土家族织锦被列入国家级非物质

图70　鸡合子花

文化遗产名录。由于湘西州龙山县的苗儿滩、洗车河、靛房、他砂、里耶、民安等镇的土家族织锦传承留存和发展最好，2007年，龙山县被国家命名为“土家织锦之乡”。

2. 土家族织锦技艺传承及代表性传承人

土家族织锦技艺传承形式主要以家庭（家族）传承和区域性传承为主。织锦主要是为满足家庭成员的审美和生活需求自织自用，因此家庭成为织锦传承主体，产生了母亲传授给女儿，嫂嫂教会小姑的家庭内直线传承模式。当然因血亲关系，也有家庭和亲戚之间相互学习而构成的族内网状式传承形式。在武陵地区，土家族山寨往往是以姓氏居住，一个村寨多是单姓或几个大宗族组成，而且寨子也多以姓氏命名，如龙山县土家族发源地之一的捞车河流域的叶家寨、梁家寨、朱家寨等，村寨里各家庭成员会相互走动，相互学习，织锦技艺在这活动中得到传播和交流。在传统社会里的传统土家织锦织造并不以专业谋生为目的，多数只为自己及女儿出嫁、望月等准备嫁妆和礼品而织造，而且数量也有限，技艺水平高低参差不齐，织锦技艺“口诀”基本上没有形成。家庭传承全凭模仿和记忆传授，全靠织造者对照实物模仿织造和自己“心领神会”提升织造技艺。在传统社会中，女子一般从小受到环境影响，七八岁就开始跟母亲学习织锦技艺，学习织锦过程中多是为自己的嫁妆做准备。待出嫁时，都已经掌握织锦技艺，织锦水平也作为姑娘聪慧的一个评价标准，并决定她在婆家的地位。

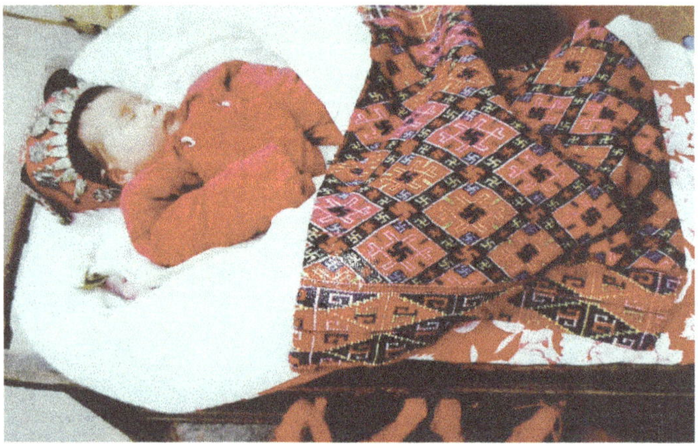

图71 窝窝被

土家族织锦在武陵地区都有不同程度的分布，其历史的原生地还是酉水流域湘西北的龙山、永顺、保靖和古丈几个县。织造风尚至今保存较好的是龙山捞车河流域及永顺、龙山、保靖交界的周边乡镇，而且各地的织锦风格、表现手法均存在差异，有明显的原生性和鲜明的区域特点。改革开放后，土家族织锦走向市场，专职织造织锦的人越来越多，织锦织造技艺不再限于一个家庭或村寨范围的传授，也出现了师傅授徒学艺的传承，同时政府高度重视和提倡并鼓励相关部门及企业等合力，采取集体举办培训班、师傅带徒、“请进来”“走出去”等多种方式传授织锦技艺，培养织锦新人。在各个历史时期中，织锦传承其实也不仅限于本民族内部，其他民族同胞只要愿意学习土家族织锦的，也同样可以传授。比如在2007年的“第一届中国优秀织锦传承人”评比中就有两位苗族、一位汉族传承人获此殊荣。各民族文化交流交往中，各族姊妹艺术间相互借鉴，互相取长补短，推陈出新。由此可见，织锦技艺传承方式也反映出多元化发展现象，这也促进了土家族织锦技艺在一定区域内传承与发展壮大。土家族织锦技艺代表性传承人有领军人物叶玉翠，国家级非遗土家织锦代表性传承人叶水云、刘代娥、田玉珍，省级非遗土家织锦技艺代表性传承人叶菊秀、黎秋梅、田明花，州级非遗土家织锦代表性传承人叶九翠、叶桌香、黎承凤、叶丽萍、叶英、刘艳、向作莲、熊德文、张家英等，另外还有大批年轻的土家织锦技艺普通传承人，如叶红艳、程远英、彭光秀、龙永姐、向金翠、黎承菊、傅家轩、彭官秀、彭八妹、彭珍香、向翠琴、唐凤香、田双良、田双莲、王峰、王文涛、张远凤、严顺英、毛先玉，等等。

叶玉翠（1908–1992），女，土家族，龙山县苗儿滩镇叶家寨人，土家族织锦艺术杰出代表，第二届中国工艺美术大师，被誉为土家“织女星”。叶玉翠7岁接受母亲传授的挑花技艺，9岁跟伯母向水花学织锦技艺。由于自己爱好广泛，勤奋好学，还向当地江姓的尼姑学挑花，向叔父叶成本习剪纸、刺绣、绘画等，学习这些艺术对其织锦织造技艺、图案造型、艺术审美的提高也有很大的帮助，很快她的土家织锦在当地及周边有了很大影响，成为方圆几十里闻名的织锦能手。她的织锦配色讲究、工艺精湛，深受人们喜爱。1957年与湖南民间工艺美术家李昌鄂合作创作的土家织锦《开发山区》等五幅作品在北京及英国伦敦国际博览会展出时得到国内外专家的一致好评。党的十一届三中全会以后率先在叶家寨创办土家织锦技艺辅导点，培养了叶水云、叶冬翠、叶七妹、叶桌香、叶春英、叶儿翠等第一批徒弟（荣称叶氏“六朵金花”），1984年至1991年她先后培养了徒弟200多名。期间在苗儿滩采用“以徒带徒”模式，巡回辅导，在全乡很快就有一千余户恢复织锦织造。1984年、1988年先后被聘为龙山县土家织锦工艺厂终身顾问，被授予“中国工艺美术大师”荣誉称号。

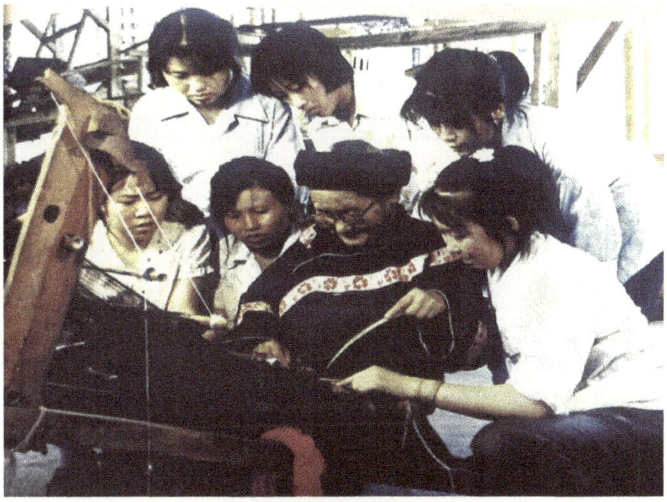

图72 叶玉翠传授土家织锦技艺

叶水云（1964–），女，土家族，龙山县苗儿滩镇叶家寨人，大专文化，国家级非物质文化遗产土家族织锦技艺代表性传承人。叶水云12岁跟随姑婆叶玉翠学习织锦技艺，15岁正式拜师求艺。1983年进入龙山县土家织锦工艺厂，给叶玉翠当助手，1987年受聘于吉首织锦厂任技术

图73　叶水云

副厂长，主管设计和生产。1988年考入凤凰职业中专美术专业，毕业后留校，从事土家织锦的教学、制作和研究工作。作品参展、获奖多次，其中土家织锦壁挂《岩墙花》《人类、和平、进步》荣获湖南省首届民间工艺美术大奖赛金奖；多件织锦作品被中国国家博物馆、中国美术馆、中国艺术研究院、清华大学、四川大学、美国哈佛大学等收藏，如中国国家博物馆收藏作品《晏乐狩猎水陆攻战图》等。先后荣获“湘西州文学艺术创作突出贡献奖”（2001年）、“中国织锦工艺大师”（2006年）、全国第五届“中国工艺美术大师”（2007年）等各种荣誉称号。叶水云在学校创办土家织锦工作坊，传授土家织锦图案设计与技艺操作，带出土家织锦艺徒和学生二百余人，同时还经常应邀去吉首大学等高校举办土家织锦讲座或实践教学，为土家织锦传承做出了贡献。

刘代娥（1955-），女，土家族，龙山县苗儿滩镇捞车村人，国家级非物质文化遗产土家族织锦技艺代表性传承人，中国织锦工艺大师。刘代娥、刘代玉与刘代英三姐妹都是土家织锦好手，被誉为“捞车河土家织锦三朵金花”。如今姐姐在长沙，依然不放弃织锦制作。刘代娥12岁先跟祖母彭妹学织锦，初中时就跟大姐刘代玉学习。刘代娥自1978年高中毕业至今已从事织锦50余年，织锦技艺精湛。其代表作《四十八勾纹》《椅子花》收入《湖南民间美术全集·民间织锦》，壁挂《四十八勾》获文化部“全国非物质文化遗产博览会”大奖，多件作品被贵州、湖北民族宗教事务委员会、湖北民族学院等多家单位收藏。在传承土家织锦方面，刘代娥收集收藏传统土家族织锦150余种，先后受聘到花垣县和张家界市带徒授艺，带出艺徒一百余名，自办“龙山县捞车河土家织锦厂”传承织造和收徒传授传统工艺技术，带出织锦弟子32人。刘代娥为土家织锦技艺传承和发展做出了很大贡献，2005年、2012年先后获“湖南民间工艺美术突出贡献奖”、中国非物质文化遗产传承人“薪传奖”，先后被龙山县人民政府和中国工艺美术学会织锦专业委员会授予“土家织锦优秀民间工艺师”“中国土家织锦工艺大师”等称号。

图74　刘代娥

叶英（1968-），女，初中文化，龙山县苗儿滩镇叶家寨人，现居龙山县洗车河镇，先后荣获中国工艺织锦大师、中国优秀织锦工艺传承人、湘西州级非遗土家族织锦技艺代表性传承人等称号。叶英13岁初中毕业便跟随姑母叶玉翠、堂姐叶卓香学织锦，在两位师傅悉心传授下其织锦技艺在圈内出类拔萃。20世纪90年代初期，先后被张家界国家森林公园、深圳中华民俗文化村等聘请从事土家织锦传统技艺演示，1997年返乡自办“洗车河镇土家织锦工艺坊”“土家织锦工艺厂”（2007年），帮助三十余名农村土家妇女就业。作品多次荣获各类大奖，如土家织锦《四十八勾》《岩墙花》等在北京第二届国际博览会上荣获金奖（1991年），《四十八勾》荣获“中国红杯”首届湖南工艺美术精品大奖赛银奖（2006年）等，多幅作品被湖南工艺美术馆作珍品收藏，土家织锦产品销往北京、上海等地。在非遗保护与传承方面，先后传授叶良、叶珍菊、叶松梅、徐远菊、梁静、黄明琼等土家织锦技艺，培养了大批土家织锦传承人。同时，王海霞对叶英的访谈载入“中国民间工艺美术传承人口述史数据库”及《中国民间艺术传承人口述史》丛书中。叶英还参与中国艺术研究院实施的《百幅土家织锦传统经典纹样》复制工程的原始资料搜集，并承担全部传统经典纹样的织造工作，目前掌握了200余种土家织锦传统图案的技艺并进行创新。叶英对土家织锦所做出的贡献得到各界的认可，先后被州县和全国妇联授予“勤劳致富屋里人”（2007年）、全国妇女“双学双比”活动女能手等荣誉称号（2008年）。

图75　叶英

4. 土家族织锦传承现状分析

土家织锦作为第一批国家级非物质文化遗产保护项目，得到各级政府的高度重视，采取了一系列静态保护和动态保护相结合的有效形式。随着工业化发展，加之土家族传统节日的淡化和婚俗发生变化等因素，土家织锦制作费工费时，工序复杂，年轻人不愿意从事这一行业，继承这一技艺，都外出务工，使土家织锦流布区域缩减，现仅苗儿滩镇小范围传承土家织锦。由此，加强土家织锦保护与传承形势紧迫，当地政府部门制定了“政府、社会、个人”三位一体形成合力的参与模式，建立各级传承人认定细则，确立“以龙山苗儿滩、靛房、隆头、他砂、里耶、洗车，永顺对山、西岐、勺哈、首车、大坝、泽家，保靖普戎、清水、龙溪、拔茅、涂乍、仙仁，古丈断龙、茄通等”土家族织锦传承区域为主的土家族文化生态保护区，确立“以叶家寮、捞车村、燎原村、双凤村、对山小湖村、他布村、马福村、大湾村等地为土家织锦文化原生态特色村”①，并在保护区内坚持倡导“整体保护、合理利用”原则，对保护区内的传承人、有影响力的艺人实行重点保护，出台相应的政策，引导、鼓励区内传承人开设织锦传习所和土家织锦作坊等措施，有步骤有计划有序地推进规划保护、活态传承土家织锦。首先成立了湘西州土家族织锦陈列研究中心，开展了土家族织锦全面调查摸底，对具有一定价值的土家织锦进行了登记，收集和征集的实物进行分类收藏、陈列和展示，组织相关人员进行研究，将研究成果进行外界推介，不断扩大土家织锦影响力，吸引更多的人对土家织锦的关注和研究，并产出大批的研究成果。如出版了《西兰卡普的传承人》《湖南民间美术全集·民间织锦》《土家织锦》《湘西土家族织锦技艺》，以及《湘西民间工艺美术精粹》《湘西民间工艺文化》《土家族民间美术》《乌江流域民族民间美术》《土家族非物质文化遗产研究》等一系列专著，其中《土家织锦》荣获第九届中国民间文艺山花奖著作奖。同时，文化部开展“土家织锦技艺数据库”项目，采取传承人口述史等形式记录土家织锦的织机、织造技法技艺、织造过程等，并在此基础上建立了“土家族织锦数字博物馆”，并运用现代科技手段，开设“虚拟织锦作坊”体验，体验土家织锦织造过程。

土家族织锦的保护与传承，离不开织锦传承人对传统技艺的热爱与坚守，如刘代娥、刘代玉在捞车河，叶水云在凤凰，刘英、叶英在洗车河古镇，黎承凤在苗儿滩镇，黎承菊在龙山县城等地成立了自己的织锦工作坊，收徒传授织锦技艺。从叶英授徒情况一览表（见表10）中可见接受织锦技艺的均为女性。叶英注意对年轻人的培养，弟子年龄从70年代至90年代，立足本地龙山苗儿滩镇织锦人才，这也是活态传承环境的延续。同时，她也通过市场生产性实践，增加经济收入，维持传承织锦技艺的妇女们的家庭日常开支，有利于人才的留守。

表10　土家织锦技艺叶英授徒情况一览表

姓名	性别	生年	文化	传承方式	学艺时间	居住地址
叶英	女	1969	初中文化	师传	1985	龙山县苗儿滩镇星火村
叶珍菊	女	1976	初中文化	师传	1991	龙山县苗儿滩镇星火村
叶松梅	女	1973	初中文化	师传	1991	龙山县苗儿滩镇星火村
朱爱琴	女	1976	高中文化	师传	1991	龙山县苗儿滩镇红光村
叶良	女	1976	初中文化	师传	1992	龙山县苗儿滩叶家寨

① 罗亚阳：《神秘湘西：湘西土家族苗族自治州非物质文化遗产集萃》第六卷，中国社会出版社，2017年，第77页。

续表

徐远菊	女	1987	中专文化	师传	2005	龙山县洗车河镇
梁静	女	1985	高中文化	师传	2008	龙山县苗儿滩镇梁家寨
黄明琼	女	1992		师传	2008	龙山县洗车河镇西关村

在保护区内，土家族传承人都积极地加强土家织锦与市场结合的生产实践性保护，竭力保护和传承土家织锦技艺，为其活态传承和生产实践性保护做出努力和贡献。同时，当地政府与地方学校对土家织锦传承的协同保护力量也不可忽视，如吉首大学、湖北民族学院、长江师范学院、重庆民族旅游职业技术学院等院校都积极参与土家织锦传承保护与传承工作，建立“民间美术实验基地”“土家织锦工作坊”等，开展科研、教学与实践相结合模式，传授和培养织锦研究人才。湘西保靖县实验小学在美术校本课程中教授湘西土家族织锦文化，龙山、永顺、古丈等县的所有中小学校，均将土家族织锦技艺纳入美术和手工劳作课程，开展土家织锦的普及教学，探索新时代下土家织锦的传承与发展。

第五章
武陵地区非物质文化遗产传承人现实困境与原因分析

我国非遗经过多年的综合性保护工作，成绩斐然。文化和旅游部认定了五批国家级非遗代表性传承人共3068名，各省（区、市）也认定了省市级代表性传承人14928名，非遗保护的工作机制、非遗保护名录体系逐步完备，传承人的精神风貌及其非遗项目的存续状态得到了积极变化，“见人见物见生活”的非遗活态传承大有起色。国家设立文化生态保护区，实施传统村落保护与非遗传承有机结合，开展非遗人文环境整体性保护，新的文化生态趋势正在形成。但非遗保护工作也存在不足，非遗传承人现实困境也不少，如非遗传统文化生态环境的加速改变，“整体性”保护实践成效甚微；传承人年岁已高，青黄不接，传承后继乏人，断代断层现象依然突出，非遗面临失传困境；社会各界对非遗保护的意识仍待提升；申报非遗文化遗产存在抢注、抢夺，重申报、轻保护的现象，也存在非遗文化及非遗产业概念混乱以及对非遗资源利用程度较低等问题，这些都是非遗传承人面临的现实困境，很大程度上也阻碍了武陵地区非遗的保护与传承工作。

第一节　非物质文化遗产传承人当前所面临的主要困境

一、武陵地区非遗文化生态环境空间加速改变

武陵地区非遗具有鲜明的地域独特性。由于武陵地区交通多有不便，生活在这里的各民族儿女与外界交流和沟通相对较少，这样相对封闭的生态环境，使武陵地区少数民族经济文化发

展缓慢，文化纯粹性演进和独特性发展较为凸显。这表明确保非遗的活态性和原真性，需要尊重原住居民的生活方式和文化习俗，维护好文化生态环境是促进非遗保护的重要方式。但长期的封闭状态，使得民族间的交流互动较少，也会导致社会经济发展缓慢、文化教育落后、人民生活贫困。在改革开放不断深入，全国共同奔小康社会的进程中，武陵地区经济社会加快发展，其恶劣的生产生活条件不断改善，生活质量不断提高。随着社会的发展、科学技术的进步，武陵地区的物质生活不断丰富和富裕起来，武陵地区各少数民族面对现代文明的强烈冲击，也逐渐改变传统的生活方式、传统价值观念，一些传统民族文化出现了断层，原有的文化生态环境在各种因素的冲击下被打破，非遗文化生态空间仍然在加速改变。如20世纪90年代后，武陵地区85%以上的土家年轻男女外出打工挣钱，他们在现代工业文明的大视野下重新寻求自我价值，用土家织锦来衡量土家姑娘能力的内在价值逐渐削弱，土家织锦原有的祭祀和婚嫁的社会功能，随着土家传统节日淡化、社会婚嫁新办等转变而消失，作为传统“民俗产品”的土家织锦逐渐失去了自己赖以生存的土壤和环境，土家织锦的功能需要重新定义。湘西北酉水流域的原生态西兰卡普分布区域，目前也从中华人民共和国成立初期的100余个乡镇，逐渐萎缩到仅以捞车河流域，龙山、永顺、保靖三县交会处的周边乡镇为代表的狭小范围，而且消退的迹象仍在继续[①]。武陵地区拥有苗族银饰制作技艺的银匠同样面临生存环境的严重威胁，面对外来文化和生活方式的冲击，银匠后代“弃匠下海打工”，传承区域萎缩及银匠减少现象十分严重。据田特平等人调查，在20世纪50年代，“凤凰县的山江、麻冲、千江坪、木里、腊尔山、禾库、柳薄、两林、吉信、三拱桥、大田、落潮井、都里，花垣县的雅酉、排碧、董马库，吉首县的丹青、排吼、矮寨，泸溪的良家潭、八什坪、洗溪，保靖县的水田河、

图1　传统村落

图2　土家族牙床

① 罗亚阳：《神秘湘西：湘西土家族苗族自治州非物质文化遗产集萃》第六卷，中国社会出版社，2017年，第74页。

葫芦、夯沙等地”[①]是苗族银饰重要的传承区域，而目前，多数乡镇已没有了银匠师傅和银匠作坊，过去凤凰山江黄茅坪的银匠师傅是最多的，现在也缩减至4个，可见湘西苗族银饰锻制技艺传承也面临着巨大的生存危机。武陵地区土家族、苗族、侗族村寨吊脚楼星罗棋布，民间有俗语“住上吊脚楼，赛过封王侯”，吊脚楼成为民族财富和社会地位的象征。吊脚楼在当地民众心目中是至高无上的家，人们十分重视家的营造，这是人生中的大事，由此围绕吊脚楼的营建和居住产生了重要的居住习俗，并有选屋场（选址）、造屋场、定法稷、祭众神、伐青山、偷梁、滚立马、发墨、起造、安磉礅、排扇、立屋、上梁、抛梁粑、装修、安神龛、请火神等一系列烦琐营建仪式，仅上梁仪式就有运梁木、放梁、画梁、祭梁、开梁口、升梁、唱上梁盘歌等一整套古朴的程序，整个过程既隆重神圣又欢乐热烈，民族民俗文化浓郁。有了武陵地区民族居住习俗，催生并发展了传统木工建筑业，过去基本上大大小小的村寨都有从事木工的工匠，而且这些木工工匠艺人深受老百姓的尊敬，吊脚楼营造成为农家子弟所看重的技艺。但如

图3 松桃苗族服饰

图4 吊脚楼

图5 吊脚楼木工技艺

① 田特平、田茂军等：《湘西苗族银饰锻制技艺》，湖南师范大学出版社，2010年，第139页。

今建筑材料的丰富、建筑技术的改变，山寨建房也多修建钢筋水泥砖房。这种居住文化的变化，导致木工手艺不再为年轻人所看重，一些吊脚楼营造技师也转行另谋生计，随着掌墨师年岁已高相继离世，能传承讲述吊脚楼营造工艺的人也寥寥无几，这类非遗濒临消亡。蕴藏丰厚文化的吊脚楼民俗渐渐消失，像吊脚楼等木结构、土木结构、木石结构的青瓦房的营造也较少了，如今在民间也很少使用青瓦，陶瓷、琉璃瓦等替代了传统青瓦，致使青瓦烧制工艺失传，在调查采访中，民间艺人冉师永师傅说："现在烧瓦的窑子都找不到，烧青瓦的工程量大，而且成本高，销路又没有，早就没有人烧青瓦了。"

武陵地区民间音乐的传统文化生态环境同样也发生了巨大变化甚至消失，传统民间音乐同样面临失去生存环境的困境。武陵地区人们的生存方式、生活方式、交往方式等发生变化，使传承人无法在传统的民间音乐原生环境中进行传承。比如土家族的薅草锣鼓，它是过去土家族民众春夏之际集体在秧田里清除稗草时所演唱的民间音乐，而现在武陵地区的农村青壮年甚至部分老年人外出打工，留下的都是老年人、妇女和儿童，一家一户的农业生产都是单干，没有集体演唱薅草锣鼓的氛围，而且现在的稻田秧苗多用除草剂，不用人工薅草，土家薅草锣鼓已经失去其生存的环境，如今在种水稻时，人们都不敲锣鼓唱薅草歌了。没有了薅草锣鼓生存的文化生态，仅靠少数民间音乐传承人很难将薅草锣鼓这样的传统民间音乐艺术形式维持、发展下去。由于道路交通的便捷、交通运输工具的多样化，过去以背运为业的背老二，往返于长江、酉水及乌江上拉纤的纤夫退出历史舞台，背工号子、江河号子失去了传唱对象和场域。依附于民风民俗的乡村戏剧也随着时代发展，民间宗教氛围淡薄，新媒体传播发展，群众娱乐方式多元化、多样化，使得傩戏、阳戏等乡村戏剧活动低迷，赖以生存、发展的土壤和环境逐渐丧失，乡村戏剧文化正处于尴尬境地，其生存面临着现实的洗礼和严峻的挑战。

另外，乡村村落空心化，非遗传承场域空间不复存在，人去楼空的现象较为普遍。如恩施市龙凤镇谭三坝村寨，人口由原来四百余人减少到二百人，大都迁到镇上或县城居住，或者外出务工，只有老人和小孩留守村寨。环境及生活方式改变，非遗也被遗忘在原地，如村寨里的姑娘出嫁时没有一人会哭嫁歌，老人去世没有年轻人会哭丧歌，年轻人也都不会挑花刺绣，会唱山歌的也只有那些老年人。如今，在现代文化的影响下，传统的民俗活动如地戏、花灯等乡村戏剧，以及山歌等也逐步淡出人们的视野，多演变为竞技比赛、歌唱比赛、打牌娱乐。乡村村落空心化让非遗失去了广泛传承的群众基础，非遗的保护与传承正面临很大的危机。

二、武陵地区非遗传承人面临后继乏人的瓶颈

无论是外部环境的变迁，还是传承人自身因素的制约，武陵地区非遗传承人都面临着非遗延续传承的困难。

从前面章节对武陵地区国家级非遗代表性传承人的现状统计来看，在前四批中，这些传承人的当选年龄结构没有50岁以下的，都分别集中在81–85岁、71–75岁、51–55岁之间，分别有15人、9人和7人，这充分反映国家级代表性传承人年事偏高，生计困难，后继乏人。武陵地区国家级非遗代表性传承人超过70岁的有24人，超过总数的一半，这些传承人的年龄偏大，传承活动十分困难，一旦生病或辞世，将会产生无法弥补的损失。自2007年以来，秀山花灯传承人石化明，泸溪踏虎凿花传承人邓兴隆，土家族打溜子传承人罗仕碧，土家族毛古斯舞传承人彭英威，滩头年画传承人钟海仙、李咸陆，侗族傩戏传承人龙子明，辰州傩戏传承人李福国，恩施傩戏传承人蒋品三，都镇湾故事传承人孙家香，肉连响传承人吴修富，凤凰彩扎传承人聂方俊等国家级非遗代表性传承人，已先后离世。

武陵地区境内各省市前四批省级非遗代表性传承人年龄分布中，重庆市境内代表性传承人没有30岁以下的，都集中在55–75岁人群中，其中61–65岁、71–75岁年龄段分别有27人和18人，另外80岁以上有8人，55岁以下有27人，其中31–40岁年龄段仅有2人。

湖北省境内省级非遗代表性传承人30岁以下的仅1人，集中分布于71–75岁、66–70岁的年龄段，分别为27人、21人，分别占总量的21%、16%，88岁以上的有11人，55岁以下的有31人，占总量的8.5%、24%。

湖南省境内省级非遗代表性传承人40岁以下仅1人，集中分布于76–80岁年龄段，有24人，其次是90岁以上人群，有16人，56–60岁、71–75岁之间两个年龄段均为15人，55岁以下只有9人，总体来看整体年龄偏高。

贵州省境内省级非遗代表性传承人56岁以上有32人，55岁以下有15人，占总量的32%。

三省一市在武陵地区境内55岁以下占总量的20%，66岁以上占总量的58%。非遗传承人年龄偏高，也表明年轻人从事非遗文化传承的较少，后继乏人困境突出。

以局部地区的非遗来分析，也能说明这一问题。以彭水非物质文化遗产传承人情况（见表1）为例，从传承人“基本信息、经济状况、文化消费、受资助状况、项目传承状况、传承谱系”[①]六个方面，用定量分析的方法来管理和资助传承人。表中数据显示，在彭水非遗传承人中，老年人所占比重很大，比如梅子山歌、鞍子苗歌、普子铁炮火龙、木蜡庄傩戏、朱砂三人花灯、吊脚楼工艺、郁山擗酥饼、郁山鸡豆花、蛇毒疗伤等，这些项目50岁以下的青壮年总计有27人，占总人数的20%，比重甚微。另外，还有彭水打闹、乌江号子、诸佛盘歌等项目表现出年龄结构失衡，没有青壮年，全是老年人口，特别是乌江号子和诸佛盘歌，传承人均为60岁以上，面临着失传的危险。

① 陆勇昌：《建立非物质文化遗产传承人生存状况评估体系的思考》，《企业技术开发》2009年第6期。

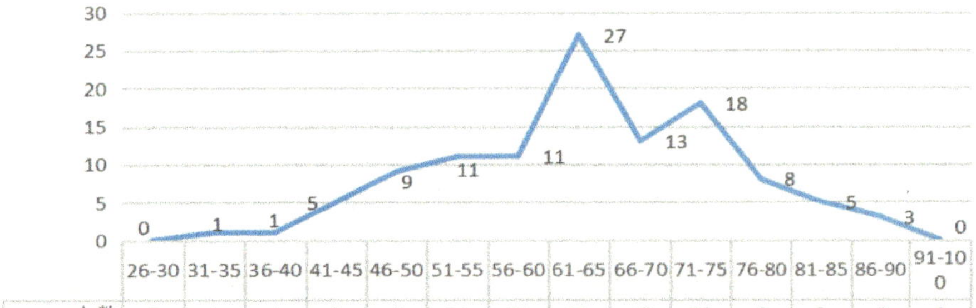

	26-30	31-35	36-40	41-45	46-50	51-55	56-60	61-65	66-70	71-75	76-80	81-85	86-90	91-100
人数	0	1	1	5	9	11	11	27	13	18	8	5	3	0

图6 武陵地区重庆市境内省级非遗传承人年龄分布状况

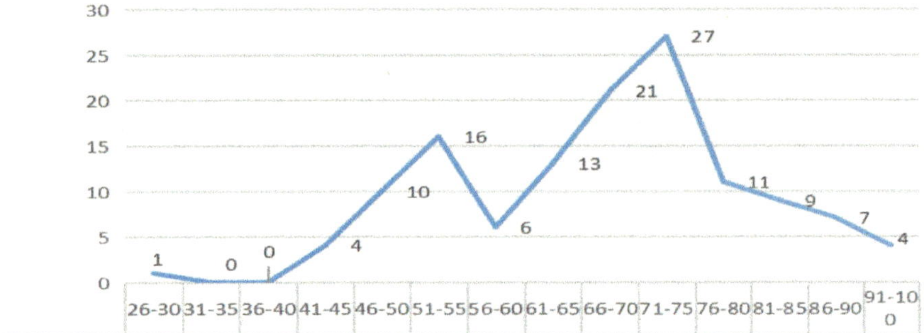

	26-30	31-35	36-40	41-45	46-50	51-55	56-60	61-65	66-70	71-75	76-80	81-85	86-90	91-100
人数	1	0	0	4	10	16	6	13	21	27	11	9	7	4

图7 武陵地区湖北省境内省级非遗传承人年龄分布状况

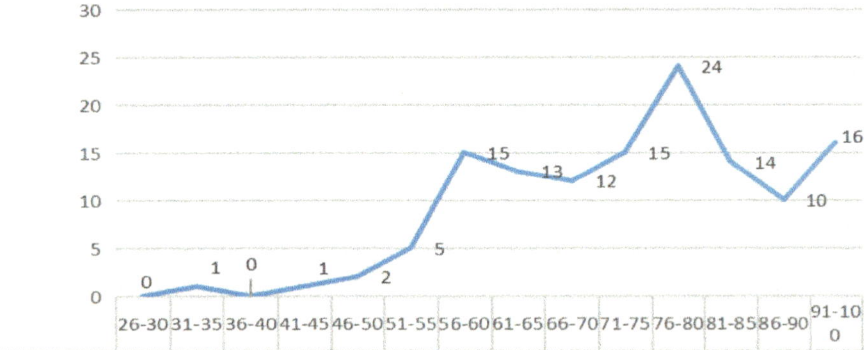

	26-30	31-35	36-40	41-45	46-50	51-55	56-60	61-65	66-70	71-75	76-80	81-85	86-90	91-100
人数	0	1	0	1	2	5	15	13	12	15	24	14	10	16

图8 武陵地区湖南省境内省级非遗传承人年龄分布状况

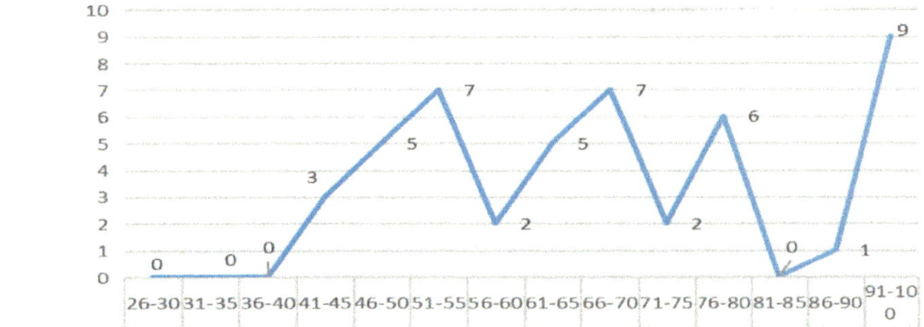

	26-30	31-35	36-40	41-45	46-50	51-55	56-60	61-65	66-70	71-75	76-80	81-85	86-90	91-100
人数	0	0	0	3	5	7	2	5	7	2	6	0	1	9

图9 武陵地区贵州省境内省级非遗传承人年龄分布状况

表1 彭水非物质文化遗产传承人情况一览表①

类别	名称	分布区域	传承人员情况	传承人	文化程度	传承方式	代际
民间器乐	耍锣鼓（市级）	乔梓乡同河乡	主要有杨昌平、谭关吉、任家乐3个乐班	任汉平等	不详	师传	6
	彭水唢呐	三义乡	只有为数不多的几人	黄体国、黄益香等	不详	师传	不详
	嗡	彭水县城	只有1人，56岁	廖元德	大专	不详	不详
	幺二三鼓	诸佛乡	任正福（60岁），李元国（55岁），方川（30岁），共3人	任正福	小学	家传	不详
民间歌曲	吴幺姑（市级）	梅子垭乡	8人，其中60岁以上5人，50–60岁2人，50岁以下1人	胡万华等	小学7人，初中1人	自学	不详
	梅子山歌（市级）	梅子垭乡	7人，50岁以下1人，其余均为50岁以上	刘俊高、冯广田等	初中、小学	家传	5
	鞍子苗歌（市级）	鞍子乡	人员众多，老、中、青均有人会唱	任云新、任茂淑、吴庆友等	小学、初中、高中	师传和家传	不详
	彭水打闹	石盘乡	彭永亮等5人，70岁以上3人，60–70岁2人	冉启发等	小学	师传	3
	太原民歌	太原乡	冉启于等4人，50–60岁3人，80岁以上1人，组建“太原民歌演唱队”	刘乐天等	小学1人，其余均为初中	家传	3
	乌江号子	万足镇县城	李永和、黄祖学、孔庆余等5人，均在60岁以上	肖正禄等	大学、初小	师传	3
	诸佛盘歌（市级）	诸佛乡	6人，均60岁以上	万朝珍等	初中、小学	师传	3
民间舞蹈	摆手舞	太原乡黄家镇诸佛乡润溪乡大垭乡	不详	不详	不详	不详	不详
	高台舞狮	靛水乡	唐家班共有老中青10多人	唐守益	小学	家传、师传	6
		棣棠乡	李天阳、冉享、王天军等人	李天阳等	不详	不详	3
		高谷镇	冉红光、彭泽绪、赵泽书等10多人	冉红光等	不详	师传	不详
	普子铁炮火龙（市级）	普子镇	冉文德、肖世泽等7人，60岁以上4人，50–60岁1人，50岁以下2人	潘中仁等	小学、初中居多，大学1人	师传	4

① 统计据王希辉等《田野图志——重庆彭水少数民族非物质文化遗产考察》，西南交通大学出版社，2012年。

续表

	甩手揖	诸佛乡	方兴宇、任远万等11人，60岁以上5人，50-60岁2人，50岁以下4人。	李元胜等	小学、初中	师传	4
民间戏曲	木蜡庄傩戏	大垭乡	冉真文、韩继要、毛锡海等15人，其中50岁以下7人，50-60岁1人，60岁以上7人	冉正高等	小学、初中	师传	6
	朱砂三人花灯	郁山镇	5人，60岁以上3人，50-60岁1人，50岁以下1人	郑国俊等	初中、小学	师传	不详
传统技艺	吊脚楼工艺	润溪乡	安永发等3人，60岁以上2人，50岁以下1人	向法权等	小学2人，初中1人	师传	4
	竹板桥造纸术（市级）	郎溪乡	刘姓家族成员为主，兼及董、马两姓人家	不详	不详	家传	11
	郁山擀酥饼（市级）	郁山镇	5人，50岁以上1人，50岁以下4人	甘秉廉等	小学1人，初中4人	师传、家传	3
	嘟卷子	郁山镇汉葭镇	流传广泛	刘丹琴等	不详	家传	不详
	郁山鸡豆花（市级）	郁山镇	5人，50岁以上3人，50岁以下2人	黄守萍等	不详	家传	4
	郁山晶丝苕粉	郁山镇	不详	郭先萍等	不详	家传	5
	蛇毒疗伤医术	鹿角镇、双龙乡高谷镇	8人，60岁以上5人，50岁以下3人	陈鸿儒等	不详	师传	4

随着历史的进程，乡村戏剧的人文生态环境也发生巨大变化，尤其是人们对傩戏、阳戏等戏剧内包含的巫术、神祇的信仰普遍淡化，加上青壮年外出打工，从事傩事活动的艺人和土老师年岁已高，少有年轻人来传承，因此傩事活动的传承面临青黄不接的趋势。以道真傩坛班1988年从职人员及掌坛师基本情况一览表（表2）为例[①]，当时掌坛师平均年龄62岁，60-65岁的人数最多，有15人；其次是70-75岁，有11人；60岁以下共计16人，其中40-45岁的有4人。统计表明道真傩坛的传承人结构趋向老龄化，缺乏年轻血液的输入，道真傩戏发展至今，统计表中也有不少老掌坛师已经离世，就是尚存年老的一代艺人已有七八十岁的高龄，就傩祭、傩技

① 汪泉恩：《贵州道真傩戏》，《道真古傩》，贵州民族出版社，2012年，第100-103页。

表演这些难度高的项目也是力不从心了。据2004年红岩村做平安傩时的情况统计①，红岩村坛班掌坛师李楹祥当时年龄72岁，其坛班平均年龄49岁；巴渔坛班平均年龄47岁，年岁最高者为78岁，最小者25岁。隆兴傩班于2010年在正安安场农户家进行“梓潼戏”，接续香烟仪式由张邦连主持，其坛班平均年龄47岁，年长者张邦宪68岁，最年轻的是21岁的张信波②。总体来看，每个坛班中的掌坛师都年岁已高，年轻人学艺仍然较少。

表2 道真傩坛从职人员及掌坛师基本情况统计表(1988年底)

乡名	掌坛师				乡名	掌坛师			
	姓名	性别	年龄	族别		姓名	性别	年龄	族别
	胡云中	男	74	汉族	山岩	袁学道	男	65	汉族
巴渔	张保安	男	74	仡佬族	桃源	韩世木	男	68	仡佬族
双河	黄孝发	男	54	苗族		李德厚	男	58	汉族
上坝	冉泽凡	男	65	土家族	群益	徐砚廷	男	70	汉族
蟠溪	传德奉	男	64	汉族	清溪	韩伦高	男	68	仡佬族
梅江	张应文	男	70	苗族	洛龙	江方明	男	45	仡佬族
池村	李应光	男	76	苗族	凌霞	韩少英	男	70	仡佬族
爱国	何泽真	男	56	仡佬族		杨海安	男	60	仡佬族
莲池寺	廖玉光	男	74	仡佬族	阳溪	刘真才	男	45	汉族
涴溪	侯少华	男	65	汉族	增产	杨润学	男	42	仡佬族
云峰	万少怀	男	72	汉族	永锡	黄守奎	男	65	苗族
三江	骆弟洲	男	65	仡佬族	接龙	周兴全	男	60	仡佬族
	徐太和	男	70	汉族		谭文章	男	52	仡佬族
	王海洋	男	65	苗族		肖云鹏	男	48	汉族
杨坝	韩世雄	男	58	仡佬族	大磏	邓昌旭	男	48	仡佬族
永成	梅天府	男	56	仡佬族	福星	冉香廷	男	62	土家族
关中坝	雷应顺	男	60	仡佬族		冉凯云	男	62	土家族
槐坪	李楹祥	男	56	仡佬族	石人	程燕林	男	40	仡佬族
	张庆六	男	76	土家族	平胜	邓佐华	男	48	仡佬族
石桥	商业光	男	71	汉族		黄孝顺	男	59	苗族

① 崔龙洙、韩相德：《中国贵州省道真仡佬族苗族平安傩调查述要》，《道真古傩》，贵州民族出版社，2012年，第114页。

② 冉文玉：《接续“香烟”的仪式：梓潼戏——道真隆兴傩班正安行法纪要》，《道真古傩》，贵州民族出版社，2012年，第195页。

续表

忠信	费志书	男	71	仡佬族	平模	冯在恒	男	60	仡佬
	李志洲	男	65	汉族	顺河	赵习宣	男	54	仡佬
水石脚	杨少臣	男	70	仡佬族					
	常裔安	男	65	仡佬族					

表3 恩施社节传承情况统计表

姓名	性别	出生年月	文化程度	传承时间	居住地址
谭秀珍	女	1957.8	小学	1990	黄泥塘村四组
王晓珍	女	1950.5	小学	1990	黄泥塘村四组
刘理秀	女	1946.7	小学	1965	黄泥塘村四组
龚高启	男	1952.4	初中	1992	黄泥塘村四组
向大兴	男	1954.5	初中	1991	黄泥塘村四组
吴光秀	女	1951.3	初中	1995	黄泥塘村四组
张永尧	男	1948.2	小学	1992	黄泥塘村四组
张子兴	男	1940.6	小学	1970	黄泥塘村四组
杨光平	男	1951.1	小学	1966	黄泥塘村四组
刘洪安	男	1938.12	中师	1945	白杨乡
范绪朝	男	1970.1	初中	1980	白杨乡
刘丞义	男	1936.12	初中	1951	白杨乡
陈后灼	男	1914.3	小学	1958	白杨乡
熊胜光	男	1948.9	小学	1960	白杨乡
吕仕武	男	1971.8	初中	1991	白杨乡
张家兴	男	1963.7	初中	1983	白杨乡
李先玉	男	1933.12	私塾	1945	龙凤镇小龙潭村
向伦轩	男	1933.12	私塾	1945	龙凤镇街道委员会
赵景顺	男	1938.12	小学	1952	龙凤镇林子坪村
黄长福	男	1948.1	小学	1963	龙凤三合村
黄家志	男	1954.9	小学	1968	小渡船大龙潭村
方旭能	男	1938.5	小学	1951	小渡船大龙潭村
万永森	男	1928.2	私塾	1943	白杨乡石桥子村
范鸿富	男	1925.3	私塾	1938	白杨乡石桥子村

续表

杨秀存	男	1956.4	初中	1975	六角亭高桥坝村
杨秀培	男	1951.3	小学	1976	六角亭高桥坝村
任国富	男	1968.12	初中	1983	六角亭高桥坝村
方恩武	男	1966.11	初中	1984	六角亭高桥坝村
叶香忠	男	1967.1	小学	1987	六角亭高桥坝村
吕经义	男	1947.2	小学	1986	芭蕉侗族乡
肖宏福	男	1946.8	初中	1957	芭蕉侗族乡
肖先益	男	1952.1	初中	1967	芭蕉侗族乡
曹大权	男	1965.9	初中	1982	芭蕉侗族乡
刘平春	男	1942.3	小学	1990	芭蕉侗族乡
向德顺	男	1976.12	初中	1980	芭蕉侗族乡
向兴春	男	1941.7	小学	1998	芭蕉侗族乡
向兴田	男	1946.8	初中	1972	芭蕉侗族乡
向兴堤	男	1945.3	初中	1972	芭蕉侗族乡
向启龙	男	1968.9	初中	1997	芭蕉侗族乡
向廷飞	男	1975.4	初中	1980	舞阳坝办事处
黄长清	男	1975.6	初中	1982	舞阳坝办事处
李正轩	男	1976.7	初中	1985	舞阳坝办事处
陈守松	男	1968.5	初中	1977	舞阳坝办事处
李正碧	男	1974.5	初中	1984	舞阳坝办事处
李正田	男	1972.6	初中	1983	舞阳坝办事处
李正安	男	1965.8	初中	1976	舞阳坝办事处
梁山泉	男	1973.4	初中	1985	舞阳坝办事处
梁山海	男	1968.5	初中	1985	舞阳坝办事处
杨明才	男	1968.2	初中	1986	舞阳坝办事处
张远忠	男	1968.5	初中	1983	舞阳坝办事处
宋保良	男	1968.2	初中	1970	舞阳坝办事处
张同平	男	1963.5	初中	1973	舞阳坝办事处
万方喜	男	1965.4	初中	1973	舞阳坝办事处
沈勇	男	1973.1	初中	1979	舞阳坝办事处

从恩施社节的传承情况来看，出生于20世纪60年代的只有14人，出生在70年代的有10人，最小为42岁的向德顺。龙山县“梯玛”传承已经面临严重危机，据1986年对龙山县岩冲、贾市、苗市、坡脚、凤溪、内溪、靛房、咱果等乡镇的“梯玛”调查，从事“梯玛”的有40人，其中70岁以上的有12人，60–69岁的有7人，50–59岁的有15人，50岁以下只有6人，年龄最小的37岁。然而在这40人中，有7人不能单独掌坛，还有多数人不太熟悉梯玛神歌和法事程序。2017年底尚有16人健在，年龄都在70岁以上，仅1人在50岁以下，而且现在也只有8人从事梯玛活动。石柱土戏艺人向世华、向大学的去世，造成“人亡歌息，人亡戏绝”的局面，石柱土戏基本上无法开展。笔者还对福泉、开阳等地的阳戏发展现状进行了调查，发现阳戏艺人年龄偏老，后继乏人的问题十分显著。开阳南龙中桥阳戏班子现有21人，其中80岁以上5人，70岁以上2人，60岁以上2人，50岁以上5人，40岁以上6人，30岁以上1人，30岁以下的没有，这使得阳戏传承队伍缺乏后劲。客观上，由于社会经济及城市化进程快速发展，民众生活方式发生改变，阳戏与民众生活、民俗民风密切结合的文化环境也逐步消失，当代民众习俗对阳戏的依附性已经不复存在；现代传媒的介入，艺术、娱乐方式的增多，在多元文化的冲击与取舍下，人们改变了审美方式，尤其是更多的青少年选择时尚娱乐方式，不关心和不愿从事阳戏表演；农村绝大部分青壮年外出经商、打工，就连现有的阳戏班子内部也有不少人到外地打工，现在要组织一场阳戏表演也只能勉强撑持。国家级非遗黔江南溪号子传承人及演唱者中，最大年龄88岁，最大年龄70岁，年轻人中没有一个能喊出号子的。国家级非遗湘西苗族鼓舞传承人石顺民已经70岁，鼓舞传承力不从心，且无年轻人肯学，后继无人，徒手鼓舞、调年鼓舞、团圆鼓舞、跳鼓等正面临不断消失的困境。

图10 纸扎工艺大师聂方俊

随着现代化及工业化的冲击，众多传统手工艺品被看似物美价廉的机械工艺产品所取代，传统手工艺产品由于生产流程慢，制作成本高，加上产品在设计创新上较弱，难以满足消费者需求，其市场出现萎缩，影响经济收入和生计。加上传统手工艺人社会地位长期未得到应有认可，农村年轻人不学习这个，宁愿外出打工谋生，像泸溪凿花、竹编器具、湘西苗绣、土家织锦等手工艺品销路有限，以至于出现很多传统技艺类非遗招徒难的现象，老艺人年老体弱或者离世，而一些学有技艺的弟子也放弃、改行。如凤凰县苗族服饰技艺精湛的重点传承人有135位，年龄绝大部分在50岁以上，收徒弟的传承人不到20%，而且有60%的子女不愿学习民间技艺，国家级传承人麻茂廷的5个子女一个都不愿意承继父业，禾库镇排云村的吴香英如今也放弃剪纸艺术而改行从商，其子女无一位做剪花。在土家织锦传承较好的龙山县，苗儿滩会织锦的1142人中，1040人外出打工，在外地从事织锦的人数只有55人，在原生地坚持的也只有47人；叶家寨有152人会织锦，坚持织锦的人数也只有16人，132人选择外出打工；捞车河会织锦的78人，如今也只有11人在坚持织锦。这些地方从事织锦的都还是中老年人，年轻人在40岁以下的共8人。传承人数量的减少和年轻人价值观念的改变带来传承断代的危险和传统技艺失传的危机是摆在非遗传承保护工作中的一个现实问题。

三、武陵地区非遗传承人仍然面临着经济的困境

武陵地区非遗传承人都是非遗所在地的农民，非遗传承人所从事的事业是兼具文化性、艺术性、科学性的光荣事业，但非遗传承人首先是作为当代的农民身份而存在，他们需要找经济来源来维持一家人的生计。武陵地区非遗传承人生活在“山高人稀”的山区，民间艺人的物质生活条件仍然艰苦，贫困依然存在，而且多数传承人年岁已高，老龄化现象严重，非遗传承活动力不从心，无其他经济来源，子女生活条件也不好，其生活比较困难，没有物质经济支持，非遗渐渐失去了传承条件。一些非遗项目无市场或者市场萎缩，通过非遗作为谋生手段已经不能满足民间艺人的基本生活，因此，对年轻艺人来讲只能另谋出路，使得一些非遗行业几乎停业关门。如土家织锦市场需求量减少导致大量织锦艺人改行，原龙山土家族织锦厂、苗儿滩织锦厂以及民安土家族织锦厂相继停产，织锦艺人迫于生计加入打工浪潮。在土家织锦原生地也只有刘代娥、叶英等少数织锦艺人坚守着，开办家庭织锦作坊，自产自销。一幅“四十八勾”织锦耗时至少七个工作日，售价四五百元，平均毛利才六七十元，除去原材料等成本，纯收入不到三十元钱。叶水云告诉笔者，她曾经收徒不少，有的不到半年就走了，学织锦技术的确有难度且枯燥，年轻人难以静下心来学习打花。年轻的非遗传承人或者年轻民间艺人在农村务农比外出打工收入少很多倍，在农村务农基本能够维持一家人的生计，但没有多余的收入修房造屋，供子女上学、就医和赡养老人；而农村的一个青壮年劳动力通常一年在外能够有上万元甚至数万元的纯收入，比在农村务农收入更多。由此，非遗传承者不得不面临两难选择，年轻人往往选择外出谋生。如重庆市级非遗娇阿依民歌传承人罗兴禄常年在外打工，在春节或者遇上老家亲戚的红白喜事才会回来，短暂停留后又得外出打工。他说自己也非常喜欢娇阿依民歌，而且能够演唱很多，可是家里有老人孩子，都需要开支，在家唱歌没收入，干农活挣不了几个钱，又没有其他什么收入，在外一天能挣一百多元，甚至更多，哪里收入高就往哪里走。面对自己的兴趣爱好与现实的经济收入之间的矛盾，为了维持生活，哪里有时间和精力进行非遗传承与保护。虽然非遗传承和保护，并不能直接与经济利益挂勾，非遗传承和保护是传承人的义务。但实际上，非遗传承人的生活条件却直接影响非遗传承的

积极性和效果。据调查，一般一场傩戏坛班表演需要6-10人不等，每人每天200元利时钱，主家一天最少得开销1800元。200元对法师而言，价钱不高不低，但对事主来说整个活动下来经济开支也不少。对傩戏艺人来说，生意不是天天都有，收入不固定，有时几个月没有出过一次活动，因此武陵地区有的傩戏传承人因工资太低，难以养家糊口，承受不了生活的压力，只好半途改行。

近年来，非遗代表性传承人的问题受到有关部门的高度重视，且得到了一定程度的改善。在我国给非遗代表性传承人开展传习活动补助标准分为国家级、省级、州级、县级四个等级。2008年开始，中央财政对国家级代表性传承人开展传习活动按每人每年0.8万元的标准予以补助，2011年提高至每年1万元，2017年再次提高至每年2万元。以湘西州2013年为例，省级代表性传承人每人每年0.2万元或0.3万元，州级代表性传承人每人每年0.12万元，县级代表性传承人每人每年0.06万元或0.08万元。这些补助是用来开展非遗传习活动的，而非生活补贴，除此之外非遗传承人无其他补贴。

四、传承人自身因素制约其非遗传承效果

如今虽然武陵地区经济社会高速发展，渝怀铁路、渝利高铁、杭瑞高速、渝怀高速、黔张常高速以及舟白机场、铜仁机场等带来便捷的交通，加强了武陵地区与外界的交流，但境内城乡经济发展仍然不均衡。经济的发展也给非遗传承人带来文化价值观的转变。由于严峻的生活环境，农村1970、1980年后出生的年轻人，越来越多地涌向城市，而且大多数都只是初中毕业，有的甚至中途辍学，外出赚到了钱，他们随经济社会变化纷纷在乡镇、县城购房居住，离开非遗原生地，放弃原有生活方式，观念有了变化，非遗传承受到极大威胁。

表4 苏竹村部分民间医生简介一览表

姓名	性别	年龄	受教育程度	专长
彭大尧	男	65	初中文化	家传，爷爷彭祖纯、父亲彭昌利都是当地有名的民间医生，其父去世后接替了父亲的职务，任村里的赤脚医生，精通蛇毒伤治疗。
彭继龙	男	55	高中文化	拜田齐友、田德明等为师学医术，后自学，略懂西药，善于用西药治疗伤寒病。
彭顺学	男	62	小学三年级	师传，懂医识药，懂巫术疗病口诀和断病方法。
田德明	男	86	小学五年级	25岁开始学医治病，先跟其岳父学医，后来又拜了4个师傅，懂医术和巫术，在当地治疗疱疮颇有声望。
叶金桂	女	74	初中上了一年半	年轻时替伯伯给病人送药，慢慢地积累了一些医药知识，曾在洗车河接受过为期半年的接生技术培训，擅长治疗毒蛇咬伤，尤其擅治五步蛇伤。
彭昌松	男	85	退休教师	略懂医术，擅长治疗女子月经病。
彭大平	男	69		略懂医术，其母亲擅长肝炎病的治疗。

续表

彭大富	男	82	文盲	家里几代人都是药匠。
龚道花	女	57	小学四年级	略懂妇科疾病知识。
田德利	男	64	小学文化	略懂医术，精通法术，得其父田齐友梯玛真传。
田德成	男	61	小学四年级	略懂医术。其父田齐根（2008年去世）是未度职的梯玛。

表5 鹤峰满堂音传承人一览表

姓名	性别	出生年月	文化程度	学艺时间	居住地址
费正奇	男	1940	高小	1958	鹤峰县五里乡瓦屋村五组
李连泉	男	1943	初中	1963	鹤峰县燕子乡
马银阶	男	1945	初中	1963	鹤峰县燕子乡
董明元	男	1945	初中	1963	鹤峰县中营乡北佳村
田泽延	男	1944	初中	1965	鹤峰县太平乡
彭文照	男	1956	初中	1978	鹤峰县五里乡扎鸡山
田秀甫	男	1959	初中	1978	鹤峰县五里乡扎鸡山
田新甫	男	1963	初中	1978	鹤峰县五里乡扎鸡山
向文轩	男	1962	初中	1978	鹤峰县五里乡南村村八组
张春梅	女	1961	高中	1978	鹤峰县五里乡杨柳村六组
陈群英	女	1964	初中	1978	鹤峰县五里乡南村村八组

非遗传承效果不仅受到生活观念、非遗文化空间的影响，还受到非遗传承内部机制因素的影响，也会出现传承人青黄不接的现象。以傩戏、阳戏为例，傩坛主要有父子相传和师徒相传的传承形式。长辈言传身教，口传心授，晚辈诚心学习，一般要经过十年左右的跟班学艺，至长大成人，阴戏、阳戏、文武二坛的法事祭仪都能独立执法后，才正式度职成为掌坛师。师徒传承也需要有血亲关系，跟师父学艺三五年后，能度职掌坛。受行业传承机制的影响，加上传承人培养的时间长，传承范围非常有限。苗医药传承人不仅受到内部传承机制的影响，而且培养需要长期的临床经验积累，周期比西医漫长，加上老百姓青睐老中医看病，经济也不及西医的收入高，加剧了年轻传统医药人才流失，或在传承过程中半途而废，民族医药传承效果受到很大影响。民族传统医药知识传承模式具有血缘性、隐喻性（传男不传女的保守性）和地域性特点，目前传承人不仅年岁高，而且受教育的程度低，如苏竹村的土家族医药人才中，只有彭继龙为高中文化程度，其余均为初中和小学文化，甚至很多是没有接受过教育的，那么医药经验和知识多掌握在自己脑海里，没有用文字整理出来，民间医药传人高龄者，往往就是某项目唯一的传承人，一旦没

有传承接班人而断档，这个项目就会失传，出现“人亡艺绝”的状况。再看鹤峰满堂音传承模式是师徒传承，由表5可知满堂音传承人年龄跨度大，艺人文化程度均不高，最高为高中学历，九位受到初中教育，一位高小文化程度。在五峰薅草锣鼓传承谱系中有一位大学学历者，两位受过高中教育，四位受过初中教育，其余为小学学历。当然，表格中虽然统计受过初高中教育，也不排除人们为了面子把学历报高一点的现象。在非遗传承人中，这种现状也有其历史原因，因为在过去的年代，教育资源有限以及社会对教育的重视程度不够，加上农业经济重农作经验，轻文化知识，因而导致老一辈传承人文化水平有限，这给非物质文化遗产的传承发展带来重重困难。其一，传承人文化程度低，对民族文化缺乏正确认识。人们往往意识不到民间文化的价值，从而在非物质文化遗产的传承上缺乏主动性，有的甚至认为这只是政府为了完成任务而已，或是一届领导人为了突出政绩所为，只是为旅游景点招揽顾客热闹助兴等，这样的认识阻碍着传承人的积极性。同时，文化程度低，导致传承人对社会发展认识不足，对文化传承的途径还是延续着以往口传心授的模式，固守着传统的技能与传承模式，非遗项目中很多传承人技艺的习得，要么是靠师傅传授，要么是家族内传承，即有的学者所称的“内敛式静态传承”。这样的传承，往往容易与当今的社会发展脱节，难以让民间文化走得更远。其二，由于传承人受教育程度较低，所从事的往往是重体力轻脑力的劳动行业，这样的生活处境，给这些传承人带来了一定程度的自卑感，尽管近几年政府给予这些传承人相当大的关注，但是并没有从根本上提升他们的社会地位，当他们面对年轻有活力的一代时，会不由自主地质疑自己当“老师”的能力，同时自卑心理也阻碍着传承人主动去展示自己，传承和实践非物质文化遗产。其三，民间文化传承至今，大多是口传心授，世代相传。目前文化的传播面临着文化变迁所带来的断代，再加上老一辈传承人逐渐离去，很多非物质文化遗产面临着消失。要将深厚的民族文化记录和传承下来成为当务之急，虽然有学者正努力从事这样的搜集整理工作，但是如果传承人能够自己整理并创作，效果将会更好。可正因为传承人只有小学文化，甚至有部分是文盲，整个非遗传承的过程全靠口传心授，文字记录极少，加上许多优秀的民间艺人大多年高体弱，记忆力衰退，曲目、绝活、口诀、巫术等却无法用文本的形式梳理出来，久而久之，遗留下来的文化形式越来越少，传承面临着巨大的挑战。

表6 五峰薅草锣鼓传承谱系一览表

代别	姓名	性别	出生年月	文化程度	学艺时间	居住地址
第一代	周学贵	男	1926	不详	不详	湖南石门子良坪
第二代	王占明	男	1942	初中	不详	仁和坪船山坪村
	李克照	男	1954	小学	1964	仁和坪船山坪村

续表

第三代	王德方	男	1962	高中	1978	仁和坪船山坪村
	王德财	男	1965	小学	1978	仁和坪船山坪村
	严龙兴	男	1964	高中	1974	仁和坪船山坪村
	邹永善	男	1964	初中	1974	仁和坪船山坪村
第四代	邹阳	男	1986	初中	1996	仁和坪船山坪村
	李奎	男	1987	初中	1996	仁和坪船山坪村
	王仁重	男	1987	大学	1996	仁和坪船山坪村

如今，物质生活的丰富与富足，科学技术的进步，极大地促进了生活中各行各业的发展，极大地方便了民族间文化的交流活动；交通与新媒体的便利，拉近了人们之间的距离，不断丰富了人们物质和精神文化生活。当然这些同时也会加大外来文化对民族文化的侵蚀风险，冲击脆弱的非遗文化生态环境。如武陵地区的祭祀与婚嫁习俗，发生了巨大改变，原先老人离世，都要举行隆重的坐夜闹丧，村寨及周边村民无论男女老少，三亲六戚都会赶来帮忙，哭丧歌、跳丧舞，热热闹闹送亡灵。而今却是花钱请丧事一条龙服务公司办理，现代演唱乐队唱流行歌曲、卡拉OK，表演现代歌舞等，很多老年人没有机会唱哭丧歌，年轻人都不会哭丧了，跳丧舞也不会了。为了方便村民出行也都把坐夜改成下午出殡。最近保靖县出台殡葬改革，规定老年人逝者不许停靠家里，都统一在殡仪馆停放，最多三天，就必须火化，不许做梯玛等法事，只能放哀乐，引起当地老百姓热烈讨论。在酉水流域、洗车、捞车、保靖一带有非物质文化遗产民间故事、传说、摆手舞、毛古斯、八宝铜铃舞、梯玛及“梯玛神歌”、挖土锣鼓、打溜子、山歌、吹木叶、咚咚奎、牛角号、树皮号、哭嫁歌、土家织锦等口头传统文化、传统表演艺术、民俗活动、礼仪与节庆，以及有关自然界和宇宙的民间传统知识和实践、传统手工艺技能等一百余种。特别在保靖靛房一带，传统丧葬习俗，一个白会要办五至八天，时间长的有半月，其间有一些梯玛超度、唱孝歌、三棒鼓唱主角等活动，本地人都担心，殡葬改革会把这些非遗丢失了。他们认为现在能够说土家语的人凤毛麟角，会唱

图11　在秀山八卦村调查花灯现状

土家语歌的就更少，一个寨子两个世界，还讲现在的姑娘很少会打花（土家织锦），很丢人，一点民族文化的东西都没有了。可见老年人看到原非遗环境变化让他们很不习惯，土家语的消失，土家织锦衰落，梯玛及唱丧歌、撒叶儿嗬等非遗濒临消逝，的确随着环境的改变，非遗传承空间消失，这给非遗传承带来了传承危机。

第二节　非物质文化遗产传承人困境的主要原因分析

一、非遗传承人的文化生态环境的瓦解

非遗文化空间变化，最大的还是农村土地承包责任制及改革开放后，经济发展让更多非遗传承人和普通老百姓放弃了原有生活方式，价值观念逐渐变化，非遗传承空间发生变化，给非遗传承造成很大的威胁。记得20世纪80代后期老家的男性中青年开始外出务工，常给家里寄钱回来，让其他老年人很是羡慕，这无形中促使更多年轻人外出打工。先是男性青年，后来年轻女子也纷纷外出，虽然比较封闭保守的老年人最初担心女子见世面少，在外面吃亏上当，想方设法阻挠，但看到一个个出去都没事，而且挣了钱寄回家，就这样慢慢地接受了。后来女儿、儿媳也把外孙、孙子留在家里南下务工，村庄就剩下老人小孩了，昔日热闹的村寨变得寂静。在这背景下，笔者的几个好友读到初二就辍学打工，最初是在石柱城郊砖厂搬运砖块，而后也去了广东东莞。几年下来，他们回家过年就少于关心或不参与寨子的民俗活动了，本来除夕之夜寨子都要敲打耍锣鼓，正月玩狮、玩龙灯、说吉利，到每家每户去拜年的，中青年参与少，就只是老人还在坚守。起先寨子的老年人对他们评头论足，久而久之也司空见惯听之任之了。自己没有时间玩耍，白天看看书，晚上一家人围坐火塘边聊聊天，母亲在世时，会要她讲年轻时的生活民俗。听母亲讲，外公会跳端公，会堪舆和一些绝技，但是没有传给母亲。母亲是当地刺绣好手，小时候，我们兄弟姐妹穿的右衽衣服、长裤，戴的虎头帽都是她自己做的，还有精美的十字挑花花边。针线绣花鞋垫和千层底薄布鞋、棉鞋子，好看又合脚，寨子好多人都很羡慕。笔者一直枕着的绣花枕巾、绣花枕头也都是母亲的作品。记得农闲时，只要下雨不出工，就能看到她忙完家务事就会拿起针线，边哼唱民歌，边缝补衣裤或绣花鞋子、鞋垫。有时笔者也跟着哼哼，学到几个调子，还会在上坡割牛草时唱，瞎编一些啰儿调歌词。如今寨子里的吊脚楼、土坯房、砖瓦房七零八落，而且在家的人口也少，寨子十分冷清，听不到昔日春节热闹的年味，山歌号子更不用说了。年轻人纷纷在乡镇或县城买房居住，长期在外工作，回家路上或在寨子里遇见的也都是回家

燃烛烧香的陌生村民。农村中青年、老年人放弃了原有的生活方式，生活观念也发生变化，原生文化环境改变，削弱了非遗传承人的主体，那些非遗鲜有传承。

武陵地区各族人民均有“以歌会友、以歌传情”习俗，众多的民歌传唱也需要演唱场域，如广泛渗入当地社会生活的盘歌，是各族人民表达思想感情的有效载体，盘歌基本靠人们自由传承，无论是在田间地头、山坡林间、沟渠河谷，还是在屋角院坝都可以盘歌，但盘歌需要人群集中的演唱氛围。在实行家庭联产承包责任制后，集体劳动耕作越来越少见，人们聚集的时间和空间有限，组织难度较大，青年一代传承较少，盘歌失去了文化环境，非遗传承人的主体削弱，以致盘歌逐渐步入濒危的险境。民间歌谣是劳动人民生活智慧和经验的积累。但随着时间的流逝，传承场的瓦解，很多民歌就被人遗忘，甚至消失了。

武陵地区乡村的信息化水平逐渐提高，影响着人们的价值和思想观念。如今电视、手机等得到普及，人们的娱乐方式发生了极大的变化，看电视、玩手机成为人们在闲暇时间主要的娱乐方式，人们基本上不唱民歌，不看不玩乡村戏剧，少于干手工技艺活，这使传统民间音乐、傩戏、阳戏、织锦、银饰、挑花刺绣等非遗的传承活动缺少甚至没有配合和可以发展的对象。在文化娱乐多元化的当下，非遗传承人的群体数量减少，以及审美需求的转变，使非遗传承人陷入了既想保持民歌传统性又想紧跟时代发展潮流、既想保持自己文化个性又要适应群众的审美需求的两难境地。如民歌传承人原文化空间改变，乐器伴奏较少，现在社会各界对非遗的关注更多，传承人经常被邀请到某地或相关部门组织演出表演，组织者为了迎合观众，在演出中多是搭台表演，大搞灯光、舞美设计，利用乐器的烘托等来活跃氛围，传承人的表演必然受到一定的限制，比如演唱内容、演唱方式的改变等。而傩戏、阳戏演出，每一则剧目完整表演少则四十分钟，但受舞台表演限制，要浓缩到六至十分钟内，年轻的还能应付，上年纪的传承人根本转变不过来，不是忘记词，就是不知该做什么表演动作。2006年黔江电视台主办的地方迎春晚会，南溪号子几位传承人在舞台表演，整个过程他们在这样一个表演空间里很是放不开，十分拘束，而且中途出现多次忘词情况，这与笔者在鹅池镇南溪的原住地采访采录时完全两个样，舞台环境让他们很不自在。事后笔者调查了县城的一些群众对南溪号子传承人表演情况的看法，不少人认为传承人也就这样，看来传唱环境改变带来的不适应造成演出效果差，正是一个正面宣传带来负面影响的例子。可见在做非遗保护与传承工作时，如果不考虑和注意社会环境影响的改变，会对非遗传承人的传承行为、传承心态、传承方式等方面产生影响。

二、社会各界对非遗及非遗传承人的保护意识薄弱

随着非遗保护的宣传力度加大和社会各界对非遗保护的认识不断提高，武陵地区非遗保护工作受到各级党委政府的高度重视，并得到大力支持，非遗工作及传承人保护工作取得了不少

经验，但是仍然存在不足。

第一，对非遗保护工作的整体认识不高，对代表性传承人的保护工作进展不大。在实际工作中，很多地方党政领导不能够正确理解保护非遗的重要性和紧迫性，常常只是把非遗挂在嘴边。在调查中也发现，地方虽然成立了非遗保护办公室或中心，安排1–2名人事编制，其工作人员多不懂非遗，也没有参加过培训，还有的设立这个办公室是为了解决人员而已，开展非遗普查、申报工作都是将工作交办到乡镇或村委去办，由他们来报材料，再临时请人来帮着整理材料，以致出现传承人申报与实际不符。有的把非遗代表性传承人理解为是一种待遇，是一种扶贫工作，在某县民歌代表性传承人申报中，陈某是小学老师，出身山歌世家，演唱技巧在当地很有名望，因为有收入，被做思想工作把名额让给一位经济收入不固定且较困难的人，其山歌演唱水平很一般，只要有外地来调研的经常要采访陈某和其他几个歌手，他们都说“我们不贫困，唱不好山歌，找某某噻，他是省级传承人”。另外企业会比较看重非遗的市场经济价值，忽视非遗的文化内涵。导致这些问题的原因，是政府部门在实际工作中出现的“上热下冷”。非遗宣传工作的滞后，对非遗保护工作认识不到位，没有充分认识非遗保护工作的重要性、紧迫性，非遗保护工作的主动性和积极性缺失，造成大量群众缺乏对非遗保护政策及相关知识的了解，导致群众对非遗保护意识淡薄，甚至使群众文化自卑感加强，缺失文化保护的自觉性。还有一些单位不懂非遗文化，广告词乱用，如“非物质文化遗产三不加酱油”，混淆概念。

第二，对非遗工作认识不到位，把申报非遗项目作为地方政府领导追求政绩观的一个主要内容，并普遍存在非遗工作“存在抢注、抢夺，重申报、轻保护”的思想。一些地方政府为了政绩考核和经济利益，想通过国家对非遗的重视而获得与之相关的资金支持，借非遗之名来发展旅游、售卖旅游工艺品等，提高旅游景区门票价格获取更多经济利益。对非遗申报成功的单位部门及人员予以政绩加分，对有市场效益的非遗以支持，对缺乏市场效益的非遗漠不关心，保护好不好在政绩考核中都不作要求。在地方申报非遗项目的过程中，没有理解《申报评定暂行办法》（国办发〔2005〕18号）中关于“传承于不同地区并为不同社区、群体所共享的同类项目，可联合申报；联合申报的各方须提交同意联合申报的协议书”的文件精神，导致毗邻地区相同非遗项目抢先申报，甚至还有出现文化资源争夺，如我国最早的女性实业家巴寡妇清、《黄杨扁担》、桃花源等文化发源地争夺。

第三，非遗项目申报是由上而下的行政行为，其挖掘、申报、评定都是由各地政府文化部门组织地方专家开展取舍论证，而真正的文化持有者却在非遗项目的申报中失去话语权。基础组织和文化持有者并不清楚或不知道何为非遗项目与代表作，不明白文化保护的价值意义，更不知道文化怎样去传承和保护，代表性传承人也不完全是自己申报或行内推荐，不由传承群体评定。

第四，武陵地区非遗代表性项目名录申报也存在“文化碎片式”申报现象，如武陵地区土家族传统年节祭祀民俗活动“舍巴日”，即跳摆手，被各地撕裂申报成“土家族摆手舞”“土家族舍巴日”“土家族摆手歌”，且分别归属到“民间舞蹈”“民俗”“民间文学”不同类别；还有土家民歌被撕裂为“土家族山歌”“土家族挖土锣鼓歌”“土家族薅草锣鼓歌”“土家族哭嫁歌”“土家语山歌”“湘西土家族民歌”，有的还分别归到“民间文学”“民间音乐”类；苗族民间歌谣撕裂为民间文学类的“苗族歌谣”和民间音乐类的“湘西苗族民歌”。还有归类划分、名录名称术语不精准等问题，如思南花灯归类在“传统戏剧”，秀山花灯归入“民俗”类；土家族服饰归到“传统手工技艺类”，“苗族服饰”却归类到“民俗类”。把“土家族转角楼建筑艺术”归到“民间美术”，这首先是定义不准确，“转角楼营造技艺”应归类在“传统手工技艺类”。“土家族转角楼”“郎溪竹板桥造纸”“龙凤花烛”“凤凰县凤凰蓝印花布”“苗族银饰”等名称定义有歧义。问题很多，这些都充分反映出非遗保护工作中做得不够精细，民间话语不够等。

第五，随着非遗保护工作的不断推进，民间艺术传承人保护也受到社会各界高度重视，但对作为活态文化传承载体的非遗传承人保护工作做得还不够到位。传承人生活困境方面政府做出了众多帮助和支持，但传承人数据库建设不够完善，多数传承人年高体弱，非遗传承活动已是力不从心，面对招徒难的困境，手艺无法一代代延续，传承人心里也很难受，他们一身的本事会随人的离世而造成不可挽回的损失。为了留住依靠口传心授的传统手工艺和技艺等，政府部门和专家学者进行了大量的非遗影像数据采集和非遗建档立案等抢救性记录工作。我的导师王海霞先生进行了口述史理论与方法论的研究并发表《民间美术传承人的口述史在文化遗产保护中的作用》，强调传承人口述史在非遗保护工作中的重要地位、作用及意义，阐发做口述史的方法论，进行实践性的探索和总结。王海霞先生主持了“中国民间工艺美术传承人口述史数据库”国家重大课题，生前到武陵地区进行了实践性工作。2012年的冬天，她在繁忙的工作中，抽出时间出席支持我主持的“武陵山片区发展高峰论坛”，专题演讲“非遗实践性保护”学术讲座，主持和评议分组讨论，两天时间里全身心投入工作中，会议结束她拖着疲惫的身体继续给我讲授做非遗传承人口述史的研究方法。她回到北京就夜以继日着手编撰《中国民间艺术传承人口述史》丛书。《中国民间艺术传承人口述史》丛书，涉及年画、剪纸、皮影、木偶、织锦、漆器、泥塑、唐卡、陶瓷等领域内杰出传承人的口述实录。由此各地也开始对传承人进行数字化保护工作，并取得突破性进展。非遗传承人数量很大，进行实录的凤毛麟角，大量的实录工作仍需投入大量人力物力继续开展，在实际工作中存在诸多困难和不足，对传承人的保护工作需要倾注更多的情怀。在调查走访中，很多传承人并不只是需要生活中提供多大的帮助，他们需要的是关心和存在感。记得在石柱调查啰儿调传承现状中，传承人讲：“当地群众认为传承人有固定工资（对传承活动等资助经费误解为生活补贴），让自己很是不自在。群众不知情况能理解，地方组织活动我们都积极参加，传承活动也时常开展，不谈钱的事，传唱啰儿调心里很快乐。我们觉得对我们关心不够，一年来没有组织传承人一起开个会，不是要吃住，主要是想大家碰碰面，交流交流。”我听懂了他们的意思，开玩笑地说：“要是我组织你们一起开个会，您来不？但是没有务工补贴，车费自己解决。”“要来。”在县城召集传承人及非遗工作者座谈会，传承人都冒着风雪赶来了，会上交流很热烈，会后还在秦良玉广场和玉带河广场即兴清唱啰儿调，吸引众多群众，不少上年纪的人也跟着唱起来，整个氛围很浓烈，晚餐时仍在继续，餐馆的服务人员和食客也参与其中。座谈会得到石柱县文化委的支持，解决了他们的路费，还表示每年争取开个团拜会，让传承人们一起交流。在清水江流域天柱县考察的一个月里，正好在本地四十八寨歌期间，在县城风雨廊桥一些柱子上贴着手写或打印的关于某镇举办赛事通告，通知参加（参赛）个人或队伍报到时间、自备服装道具，现场开演前登记演出节目名等。看到这些通告，大家前往相应演出地，参加了渡马“七月二十坪歌场”，观看来自竹林乡、坌处镇、远口镇、社学乡等地的侗戏表演、民歌演唱等，节日氛围很浓厚，群众的文化自觉和文化自信淋漓尽致地呈现于眼前，这让我明白，非遗传承需要文化生态环境的保护，

图12　渡马“七月二十坪歌场”小学生侗戏表演

需要对传承人的认同。对传承人的认定也要考虑非遗行内评价，他们最有话语权。在调查道真傩戏传承坛班中，传承人平时在一起多讨论傩坛技艺、傩戏剧本内容问题，但问及谁的技艺水平好，他们会客观地评论，而且要谈很多实际的例子，进行单项比较、综合评价等，对各级传承人水平的评价，是比较客观的。如聂本鸿、黄本济两位师傅在交流中，都认为代表性传承人某某不一定是行内水平最高或者精英，傩艺算得上中等偏上水平，在某一方面还可以，但唱腔上存在吐词不清问题，强调转换过渡还有些不足，比起某某来说要差得多，总体来讲这人组织能力强，社交广，思维活跃，为人还可以，管他是不是哪一级传承人，都是把傩戏传承下去，都没什么关系。从这些言语中，也反映出非遗代表性传承人的选定话语权应交还给行内人群，他们才是专家评委，也只有这样，才能真正尊重传承人，对传承人做到真正保护，代表性传承人从普通传承人中评选出来，才能够得到大家的认可。做非遗保护工作最需要有情怀，要关心和体贴传承人。

三、非遗利用程度较低，利用存在问题

非遗保护不只是单纯地保护，必须结合时代的发展开展多样化的保护手段，有的非遗可采取生产实践性保护，科学合理、适度利用，推动非遗永续发展。从当今非遗利用情况来看取得了不少显著成效，但在利用的过程中还是出现了一些问题。

第一，在利用中不一定是民间举办，因政府官员对非遗认识上的偏差及利益上的驱使，往往会自己一手操办，把“民俗”“官俗”化。这方面，著名学者苑利曾多次强调非遗保护必须坚持“民间事民间办”原则，不能在利益和政绩驱使下盲目开发利用。这方面南京大学陈竟也曾在《发展中国化的现代民间剪纸艺术》中讲到：“一些不懂非物质文化遗产的官员、‘专家’、画家、商人的参与炒作，已经背离了非遗‘抢救为主、保护第一’的方针，他们以政绩、赚钱为目的或以‘创新’为借口，错误地将我国传统民间剪纸引导到产业化、低俗化、绘画化、西洋化的发展道路……”他指出：“剪纸作为非物质文化遗产，可以合理利用其技艺资源创意衍生品投入市场，产生一定的经济效益，改善提高民间剪纸传承人的生活，保护他们的积极性和传统技艺。但如果一味为了赚钱，成为市场经济的奴隶，充满铜臭气，那是糟蹋、破坏剪纸非遗。”千百年来沿袭的土家族节日，在经济动力的推动下，原本传统社区和传承人自主自办的事情，也由政府大包大揽，乡镇书记、村委会承担了村寨的头人、梯玛或巴岱主持角色，传承人和村民一律按照乡镇、村委会安排的节目程式来表演，毛古斯编成了文艺节目，摆手舞也只能跳几个动作而已。有的地方还由县委县政府操办，邀请著名演员，安排现代歌舞，把毛古斯代表性传承人及表演队伍当观众，或者只有少量的短时间的表演。类似这样“越俎代庖”、商业化庸俗利用的例子很多，不仅破坏了传统民间节日，还伤害了传承人的心，外来客

图13　传承人在景区传唱《娇阿依》　简文相摄

图14　旅游景区舞台表演土家民俗文化

人本是想感受和体验原生性的节日习俗，结果观看的是一般现代歌舞，这非但没有宣介非遗项目，反而给人留下不好的印象。政府应当引导“经济搭台，文化唱戏”，克服“唯市场论”影响，把舞台文化空间交还给传统社区和传承人，突出他们的主体地位。

第二，非遗存在过度的商业开发，对非遗造成一定损害。诚然非遗保护不可能拒绝开发利用，但是利用必须适度，不能损害非遗，不能破坏原汁原味的文化形式。搞开发过程中，打着文化商品、文化旅游等幌子，迎合游客及“时尚”对民族传统艺术和习俗类非遗任意“改编”，甚至胡乱改造，扭曲非遗本质，导致优秀的文化遗产发生变味、失真。武陵地区各地不断升温的旅游业中，土家苗家山寨的众多珍贵非遗也移植到景区，所谓的“原生态”歌舞表演天天皆有，本来在田间地头春耕时节开展的薅草锣鼓、挖土锣鼓等，还有武陵地区苗族土家族民间婚俗才有的哭嫁，特定时间、特定场所举行的如土家族梯玛歌、冲傩、还愿傩、八部大王祭等宗教巫术活动也在景点或舞台上表演，而且多已经通过肤浅“创新”，一点也没有原生元素。而以苗族鼓舞、瑶族长鼓舞、瑶族民歌、毛古斯舞、土家摆手舞、土家族女儿会、土家族哭嫁歌、土家咚咚喹、桑植民歌、侗族合拢宴、苗族服饰、湘西赶尸等非遗资源为素材所打造的舞台节目粗制滥造，没有深入挖掘其文化内涵，使观者对非遗项目认识有误，而且这些表演没有传承人的参与，往往传承人在这些地方没有展示的空间。景点这样对非遗进行“文化过滤”，把丰富的民族文化概念化、具象化、景观化，最终会导致文化生态环境的瓦解。本可以上演的如传统戏剧辰河高腔、南剧、两河戏等往往排除在外。旅游市场所销售的手工艺品，也经过“改良”，材料低劣，做工粗糙，使游客都总结一句“旅游景区拿真钱买假货”，“脑壳打铁（傻子）买一个”，导致真正的非遗产品受到牵连，市场不景气而许多非遗手工作坊生存困难，传承人无奈转行另谋生计。这也充分反映出政府对传统手工技艺类非遗产品的生产和加工缺乏统一规划和监管不力等问题。武陵地区非遗资源丰富，而生产性保护起步也较晚，导致在生产性保护活动中存在着许多急待解决的问题，如旅游和非遗保护的关系认识不到位，许多地方政府官员把非遗当作发展当地旅游业的一个道具，实现旅游业目标的一个手段，因而忽视了非遗的原真性、整体性和传承性，必然出现旅游业中的伪民俗、伪非遗的现象。非遗品牌也面临非遗商标遭侵犯、非遗文化传播收效差、非遗技艺脱离现代生活需求，还有非遗跨界转型能力弱等生存境况问题。

第六章
武陵地区非物质文化遗产传承人发展对策及建议

非物质文化遗产的重要传递者与承载者是传承人，他们承载并掌握着非物质文化遗产的精湛技艺及文化知识。因而，传承是非物质文化遗产保护的核心，而传承人则是非物质文化遗产保护的重点，保护好传承人是非物质文化遗产保护最为关键的环节，是解决传承危机的关键所在。武陵地区位于湖南、湖北、贵州、重庆四省市的交会之地，属于少数民族聚居地区和经济落后地区，但这里有着非常丰富的非物质文化遗产。面对现代化、全球化、商业化和城市化的冲击，人们的生存环境、生活方式、审美观念、思想价值等都发生了巨大的变化，大量的非物质文化遗产濒临消失，老一代传承人越来越少，年轻一代对传统非物质文化遗产不再感兴趣。如何加强对武陵地区各地方非物质文化遗产传承人的保护、培养工作是武陵地区各级政府所共同面临的问题。本章将从传承人保护制度、传承人保护机制、传承人培养体系、传承人后勤保障、传承人文化生态圈以及非物质文化遗产创造性转化发展等几个方面就武陵地区非物质文化遗产传承人保护和发展提出对策及建议。

第一节　不断完善武陵地区非物质文化遗产传承人保护制度

对武陵地区非物质文化遗产传承人的保护和培养首先必须有法律和制度的保障，必须制定相关的法律法规，从法律和制度上确保传承人的社会地位。武陵地区非物质文化遗产传承人保护制度主要包括传承人的法律制度、传承人的认定制度、传承人的行业制度以及传承人的保障制度。

一、不断完善非物质文化遗产传承人的法律制度

非物质文化遗产传承人法律制度是指以立法的形式对非物质文化遗产传承人的社会地位、权利和义务进行认定。在各位专家、相关部门以及各界人士的共同努力下，自21世纪以来，经过十多年的发展，我国对于非物质文化遗产及其传承人的法律工作已经取得了较大的进展。2002年贵州省人大常务会议通过了《贵州省民族民间文化保护条例》，对代表性传承人的申报范围等进行了相关规定[①]。2007年3月30日湖南省湘西土家族苗族自治州出台了我国第一个关于非物质文化遗产传承人管理的文件《湘西土家族苗族自治州民族民间文化遗产传承人保护管理暂行办法》，文件对传承人的界定、各县市人民政府管理传承人的工作职责、传承人的表彰和奖励、传承人的培养、传承人的生活保障以及传承资助和传承人的责任和义务等进行了明确规定[②]。2008年5月14日经文化部审议通过（自2008年6月14日起施行）《国家级非物质文化遗产项目代表性传承人认定与管理暂行办法》（文化部令第45号）[③]，此管理办法对代表性传承人、申报条件、申报程序、传承人权利和义务等内容进行了明确规定，为我国代表性传承人的界定提供了官方最为权威的依据，使我国非物质文化遗产传承人的保护取得较大的进步。2011年2月25日第十一届全国人民代表大会常务委员会第十九次会议通过，自2011年6月1日起施行的《中华人民共和国非物质文化遗产法》，第二十九条、第三十条、第三十一条对传承人的评审条件、传承人的权利和义务等内容从立法的层面给予了专门的规定。由此可见，经过十多年的努力我国对于非物质文化传承人的保护在法律制度等方面已经取得了较大的成绩。

尽管如此，对于我国当前非物质文化遗产传承人保护的需求而言还有较大的差距，在今后的发展过程中还需要进一步健全和完善。首先，当前我国急需出台关于非物质文化遗产传承人保护的专门法律，之前国家和各级政府出台的相关传承人保护的管理办法及文件，都不是以法律的形式完成。2011年6月1日出台的《中华人民共和国非物质文化遗产法》中只是部分内容涉及传承人，而且内容非常简单，并没有对传承人进行详细的法律规定。如果要更好地保护非物质文化遗产及传承人，我国必须制定和出台非物质文化遗产传承人专门的保护法律，从而确保非物质文化遗产传承人的法律地位、传承人的权威界定、传承人的认定法律程序、传承人的权利和义务等。对于非物质文化遗产传承人的保护世界各国都非常重视，并制定了专门的法律法规进行专门的保护，如日本、韩国颁布的《文化财保护法》，还有意

---

① 谭粤红：《云南要给民族民间文化“上户口”》，《中国文化报》2003年3月25日。
② 参见《湘西土家族苗族自治州民族民间文化遗产传承人保护管理暂行办法》。
③ 中华人民共和国中央人民政府网：http://www.gov.cn/gongbao/content/2008/content_1157918.htm.

大利、法国、菲律宾、越南、泰国等国都有对传承人保护的法律制度，这些国家对非物质文化遗产传承人保护的做法都是值得我们国家思考和借鉴的。武陵地区各级政府应该根据国家相关法律法规的要求，尽快制定适合各地方传承人保护的法律法规以及相关的保护制度。其次，建立健全非物质文化遗产传承人普查与档案管理制度。当前，在非物质文化遗产传承人濒临灭绝、断代严重、急需抢救的情况下，为非物质文化遗产传承人建立档案，以图片、文字、录像、录音等载体建立非物质文化传承人档案数据库，使武陵地区传统非物质文化遗产存活下来、传承下去，对于保护武陵地区传统非物质文化遗产具有重要的意义。最后，建立健全对非物质文化遗产传承人评价制度体系。科学合理的评价体系有利于激发传承人传承保护的积极性，有利于正确掌握传承人的整体情况，有利于保护非物质文化遗产。科学合理的评价制度体系包括评价制度的方法选择、评价制度方法的依据、评价制度体系的构建原则、评价制度体系的构成以及对评价结果的分析等。

二、不断完善非物质文化遗产传承人的认定制度

对非物质文化遗产传承人的认定是对非物质文化遗产及其传承人保护传承的首要任务。传承人认定制度的科学性、合理性以及是否完善，不仅关系到传承人的个人利益，而且直接关系到我国非物质文化遗产以及传承人保护工作的效果和成败。非物质文化遗产传承人的认定制度包括对传承人的界定、传承人的认定标准、传承人的认定程序以及传承人的权利和义务等内容。我国对非物质文化遗产及其传承人的保护起步较晚，经过十多年的发展，已经初步形成一套适合我国非物质文化传承人的认定制度，对于我国当前非物质文化遗产及其传承人的保护具有非常重要的作用和意义。

2011年6月1日起施行的《中华人民共和国非物质文化遗产法》第二十九条对代表性传承人的条件进行了界定：代表性传承人应当符合的条件，一是熟练掌握其传承的非物质文化遗产；二是在特定领域内具有代表性，并在一定区域内具有较大影响；三是积极开展传承活动[①]。然而该法是对传承人最基本的界定，认定标准过于笼统和简单，也没有对传承人的概念和内涵进行解释，在立法上对传承人更为细化的规定需要在此基础上更进一步完善。

2008年6月14日起施行的《国家级非物质文化遗产项目代表性传承人认定与管理暂行办法》（文化部令第45号）对非物质文化传承人的申报工作及程序等相关问题进行了规定：国家级非物质文化遗产项目代表性传承人首先由公民提出申请，向所在地县级以上文化行政部门提供申报材料，县市级文化行政部门接到申请材料组织专家进行审核并逐级上报，各省级文化行政部

① 参见《中华人民共和国非物质文化遗产法》第二十九条。

门收到县市级上报的材料后，组织省级非物质文化遗产专家委员会进行评审，并提出推荐名单及审核意见，连同原始申报材料和专家评审意见一并报送国务院文化行政部门。国务院文化行政部门收到省级文化行政部门报送的申报材料后，组织专家组进行初评，由专家组提出初评意见。然后由国务院文化行政部门代表性传承人评审委员会对各专家组的初评意见进行审核，提出国家级非物质文化遗产项目代表性传承人推荐名单[①]。由此可见，我国当前关于非物质文化遗产传承人的申报和推荐程序是一种自下而上的申报及推荐模式。经过多年的实践，这种申报和推荐方式存在的主要问题在于推荐途径的单一化。特别是武陵地区，大部分区县属于贫困地区，地处山区，经济发展缓慢，交通极为落后，多数传承人和民间艺人的学历较低，有的甚至根本就没有读过书，对于国家的相关法律法规以及政策一无所知，靠他们自己申报传承人，还要填报众多的申报材料，显然存在诸多的问题和困难，许多民间艺人将会被埋没。以此种方式对代表性传承人进行推荐，缺乏推荐的民主性。代表性传承人主要在少数专家和政府的主导下产生，产生的代表性传承人并非行业和群众所认可的具有权威性的传承人，从而导致政府所认定的传承人与群众心目中认可的传承人之间不吻合。

鉴于当前我国以及武陵地区非物质文化传承人认定制度中存在的一些问题，必须不断完善我国非物质文化遗产传承人的认定制度，以便更好地发挥传承人的积极性，更好地保护包括武陵地区在内的我国传统非物质文化遗产。首先，进一步拓宽传承人申报、推荐的途径和渠道，充分利用人民群众，通过多样化的途径和手段申报推荐代表性传承人，发现更多的更有能力的被老百姓和行业所公认的传承人。第二，加大传承人申报的政策宣传力度，让群众了解非物质文化及其传承人保护、申报和推荐的相关法律法规和政策。相关部门可以通过行政手段、张贴宣传单、宣传广告、宣传活动、政策宣传队、文艺展演等方式对非物质文化及其传承人保护相关法律法规展开宣传。特别是一些地处偏远、经济落后、交通不便的地方，一定要通过派遣专门的宣传团队或文艺下乡等方式进行宣传。第三，传承人申报、推荐以及评审的过程当中，尽量提高群众的参与度，增加传承人推荐、评审的民主性，多征求地方群众和行业专家的意见，尽可能做到政府认定的传承人就是群众心目中的传承人。第四，非物质文化遗产传承人的认定标准需要更加多样化，改变过去传承人认定标准的单一化模式。传承人的认定标准必须与具体非物质文化遗产项目相结合，根据遗产项目的具体性质和特征确定传承人。对于社会性、集体性和群体性较强的非物质文化遗产，不能简单地认定为某一个传承人，而需要更为科学的认定模式，可以认定项目中多个角色的传承人，如地方戏剧、民族戏剧、一些集体的民俗节日等，都属于集体性和社会性较强的遗产项目，这些项目的传承也不是靠某一个人能够完成的，必须

① 参见《国家级非物质文化遗产项目代表性传承人认定与管理暂行办法》第五条、第六条、第七条、第八条、第九条、第十条。

依靠多人或集体才能完成项目传承。第五，合理设定非物质文化传承人的数量和名额。非物质文化传承人除了代表性传承人之外，还有大量的非代表性传承人，他们同样担负着非物质文化遗产的传承保护工作，担负着培养新一代传承人的社会责任。因而，对于传承人的认定和名额应尽量照顾到传承人类型的多样化，通过不同层次、不同类型传承人的认定，尽量增加传承人的认定名额，其认定范围不断扩大。

三、不断建立健全非物质文化遗产传承人的行业制度

传统非物质文化遗产项目包括了不同的行业，不同的行业具有不同的性质和特征，经过长期的发展，不同行业形成了不同的行业准则、行业标准以及规章制度，主要包括传承制度、行业师徒标准、行业道德标准、行业技术标准、行业礼仪标准等。当然，这些行业标准由于受到地域环境、政治社会、文化经济等各方面的影响，同一行业在不同的区域也存在着一定的差异性。非物质文化遗产属于传统文化形式，许多非物质文化遗产项目在传统历史发展过程当中也形成了被大家公认的一些行业标准和制度，这些行业标准是为大家所共同遵循的准则，对于传承人的行为规范、思想道德、技艺高低等都具有重要的规范作用。建立健全非物质文化遗产传承人行业制度是对非物质文化传承人法律法规的一种有效补充，有利于发挥传承人的积极性，有利于非物质文化遗产传承人认定的权威性、公正性和民主性。当前，对于传承人的认定工作基本上是根据相关法律法规展开，其话语权主要掌握在极少数行政部门人员、所谓专家以及一些专业人士手中。然而，这些行政人员、专家以及专业人士将按照自己所学知识，以专业的眼光对传承人做出判断，从而与民间群众及行业人士的标准有着较大的差距，使得政府认定的代表性传承人与群众和行业人士心目中的传承人就存在一定的差距。因此，政府部门应将对传承人的认定、培养、保护等相关法律法规与行业准则、行业制度结合起来。当前，我国传统非物质文化传承人行业准则和行业制度基本上还处于空白状态，并没有引起足够的重视。综上，我国非物质文化遗产及其传承人的保护传承以及创新发展等，必须不断完善行业标准、行业制度、行业文化，将政府的法律法规与行业制度结合起来，共同完成传统非物质文化遗产的保护传承以及发展创新工作。

四、不断完善非物质文化遗产传承人的保障制度

对非物质文化遗产项目及其传承人的保护、传承以及培养等必须得到全社会的关心与支持，需要政府的大力扶持，需要各种法律政策手段作保障，需要大量人力物力的投入。没有相关法律、制度、资金和设施作为保障，非物质文化遗产项目及其传承人的保护工作就无法实现。非物质文化遗产项目及其传承人保障体系主要包括相关法律和政策的保障、必要的资

金保障、基本设施保障等。当前武陵地区非物质文化遗产项目及其传承人保障制度方面还存在方方面面的不足之处，需要不断加以完善。如管理部门缺乏相应的协调，对非物质文化管理混乱，民间保护意识薄弱，政府和市场开发存在非理性现象，法律制度缺失，政府执行监督不力，政府宣传教育不到位，专业人才匮乏，资金投入不足和资金不到位等。因而，针对当前武陵地区非物质文化及其传承人保障体制中存在的多方面的问题，我们必须从制度层面不断加以完善，以保障传承人的保护工作。非物质文化遗产传承人的保障制度主要是指政府部门必须制定相关法律法规以及规章制度，明确管理部门的责任和义务，对于管理不到位者必须追究相应的法律法规责任。政府部门必须制定相关的政策和规定保障传承保护的足够的资金需求，对于非物质文化遗产项目的开发和利用必须按照相关规定进行开发利用，任何人不得乱开采，否则将追究相关责任。不断完善非物质文化遗产传承人的保障制度主要包括各种政府管理规章制度、人才培养制度、资金保障制度、设施设备保障制度、宣传制度、非物质文化开发制度等内容。

图1 重视非遗保护研究的专家学者

第二节 不断完善武陵地区非物质文化遗产传承人保护机制

传承人保护机制是传承人保护过程当中各种要素或结构的总和及各要素或结构之间所形成的完整的整体，通过一定的手段使各要素部分之间协调运行，可确保传承人保护行为有序进行。非物质文化遗产传承人保护机制主要包括传承人激励机制、传承人监管机制、传承人普查制度、传承人内部传承机制等内容。

一、不断完善非物质文化遗产传承人的激励机制

激励机制属于非物质文化遗产传承人外部传承机制的组成部分，也是传承人保护机制的重要构成。激励机制是激发传承人积极向上的重要手段和保障，有效的激励，可以在非物质文化传承人内部营造尊重知识、尊重人才的氛围。完善的激励机制对于调动和激发传承人的传承保护工作热情具有非常重要的功能作用，对于传承人的保护具有非常重要的作用和意义。当前，我国各级政府还没有形成完整的非物质文化传承人激励机制，还没有制定专门的相关文件和政策，武陵地区也没有专门相关政策的出台，只有少量内容散见于一些其他文件的条款当中。如《湘西土家族苗族自治州民族民间文化遗产传承人保护管理暂行办法》第六条规定："本州境内的传承人，凡年满60周岁、没有固定经济来源、生活困难的，由当地人民政府纳入最低生活保障。"第七条规定："在本州行政区域内从事传统文化传习活动的，州人民政府可根据其贡献大小暂按每年800-1200元的标准发放资助费。"第八条规定："传承人向有关单位、组织、社会团体和个人提供传统文化资料及其相关活动服务，依照双方约定可以获得相应报酬。"《国家级非物质文化遗产项目代表性传承人认定与管理暂行办法》第十五条规定："国务院文化行政部门对做出突出贡献的国家级非物质文化遗产项目代表性传承人，给予表彰和奖励。"这些条款，对于激励传承人的积极性和创造性具有非常重要的作用和意义，有利于我国建立和完善非物质文化遗产及其传承人保护的激励机制。但相对于完整的传承人激励机制，还有较大的差距。政府及相关部门应该综合利用各种激励手段从而实现对传承人的激励，如目标激励、榜样激励、参与激励、情感激励、竞争激励等。这些不同的激励类型和激励手段，可对传承人行为过程产生不同程度的影响，因而激励类型和途径的选择是做好传承人激励工作的一项重要条件。政府对于传承人激励机制的建立和完善必须坚持物质激励与精神激励相结合，以精神激励为主的原则；必须坚持正激励与负激励相结合，以正激励为主的原则；必须坚持内激励与外激励相结合，以内激励为主的原则；必须坚持激励

强度适度原则。

二、不断完善非物质文化遗产传承人的监管机制

非物质文化遗产传承人监管机制主要包括对传承人的定期访问与报告机制、监督部门问责机制、传承人考评机制、传承人问责机制、舆论监督机制等。定期访问与报告机制是指相关政府文化管理部门应该对非物质文化传承人的情况进行定期的访问和报告，以便进行相应的处理。“浙江省文化厅为了深入仔细地做好代表性传承人的工作，建立了代表性传承人访问和报告制度，规定三个必报、五个访问，即：各地文化部门在工作中了解和发现代表性传承人家中有突发事件必报，代表性传承人大病去世必报。”[①]定期访问与报告机制的建立对于及时了解和掌握传承人的情况具有重要的意义，同时也体现了政府对传承人的关心和爱护。监督部门问责机制就是对政府监管传承人的相关部门实行问责制度，对于没有履行部门管理职责的领导、个人应该根据情节轻重给予相应的责任追究。传承人考评制度就是为传承人制定详细的考评细则，对非遗传承人实施动态的管理，实行定期考评，对其所传承的内容、方式、途径、成效以及社会影响等指标进行量化分析，并组织相关专家对传承人进行考核评定。对于成功的做法及经验进行推

图2 非遗传承人保护机制问题座谈会

① 志文：《浙江建立传承人访问和报告制度》，《中国文化报》2008年10月19日。

广，对于责任心强、具有突出贡献的传承人，应该给予荣誉称号和物质上的鼓励。对于非物质文化传承人无正当理由而又不履行保护传承非物质文化的责任和义务，政府相关部门可以取消其传承人的资格，重新认定该项目的代表性传承人。传承人问责机制就是对于没有履行非物质文化保护传承职责的传承人，必须制定相应的责任追究制度和问责机制。非物质文化传承人在享受国家政策、法律保护的同时，必须承担起传承保护非物质文化遗产的义务必须有效履行保护的职责，有责任和义务将其传承给下一代贡献给社会，同时对于成果突出的传承人实行奖励。舆论监督机制就是充分利用广大的人民群众、新闻媒体、网络等，对非物质文化传承人进行监督。舆论监督对于传承人具有强大的无形压力，有利于促使传承人对民族文化进行保护与传承。

三、不断完善非物质文化遗产传承人的普查制度

非物质文化遗产传承人在传承武陵地区各民族传统文化遗产中起着承前启后、继往开来的作用。当前，在传统民族民间非物质文化遗产严重断代、濒临灭绝、急需抢救的情况下，为传承人建立档案，以图片、文字、录像、录音为载体建立传承人图文影像档案数据库，使武陵地区传统民族民间非物质文化遗产存活下来，传承下去，弘扬开来，对于保护当地各传统民族非物质文化遗产具有非常重要的意义。

首先，对于非物质文化遗产传承人保护的第一步就是对传承人的普查工作。我们应该充分利用各地方基层文化部门和机构、相关专家学者和广大的人民群众来共同完成对传承人和非物质文化遗产的普查工作。为了做好对传承人的保护工作，我国于2007年1月发行出版了《中国非物质文化遗产普查工作手册》，用于对非物质文化遗产传承人保护和普查工作的指导。应按照《普查工作手册》要求，制定武陵地区非物质文化及其传承人登记制度，按期限对本地区各县市非物质文化遗产及其传承人进行普查登记，充分运用传统及现代科技手段，编制非物质文化传承人目录，建立武陵地区非物质文化遗产传承人名录与数据库。在普查的基础上，建立非物质文化传承人的详细档案，并充分利用档案对传承人进行科学的管理。为政府提供完整的非物质文化传承人信息，便于制定相关的保护政策，同时为传承人提供各种政策信息，便于传承人之间的相互交流与合作。

其次，建立完整的武陵地区非物质文化遗产传承人数据库。在对武陵地区非物质文化遗产传承人进行清理普查的基础上，必须对传承人进行统一规划和部署。充分运用现代信息化和高科技技术手段对普查记录下来的非物质文化传承人进行分类整理，进行全面有效的科学整理，建立科学全面的非物质文化传承人的数据库与传承人档案。当代社会是一个信息化、数字化的时代，可以充分利用各种现代科学技术手段，以文字、图片、录音、录像为载体，按照一定的分类方法建立武陵地区非物质文化传承人图文影像档案数据库，从而促使武陵地区非物质文化

遗产能够存活下来，对于保护当地非物质文化遗产具有重要意义。对于传承人数据库的建立，不仅要有传承人的基本信息，还要对传承人的艺术经历、艺术特征、艺术成就等情况进行记录，还要对传承人的传承谱系、传承方式等进行详细的记载。总之，制定和不断完善非物质文化遗产传承人普查制度对于武陵地区非物质文化传承人情况的总体了解，对于非物质文化传承人的保护工作都具有非常重要的意义和作用。

四、不断完善非物质文化遗产传承人的内部传承机制

在前面第二章的分析中，我们已经知道非物质文化遗产传承人内部传承机制包括传承人的选择机制、传承人的培养机制、传承人的退出机制以及传承人的驱动机制等。只有建立科学合理完善的内部传承机制，传承人内部的传承、培养、退出等工作才能得以顺利实现。

首先，必须建立科学、合理、民主的传承人选择机制。对传承人的选择是传承人培养的第一步和首要的任务，没有对传承人科学合理的选择就不可能有对传承人培养的良好效果，进而影响非物质文化遗产的保护和传承。建立科学、合理、民主的传承人选择机制，一是制定科学合理的传承人选择标准，将政府标准和行业标准结合起来。政府应该根据不同非物质文化遗产的类型和行业特征，在广泛征求行业内各代表性非物质文化传承人的意见之后，针对过去的不足制定明确而完善的传承人选择标准。武陵地区各县市也出台了许多关于非物质文化传承人选择标准的文件，如《贵州省民族民间文化保护条例》《湘西土家族苗族自治州民族民间文化遗产保护条例》《长阳土家族自治县民族民间传统文化保护条例》等，都对传承人的标准进行了规定，但其中还存在着各方面的不足，需要我们更进一步加以完善。二是建立和完善公正合理的传承人选择程序。传承人选择程序就是对于传承人的选择和推荐工作必须根据相关的文件规定，按照一定程序要求，公正合理地推选出非物质文化传承人。武陵地区各县市应该根据《国家级非物质文化遗产代表性传承人认定与管理暂行办法》《中华人民共和国非物质文化遗产法》等国家相关法律法规，结合本地区的实际情况制定本地区相关文件对非物质文化遗产传承人的推选程序进行更加详细和明确的规定。如《重庆市非物质文化遗产代表性传承人管理办法》《湖南省非物质文化遗产项目代表性传承人认定与管理办法》《贵州省省级非物质文化遗产项目代表性传承人认定与管理办法》《遵义市市级非物质文化遗产项目代表性传承人认定与管理办法》等都对非物质文化遗产代表性传承人的认定程序进行了明确的规定。

其次，必须建立健全非物质文化遗产传承人的长效培养机制。对非物质文化遗产传承人的培养是一项长期而艰巨的工程，必须建立长效的和可持续的人才培养机制。传承人培养机制包括建立立体多元的培养途径、多样化的培养方式和手段、规范化和丰富的培养内容、建立健全完善的培养保障体系、建立健全科学合理的评价体系等内容。从培养途径来看，武陵地区应该

充分利用各级代表性传承人、学校教育、各地方传习基地、传习馆、大众传媒、大众娱乐等途径对传承人进行培养；从培养的方式来看，应该充分利用现代技术，采取多样化的方式和手段对非物质文化传承人进行培养，将传统的传授手段与现代的传授手段结合起来，形成多种手段互补的关系；从培养内容来看，对传承人培养应该更为规范化，传承人培养应该有正规的培养计划以及培养所要达到的目标和要求，不同的行业可以依据不同的级别制定统一标准的培养内容；从培养的保障体系来看，武陵地区各县市，不断建立健全非物质文化传承人培养的保障体系，主要包括相关法律和政策的保障、必要的资金保障和基本的设施保障；从评价体系来看，建立科学合理的评价体系，科学合理的评价体系有利于规范对非物质文化遗产传承人培养的管理工作，有利于提高代表性传承人和管理部门的积极性，有利于促进和推动传承人培养的改革和发展，有利于促进传承人培养质量水平的提高。科学合理的评价体系包括评价标准、评价内容、评价程序、评价人员组成、评价结果等。在制定评价体系的过程中，必须将多元化的原则纳入整个传承人培养评价机制运行当中，应该遵循人才培养规律的长效机制，从而推动武陵地区非遗传承人培养评价体系的科学建构。

再次，必须建立健全非物质文化遗产传承人的退出机制。退出机制的建立有利于发挥代表性传承人和非代表性传承人的积极性，使非代表性传承人看到希望，而又增强代表性传承人的责任感。多年来，由于武陵地区各县市还没有建立完善的代表性传承人的正常退出机制，在传承人的管理执行过程当中已经暴露出诸多问题。一些非遗传承人虽然享受了政府的资金扶持和补贴，享受了传承人这一头衔所带来的光环和实际利益，但由于种种原因而没有尽职尽责履行自己应尽的责任和义务。这些不良的现象已经对非物质文化遗产的保护产生了不良的影响，也充分暴露出我国当前的非物质文化遗产及其传承人保护的法律法规方面的不完善。

第三节　多维度探索武陵地区非物质文化传承人培养体系

传承人的培养问题是构成非物质文化遗产传承保护的重要内容，非物质文化遗产传承保护的核心是对传承人的保护，没有对传承人的培养，传承人的保护就无从谈起。因而，对传承人的培养对于非物质文化遗产的保护传承以及创新都具有非常重要的作用和意义。通过对武陵地区非物质文化遗产活态传承的案例进行分析，武陵地区非物质文化遗产传承人其整体存在年龄偏大、传承后继无人、传承人数量严重不足、传承人性别比例失衡等现象。本节针对武陵地区非物质文化遗产传承人中所存在的问题从多维度探索武陵地区非物质文化传承人培养体系。

一、政府部门搭建的非物质文化传承人培养体系

对于传承人的培养是一个庞大的系统工程，是一项长期性的工作，需要投入大量的人力、物力，需要投入大量的资金，需要调动社会各方面的人力资源，涉及协调各方面的利益。因而，在传承人的培养系统工程中，必须将政府主导与民间参与相结合，建立以政府为主导、社会参与、权责分明、运转协调的传承人保护和培养机制。政府部门必须起主导作用，担当起主要的角色，承担起培养传承人的重要责任和任务，具体可以由文化部门、文化馆、各种协会以及地方文艺团体培养文化遗产传承人。近些年来，武陵地区各地方政府非常重视对当地非物质文化遗产传承人的保护和培养工作，各地方政府纷纷出台相关保护和培养政策，不断加大人力物力的投入，充分利用各地方文化部门、文艺团体不断展开对传承人的相关保护与培养工作。

（一）利用政府新闻媒体举办各种活动比赛宣传非物质文化遗产

新闻媒体是政府部门对外文化交流和对内舆论宣传的重要窗口和工具，是宣传党和国家的各种方针、路线、政策的重要途径，新闻媒体包括各级电视台、广播电台、网站、报纸等机构。近些年来武陵地区各县市地方各级政府部门都非常重视利用各种新闻媒体对当地传统非物质文化遗产及其传承人的宣传作用，采用多种方法和途径扩大它的影响力。在国内和当地的各种电视台、广播电台、网站及通讯社，如中央电视台、重庆电视台、贵州电视台、湖南电视台、湖北电视台、凤凰卫视、涪陵电视台、涪陵广播电台、湘西电视台、恩施电视台、黔江电视台、《涪陵日报》、《重庆日报》、恩施新闻网、恩施政府门户网站等对与武陵地区各地方传统民族民间非物质文化及其传承人有关的信息进行对外宣传和报道，为文化传承人的培养进行舆论宣传。同时政府还通过组织和参与各级文艺汇演、文化活动、文艺活动及比赛等，提升武陵地区传统民族民间非物质文化及其传承人的地位和影响，为传承人的培养工作做出了良好的导向，打下了坚实的基础，极大地提高了人们对传统非物质文化遗产保护的积极性和参与性。

为挖掘传统非物质文化遗产内涵，展示特色鲜明、丰富多样的传统民族民间文化遗产，“2006年，重庆市黔江区委、区政府决定举办乡村文化艺术节。2006年9月，黔江区首届乡村文化节成功举办，全区30个乡镇、街道办事处的代表队1000余人参赛。2008年、2010年，又成功举办了第二届、第三届乡村文化艺术节。三届艺术节有五项活动保持不变，即特色文化之乡评选、民间工艺大师评选、特色文化乡镇文艺节目调演、特色文艺节目巡演、民间工艺展。三届活动共评选了‘特色文化之乡’14个，‘民间艺术大师’37名，山歌大赛歌王2个，歌师傅12个，开展特色文艺节目调演3场，在乡镇巡演20多场。通过这个平台，我区非物质文化遗产内涵得到提炼，形式更趋多样，更具生命力；由于展演和巡演，扩大了非物质文化遗产的影响面；民间艺术大师的评选，带动了民间艺人的保护传承热情。三届乡村文化艺术节的成功举办，更

图3 市级非遗项目黔江莽号

使该节成为黔江区文化活动的一个品牌”[①]。同时，黔江区政府还“组织南溪号子、铜铃舞到中央电视台《民歌中国》栏目进行展演。利用民间艺人用的莲箫编排《白虎神鞭赶太阳》参加第九届少数民族运动会表演获全国二等奖，组织黎水号子、马喇号子、薅草锣鼓多次到重庆市演出”[②]。2010年南溪号子代表性传承人杨正泽，带领他的南溪号子队代表重庆市黔江区人民政府参加了中央电视台举行的文艺展演活动，并演唱了传统民歌《三台深》《打闹台》《大板腔》《唢呐号》《九道拐》《一枝号》《南河号》等。“2017年7月7日，第二届渝东南生态民族旅游文化节开幕式《大美渝东南》文艺晚会在彭水县蚩尤九黎城拉开了序幕。本次活动由重庆市旅游局、重庆市文化委员会、重庆市民族宗教事务委员会、彭水县苗族土家族自治县人民政府主办，黔江、涪陵、南川、武隆、石柱、秀山、酉阳等区县参加了本次渝东南生态民族旅游文化节。”[③]桑植民歌代表性传承人向佐绒多次代表政府参加各级比赛和演出，如1999年参加的广西南宁“99国际民歌艺术节，在广西歌墟荟萃”比赛中荣获“特别奖”；2006年10月向佐绒受邀到北京中央电视台参加《民歌盛典》并演唱了《四季花儿开》；2006年12月受邀到北京参加“华夏清音”中国民间经典音乐展演，演唱了5首桑植民歌等。以上各种政府举办的活动，对于

① 黔江区文化广电新闻出版局办公室：《非物质文化遗产》第134期，2011年11月2日。
② 同上。
③ 《第二届渝东南生态民族旅游文化节盛大开幕》，《重庆晨报》：http://news.163.com/17/0709/01/COS7BG8B00018AOP.html.

非物质文化遗产传承人的宣传和培养都起到了非常重要的宣传和推动作用。

（二）利用武陵地区各文化团体保护和培养传承人

充分利用武陵地区各种文化团体传承和培养非物质文化传承人具有非常重要的意义。文化团体主要包括各种文化馆、文化站、歌舞团、艺术团以及各类协会等。武陵地区主要文化团体和艺术团队主要包括各地州、县、市的文化馆（如涪陵区文化馆、恩施州文化馆、湘西州文化馆、黔江区文化馆、彭水县文化馆、石柱县文化馆、桑梓县文化馆等）；各县市乡镇的文化站（如石家镇文化站、沙坝乡文化站、龙射镇文化站、梅子垭镇文化站、太原镇文化站、诸佛乡文化站等）；各种艺术团体（如重庆民族歌舞团、涪陵区歌舞团、湖北民族歌舞团、恩施歌舞团、湘西民族歌舞团、涪陵音乐家协会、湘西戏剧家协会、德宏州舞蹈家协会、恩施美术家协会、涪陵区美术家协会等）。此外还有武陵地区各民族出版社、各县市图书馆、图书室等。由于各地方大部分文化艺术专门人才与文化管理人才大都集中于文化艺术团体之中，他们大多属于本土少数民族，对当地或本民族的民俗习惯、语言等都比较熟悉，是当地传统民族非物质文化保护与传承的主力军，也是传承人培养的重要机构和场所。因而充分利用这些文化团体对武陵地区各地方非物质文化遗产及其传承人进行保护、传承和培养具有非常重要的作用和意义。这些文化管理单位、文化艺术团体培养了一大批当地少数民族艺术骨干，并出现了在省内外乃至全国都有一定影响的文化人士、艺术家、研究专家，他们在当地的传统民族民间非物质文化的保护、传承与传播、研究等方面做出了较大的贡献。

从2011年开始，黔江区政府部门"积极组织专业人员、文艺团体对市级、区级非遗项目进行提炼、升华和包装打造，以舞台表演方式进行推广和传承，取得了明显成效。一方面在区外进行展演，经过包装打造的南溪号子代表重庆市参加长江流域非物质文化遗产展演，受到了一致好评。组织南溪号子、铜铃舞到中央电视台《民歌中国》栏目进行展演。利用民间艺人用的莲箫编排《白虎神鞭赶太阳》参加第九届少数民族运动会表演获全国二等奖，组织黎水号子、马喇号子、薅草锣鼓多次到重庆市演出。另一方面是区内展演，如乡村文化艺术节、龙狮舞大赛等，民间文艺队伍每年自发组织各类非遗展演亦达100余场次"①。通过这些不同的文化艺术活动，能够促进非物质文化遗产传承人的相互交流与沟通，也可以促进代表性传承人和群众之间的交流与互动，因而对于非物质文化遗产传承人的保护和培养具有非常重要的意义。

二、建立武陵地区学校教育传承人保护和培养体系

学校是培养人才的地方，充分利用学校教育培养传承人具有非常重要的意义，也是培养

① 黔江区文化广电新闻出版局办公室：《非物质文化遗产》第134期，2011年11月2日。

和培训传承人的重要途径。学校教育包括高等院校、职业院校、中小学以及幼儿园等。武陵地区有多所高校，如吉首大学、湖北民族学院、长江师范学院、遵义学院等高校，还有数以万计的中小学以及幼儿园等。我们应该充分利用这些教育教学机构，在学校开设地方非物质文化课程，融入地方非物质文化遗产的相关教学内容，建立非物质文化遗产实践基地，开展各种培养培训计划，建立学校对传承人的培养培训体系。

（一）充分利用地方高校保护和培养非物质文化遗产传承人

对于传统民族非物质文化遗产的传承、保护与发展，地方政府相关文化部门与地方高等院校是两个非常重要的部门。这两个部门对传承、保护民族民间非物质文化遗产各有其自身的优势，我们应该充分利用和发挥这两方面的作用。高等院校既是一个教育机构，也是人才聚集的教学和学术研究机构，它代表着文化和知识的先进性，引领着时代先进的思想潮流和发展方向，具有文化的前瞻性。因此，高等院校特别是地方高等院校，作为文化传播的平台，应该把传承、保护、挖掘以及研究地方传统民族文化，培养和培训传承人当成不可推卸的责任和历史使命。将当地民族非物质文化遗产作为传承对象纳入当地高等院校的教育教学和研究体系当中，是时代赋予我们的历史机遇。传统民族非物质文化遗产是历史、民族、风土人情等的文化再现，也是当地特色文化的重要表现，作为地方性民族高等院校，应担负起对当地传统非物质文化遗产的保护和传承的历史使命，担负起对非物质文化遗产传承人的培养和培训的重任。地处武陵地区的高等院校如吉首大学、湖北民族学院、长江师范学院、遵义学院等，有责任和义务承担起对武陵地区非物质文化遗产传承保护以及传承人培养的重任。这些高校只有将地方文化的保护和传承工作作为自己的责任，才有发展优势和发展前途，才能真正体现各高校存在的价值和意义，真正体现地方高校为地方文化经济发展服务的根本宗旨。地方高校对传承人的保护和培养工作可以通过课程、教学、研究机构、培训等方式进行。

第一，通过在武陵地区各地方高等院校招收相关专业学生、开设相关课程以及教学内容、培训民间艺人等方式对非物质文化传承人开展保护、培训和培养工作。如吉首大学开设的民族传统体育专业，对于保护和培养非物质文化传承人具有非常重要的作用和意义，应该有更多的学校设置相关的非遗专业，培养更多更广泛的高素质的非物质文化遗产传承人。武陵地区各地方高校都有音乐教育专业、体育教育专业、美术教育专业、语言教育专业、学前教育专业等，这些专业都与非物质文化遗产密切联系，而且大部分学生毕业之后都会走入中小学教师岗位，从事教育行业。因此，我们应该在这些专业中设置相应的传统非物质文化遗产课程和教学内容，将武陵地区传统民族民间非物质遗产保护与音乐、体育、美术、语言、学前专业教学内容和教学目标有机结合，设置富有本地传统民族文化特色的课程以及教学模式。在探索相关专业教育体系和课程改革的过程中，武陵地区各高等院校相关专业应当立足本土的民族民间文化遗产，将有代表性的相关

图4 笔者创设的长江师范学院校本特色课程《乌江流域民族民间美术》，适时邀请民间艺术家进课堂传授技艺

文化遗产写入教材，将当地传统民族文化的特质和理念融入新的相关专业教育体系。充分利用武陵地区各民族传统非物质文化遗产资源，开发与设置传统民族文化特色课程，在教学过程中，可以采取理论和实践相结合的教学方式。理论课程设置方面，通过开设武陵地区传统民族民间文化概论、人类学性质、本土民族民间文化遗产欣赏等理论课程，以便让相关专业的学生对当地传统各民族民间文化有一个全面的、系统和整体的认识与了解，从而提高学生对本土文化的兴趣。实践技能课程设置方面，把当地传统民族民间歌曲、乐器等艺术纳入教学当中。

第二，对武陵地区传统民族非物质文化遗产的继承与保护除了通过书本以及学校课堂教学之外，更为重要的是通过大量的课外实践活动让学生亲自去体验和感受传统民族非物质文化，感受当地的民风民俗。民族非物质文化课外实践活动包括校内和校外两种形式。富有特色的校内传统民族文化实践活动有多种形式，一是充分利用学校各民族文化协会举办各种富有民族风俗的文艺晚会、联谊会、交流会以及民俗活动，让学生多参加这些活动，去亲身体验不同民族的风俗文化；二是通过学校举办各种形式的本土民族民间器乐比赛、各民族民间歌曲创作与演唱比赛、民俗工艺以及民俗活动，以激发学生对本土传统非物质文化的积极性和兴趣以及对本民族文化的热爱。富有特色的校外传统民族非物质文化实践活动主要包括学生的艺术采风、参与政府或民间组织的各种民俗文化活动，通过采风让学生深入当地群众生活当中去感受当地的民风民俗，收集原始民族民间非物质文化资料，以便做更进一步的研究，这对于继承和保护当地传统民族非物质文化遗产具有非常重要的作用。

第三，各地方高等院校可以根据自身的专业优势，对现有的非物质文化传承人进行培训，提高其文化素质，从而增强传承人的传承能力和生存能力，提高传承人的思想认识能力，提升传承人对非物质文化的认识高度。各地方高校通过定期举办非物质文化传承人培训班，宣传与非物质文化相关的法律法规以及相关政策，宣传非物质文化传承的重要意义和价值。高等院校对传承人进行培训可以采取授课讲解和交流的方式，使传承人在新的形势下对非遗传承与培训工作有新的认识，在保护传承中具有创新的手段和作为，让先祖所创造和留下的传统优秀民族文化，在我们这一代人身上能够得以传承与弘扬，让我们的后代子孙能够看得见我们祖辈们优秀的传统文化，能够一代代传承下去。

（二）充分利用中小学培养新一代文化遗产传承人

对武陵地区传统民族民间非物质文化遗产的传承以及传承人的培养，还必须充分利用当地的中小学教育，这是一个不可忽视的重要传承阵地。在现代社会里，学校教育是人才培养的重要途径，也是传统民族民间文化传承和新一代传承人培养的重要保障。中小学应该成为传统民族文化传承与传承人培养的重要平台。只有将武陵地区传统民族民间非物质文化纳入当地教育体系，走进学校，走进课堂，成为义务教育的重要内容之一，才能为传统民族民间文化遗产传承人的培养以及对民族民间文化的宣传和普及提供强有力的制度和法律保障。各级各类中小学中应加强对传统民族非物质文化遗产的教育，实施“双文化教育”或“多元文化教育”。根据联合国教科文组织的建议，会员国政府应该在正式的课程及校外课程中，以适当方式设计并引入民间文化的教学和研究。因而，各级教育部门应将本地传统民族民间文化作为素质教育的重要内容列入教学课程大纲，开设具有民族和地区特点的传统民族民间文化特色课程，被命名为特色民族民间文化之乡的教育部门，应该开设普及该特色民族民间艺术表现形式的专业或课程；鼓励以民族民间文化为内容的职业教育、职业培训、中小学教育等。如重庆市黔江地区“在民族中学、职教中心、新华中学、阿蓬江中学等建立7个传承基地，将7个市级非物质文化遗产项目分别落实基地进行传承。通过一年的实践，成效显著。新华中学收录整理后坝山歌100余首，记谱10余首，学校音乐教师利用音乐课和晚自习前，在初一、初二和高一年级学生中进行教唱，目前已有40多个班3000多名学生会唱10余首后坝山歌，还编排了歌舞表演节目。民族中学聘请马喇号子师傅在艺体老师和各班文娱委员中进行教唱，再在学生中进行教唱，编印了《马喇号子简明教材》并进入音乐课，在《校园之声》广播站播放马喇号子。职教中心请出生在南溪村并且会唱南溪号子的学生在舞蹈、旅游管理等专业学生中教唱南溪号子，组建南溪号子队，利用‘三下乡’时间向群众演唱南溪号子。阿蓬江中学争取资金重新打造了20支莽号，聘请莽号传承人在学生中进行传授，目前有百余学生会演奏莽号。基地传承，增加了传承的广度、深度”①。

对中小学进行传统民族民间非物质文化传承教育主要通过以下几种方式和渠道进行：一是编写具有本地特色的文化教材（音乐、体育、民俗、美术等），将当地民族民间非物质文化写进教材里面，普及相关的民族民间文化知识，通过教材和书本以及课程教学的形式让学生了解他们民族传统文化知识；二是培训一批能够用本地和本民族语言进行教唱本民族民间歌曲，能够演奏本地区民族民间乐器的相关教师，利用音乐课堂向学生传授各少数民族民间音乐演唱和演奏技能，以此促进对本土民族民间文化的传承；三是采取“请进来”和“走出去”的方法传承本地民族民间文化。“请进来”是指定期组织民族民间艺人到中小学言传身教，聘请当地著名的民族民间歌唱家、器乐演奏家、著名歌手、民族民间艺人，组织学校教师和学生学习当地民间歌曲、民族乐器、民族民间美术、民族民间体育等。“走出去”有计划地安排当地中小学教师走出校门，参加省、市、县组织的各项民族民间文化活动，同时进行系统学习，这一方法可使教师多听多看多比较，有利于扩展中小学相关教师对民族民间文化更加系统、全面的了解与认识。

图5 湖北省恩施州宣恩县沙道沟镇民族中学学生课间操上跳土家摆手舞 新华网

① 黔江区文化广电新闻出版局办公室：《非物质文化遗产》第134期，2011年11月2日。

三、建立社会各界、民间组织、企业培养体系

（一）充分利用各种传习馆培养和培训传承人

通过建立各种民族民间文化传习馆保护、传承与发展武陵地区各民族民间文化，是一个值得我们学习和借鉴的重要模式和途径，对于维持武陵地区各民族集聚区传统民间文化的“活态性”具有十分重要的意义。“传习馆”这一民族文化保护模式在我国由来已久，早在1993年11月，我国中央交响乐团国家一级作曲家田丰先生就在距昆明30公里的安宁县境内创办了“云南民族文化传习馆”。它的创办是一项创举，对我国少数民族非物质文化遗产传承都具有非常重要的启示，有人把它称为“中国第一馆”。田丰“云南民族文化传习馆”通过口传身授的教学方式，把云南各个民族具有悠久历史传统的歌舞音乐传承和保护下来。这个传习馆虽然于2000年6月因陷入经济纠纷而被迫解散，但它的开办对我国“原生态”民族民间艺术产生了重要的推动作用和历史影响，并培养了一批各民族优秀的乡土文化艺术的传承人，唤起了社会和人们对“原生态”民族民间文化艺术的广泛兴趣和关注。之后这种传承模式在云南地区兴盛起来，各地产生了大批的传习馆，并逐渐推向全国。其中云南丽江“传习馆”模式和玉溪师范学院“湄公河次区域民族民间文化传习馆”的成功做法和经验是非常值得我们学习和借鉴的。“丽江大研古乐会传习馆”于1996年7月由“大研古乐会”创办，该馆的宗旨是“力求原汁原味、未经污染地保留并传承丽江洞经古乐”，多次免费举办古乐传习班。培训期间，老乐师们每天向学员示范、传授和演练丽江古乐，并开设了丽江洞经古乐、东巴文化知识、丽江地方史、纳西族简史、纳西族哲学、白沙细乐、丽江洞经古乐常用英语、工尺谱范唱、简谱等课程；“丽江古乐展演团传习组”是丽江洞经古乐展演团为培养后续乐师而建立的古乐传习组，其成员大多为20岁以下的青少年，他们必须系统地学习丽江洞经古乐的乐器演奏常识以及舞蹈、声乐和识谱等。

近些年来，武陵地区一些地方也开始兴起各种传统民族非物质文化馆和传习室，这些传习馆和传习室对于传承保护武陵地区传统民族非物质文化及其传承人发挥了重要的作用。湘西武陵山民族文艺传习中心在湘西州委、州政府关心支持下于2012年成立，承担了对湘西非物质文化遗产的挖掘、整理、传承以及培养民族非物质文化传承人等工作。据中国新闻网贵阳2016年12月16日报道：贵州省于“十三五”期间，将培训民族工艺人才1000人，建成10个民族工艺人才培训基地，建成10个大师工作室，命名挂牌1000家少数民族工艺传习所。重庆石柱文化委于2017年筹备建设一个民族文化中心传习所，专门用于对当地土家族民歌“啰儿调”的传承，2018年竣工正式投入使用。还有大量的非物质文化传承人在各自地方设立传习室，进行传习收徒。湖南省龙山县西兰卡普传承人叶英于1997年办起了“洗车河镇土家织锦工艺坊”，以这种方式培养了数十名西兰卡普传承人，同时还解决了他们的就业问题。

（二）利用各种社会企业培养传承人

非物质文化传承人的培养还可以通过社会企业组织进行培养，如各种文化旅游公司、民族文化发展企业组织等。他们可以通过商业化的手段，对传承人进行培训、培养，充分利用传承人的文化资源打造民族文化旅游和开发民族工艺产品，通过组织各种民族民间非物质文化的比赛项目等进行对外宣传。如土家族啰儿调传承人刘永斌于2007年在黄水镇举办的第四届森林旅游节上获得武陵山珍公司的青睐，力邀他去重庆，成为一名专职的民间歌手。其间他曾接待了无数国内外观众，先后接受重庆电视台、重庆报业集团、中央电视台以及香港海外传媒等各大传媒的节目录制和采访报道，对啰儿调的传播起了极大的推动作用。再如桑植民歌代表性传承人向佐绒对桑植各行业人员进行培训，传承桑植民歌。又如湖北恩施土家族苗族自治州利川市的腾龙洞和恩施土司城两个著名景区都有专门的歌舞表演队，土家摆手舞是必演的重要内容。重庆酉阳土家族苗族自治县的世外桃源——桃花源景区也开展了向游客展演、教授摆手舞，教唱摆手歌等对外宣传活动。这些通过旅游景区宣传摆手舞的行为活动，促使武陵地区土家族的摆手舞传统民族文化走向全国乃至国际。

第四节　建立健全武陵地区非物质文化遗产传承人后勤保障体系

对传统非物质文化遗产传承人的培养需要全社会的关心与支持，需要政府的大力扶持，需要各种法律政策手段和人力物力作为保障。对传承人的培养必须建立健全培养保障体系，才能够顺利实现培养的目标。建立健全传承人培养保障体系主要从四个方面完成，一是建立健全非遗传承人基层服务保障体系；二是建立健全非遗传承人的政策保障体系；三是加大对非遗传承人传承的资金投入保障；四是建立健全非遗传承人政策执行保障体系。

一、建立健全非遗传承人基层服务保障体系

基层服务是指乡镇一级政府机构、文化机构以及其他服务机构等，基层服务机构是与传承人距离最近的服务机构，他们对本区域传承人的情况最熟悉和最了解，也是政策贯彻执行最直接的部门。没有基层服务的保障体系，对传承人的日常管理就无法进行，对相关政策的执行也无法保障。基层服务机构主要包括各乡镇政府机构和文化站，如石家镇文化站、沙坝乡文化站、龙射镇文化站、梅子垭镇文化站、太原镇文化站、诸佛乡文化站等。基层服务机构的职责主要是对本区域内非物质文化传承人相关信息和情况进行调查，建立本区域传承人的个人档

案；负责组织本区域内传承人的培养、培训、比赛等相关工作；负责推荐申报国家级、省级、地级以及县级传承人等相关工作。

（一）搜集整理传承人信息，建立传承人个人档案

各乡镇基层政府机构与文化站应组成专门的人力对本区域所有传承人进行全面的普查，对本区域的传承人总体情况必须有全面详细的掌握和了解，包括对于传承人的个人情况、家庭情况、生活状况、身体状况、传承状况、生活经历、师承关系等进行全面掌握。在此基础上，进一步充分利用各乡镇文化站、图书室、博物馆以及陈列馆等建立传承人个人档案。运用文字、录像、录音、网络、数字化多媒体等多种手段和方式，对非物质文化遗产传承人进行全面、真实和系统的记录，建立档案及数据库，从而全面掌握非物质文化传承人的分布状况、来源、种类、数量、保护现状、传承情况以及所存在的问题等。各级各地政府机构应该鼓励建立建设各种民俗博物馆、非遗博物馆和资料文献收集中心等，以便保存和展示非物质文化遗产。各乡镇基层服务机构在建立非物质文化及传承人档案时要注意不仅要注重文化遗产及传承人资料的收集整理和保存，更要注重发挥它的价值，充分利用各种档案资料展开对传承人及其相关政策的研究、制定。同时，各乡镇基层文化机构如图书室、档案室、陈列室以及博物馆应积极主动参与到非物质文化遗产及其传承人的研究工作中，充分利用所收藏的资源，系统地了解遗产项目、政策等，与其他相关机构展开合作或协助相关部门对本区域非物质文化遗产及其传承人进行确认、立档、记录、整理等。这样既壮大了非物质文化遗产的研究力量，同时也有助于提高基层工作人员的学术研究能力和认识能力。

（二）组织传承人培养、培训、比赛等工作

组织传承人培养、培训、比赛等工作是乡镇基层服务的重要任务和责任之一。首先，基层服务机构积极组织本区域代表性传承人培养新一代传承人，帮助非遗传承人展开宣传工作，提供教学场地与教学设施，招收徒弟，为培养新一代传承人提供服务工作。如2006年湖北省宜昌市长阳县资丘镇文化站组织建立了我国首个土家族“撒叶儿嗬传习基地”以及“撒叶儿嗬文化生态保护区”。当地政府相关部门积极鼓励引导民间传承人开展收徒传艺的活动，举办各种师徒歌舞大赛，让更多的年轻人进入到撒叶儿嗬的队伍当中，培训人数成百上千，对于传承人的培养具有非常重要的作用和意义。再如在相关基层政府部门的帮助下，湖南省龙山县西兰卡普传承人叶英，于1997年办起了“洗车河镇土家织锦工艺坊”，以这种方式培养了数十名西兰卡普传承人。其次，乡镇基层服务还必须担负起对本区域内传承人的培训工作。对传承人的培训可以通过政府相关文化部门聘请相关专家，或与地方高校展开合作，对传承人进行相关法律法规的讲解，宣传国家相关政策，提高传承人的综合素养，提高传承人的政治素质与责任心，提高传承人的传授能力。最后，基层服务通过经常性地组织一些活动比赛，提高新一代传承人学习传统非物质文化的兴趣。

（三）推荐申报国家、省、地、县级传承人相关工作

推荐申报国家、省、地、县级传承人是对传承人保护培养的重要途径和手段，是保障传承人权利和义务的必要手段。传承人的推荐申报工作是一项关系到个人、社会、政府和国家利益的重要工作，推荐申报工作的好坏直接影响到我国传统非物质文化遗产保护传承的相关工作，也关系到传承人申报的公平性等。乡镇基层政府机构相关部门对本区域传承人的情况是最了解的，因而代表性传承人的推荐和申报工作离不开基层部门，没有他们的推荐和认定，相关工作是无法完成的。乡镇基层政府机构相关部门对代表性传承人的推荐和申报的职责主要包括对本区域传承人宣传国家相关申报制度、政策和程序，对于不会读写文字的民间艺人及传承人，相关基层部门需要安排专门人员对其进行帮助，一对一手把手帮助他们完成申报工作；还包括负责向上一级相关部门推荐代表性传承人，通过对本区域传承进行全面分析，真正推荐出具有代表性、业务能力强、德高望重的民间艺人及传承人。

二、建立健全非遗传承人的政策保障体系

通过法律和制度的方式对非物质文化遗产及其传承人进行保护是当今世界各国公认的最有效的方式。非遗传承人的保护和培养工作必须有相关制度和政策作为保障，必须建立健全传承人的制度保障体系，非物质文化传承人的社会地位需要制定完善的法律制度和政策作为保障。非物质文化遗产传承人制度是指包括对传承人的保护、扶持、监管以及推广等一系列的制度。具体而言，传承人制度核心内容主要包括对传承人的普查和登记制度、代表性传承人的认定制度、传承人队伍建设和人才培养制度、对传承人以及各政府部门有关传承情况考核及奖惩制度，还有对传承人的扶持与保护制度、传承人更迭和退出制度等内容。为了保障传承人的社会地位和利益，武陵地区各级政府部门也出台了各种制度，如《重庆市非物质文化遗产代表性传承人管理办法》《遵义市市级非物质文化遗产项目代表性传承人认定与管理办法》《重庆市非物质文化遗产专家评审办法》《湖南省非物质文化遗产项目代表性传承人认定与管理办法》《贵州省省级非物质文化遗产项目代表性传承人认定与管理办法》《湖北省非物质文化遗产项目代表性传承人认定与管理办法》等，这些制度对于非物质文化传承人的培养给予了制度上的保障。

武陵地区各级政府相关部门对文化遗产及其传承人保护以及培养建立法律和规章制度的时候，还需要注意对知识产权的保护，增加对精神产品使用的补偿，维护原创者以及传播者的利益，保护其权益。如严格规定和限制作品复制；防止所收集民间非物质文化遗产被随意不正当使用；对传统民族民间艺术作品公开展览或展示，应该给予民间艺人和艺术家一定的报酬等；对于保护非物质文化遗产相关公司企业应尽快落实税收相关优惠政策；在传承人培养场所规划

用地、材料采购或供应方面提供应有的帮扶等。建立健全非遗传承人权益保护组织，集中管理传承人权利和义务，或在相关行业协会中增加相关职能。有了法律法规的根本保障以及相应的权益保护组织，才能有效地促进非物质文化遗产的保护、传承和发展。

三、加大对非遗传承人传承的资金投入保障

非物质文化遗产及其传承人的保护和培养工作等都需要大量的物力和人力作为保障。从普查、收集、整理到建立档案，从抢救到宣传保护到传承人培训、培养等都需要大量的资金支持。为此，各级政府必须建立保护与抢救非物质文化遗产及其传承人培养专项资金，用于帮助非物质文化遗产及其传承人的普查、收集、采录、培训、教学、研究、传播以及出版等方方面面。然而，当前国家许多非遗专项资金存在不合理之处，主要倾向于国家名录项目以及其他重大项目，而且申请基金的程序和手续非常烦琐，审批部门过多。这种情况不仅使得一些重点非遗项目以及国家级非物质文化遗产及其传承人因审批时间过长而被耽误保护，还将使得大量没有进入国家保护名录或重大项目以及被疏漏的非物质文化遗产及其民间艺人无法得到保护。

武陵地区地处湖北、重庆、湖南、贵州交界，绝大部分属于山地，少数民族众多，属于不发达经济落后、人口贫困地区，经济实力总体较弱，地方政府财政非常有限，拿不出更多的财政资金投入到文化建设中。然而，对非物质文化及其传承人的保护和培养工作已经刻不容缓。因而，武陵地区对非物质文化遗产及其传承人保护培养的资金支持应该通过多种渠道、全方面获得。地方政府既要积极申请中央政府各种财政项目的支持，也应该预算非物质文化遗产及其传承人保护培养的专项资金，同时，还应积极寻求各种社会组织以及企事业单位的资金资助，充分利用和调动各种资源展开合作，加强对传承人的培训和培养工作。在当前资金不足的情况下，对非物质文化及其传承人的保护，可以在进行全面普查的基础上进行横向比较，选出最优秀者进行保护和扶持，将资金的效率发挥到最大。政府对代表性非遗项目及其传承人的资助不应该一刀切，不应该平均分配，必须有区别的对待。如对于自身具有良好经济效益的项目及其传承人，可以无需拨款，只提供政策上的帮助即可；对于项目自身效益较好，但在保护传承过程中还需要一些外部资金扶持的，可以进行部分款项资助；对于濒危非遗项目，传承比较困难，急需资金扶持的，可以多拨一些传承经费，对于代表性非遗传承人的资助需加大力度，给予重点扶持。总之，我们应该采取多种扶持办法和措施，进一步加强对各级非遗传承人的帮助和支持。

四、建立健全非遗传承人政策执行保障体系

只有建立良好的传承人政策执行保障体系，才能将一些好的政策落到实处。缺乏健全的政

策执行系统，会使一些地区的非遗及其传承人的保护政策无法得以实施，无法真正落到实处。当前一些地方对非遗及其传承人政策执行非常不力，管理混乱，执行当中层级过多。非遗保护政策涉及相关部门权责不明、分工不清，在政策执行过程中经常出现相互推诿、人浮于事的现象。同时，由于政策执行部门及其执行人员思想意识上的疏忽以及行动上的迟缓，使得相关政策执行流于形式。因而，加大对武陵地区非物质文化遗产及其传承人政策的执行力度是至关重要的。

非物质文化遗产及其传承人保护和培养工作是一项艰巨的任务，涉及面非常广泛，各地政府机构以及相关部门必须根据本地的实际情况，建立专门的机构和部门，研究落实相关政策，加大执行力度，并根据非物质文化遗产的不同类别对不同的工作任务以及职能提出明确的规定和要求。当前，武陵地区有千余个文化馆、群艺馆、文化站、各类博物馆、从事非物质文化研究的高校以及研究机构等。面对如此多的组织，我们必须对非物质文化遗产及其传承人的保护培养工作进行统一管理，协调好各机构之间的工作，否则将会出现因管理缺位和管理重叠而带来的效率低下与责任推诿现象。建立健全武陵地区各部门横向协调机制的同时，还应建立不同省份之间的协调机制。由于武陵地区地处湖北、湖南、重庆、贵州等省的交界处，地理上横跨多个省份，行政管理上涉及多个省区，不同地区由于相关政策及其管理存在着较大的差异，相互之间存在严重的分离现象，缺乏政策执行的整体性和统一性。克服当前武陵地区非遗及其传承人保护中所存在的这些弊端必须成立专门的机构，建立各地区之间的协调机制。最后，还应不断探索各级政府上下之间的联动协调机制，保障相关政策的执行。

第五节　建构武陵地区非物质文化遗产传承人文化生态圈

“文化生态圈”是指某一区域内人与人、人与自然生态和谐共处的同时，利用人类的社会圈与自然生态圈、经济圈、文化圈之间相互作用的关系，将不同的文化元素集中到一个可持续发展的文化集群，使此区域内的文化传播能够实现统一平衡，其目的是有效保护某一区域内的多元文化，进而更有利于区域文化的传承①。因而，文化生态圈包括一个民族或群体在物质、精神、制度以及行为等方面所形成的一个结构系统，文化生态圈与自然地理环境、人文社会环境具有密切的关系。对传统民族非物质文化及其传承人的保护既是对各民族的认可和尊重，也是维系世界文化多样性的具体体现，对于文化生态的形成，对于文化多元化的维持等都具有非常

① 李晗：《黑龙江省少数民族“文化生态圈”之构建——以新媒介为视角》，《知与行》2016年第11期。

重要的作用和意义。武陵地区非遗文化生态圈就是在武陵地区范围内，保护各民族传统文化结构方面的平衡性，维护武陵地区各民族、各种类文化生态系统的完整性，从而维系当地传统文化及其传承人的稳定、和谐、持续发展，维护武陵地区各区域之间物质、精神、制度和行为之间的协调发展。

一、非物质文化遗产文化生态圈的价值和意义

建立武陵地区非物质文化遗产传承人文化生态圈，对于保护传承本地区非物质文化，对于维护当地文化多样性和可持续等方面具有非常重要的价值和作用。它不仅可以有效保护各民族濒危传统非物质文化遗产及其传承人，亦可推进武陵地区各区域之间、各少数民族之间以及汉族与少数民族之间文化经济的协同发展，保证其世代传承。

图6　保护文化生态景区

第一，武陵地区非遗传承人文化生态圈的建立有利于对当地民族地区生态自然资源进行保护。武陵地区横跨多个省区，既是一个少数民族聚集地区，也是一个以山地为主要地理特征的地区，其地理、气候立体多样。由于这一地区地理及历史的原因，其经济发展相对落后，交通相对闭塞，其原始资源、生态资源保存较好。但是近些年来，随着我国经济建设的飞速发展，

少数民族地区旅游业也迅速发展，其生态资源也面临被破坏的危险。通过武陵地区“文化生态圈”的建设，树立自然生态保护意识，使自然资源与人文融为一体，从而形成可持续性循环利用，将有效保护武陵地区原生态自然资源的利用和开发。自然环境是人类赖以生存和繁衍生息的基础，只有将保护自然环境作为第一要务，武陵地区的非物质文化及其传承人的保护和传承才能更好地实施。

第二，武陵地区非遗传承人文化生态圈的建立对于打造当地特色经济文化等具有非常重要的价值和意义。通过文化生态圈的建立，通过健康和谐文化的理念，引导当地人民保护、学习以及传承传统非物质文化遗产，不断挖掘地方传统民族文化特色，在现代化社会建设中打造一批具有传统民族文化特色的建筑、工艺、音乐、舞蹈等艺术作品，从而形成独具民族文化魅力的地域文化特色，成为当地对外展示的招牌和独一无二的世界名片。

第三，武陵地区非遗传承人文化生态圈的建立有利于保护民族地区濒危的传统民族文化。随着当代商业化、城市化、现代化的发展，武陵地区各民族群众绝大部分已经改变其原有的生产生活方式，有的甚至离开原有生活居住地区。大量带有生存技能的传统技艺和民间艺人与传承人已经无法满足和适应现代的生产生活方式，传统民族文化及传承人长期遭受群众的冷落与漠视，加上现代大众商业文化和外来文化的诱惑与冲击，使得当地青年一代向往外面世界和现代社会生活，他们对祖辈留下的传统民族文化与技艺的传承不再有兴趣，因而年轻一代传承人的培养非常困难，武陵地区大量的民族歌舞、手工、绘画、民俗节日、语言文字等传统非物质文化，正处于濒临消亡的境地，文化生态圈的建立使武陵地区各民族濒临消亡的传统文化得以传承和保护。

二、非物质文化遗产文化生态圈的理论基础

武陵地区非物质文化遗产文化生态圈的建设是一项长期的系统工程，其内容包括自然地理、社会人文资源、政治经济以及制度政策等多方面的建设，因而文化生态圈的建设必须在科学的理论指导下，进行科学合理的规划与开发。根据武陵地区的文化历史、社会经济的现实情况，从当前已有学术成果来看，建设非物质及传承人文化生态圈的理论基础主要包括可持续发展理论、文化生态理论以及区域协调发展理论等。

（一）文化生态理论

文化生态理论是指用人类生存的整个自然环境和社会环境的各种因素交互作用的生态理论研究文化产生、发展规律的理论科学。1866年，德国科学家海克尔（Erst Haeckel）在《普通生物形态学》中首次提出“生态学”术语。时隔三年后，他将生态学描述为研究有机体和它们的环境之间相互关系的科学。1935年，英国生态学家坦斯勒（A. G. Tansley）提出生态系统概念，

用来解释有机体和环境之间的关系。他认为，生态系统是地球表面上自然界的基本单位，是包括有机复合体和形成环境的整个物理因子复合体在内的系统的整体①。1955年，美国新进化论的代表人物斯图尔德（Julian Steward）受生态学的启发，提出“文化生态学”（Cultural Ecology）概念，并指出人类的文化与所处的自然生态环境有相关性。他的学生，美国人类学家罗伯特·墨菲（Robert F. Murphy）进一步发展了文化生态理论，认为该理论的实质是指文化与环境之间存在动态的有机联系②。文化生态理论的形成虽然受到生态学理论的启发，但不是对它的简单借用，它是从文化的形成机理和变迁规律出发提出的一套理论体系。我国学者在运用文化生态概念时，对它的内涵有所拓展，除了关注文化与自然生态的关系之外，还关注文化与文化、文化的各个组成部分、文化与社会的关系。在国内，较早运用文化生态理论解释社会现象的是方李莉。1998年，她在北京大学社会学人类学研究所举办的人类学高级研修班上提出文化生态失衡问题③。文化生态理论认为，人类是一定环境中总生命网的一部分，与物种群的生成体构成一个生物层的亚社会层，它通常被称作群落。在这个总生命网中引进文化的因素，在生物层上建立起一个文化层。两个层次之间交互作用与交互影响，存在一种共生关系。这种共生关系不仅影响人类一般的生存和发展，而且也影响文化的产生和形成，并发展为不同的文化类型和文化模式。根据文化生态理论的要求，武陵非物质文化及其传承人保护与发展必须以全面发展为其终极目的，以和谐宜人的文化生态为其重要的发展条件。

武陵地区各民族非物质文化是千百年来各民族儿女创造的精神财富，保护和建设武陵地区各民族的文化生态，从根本上说是对人类文明和智慧的保存，保护人类文化的多样性。建设武陵地区非遗及传承人文化生态圈，既体现了文化生态理论的基本规律和精神，又是对武陵地区各民族文化的传承，弘扬武陵各民族的文化精神。

（二）可持续发展理论

可持续发展最早于1972年提出，1987年2月在日本东京召开的第八次世界环境与发展委员会所通过的《我们共同的未来》报告中正式定义为：“可持续发展是指既满足当代人的需要，又不对后代人满足其需要的能力构成危害的发展。”可持续发展理论以公平性、持续性、共同性为三人基本原则。可持续发展埋论改变了过去“单纯追求经济增长而忽视生态环境保护的传统发展模式，由资源型经济过渡到技术型经济，综合考虑社会、经济、资源与环境效益，积极控制人口增长”④。通过调整产业结构与合理布局，应用高科技提高生产效率和生产质量，协调发

① 宋俊华：《关于国家文化生态保护区建设的几点思考》，《文化遗产》2011年第3期。
② 唐家路：《民间艺术的文化生态论》，清华大学出版社，2006年。
③ 高丙中：《关于文化生态失衡与文化生态建设的思考》，《云南师范大学学报（哲学社会科学版）》2012年第1期。
④ 世界环境与发展委员会：《我们共同的未来》，吉林人民出版社，1987年。

展和环境之间的关系，促使社会发展经济的时候既要满足当代人的需求，也不会对后代人的需求形成危害，最终形成经济、社会、生态和环境之间的持续稳定发展。武陵地区非物质文化生态圈建设必须以文化生态理论为依据，把保护与发展传统非物质文化、继承和创新非物质文化充分结合起来，将建设传统文化生态与发展地方经济结合起来，把非物质文化生态圈建设与本地区未来社会经济发展结合起来，使各种自然和文化资源得以可持续利用，从而实现该武陵地区各族人民又快又好地发展。

（三）区域协调发展理论

区域协调发展是指区域之间经济、社会、环境、文化等各种因素的协调发展。其内容主要包括协调各地区间优势使其有效发挥，实现区域间优势互补、共同发展；各种生产要素在不同地区之间能够得以顺畅流动，形成开发统一的整体市场与整体发展；各地区自然和文化资源的利用开发、整治与保护能够实现统筹规划和互动协调等。区域发展理论的核心就是通过统筹兼顾达到公平、效率、协调、统一，促进区域之间的协调发展。武陵地区位于西部，横跨多个地区，也是我国18个贫困地区之一，人口1400多万，不同地区之间的发展具有不平衡性，同时也具有互补性。武陵地区各地区之间必须协调发展，统一管理。建设武陵地区非物质文化生态圈必须实施区域协调发展，调整区域间发展不平衡的现象，这是构建当地生态安全屏障的有效手段。因而，武陵地区非物质文化生态圈建设要求必须在区域协调发展理论指导下，树立科学的生态观，强化生态责任意识，建立健全非物质文化生态制度和体制，积极发展地方民族文化产业，努力提升区域综合能力。

三、非物质文化遗产文化生态圈的策略

武陵地区具有丰富而独特的自然和人文资源，构建具有武陵地域和民族特色的非物质文化生态圈必须构架一个可持续的“圈层”，才能长期稳定地推进武陵地区的文化生态建设。通过构建具有特色的少数民族“文化生态圈”，亟须一个具有可持续性的“圈层”构架，方可长期并稳定推进。整合武陵地区多方面的资源，从传播方式、产业模式、经济模式、政治制度等方面，实现具有可循环效能的“文化生态圈”构建。

（一）充分利用现代传播媒介打造非物质文化遗产文化生态圈

当今处于一个高科技的信息时代，充分利用各种现代传媒手段大力宣传当地人文和自然资源，对于打造当地文化生态圈具有非常重要的作用和意义。现代传播媒介包括互联网、微博、微信、客户端、电视、影像等平台。一是有效开发利用微博、微信、客户端形成放射式的传播路径，大大提高对当地传统民族文化和自然资源传播的效率；二是开发具有武陵地区民族特色的各种文化网站以及社区论坛（如武陵网等），加强各民族群众的认识和交流，深化其潜在的民族与社会责任意识，同时还将有利于吸收武陵地区非物质文化爱好者的加入，有利于传统非

物质文化传承人的广泛培养；三是建立非物质文化遗产数字化博物馆，利用高科技动态展现传统文化习俗，强化民族地区与山区文化遗产向大城市传播，同时，还有利于吸引更多的企业以及民间人士资金的注入，加快市场化进程；四是通过对传统非物质文化及其传承人影像作品的创作与推广，构建全民的社会文化意识。通过现代各种媒介的运用，将使武陵地区非物质“文化生态圈”更广泛地为非物质文化的传承服务。

（二）通过产业模式，依托自然文化生态开发地方和民族特色文化产业，建立非物质文化生态圈

2011年3月10日，恩施土家族苗族自治州命名盛家坝乡小溪、芭蕉侗族乡戽口、利川市柏杨坝镇大水井、利川市沙溪乡张高寨、建始县高坪镇石垭子老街、宣恩县椒园镇庆阳古街等10个村寨为首批少数民族特色村寨。2015年7月9日，重庆市加快武陵山区土家族苗族文化生态保护实验区建设，并审议通过了《重庆市人民政府办公厅关于加快武陵山区土家族苗族文化生态保护实验区建设的意见》，提出到2020年基本形成区域文化环境、社会环境、自然环境协调发展的民族文化生态保护体系，建成具有示范意义的国家级民族文化生态保护实验区。意见明确了实验区建设的主要任务，包括加强非物质文化遗产项目保护，重点加强对南溪号子、石柱土家啰儿调、玩牛、秀山花灯、秀山民歌、酉阳民歌、土家族摆手舞、高台狮舞、苗族民歌等11个国家级非遗项目的研究、传承和合理利用，形成文化品牌；依托古镇、传统村落等非物质载体，整体性保护一批文化生态重点区域；培养一批文化生态保护实验区建设人才队伍，重点要加强非遗项目代表性传承人的认定、保护、管理和扶持；建设一批与旅游相结合的非物质文化遗产保护展示基础设施；充分利用非物质文化遗产资源和多姿多彩的民族风情，打造一批特色文化生态景区；扶持一批特色文化研究宣传展示项目，树立良好文化形象；发展一批民族特色文化产业①。

（三）为培养适合武陵地区非物质文化遗产及其传承人“文化生态圈”建设，为了加快非遗“文化生态圈”发展进程，武陵地区应从三个方面进行人才培养

一是培养年轻一代传统民族非遗文化的自觉性。开展“非物质文化进校园”系列活动，有意识培养其文化认同感。二是通过高校的创新型人才培养途径，将非物质文化遗产及其传承人“文化生态圈”的建设与高校的教育结合起来，充分利用校企合作、专业理论与各民族地区的实践相结合等多种方式，培养能够适合非物质“文化生态圈”开发中环境治理、生态保护、文化管理、艺术表演、市场营销等各专业技术型人才。三是培养社会中对非物质文化遗产的爱好者及文化干部，邀请或聘请民间艺人、传承人、相关专家，开办非物质文化培训班，培养新一

---

① 武陵网：http://www.iwuling.com/column/wenhuachanye/wenchandongtai/2015/0710/7214.html.

代非物质文化的传承人；增强各级政府人员对非物质文化的认识，便于制定非物质文化传承保护制度政策的制定和执行。

（四）充分发挥政府的主导作用，建立健全武陵地区非物质文化遗产相关制度和政策，加速对武陵地区非物质文化的传播进程

武陵地区非物质文化大部分处于尚未开发的阶段，要完成非物质“文化生态圈”的建设，需要将还未开发的非物质文化，分批次、分类别依据科学的基本原则可持续的开发利用，这就必须加强政府的有效管理和引导。在官方门户网站以及其他媒介平台，设置非物质文化专栏，以政府为依托，推广和宣传武陵地区各民族非物质文化遗产，不断夯实武陵各族人民群众对发展本地区传统民族文化的自信与热情。

第七章
当代背景下非物质文化遗产传承人的自我调适

自我调适是指人们随着时代、环境、社会的不断变化，在不断适应环境过程中对自己行为与心理进行自我调节，主要包括自我思考、自我认识、自我教育、自我控制以及自我监督等内容。随着现代化进程的加快、科学技术的高度发达以及经济全球化的深入发展，人们在思想观念、生活方式、道德观念、价值观念、生产关系、生产工具等方面发生了深刻的变化。同时，我国当前传统非物质文化遗产受到了巨大的冲击。那些曾经与各族人民生活息息相关从不曾须臾分开的传统非物质文化，正在迅速地远离我们。许多宝贵的民族文化遗产正在濒临消亡，其文化生态正在遭受最严重的破坏，形势十分严峻。在此背景之下，面对当代高度发达的社会物质生活、高科技以及全球化的冲击，作为非物质文化遗产的重要载体——传承人，如何不断自我调适，适应现代的生活环境，同时更好地传承保护非物质文化遗产，是传承人必须面临的问题。

第一节　现代社会生活背景下传承人的自我调适

随着科技的高度发展、城市化商业化进程的加快以及全球化思潮的影响，当今人们的社会生活发生了巨大的变革。现代高度发达的社会生活环境对非物质文化遗产传承人的价值观、道德观以及生活观等方面产生重要影响，在此背景下传承人应该不断调整自我的价值观、道德观以及生活观，在不断适应当前社会环境的同时，进行自我调适，继承发扬传统的价值观、道德观和生活观。

一、现代生活背景下传承人价值观的自我调适

价值观是指人们对于某种社会现象以及事物一般意义的评价与选择意向，是人们认定事物与辨定是非的一种思维和价值取向。价值观代表一个人对周围事物善恶、是非与重要性的评价，如对幸福、自由、自尊、诚实、信仰、道德、民主、平等的评价等，这些不同层次的价值取向构成了个人的价值观体系，也是构成和决定人们期望、态度和行为的心理基础。在同一客观条件下，具有不同价值观的人将产生不同的行为。如不同的人对待个人事业和工作的态度也不相同，有的人对地位、权势和金钱看得较重，而有人则看得较轻却更加注重工作成就，这就是由于个人价值观不同所导致的。个人的价值观和价值体系具有相对的稳定性，但同时也会随着时代、生活环境的变迁而发生变化。人的价值观念反映了个人的社会地位、物质需求、精神需求以及个体实现自我利益与需求的能力和活动方式等方面的主观特征。

非物质文化遗产传承人价值观是非物质文化传承人价值态度与价值取向的反映，是其人生与传承事业中非常重要的精神支柱、精神追求以及动力所在。十一届三中全会以来，改革开放不断深入，我国社会的各个方面都发生了深刻的变化，从封闭转向开放，从传统转向现代，从计划经济转向市场经济。经过几十年的改革与发展，我国人民的物质生活发生了翻天覆地的变化，社会环境和生活条件发生了巨大的变化。社会环境的巨大变化深刻地影响着当代人们价值观的变化。改革开放带来经济快速发展的同时，也带来了大量负面的思想，人们的思想不再像之前那样单纯，人与人之间关系也更为复杂。尤其是人们普遍崇尚的物质享乐主义价值观与个人主义价值观，对当代非物质文化传承人的思想观念产生重要的影响，这些必将严重影响到传承人对非物质文化遗产的保护与传承。一些传承人对国家和政府给的补助和待遇不满意，对于非物质文化保护传承相关工作不够积极，事事讲利益讲金钱，这些不良之风势必阻碍传统非物质文化的保护和传承。

因而，在当下物质高度发达的社会背景之下，非物质文化传承人必须不断调整自身的价值观，保持自身独立的价值选择，既要适应社会，也不盲目从众。非物质文化传承人作为非物质文化遗产的重要载体，必须将对传统非物质文化的传承与保护作为自身的第一责任。非物质文化遗产不是某一个人的财富，而是整个民族、地区、国家乃至整个人类的财富和资源，传承人应该具备集体主义精神，个人利益必须服从国家和社会利益。传承人在享受现代社会赋予的良好生活条件的同时，还应保持传统的价值观念，从传统的文化中汲取正确的思想价值。

二、现代生活背景下传承人道德观的自我调适

道德观是人们对自身，对他人，对世界所处关系的系统认识和看法。道德观与人们的世界

观、人生观紧密相连，相辅相成。经济基础决定着道德，道德反映社会经济关系。道德是以能动的方式来认识、理解和把握世界，规范和引导着人们的社会实践活动，从而反作用于经济基础。道德具有认识和调节的功能，其认识功能是指道德具有反映社会现实尤其是具有反映社会经济关系的功效和作用。其调节功能是指道德能够通过评价等手段，从而达到指导甚至纠正人们的行为和实践活动，能够协调人与人之间关系的功效和作用。道德对我们的社会生活具有非常重要的作用和意义，能够规范和调控人们的行为思想，能够促进人的自我完善，提高人的精神境界，推动人的全面发展，对于促进人的全面发展和社会和谐具有重要的作用。道德的进步与完善是衡量社会文明程度的重要尺度，是影响和实现社会生产力发展的重要精神力量。

现代生活对人们的衣食住行等各方面都产生了非常重要的影响，现代文明为人们带来高度物质享受的同时，也给人类包括道德在内的精神生活带来了困扰。由于现代社会对个体独立和个人价值的过度强调与张显，使得人们在处理个人与个人、个人与集体、个人与国家的关系中，具有明显的个人主义道德价值倾向。随着个人主义的盛行，人与人之间的关系变得越来越疏远，传统道德也发生较大的变化。现代一些不健康的生活方式与拜金主义、功利主义思想的冲击和影响之下，人们对于生命价值的思考显得非常欠缺。非物质文化遗产是根植于传统文化土壤的活态文化，是发展着的传统行为与生活方式①。这些传统生活方式是各民族所特有的健康生活方式，现代的生活方式从根本上改变了非物质文化遗产及其传承人原来的状态及其功能价值。

现代化社会生活进程的加速对传统非物质文化遗产的保护传承以及传承人的生产生活、思想观念、行为方式等方面都产生了前所未有的冲击和影响。现代化社会进程的潮流和趋势是不可阻挡的，非物质文化传承人作为传统文化的传承者和保护者应该积极主动地调整和适应现代社会的变迁，保持和传承传统优良道德风尚，坚持弘扬社会主义道德观和荣辱观，传承人必须根据社会主义道德观，做出正确的道德与价值取向选择，为非物质文化遗产的保护传承做出应有的贡献，尽到应尽的责任和义务。传承人不能为了个人的利益而损坏国家、社会和人民的利益，应该以辛勤劳动、诚实守信、遵纪守法、艰辛奋斗等作为自身的道德标准。

三、现代生活背景下传承人生活观的自我调适

广义的生活观是指一个人对待生活总的态度和观点，即对生活的意识与态度的总和，其内容由活着的劳动行为的认识，对人与人社会关系的态度以及对自我人生的价值使用和评价等三个部分组成。狭义的生活观是指社会生活在人们头脑中的反映，是人们对社会生活的认识、观

---

① 杨嘉铭、杨艺：《当代条件下德格印经院保护要略》，《中华文化论文》2011年第6期。

点以及由此而形成的指导生活行为的思想规范，是在一定人生哲学指导下的生活态度[①]。不同的时代和不同的社会生活背景，将形成不同的生活观念和生活方式，生活观也会随着时代与生活环境的变化而变化。生活观属于人生观的重要组成部分，与人生观有着紧密的联系，人生观决定一个人的生活观。生活方式与生活观有着密切的联系，生活方式作为一种社会行为方式对生活观起着决定性的作用，而生活观作为一种社会意识形态是社会生活在人脑中的反映，能够指导和影响人对生活方式的选择。因而，生活方式与生活观之间形成一种相互联系而又辩证统一的关系。生活观能够制约和规定一个人的生活目的和动机，能够规定一个人生活方式的性质和方向。生活观能够帮助一个人确定其生活行为，帮助其选择生活方式，不同的生活观形成不同的生活方式，如积极的生活观就会形成积极乐观的生活方式，消极的生活观就会形成消极悲观的生活方式。

随着当今社会现代化、工业化、商业化以及城市化的高度发展，人们的物质生活水平得到了极大的提高，人们的生活观念发生了巨大的变化，生活方式随之发生巨大变化。如交通工具、生产工具、房屋建筑、劳动方式、服饰等方面都发生了翻天覆地的变化，这些对人们的生活观念、生活方式都产生了非常重要的影响，传统的生产工具、劳动方式、出行方式等都被现代先进的科学技术所取代，大量基于传统生活方式的传统非物质文化就受到巨大的冲击。面对当今现代生活观念与生活方式的巨大冲击，非物质文化遗产传承人为了更好地保护传承传统非物质文化遗产，应该不断进行自我调节，在不断适应现代生活的同时，也适当保持自我独立的生活观念和生活方式。不同的传承人可以根据其自身的技能适当保持其生活习俗与生活方式，如重庆石柱土家族啰儿调属于武陵地区具有民族和地域特色的民间歌曲之一，起源于武陵地区重庆石柱土家族自治县，主要流传于渝东南的汉族和土家族当中，2006年5月20日经国务院批准被列入第一批国家级非物质文化遗产名录，被誉为竹枝词的活化石，反映了当地土家族和汉族生产生活的方方面面。人们在生产劳动的过程中，边唱啰儿调边劳动，无论放牛、砍柴、薅秧都唱啰儿调打情骂俏、取笑闹骂，以解除寂寞和疲乏。为了保护传承啰儿调，传承人可以适当保持一些传统的生活方式，通过一些现存的传统劳动方式、生活习俗、节日习俗等场合传承和保护这些传统民歌。又如摆手舞是武陵地区土家族具有代表性的民间舞蹈形式，它是融祭祀、祈祷、社交、歌舞、体育竞赛以及物资交流为一体的综合性民俗活动，2006年被列入第一批国家级非物质文化遗产名录。其内容包括了人类的起源、神话传说、狩猎捕鱼、古代战事、刀耕火种、民族迁徙、饮食起居等方方面面。为了更好地保护传承这一非遗项目，传承人可以通过开展当地的一些民俗节日活动，保持一些传统的生活方式传承摆手舞这一文化形式。

---

① 王泉月：《当代新生活观的生态学意义》，南京师范大学硕士学位论文，2015年。

第二节　现代科技时代传承人的自我调适

当今是一个科学技术高度发达的时代，科学技术的迅速发展，对我们生活的方方面面都产生重要的影响，从物质到精神、从国家到个人都产生了较大的影响。新的科学技术越来越快速地应用于我们的社会生活当中，为人类提供了认识自身和外部世界的新途径与新的手段和方法，为人类社会带来巨大的利益和社会效益，深刻影响着人类的生存方式、思想观念。科学技术的发展推动了社会经济的增长，推动了生产力要素的变革，促进了生产力结构的优化以及生产管理水平的提高，推动了生产关系的调整。同时，科学技术的发展改变了传统的社会结构，导致了社会制度的创新和完善，推动了政治民主化和管理科学化。科学技术发展还促进了人的思想革命化与科学化。高科技成果的应用推动了人类文明的不断进步，对生产力的发展具有不可估量的作用。如电子科技的应用、纳米技术的开发、大型机械的使用等，为人类社会带来方便和快捷，为人类节约了宝贵的时间，提高了办事效率。科学技术也是一把双刃剑，给我们带来便利的同时，如果应用不当也会给人类社会带来危害，如当前人类社会存在的环境问题、气候问题、健康问题、生态问题、资源问题以及战争问题等。同样，科学技术的高度发达对传统非物质文化及其传承人都产生了重要影响。面临现代科技的迅速发展，非物质文化传承人必须加强自我调整，不断适应现代科技时代发展的需要。

一、现代科技时代传承人思想意识的自我调适

思想是指客观存在反映在人的意识中经过思维活动而产生的结果，是人类一切行为的基础。随着当今科学技术的高度发展以及广泛应用，人类社会生活的各个方面都受到非常重要的影响，使社会、政治、经济以及文化等各个领域都发生了深刻的变化，对人类思想观念和意识都产生强烈影响。现代科技对人类思想意识的影响主要体现在对人的生活方式、思维方式、精神文化、价值观念、思想道德、宗教信仰、心理情感等方面。第一，科学技术是先进生产力的重要标志，是人类认识自然和改造自然的重要成果与方法。科学技术是人类社会一种特殊的社会现象与社会活动，它有利于促进人类生活方式的改善，有利于人们物质与精神生活的提高，有利于开阔人类的视野以及提高人们对物质世界的认识水平。第二，当代科学技术发展对人类思想意识的影响还体现在对人类思维方式的影响。科学技术的发展决定了人们对社会、政治和经济的认知，使人类形成充分利用科学技术的思维。第三，现代科学技术对人们思想意识的影

响表现在对人类精神领域的影响。现代科学技术的发展能够与思想意识相辅相成，共同促进人们形成科学的世界观，提高人们的思想觉悟与精神世界。现代科学技术能够进一步丰富和升华人们的精神生活，能够提高人们的精神生产和精神生活在整个人类社会生产生活领域中的价值和地位。第四，现代科技对人类思想意识的影响还体现为对思想道德的影响。科学技术的发展对人类社会思想道德的提高有着推动作用，能够推动生活方式与社会生产的巨大变化，对于社会生产关系以及其他社会关系具有深刻的影响，从而促进新时期道德规范的形成和道德水平的提高。科学技术的发展不断深化人们对自然、社会以及人类自身的认识，进而扩展了人们的道德视野，促进了人们道德观念的变化。

随着当代高科技日新月异的不断更新和发展，对非物质文化遗产传承人的思想意识包括生活方式、思维方式、价值观念、思想道德、宗教信仰、心理情感等方面都将产生非常重要的影响。因而，非物质文化遗产传承人面对现代科技的冲击和影响，必须从思维方式、价值观念、思想道德、生活方式、宗教信仰等方面不断对自我进行调整，以适应现代科技发展的需要。高科技的发展具有两面性，给人类社会带来便捷的同时，也带来了许多负面的影响。作为非物质文化传承人应该解放思想、转变观念，以辩证的态度对待当代科学技术的发展。充分利用高科技给人类所带来的便捷，不断学习和掌握现代科学技术，如网络宽带、人工智能、现代媒介等，对非物质文化遗产进行保护、传承和对外宣传，对传统非物质文化遗产进行创新和更新换代，使传统文化得以发扬光大，适应现代社会的需要，将传统资源转化为一种新时期的产品，为当代的人类社会所服务。

二、现代科技时代传承人生产关系的自我调适

科学技术是第一生产力，科学技术水平对生产力水平和生产方式起着决定性的作用，进而对社会生产关系产生作用。生产力是指人类利用自然，改造以及生产物质资料的能力，它是由劳动者、劳动资料、劳动对象以及参与社会生产与生产过程的其他一切物质技术要素所构成的一个复杂系统，生产力反映的是人与自然的关系。生产关系是指在物质生产过程中所形成的人与人之间的社会关系，它集中体现了人与人之间的物质利益关系。生产关系主要包括生产资料的所有制关系、生产过程的组织关系以及产品的分配与消费关系三个方面。生产力和生产关系是相辅相成的对立统一关系。

从18世纪中叶以来人类社会经历了四次大规模科技革命，即18世纪中叶以蒸汽机的广泛使用为标志的第一次科技革命，19世纪后半叶以发电机、电动机的广泛使用为标志的第二次科技革命，20世纪中期以原子能、电子计算机的使用为标志的第三次信息技术革命，20世纪末至21世纪初以生物工程为标志的第四次科技革命。每一次科技革命都会带来社会生产方式与生活方

式的深刻变化，劳动生产效率得到极大提高，并进一步通过提高生产力从而实现对生产关系的革命。21世纪以来，随着纳米科技、生命与生物科学技术、信息科学技术以及认知科学技术的迅猛发展，四大领域相互作用、有机融合，推动21世纪整个科技领域的变革。这不仅推动了人类社会认识水平的提高，对认识客观世界的广度和深度都有了更大的进步，而且使社会生产力发展到一个崭新的阶段，其生产关系也发生了深刻的变化。

现代科技的快速发展，对人与人之间的关系产生重要影响。由于通信、网络、媒体、交通以及其他高科技的快速发展，人与人之间的交流、交往变得非常便捷和更加容易。由于科学技术的快速发展，使得生产效率极大提高，使得生产资料的所有制关系、产品的消费与分配等关系都发生较大的变化。传统的所有制关系和产品消费与分配关系不断被打破，而新的生产关系不断建立。现代科技背景下生产关系的变革对我国当前传统非物质文化及其传承人都会产生非常重要的影响。传承人应该积极主动应对，不断调整，适应当代新的生产关系。同时，还应在新的生产关系中将传统非物质文化遗产进行传承和保护。

三、现代科技时代传承人生产工具的自我调适

生产力基本要素主要包括劳动者、劳动资料、劳动对象。生产工具又称劳动工具，是人们在生产劳动过程中用以直接对劳动对象进行加工的器物。生产工具是生产力要素中劳动资料最基本、最重要的组成部分，属于机械性劳动资料。科学技术是第一生产力，是劳动者能力的基础，是生产工具的灵魂。科学技术水平决定着生产力的水平，也决定着生产工具的水平与程度。使用和制造生产工具是人类区别于其他动物的重要标志，是人类劳动过程中的独有特征。人类从原始社会使用的石斧、石刀、弓箭等，到现代使用的各种机器、工具、设备、人工智能等都属于生产工具。社会生产及其生产关系的变化与发展，首先是从生产工具的发展和变化开始的。生产工具既是社会控制自然的重要工具，也是生产关系的指示器。

现代科技的迅猛发展及其新成果在生产中的广泛应用，使生产过程的自动化与机械化程度得到了前所未有的提高，进而引起了包括生产工具在内的劳动内容发生根本性的变化。从服装领域来看，现代科学技术对服装的发展产生了重要的影响。服装生产设备的技术革新以及新材料的不断问世，都给服装行业带来新的变化途径，从而促进了服装设计观念、设计方法的进一步更新。随着现代科技对生产工具的不断提升，其生产劳动的形式或模式也发生了深刻的变化，人与人之间的社会关系也发生了较大的变化。因而，以传统生产模式为基础所形成的传统文化也受到巨大的冲击，大量文化形式失去其原有的生存环境，逐渐消失。虽然生产工具的不断发展变化是无法改变的事实，但是传承人作为传统非物质文化遗产的保护者和传播者，应该积极主动调整自我，适应现代科技所带来的新的生产工具。非物质文化传承人应该不断掌握现

代新的生产工具和生产设备，为传承保护非物质文化遗产服务。传承人可以掌握现代媒介技术与手段如录音设备、录像设备等工具，将传统非物质文化遗产的音频和视频记录下来，对非物质文化进行更好的保护；传承人还可以利用宽带网络、电脑等工具大力传播和宣传传统非物质遗产，让更多的年轻一代以及其他民众对非物质文化遗产进行了解，共同珍惜、保护和传承即将消亡的文化遗产。

第三节　全球化背景下传承人的自我调适

进入21世纪，经济全球化、一体化的趋势越来越明显，今后的影响更加深广，势成燎原，不可逆转。全球化促使各种文化相互碰撞、相互交流、相互吸收，进而形成了文化上的多元化。一体多元是我们时代的特征，是我们时代的主旋律。全球化、多元化的思潮对我们生活的方方面面，对我国的政治经济、文化、行为方式、思维方式、思想观念等都产生了巨大的影响。伴随经济全球化的深入发展和国际文化交流的日益繁盛，“文化全球化”日益引起文化界的广泛关注。在全球化的思潮过程中，在各种文化的交融过程中，大量的民族民间文化、原生态文化正在以惊人的速度消失。如何在日益增强的经济全球化趋势下坚守并捍卫民族文化价值的独立，已成为当前任何一个国家和民族不得不面临的文化主题。各个国家纷纷喊出“保护民族民间文化”“保护原生态文化”的响亮口号，同时各国政府也出台了相关的政策与措施，挖掘、整理、保护、传承民族民间文化以及原生态文化。联合国教科文组织设立了专门的基金对世界非物质文化进行保护，对濒临灭绝的文化种类进行保护。21世纪的中国对民族民间文化和原生态文化的重视和保护非常积极。面对当前全球化的影响，非物质文化传承人必须不断转变观念、调整自我，积极主动地迎接这一思潮带给我们的冲击和影响。在全球化的浪潮中既要保持其文化的自主性和民族性，还应维护其文化的多样性特点，进而将传统非物质文化遗产推向国际化，为维护人类文化多样性做出应有的贡献。

一、全球化背景下传承人文化自主性的自我调适

顾名思义，自主就是自己做主而不受别人的支配和影响，自主性就是作为行为主体能够按照自己的意愿做事的能力和特性，属于哲学、文化学、政治学、社会学、伦理学和法学等多个学科领域所涉及的一个概念和论题，不同的领域其内涵也不尽相同。文化自主就是一种文化（如民族文化或地域文化）能够保持其自身特有的文化符号和形式，具有其自身的价值体系和思想体

系，能够独立对人类某一群体社会行为和思想产生深远的影响。文化的自主性是某一群体在其传统中所形成的，并一脉相承的内在气质与精神面貌，是文化的品格特性与基本内核，文化的自主性是文化独立性的具体表现。文化的自主性能够通过人的行为、思想、价值等，在个体以及集体层面上得以体现。个人是文化自主性的载体，社会群体成员所拥有的对于本民族文化、本国文化以及本区域文化的自信心是有效构建国家、区域以及民族文化自主性的重要思想基础。文化自觉是实现文化自主的重要途径和手段，文化自觉是文化的自我觉醒、自我反省与自我创新。我国当代著名的人类学家、社会学家以及民族学家费孝通先生认为："文化自觉是一个艰巨的过程，只有在认识自己的文化，理解并接触到多种文化的基建上，才有条件在这个正在形成的多元文化的世界里确立自己的位置，然后经过自主的适应，和其他文化一起，取长补短，共同建立一个有共同认可的基本秩序和一套多种文化都能和平共处、各抒所长、联手发展的共处原则。"

21世纪以来，全球化在世界范围内呈现出加速发展的趋势，各种文化之间相互交流、相互碰撞、相互吸收，从而形成文化上的多元化。全球化所带来的文化冲击对我国各民族各地区传统非物质文化的生存与发展形成巨大的冲击。全球化是当今世界一种不可抗拒的发展潮流与必然趋势，在全球化所带来的异文化的冲击和影响下，一个民族、地区和国家的传统文化具有发展机遇和挑战并存的特点。全球化给我国传统文化发展既带来机遇，也带来严峻的挑战。在全球化背景下，西方现代文明以及文化得以迅速扩张，文化逐渐呈现出趋同和融合的态势，这对于包括武陵地区在内的我国传统非物质文化形成了严峻的挑战。全球化对我国各民族传统文化、区域文化造成的冲击在于它在一定程度上消解了传统的思想和价值观念、风俗习惯和文化立场。但同时，全球化对非物质文化走向全国乃至世界具有较好的发展机会。

在全球化思潮的冲击和影响下，我国传统非物质文化应该维护其自身的民族性和独立性。各民族文化必须在现代化和全球化巨大的社会演变过程中得到合法性的身份以及自主性的话语权，唯有如此传统非物质文化才有继续存在和发展的可能。然而，当前一些族群个体成员总是用过于简单、粗暴以及非理性的态度来对待本民族的传统文化，对于其传统文化的价值缺乏充分的认知和理解，甚至许多族群个体成员将本族群的传统文化看作低级、落后、无用的东西。一些少数民族的语言文字的使用受到巨大的挑战和挫折，甚至面临消失的危险，本民族成员对本民族语言早已失去信心，而一味强调主流语言的使用，忽略了对本民族语言文字的使用。非物质文化传承人是非物质文化的载体，是非物质文化的传承者、传播者与保护者。因而，武陵地区非物质文化传承人应该保持对本民族、本地区传统文化的自觉性，努力维护其传统非物质文化的独立性和自主性。坚持民族和区域文化的自主性并不意味着一个民族或地区在文化上的固守和封闭，民族和区域文化总是在不断地变化，在与其他文化的交流与接触中不断发展与创新。因此，一个民族或区域文化的自主意识必定蕴藏着文化的开放与创新意识。武陵地区非物质文化遗产的创新发展必须根植于武陵地区的传统民族文化，不断弘扬武陵文化，把武陵文化推向全国乃至全世界，这是武陵地区每一位非物质文化传承人义不容辞的责任和义务。

二、全球化背景下传承人文化多样性的自我调适

不同地区、不同国家、不同民族由于不同的历史、自然环境、政治、经济、宗教信仰等因素，形成不同的文化形式、文化风格与文化特征，最终造就了世界文化的多样性特征。地球上每个民族、每个地区和国家都形成了自己独特的文化形式，民族文化是民族身份的重要标志。我们能够从各地民族节日以及其他文化遗产当中充分感受到世界文化多样性的体征。2005年第33届联合国教科文组织大会上通过的《保护和促进文化表现形式多样性公约》将文化的多样性定义为："各群体和社会借以表现其文化的多种不同形式。这些表现形式在他们内部及其间传承。文化多样性不仅体现在人类文化遗产通过丰富多彩的文化表现形式来表达、弘扬和传承的多种方式，也体现在借助各种方式和技术进行的艺术创造、生产、传播、销售和消费的多种方式。文化多样性是人类社会的基本特征，也是人类文明进步的重要动力。"人类文化的多样性是由人类生活环境的多样性、生活方式的多样性和人类思想价值的多样性所决定的。

21世纪的人类社会，全球化、一体化趋势越来越明显，其影响力越来越深远。一体多元是我们时代的特征，是我们时代的主旋律。文化多样性必将使武陵地区传统非物质文化形成"百花齐放、百家争鸣"的繁荣景象。武陵地区传统非物质文化的多样性主要体现在两个方面：一方面全球化过程带来武陵地区传统非物质文化与其他国家和地区民族文化之间相互并存的局面，他们之间相互影响、相互碰撞、相互融合，从而形成武陵地区传统非物质文化的多样化生态格局；另一方面，武陵地区传统民族文化内部不同民族、不同区域之间形成的多样性格局，如土家族和苗族之间，武陵地区各县市之间以及湖北、重庆、贵州、湖南等各境内之间的多样化格局。这些不同民族、不同区域之间形成了各自不同的传统非物质文化，相互影响，相互融合，从而形成传统非物质文化种类、形式、风格的多样性特征，他们之间曾经相互碰撞与交融、相互吸收与借鉴。

随着时代的不断发展，全球化趋势不可避免，文化的多样性是当今社会发展的趋势，也是民族平等、民族自主和人权保障的基础。传承人作为传统非物质文化的传承者必须适应和尊重各地区各民族文化的多样性。既要认同本民族的文化历史，又要尊重其他民族的文化历史，相互交流，相互借鉴，求同存异，尊重世界文化的多样性，共同促进人类文化的繁荣进步。在不同地区和民族传统文化的交流中，要充分尊重其差异性，和睦相处，理解其风格特征。尊重文化的多样性是发展本地区和本民族文化内在的要求；尊重文化的多样性是实现世界文化繁荣的必然要求。尊重文化的多样性既要保持各民族文化的差异性和平等竞争和互动的权利，又要维护不同文化相互交流与自由创造的权利。

三、全球化背景下传承人文化国际化的自我调适

在全球化背景下，应使我国传统民族文化走向国际化，促进世界各地区各民族传统文化之间的相互交流、相互融合。文化国际化要求我们必须站在国际的高度、站在整个人类的高度来看待我们的民族文化。武陵地区各民族传统非物质文化遗产不仅属于武陵地区各民族，也属于整个世界、整个人类。文化是全世界不同民族、地区和国家人民之间加深友谊、增进了解、扩大合作的重要桥梁。随着我国对外开放的不断深入和扩大，我国与其他国家和地区之间的文化交流越来越活跃，文化在综合国力与对外交往竞争当中的作用和地位越来越突出。进一步深化文化体制改革，必须积极实施文化“走出去”战略，弘扬民族优秀文化，创新文化交流体制与文化交流机制，从而促使和推动我国传统民族文化更好地走向国际化。

21世纪的今天，随着全球化和信息化的迅猛发展，文化的对外开放不可避免。以加入世界贸易组织为标志，我国的对外开放发展到一个新的阶段，对外文化交流得到进一步加强。这为我们更好地借鉴和学习世界其他民族、地区和国家的优秀文化成果，推动我国传统民族文化走向世界各地提供了良好的条件。同时，也使我们面临国际化文化的竞争以及文化思想渗透的巨大压力。面对日益激烈的全球化和国际化的文化竞争，为了发挥我国深厚的、丰富多彩的文化优势以及文化的影响力，我们必须进一步弘扬我国各民族的优秀文化，从而增强我国文化的国际竞争力，积极推行文化“走出去”战略，推动我国各民族、各地区传统文化走向世界。

武陵地区属于多民族地区，每个民族都有着悠久历史和丰富多彩的传统民族文化，这些民族文化既是武陵地区各民族先民留下来的文化遗产，也是整个人类文化遗产的重要组成部分。非物质文化传承人应该站在国际化的视野和全球化的高度对待我们祖先留下来的文化遗产。传承人必须充分发挥自身的文化优势，不断加强同世界其他民族、地区和国家之间的交流与交往，将武陵地区传统民族文化推向世界，从而更好地传承、保护和发展本地民族文化遗产。通过自身精湛的技艺将武陵地区这些宝贵的传统非物质文化遗产传播到世界各地。

为了弘扬武陵各民族优秀传统文化，推动武陵地区各民族文化走向世界，就必须不断推进传统文化创新，打造具有民族和地区风格，同时能为国际社会所接受文化艺术产品。弘扬传统民族优秀文化，推动武陵地区传统民族文化走向世界，必须建立完善的、有利于文化走向世界的管理体制和机制，必须进一步拓宽对外文化交流的途径，重视加强国际文化领域的多边合作，通过多种渠道将武陵地区各民族传统非物质文化推向世界。总之，武陵地区各民族曾经创造了辉煌灿烂的文化历史，为世界文明的发展做出了巨大的贡献，面对21世纪新的阶段，各种文化思想相互碰撞、相互交融、相互交流，传承人需要大力弘扬武陵地区各民族的优秀传统文化，大力推动武陵地区传统非物质文化走向世界，为增进世界各国、各民族、各地区人民的交流和友谊，促进世界和平、稳定、合作和发展做出更大的贡献。

参考文献

一、著作类

1. 柴焕波：《武陵山区古代文化概论》，岳麓书社，2004年。

2. 陈俊勉、侯碧云：《守望精神家园——走进桑植非物质文化遗产》，九州出版社，2012年。

3. 陈廷亮：《守护民族精神家园——湘西少数民族非物质文化遗产研究》，世界图书出版社，2013年。

4. 陈万雄等：《汉语大词典》，商务印书馆，2.0版光碟版，2005年。

5. 鄂西土家族苗族自治州民族事务委员会：《鄂西少数民族史料辑录》内部资料，1986年。

6. 冯天瑜：《中华文化史》，上海人民出版社，1990年。

7. 符太浩：《蛮溪丛笑研究》，贵州民族出版社，2003年。

8. 公丕祥：《中国法制现代化的进程》，中国人民公安大学出版社，1991年。

9. 贵州省德江县民族宗教事务局：《傩韵——贵州德江傩堂戏》，贵州民族出版社，2003年。

10. 贵州省文化出版厅，贵州省群众文化学会：《贵州民间艺人小传》，贵州人民出版社，1986年。

11. 胡萍、蔡清万：《武陵地区非物质文化遗产及其文献集成》，民族出版社，2008年。

12. 湖南省怀化地区地方志编纂委员会：《怀化地区志·民族》，三联书店，1999年。

13. 雷翔等：《梯玛的世界》，民族出版社，2006年。

14. 李志远、冉文玉：《道真圆真》内部资料，2017年。

15. 廖康清：《鄂西民俗》内部资料，1993年。

16. 林继富：《酉水流域土家族民俗志》，民族出版社，2014年。

17. 凌纯声、芮逸夫：《湘西苗族调查报告》，民族出版社，2003年。

18. 刘冰清：《记忆与呈现——武陵地区傩戏的多维考察》书稿，2018年。

19. 刘大泯、王义：《贵州傩戏文化研究》，中国社会科学出版社，2016年。

20. 刘锡诚：《非物质文化遗产：理论与实践》，学苑出版社，2009年。

21. 罗亚阳：《神秘湘西：湘西土家族苗族自治州非物质文化遗产集萃》，中国社会出版社，2017年。

22. 麻国钧、向承强：《古傩新论》，学苑出版社，2016年。

23. 孟宪政：《湘西民间歇后语与谚语集萃》，湖南师范大学出版社，2011年。

24. 彭荣德、万承尧：《梯玛歌》，岳麓书社，1989年。

25. 彭水苗族土家族自治县概况编写组：《彭水苗族土家族自治县概况》，民族出版社，2007年。

26. 彭水苗族土家族自治县民族宗教志编委会：《彭水苗族土家族自治县民族宗教志》，重庆出版社，2003年。

27. 彭水县志编委会：《彭水县志》，四川人民出版社，1998年。

28. 冉文玉：《大巫冲傩》，贵州人民出版社，2017年。

29. 冉文玉：《道真古傩》，贵州民族出版社，2012年。

30. 桑植县概况编写组：《桑植县概况》，民族出版社，2012年。

31. 石阡县文化局：《石阡县文化志》内部资料，1995年。

32. 时蓉华：《现代社会心理学》，华东师范大学出版社，1989年。

33. 世界环境与发展委员会：《我们共同的未来》，吉林人民出版社，1987年。

34. 思南县志编纂委员会：《思南县志》，贵州人民出版社，1992年。

35. 苏喆：《民间文化传承中的知识产权》，社会科学文献出版社，2012年。

36. 谭笑：《寻访民间艺术大师》，民族出版社，2003年。

37. 谭志国：《土家族非物质文化遗产研究》，世界图书出版社，2013年。

38. 唐家路：《民间艺术的文化生态论》，清华大学出版社，2006年。

39. 田明、张心平等：《湘西土家族织锦技艺》，湖南师范大学出版社，2011年。

40. 田特平、田茂军、石群勇：《湘西苗族银饰锻制技艺》，湖南师范大学出版社，2010年。

41. 田万振：《土家族生死观绝唱——撒叶儿嗬》，中央民族大学出版社，1999年。

42. 同治《保靖县志》卷二《舆地志》。

43. 同治《增修酉阳直隶州总志》卷十九《物产志》。

44. 庹修明：《德江傩堂戏》，贵州民族出版社，2012年。

45. 熊晓辉、余继平：《辰河高腔》，中国戏剧出版社，2014年。

46. 汪华生：《石柱土家啰儿调》，重庆出版社，2014年。

47. 王鳞飞等：《同治增修酉阳直隶州总志》，巴蜀书社，1992年。

48. 王文章：《非物质文化遗产概论》，文化艺术出版社，2006年。

49. 王希辉、安仕均等：《田野图志——重庆彭水少数民族非物质文化遗产考察》，西南交通大学出版社，2012年。

50. 韦济木、杨爱平：《摆手舞的起源与流变》，中国戏剧出版社，2015年。

51. 乌丙安：《中国民俗学》，辽宁大学出版社，1985年。

52. 吴永章、田敏：《鄂西民族地区发展史》，民族出版社，2007年。

53. 杨秀忠：《石阡木偶戏》，中国文史出版社，2014年。

54. 姚小云、刘水良：《武陵片区非物质文化遗产保护与旅游利用》，西南交通大学出版社，2015年。

55. 沅陵县民族志编纂委员会：《沅陵县民族志》，民族出版社，2012年。

56. 苑利、顾军：《非物质文化遗产学》，高等教育出版社，2009年。

57. 苑利：《非物质文化遗产保护干部必读》，社会科学文献出版社，2013年。

58. 张泽忠、韦芳：《侗歌艺术传承研究》，民族出版社，2010年。

59. 张紫晨：《中国民俗与民俗学》，浙江人民出版社，1985年。

60. 赵书峰：《湖南瑶传道教音乐与梅山文化——以瑶族还家愿与梅山信仰仪式音乐的比较为例》，民族出版社，2013年。

61. 重庆市文物考古所、重庆市文化遗产保护中心：《酉阳邹家坝》，科学出版社，2011年。

62. 周明阜、胡晨、胡炳章：《湘西风土志》，中央民族大学出版社，2012年。

63. 贵州省文化厅、贵州省非物质文化遗产保护中心：《传衍文脉——贵州省非物质文化遗产项目代表性传承人小传》，贵州民族出版社，2009年。

64. ［美］戴维·斯沃茨著，陶东风译：《文化与权力——布尔迪厄的社会学》，译文出版社，2012年。

65. [美]露丝·本尼迪克特著，王炜等译：《文化模式》，三联书店，1988年。

66. （明）沈庠编，赵赞撰：《嘉靖贵州图经新志》，民国二十二年影印本。

67. （明）田汝成：《炎徼纪闻》，吴兴刘氏嘉业堂1928年刻本。

68. 《辞海·地理分册·历史地理》，上海辞书出版社，1982年。

69. 《中国古今地名大辞典》，商务印书馆，1982年。

二、论文类

1. 热希丹：《湖南维回（回维）民族乡经济社会发展的调查与思考》，《民族论坛》2008年第2期。

2. 邓集勋：《桑植民歌的当代生存环境与发展路径研究——基于传承人的视角》，《当代音乐》2017年第16期。

3. 度修明：《贵州黔东北少数民族傩戏》，《中华艺术论丛》2009年第9辑。

4. 高丙中：《关于文化生态失衡与文化生态建设的思考》，《云南师范大学学报（哲学社会科学版）》2012年第1期。

5. 黄柏权：《论武陵文化》，《广西民族研究》2002年第4期。

6. 黄柏权：《土家族非物质文化遗产现状及保护对策》，《民族问题研究》2006年第9期。

7. 黄柏权：《土家族民间工艺变迁研究》，《中南民族大学学报（人文社会科学版）》2007年第1期。

8. 黄柏权：《元明清时期武陵民族走廊的民族格局》，《三峡大学学报（人文社会科学版）》2009年第1期。

9. 姜又春：《民俗传承论》，《青海民俗研究》2012年第3期。

10. 李晗：《黑龙江省少数民族“文化生态圈”之构建——以新媒介为视角》，《知与行》2016年第11期。

11. 梁正海、马娟：《地方性医药知识传承模式及其内在机制与特点：以湘西苏竹村为个案》，《吉首大学学报（社会科学版）》2010年第1期。

12. 林继富：《撒叶儿嗬与乡村社会关系建设》，《湖北民族学院学报（哲学社会科学版）》2011年第5期。

13. 刘锡诚：《传承与传承人论》，《河南教育学院学报（哲学社会科学版）》2006年第5期。

14. 陆勇昌：《建立非物质文化遗产传承人生存状况评估体系的思考》，《企业技术开发》2009年第6期。

15. 那述宇：《监督机制的概念解析与模式选择》，《南通大学学报（哲学社会科学版）》2002年第4期。

16. 祁庆富：《论非物质文化遗产保护中的传承及传承人》，《西北民族研究》2006年第3期。

17. 黔江区文化广电新闻出版局办公室：《非物质文化遗产》2011年第134期。

18. 曲春临：《老艺人与木偶戏》，《中国摄影家》2005年第8期。

19. 冉红芳：《土家织锦遗产的产业化振兴》，《民族大家庭》2014年第1期。

20. 冉文玉：《冲傩——来自巴渔傩坛的报告》，《芙蓉古度》2000年第1辑（内部资料）。

21. 冉文玉：《道真傩戏傩文化》，《贵州民族学院学报（哲学社会科学版）》2004年第4期。

22. 饶莉、黄树贵：《走村串寨的送春人——第三批国家级非物质文化遗产石阡“说春”》，《文化月刊》2013年第2期。

23. 沙媛：《论哭嫁习俗与“哭嫁歌”的风俗文化本质》，《贵州民族研究》2000年第2期。

24. 宋俊华：《关于国家文化生态保护区建设的几点思考》，《文化遗产》2011年第3期。

25. 孙鸿滨：《中小企业激励机制研究浅析》，《北方经贸》2012年第7期。

26. 孙莹莹：《“神仙豆腐”加工工艺优化》，《保鲜与加工》2017年第2期。

27. 谭粤红：《云南要给民族民间文化“上户口”》，《中国文化报》2003年3月25日。

28. 田艳：《非物质文化遗产代表性传承人认定制度探究》，《政法论坛》2013年第4期。

29. 庹修明：《冲寿傩，一种欲望的仪式戏剧——贵州省德江县稳坪乡黄土村冲寿傩调查述要》，《民间文学论坛》1994年第2期。

30. 庹修明：《贵州民间道教与傩坛》，《贵州民族学院学报》1999年第4期。

31. 万建中：《传说记忆与族群认同——以盘瓠传说为考察对象》，《广西民族学院学报（哲学社会科学版）》2004年第1期。

32. 王丽荣、李若衡：《论家庭模式与优秀传统文化传承》，《广西社会科学》2016年第7期。

33. 卫艳蕾：《晋南临汾地区鼓舞传承谱系调查研究》，《北京舞蹈学院学报》2013年第6期。

34. 吴胜延、余继平：《大喜之日，痛哭——土家族的哭嫁习俗》，《中华手工》2005年第2期。

35. 吴应仕：《德江土家族傩堂戏文化产业开发战略研究》，《铜仁地委党校学报》2006年第5期。

36. 向轼：《竹枝歌与“啰儿调”之关系溯源》，《重庆文理学院学报（社会科学版）》2009年第3期。

37. 谢中元：《佛山非物质文化遗产的传承及其传承人探析》，《佛山科学技术学院学报（社会科学版）》2015年第4期。

38. 熊晓辉：《辰河高腔传承谱系与科仪》，《艺海》2015年第3期。

39. 杨嘉铭、杨艺：《当代条件下德格印经院保护要略》，《中华文化论文》2011年第6期。

40. 余继平、马玉峰：《渝东南木礌子及其文化蕴涵》，《装饰》2011年第9期。

41. 余继平、曲静：《民族乡村戏剧的生态语境与发展对策研究——以贵州福泉阳戏为例》，《教育文化论坛》2018年第1期。

42. 余继平：《涪陵非物质文化遗产保护与发展——以民间传统手工艺为视角》，《铜仁学院学报》2014年第2期。

43. 余继平：《基于传承人本体视角的非物质文化遗产活态传承初探——以武陵民族地区为例》，《四川戏剧》2012年第6期。

44. 张军：《石阡木偶戏渊源新探》，《铜仁学院学报》2012年第2期。

45. 张应华：《湘黔交界少数民族社区的汉传戏班——以石阡木偶戏为例的艺术人类学考察》，《艺术探索》2011年第6期。

46. 志文：《浙江建立传承人访问和报告制度》，《中国文化报》2008年10月19日。

47. 诸国本：《湘西土家族医、苗族医调查报告》，《中国民族医药杂志》2001年第2期。

48. 庄平：《社会规范系统的结构与机制》，《社会学研究》1988年第4期。

49. 贵州省非物质文化遗产保护中心：http：//www.gzfwz.org.cn.

50. 《湖北长阳张言科：“非遗”传承不了情》，荆楚网：www.cnhubei.com.

51. 《我州中小学今秋开设民族文化课程》，恩施新闻网：http：//www.enshi.cn/20080521/ca120713.htm.

52. 中国非物质文化遗产数字博物馆[EB/OL]：http：//www.ihchina.cn/chuanchengren.jsp.

53. 中国非物质文化遗产网：http：//www.ihchina.cn/3/10377.html.

三、学位论文

1. 白蓉：《黄梅挑花传承谱系研究》，湖北美术学院艺术硕士专业学位论文，2016年。

2. 李艳芳：《土家织锦生产性保护的现状研究》，中央民族大学硕士学位论文，2012年。

3. 冉婧：《贵州德江傩堂戏文化传播研究》，广西大学硕士学位论文，2010年。

4. 王泉月：《当代新生活观的生态学意义》，南京师范大学硕士学位论文，2015年。

5. 魏康琪：《非物质文化遗产传承人的权利保护研究》，西北师范大学硕士学位论文，2015年。

6. 夏宁博：《非物质文化传承的途径研究》，云南艺术学院硕士学位论文，2011年。

7. 杨晏：《贵州黔北仡佬族傩戏艺术研究——以道真仡佬族苗族自治县为个案》，中央民族大学硕士学位论文，2014年。

8. 芝萱：《非物质文化遗产传承人制度研究》，华中师范大学硕士学位论文，2012年。

9. 朱圣钟：《鄂湘渝黔土家族地区历史经济地理研究》，陕西师范大学博士学位论文，2002年。

后 记

非物质文化遗产是一个国家或一个民族文化传统的地域标志性文化，一种活态的历史。非物质文化遗产的传承发展必须依靠传承人主体传承与坚守、研究者潜心阐发文化精髓、管理者俯身搭建平台与传播、社会群众认知与礼敬等多方合作共同努力。2003年以来，我国非遗的保护已从物质到非物质，从静态保护到活态保护，从器物保护到对器物制作者保护（人的保护）的层面，逐步形成了中国非物质文化遗产可持续传承的活态保护理念。但是，非物质文化遗产保护，在学界一直存在“保护非遗的原真性”和“非遗产业化开发”两种观点，受“非遗产业化开发”观点影响，社会上出现了改编热，不但政府在改，专家也在改，就连传承人也在改，把真的非遗全给改“非”了，失去了原有滋味和固有本色，改成了伪遗产。非遗传承受到多方面的挑战，笔者鉴于此申报了本课题研究。自批准立项以来，按照工作方案和研究计划展开了一系列研究工作。

为撰写本书，笔者先后组织开展多次田野调查和课题研讨会议。2013年以来，先后深入湘西、恩施、渝东南和铜仁地区的30个县进行了10余次田野调查，调查非遗项目100余项，走访非物质文化遗产传承人及相关部门，采访傩戏传承人何建勋、聂本鸿、黄本朝、安永柏、杨发辉，南溪号子传承人杨正泽，啰儿调传承人刘永斌、黄代书、李高德，桑植民歌传承人向佐绒，彭水苗族民歌传承人任荣新，摆手舞传承人彭昌松，肉连响传承人刘守红，秀山花灯传承人彭兴茂、杨正斌，土家织锦传承人刘代娥、叶水云、叶英，木叶吹奏传承人白现贵，木偶戏传承人饶世光、刘超，石柱玩牛传承人余长英等100余人，并做了口述史录音，涉及10类非遗项目以及土家族、苗族、侗族等多个少数民族，拍摄图片3000余张，摄录傩戏、民歌、阳戏、花灯、玩牛等非遗传承活动共计200余小时，整理口述资料30余万字。考察中还与各地非遗办、文化委等部门打交道，对赵祖静、陈昌儒、谢茂淑、简文相、陈彤、田明、任飞、饶莉、戴楚洲、李宗利、冉文玉、杨曾平、何立高、田永红等人的帮助和支持，在此表示由衷感谢。还要感谢余仙桥、周毅、马玉峰、余柏汝等多次陪同笔者一起考察。

撰写此书的过程中，刘安全、钟晓勇对本书的框架、体例和主要内容等展开多次讨论。课题组成员先后参加非遗保护相关学术会议交流10余次，撰写并发表8篇相关文章。2014年在石柱县文化馆组织召开了“非遗传承人、保护工作者座谈会暨非遗保护与传承研讨”，2017年组织非遗进校园传承活动以及召开了“民族艺术与非遗保护”学术会议，以推进研究的深入。他们提出诸多建议，提供有力资料，为本书撰写和论文发表做了很多扎实工作，在此表示真诚感谢！还有学生曲静、余天静、王徐、张亦嘉、朱盛兰、陈春等做了大量基础资料整理工作，在此谨致谢忱！

关于非遗的保护理论，笔者十分认同苑利先生的观点，他认为非物质文化遗产的最大价值是其历史认识价值，之所以要上升到“被”保护的层面，目的就是将它放置在一个相对封闭但又不能与外界完全隔绝的系统中，既不让它受到太多的外来文化的冲击，不让它过快过猛地发展、变化，又得让它上承雨露，下接地气，并以鲜活的状态一代接一代地传承下去。同时，还受到北京大学段宝林先生民间文学“立体描写”方法的影响。此外，深受导师王海霞先生尊重民俗和文化场域的教导，她一直鼓励和支持笔者的研究志趣，并亲临指导，即使是在重病中还多次关心研究进展，先生于2017年6月不幸因病离世终未能看到研究成果。在撰写中也借用了众多先辈时贤的学术成果，笔者尽力注明了出处，若有疏漏之处，恳请专家学者谅解。

非遗传承人发展困境及其对策研究，是一个应用性、实践性很强的问题，特别是非遗保护与非遗传承人发展在乡村振兴背景下遇到的新问题，值得进一步研究。限于本人研究水平，本书定有不足、不妥之处，诚心期待专家学者批评指正，以利今后深入研究。

余继平

二〇一九年十月于长江师范学院